高等院校信息管理与信息系统专业系列教材

信息资源管理教程

赖茂生 主编

清华大学出版社
北京

内容简介

本书的主编为北京大学教授、博士生导师，国家信息资源管理北京研究基地主任，多年从事信息资源管理的研究和教学工作。通过作者的不断探索、积累、反思、修正，并参考借鉴国内外的研究成果，本书形成了一个比较完整的信息资源管理知识体系，内容由三大部分共12章组成：第一部分是信息资源管理的概述和基本理论；第二部分是信息资源管理的四个主要领域，阐述政府、企业、公益性机构和网络环境下的信息资源管理的原理和方法；第三部分是信息资源管理的三大管理手段：政策法律、技术方法和经济，阐述如何利用政策法规、信息技术和方法、经济等手段来实现和加强信息资源管理。

本书主要是供学生系统了解和掌握信息资源管理的基本理论、原则、技术方法和手段，掌握信息内容、信息技术和信息系统的管理，掌握企业、政府机构等不同组织机构的信息资源管理的任务、内容和模式以及信息资源管理的发展趋势，可以作为信息管理与信息系统专业、管理学科门类下的有关专业以及其他相关专业的本科生、研究生的核心基础课教材或主要参考书，也可以作为各种信息化人才培训计划和有关的职业资格认证考试的参考教材。

图书在版编目(CIP)数据

信息资源管理教程/赖茂生主编．—北京：清华大学出版社，2006.10（2021.12 重印）
（高等院校信息管理与信息系统专业系列教材）
ISBN 978-7-302-13607-1

Ⅰ．信…　Ⅱ．赖…　Ⅲ．信息管理—高等学校—教材　Ⅳ．G203

中国版本图书馆 CIP 数据核字(2006)第 091686 号

责任编辑：范素珍　张为民
责任印制：曹婉颖

出版发行：清华大学出版社
网　　址：http://www.tup.com.cn，http://www.wqbook.com
地　　址：北京清华大学学研大厦 A 座　　邮　　编：100084
社 总 机：010-62770175　　邮　　购：010-83470235
投稿与读者服务：010-62776969，c-service@tup.tsinghua.edu.cn
质 量 反 馈：010-62772015，zhiliang@tup.tsinghua.edu.cn
印 装 者：三河市龙大印装有限公司
经　　销：全国新华书店
开　　本：185mm×260mm　　印　张：24.5　　字　　数：590 千字
印　　次：2021年12月第14次印刷
定　　价：59.00 元

产品编号：008060-05/TP

出版说明

20世纪三四十年代，一直摸索着前进的计算技术与刚走向成熟的电子技术结缘。这一结合，不仅孕育了新一代计算工具——电子计算机，还产生了当时谁也没有料到的巨大效应：电子计算机——这种当初为计算而开发出来的工具，很快就超出计算的范畴，成为"信息处理机"的代名词。

信息能促成管理系统的优化，促进组织创新，绩效不断上升；信息能提高计划与决策的科学性和及时性，是信息时代组织生存、发展、竞争制胜的有力武器；信息能革新企业内部的生产力要素结构，使资源转换系统的生产率大幅度提高，并同时以不断增加的柔性适应市场需求结构和消费结构的快速变化。

随着信息技术的发展与广泛应用，人类开始能够高效率地开发并利用信息，信息资源对人类社会的作用得以有效地发挥，并逐步超过材料和能源成为人类社会的重要支柱，信息化成为一个时代的口号。与此同时，信息资源开发与管理人才越来越广受社会青睐。

信息管理与信息系统专业是一个培养信息化人才的专业，是一个培养信息资源开发与管理方面的专门人才的专业。从知识结构上看，它处在管理学、信息科学与技术和有关专业领域的交叉点上。它对技术有极高的要求，又要求对组织有深刻的理解，对行为有合理的组织，反映了科学与人本融合的特点。这种交叉与融合正是信息管理与信息系统专业最重要的特征，是别的学科或专业难以取代和涵盖的。但是，它从20世纪70年代末开始创办到90年代初，尽管国内专业数量已经上升到150多所，但还没有形成很好反映自己特色的一个教材体系。1991年全国10所院校的信息管理专业的负责人在太原召开第一次研讨会，异口同声地谈起创建一套符合专业需要的教材体系话题。以后，又经过1993年在大连、1995年在武汉，又有更多的院校参加了这一研讨之中。这些研讨活动得到了国家教委有关部门的赞许和支持。通过研讨，大家在建设具有专业特点的教材体系、改变简单照搬其他专业教材上取得了共识。1996年正式启动这个项目，经协商由张基温教授担任主编，由魏晴宇教授、陈禹教授担任顾问。在清华大学出版社的大力支持下，从1997年起这套我国信息管理与信息系统专业的第一套系列教材陆续问世。迄今已经10年多，当初规划的七八本教材已经扩展到30多本，形成了一套品种多样、影响面广的系列教材，不仅为信息管理和信息系统专业建设作出了贡献，而且也被许多计算机专业所选用。这些都是编委会全体同仁和作者、广大使用本系列教材的师生以及出版社的编辑们辛勤劳动的结果。

同时，我们也欣喜地看到，10年来，信息管理与信息系统专业也有了较大的发展，不仅其规模已经发展到500多个点，而且随着信息化的纵深推进，随着电子商务、电子政务和企业信息化的发展，专业的教学内容也与时俱进地深化和更新，从过去的围绕信息系统分析与设计，已经延伸到信息资源的开发与管理；专业的定位也逐步明晰为信息化建设与管理培养人才。同时，近年来围绕提高教学质量，许多学校开展了精品课程建设和教材建设。这些都标志这个专业正在走向成熟。

成熟的专业，需要优秀教材的支持。我们重新审视并修订这套教材。在这套教材问世10周年之际，我们再一次表示一个心愿：希望与全国的同行共勉，在教材和专业建设上齐心协力，作出更大贡献。我们将在原来的基础上，重新审视，不断补充，不断修改，不断完善。对于它的任何建设性意见，都是我们非常期盼的。为此，这一套教材将具有充分的开放性：每一本教材都是一个原型，每一位有志者对它的建设性意见都将会被采纳，并享有自己的知识产权，以使它们逐步成为精品。

《高等院校信息管理与信息系统专业系列教材》编委会

2007年1月28月

前　言

信息资源管理是20世纪70年代末80年代初出现的一个新学科。其产生的背景是社会的转型，信息和信息技术在政府管理、企业管理和经济发展中的作用日益显著，越来越多的人开始认识到它们是现代社会的重要资源，也是一种非常重要的组织资源。同时，人们也认识到对于这样一种新的资源，需要加以妥善的管理和有效的利用，需要研究和构建一套理论方法，以实现科学的信息资源管理。

自从信息资源管理的概念引入我国以来，由于国外没有现成的标准化的教材，所以人们对它就有各种不同的理解和阐释。有人把它理解为信息系统管理或信息技术管理，并把管理信息系统方面的教材改头换面成了信息资源管理教材；有人把它理解为文献资源管理的发展，沿用文献管理的思路来构建信息资源管理领域的知识体系。在国内已经出版的同类教材中，内容和风格也差别很大，有的偏重于理论，有的偏重于技术或方法，有的偏重于企业信息资源管理，有的偏重于政府或公益性机构的信息资源管理，有的偏重于信息资源开发利用。这些理解上的差异和偏颇不仅影响课程本身的建设，而且还严重地影响了信息管理类学科整体以及其中各个专业的合理定位。这种状况告诉我们，这个专业特别需要一部体系合理、内容规范的概论性教材。

北京大学信息管理系自从1992年开始转向信息管理以来，一直在建设和完善这方面的概论性课程。作者从20世纪90年代开始研究信息资源管理问题，先后在硕士生和博士生层次设立了信息资源管理方向，后来又接手了信息资源管理专论课。大约是2001年秋天，张基温教授和清华大学出版社的范素珍老师找到我，希望我能承担一套系列教材中信息资源管理这一部教材的编写工作，由于考虑到与自己的教学和研究兴趣很合拍，所以就答应下来。然而，在教学和教材编写过程中深切地体会到，要上好这一门课和编写这样一部教材，其难度比当时预料的要大得多。缺乏新的资料，缺乏共识，缺乏系统深入的研究……其中的艰辛和甘苦，只有自己最清楚。

在多年的研究和教学实践中，通过一点一滴的积累和不断探索、反思、修正，并参考借鉴国外比较丰富的研究成果和国内一些学者专家的见解，以及在教学中与学生的交流互动，本教材逐渐形成了现在这样的知识体系，内容由三大部分共12章组成。

第一部分是基本理论，主要体现在第1、第2章。第1章是概论，主要界定有关的基本概念，分析信息资源的特性，介绍和梳理信息资源管理的发展过程，说明信息资源管理的研究范围、对象、任务、方法等。第2章是介绍和阐述信息资源管理的基本理论，包括信息科学中的“三论”、组织对IT的学习或吸收理论、信息资源管理发展的阶段理论、信息生命周期理论、信息生态理论、信息构建理论以及管理学理论。

第二部分是四个主要领域：政府、企业、公益性机构和网络。政府和企业是信息资源管理产生的主要土壤，也是最主要的应用领域。公益性机构也是信息资源管理的重要支持者和实践者。网络是信息资源管理的新的应用领域，其涉及范围更广泛，情况更特殊，任务更重，应用价值也更高。

第三部分是三大管理手段：政策法律、技术方法和经济。政策法律对信息资源管理的重要性自不必说，技术方法包括内容管理、技术管理和知识管理的技术方法，也包括上述四个领域所需要的技术方法。经济手段包括信息产业管理和对信息资源管理的经济分析，这里借鉴信息经济学的一些研究成果，对信息资源管理的经济分析进行了探索。

总之，本教材着力突出这样一条主线：基本理论——技术方法（内容管理、信息技术管理和知识管理等）——主要应用领域（政府、企业、公益性机构和网络）——基本手段（政策法规、经济）——发展方向（知识管理）。这是本教材与现有的管理信息系统教材、信息管理教材和文献管理教材的主要区别。

本教材的目的是供学生系统了解和掌握信息资源管理的基本理论、原则、技术方法和手段，掌握信息内容、信息技术和信息系统的管理，掌握企业、政府机构等不同组织机构的信息资源管理的任务内容和模式以及信息资源管理的发展趋势。在教学组织上，作为一门课程，宜安排在本科生或研究生第一学期或者所有专业课之前。

参加本教材编写工作的有慎金花（提供了第 4、6、7 章的初稿）、耿骞（提供了第 9、12 章的初稿）、傅湘玲（提供了第 5 章初稿）、刘五一（提供了第 3 章初稿）。本人根据教学的需要和学科的新发展进行了更新补充。在编写过程中，我们参考国内外一些专家学者的著作和研究成果，张基温教授对本教材的编写给予了大力的支持，在此表示诚挚的谢意。此外，还要感谢韩圣龙博士和陈芬、李勇等学生的帮助。

作为一个新的知识领域，本教材的出版只能表明我们的探索取得了阶段性的成果。书中难免有错漏之处，谨请广大读者批评指正。

作　者

2006 年仲夏于燕园

目　　录

第1章 信息资源管理概述

本章概要地阐述信息科学界、经济学界和信息管理学界对信息这一概念的定义，阐述和分析了信息资源的特性和价值，介绍了信息资源管理的发展沿革、研究对象和范围。

1.1 信息、信息源和信息资源

1.1.1 信息的定义

今天，信息这个词被人们广泛地使用着，它被赋予了各种各样的意义。在本书中，信息是最基本的概念之一，贯穿全书，故很有必要先对其含义进行概要的讨论和界定，以便恰当地阐述和表达书中涉及的相关概念和问题。

确切地给信息这个概念下定义是很困难的，因为信息是一个含义很宽泛的概念，可以从多个角度和多个方面理解。人们已提出信息定义有几十种，定义的角度各种各样，很难把它们综合成一个通用的定义。信息现象渗透于物质世界和精神世界之中，信息的多样性使得迄今为止所有要为信息下一个统一定义的愿望都落空了。

综观现有的几十种不同的信息定义，按其实质可以大致划分为 3 个不同的领域，即信息科学、经济学和信息管理。

1. 信息科学界对信息的定义

1948 年，维纳(N. Wiener)在《控制论——动物和机器中的通信与控制问题》一书认为“信息就是信息，不是物质，也不是能量”，“信息是人和外界互相作用的过程中互相交换的内容的名称”。同年，香农(C. E. Shannon)在《通信的数学理论》一文中，把信息定义为“熵的减少”，即“能够用来消除不定性的东西”。

1975 年，意大利学者朗格(G. Longe)在《信息论：新趋势和未解决的问题》一书中认为：信息是事物之间的差异，而不是事物本身，即信息是反映事物的形成、关系和差别的东西，包含在事物的差异之中。

我国学者钟义信认为，信息是用来消除事物不定性的东西。信息是事物的运动状态和过程以及关于这种状态和过程的知识。[①]

2. 经济学界提出的信息定义

美国经济学家波拉特(Mac Uri Porat)认为，信息是经组织化而加以传递的数据。[②]

---

① 钟义信. 信息的科学. 北京：光明出版社，1985，136.

② 马克・波拉特. 信息经济论. 李必祥等译. 长沙：湖南人民出版社，1987，3.

德鲁克(P. E. Drucker)提出，信息是有目的性和关联性的数据。因此，把数据转换为信息需要知识。[①] 美国著名经济学家阿罗(K. J. Arrow)认为，所谓“信息”，即是根据条件概率原理有效地改变概率的任何观察结果。[②]

英国学者布瓦索(Max H. Boisot)认为，信息是从数据中抽象出来的，它作用于我们的概率分布上，不是减弱就是增强，即信息使我们以不同的方式思考问题或采取行动。他还认为，数据是“信息新陈代谢的原料”，“知识是对我们作为认识和行动的主体的内在意向状态所进行的描述。这些意向状态受到信息抽象的修正，而信息抽象是我们能对我们的感官所接触的感知(数据)的加工。数据本身可以被认为是能量现象，将我们作为认识主体与外部物质世界联系起来”。他还在注释中说明知识、信息和数据等术语在很多经济分析中倾向于可互换使用。[③]

我国学者张维迎认为，信息是参与人有关博弈的知识，特别是有关“自然”的选择，其他参与人的特征和行动的知识。[④] 在博弈论中，“自然”作为虚拟参与人来处理，是指决定外生的随机变量的概率分布的机制。

3. 信息管理领域对信息的定义

美国联邦政府管理与预算局(OMB)在 A-130 号文件中把信息定义为：任何传播内容或知识的表示，如以任何媒体或形式存在的事实、数据或见解，包括文本型、数字型、图片式、动画式、记叙型的、声视频形式等。

在美国学界，史密斯(Ausen N. Smith)和梅德利(Donald B. Medley)在《信息资源管理》(Information Resource Management)一书中从资源的角度来解释信息，认为信息是数据处理的最终产品，具体而言，是经过收集、记录、处理、以可检索形式储存的事实或数据。赫尔农(P. Hernon)和麦克卢尔(C. R. McClure)认为信息是某一消息或传播中被传递并被消息接受者理解的内容。[⑤]

分析和归纳上述定义，可以看出，它们包含的意义要素主要有：数据、事实或见解(知识)；组织化或关联性；客体的状态或方式；人类主体对其的感知或认知；社会化的信息(不是原始自然状态的信息或生物信息)；载体、传递等。

4. 本书的定义及其依据

根据上述各种定义及所包含的要素，给出本书采用的定义：**信息是反映事物运动状态和方式，以文本、数值或多媒体等形式存在的数据、事实或见解**。例如，从反映事物运动状态和方式角度看，地震波反映的是地壳运动的信息；股市行情反映国民经济和市场的运动状态；新闻消息包含的面广，自然界和人类社会的运动状态和方式等都可以反映。

---

① 彼得·F·德鲁克等. 知识管理. 杨开峰译. 北京：中国人民大学出版社，1999，5.

② 肯尼思·阿罗. 信息经济学. 何宝玉等译. 北京：北京经济学院出版社，1989，231～232.

③ 马克斯·H·布瓦索. 信息空间：认识组织、制度和文化的一种框架. 王寅通译. 上海：上海译文出版社，2000，21.

④ 张维迎. 博弈论与信息经济学. 上海：上海三联，1996，47～48.

⑤ Hernon P, McClure C R. Federal Information Policies in 1980's: Conflicts and Issues, Ablex Pub. Co, 1987, 5.

1.1.2 信息资源的定义和条件

1. 资源的定义

《大英百科全书》把资源定义为：人类可以利用的自然生成物及生成这些成分的环境。《辞海》(1999 年普及本)对资源的定义是：一国或一定地区内拥有的物力、财力、人力等物质要素的总称。分为自然资源和社会资源两大类。

联合国环境署则这样定义资源：自然资源是指在一定时间、地点条件下能够产生经济价值，以提高人类当前和将来福利的自然环境因素和条件，如阳光、空气、水、土地、森林、草原、动物、矿藏等；社会资源指一切能用来创造财富的社会因素和条件，如人力资源、信息资源以及劳动创造的物质财富。

有关学者认为，"任何东西在被归为资源之前，必须满足两个前提条件：首先，必须有获得和利用它的知识和技能；其次，必须对所产生的物质或服务有某种需求。因此，正是人类的能力和需要，而不仅仅是天然的存在，创造了资源的价值。"①

2. 有关信息资源的各种定义

"信息资源"这个术语最早由罗尔科(J. O. Rourke)在《加拿大的信息资源》(Information Resources in Canada)一文中提出，该文刊载于美国《专业图书馆》(Special Libraries) 1970 年 2 月号(61 卷 2 期)59～65 页。

(1) 学界的定义

霍顿(F. W. Horton, Jr.)在 1974、1979、1985 和 1986 年分别提出了不同的信息资源定义。1974 年的定义：信息资源包括各种信息生产者、供应者、处理者、传播者，各种形式的信息，文献化与非文献化的，原始数据，经过评价的信息，图书馆的库藏，信息中心的库藏，信息系统和数据库中的数据、记录，报刊、录音带和电影以及其他存储和处理媒介中的信息。1979 年的定义：信息资源包括所有的信息源、服务、产品和各种信息系统。1985 年的定义：从政府文书管理的角度看，信息资源具有两层意思，第一，当资源为单数(Resource)时，指某种内容的来源，即包含在文件和公文中的信息内容；第二，当资源为复数(Resources)时，信息资源指支持工具，包括供给、设备、环境、人员、资金等。

1986 年，在他与马钱德(D. A. Marchand)合著的《信息趋势：从你的信息资源中获利》(Infotrends: Profiting from Your Information Resources)一书中，又对信息资源重新进行定义，认为，对于整个社会和国家来说，信息资源包括如下 4 个方面的内容：①具有与信息相关的技能的人才；②信息技术中的硬件和软件；③信息机构，如图书馆、计算中心、通信中心和信息中心等；④信息处理服务提供者。

对于商业性机构，他们提出了"信息资产"的概念，认为它包括：①公司拥有的数据和文献资料；②公司拥有的"know-how"，包括知识产权(专利、著作权)和个人(专家)的经验；③公司拥有的竞争情报，即有关其竞争对手和商业环境的信息。

---

① 朱迪·丽丝. 自然资源：分配、经济学与政策. 蔡运龙等译. 北京：商务印书馆，2002，12.

波拉特认为，信息资源包括信息的处理、操作、传递中所用到的一切人、机械、产品、服务……这些都是信息活动不可缺少的因素。这些资源若不加以控制、利用，扩大信息活动是不可能的。

德国信息管理专家斯特洛特曼(K. A. Stroetmann)(1992 年)认为，信息资源包括 3 个组成部分：信息内容、信息系统和信息基础结构。

我国学者乌家培先生认为对信息资源可以有两种理解：一种是狭义的理解，即指信息内容本身。另一种是广义的理解，指的是除信息内容本身外，还包括与其紧密相连的信息设备、信息人员、信息系统、信息网络等。狭义的信息资源实际上还包括信息载体，因为信息内容不能离开信息载体而独立存在。

(2) 官方文献中的定义

美国政府文件中的定义关于信息资源的定义有：

① 美国《文书工作削减法》(PRA)(1995 年)定义的信息资源是指信息与相关资源，如人员、设备、资金和信息技术。

② 美国联邦政府管理与预算局(OMB)A-130 号文件(1985 年)定义的信息资源包括了政府信息和信息技术。

3. 本书的定义及其依据

在上面列举的一些有代表性的定义或解释中可以发现，它们包含的基本思想和要素有：基于人类的实践活动，实用性，狭义理解(仅指信息)，强调集合性(即强调有一定的数量规模、富集度或丰裕度)。

综合了这些基本思想和要素，给出本书的定义——**信息资源是人类活动各个领域所产生和有使用价值的信息集合**。本定义所指的信息包括人类活动各个领域(包括政治、军事、经济、文化和社会生活等)所产生的和有使用价值的各种信息集合，如数据的集合、信息集合、(显性)知识集合，还包括各种来源、各种载体、各种表示方式、各种传递方式和渠道、各种使用场合和用途。

1.1.3 信息源与信息资源的关系

信息源(information sources)一般指信息的来源地(包括信息资源生产地和发生地)。

1. 信息源的层次分析

信息的来源有多种多样，根据它们产生和传播的次序，可以分成以下 3 个不同的层次：

最初的信息源的来源是人类的社会实践活动。政治、经济、军事、文化和社会生活的各个领域，都会产生和积累或多或少的信息和数据。

第二层次的信息源是现实社会中各种媒体以及网络，包括各种通讯社、报社、杂志社、出版商、书商、因特网、信息中介机构以及它们所采集、发布、传播的信息产品和服务，如：新闻、电讯稿、报纸、杂志、图书、网页等。它们所提供的信息一方面直接来自第一层次，另一方面则可能来自第三层次。

第三层次的信息源主要是指人类社会历代流传和积累下来的文化遗产和活动成果(如

文化典籍、考古发现、历代的文化遗存等)。

2. 信息成为资源的条件

不是任何信息都是有用的。有过时的信息,不真实的信息,甚至垃圾信息。从一般意义上说,这些信息都不能成为资源。

不同的用户,不同的时间和地点,不同的问题和任务,对信息的需求也不相同,同样的信息其有用性和价值也可能不同。所以,信息能否成为资源也受上述因素的影响。

信息源中的信息要成为资源的条件分为必要条件和充分条件。

必要条件是:首先,信息可以为人类创造财富和提供福利。其次,通过人类活动信息可以被识别或检测到。

充分条件是:首先,经过有序化处理,真实、准确的信息。奈斯比特曾说过,“失去控制和无组织的信息,在社会中不再构成为资源,相反,它构成污染和成为信息工作者的敌人。”其次,从资源开发利用的角度讲,信息需要具备一定的富集度。

信息要成为资源必须做功,即要对信息进行采集、识别、挑选、分类、编码、组织、存储、传递、分析、理解、积累、维护,才能使之成为可以利用的资源。也就是说,信息必须经过开发才能成为有用的资源。开发需要投入材料、能源和人力。开发过程中做的有用功越多,开发出的信息资源的价值就越大。

1.2 信息资源的特性、功能和价值

1.2.1 信息资源的特性

信息资源与物质资源相比较,它具有许多不同的特性。下面分别从自然特性和经济特性两方面来考察信息资源的特性。

1. 信息资源的自然特性

信息资源的自然特性有:

(1) 非物质性。它既不是物质,也不是能量,但具有物质基础。它必定要附着在某种介质上,不能离开媒介而独立存在。在现实世界中,既没有绝对不带有任何信息的物质,也没有完全脱离物质的信息。

(2) 易流动性。它易扩散,易传播,是最富于流动性的一种资源,而当代经济正是一种高度流动性的经济,这是信息资源和信息技术使然。

(3) 可再生性和数量的无限性。信息资源经过处理、传播或利用,可以生产出新的信息或更多的信息。从一般意义上讲,信息资源(包括原始状态和经过一定的开发和利用的)在数量上是无限巨大的,在统计上是无法穷举的。

(4) 易转换性。其记录介质和表示方式都容易转换。

(5) 易分享性。其生产者或拥有者难以独占使用。

(6) 质量差异性。因生产和传播水平存在差异,不同的信息资源在质量上的差异很大。

(7) 意义多样性。同样的信息对不同的人或组织可能具有不同的意义。

2. 信息资源的经济特性

信息资源的经济特性有：

(1) 效用性。任何信息资源对人类都具有一定效用，不仅可以独立使用，而且在一定条件下可以替代其他资源。可以将效用理解为人们从消费一种物品或服务中得到的主观上的享受或有用性。效用性还可以细分出以下特性：①使用的整体性。如有关一种生产工艺的信息，不管产出量大小，都要把它作为一个整体来使用。②效益的间接性。开发或利用信息资源的效益不一定立即或直接体现在经济指标上。③利用效果的社会性。许多信息资源(特别是公共信息)的开发利用效果主要体现在社会发展和进步上，而不是某个个人或组织的经济效益上，即所谓公共产品特性。④时效性。许多信息资源(特别是与决策相关的信息)都具有高度的时间敏感性，即要求及时性和适时性。

(2) 供给的稀缺性。稀缺性是经济物品显著的特征之一。这并不意味着它是稀少的，而是指它不可以免费得到。要得到这样一种商品，必须自己生产或者用其他经济品来加以交换。阿罗说："信息的稀缺性是一个必不可少的特征。"稀缺产生需求，需求产生价值。对于某个特定的个人、组织或任务来说，真正有价值的且可以获得的信息资源往往是稀缺的，而人类对信息资源的需求(不仅在数量上而且在质量上)是无限的。经济学上的稀缺规律是：大部分人所需要的东西只能得到有限的供应。

只有表现出用途(效用性)和稀缺性这双重特征的事物才能具有价值和对社会财富作出贡献。不过，对于信息资源来说，它所具有的这双重特性之间又存在着矛盾：信息的效用只有通过公开才能恰当地确定，而公开又不可避免地会损害其稀缺性。

(3) 成本结构的特殊性。生产成本高，复制成本低，固定成本绝大部分是"沉没"成本，而可变成本却很低。

(4) 体验性。作为产品，有些信息资源是一种"体验性产品"，消费者追求的是一种体验。其另一层意思是，有些信息需要通过体验才能认识其价值。

1.2.2 信息资源的分类

信息资源的类型是多种多样的。不同类型的信息资源有不同的特点、价值和用途。信息资源分类是识别和开发利用各类信息资源的基础性工作之一。

1. 按信息资源的运营机制和政策机制不同划分

(1) 政府信息资源：指政府拥有的信息资源。包括：由政府生产的信息，即政府业务流程中产生的记录、数据、文件内容；政府收集的信息，即政府根据需要从外部采集的信息。

(2) 商业性信息资源：由商业机构或其他机构以市场化方式收集和生产的，以赢利为目的的各种信息资源。

(3) 公益性信息资源：进入公共流通领域的，由公益性机构管理和向公众提供的，教育、科研、文化、娱乐、生活等领域的信息资源。

2. 按信息增值状况划分

(1) 基础性信息资源：机构业务流程中产生的，未经过加工或加工程度较低的，保证各行业和机构正常运作必不可少的信息资源。

(2) 增值性信息资源：在基础性信息资源的基础上经过增值处理，或加工程度较高的信息资源。

3. 按信息资源的所有权划分

按信息资源的所有权划分，可以分为公共信息资源(简称公共信息)、私有信息资源(简称私有信息)和个人信息。

(1) 公共信息：对公共信息尚无公认的统一的定义。美国图书馆与信息科学全国委员会1990年制定的行业法规《公共信息准则》把联邦政府生产、编辑和维护的信息称为"公共信息"，认为公共信息是属于公众的信息，为公众所信赖的政府所拥有，并在法律允许的范围内为公众所享用。显然，公共信息不等于公开信息。它包括公开和不公开出版的信息，即包括政府机构打算或不打算公开的信息。公开信息包括那些由某个政府机构挑选出来作为自己主动公开的信息，或被法庭强迫公开的信息。当然，公开信息还应包括一切公开发表和出版的非政府信息，它们一般都受到知识产权法律的保护。

(2) 私有信息：与公共信息相对的是"私有信息"(private information)。它指属于某个组织机构所专有，并打算自己单独使用的信息，又称"专有信息"。以公司为例，私有信息包括财务数据、销售记录、人事档案、市场研究资料、商业秘密、内部会议记录等。许多商务信息都是严格专用的。虽然有些财务信息按法律必须公开，但大部分公司档案可以免于公开，受法律保护。

介于公共信息与私有信息之间还有一个灰色区域，既不是完全公有也不是完全私有的，属于受控使用的信息，只限于合法用户使用。例如，商会提供的数据，只限于其会员使用。

(3) 个人信息：个人信息是指以任何形式记载的、有关某个可识别的个人的信息，包括其民族、种族、肤色、性别、年龄、婚姻状况、宗教信仰、受教育情况、财产状况、血型、指纹、医疗史、犯罪史、职业经历、身份证号码、住址、立场观点、与政府机构的秘密通信、他人对其的评论、此人在涉及自身的其他个人信息中的姓名，以及那些本身会泄露此人情况的姓名等。

除了上述3种划分方法外，信息资源还可以按记录介质、记录方式、记录状态、信息的生产和利用领域、信息的编码抽象程度等划分。

1.2.3 信息资源的社会功能和价值

1. 信息资源的社会功能

信息资源的效用性决定了它具有一定的功能。信息资源主要是一种社会资源，所以，这里主要讨论其社会功能方面。信息资源的社会功能有：

(1) 认识功能。人类可以借助它来认识客观世界和人类自身。认识功能中包括了教育功能和支持科学研究的功能。

(2) 经济功能。信息资源所具有的多种经济特性使之具有多种经济功能,如直接作为商品出售,替代其他资源,提高经济决策水平和运作效率,降低交易风险等。

(3) 政治功能。信息就是权力。控制通信服务就是权力的源泉。[①] 可通过控制信息来获得权力或巩固权力。信息资源还是政治斗争和外交斗争的重要武器。

(4) 军事功能。这是人类最早认识到的信息资源的功能。“知己知彼,百战不殆。”信息资源从来都是军事斗争和战争不可缺少的重要武器。

(5) 娱乐功能。有不少信息资源可供人类在日常生活中休闲娱乐使用,有些信息资源就是专为休闲娱乐而生产的,而且这类资源越来越多,增长迅速。另外,信息资源在发挥其娱乐功能的同时,还有可能实现其认识功能或经济功能。

2. 信息资源的价值

信息资源的价值不同于一般商品的价值。价值的概念起源于按比例交换。一定的功能产生一定的价值。另外,如前所述,稀缺产生需求,需求产生价值。所以,作为一种具有效用性和稀缺性的信息资源,当然是具有一定价值的资源。但是,信息资源的价值与传统意义上的商品的价值有本质的区别。例如,假定一双皮鞋可以交换 10 公斤小麦,两双皮鞋就可以交换 20 公斤小麦。但是,如果一份天气预报可以交换 10 公斤小麦,谁会愿意拿 20 公斤小麦去交换两份同样的天气预报呢?这种交换比例关系既然不成立,信息的价值就难以衡量,价值规律对信息资源如何起作用就成了问题。然而,如果不把信息资源视为商品,又无法与现代的政治、经济、社会生活的秩序相协调,就会给社会带来混乱。一旦信息资源成为经济生活中具有举足轻重地位的一种资源,这种混乱就会严重地影响经济生活的正常进行。

所以,萨缪尔森说:信息是一种与一般物品有着本质区别的商品。因为信息的生产成本高,而再生产的成本却极低,信息市场常常遭受惨重的失败,如软件产品,在出版、医药、娱乐以及其他信息含量高的商品领域也是如此。[②]

人们已经对信息价值及其测度进行了不懈的探索,提出了各种价值测度方法,如成本测度法、用途或效用测度法、使用效果测度法等,但它们都存在这样那样的缺陷。在探索中,人们逐步认识到:信息量并不完全等于信息价值,而且在一般情况下,信息量是供给价格而非需求价格的衡量标准。信息的价值应当是获取信息之前与之后的最大效用之差。信息的价值可以用购买行为中买主预期成本的减少额来表示。信息(系统)的价值是个体获得信息后按照该信息采取最优行动的效用与获得该信息前采取最优行动的效用之差。

在推进信息资源开发利用的过程中,我们不仅要关心信息资源的一般价值问题,更重要的是要从战略高度来认识信息资源的重要性,即信息资源的战略价值问题。早在 1973 年,美国著名社会学家丹尼尔·贝尔就指出:后工业社会的关键变量是信息和知识。[③]

江泽民同志也明确指出:“材料、能源和信息,是现代社会发展的 3 大资源。信息技术的迅猛发展,使信息资源的重要性日益突出。随着经济的发展和社会的进步,信息资源的这种

---

① 丹尼尔·贝尔.信息社会的社会结构.北京:科学技术文献出版社,1984,16.

② 保罗·萨缪尔森,威廉·诺德豪斯著.经济学.第 16 版.萧琛译.北京:华夏出版社,1999,146.

③ 丹尼尔·贝尔.信息社会的社会结构.北京:科学技术文献出版社,1984,5.

重要性更加突出。资源稀缺是全球经济发展必须面对的一个重大问题。要保持我国经济持续快速健康发展,必须把开发利用信息资源摆在重要的战略位置。大力开发利用信息资源,可以有效地降低单位国民生产总值的消耗和能耗……我们应制定切合实际的信息资源战略,拿出对策和措施,并抓紧实施。"①

信息资源的战略价值可以从以下几个方面说明和论证:

(1) 资源不同,对某个国家意义也不同。作为战略资源,它必然与该国的国计民生密切相关,是一个国家社会、经济、科技发展的基础。战略资源是指主权国家为实现国家的战略目标而可以利用的资源。

(2) 国家战略资源是一个国家为实现其战略目标可以利用的现实的和潜在的关键性资源。

信息资源已成为国际竞争中的焦点之一。信息资源禀赋和存在状况是衡量一个国家综合国力的重要标志。

(3) 信息技术的广泛应用,使信息成为重要的生产要素和战略资源,是优化资源配置、推动传统产业不断升级和提高社会劳动生产率的新动力。

(4) 我国目前信息技术的应用已经很普遍,各个信息系统迫切需要注入充足的信息资源,以维持其正常运行和发挥更大的效益。

(5) 在军事领域,信息资源已成为继人和武器装备之后新的军队战斗力构成要素,信息优势的争夺成为影响信息时代战争胜负的关键因素。

战略资源与国家战略能力之间并不是自然而然地"无缝连接"的,战略资源的多寡并不一定带来战略能力的强弱,原因在于二者之间需要一种转化机制。对于信息资源来说,转化机制就是开发利用。

1.3 信息资源管理发展沿革

一般认为,信息资源管理作为一种新的管理理念和研究领域,出现于 20 世纪 70 年代末、80 年代初的美国,然后逐渐扩展到其他国家和地区。

1.3.1 信息资源管理的出现背景

促使它诞生的主要因素有 3 个:信息资源对国家经济发展和安全日益重要,文书记录和文献数量激增,信息技术的广泛应用。

1. 信息资源对国家经济发展和安全日益重要

现代社会的一切活动都与信息相关联。美国前总统卡特 1979 年在白宫全美图书情报工作会议上发表题为"照亮道路"的演说中说:"信息是人类智慧的火花,它照亮了通向未来的道路。""信息,像我们呼吸的空气一样,是国家资源。精确而有用的信息对国家和个人来说,如同氧气对我们的健康和幸福那样必要。"在商业领域,信息也被认为是一种重要的组织

① 江泽民.中国信息化探索与实践:序言.光明日报,2001-12-27.

资源，如同组织中的人、机器和资金等资源一样，信息应当在管理上受到重点关注。

美国著名信息资源管理专家霍顿在当时也指出，导致信息资源对企业获得竞争优势变得如此重要，主要是因为：信息经济的发展成熟已导致工作性质的改变——从物质劳动到智力劳动。这一基本转变又反过来影响服务业和制造业所采用的经营方式。由于地区、国家和国际市场的复杂性和不确定性日益加剧，信息资源对于企业的重要性正在提高，当服务业与制造业之间、国内市场与国际市场之间的界线变得日益模糊不清时，而且环境的变化在持续加速时，企业监测外部环境(为制定战略规划、管理、生产、营销)的压力也在持续增大。

2. 文书记录和文献数量激增

自20世纪中期以来，社会的现代化使政府职能迅速扩展，并逐步延伸到许多公共服务领域，如建立公共设施、运输系统、医疗保健和其他社会服务机构等。政府职能的扩张导致了政府文书记录的爆炸式增长。据美国记录管理协会统计，美国联邦政府文书工作所用的纸张增长迅速，1960年是4.3万吨，1980年达到11.4万吨，1990年达到24万吨。文书记录多得惊人，甚至连政府机构也不清楚它到底制作了多少文书，对这些文书的质量、存储位置、效用更是无从知晓。文山会海不仅大大增加了政府的管理成本，降低了政府的工作效率，助长了官僚主义，而且也加重了企业和公众的负担。记录的管理逐渐成为令政府部门头疼的问题。

美国1921年就颁布《预算与会计法案》，要求联邦政府设立预算局，授权其控制政府机构生产记录的数量。1946年又颁布了《洛奇-布朗法》和《行政程序法》，成立了政府机构组织委员会(胡佛委员会)，其中设立了一个文书管理专家小组。1974年，为了回应公众对联邦文书工作负担过重的抱怨，美国国会设立了联邦文书工作委员会(Commission on Federal Paperwork)，由霍顿任主席，负责调查有关信息采集、处理和传播以及这些信息活动的管理与控制方面的联邦法律和行政报告。

科学文献数量激增，这种现象更早地就引起了人们的关注。20世纪以来，科学技术以前所未有的速度快速向前发展。尤其是20世纪40年代以后，由于第二次世界大战和随后冷战的需要，一些国家大力动员科学技术为国防服务，开展了许多大规模的综合性研究。这些因素导致科学文献数量急剧增长。据粗略估算，科学文献数量大约每10年左右翻一番，而且其倍增周期还在继续缩短。其中，图书出版量每16年翻一番，期刊品种数量在1800—1950年间也是每16年翻一番。科学论文的数量每年增长10%以上。以美国《化学文摘》每年的报道量为例，它从1907年创刊到1971年，总报道量为500万篇，其中第一个100万篇用了32年，第二个100万篇用了18年，第三个100万篇用了8年，第四个100万篇用了56个月，第五个100万篇只用了40个月。另据近期统计，到21世纪初，美国《化学文摘》的年报道量已达到77万篇以上。也就是说，在不到100年的时间里，它的年报道量增长了100倍。科学文献数量的迅猛增长和愈来愈分散、无序，增加了科技人员查阅文献的时间，影响了文献利用的效率。

3. 信息技术的广泛应用

在一些大中型企业，大量的数据常常使管理人员应接不暇。他们必须收集、分类、保存、复制或修改各种数据和文件。政府机构的情况也很类似。为了能快速地处理大量的数据，管理好大量的文书资料，迫切需要有新的技术设备。

1975年以前，美国政府部门一般采用一些基本的通信设备和办公用单机设备，如文字处理机、复印机、轻印刷设备、传真机、专用电话自动交换机等。一般企业开始采用电动机械数据处理设备，如计算器、现金记录器、记账机、穿孔卡片数据处理机。少数有条件的企业已开始采用电子计算机。1975年以后，电子计算机开始广泛应用于一些发达国家的政府机构和企业，个人计算机开始进入办公室，工作站、局域网也开始成为新的办公设备。

例如，日本川田制作所给该公司的每一个营业员都装上了微型传真机。每天早晨公司把当天营业员的工作任务通过传真机传给本人，营业员不用到公司上班，只根据传过来的条子推销商品，每周向公司汇报一次。这样，节省了上班挤车时间和交通费。据说这家公司半年试验的结果，订货额比上一年同期增加了40%，行政费用却减少了30%。光文书院通过建立的联机系统处理来自全国一千多家特约店的订购信息，工作效率比过去提高了一倍。神户制钢所每月大约有1500人到东京和大阪出差，每人每天的出差费至少要3万日元。租用"电视会议系统"，每月只需要150万日元。不仅节省费用，而且节省了时间。一些银行和证券公司也开始建立跨单位跨地区的联机系统。大和、山一、日兴和野村4大证券公司都利用这种联机系统处理证券信息。日本兴业银行和新日本、和光、冈等3家证券公司20世纪80年代初联合设立了电子计算机处理信息公司。

信息技术在给人们带来很大便利的同时，也让人们开始思考它的成本和管理问题。很多企业把办公信息看作同人、钱、物一样不可缺少的资源，在实现办公自动化的同时，对企业的管理体制进行改革，设立了信息资源管理机构，减少了很多中间管理环节和管理人员。

1.3.2 信息资源管理的产生和发展过程

信息资源管理根植于3个独立的学科：数据库管理、记录(或文献)管理和数据处理管理。每个学科的活动一般都相互独立。这一点也部分地解释了人们赋予这个词的意义为何如此多样。信息资源管理不仅起源于3个不同的学科，而且它成长和发展于两个不同社会部门：私营部门的公司企业和公共部门的政府机构。这两个部门和3个学科代表了各种不同的理解(解释)：它们包含必须处理的数据类型、有效地管理信息所需要的组织结构，以及为达到信息资源管理目标必须考虑的困难程度。这种来源多样性表明：信息资源管理是对信息问题的跨学科性质的一种反应，它的解决方案也必须是跨学科的。

由于来源不同，故赋予它的含义也很不同。一些作者认为它是一种管理哲学，即把数据和信息视为一种独立于处理它的技术的实体和有价值的重要的组织资源。另一些人则简单把这个词作为数据库管理、数据处理或记录管理的另一种标签。还有一些人根本不用它，但他们所说的实际上是信息资源管理。

1. 数据库管理

数据库管理(database administration)的基础是计算机科学，其关心的领域是机读数据。实际使用信息资源管理这个词仅仅是最近的事。公共部门在这方面的贡献表现为标准化机构的工作，如建立和贯彻标准，支持的一种全球视野和集成方式的公司数据的利用。

在数据库应用中，人们认识到需要一种管理功能来解决一个组织的数据协调和控制问题。随着数据量的增加，导致人们在20世纪60年代有兴趣开发更有效的信息存储检索方法。一些组织开始研究这一管理分支，政府机构和私营部门都作出了努力。其范围开始时几乎完全是技术方面的。典型的功能是那些协调数据库管理系统(DBMS)的活动和带有应用程序的界面所必需的功能。这种管理功能很少或没有控制数据冗余或者进行跨系统的规划。由于直接的数据库管理问题是与开发和运行相关的技术问题，所以负责这种工作的人员的基本资格也只有技术方面的要求。

20世纪70年代和80年代，数据库和DBMS的利用日益增长。人们对数据管理的看法也有一个大的转变。DBMS被认为只是数据管理的一部分，这导致出现了一批新词，如data management、data administration和data resource management。把数据作为一种真正的组织资源来对待的思想已经出现。用来描述这种认识的第一个术语就是数据库管理。这种工作被定义为控制数据库并确定数据在其中的存储方式的规则，其责任是数据库的创建、设计和运营。20世纪70年代后期，当数据库使用增多并变得更加集成化时，数据和程序的所有权以及数据所需要的管理的问题就成为必须解决的重要课题。对于这一点，技术部门和管理部门之间的分歧便出现了，因为前者依然停留在数据库管理的范围内，而后者则成为具有数据管理这种新功能的一个领域。

数据管理者有时作为一种小的独立的顾问组为数据处理作业管理者就数据库问题提供咨询意见，或者组成一个更大的支持性小组提供有关数据库应用开发、数据库定义、数据词典等方面的技术指导。有时，它又是设立来处理数据库用户群问题的咨询服务小组。数据管理从关心数据存储设备和存取方法开始，发展到关注数据作为一种公司的资产。其地位处于数据处理部门的报告结构之中，在组织的等级结构中地位低。这种管理责任范围倾向于技术性的问题而不是更全局性的问题。1982年和1983年进行的调查证明了在重点转变方面有了实质性的进展。人们使用数据管理(data administration)这个词是指把公司的数据作为公司的一种资源来管理的政策和程序的建立和实施，而用信息资源管理这个词来指这个领域的顶层管理功能。研究表明，重点已放在有关用一种全局的观点来看待公司的数据：数据词典、把数据视为一种公司资源的思想以及数据共享。

美国国家标准局(NBS)在引入信息资源管理这个词描述有关数据管理的功能方面扮演了一个很有影响的角色。它支持了一系列的"数据库指导"工作组，集合一批专家去识别问题和提出有关数据库有效利用的建议。工作组的目的是向管理者提供信息，帮助他们评论、选择和有效利用IRM工具。NBS将IRM定义为："……无论什么政策、行动还是程序，关系到信息(自动化和非自动化)的这些管理功能都是设立来服务于公司现在和将来的全部需要的。这些政策将包括考虑可获得性、及时性、准确性、完整性、私密性、安全性、可审计性、所有权、利用和成本-效益方面。"[①]这个定义比数据管理的含义更广泛，它关心存放在中央计算机数据库中的一个组织的数据的质量、完整性和可获得性的维护工作。同时，它只关心机读数据，标准制定和实施的概念反映了其重点是控制。为实现IRM的目标所需要的政策则着眼于发展一种结构，以便为公司数据的维护提供长期的规划。

① Database Directions: Information Resource Management—Strategies and Tools; Goldfine A, Ed., U.S. Department of Commerce, National Bureau of Standards: Washington, DC, Sept. 1982. NBS Special Publication 500-92,. ix, 53.

可以看出，控制是 IRM 概念的基础。事实上，最早的数据管理功能也必须与控制数据库使用结合起来做，以便使数据共享成为可能。但是，此时的数据管理还不具有组织所期望的保证这种数据控制所需要的相应的权威（机构）和与责任相匹配的地位。另一个控制问题则来自最终用户的计算运动。随着数据库用户的增加，数据完整性问题加剧了。跨部门的数据共享要求某些人或部门树立起公司数据的全局观念。尽管许多数据管理者有这种抱负，但技术性任务似乎仍然在支配他们的工作。

2. 记录管理和文献管理

记录管理和文献管理的方法来源于图书馆学和情报学、行政管理及其他有关组织内的文献的有效存储、检索和利用的学科。这个领域首先用信息管理这个词去描述管理这类信息的一套连贯和整体性的方法。公共部门则在使用 IRM 去描述数据管理活动方面起了带头作用。

1974 年，美国成立了联邦文书工作委员会，以回应日益增长的联邦信息报告的要求造成的政府机构、私营部门及公众的文书工作负担加重的问题。该委员会通过调查研究，提出了使这种负担最小化的方案，并促使国会通过了《文书工作削减法》（Paperwork Reduction Act of 1980，PRA）。该法案为信息资源管理的实施提供了一个框架，与公共部门和私营部门的组织都有关。体现在 PRA 中的 IRM 的目标分为 7 个主要方面：削减文书工作、数据处理、电信资源管理、记录管理、信息政策和战略、信息共享和公开、组织建设和管理等。而在美国教育界，一些图书馆学院改名为“情报学院”或“信息管理学院”，表现出更广泛地关注和更好地研究纸质文献和机读文献增长的问题。

PRA 没有明确地定义 IRM，一个隐含的 IRM 定义是在每个政府机构的责任中提供的：“系统地编制它的主要信息系统资产目录和定期地评价它的信息管理活动，包括信息收集、利用和传播所需要的规划、预算、组织、指导、培训、宣传、控制以及其他管理活动。”①美国总会计署（GAO）对 PRA 界定的 IRM 评述道：“一个为了集成和聚焦有关信息全生命周期管理的各种活动——从收集或生产到最后保存——以及在每个阶段中推动计划和政府机构目标的实现。它包含按照计划和政府机构管理者能获得和有效地经济地利用信息的方式来管理数据和信息”。②

信息管理的实践使人们认识到需要一种人或组织的功能来达到这个目标，所以人们呼吁设立一种高级管理职位——首席信息官（CIO），他具有一种全面的洞察力，以实现该法案所需求的文件协调和共享。PRA 生效后，美国联邦政府又在 OMB 下面成立了信息与规章事务办公室（OIRA），行使信息交换机构（Clearing Agency）的职能，负责从公共部门收集信息，协调联邦政府的统计和记录管理活动，以便于机构之间的文件共享。

信息管理主要关心文献或文书的有效存储、检索和记录保存工作。故有人把它描述为

---

① Paperwork Reduction Act of 1980，44U. S. C. ，ch. 35，sec. 3506.

② U. S. General Accounting Office. Comptroller General's Report to the Chairman，Committee on Government Operations House of Representatives：Implementing the Paperwork Reduction Act：Some Progress But Many Problems Remain；Government Printing Office：Washington，DC，1983，. ix，48～56.

旨在通过定义信息需求和提供专门服务来控制信息量猛增的学科。信息管理领域的另一方面是技术和功能的集成，如数据处理、信息发布、出版和印刷。这意味着信息管理者必须指导和控制信息处理的所有方面：处理、存储和控制所有数据文档活动、记录管理和档案存储。

20世纪70年代末开始，信息管理这个词开始具有另外的意义，从仅指技术功能（信息产品的内容和质量）扩展到关注组织的环境（信息利用的环境），因而，需要一种集成化的IM理念把组织内分散的信息处理活动集成起来，如计算和沟通，数据处理和文字处理、内外部数据库、正式和非正式的交流等。这样的解释使IM等同于IRM。

3. 数据处理管理

数据处理管理对信息资源管理的认知来自工商管理和管理信息系统（management information system，MIS）。一方面，计算机和数据处理的历史通常表现为一系列的"代"，并用重要的技术进步来命名。第一代计算机（1945—1955年）主要用于科学计算。第二代计算机（1955—1965年）开始用于商业界。电子数据处理（EDP）或简单的数据处理就是用来描述这种办公室辅助性工作的词，即用来支持劳动密集型的秘书工作。第三代计算机（1965—1975年）带来了一个新词MIS，描述其信息处理的目的是支持管理决策，但为此需要进行某些变革。数据库系统和远程访问等重要技术的实现，进一步扩大了计算机的应用范围。第四代计算机（1975—1985年）持续扩大了其用户基础，引入新的软件和数据库工具使得用户更便于使用，而且在这一时期末出现了小型、低价、易用的个人计算机。这个时代的重点是提供更高质量的信息，不仅给高层管理者，也给组织中的所有用户。同时，高层管理者也认识到：与公司信息处理有关的费用已成为一个主要预算项目。这个时期，"管理信息"、"公司信息系统规划"、"信息处理的战略规划"及其他IRM同义词受到了文献的关注。

另一方面，诺兰（R. Nolan）提出了阶段理论（Stage Theory）。根据从几个公司收集的数据，诺兰识别出一种数据处理功能发展的连贯一致的进程。他认为，第一、二阶段是起步和传播阶段，引入和鼓励使用新技术；第三、四阶段（控制和集成阶段）是关心信息处理融入到一个管理框架中，以支持事务处理和决策。最后两个阶段是（数据管理和成熟阶级）就是他对IRM的描述。在这里，确立一种数据管理功能，其中存在着共享系统和跨功能领域的数据，而更重要的是信息系统应用"反映"了组织中的信息流。

上面两种用来描述数据处理历史和发展的框架，其终点都是IRM的概念。数据处理管理关心数据处理功能的改善，以便更好支持公司的决策。信息不仅被描述为一种资源，而且也是一种资产和竞争武器或战略武器。信息作为一种公司资产的理念得到人们的高度重视。所有信息，不仅是管理信息，都需要适当的管理。为强调规划的重要性，人们还使用了信息政策、公司信息政策和信息系统规划等词。IBM提出的业务系统规划（BSP）的思想，其焦点是要全面理解公司的业务和支持其业务的信息系统。采用自顶向下的方法，从识别业务流程开始，进而识别数据类和系统并把它们与那些业务流程关联起来。它还包括评价现有的信息系统管理，定义信息体系结构（IA）和制定一个行动计划。此方法的一个主要目标是实现业务目标（及信息流）与开发的系统的紧密匹配（相当于诺兰模型的最后阶段）。这里实际上包含了IRM的思想，表现为一种数据设计和管理的形式化方法（正规的方法），或者称它是对公司数据的直接、主动的管理,使数据为公司发挥作用。这种思想有一个隐含的相关目标:满足用户的需要与数据有效存储检索同样重要。

工商管理领域关心的是确立计量信息价值的合适财务指标,为信息处理系统、制定战略规划、满足所有用户的需要以及从一种业务视角去管理信息处理业务。IRM 要求设立一种与其他高级管理者一样的高级 MIS 管理职位。信息资源管理者或 CIO 被用来描述这种职位。CIO 的作用是在公司规划与信息处理之间架一座桥。当 CEO 确立了公司的目标和绩效指标,CIO 就负责制定一种信息规划,它使组织的所有层次与成功因素连接起来。这种信息系统规划的一个重要部分是服务于数据管理的部分。保证公司数据的可获得性、质量和集成,是 IRM 的重要目标。这个目标把 MIS 管理目标与数据库管理目标组合一起。另一目标是改变对数据处理效益的态度,以聚焦短期的成本替代或投资回报,到较高级的、长期改善竞争优势和机会实现。

尽管 IRM 的效益明显,逻辑论证也有说服力,但只有少数公司真正实施了此概念。批评者称 IRM 只是数据处理的另一个名称,是为了增强它的实力地位的一种方式。支持者则认为,为了能从全局的观点来观察数据或信息,必须将传统上认为很不同的领域加以联合,这样才能使 IRM 的基础比 MIS 更大,能包括公司信息处理的所有领域。对 IRM 的抵制可能来自两方面:一些部门可能抵制对它们权力基础的威胁;高层管理者因为不理解 IRM,可能把它只看成是会增加其预算开支的另一种形式的数据处理。许多 MIS 管理者自己也不理解 IRM 的意义。这种混乱常常归因于他们缺乏利用 IRM 的动力。最后,还需要有新的会计核算工具来评估信息处理的真实成本和价值。

4. 三者的融合

在这 3 个分立的领域中,有些人已认识到他们本领域只提供了一部分解决方案。在 20 世纪 80 年代,IRM 的发展已开始进入一个新阶段:学科、技术和信息类型的融合阶段。分别来自 3 个学科的 3 位作者的思想表述了这种融合过程。

霍顿(最早使用 IRM 这个词的人之一)从信息管理的角度,特别是根据他在联邦文书工作委员会工作,呼唤一种学科间结合的方法,它聚焦于信息、信息利用和用户,不考虑特定的信息处理技术。其出发点是:人们对信息爆炸和需要利用这种重要资源认识的提高。由于信息的爆炸性增长,信息过载问题与信息缺乏同样重要。不过,他的管理方法严重依赖适用于信息的新的会计和预算方法。辛诺特(W. R. Synnott)和格卢博(W. Gruber)从 MIS 管理的视点来探讨 IRM,他援引目前信息处理管理中固有的问题作为走向 IRM 的理论基础,因而被视为数据处理的一种自然发展。他们提出的方法中的一个关键论题是一种包含在 CIO 职位中的强有力的、集中的信息管理功能。[①] 诺兰综合了他的基于阶段理论的研究工作和他的有关数据管理的研究工作,展示了一种数据资源管理。他著作中的核心论题是已经在管理思想中出现的、从管理计算机到管理数据的转变。他强调这种资源的性质和特性对达到有效的数据利用,开发它的全部潜在价值以及把它与公司其他资源整合起来的重要性。

---

① Synnott W R, Gruber W. Information Resource Management: Opportunities and Strategies for the 1980's; New York: John Wiley, 1981.

他承认这种数据资源渗透到整个组织，因此，关注它的部门远不止数据处理部门。他的观点中包含的是通往组织中数据资源管理理念的阶段进化理论。[①]

这种 IRM 的融合观点基于以下几种假定：

① 信息是一种有价值的公司资产，它可以作为公司的一种战略武器，为公司获得竞争优势。这一点意味着它具有财务价值，应用于公司其他资源的资源管理技术也适用于它。它包括了解这种资源的性质和特征，建立一种管理功能去保存和有效利用它，达到一种可识别的平衡点，理解这种利用对组织的意义，并把信息管理政策与公司其他政策结合起来，关注的焦点是信息而不是技术。应当根据公司的目标及由此产生的信息需要来确定技术利用的方式。

② 用户在 IRM 成功实施过程中起着关键作用。这意味着要把重点从关注输入、效率和短期目标，转向关心输出、效果(效益)和长期目标。

③ 它假定达到 IRM 目标是一个渐进的过程，包含有组织学习和正面的经验。[②]

1.3.3 信息资源管理的发展阶段

关于信息资源管理发展阶段的划分，有不同的分法，如五阶段论、四阶段论。

1. 五阶段论

五阶段论主要是美国学者霍顿和马钱德(D. A. Marchand)于 1985 年提出的。他们把信息资源管理按照信息管理的发展史划分为 5 个阶段，即文书管理、自动化技术管理、信息资源管理、竞争情报分析、战略信息管理，并按照 6 个不同方面(主焦点、管理内容、对组织的作用、视野、所依赖的资源、业务目标)来描述每一个阶段。

(1) 文书管理阶段

文书管理(paperwork management)阶段，又称信息的物理控制(the physical control of information)阶段。其时间范围有人认为大约在 19 世纪晚期至 20 世纪 50 年代，我们认为还可以向前追溯更长时间。人类在漫长历史时期中一直依赖手工和以纸张为主要介质的方式来管理信息。霍顿和马钱德认为，文书管理阶段的主焦点(即对象)是纸质的媒介和信息，如记录、报告、通信、邮件、医疗记录等；管理内容是物理属性管理；在组织中起着支持管理人员和雇员的作用；视野向内；主要依靠纸张、打字机、电话、档案夹、制表机、缩微设备；追求业务过程的效率。

(2) 自动化技术管理阶段

自动化技术管理(management of corporate automated technology)阶段，时间大约是 20 世纪 60 至 70 年代。该阶段企业越来越多地采用电子数据处理、现代通信和办公自动化设备，所以，其主焦点开始由纸质资源转变为信息技术设备和系统；管理内容转变为技术属性管理；在组织中开始具有中层管理的功能；视野还是向内；主要依靠技术资源和技术人员

---

① Nolan R. Managing the Data Resource Function, 2nd Ed, New York: West, 1982.

② Trauth E M. Information Resource Management. Encyclopedia of Library and Information Science, Vol. 2, Marcel Dekker, 2003, 1325～1337.

来实现管理；追求的目标主要是提高效率。

20 世纪 70 年代，管理信息系统的出现和流行在一定程度上改变了偏重信息技术的倾向，以信息资源为处理对象的数据库成为信息管理系统的有机组成部分，信息管理也因此进入了企业的管理层，赢得了企业管理者的认可。

(3) 信息资源管理阶段

信息资源管理(information resources management)阶段，时间大约起自 20 世纪 70 年代或 80 年代初)。主焦点转变为信息资源；管理内容扩大为信息技术和信息内容的成本效益；在组织中的功能提升到支持高层管理决策层次；视野重点向内，有时向外；主要依靠信息资源和信息系统(包括个人计算机、工作站、分布式数据处理、集成化信息系统等)来支持经营管理；追求的主要目标是面向成本效益的信息资源和技术的管理与利用。政府首先开创了这样一个新阶段，美国国会通过了《文书工作削减法》，要求联邦政府必须把信息和信息技术作为一种重要资源来管理。然后，企业也开始把信息资源视为与人力资源、物质资源同等重要的战略资源，把信息资源管理视为与市场营销、财务管理、生产管理和人力资源管理同等重要的管理职能。

(4) 竞争情报分析阶段

原来称为“企业竞争者分析和竞争情报”(business competitor analysis and intelligence)阶段，这里把它简称竞争情报分析阶段，大约始于 20 世纪 80 年代中期。由于竞争的进一步加剧，企业认识到必须有效地搜集和利用信息来制定更有效的战略，以降低风险，维持或重新赢得竞争优势。此阶段的主焦点转变为商业机构的竞争策略和方向；管理内容转变为重视竞争对手分析和情报利用；在组织上其地位进一步上升，具有高层管理人员的地位，信息主管(CIO)开始现身于企业；眼睛主要向外；重点依靠人力资源和情报分析工具；主要目标是获得竞争优势。

(5) 战略信息管理阶段

战略信息管理(strategic information management)阶段，马钱德和霍顿认为这是信息资源管理的未来发展阶段。他们预测此阶段的主焦点是企业的战略和方向；管理重点是决策支持方面；在组织中将发挥高层管理的决策作用；眼睛向外也向内；主要依靠人力资源和智能技术(如决策支持系统、智能系统、数学模型等)；主要目标是追求整体业绩和效益。

该阶段也称为“知识管理阶段”，知识本身被视为企业最重要的战略资源，知识管理成为企业管理哲学的重要组成部分并在所有管理层面得到采纳和运用。由于知识管理深入人心，企业本身变得“聪明”起来。

2. 四阶段论

1988 年，马钱德又和克莱斯兰(J. C. Kresslein)合作推出一个四阶段模型，把信息管理划分为 4 个阶段，即信息的物理控制、自动化技术的管理、信息资源管理和知识管理。每个阶段用 5 个不同方面(推动力量、目标、基本技术、管理方法、组织地位)来描述。

(1) 信息的物理控制阶段

信息的物理控制阶段的主要推动力量是企业和政府机构的增长和多样化；目标是程序

效率和物理效率;基本技术是纸张、打字机、文件柜、制表机、缩微设备;管理方法是文书管理、记录/报告管理、函件管理、命令/指示管理、重要记录的保护、办公室布局与设计;在组织中的地位属于监督性的和中低层的管理,分裂而松散的协调。

(2) 自动化技术的管理阶段

自动化技术的管理阶段的主要推动力量是数据处理、电信和办公自动化系统的独立发展和提高;目标是技术效率和控制;基本技术是第二、三代电子计算机独立应用、群集式文字处理机、增强型语音通信技术,"技术寻求使用"成为技术管理的主导模式;管理方法是出现了集中式数据处理部门、文字处理中心、复制中心、独立应用的工作站、独立应用单位;在组织中的地位属于中层管理(有些例外),信息技术使用者与提供者之间存在隔阂。

(3) 信息资源管理阶段

信息资源管理阶段的主要推动力量是数据处理、电信和办公自动化技术的融合;目标是信息技术的集成管理,视信息为战略资源;基本技术是分布式数据处理、ISDN、多功能工作站、基于台式和便携式PC的个人计算;管理方法是信息技术的水平管理、传统的信息资源管理(如规划、成本核算)的应用、业务规划与信息资源规划的紧密结合;在组织中的地位属于中高层或次高层管理者。

(4) 知识管理阶段

知识管理阶段推动力量是对信息技术的依赖性增加以及信息技术对企业各层次业务和管理决策的渗透;目标是为了决策、管理和操作而将信息资源的物理/技术管理与信息流程的管理结合在一起;基本技术是专家系统或知识库系统、决策支持系统、智能办公系统;管理方法是将信息使用和信息价值与信息技术管理结合起来,将内部和外部信息处理结合起来,信息规划与业务规划结合起来;在组织中的地位是知识资源管理被各级管理层作为一般管理哲学的基本组成部分来采纳。

3. 几点看法和评论

上述两种划分方法共同点非常多,共性的地方较好地揭示了信息资源管理发展的规律性。同时,也需要注意以下几点:

(1) 考虑到政府机构一般不存在商业竞争问题,故四阶段论更具有普遍性。

(2) 文书管理阶段应当是泛指一切基于手工和纸张(或其他类似介质)的信息管理,不能狭隘地理解为档案管理。记录在当时是一个含义广的词,可包括文书档案和传统的文献资料。美国联邦政府管理与预算局A-130号文件对"记录"的定义是:指美国政府机构生成或接受的所有图书、文章、照片或其他文献资料。

(3) 信息资源管理阶段是其中的核心阶段,而且是仍在发展的阶段,未曾结束于20世纪80年代。

(4) 知识管理目前仍处于探索阶段,只有一小部分企业和机构取得了一定成果。知识管理与信息资源管理有很多重叠交叉,而且离不开信息资源管理,更不是取代关系。战略信息管理也是如此。

1.4 信息资源管理的学科性质和内容范围

信息资源管理这个新的学科领域出现以后,涌现了许许多多的著作对它进行介绍、普及和研究,可以说是一派繁荣景象。但是,如何准确、全面地描述它的含义、性质、研究对象和服务,至今仍然是一个没有很好地解决的问题。

1.4.1 信息资源管理的含义和性质

1. 信息资源管理的含义

霍顿 1979 年认为,IRM 是对一个机构的信息内容及支持工具(信息设备、人员、资金等)的管理。他把它看成一种资源管理体系,包括与信息收集和处理有关的所有方法和程序。他强调 IRM 属于资源管理,把资源管理的概念扩展应用到数据、信息和知识的管理方面。1985 年,他在一部新作中对它进行了更全面的定义:一门把信息视为与资金、物质、人力和自然资源同等重要的资源管理学科。它研究如何有效地处理信息资源(原始数据)和产出信息资产(知识)。

美国学者怀特(M. S. White,1982 年)认为,IRM 是有效地识别、采集、整合和利用各种信息资源以满足当前和未来信息需求的过程。列维坦(K. B. Levitan)1982 年在一篇专题评述中认为,作为概念,IRM 的含义是非常广泛的。由于出发点不同,阐述的角度不同,形成了各种 IRM 的定义,现在还没有形成统一。

这个概念进入我国以后,人们对它也有很多不同的理解。有些人从词义本身来解释信息资源管理,认为它的含义等于"信息+资源管理",或者等于"信息资源+管理"。由于人们对信息资源有不同的理解,所以,倾向于"信息资源+管理"的观点的人对它又有不同的解释,如狭义的信息资源管理和广义的信息资源管理,甚至于有人认为它等于数据管理,或等于文献管理。

从广义上和整体上来认识和理解是比较合适的。这样能比较全面地把握该概念的含义,有利于区别其他相关的概念。信息资源管理就是综合运用各种方法和手段进行信息资源规划、组织、利用和控制的过程。

2. 信息资源管理的性质

如前所述,由于企业和政府机构越来越多地采用信息技术,这方面的开销呈指数增长,产生的大量文档需要管理,信息系统的采购、实施和运维也需要管理。对于这些繁重的管理需求,需要一个新的概念来表达,就是信息资源管理。所以,信息资源管理的实质是一种新的管理理念和管理哲学。IRM 是一种对改进组织生产率和效率有独特认识的管理哲学。这种新的哲学内涵包括:视信息为重要的资源和战略资源,把信息资源管理视为与市场营销、财务管理、生产管理和人力资源管理同等重要的管理职能。它在一个组织中为完成其任务起着重要的作用。从战略管理的角度考虑 IRM 是运用信息资源来实现或达到战略目标。其次,它是一门学科,是管理各种相互联系的技术群,使信息资源得到最大利用的艺术和科学。是信息管理中几种有效方法的综合，将一般管理、资源、控制、计算机系统管理、图书馆管理以及多种政策制定和规划方法结合起来，并加以运用。是为了有效地利用信息资源这一重要的组织资源而实施规划、组织、用人、指挥、控制的系统方法。再次，它还是一种管理活动和过程，它包含所有能够确保信息利用的管理活动。它是组织机构各层次管理人员为识别、获取、管理信息资源，以满足各类信息需求而开展的一种活动；是与信息相关的计划、预算、组织、指挥、培训和控制过程。

1.4.2 信息资源管理的研究范围、对象和目标

1. 信息资源管理的研究范围

信息资源管理是指为了完成机构的使命而管理信息资源的过程。从范围来看，这个术语既包括信息本身，也包括诸如人员、设备、资金和信息技术之类的相关资源。而信息资源开发利用主要是利用信息技术对信息内容本身的开发利用。

R. Umbaugh 在描述了一种称为公司信息政策东西之后，含蓄地把 IRM 的领域范围概括为：①保证系统集成和公正服务。②保持与技术发展同步，它将使公司受益。③制定信息处理、获取和传播方面的政策。④具有 MIS 操作的开发和维护所需要的权威和责任。⑤保证数据保密、安全和保存。①

T. Guimaraes 在研究公司实施 IRM 的成功率时，提出了 IRM 的范围：①有一个 CIO 或最高的计算机经理直接受 CEO 领导。②CIO 在必要时支配(主持)公司的信息政策。③公司有一个集中统一的 MIS 规划，包括中央计算机和个人计算机。④MIS 部门建立有一个至少横跨主要部门的信息流程图。⑤数据管理功能包含在 MIS 中，并包含有公司的数据库管理和数据管理。②

1985 年，美国联邦管理与预算局从政府信息资源管理的角度界定 IRM 的任务是：系统地编制信息资源目录，定期评价政府机构的信息管理活动，包括计划、预算、组织、指导、培训、促进、控制和其他涉及信息的收集、使用与传递的管理活动。强调这一术语既包含信息本身，也包含与信息相关的各种资源如人员、设备、经费、技术等。

(1) 计划(规划)。计划是对未来行动的安排，在逻辑上它是首先发生的职能，并渗透在其他各种职能(如组织、指挥、控制等)之中，所以是首要的管理职能。计划工作包括策划和决策的结果，即针对未来的发展预先考虑做什么、在何时何地做、如何做和由谁做，最后作出决策，形成具体的计划或规划，编制相应的预算方案等。计划的本质是为了最有效地利用组织的资源，要明确组织的目标并为实现目标提供策略保障，要通过一系列政策、程序和措施来优化资源配置，保证组织目标的实现。

对于信息资源管理来说，就是面对组织的发展目标和信息需求，在对信息资源管理规律和组织的内外部环境条件的认识、分析和预测的基础上，制定信息资源管理规划和其他有关计划的过程。它是信息资源管理的起点。另外，预算也是实现信息资源管理规划的重要手

---

① Umbaugh R. Defining a corporate information policy. J. Inf. Syst. Manage. Spring, 1984, 1, 3～8.

② Guimaraes T. IRM revisited. Datamation. March 1, 1985, 130～134.

段。它反映了组织的信息资源开发和利用政策，规定了信息资源开发和利用的方向，为信息资源开发和利用活动提供了资金保证。

（2）组织。这是法约尔提出的管理的第二个要素。组织分为物质组织和社会组织，管理中的组织是社会组织。组织的职能是确立一个组织在物质资源和人力资源方面的结构，即确立其组织机构设置、各个机构的任务、职位的安排以及人员的安排。它是保证计划实现所必须的活动的连贯性、协调性和一致性的一项职能。组织是否能够有效地运行，很大程度上取决于其组织结构和组织工作。有些组织机构资源大体相同，但由于它们的组织设计不同，故其经营状况差异很大。组织设计的内容包括纵向结构、横向结构、职权结构，以及有关分权与集权、授权、委员会制等问题。明确行政首脑的职责和权限，合理选择和设计组织机构，选拔优秀的管理人才，员工的培训和提高，确立正确引导、准确评价与适当奖励相结合的激励机制。

对于信息资源管理来说，组织职能就是设计一种组织机制，如第一把手原则，信息主管制度等，使有关的计划的贯彻实施具有组织保障，使参与信息资源管理活动的人员明确自己在组织中的位置，了解自己在相互协调的系统中的作用，自觉地为实现信息资源管理的目标而有效地工作。另外，还包括通过各种方法和途径对所有参与信息资源管理活动的人员进行教育、训练，使其掌握信息资源开发和利用的技术、方法，提高其素质和工作效率。

（3）指导。指导包括指挥与领导工作，是在管理中采取具体措施，调动和协调各级管理人员按要求完成各项工作，对组织中的全体人员进行指导和领导，进行沟通联络，运用各种手段和方式，施加影响，以统一员工的意志，从而保证组织目标的实现。对于信息资源管理来说，就是指挥和领导信息资源管理活动并使之实现信息资源管理目标的过程。它直接涉及信息资源管理者和管理对象之间的关系，涉及对信息资源开发和利用活动的指导、沟通和有效的激励，引导参与信息资源开发和利用的工作者有效领会和出色实现有关的目标。

（4）协调。法约尔认为协调能使各职能机构与资源之间保持一定的比例，收入与支出保持平衡，材料与消耗成一定的比例。协调就是让事情和行动都有合适的比例，就是让方法适应于目的。有效协调的组织一般具有如下的特征：每个部门的工作都与其他部门保持一致；组织的所有工作都顺序进行；各个部门各个分部对自己的任务都很了解，并且相互之间的协调与协作都好；各部门及所属各分部的计划安排经常随情况变动而调整；公开各部门领导人的会议是使工作人员保持良好状态的一种标志。对于信息资源管理来说，协调就是要处理好各方面的关系和矛盾，如信息资源管理与整个组织的管理及其战略目标的关系，信息化建设与组织的业务发展的关系，信息化建设与日常的信息资源管理的关系，各个信息系统之间的关系等。

（5）控制。法约尔认为，控制就是要证实企业的各项工作是否已经和计划相符，其目的在于指出工作中的缺点和错误，以便纠正并避免重犯。控制是对指挥工作的各项措施进行监测、控制与调整，包括建立激励机制、监督系统和制定奖惩条例并认真执行。对人可以控制，对活动也可以控制，只有控制了才能更好地保证组织任务顺利完成，避免出现偏差。当某些控制工作显得太多、太复杂、涉及面太大，不易由部门的一般人员来承担时，就应该让一些专业人员来做，即设立专门的检查员、监督员或专门的监督机构。从管理者的角度看，应确保组织有计划，并且能够执行，而且要反复地确认修正控制。由于控制适合于任何不同的工作，所以控制的方法也有很多种，有事前控制、事中控制、事后控制等。

对于信息资源管理来说，控制就是对信息资源管理活动进行评估和调节，以确保信息资源管理目标的实现。例如，在信息资源开发和利用活动中，一旦决策方案、活动计划通过组织付诸实施的时候，就需要对活动进行控制。即通过监督，检查计划的执行进度，揭示计划执行的偏差，找出出现偏差的地方、性质和原因，并采取积极措施予以调节，或把不符合要求的信息资源开发和利用活动纠正到正确的轨道上来，使之符合原来的决策和计划发展，或重新制定符合实际情况的决策，以修正计划。

IRM 的领域范围也可以表述为一个“信息共同体”(information community)，由若干个更小的、存在于组织中的实体构成。所捆绑的每一个实体按照信息类型和遇到的信息问题结合在一起，而不是因为使用的技术类似。这领域的边界将随需要而变化。这种信息社区代表了信息处理的 3 个组成部分的集成：

① 技术——用于计算、通信、办公室功能和记录管理的技术；

② 处理——包括办公室、数据处理部门或销售部门的数据处理；

③ 数据——各种类型的数据(数值、文本、语音和元数据)和各种使用(公司与个人、内部与外部、正式与非正式的)。

IRM 使用的工具是现在使用中的各种工具的集成，包括自上而下的结构化系统设计方法、业务系统规划、数据库建模和数据词典。说这些方面都属于 IRM 的范围，并不等于说 CIO 已经直接控制了它们，这只意味着所有这些功能在规划、预算和资源配置过程中都必须加以考虑。

2. 信息资源管理的研究对象

在宏观方面，信息资源管理的研究对象可以概括为以下几个方面：

(1) 信息资源管理的历史和发展；

(2) 信息资源管理的基本理论、技术和方法；

(3) 有关的信息政策和法规及其研究；

(4) 政府信息资源管理；

(5) 企业信息资源管理；

(6) 网络信息资源管理；

(7) 公益性信息机构和其他机构的信息资源管理；

(8) 信息技术和信息系统管理；

(9) 信息资源配置和信息资源开发利用。

在宏观和微观方面，它的研究对象是很丰富多样的。下面，重点介绍几个方面。

(1) 信息需求。信息资源管理的各个方面必须建立在对信息系统和服务的用户的信息需求的研究基础上。这项工作在情报学和图书馆学领域已经进行了几十年。计算机信息系统的设计者也需要了解客户对系统的需求。在识别信息需求时，要注意信息需求是可变的，信息需求的变化会产生新的需求，信息的相关性只能由用户来评估。因此，信息资源管理者必须使信息需求识别成为组织中一种不断更新的活动，要重视对所提供的信息的反馈，监控组织中变化着的优先任务，持续地理解用户在组织中的职能和作用。

(2) 信息生命周期。此概念来自记录管理并且是它的核心概念。信息生命周期的划分在不同的组织中是不一样的，取决于信息的性质、所用的工具、使用范围和使用控制情况。

（3）信息资源。一个组织中的信息资源通常包括以下类型：数据、记录、文本、多媒体、信息技术、人工智能中的专家系统等。

（4）信息经济。信息资源与成本相关，这一事实从一开始就成为信息资源管理的固有组成部分。比成本更基本的问题是信息价值，多年来一直吸引着情报学家和经济学家的关注。因为可以用很多方式来衡量价值，故使这个问题解决起来更难。还有成本-效益问题和信息“增值”问题。信息的效益可以体现在许多方面，例如，提高生产率，提高决策质量，提高任务的完成质量，改善学习曲线等。1986 年在美国白宫召开的生产力会议就注意到，信息工作者的成本几乎完全隐藏在一般的管理费中。信息增值过程是一个长长的链条，信息的组织、分析、判断和决策过程的每一个阶段都可能使信息增值。而且，信息增值不是一种内生的东西，而是系统用户共同创造的东西。

3. 信息资源管理的目标

IRM 有 3 个主要目标：数据和信息、管理功能、整合。第一个目标，对组织的数据应当持有一种全局性的观点，包含了数据库系统和文献。这种数据的管理应当首先面向组织的目标，然后才是个人的和操作层的利益。应当有质量保证，包括成本可核算性和完整性。第二个目标，是管理功能。应当设置在组织管理结构的高层，将 CIO 职能定位为组织高层规划者，这种人应当具有技术和管理技能。这种管理功能以一种现实的方式来平衡控制、协调和集中化。第三个目标，将信息处理技术、管理功能和数据整合在一起。这意味着要调和各个方面的需要，包括工具的提供者和用户（使用者）。

IRM 的总目标是开发和运行一个集成的信息基础结构，使一个组织的沟通、合作、业务和服务达到新的水平，使它的信息资源的质量、可用性和价值达到最大化，并在整个机构中实现信息共享。

关于 IRM 的具体目标，不同的层次，不同的组织是很不一样的。比较常见的提法是：①宣传信息的重要性和需要组织机构对信息问题负起责任来。②激励组织内部各小组之间分享信息。③为组织建立一个信息结构。④保证信息的一致性和标准化，并使重复信息最小化。⑤确保信息安全。⑥保证数据管理和传递系统的可获得性和充分性，以保证及时地获取信息。⑦改善雇员获取相关和适当信息的环境。

当然，学科的不同，IRM 的目标也是非常不同的。有些目标是如此有节制，以至于使人觉得使用这个词有问题；另一些学科提出的目标又是如此远大、坚定，使人觉得不现实。了解这些差异可以清楚地显示出这样一种批评：IRM 不能达到它的目标。

信息资源管理的目标要通过各种角色和技术的互动来达到。考虑到 IRM 的这些问题，下面几点对 IRM 来说是很重要的：

（1）IRM 首先是一个宏观的概念，并与大型复杂组织一起发挥最好的作用。这种组织拥有非常多的资本和运行投资，并在信息技术方面花费很大。

（2）它要理解该组织及其客户的总目标，理解该组织及行为问题，要有为战略决策所需信息而生产充足信息的能力。它更加注意 IT 支持机制的定义：把 IRM 与组织的计划和活动链接起来。

(3) 它主要关心正规的信息流和库藏，而不是非正式的信息流，如偶然的人际交流或电话、会议等。它涵盖内部和外部的资源，不像MIS那样主要关心内部信息资源。它更加注意论证组织内信息网络的合理性。它要把信息资产列入平衡表和损益表中，作为公司的战略资源，而不仅是一般的生产成本。

(4) 它在组织中有一个新的位置和角度：CIO，并把他放在顶层管理者之一的位置上，主要负责是否把信息传送给用户、伙伴或客户。它要阐明IRM小组的重要性，要全面了解全局性IRM和IRM小组。

(5) 它越来越关注隐私权、安全和知识产权问题。

1.4.3 信息资源管理的定位、责任和基本方法

1. 信息资源管理部门的定位、责任和主要业务

(1) 信息资源管理部门的定位和信息主管

关于IRM部门的定位(地位，位置)，可能有无数种做法，这取决于组织的环境、员工数量、组织结构、职能和目标。有人认为，恰当的定位取决于对其目标的清晰描述。人们还提出了许多有关的建议，如IRM计划必须由一种组织的政策和哲学来指导，IRM必须支持高层管理。

人们非常一致地把IRM领导人描述为一名企业主管(经理)，他位于企业的核心，负责有效地管理企业的信息系统和记录。为了支持最终用户之间的对话，这种中心位置是必要的。他与IRM实施的效果有重大关系。而作为一个技术专家，他又必须很好地理解IRM实施的细节。在组织中的高级地位也有利于激励IRM发展成为整个企业的资源的功能，而不仅仅是一种支持性服务。行使IRM的职能需要什么样的领导者，有人认为，理想的IRM管理者是懂得行政管理、预算和技术程序，并且在规划、政策制定、协调和组织的业务方面有一定的经验。

1981年，辛诺特和坎布里奇在他们的著作中首次提出了信息主管(chief information officer，CIO)这一名称，并给他下了一个明确的定义：负责制定公司信息政策、标准，并对全公司的信息资源进行管理和控制的高级行政管理人员。他们认为，CIO是一种新型的信息管理者、前卫型信息管理者，他要把信息技术与客户、高层管理业务与信息需要更有效地集成在一起。应当看到，信息主管是一个渐进的概念，发展的概念。随着时代的进步和公司发展的需要，他的地位、职责和作用也在逐步加强。

(2) 信息资源管理部门的责任

由于IRM目标广泛，所以许多作者都同意把IRM在组织中的责任规定为：信息政策、信息战略和规划的制定，资源配置，以及组织的报告制度和沟通机制的设计等这些高级的责任上。许多作者都把IRM组织单位描述为整个组织的一个焦点，负责信息资源的规划、利用和评价方面的协调工作。

具体责任一般有：①技术顾问。②信息资源利用的交换中心式的服务。③为审计整个组织的各种信息系统和数据库制定标准。④设计和开发IRM工具。⑤指导人们把信息技术应用于业务中。⑥协调信息处理的标准规范。⑦协调组织的信息资源规划和预算。⑧作为IRM单位起联络作用的代表。⑨编制信息资源目录(信息资产目录)。⑩发现潜在的问题，

如共享方面、效益方面、重复投资方面的问题。

根据近年来国外一些大公司的CIO案例和专家学者的看法，现代CIO在公司中的职责主要有以下4项：

① 作为高层管理人员，CIO应运用其信息优势，有效的参与公司的重大决策，帮助公司制定发展战略。这是衡量他能否胜任"信息主管"这一显赫头衔的首要标准。

② 作为统管全公司的信息资源或信息资产的最高负责人，他应有效的管理和开发利用这些信息资源，使这些资源与公司的计划和目标连接起来，为实现公司的目标发挥作用。

③ 作为分管信息技术部门和信息服务部门的最高负责人，他应该正确的规划公司的信息化和信息基础设施建设策略，不断加强信息化的建设，以适应公司的发展需要。同时，他要负责信息费用的预算编制，使信息资产资本化(如为信息产品定价，使信息服务增值)。

④ 作为一个资源管理专家，他应指导公司中高级管理人员更有效的利用公司内部和外部的信息资源，为公司各部门的信息管理人员提供咨询服务。

(3) IRM部门的主要任务

① 信息化规划和建设。

② 信息系统规划、设计与协调。

③ 计算机和通信设备的采办，系统和网络的运维和管理控制。

④ 信息标准的制定或/和实施。

⑤ 信息资源的采集和分析，表格、记录和报告及其他信息资源的管理。

⑥ 数据处理，数据库管理，内容管理。

⑦ 图书馆和信息服务。

⑧ 信息安全管理。

⑨ 为组织中的员工提供有关信息技术和信息资源利用方面的培训和指导。

2. 信息资源管理的基本方法

(1) 资源目录技术

由于一个人只能管理他能识别的东西，由于IRM概念涵盖了许多技术、功能、流程和人员，所以有人认为IRM的核心技术基本上都与信息资源目录创建、管理和服务有关。它们的最终形式可能是定位系统、目录和数据字典。它们包括设计、运营和管理功能，还包括评价和审计活动。

美国国家标准协会(ANSI)20世纪80年代初成立了一个委员会(ANSI/X3H4)，负责制定有关标准(一个称为"信息资源字典系统"(IRDS)的软件包)。IRDS是一种专用的数据库管理系统，具有多种功能，如描述企业的信息环境，维护全部信息实体的目录，对信息环境的运行方面提供支持，显示信息实体之间的相互关系，描述信息环境在实体的位置。美国国家标准局(National Bureau of Standards)也和企业合作开发字典系统，其中包括字典模型、实体类型基本集、关系类型基本集、属性类型基本集等。

(2) 信息流分析

数据流分析，或称为结构分析，是用来支持数据字典工作的，是信息流分析的基础。信息流分析法可用来跟踪流程之间的、文档之中和之外的，或者其他可识别的任何来源和目标之间的信息流。信息流分析的一般过程由下列5步构成。

第一步，编写信息源的定义和实例。

第二步，将这些信息源组织到某个信息库中。

第三步，使表格和报告的设计标准化。

第四步，对信息源在整个组织中的使用和它的业务功能进行分析和分类。

第五步，记录上述成果以备将来利用。

(3) 信息环境分析

IRM计划成功的关键是理解必须管理的信息资源的环境。Kettinger在1980年把这种环境称为组织的"气候"，认为有8个变量信息管理者必须了解：①组织的结构和目标；②其管理的哲学和沟通风格；③决策流程的类型；④激励(动力)机制；⑤评价方法；⑥外部环境的压力和需要；⑦参与人的影响；⑧工作环境的物理布局。

(4) 核算和预算方法

在联邦文书工作委员会的工作的鼓励下，霍顿等人提出了有关信息资源管理的成本核算和预算编制的各种方法，即增长型模式，可调节的增长型模式，"价值/使用"法，全面模式，零基预算法。这些方法服务于不同目的，有不同的优点。详见4.2.1节。

(5) 战略数据规划

战略数据规划(strategic data planning，SDP)是一种形式化的、自上而下的、以数据为中心的对企业及其功能、流程、基础数据进行建模的规划方法。其目的是识别和实施一个一体化的信息系统集合(系统集成)，以满足企业的业务需要。战略数据规划的步骤：

① 建立企业模型。包括识别其业务功能(通常有10～30种)，进而把业务功能分解为流程(大约有100～300种)。这些流程还可以进一步分解为活动。这些流程和活动可以与相关的负责部门关联起来。

② 识别这些流程和活动(如客户、订单、地址、产品)所用的数据实体。对于大企业，可能有成百上千个数据实体。每个数据实体要与使用或创建它们的流程或活动关联起来。

③ 识别出企业的业务功能(多少种?)、数据实体(多少种?)、活动(多少种?)、用户类型(多少种?)。对每一种活动，还要识别出作为输入和输出所用的数据实体。然后建立一个详细的数据模型。

④ 密切度(亲和度)分析：以识别关系密切的数据类组。这些类组将成为"准"主题数据库，当然还需要人根据其他因素来调整这些类组。

⑤ 组建主题数据库，并对使用或创建这些数据的流程进行分类。这样就可以识别出主要的系统领域。

(6) 信息资源规划和信息化规划

基本原则：保证一个组织的信息技术应用与它的战略方向和业务规划相一致。

第一步，为信息资源管理确定战略需要，目的是确定企业战略业务规划中与信息资源有关的因素。

第二步，建立业务模型(或称为业务模式)，描述组织的流程和数据。

第三步，建立目标体系结构，详细描述规划实施后最终产品的样子。

第四步，制定战略实施计划，详细说明如何建立目标体系结构。

信息化规划是指在理解企业发展战略和评估企业 IT 现状的基础上，结合所属行业信息化方面的实践和对最新信息技术发展情况的认识，提出企业信息化建设的远景、目标和战略，以及具体信息系统的架构设计、选型和实施策略，全面系统地指导企业信息化建设的进行，满足企业可持续发展的需要。

信息化规划的本质是从业务战略到信息战略的实现。它要坚持两个原则：第一，从组织的战略出发而不是从系统的需求出发，以避免脱离目标而进行建设；第二，从业务的变革出发而不是从技术的变革出发，有利于充分利用组织的现有资源来满足关键需求，从而避免建设的信息系统无法有效地支持组织的决策。

信息化规划的内容一般包含有：①IT 战略规划(information technologies strategic planning, ITSP)；②IT 治理和 IT 评估；③信息基础设施规划；④数据规划(data planning, DP)；⑤信息系统规划(information system planning, ISP)；⑥IT 组织与保障体系设计。

思 考 题

1. 信息资源具有哪些自然特性和经济特性？信息资源价值特征和战略价值是什么？
2. 简述信息资源管理的产生背景、起源和发展过程。
3. 试分析信息资源管理的学科性质、研究范围和研究对象及研究目标。
4. 简述信息资源管理部门的定位、责任和主要任务以及信息主管的职责。
5. 简述信息资源管理的基本方法。

第2章 信息资源管理的理论基础

一个学科的建立和发展离不开科学理论的指导。信息资源管理理论是在长期的、大量的实践的基础上，通过不断地总结、提炼、升华，并借鉴相关学科的理论研究成果，逐渐地建立起来的。它综合了信息管理、信息科学、管理学等学科的有关理论知识，是当前管理学和信息管理学的研究热点。同时，它又是目前信息资源管理中最薄弱的部分，只存在一些局部的、片段的理论研究成果，尚未建立理论体系，也缺乏统一的认识。因此，本书试图在这方面做一次尝试，抛砖引玉，以推动信息资源管理理论的研究和发展。

2.1 信息科学理论

2.1.1 信息论

20世纪40年代末，无线电通信和自动控制技术的产生和发展，促使人们进一步去研究和发展信息理论和技术。1948年，在借鉴和吸收奈奎斯特和哈特莱等人思想的基础上，香农发表了著名论文《通信的数学理论》。同年，维纳(N. Wiener)出版了著名的《控制论——动物和机器中的通信与控制问题》一书。1949年，香农又发表了他的另一篇文章《噪声中的通信》。这些著作的相继发表，标志着信息论的正式诞生。

1. 狭义信息论

由于早期香农等人的信息论仅限于研究通信领域的信息问题，故又被称为狭义信息论。这种信息论的研究范围以编码理论为中心，主要研究通信过程中的信息系统模型（见图2 1)、信息的度量、信息容量和编码理论等内容。

(1) 提出通信系统一般模式

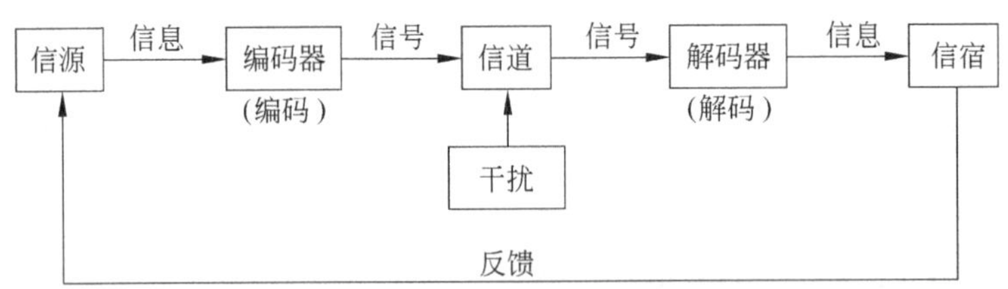

图2-1 狭义信息论的通信系统模式

信源产生消息。消息是信息的载体，其表现形式多种多样，如字母、文字、数据、声音、图形、图像等。消息经过编码变换为适合信道传输的信号（信号遂成为信息的载体）。信号经过信道的传输，到达信宿之前，必须加以解码，即还原为原来的消息，才能被信宿接收。信号在传输过程中总会遇到一些干扰，这些干扰一般被称为噪声。由于噪声的存在，往往使得消息在传输过程中出现失真或错误，即失去部分信息。这就是简单的通信系统模型。如果将它推广到多个信源或信宿，传输方向也是多向的，就可得到各种多用户的通信系统模型。

(2) 狭义信息的度量

香农接受了哈特莱关于信息的形式化的思想，并把他的信息度量公式加以进一步的推广。他提出了"信息就是用来消除事物不定性的东西"的思想，认为通信的作用就是提供信息来消除收信者在知识上的不定性，消息中包含的信息量就可以用收信者收到信息后被消除的对某事物了解的不定性数量来表示。而事物的不定性是与"多种结果的可能性"相联系的，由于通信系统所处理的信息在本质上的这种随机性，因此必须采用适当的概率统计方法来处理问题。于是，他得出了这样一个结论：如果某事物具有 n 种独立的可能结果(或称状态)：$x_1,x_2,\cdots,x_n$，每一种结果(或状态)出现的概率分别为 $P(x_1),P(x_2),\cdots,P(x_n)$，且有

$$-\sum_{i=1}^{n} P(x_i) = 1 \tag{1-1}$$

那么，该事物所具有的不定性数量 $H(x)$ 为：

$$H(x) = -\sum_{i=1}^{n} P(x_i) \cdot \log_2 P(x_i) \tag{1-2}$$

这就是著名的香农信息量公式。式中的对数以 2 为底，当 $n=2$，且 $p_1=p_2=1/2$ 时，$H(x)=1$ 比特。由此可见，一个等概率的二中择一事件具有 1 比特的不定性。所以，可以把一个等概率的二中择一事件所具有的信息量定为信息量的单位。任何一个事件能够分解成几个可能的二中择一事件，它的信息量就是 n 比特。如果式中的对数取 e 为底，则信息量的单位称为奈特；若对数取 10 为底，则信息量的单位称为哈特莱。这些不同的单位可以互换。

在上述信息量定义的基础上，香农还进一步导出了信息传输率的表达式和信息容量公式，并利用这些结果，得到了关于信息传输的一系列重要的编码定理，如信源编码、信息编码等，揭示了信息传输过程中数量和质量的辩证关系，从而初步认识和把握了信息及其传递的规律，并使对信息问题的研究逐步由经验变为科学。

2. 广义信息论

为了克服狭义信息论的局限性，20 世纪 70 年代起就陆续有一些学者开始了广义信息论的研究。例如，1972 年，德鲁卡(A. Deluca)和特尔米尼(S. Termini)提出了用来测度模糊事件的信息量的模糊信息熵公式。

我国学者钟义信 1981 年针对香农信息论的熵公式只能度量概率信息的缺陷，提出了一种所谓的"广义信息函数"，试图用它来描述概率信息和非概率信息。1985 年，他又把该公式推广到语义信息和语用信息的度量，得到了语法、语义和语用信息的综合测度公式，即所谓"全信息"计量模型。

2.1.2 控制论

维纳的《控制论》揭示了机器、生物和人所遵循的共同规律——信息变换和反馈控制规

律，为机器模拟人和动物的行为或功能提供了理论依据，由此诞生了一门新的学科——控制论，并在实践中得到了广泛应用和巨大发展。

1. 反馈机制

在研究中，维纳发现自控装置在行为上与人和动物的某些行为十分相似，并找到了自控装置模拟人的有目的性行为的机制。生物系统与外界联系并达到一定目的的手段是信息反馈，依靠反馈信息对外界事物进行控制。反馈是控制论的一个基本概念。反馈是指控制系统把输入的目标信息输送出去，又把输出信息作用的结果(效果信息)返送到原输入端，并对信息的再输出产生影响，起到控制的作用，以达到预期目的。一个控制系统就是通过信息变换和反馈原理实现的。维纳还发现人的神经控制系统和工程控制系统都是建立在对周围环境和自身状态种种信息的获取、传递、变换和处理的基础上的，而这种信息过程又都是随机过程，必须抛弃机械决定论，用概率和统计的方法才能定量地把握它们。

2. 功能模拟和黑箱方法

控制论的特点还在于它特有的功能模拟和黑箱方法。功能模拟法不求系统结构相同而只求系统的行为和功能的相似。黑箱方法是一种通过对系统外部行为的分析来研究系统内部结构的方法，如投入产出分析。掌握了输入、输出的关系，就能控制某种经济系统，使之达到目标。

2.1.3 系统论

美籍奥地利生物学家贝塔朗菲(L. V. Bertalanffy)在批判生物学中长期存在的机械论的基础上建立了一般系统论。他把生物及其环境作为一个大系统来研究，认为整体的属性大于其各组成部分的属性的简单总和。他还发现生命与非生命存在一个明显的矛盾，即热力学的“退化论”和生物学的“进化论”相对立。也就是说，热力学中研究的非生命系统随着时间的推移，系统的熵越来越大，走向无序状态；而生命系统则是向增加有序(即进化)方向发展的。其原因是，前一种系统是无限大的封闭系统，而后者则是一种开放系统，能不断与环境进行物质、能量和信息交换。

1. 系统论的原则和系统方法

系统论以复杂系统为主要研究对象，强调整体性原则、层次结构原则、动态性原则和综合优化原则。它还研究系统的最优组织问题，即一般意义上的从无序转变为有序的问题，认为要达到此目的，其方法之一就是吸收负熵(即信息)，并使信息对系统各组成部分发生相互的作用。一个好的系统，必然是一个能够充分利用信息的系统。现代的系统方法是一种使整体与部分、综合与分析辩证统一的一种思维方法，可以指导人们正确地认识世界和有效地解决问题。

2. 系统工程

系统工程是一种现代组织管理技术。美国科学家霍尔把系统工程归纳为一种三维结构(时间维、逻辑维、知识维)。系统工程提出了一套分析复杂系统、寻找使系统达到最优目标的程序。它为分析系统,确定系统目标,建立模型,使系统优化等提供了有规则的步骤。

信息论、控制论和系统论都是研究信息、控制和系统的横断学科,其基本思想、基本方法有许多一致之处。它们都具有浓厚的方法论特征,提供了适合现代信息管理的方法论基础。

2.2 组织对信息技术的学习理论

从某种意义上说,信息资源管理的发展过程就是组织对信息技术的引进、学习、应用、吸收的过程。认识和总结这一过程的特点和规律,对提高信息技术的应用效果和效益,提高信息资源管理的水平,更好地支持组织的经营管理,都是很有益处的。

2.2.1 诺兰的阶段理论

20 世纪 70 年代,美国哈佛大学教授诺兰(Richard L. Nolan)根据从几家公司收集来的数据,识别出数据处理功能在企业中的发展模式,把企业吸收信息技术的组织学习过程描述为一系列的 S 形曲线。每条曲线都可以划分为 4 个阶段,又称为 IT 阶段理论。[①]

1. 3 种主流技术应用形式

诺兰把信息技术应用分为 3 种主要应用形式。一是在大型机和小型机占主导地位的时代(又称为数据处理时代),大型机可被视为工业时代精巧机械技术的最后代表,主要应用形式是将机械的业务流程转换为计算机可处理的形式,计算机仅是简单机械劳动的替代者。二是在微机时代,微机拥有稳定的带图形用户界面的操作系统和大量的应用软件,可帮助用户在不需要专门的信息系统部门的技术支持下有效地完成大量工作。人们逐渐认识到还可以是一个动作敏捷的工作伙伴(不只是简单机械劳动的替代者)。三是在网络时代,因特网使全世界的企业和个人都能通过他们的个人计算机实现协同工作(见表 2-1 和图 2-2)。

表 2-1 信息技术应用的 3 种形式

数据处理时代	微 机 时 代	网络时代
引入阶段	引入阶段	引入阶段
传播扩展阶段	传播扩展阶段	传播扩展阶段
控制阶段	控制阶段	控制阶段
集成阶段(同时也是微机的引入阶段)	集成阶段(同时也是网络的引入阶段)	集成阶段

① 沃伦·麦克法兰,李查德·诺兰,陈国清. IT 战略与竞争优势——信息时代的中国企业管理挑战与案例. 北京:高等教育出版社,2003,51~65.

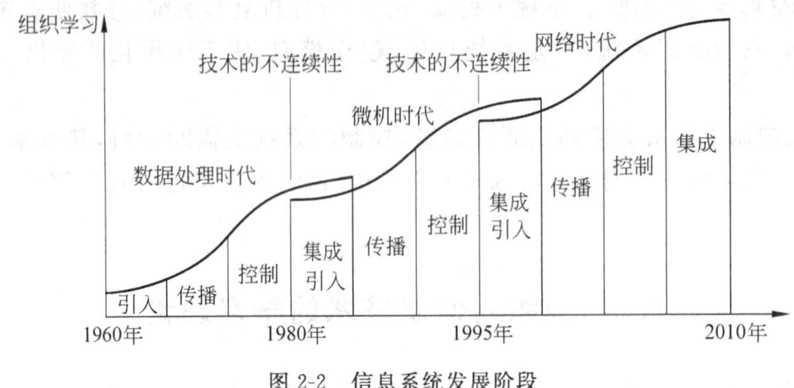

图 2-2 信息系统发展阶段

2. 信息技术应用进化模型

(1) 信息技术引入阶段。以企业装备的第一批计算机为标志,应用从财务、统计部门开始。计算机采购和应用处于分散控制状态,几乎没有计划。其主要特征是:企业在 IT 方面投资甚少,IT 应用是有限的、试探性的,其主要目的是验证技术对企业的价值。

(2) 信息技术传播扩展阶段。曲线上升部分,反映的是企业鼓励使用新技术,IT 在组织中迅速扩散,组织学习过程迅速推进。企业购买的计算机越来越多,凡能用机器处理的事物均用计算机处理,数据处理业务发展很快。另一方面,IT 费用也迅速增长,且缺乏综合处理,信息难以共享,IT 应用开始出现相对失控的现象。

(3) 信息技术应用成本控制阶段。IT 应用的传播扩展达到饱和状态,企业采取措施控制计算机应用的扩大,并推行成本-效益分析标准、集中化,使 IT 应用的扩散速度降低到一个可控的水平,而且越来越重视信息系统的规划工作。这一阶段将实现关键性的转变,即从计算机管理为主转向数据管理为主。

(4) 信息技术应用集成阶段。组织学习曲线趋于平缓,表示企业积累了足够的经验,在管理控制与应用发展之间实现了平衡。企业主要关心把信息处理纳入其管理框架之中,以支持其事务处理和决策。企业对各种应用加以综合,企业开始把过去分散的信息和技术集合成一体化系统,并引入 DB 技术;同时加强了规划工作,以保证信息系统的目标与企业的目标相一致。同时,企业掌握了主流技术的应用形式,并为主流技术应用形式的重大创新以及下一轮的成长过程(即下一条 S 形曲线)做好了准备。IT 应用重新开始增长,但是受控增长,特强调信息系统费用的控制。

诺兰 1979 年提出的模型中还包含有第五、六阶段,即数据管理阶段和成熟阶段,主要与第一条 S 形曲线相连接。它们的共同标志是批处理式的应用模式仅占 10%~20%,数据库和数据通信处理已占 60%,个人计算占 5%,小型机和微机处理占 15%~25%。集中式分享数据/通用系统应用与分散式用户控制型应用已取得平衡。机构已建立了数据资源管理的概念,明确了不同的组织层次的数据处理责任。建立了外部的规划和控制机制来管理数据资源,包括:增值性的用户收费回报、规划指导委员会、数据管理机构等。提供参与机会:

终端用户和数据处理部门共同负责数据质量和增值应用的有效设计。

诺兰认为：第三、四阶段之间是一个转折点，前三个阶段是计算机时代，后三个阶段是信息时代。辛诺特和克鲁博称后三个阶段为“信息管理时代”。实际上，诺兰所说的数据处理阶段和成熟阶段就是他对信息资源管理的描述，是一种基于数据处理管理的信息资源管理。诺兰模型是MIS领域用得最多的模型，但也有争议。

3. 模型的缺陷

有人认为它只是一种描述性或进化主义的模型，没有解释变化的机制，也没有很多的实证研究支持它，只是一种预测模型(Bergeron，1996年)。事实上，如果企业认识到在第二阶段出现的应用失控和信息难以共享的问题，就会在引进之初加强统一规划和经济分析的工作，使面向技术的管理与面向数据信息的管理平行协调发展，达到和谐的统一，从而大大减少信息技术变迁中各阶段转换的成本，实现“平滑式”跃升。

“诺兰模型”把系统整合(集成)和数据管理分割为前后两个阶段，似乎可以先实现信息系统的整合后再搞数据管理，但后来的大量实践表明这是行不通的。

2.2.2 史密斯和梅德利模型

美国大西洋里奇费尔德公司的信息系统主管史密斯(Allen N. Smith)和加州理工学院信息系统系主任梅德利(Donald B. Medley)1981年合著的《信息资源管理》(Information Resource Management)，从信息系统的演进过程切入，构建信息资源管理理论体系。他们在该书中阐述了信息、知识与管理的关系，IRM的演进，IRM的原则，IRM的角色和社会学，组织，规划、计划与控制，IRM的行为科学方面，系统发展，IRM内部的安全与集成，IRM思想的传播，IRM中的人力资源管理，IRM的发展方向和趋势。

史密斯和梅德利阐述了现代管理所面临的挑战和信息资源管理出现的必然性。认为信息资源管理是一个发展中的概念，它至少有两层含义：一是一种新的管理哲学，一个组织机构所拥有的信息资源与资本和人力资源同样重要；二是集成化的管理流程，将传统的信息服务形式如通信、办公系统、记录管理、图书馆服务与组织的业务规划加以整合。他们把信息资源管理的发展过程划分为5个阶段，即数据处理阶段→信息系统阶段→管理信息系统阶段→终端用户阶段→信息资源管理阶段(见表2-2)。他们还认为，目前信息资源管理正由一种管理哲学转变为实际的管理流程。信息资源管理体现了适合组织需求的多种服务和技术功能的整合。

表2-2 史密斯和梅德利的信息系统五阶段模型

系统发展阶段	系统类型	IS经理类型	用户的作用	技术重点	存储技术
数据处理阶段	功能有限的、面向财务的	外行的监督者	输入输出处理	批处理	穿孔卡
一般信息系统	面向财务和业务操作的	受过计算机方面的培训	参与项目	应用程序	磁带
管理信息系统	MIS	受过管理方面的培训	项目管理	数据库/应用程序一体化	随机存取/数据库

续表

系统发展阶段	系统类型	IS 经理类型	用户的作用	技术重点	存储技术
终端用户应用	DDS,集成系统	有广泛知识基础的专家	建造小系统	第 4 代语言	数据库管理/第 4 代语言
信息资源管理	专家系统,战略管理系统	公司主管层次	全面合作	第 5 代系统	光盘/高密度芯片

这种结合在实践中产生了一种新的职位——信息主管(CIO)和信息资源管理的过程模型,其内容包括组织、规划、控制、行为管理和人力资源管理,并使信息系统的发展融入信息资源管理的框架之中。

2.2.3 米歇模型

20 世纪 90 年代初,米歇(Michal A. Mische)对诺兰模型做了修正,揭示了信息系统集成与数据管理的不可分割性,集成阶段的重要特征就是搞好数据组织,或者说信息系统集成的实质就是数据集成。在这之前的研究集中于数据处理组织机构的管理和行为的侧面,而没有更多地研究各种信息技术的综合集成,以及将信息技术作为企业的发展要素而与经营管理相融合的策略。米歇的研究成果可以概括为:关于综合信息技术应用连续发展四阶段、五特征的"米歇模型",如图 2-3 所示。

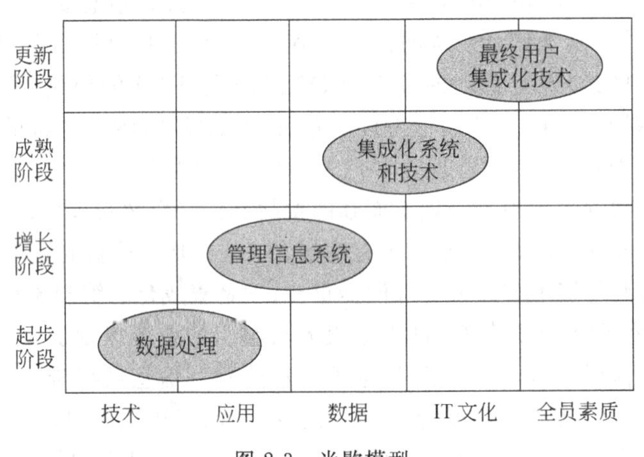

图 2-3 米歇模型

米歇将综合信息技术应用的连续发展划分为 4 个阶段,即起步阶段(20 世纪 60 年代~70 年代)、增长阶段(20 世纪 70~80 年代)、成熟阶段(20 世纪 80~90 年代)、更新阶段(20 世纪 90 年代中期~21 世纪初期)。

其特征不只在数据处理工作的增长和管理标准化建设方面,而且涉及知识、理念、信息技术的综合水平及其在企业的经营管理中的作用及地位,以及信息技术服务机构提供在成本效益和及时性方面都令人满意的解决方案的能力。

决定这些阶段的特征有 5 个方面:技术状况;代表性应用和集成程度;数据库和存取能力;信息技术融入企业文化;全员素质、态度和信息技术视野。其实,每个阶段的具体属性还很多,总括起来大约有100多个不同属性。这些特征和属性可用来帮助一个企业来确定自己在综合信息技术应用的连续发展中所处的位置。

"米歇模型"可以帮助企业和开发机构把握自身当前的发展水平,了解自己的IT综合应用在现代信息系统的发展阶段中所处的位置,是研究一个企业的信息体系结构和制定变革途径的认识基础,由此就能找准这个企业建设现代信息网络的发展目标。一些调查表明,一些企业运行的信息系统,由于事前缺乏详细的规划,未深入研究信息技术与业务工作的结合问题,过于偏重于计算机系统和通信网络方面,故难以达到企业信息系统集成的目的。

参照"米歇模型",可以看到一些企业在信息技术综合应用和持续发展方面的差距,并有助于找到改进的方向。例如,对于家电制造企业的信息化建设,起步阶段可先上简单存、供、销系统;增长阶段数据处理应用面扩大了,开始建立MIS系统;成熟阶段实现内部计算机应用高度集成化,同时,与外部进行信息交换,即与客户、物流商等业务伙伴,海关、质检等政府部门以及代理、银行、保险等中介及服务部门之间,实现数据自动交换,达到更大范围和更深层次上的开放式集成,以实现企业整体业务流程的高效运行。

世界银行在《信息技术的扩散:工业化国家的经验及对发展中国家的意义》(1996年)一书中也提出了一个面向企业的IT应用和扩散模式,分为3大阶段:替代阶段、提高阶段、转型阶段。每一个阶段中又包含有4个不同的企业活动子阶段:信息阶段、分析阶段、获取阶段、利用阶段。IT的应用与扩散同企业的组织变革、业务流程重组和战略规划相结合起来(诺兰模型中S系列曲线中的一条)。

2.3 信息资源管理的发展模型

2.3.1 霍顿的信息资源管理理论

霍顿的信息资源管理理论在美国和世界范围内有很大影响。他从提高生产率这一命题出发,认为农业时代和工业时代的生产率概念——产出除以投入,已不能适应时代的要求,需要引入信息资源和信息资产概念,重新定义和测度生产率。他首先把信息资源分为单数概念和复数概念,前者指信息内容本身(即文档或文献中的信息),后者则包括各种信息工具、设备、设施、人员和资本投入等。然后,围绕办公室、工厂、实验室环境中的信息资源管理问题来展开的他的理论。他认为这3种环境是许多大型机构所共有的,其中的信息资源管理的流程与方法也大致相同,不同的是办公室管理强调办公自动化,工厂管理强调信息流对生产流程的导向与控制作用,实验室管理则注重研究与开发管理和计算机信息系统的管理。

霍顿提出了信息资源管理的5步法:①认识本单位的信息资源与资产;②估算所利用的信息资源的价值,以便准确了解信息技术和其他资源的成本;③根据信息资源在问题解决或决策过程中的重要程度来确定信息资源的价格;④分析、测度信息流和信息资产中的重复现象和不能满足信息需求的脱节现象;⑤在上述工作的基础上重建信息系统,以更好地满足用户的信息需求。

1986 年，霍顿与马钱德合著的《信息趋势：从你的信息资源中获利》一书中提出了一个新的重要思想——聪明地工作(work smarter, not just harder)，阐述了信息时代智力资源的重要性和如何从信息资源中获利，进一步发展了信息资源管理理论。该书区分了信息资源和信息资产，前者包括信息技术的硬件和软件、信息人才、信息机构、信息处理服务的提供者，是对政府和一般机构而言的。后者包括公司拥有的数据和文献资料、know-how 和竞争情报，显然是对商业性机构而言的。他们强调每一个企业都必须将信息资源作为一种战略财产进行管理，将信息资源管理与企业的战略规划联系起来，在企业的每个层面上识别信息资源和获利机会，借以构筑新的竞争优势。

2.3.2 马钱德和霍顿的五阶段模型

在《信息趋势：从你的信息资源中获利》一书中，马钱德和霍顿还提出了一个信息资源管理发展模型，又称为五阶段模型，其主要内容和特征如表 2-3 所示。

表 2-3 马钱德和霍顿的五阶段模型

发展阶段	主要焦点	媒介与内容	组织中的地位	观察方向	工具和人力	商业目标
战略信息管理	公司战略和方向	重视支持决策的信息内容	高层管理决策功能	向外也向内	人力资源管理	整体经营效益
商业竞争分析和情报	业务单位的策略和方向	重视竞争分析和信息利用的质量	高层管理参谋功能	主要向外	重点是人力资源和信息	业务单位及厂家的竞争优势
信息资源管理	信息资源管理	重视信息技术和信息内容的成本效益	高层管理支持功能	主要向内有时向外	信息资源及系统的经营管理	信息资源和技术的成本效益管理
信息技术管理	办公自动化技术	技术属性管理	中层管理功能	向内	技术资源和技术的管理	技术效果
文书管理	纸基资源和媒体的管理	物理属性管理	办公和支持功能	向内	物理资源的管理	办事效率

2.3.3 马钱德和克雷斯兰的四阶段模型

1988 年，马钱德又和克雷斯兰联合提出了一个四阶段模型(见表 2-4)。他们把上面的五阶段模型整合为四阶段，取消了本来并不独立存在的“商业竞争分析和情报”阶段，更换了各阶段的名称和特征描述内容，明确提出了知识管理阶段并取代了战略信息管理阶段。

表 2-4 马钱德和克雷斯兰的四阶段模型

发展阶段	推动力量	战略目标	基本技术	管理方法	组织地位
信息的物理控制阶段(20 世纪初至 50 年代)	企业与政府机构的增长和多样化	程序效率和物理效率	纸张、打字机、文件柜、制表机、缩微设备	文书管理、记录/报告管理、函件/邮件管理、命令/指示管理、重要记录保护、办公室布局与设计	监督性的、中低层的管理，分裂、松散的协调

续表

发展阶段	推动力量	战略目标	基本技术	管理方法	组织地位
自动化技术的管理阶段(20世纪60年代至70年代中期)	数据处理、电信和办公系统的独立发展和改进	技术效率和控制	第2、3代计算机、电子复印机、群集文字处理机(1代)、增强性语音通信(第1、2代专用交换机),“技术寻求使用”是主导模式	出现集中式数据处理部门、电信、协调者和管理者、文字处理中心和独立应用工作站、复制中心和独立应用单位	中层管理(有的例外)。分裂、非协调的,认为信息的自动化管理不同于手工管理,组织中IT的用户与提供者之间存在差距
信息资源管理阶段(20世纪70年代中期至80年代)	数据处理、电信和办公系统技术的融合	IT的集成管理,视信息为战略资源	分布式数据处理、综合通信网(语音/数据)、多功能工作站(数据处理、文字处理、电子邮件、时间管理、个人计算)基于台式PC和便携机的个人计算	IT的水平管理、传统的IRM(如规划、成本核算)的应用,业务规划与信息资源规划之间形成了紧密联系	中高层管理到次高层管理
知识管理阶段(1990年至今)	对IT依赖性的提高和IT对企业管理决策和各层次作业的渗透	为决策、管理和操作而整合信息资源的物理/技术管理与信息流程管理	专家系统或知识库系统、决策支持系统、智能办公系统	信息利用和价值与IT管理的集成,内外部信息处理的集成,信息规划与业务规划的集成	知识资源管理成为各级管理层采纳的一般管理哲学的基本组成部分

2.4 信息生命周期理论

2.4.1 信息生命周期理论的起源

生命周期管理的概念是基于“分担式管理”(shared management)的思想,其目的是明确有关人员(包括用户)的角色和任务。辛诺特和格卢博提出了信息系统开发过程中项目生命周期管理的概念。他们认为,有效的项目管理必须根据生命周期来进行,因为系统开发是一个复杂的过程,每一步的错误都可能导致系统失败。项目生命周期标准对成功的项目管理是无价的,其好处包括:更易维护(由于有良好的文档资料),工作和人员更容易传承(从一组人到另一组人,从系统开发到生产),一致的检查系统,更容易培训(由于该标准成为内部培训计划的一部分)。

信息生命周期(information lifecycle management,ILM)的概念来源于记录管理。文件生命周期是记录管理过程的核心概念。1977年,美国联邦文书工作委员会提出了一个基本的信息生命周期,分为5个阶段:确定需求、控制、处理、利用和处置。1985年,美国联邦政府管理与预算局(OMB)在A-130号文件中正式引入了信息生命周期的理论。

2.4.2 信息生命周期理论的基本思想

美国联邦卫生工作委员会对信息生命周期与信息资源管理的关系作出了如下解释：在每一个阶段，信息的价值都必须得到评估和测量，并进行成本核算，如同政府为其他任何资源所做的那样。A-130 号文件定义了信息生命周期的概念：指信息经过的阶段，典型的周期是生产或收集、处理、传播、使用、存储、保存。同时，它把信息管理定义为：在信息生命周期内，有关的计划、预算、处置和控制。该文件第八部分(政策)有多处阐述了这个思想：强调政府机构必须制定综合、贯穿整个信息生命周期的计划。政府机构必须在信息生命周期的每一个阶段考虑决策和行为对生命周期其他阶段的影响，特别是与信息发布相关的部分。在信息生命周期内促进其利用的信息规划，使信息得到最广泛的利用，公众的负担减至最低，并恰当地保持信息的完整性、可获得性和机密性。为使整个生命周期成本减至最小，应采用竞争方式获得信息技术。A-130 文件为 OMB 提供了一种理论基础，要求各政府机构要证明它们是根据法定的职责来生产和收集信息，并保证信息的生产和收集是"在有效和经济的管理的情况下"进行的。

霍顿也认为信息是一种具有生命周期的资源，信息生命周期是信息运动的自然规律，它一般由信息需求的确定和信息资源的生产、采集、传输、处理、存储、传播与利用等阶段组成；信息资源管理就是基于信息生命周期的一种人类管理活动，是对信息资源实施规划、指导、预算、决策、审计和评估的过程。

马钱德和霍顿 1986 年在《信息趋势：从你的信息资源中获利》一书中解释了"信息生命周期"的概念。他们把信息管理视为与制造一种产品或开发一种武器系统一样，是存在生命周期的，即存在一种逻辑上相关联的若干阶段或步骤，每一步都是依赖于上一步。因为信息是一种具有生命周期的资源，信息生命周期是信息运动的自然规律，它一般由信息需求的确定和信息资源的生产、采集、传输、处理、存储、传播与利用等阶段组成，如图 2-4 所示。

信息资源管理就是基于信息生命周期的一种人类管理活动，是对信息资源实施规划、指导、预算、决策、审计和评估的过程。从收集信息到使用信息的过程，是一个完整的生命周期。在使用信息的过程中，又了解到新的信息，产生了新的信息需求并进行新的信息采集，从而开始了新的生命周期。只有将上述过程所有环节的工作都做好了，才能在用户需要信息的时候，以对用户最为有利的时间、地点和方式，顺畅流利地获取信息和使用信息。

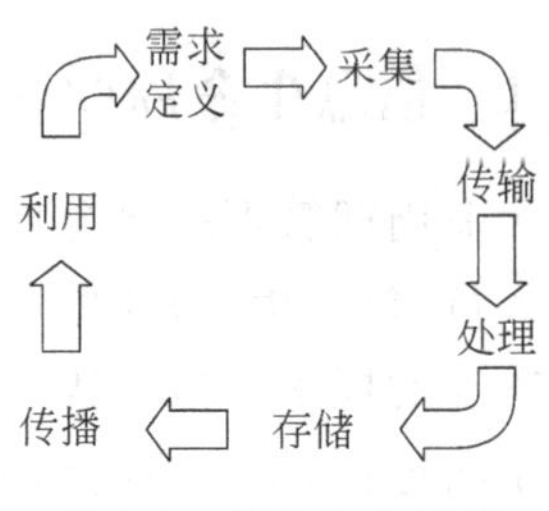

图 2-4 信息生命周期

信息的增值不只限于创作阶段，其生命周期中几乎每个阶段都可能使信息增值。例如，在信息"转换"阶段，可使信息增值的行为有：由手工转化为自动化，由一种语言或格式转化为另一种语言或格式，用更适当、及时的方式展示信息，通过一个更权威可靠的机构审查信息，以多点存储或分布式媒体存放信息，编制检索工具，重组为更便于使用的形式。

霍顿和普拉顿(Pruden)1988 年为美国国务院制定了一个与政府内部的文件和记录有更直接关系的信息生命周期。它分为 9 个步骤：①文件起草和修改；②文件的清理和批准；③文件内容的正式或非正式交换；④文件在本部门的检索和利用(手工或电子方式)；⑤文件被中央档案部门采集和标引；⑥集中检索和重用；⑦一次和二次发布；⑧处置(即决定永久性保存、有限归档或销毁)；⑨系统管理。[①] 最后一步实际上是前面各个阶段的总体管理，一般还包括保密分类、对电子文件的口令控制及其他管理功能。

2.4.3 信息生命周期理论的价值、局限性和应用扩展

人们认为，利用信息生命周期理论来管理信息，可以将信息管理与政府的业务目标相对应。这样在数据对业务的价值不断变化时，企业可以按照信息的当前价值来管理数据，从而获得下列好处：①通过分层存储平台提高资产利用率；②实现信息和存储基础结构的简化和自动化管理；③获得低成本且高效的信息存取、业务连续性和保护解决方案；④通过基于战略的管理，确保更容易符合政府政策和法规；⑤通过将存储基础结构和管理与信息的价值相匹配，从而以最低的信息持有成本提供最大的信息利用价值。

然而，美国有的信息政策专家认为，OMB 的 A-130 号文件通过其"信息生命周期"的概念，提供了当前政策忽视文化作用的例子，也表明了技术主义在信息政策设计和评价中的支配地位。此概念实际上是将生物学术语应用于信息流……将社会性的世界简化为一个只要使用正确的方法即能获胜的拼板游戏。将社会性的世界看成是"带有自身定律的物体"；把目标看成可简化为技术方式的表述；将所有问题看成可求解的；将信息简化为一维的、可精确量化和操纵的经济产品，是一种对认知的掠夺。

在文件制定者看来，信息政策的基本目标是一个可以量化的、经济的目标。OMB 为控制联邦政府传播信息量所使用的信息收集预算，把信息看成是要削减的负担。对信息更为民主的看法反对这一理论，认为信息传播常常是一种不可测度的、保持民主社会的正面力量。

信息生命周期的概念主要关注微观信息学的组织机构方面，并或多或少地依赖于微观经济学的技术方面，忽视了宏观经济学的文化方面。

近几年来，信息生命周期理论又扩展应用到信息存储技术领域。根据 META 集团的定义，信息(或数据)生命周期管理是，信息在储存媒介网络之内流动的过程，而这种过程需要确保企业获取需要的商业信息，并向客户提供一个良好的服务水平，同时把单位成本降到最低。ILM 还要满足日益增长的对于成熟和自动化存储管理的需求，这可以在保持企业对于商业环境变化作出快速反应的能力的同时，提高个人的工作效率。这一种定义强调的是过程的概念。

ILM 的积极推行者 EMC 公司将 ILM 定义为主动预防性的信息管理方法，帮助企业以最低的总体拥有成本，在信息生命周期的每一阶段都能获得信息的最大价值。

从这些定义可以看出，ILM 不是一个具体的产品，而是一个管理理念，更强调从企业级别的视角，对信息进行更有效的管理、更有价值的开发和利用的全过程。

信息生命周期管理作为一种信息管理模型，认为信息有一个从产生、保护、读取、更改、迁移、存档、回收的周期、再次激活以及退出的生命周期，对信息进行贯穿其整个生命的管理

---

① Wilson T D. Information Management. International Encyclopedia of Information and Library Science, London: Routledge, 1997, 189.

需要相应的策略和技术实现手段。信息生命周期管理的目的在于帮助企业在信息生命周期的各个阶段以最低的成本获得最大的价值。

2.5 信息生态理论

信息生态是一个由人、行为、价值和技术在一定的环境下所构成的系统。在信息生态中,其核心并非技术,而是技术所服务的人类。①

信息生态学是应用生态学理论来管理信息的一种新思维。其内涵比今天的信息工程师和构架师所使用的工具要丰富的多。信息生态学家构筑一个更好的信息环境,可以调动的不仅是结构设计和 IT,而且还有信息战略、政治因素、行为因素、支持性工作人员和作业流程等。信息生态学就是以人为中心的信息管理。其基本点是把人放回到信息环境的中心位置,而把技术推到它适当的位置即外围。

2.5.1 信息生态学的模型和主要特征

1. 信息生态学模型

信息生态学模型是一个含有 3 种环境的状态空间,如图 2-5 所示。最外面一层是组织所处的外部环境,也就是组织的宏观环境,包括商业环境、信息环境和技术环境等。其中,商业环境主要指商业市场环境,包括客户、供应商、合作伙伴、管理部门、竞争者的影响以及更大的政治、经济和文化环境。信息环境在这里指信息市场环境,如信息内容产品的市场行情等。技术环境指技术市场环境,如信息技术和产品的市场行情等。

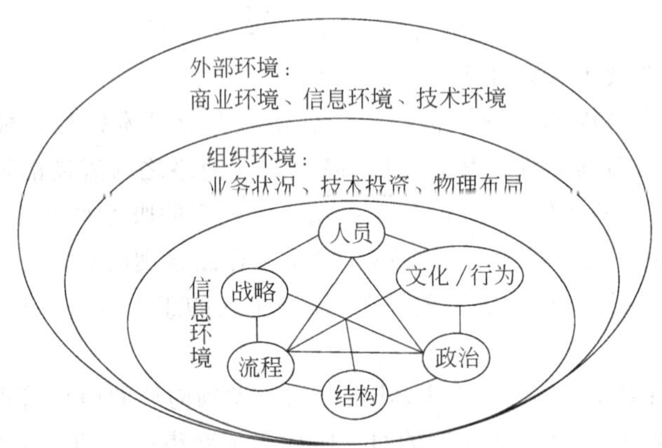

图 2-5 信息生态学模型

中间一层是组织环境,包括组织内部的业务状况、技术投资和物理布局等。其中,业务状况主要指企业的首要战略、业务流程、组织结构和组织文化、人力资源等因素。技术投资指企业在信息技术方面的投资状况会影响其信息环境。物理布局指组织的物理空间分布,

① Chapter Four: Information Ecologies. http://www.firstmonday.dk/issues/issue4_5/nardi_chapter4.html, 2004-09-12.

它会影响信息传递效率。

最里面一层是组织内部的信息环境，包括了组织内部运作和管理有关的战略、流程、结构、政治、文化/行为和人员等因素。其中，战略是指信息战略，即要利用信息资源为企业做什么？要确定备选方案和重点。政治是信息政治学，指组织的政治结构和信息传递方式。信息战略若与政治结构不一致就会行不通。如果一个组织的政治结构不是很民主，那么，企图去转换和建立信息地图，创建像 IBM 的指南那样的目录或者专家数据库，都可能要失败。信息文化指一个组织对待信息的行为模式和态度，对各种信息渠道和媒介的偏好。信息行为指组织中每个人如何获取和处理信息。信息文化和信息行为二者密切相关，在创建一种成功的信息环境时可能是最关键的因素。信息工作人员是广义的，包括信息的鉴别者、分类者、过滤者、解释者、集成者。信息流程指信息作业在组织中如何进行，要重视流程的创新和重组。信息结构指一个组织内信息的结构和分布。它可以是描述性的，如某种信息地图，也可以是一种信息环境模型。①

2. 信息生态学的主要特征

(1) 各种类型信息的集成。多种信息类型通过新的技术和需求得以集成，包括机读和非机读的，结构化和非结构化的，文本和非文本的信息。不是引导用户去关注某种信息，而是把能得到的所有信息综合起来利用。

(2) 认识信息生态(环境)的发展演变。要认识到信息的生态环境也在不断变化，所以，企业的信息系统应当具有弹性，能适应外部环境的变化。

(3) 强调对现有信息环境的观察和描述。任何大型组织内部的信息环境都是高度复杂的。谁拥有什么信息，提供各种技术的资源是什么，人们如何把信息和知识运用于工作流程中，组织的意愿和信息管理目标是什么等，都应当加以观察和描述。

(4) 焦点是人和信息行为。就是要改变人们利用信息的方式和方法，建立支持性的信息文化。这是信息生态学的关键点。

2.5.2 信息生态理论的意义

信息生态学理论对信息资源管理的指导意义是多方面的。

第一，它强调系统与外界的信息交换。美国生物学家贝塔朗菲(L. V. Bertalanffy)发现生命与非生命存在一个明显的矛盾，即热力学的“退化论”和生物学的“进化论”相对立。也就是说，热力学中研究的非生命系统随着时间的推移，系统的熵越来越大，走向无序状态；而生命系统则是走向增加有序(即进化)方向发展的。其原因是，前一种系统是无限大的封闭系统，而后者则是一种开放系统，能不断与环境进行物质、能力和信息的交换。

第二，它强调系统中各个组成部分的关系和相互影响。如同生物的生态系统一样，信息生态系统的标志是系统内各个部分之间的强烈相关性和依赖性。技术在信息系统中不是孤立地存在的，而是要同系统内的其他因素有机地结合起来。在采用新的技术手段时需要将

---

① Davenport T H. Information Ecology：Mastering Information and Knowledge Environment. New York：Oxford University Press，1997，33～39.

这些技术与组织的习惯和规范集成起来，并采用必要的手段促进技术在组织内的普及和应用。

第三，它强调系统的进化思想。这有两层意义：其一，它强调变化是系统的。当系统的一个组成部分发生了变化，其影响将会使整个系统感觉到。而局部的变化，如果不能与系统的其他部分契合，变化将逐步消失的无影无踪。其二，它强调系统是不完美的，它正视信息系统建设问题的不完善性，强调面向结果的信息系统模型，并突出其适用性。

2.5.3 创建一种良好的信息生态环境

以 Web 为环境，运用信息生态学理论实现信息资源和其他资源在更高水平上的集成，使许多不同的要素构成一个互连式的 Web。这种基于 Web 的信息生态环境有 4 层含义：

(1) 从企业外部为企业的新生、成长、发展或再生、转化到衰亡的全过程提供多目的多层次的信息，这是一种广泛融合的生态化的信息服务。

(2) 从企业内部为企业提供生产经营全流程——物流、生产流、信息流、资金流、人才流、客户流等全过程的电子化、智能化、标准化的管理和商务解决方案。

(3) 反映企业产品生命周期全过程的变动状况和发展情况。

(4) 基于 Web 生态环境提供的信息和服务可以帮助企业减少资源消耗、降低成本，具有生态保护的特点。

基于 Web 的信息生态环境的结构由信息时效、信息循环链和基于 Web 的生态环境的平衡等构成。其中的信息循环在沟通各类企业及其上下游企业、生存发展环境和消费者之间关系方面有着重要的商业意义。实现生态 Web 的有效循环和平衡的最佳方式，就是建立全开放、全交互、全动态的企业信息生态 Web 系统。

2.6 信息构建理论

2.6.1 信息构建的定义

信息构建(information architecture，IA)这个概念出现于 20 世纪 70 年代。1975 年，建筑设计师沃尔曼(Richard Saul Wurman)首先使用这个词，认为 IA 就是将数据中固有的模式进行组织，使复杂的地方清晰化，创建信息结构或图表以让其他人能找到自身所需的知识。稍后，IBM 公司在推出它的“业务系统规划”(business systems planning，BSP)时把 IA(信息体系结构或信息构建)作为一种信息系统规划的方法学。

20 世纪末，信息构建问题得到了信息界的热烈关注和讨论。人们提出了各种不同的定义和理解。下面列举几个比较有代表性的定义。

IA 是一门组织信息和界面的艺术和科学，涉及组织系统、标识系统、导航系统和检索系统的设计，目的是帮助人们在网络和 Web 环境中更成功地发现和管理信息，有效地解决用户的信息需求。(Louis Rosenfeld 和 Peter Morville，信息构建师)

IA 是一门帮助用户实现目标对信息系统加以结构化和组织的艺术和科学，是图书馆和信息科学的原理和方法在团体内联网和网站的应用。(R. E. Wyllys，信息学教授)

IA 就是创建导航和组织结构，从而使用户在适当时能与所需信息保持接触。(Alison Head，可用性咨询师)

IA 的核心是用户体验，即有用性＋可用性。(Terry Swack，信息构建师)

"IA 代表一个集成的过程而非分别描述某个单体。""我不太同意仅列出技术、图像设计和写作。用户在哪里？情感在哪里？结构和表现固然重要，但还有更多的东西。我们需要心理学、社会学和学习理论。我认为 IA 是一个过程而不是一个个人。结构和表现在用户头脑里是不可分的，两者结合形成了他们的体验。IA 要做的正是形成各种用户的体验。同任何专业一样，现存的领域仅能提供帮助而不能提供各种答案。"(Andrew Dillon，信息学教授)

"体验设计把设计提高到新一代定量的水平：信息设计仅是体验设计的一个部分。沃尔曼的 IA 定义不是覆盖范围不够的问题，而是已经过时。体验设计在实用上超过了信息空间构建……信息空间构建没有在过程中延伸，仅停留在分析体验设计的一个很有限和不充分的框架上……体验设计的目的是改变参加者的信仰、理解和行动。触觉体验比短暂的虚拟体验更为重要。"(Bob Jacobson，信息专家)

IA 是企业编制业务规划过程中与 IT 有关的高级模型集合，并作为制定和实施信息系统规划的一种工具和蓝图。①

最广义的解释是指使信息资源与信息需求相匹配的工具集合。一个良好的结构设计是通过特定的格式、范畴、关系来构建一个组织中的信息。过分强调技术的设计常常会忽略信息利用中人的问题。IA 经常把信息行为、过程和支持性工作人员与一个企业的其他方面(如业务流程、组织结构和物理布局等因素)联系起来。这样它就与信息生态学发生了联系。所以，达文波特又认为，从信息生态学的观点看，"构建"(architecture)不仅包括工程化的模型，而且包括 maps、directories 和标准。这些工具可以是自动化的，也可以是基于文献的，或者是某个专家心中的。②

虽然人们对 IA 的定义未达成统一的认识，但在美国 2000 年 IA 研讨会文件中还是提出了一个总结性的定义："信息构建是关于如何组织信息以帮助人们有效地实现其信息需求的一门艺术和科学。它是一个包括调查、分析、设计和实施的应用领域，涉及信息系统的组织、浏览、标识和检索机制，其目的是帮助人们更成功地找到和管理信息。另外系统可用性(usability)和用户体验(user experience)也是信息空间构建要考虑的重要内容。"③

从性质上分析，IA 是一种面向广义的信息(不单指网络信息)，具有跨学科属性，非常强调信息与用户双向沟通性和用户体验的一种理论和方法。

2.6.2 信息构建研究和应用的目的

引入 IA 思想的理由之一是：信息广泛散布于整个组织中，来源多种多样，在各种场合

---

① 李箐. 基于 IA 的网站构建研究. 北京大学硕士学位论文，2004，11～13.

② Davenport T H. Information Ecology: Mastering Information and Knowledge Environment. New York: Oxford University Press，1997，156.

③ 李箐. 基于 IA 的网站构建研究. 北京大学硕士学位论文，2004，11.

被使用,而且以各种各样的介质和格式存储着。员工往往要用很多时间去寻找和获得本已存在于组织中某处的信息。有一项调查估计管理者要用17%的时间(一年中的6周)来查找信息。难怪一些公司要花上百万美元来重复购买它们已有的信息。当然,答案不仅仅是减少信息源的数量,还要使信息具有更好的可访问性和可获得性。IA通过给用户指引信息的地址,不仅可以大大提高成功地利用信息的可能性,而且可以使已获得的信息更容易再利用。

在网络信息空间中,也存在着下列种种问题:

① 信息超载:无限数量,包罗万象;信息太多,真伪并存,需要过滤。

② 信息异质:信息价值不同,长度不同,颗粒化程度不同,数据格式不同;周期不同,动态或静态;语言和字符不同;断链,过期内容,事实错误等。

③ 检索问题:分类体系混乱,分类模式不符合用户习惯,同位类目数量过多且缺乏顺序等,造成查找困难,检索结果垃圾太多,不容易筛选和归并;检索结果相互矛盾;检索缺乏深度(词法、句法、语义、内容)。

④ 人性化问题:界面各不相同,检索界面不友好,交互方式少;导航系统可用性差,同一站点的不同页面背景和颜色不一致,没有统一的提示让用户意识到是否还处于该网站;网站只提供一个整体导航栏,没有提供局部导航和语境导航等功能;网站中出现孤立网页;网站内部使用不当的框架等;标识系统不清晰,标识容易产生歧义或难以理解等。图形设计和页面布局差,例如页面内容过于密集或过于单调;页面分屏过多等。

⑤ 环境问题:跨国流动,法律问题,信息安全。

⑥ 经济问题:多数网站重新设计花费大;网站影响用户信誉和公司品牌;公司雇员用35%的生产时间查找信息,折算工资开销,损失有的高达1000万美元;信息越来越多,维护越来越困难。

研究信息构建,就是要实现对网络信息资源的有效控制,实现网络信息空间的有序化。IA是从跨学科角度来研究信息的有效结构化和信息体系的有效描述方式,目的是使信息易于理解,能够被访问,在信息和用户之间建立起直观高效的互通,并使用户获得良好的体验。好的IA对有效的信息流程是必须的。IA可以而且应该改变人的信息行为和文化。

2.6.3 信息构建理论的内涵

IA作为一种理论,其核心内容可以概括为以下5个方面:

(1) 1个空间:信息空间。在IA中,信息空间(information space)是指某一领域的信息设施总体,小到某一台计算机上的硬盘驱动器,大到整个因特网。构成信息空间的是各种要素(内容、语境、工具、用户)和关系的网络,它们组成了一个信息生态圈。

(2) 2种基本设计方法:"自顶向下"和"自下而上"的设计方法。自顶向下构建方法基于内容语境和用户需求的理解,然后依次完成下列工作:确定网站的范围,蓝图设计,再具体考虑内容区的分组和标识系统设计问题。自下而上构建方法则基于对内容和所用工具的理解,然后依次完成下列工作:创建内容板块,建造数据库(包括标引、内容分组等)。

(3) 3个基本阶段:用户分析和目标规划、设计建模、实施及测试。用户分析和目标规划阶段的主要任务是分析目标用户群的特性和需求,以确定系统的目标和范围。设计建模阶段的主要任务是将系统的收录内容、信息组织和管理的想法整合并展示出来。在前面的用户需求列表和竞争分析列表基础上建立两个新列表，即内容元素列表和功能需求列表，并评估其重要性，形成内容和功能清单。最后利用此清单，就目前的技术和自身状况判断每项功能的可行性。然后进行内容组织架构和标识的设计、导航设计和视觉设计。最后对系统原型进行可用性测试以发现问题。

(4) 4 种系统：内容组织系统、标识系统、导航系统、检索系统。这是构成一个信息空间的 4 个基本的显性要素(见图 2-6)。其中，组织系统将所有无序的信息组织起来并建立联系。信息构建师应致力于开发最具逻辑性的组织系统，使用户可以快速找到自己所需内容。导航系统为用户在信息空间中快速定位提供语境信息，回答用户以下 3 个问题：我在哪里，我曾经去过哪里，我可以去哪里。标识系统的关键是如何标识导航链接，并清晰地表示其含义以便用户理解。它直接影响着组织系统和导航系统的效果。检索系统为用户在信息空间中查找信息提供直接帮助。

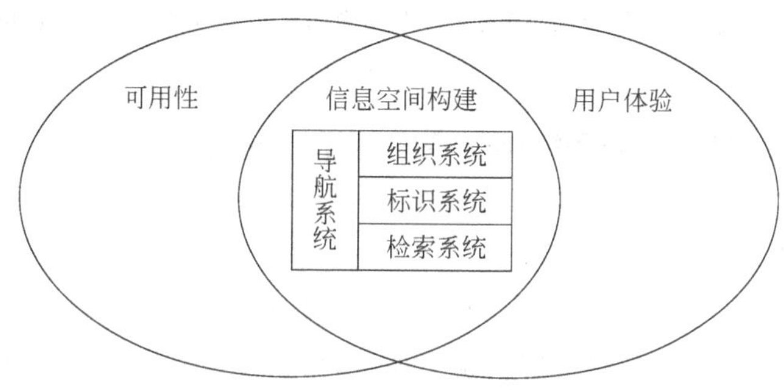

图 2-6　信息空间构建基本要素模型

(5) 5 个强调：强调使信息可理解、强调体系结构、强调可用性、强调用户体验、强调科学与艺术的结合。在沃尔曼的著作中非常强调使信息可理解的问题。他认为：好的信息设计师会把复杂的信息描述得很清楚，使它们能够被人理解。他引用设计师内森·谢德罗夫的观点：理解应被看作是从数据到智慧的一种连续过程。智慧是理解力的最高层次。"理解"这个概念在现代哲学中是一个重要概念，也是解释学的基本概念。从某种意义上说，IA 可以看作是人们对信息文本进行解释的过程和结果。文本的分类和标引既是一种文本解释行为，也可能是一种用户解释行为。

强调体系结构就是强调在信息空间设计中贯彻系统论的思想。要重视顶层设计，首先解决好总体结构问题。一些大型的信息系统往往都是复杂巨系统。一个信息系统的体系结构通常包括：系统体系结构(描述信息体系的组成各部分之间的关系)、技术体系结构(描述为生产、传递和交换信息的计算机网络结构)、运行管理体系结构(描述信息流及其管理)。

可用性和用户体验是信息空间中两个非常重要的隐性要素，体现了新的设计理念。ISO9241 对可用性的定义是：特定用户对所用产品在某一特定使用范畴内有效、高效和满意地实现预期目标的程度。此外，它还包括可学习性、可记忆性和错误管理(控制)。可用性是以人为本的设计，从人和利用出发，强调设计工作的结果。所谓用户体验(user experience)，一般是指以服务为舞台，以商品为道具，围绕消费者，创造出值得消费者回忆的活动。

体验有不同类型，如学习体验、娱乐体验、美学体验、遁世体验等。体验还可以有不同的形式，如主动参与、被动参与、吸引信息、融入情境等。在 IA 中，可用性包括用户体验、用户交互、用户界面、信息设计、人的因素、以人为本的设计、以性能为本的设计。

强调科学与艺术的结合就是强调跨学科的研究手段。信息构建涉及多个学科领域，如建筑学、信息科学、图书馆学和情报学、工效学、心理学等学科以及信息检索、信息查寻、人-机界面、以用户为中心的设计、Web 设计、软件工程、数据建模、数据库管理、图形设计等。不同的学科解决不同的问题，例如，索引和信息检索系统组织大规模信息，工效学帮助物理交互的设计，心理学和人种学提供研究方法。

2.7 管理学理论

管理学从泰罗(F. W. Taylor)针对工厂的“科学管理”到今天对于全球化、知识化、信息化的企业管理，经历了一个世纪的演变，是在无数管理实践者与思想者的汗水与心血浇灌下成长起来的。信息资源管理理论和实践的发展也得益于管理学。

2.7.1 古典管理理论和近代管理理论中的信息要素

1. 古典管理理论

亚当·斯密(1723—1790 年)提出，劳动是国民财富的源泉，而提高劳动者的素质是国民财富增长的根本原因。这是对资源的狭义理解，但是隐含了对知识的重视。欧洲工业革命之后，法国人让·巴蒂斯特·萨伊第一个明确提出把管理作为与土地、劳动、资本并列的第四种生产要素。美国人亨利·普尔(1812—1905 年)主张建立一种管理体系来管理企业，并提出了建立管理体系的 3 项基本原则：①组织，是管理工作的最基本的条件，从总经理到工人都必须有详细的分工和具体职责。②通讯联系，是组织设计中的一种报告制度，使企业最高层领导能连续、确切地了解业务的进展情况。③情报资料，即把通讯联系记录下来，进行归类、汇编，即把有关的开支、收入和运输的业务报告汇编成册(像现在的数据库)，并对这些资料进行分析、判断，以便改进业务。这种管理体系已经重视信息管理问题。

2. 泰罗的“科学管理”理论

它包括作业研究原理和时间研究原理。作业研究是把每种操作分解为几个动作要素，再研究每个动作的必要性和合理性，依据经济合理的原则，加以改进和合并，以形成标准的作业方法。泰罗认为，科学管理是过去已有的多种要素的结合。他把老的知识收集起来加以分析组合，总结成规律和条例，于是形成了一门科学。他还指出，管理人员的首要责任是把工人长期实践积累的大量的传统知识、技能和诀窍集中起来、编成表格，然后规定行为规律和守则，在全厂实行。

3. 法约尔的组织管理理论

法约尔把企业的全部活动归纳为 6 种：①技术活动(生产、制造、加工)；②商业活动

(购、销、交换)；③财务活动(筹资)；④安全活动(保护财产的人员)；⑤会计活动(财产清点、资产负债表、成本、统计等)；⑥管理活动(计划、组织、指挥、协调、控制)。他认为管理就是实行计划、组织、指挥、协调和控制，并区分了领导与管理，认为领导就是从企业拥有的全部资源中获取尽可能大的利益以引导企业达到目标，即保证上述6项基本职能的顺利完成。他还提出了14条管理原则，如劳动分工、权力与责任、纪律、统一指挥、统一领导……等级制度等。其中第9条等级制度，他认为这是组织内部传递信息和信息反馈的正常渠道，对统一指挥非常重要，但不是最快的途径。

4. 马克斯·韦伯的行政组织理论

马克斯·韦伯(1864—1920年，德国人)的行政组织理论包括3个方面：

① 理想的行政组织：通过职务和职位来管理，而不是通过传统的世袭地位来管理。管理者应有胜任工作的能力，以客观事实和知识为依据进行领导和控制。

② 权力分类：合理的、法定的权力；传统的权力；神授的权力。只有第一种权力才是行政组织的基础。

③ 理想的行政组织的管理制度是行政组织中除最高领导外其他官员都要按以下原则来任命和行使职权：人身自由；等级制度；职权范围明确；职务通过契约关系来承担；以技术条件挑选候选人；这个职务是任职者唯一的、至少是主要的工作；它成为一种职业，有升迁制度；官员完全与所管理的财产的所有权无关；其职权受到严格而系统的纪律约束和控制。

2.7.2 现代管理理论对信息问题的阐述

第二次世界大战后，管理领域出现了新的理论和学说，形成了许多学派，学派之间相互影响、相互渗透、盘根错节。这种现象被美国管理学家哈罗德·孔茨发表称为“管理理论丛林”。孔茨在1961年把当时西方的管理学分为6个学派，即管理过程学派、经验学派、人群行为学派、社会系统学派、决策学派、数理学派。1980年，孔茨又把西方管理理论分为11个学派，即经验案例学派、人际关系学派、群体行为学派、社会协作系统学派、数学(管理科学)学派、社会技术系统学派、决策理论学派、系统学派、权变学派、经理角色学派、经营管理(管理过程或管理职能)学派。这些学派对信息问题都有不同程度的重视和阐述。

1. 社会系统学派

社会系统学派把组织看成是一种开放式系统，组织在不断地调整内部和外部力量，以求系统保持平衡。组织又是一种协作系统，要生存下去，就必须为达到一个目标进行协作。作为正式组织的协作系统，须包含3个基本要素：协作意愿，共同的目标、信息的沟通。没有信息沟通，组织内的成员对组织目标没有共同的认识和普遍的接受；组织就无法了解组织成员的协作意愿及其强度，也无法将不同成员的努力形成协作劳动。因此，信息沟通是组织存在的条件。信息沟通的原则：①沟通渠道为成员所了解；②每个成员要有一条正式的沟通渠道；③必须依照正式的渠道沟通信息；④沟通渠道须尽可能直接和便捷；⑤作为沟通中心的各级管理人员必须称职；⑥组织运作期间沟通渠道不能中断；⑦每一次信息沟通都必须具有权威性。

2. 决策理论学派

西蒙(H. Simon)等人发展了社会系统学派的理论,形成了决策理论学派。西蒙主要研究生产者的行为,特别是当代公司中决策的组织基础和心理基础,然后又研究了大型组织的信息处理问题,认为人类处理信息的能力是有限的。他把决策过程分为 4 个阶段:收集情报、拟定计划、选定计划、评价计划。特别强调信息联系在决策中的作用,且更重视非正式渠道的信息联系。他们认为,信息联系是决策的前提,而决策则是以命令、情报或建议的形式出现的。西蒙指出:在信息联系的 3 个阶段(发出信息、传递信息、接受信息)都可能发生阻塞或歪曲现象,故有必要成立一个专门的信息联系服务中心和良好的信息系统,这主要借助于计算机。他们认为,当今是信息爆炸时代,重要的不是获得信息,而是信息的加工和分析,使之对决策有用。决策者需要的是对决策有意义的新信息,决策者的注意力是一种最宝贵的资源,不能无谓地消耗在大量无知信息上。所以,信息系统应当包括一个筛选系统。

3. 系统管理学派

该学派的理论基础是系统科学,把一般系统理论应用于工商企业管理。主要代表人物是美国的约翰逊、卡斯特、罗森茨韦克、米勒、梅萨罗维奇。他们认为工商企业是一个开放系统,与周围环境互动,有内外部信息反馈网络,能自我调节和自适应。企业系统可以分为传感子系统、信息处理子系统、决策子系统、生产子系统、控制子系统、记忆和存储信息子系统。主要方法有模型分析法,建立工业系统动态模型。

4. 经验主义学派

又称经理主义学派,以向大公司经理提供管理企业的成功经验和科学方法为目标。他们都把实践放在首位,以实用为主要目的。认为管理学就是研究管理的经验,了解存在的问题,从而进行有效的管理,代表人物是德鲁克、戴尔、斯隆、纽曼等。该学派提出的管理方法有管理技巧和目标管理。管理技巧中包含有所谓"有效地进行信息联系"。提出了信息联系的四原则:①信息联系是知觉的;②信息联系是期待的;③信息联系提出要求;④信息联系不同于信息。

2.7.3 战略管理理论和流程再造理论

1. 战略管理理论

20 世纪 60 年代中后期到 80 年代初,石油危机、科技竞争愈演愈烈,管理学界开始重点研究如何适应充满危机和不断变化的动荡环境,谋求企业的生存发展,并获取竞争优势。较为突出的是将"战略"的概念引入管理界。

安索夫(Ansoff)《公司战略》(1965 年)一书的问世,开了战略规划的先河。劳伦斯与罗斯奇合著的《组织与环境》(1969 年),提出公司要有应变计划,以求在变化及不确定的环境中得以生存。卡斯特(F. E. Kast)与罗森茨韦克(J. E. Resenzweig)的《组织与管理——系统权变的观点》(1979 年)是权变理论学派的代表作,而其分析的问题亦是从长期角度看待企业如何适应环境，认为在企业管理中要根据企业所处的内外条件随机应变，组织应在稳定性、持续性、适应性、革新性之间保持动态的平衡。

迈克尔·波特(M. E. Porter)的《竞争战略》(1980 年)把战略管理的理论推向了高峰。书中许多思想被视为战略管理理论的经典，比如 5 种竞争力(进入威胁、替代威胁、买方侃价能力、供方侃价能力和现有竞争对手的竞争)、3 种基本战略(成本领先、标新立异和目标集聚)、价值链的分析等。通过对产业演进的说明和各种基本产业环境的分析，得出不同的战略决策。这一套理论与思想在全球范围产生了深远的影响。《竞争战略》与后来的《竞争优势》(1985 年)以及《国家竞争优势》成为著名的"波特三部曲"。

2. 企业流程再造理论

随着员工受教育水平的提高，信息技术越来越多地应用于企业管理，20 世纪 30—40 年代形成的企业组织愈来愈不能适应新的竞争日益激烈的环境。所以，管理学界提出要在企业管理的制度、流程、组织、文化等方面进行创新。

实践是理论的基础。美国企业从 20 世纪 80 年代起开始了大规模的"企业重组革命"，日本企业也于 20 世纪 90 年代开始进行所谓"第二次管理革命"。

企业再造理论的最终构架由迈克尔·海默(M. Hammer)博士与詹姆斯·昌佩(J. Champy)完成。他们在其合著的《再造企业——管理革命的宣言书》(1993 年)中阐述了这一理论：现代企业普遍存在着"大企业病"，面对日新月异的变化与激烈的竞争，要提高企业的运营状况与效率，迫切需要"脱胎换骨"式的革命，只有这样才能回应生存与发展的挑战。企业再造的首要任务是业务流程重组(简称 BPR)，它是企业重新获得竞争优势与生存活力的有效途径；BPR 的实施又需两大基础，即现代信息技术与高素质的人才，以 BPR 为起点的"企业再造"工程将创造出一个全新的工作世界。

除海默之外，还有许多管理学家在为企业流程再造做咨询工作的同时，进行理论探索和总结，撰写文章。1993 年 11～12 月的《哈佛商业评论》上发表了特蕾西·高斯、理查德·帕斯卡及安托尼·阿瑟斯的《重新创业的过山车——为更有力的明天在今天冒险》，其中特别强调，改造不是改变现在已有的，而是要创造现在所没有的。1993 年底，小林裕以专著《企业经营再造工程》完成了日本管理学界对这一时期管理理论与实践的总结。

2.7.4 全球化和知识经济时代的组织管理理论

20 世纪 80 年代末以来，信息化和全球化浪潮迅速席卷世界，知识经济的到来使信息与知识成为重要的战略资源，而信息技术的发展又为获取这些资源提供了可能；顾客需求的个性化、消费的多元化决定了企业必须合理组织全球资源，在全球市场上争得顾客的投票，才有生存和发展的可能。这一阶段的管理理论研究主要针对学习型组织及虚拟组织问题而展开。

1990 年，彼德·圣吉(P. M. Senge)所著的《第五项修炼》出版。该书的主要内容旨在说明：企业唯一持久的竞争优势源于比竞争对手学得更快更好的能力，学习型组织正是人们从工作中获得生命意义、实现共同愿望和获取竞争优势的组织蓝图；要想建立学习型组织，系统思考是必不可少的"修炼"。

在阿里·德赫斯(Arie de Geus)所著的《长寿公司》一书中,作者通过考察40家国际长寿公司,得出结论:"成功的公司是能够有效学习的公司。"在他看来,知识是未来的资本,只有学习才能为不断的变革做好准备。罗勃特·奥伯莱(R. Aubrey)与保罗·科恩(P. M. Cohen)合著的《管理的智慧》则描述了管理者在学习型组织中角色的变化——他们不仅要学会管理学习的技巧,也要使自己扮演学习的领导者、师傅和教师的多重角色。

1990年《哈佛商业评论》第6期发表文章《公司核心能力》,作者建议公司将经营的焦点放在不易被抄袭的核心能力上,由此引发后来的"虚拟组织"热。

虚拟组织与传统的实体组织不同,它是围绕核心能力,利用计算机信息技术、网络技术及通信技术与全球企业进行互补、互利的合作,合作目的达到后,合作关系随即解散。此种形式能够快速获取全球各处的资源并为我所用,从而缩短"观念到现金流"的周期;而且,灵活的"虚拟组织"可避免环境的剧烈变动给组织带来的冲击。1994年出版的由史蒂文·L·戈德曼(S. L. Glodman)、罗杰·N·内格尔(R. N. Nagel)及肯尼斯·普瑞斯(K. Preiss)合著的《灵捷竞争者与虚拟组织》是反映虚拟组织理论与实践的较有代表性的著作。[①]

思 考 题

1. 阐述信息论、控制论和系统论对信息资源管理的指导意义。
2. 请描述诺兰模型和米歇模型,并加以比较。
3. 请描述信息资源管理发展的四阶段模型和五阶段模型,并加以比较。
4. 阐述信息生命周期理论的基本思想、价值、局限性和应用前景。
5. 描述信息生态学模型,分析信息生态学的主要特征,说明该理论对IRM的指导意义。
6. 解释信息构建的含义,阐述其研究意义和理论内涵及应用领域。
7. 试分析总结管理学理论与实践发展过程中人们对信息作用的认识的变化。

---

① 杨文士,张瑾. 管理理论与思想的演进. http://www.gjmy.com/gjmywz/paper_econ/20060117/7619_2.html.

第3章　信息资源管理的政策和法律

信息政策和法律是信息资源管理的重要内容，同时又是重要手段。本章针对信息资源管理的几个重要环节，介绍相关的政策和法律法规，分析有关的问题。

3.1　信息政策和法律概述

3.1.1　社会信息化的特征和影响

社会信息化是人类社会从工业社会向信息化社会逐渐演变的过程。信息化社会是人类社会在以物质产品的生产、分配、消费为基础的同时，越来越重视信息的生产、传播、利用。

1. 社会信息化的特征

这样的社会是以信息的社会价值、经济价值越来越高为特征。社会信息化带来了许多变革和变化，例如：信息表示方式的变革，使用的语言是二进制(0,1)，各种置标语言(SGML、HTML、XML等)，表达的手段和空间是计算机系统和网络；信息传播(交流)方式的变革，实时、双向交互、网络化、远程交互、多媒体化；信息获取途径的多元化，人们不仅可以通过传统的书刊、大众传播上取得信息，还可以从因特网上获得更丰富的信息；为了满足人们日益增长的信息需求，产生了独立的信息部门和信息产业；信息生产速度和数量大大加快；信息传播的范围空前扩大，信息的秘密性削弱。

2. 社会信息化的影响

(1) 社会信息化对政治的影响。主要表现为：①因特网对政治生活的影响：使更多的政府和政治信息受到公众监督。②信息的快速传播使各种社会学派、思想、主义的传递速度和范围大大扩大。③由于西方在电信领域占有支配地位，使西方的政治理念、政治制度迅速向全球扩张。④因特网与政治相结合，产生了网络化政治，如网上竞选、网上选举、电子政务。⑤权力结构：信息就是权力。组织机构扁平化。公众对政府信息公开的迫切要求与政府的信息垄断传统的冲突。

(2) 社会信息化对经济的影响。主要表现有：①IT成为新的主要生产力，信息和知识成为经济发展的关键资源。②传统的商业形式的变化：电子商务、网络银行、在线零售。

(3) 社会信息化对文化的影响。主要表现是：①英语和美国文化通过因特网迅速传播，对其他语言和文化造成了强烈的冲击。②出现了新的两极分化：信息富人和信息穷人。③南北差距进一步加大：一部分发展中国家和地区被边缘化。

3. 社会信息化对法律的挑战

计算机和通信技术的飞速发展促进了信息的生产、传播和利用，同时，也引起了法律的不确定性,因为现行的法律不能适应技术的发展。数字化和网络化对知识产权保护法律的挑战。计算机犯罪和网络犯罪挑战传统的安全观念和安全机制。个人隐私保护意识的普遍觉醒,对现有个人信息收集管理和传播利用制度的挑战。国家对不良信息的控制力迅速下降。国家的主权和安全受到严重的挑战。即使是美国,也没有一套建立在法院的判例基础上的信息法;现有的法律判例是不平衡的,可能需要重新立法。联邦和州的法律组成了信息政策的马赛克,很复杂,经常互相冲突,而且常常反映出对法律意义的理解很浅薄。信息自由法和隐私法基本上预设的是纸张记录环境,故需要更新。

我们不仅需要更多的信息,更需要有关信息源及其可获得性的知识,更迅速地获取信息,更好的信息管理,更有效的法律和标准,以及便于信息自由流动的开放的边界。

3.1.2 信息政策概述

1. 信息政策的定义

美国《图书馆与情报学百科全书》将信息政策定义为:用来指导人们对信息生命周期进行监控和管理的一系列相互关联的原则、法律、方针、规章、规定和计划的集合体。[①] 美国国家电信与信息管理局(NTIA)的定义是:有关信息收集、存储、检索和传播的一类政策,包括在促进信息收集、存储、检索和传播中信息技术的利用和信息服务提供方面的政策。美国信息处理学会联合会(AFIPS)国家实施问题专门小组在一份报告中认为,信息政策包含了一个宽泛的相互关联的要素集合,如信息传播、信息技术、信息经济、信息隐私、信息系统、信息保密、信息科学、信息网络和信息管理。[②] 信息政策是政策的一个类别或子集,即那些涉及企业或国家的数据、信息和知识的生产、组织、分类、检索与传播中某个环节的政策,有关基本的和不可剥夺的信息权利、义务问题和诸如民主社会中不惧怕报复的基本言论自由权,保护医疗、财务和其他个人记录免遭未经授权的访问,媒体进行彻底的事实调查的新闻自由权,以及平衡著作权所有者的权利与公众的知情权和通过诸如图书馆、博物馆和档案馆这一类信息保管人行使的“合理使用”权利等方面的政策。[③]

2. 信息政策的层次划分

(1) 国家信息政策

国家信息政策是政府为达到信息开发利用目标直接或间接提出的某种政策或政策集合。[④]国家信息政策是信息政策的一个特别子集或门类,要向全国颁布,因为国家希望出台一批连贯一致的指导原则,应用于政府所有的下级机构、私营部门,并指导信息专业人员、国际组织、相关的实体,直至每个公民。[③]

英国著名信息政策专家约翰·格雷曾经指出:一个拥有严肃的经济、社会与文化发展

---

① Hernon P, Relyea H C. Information policy. Encyclopedia of Library and Information Science, Vol. 48, Marcel Dekker, 1991, 176.

② Bender D R, etc. National Information Policies. U. S. Special Libraries Association, 1990, 6.

③ What are “National Information Policies”. Inter. Forum on Information and Documentation, Vol. 23, n. 1, 1998, 5.

④ Oppenheim C. Information Policy. Information Management Report, March 1996, 7.

政策的国家,需要有互补的政策,以保证所需信息的提供和使用。多数国家都认可这一原则,并赞成采取各种措施作为信息保障。这些措施归纳在一起,就相当于国家信息政策。但是各国做法不尽相同,有些国家做得比其他国家更有效些。尽管存在差异,然而在政策制定中有 3 点却是共同的:①明确国家的信息需求;②找出能满足这些需求的办法;③促进有效地利用所需的信息服务。①

联合国教科文组织 1985 年提出国家信息政策(主要针对发展中国家)必须具备下列基本目标:①保证各领域积累的知识得到最佳利用,以实现本国社会发展的目标;②保证为政策制定和各阶层的管理决策提供足够的信息;③促使政府和企业高度重视信息的获取和利用;④为信息服务的当前和长远发展提供保障,满足信息生产者、加工者、传播者和使用者的长远需要;⑤促进国际间的信息和技术的交流和合作。②

参考上述解释,所谓国家信息政策,就是国家根据当前和长远发展的需要制定的有关信息事业、信息产业发展和管理以及信息化建设工作的方针、原则和办法,是协调国家各类信息活动并指导、推动整个信息事业和产业发展及信息化建设的行动指南。信息政策通常要以国家立法为基础,而且要根据各个国家各个时期的具体情况和需要来确定。

(2) 政府信息政策

政府(机构)信息政策是指某一届政府、某一级政府或某个政府机构制定和颁布实施的信息政策,目的是指导和管理其自身的机构的行为和工作。中央政府的信息政策往往被视为国家信息政策。

(3) 企业信息政策

企业信息政策是企业的信息战略或策略;企业信息机构和信息工作在企业中的地位和作用;企业信息安全、知识产权保护和员工个人隐私保护方面;企业信息的公平使用方面;企业信息技术政策;等等。

其他组织的信息政策的内容范围和功能与企业信息政策大体相同,当然也有特殊之处。

3. 信息政策的特点

(1) 战略全局性。政策要涉及信息事业和产业发展全过程以及不同层次与环节。要有助于充分合理地配置信息资源布局,加强现有的或计划中的基本设施的协调。

(2) 指导性。政策是确定信息事业和产业的总体格局与方针,指导整个信息活动的战略和策略原则,它通过各种政策把管理者的意志及设想转化成一定的准则来指导实践。

(3) 时间性。作为一定时期内为达到某一目标而制定的信息政策,可能会随着时间的推移,以及随着所要达到的目标的实现或调整,其政策内容开始过时,从而随之更改或消亡。

(4) 变化性。政策会随着决策者的更替、决策者意志的变化、管理目标的变迁而变化。政策可以不断调整以体现其灵活性,但也由于这种灵活性导致其政策的稳定性和一致性较差。

---

① 约翰·格雷.国家信息政策——问题与进展.钟婉懿译.北京:社会科学文献出版社,1992,3.

② 卢泰宏.国家信息政策.北京:科学技术文献出版社,1993,110.

4. 信息政策的作用

信息政策作为调控国家信息活动并借以指导推动整个信息活动发展的行动指南，其调节的对象的类型日渐多样化，范围也日渐广泛，基本上涵盖了信息生命周期中涉及的所有领域、问题和社会关系。

信息政策的作用主要表现为：①确定社会信息活动的基本方针，明确信息产业的发展方向；②组织和整合各方面的力量，动员社会全体成员积极参与国家的信息化建设；③协调信息环境系统诸要素之间的关系，以信息资源的合理配置和有效利用为最终目标；④为社会的信息活动提供导向性和约束性的行动准则；⑤为社会公众公平享有数字化生存和信息化服务提供机会；⑥提高国家信息基础结构的能力，保证发展信息产业所需要的人员、经费和设备。

3.1.3 信息法概述

1. 信息法的定义

信息法的定义：是调整信息活动中产生的各种社会关系的法律规范的总称。这里所说的信息活动包括各种法律主体从事的、与信息的生产、采集、获取、加工处理、传播、利用、保存等事务相关的一切活动。这些活动一旦发生，一般都会产生这样或那样的社会关系，如获取与提供的关系、传播与接受的关系等。这些关系称为信息法律关系。

(1) 信息法律。信息法调整的是信息化进程中各组织和个人的信息行为以及相互间形成的信息法律关系。是对信息产业各领域内一定主体及其行为、一定的客体以及它们之间的关系进行规范。

(2) 信息法律的主体。它是指在信息法律关系中依法享有权利并承担相应义务的人或组织。由于信息渗透在一切社会活动中，信息法律关系所涉及的主体范围十分广泛。如政府部门、经济组织、非营利组织及个人。

(3) 信息法律的客体。它是指一定的行为以及在特定环境中的物化的和非物化的财产，包括信息资源、信息技术、各相关主体的信息行为3个方面。信息作为一种资源，具有明显的价值属性和权利、利益属性；信息技术是社会信息化的主要推动力量，围绕信息技术的开发、应用和管理而发生的一系列活动，是信息法律规范的内容。行为主体所处地位不同、信息行为不同，相互间形成的权利义务内容也就不同。

通过法律来规范和调整社会各方面行为和利益，明确各种法律主体的权利、义务和责任，可以有效地保护知识(信息)产权，合理分配信息生产者、信息传播者和信息使用者的利益。仅凭正面教育或道德的、经济的手段是远远不够的，必须借助法律手段，制定和完善一系列保护知识产权的法律，调整信息活动中产生的各种社会关系。

2. 信息法的特点和作用

(1) 信息法是国家强制力保证实施的行为规范，具有普遍约束力、明确性、稳定性和执行的强制性。信息法是国家权力机关通过立法程序制定的，它具有严肃性和约束力，更能够有效地调整信息活动中的权利义务关系。相比之下,制定程序相对简单,内容原则及解释余地广泛,变异性较大的信息政策,无法提供像法律那样的信任度、可靠性和强制力。

(2) 法律的规定性。信息法是信息政策的规范化、条文化。信息法是比信息政策更成熟的形态。一般信息政策要几经推敲、反复修改、不断实践补充,才可以条文化和规范化,故信息法更有权威性和科学准确性,因而也能更好地调节相应的信息活动的权利义务关系。

(3) 具体、明确、可操作性强。它调整的客观存在的法律关系比较具体,法律规范能合理正确地规定信息主体的具体权利义务关系,而通过具体法律条款规定经费、结构、人员、设施的比例和条件,使之具有可依据的准则和方法。而信息政策则相对来说较笼统抽象,可操作性较差,不宜掌握和实际运用。

(4) 稳定性。信息法对信息政策制定实施有一定的制约性,信息政策不能违背法律。一方面,信息法律条文中应当规定信息政策的制定结构与制定过程,使信息政策按法定程序制定;另一方面,信息政策可能造成的负效应应当得到信息法律的控制,并具体体现在信息法律的有关条文中;此外,信息政策如果不借助于信息法律就难以真正贯彻与实施。

信息法规的作用主要表现为:

(1) 规定信息法律关系主体的各项权利和义务,协调社会与集团个人私利之间的利益平衡,为国家的信息化发展提供法律上的依据和支持。

(2) 创设新的专门的法律规范,废止、修改传统法规中不适应数字化、网络化生存环境,不利于信息化发展的内容,为国家的信息化发展排除障碍。

(3) 信息法规与信息政策相互配合与协调,新的信息法律与已有的传统法律之间的平衡与协调,建立有利于国家信息化发展的社会秩序。

3. 信息法调整的对象和范围

第一,法律不是万能的、无所不包的,它只是调整人们的社会关系的手段之一,任何时候都无力去规范一切信息活动。

第二,信息活动中涉及的信息也并非一切信息,只能是特定意义和范围的信息,甚至不能包括一切社会信息,更不用说自然信息了。一般来说,信息法涉及的信息必须是相关法律主体权利义务所共同指向的对象,它既能满足相关法律主体的利益的需要,又能得到国家法律的确认和保护。因此,人们在从事信息活动时,有必要先对作为活动标的的信息有正确的认识,以便预测所从事的信息活动能否得到法律保护,或受到法律的禁止和制裁。

第三,尽管如此,信息法调整的范围仍然是十分广泛的,这点在信息法的法律渊源的广泛性以及信息法律规范广泛分布于各种各样的法律、法规之中,体现得尤为明显。

第四,还可以从法律事实的角度对信息活动的范围加以界定,即法律事实。信息活动是一种重要的法律事实,它能够引起信息法律关系的产生、变更和消灭。只有法律规范和法律主体的抽象的、一般的规定,没有具体的信息活动这一法律事实,则信息法律关系是不可能发生、变更或消失的。因此,只有那些可以成为法律事实,能够引起信息法律关系产生、变更或消灭的信息活动,才是需要法律加以规范的,才属于法律调整的范围。①

---

① 张守文,周庆山.信息法学.北京:法律出版社,1995,35～37,40～47.

3.1.4 信息政策与信息法的关系

信息政策与信息立法关系密切，信息政策是调整国家信息活动并借以指导、推动整个信息活动发展的行动指南；而信息立法主要是为了调整在信息活动中产生的各种社会关系。信息法律是成熟了的信息政策的升华，信息政策尽管可以通过必要的指导和干预来加以宏观调控与管理，并发挥重要的作用，但是它需要通过必要的法律手段才能实现，需要相应的法律作保障。信息政策与信息法律及信息行政法规之间既有联系，同时又有很大的本质区别。

信息政策与信息法之间具有一种相辅相成，共同促进的关系。信息政策是信息立法的基础，信息法律是保障信息政策得以贯彻和实施的法律手段。

信息活动带来的权利义务关系中的受侵害者可以通过舆论和政策的形式评价其正当权益，但最终是要经过立法形式使这种权益得以确认。立法案的提出，实际上是一种利益关系结构形成和利益要求成熟的反映。一部分成熟了的政策可以升华，以法律的形式固定下来，而信息法律出台后，又成为新的信息政策制定的重要依据，成为执行与调整信息政策的后盾和有力手段。

同时，法律不可能完全代替政策的作用。由于法律具有稳定性、定型性及灵活性差等特征，故信息活动中的种种社会经济关系难以完全用法律来调整，如关于信息化的方向、方针、战略目标等方面的整体把握主要依靠政策来加以协调。

各国的信息政策和立法的实践都表明，信息政策和信息法律的关系日益变得密不可分。信息立法的过程实质上是通过法律程序对各项信息政策予以确立，使之规范化、法律化的过程。信息政策是信息立法的重要基础，信息立法是保障信息政策得以贯彻和实施的重要法律手段。美国联邦政府向来十分重视信息立法。从信息管理的大范畴和发展历程看，美国往往更多地使用信息法律的手段，颁布了较多的信息法令和法规，其信息政策也常常具有法律效用，从而使信息工作很好地运行在有法可依的轨道之上。目前，关于信息立法方面的讨论主要集中在知识产权保护、信息安全与保密、隐私保护、信息基础设施的建设和利用等领域。

3.1.5 信息政策法规研究的对象和范围

随着信息社会的发展，建筑在对信息概念的广义性和多样化理解之上的“大信息政策观”逐渐在美国占据了重要地位，其中以 P. Hernon 和 H. C. Relyea 的观点最具代表性。他们认为，信息政策应当是一个由有关信息的生命周期（产生、收集、流通、分配、检索、处置）的监视和管理的指导原则、法令、指南、规章、条例、计划等构成的政策群体。它还应包括信息的存取和利用方面的政策问题，并主张在“信息联系”中解释信息政策，依据“作为经济商品的信息”和“作为公共资源的信息”这两个政策理念来构筑信息政策的基本框架。在此框架下，Hernon 和 Relyea 认为信息政策应包含下列核心部分：

(1) 联邦信息政策组织：政府中与联邦信息供应有关的机构。

(2) 联邦政府与信息界其他利益集团之间的关系：从事联邦信息生产、分配和传播的政府机构和组织的责任和作用。

(3) 信息技术：信息技术的应用和对政府提供联邦信息的影响。

(4) 政府信息的公开获取(与可获得性)：公众的权利和政府在使联邦信息成为可查询和可获得的东西时承担的责任。

(5) 信息自由和隐私保护：公众获取(查询)政府机构记录的权利，同时保护那些不应披露的信息。

(6) 安全与保密：政府为使公众和国家安全得到普遍保护而隐匿信息的权利。

S. Milevski 和 R. I. Chartrand 对信息政策的涵盖范围则有不同的看法，他们在详细分析信息政策法规的研究所涉及的众多学科领域特征的基础上，把信息政策划分为下列 9 个方面：

(1) 联邦信息资源管理；

(2) 教育、发明创造和竞争所需的信息技术；

(3) 电讯、广播和卫星传输；

(4) 国际交流与信息政策；

(5) 信息公开、保密和隐私权；

(6) 计算机法规与犯罪；

(7) 知识产权；

(8) 图书馆和档案馆资料；

(9) 政府系统、信息交换所和传播。

从以上的种种观点表述中可以看到这样的发展趋势：信息政策作为调控国家信息活动并借以指导推动整个信息活动发展的行动指南，其调节的对象的类型日渐多样化，范围也日渐广泛，基本上涵盖了信息生命周期中涉及的所有领域、问题和社会关系。

在各种信息政策和法律中，与信息资源管理有关的政策和法律可以归纳为 6 类，即有关信息采集方面的政策与法律、有关信息公开方面的政策与法律、有关信息传播方面的政策与法律、有关信息市场方面的政策与法律、有关信息利用方面的政策与法律、有关信息安全的政策与法律。下面，分别加以介绍和分析。

3.2 有关信息采集的政策和法律

信息采集通常是指接受信息主体根据需要，采用一定的程序、设备和方法，对各种相关信息或数据进行收集和记录的过程。它是信息资源管理的第一步，也是人们利用信息的前提。信息采集工作有各种各样的目的，会涉及各种各样的机构、人员和信息类型，因而会牵涉到各种各样的政策和法律问题，需要有相应的法律规范和政策指导。

3.2.1 对政府机构信息采集活动的法律规范

一个国家的政府为了管理公共事务，每天都要采集大量的各种各样的信息。一般来说，政府机构可以倚仗其权力和行政手段顺利地收集到所需要的信息。这是它特有的优势。然而，为了防止滥用权力，为了使各种组织机构和每个公民明确自己承担的提供信息的义务，以便与政府机构在信息采集过程中良好的合作，有必要制定有关的法规。

1. 美国有关政府信息采集的主要法律法规

美国在这方面有专门的法律和法规，即《文书工作削减法》和《联邦政府的信息资源管理》。1980年，美国联邦政府管理与预算局(OMB)提出的《文书工作削减法》在国会得以通过。其立法的主要目的是：减少为/被联邦政府收集信息的各种机构的文书工作量；政府信息得到最大限度的利用；协调和整合联邦政府的信息资源管理政策及其实施；减轻公众的信息收集负担和改善对公众提供的服务；降低联邦政府的信息成本，实现负担最小化和利用最大化；构筑公共信息传播及时性和平等原则的基础，促进公众对信息和信息技术的有效利用；确保与相关法律(如隐私保护、安全、信息公开)相一致；保证联邦统计系统的完整、质量和可用性；提高政策的透明度，明确各政府机构的相关责任。

其内容要点是：在生成和采集新的信息之前，应通过机构内或政府范围内信息的共享，或通过商品化的信息资源，寻找满足新的信息需求的办法。各个机构只能采集履行本机构职责必要的信息，且要具有实际效用。各个机构必须采用电子采集技术，只要这些技术能够减轻公众负担，增加政府项目的有效性，减少政府和公众的成本或者向公众提供更好的服务。适合使用电子采集技术的场合包括：该信息采集涉及大量的数据，或者涉及公众中很大的一个部分；该信息采集发生的频率很高；几年之内，该项采集要得到的信息的结构、格式、定义没有重大变化。

它授权OMB负责协调和监督政府机构的信息活动，规定在OMB下面设立信息与规章事务办公室，要求各政府机构任命一名相当于部长助理的官员担任首席信息官，负责本部门的信息资源管理。这是美国立法机关颁布的最全面的规范政府信息收集行为的法律。

另外，美国一些情报部门也在进行各种合法或非法的信息收集活动。特别是“9.11”事件以后，美国政府更是大大强化了其信息采集活动。2001年10月26日美国总统布什签署《爱国者法案》，该法案有两条非常重要的条款，其一是漫游窃听条款，其二是搜查记录条款。根据漫游窃听条款，调查人员可以得到授权，截取嫌疑人的电话通话内容或因特网通信内容，而监控目标并不局限于某个可疑电话，调查人员也不用明确要窃听的嫌疑对象。根据搜查记录条款，联邦调查局人员具有获取商业活动记录的权力，只要提出这些记录和外国情报调查有关就可以得到切实的各种记录，这包括图书馆、大学、书店、音像店的各种商业活动记录。后来，美国“9.11”独立调查委员会的最终调查报告又建议设立一个统领全美15个情报机构的新的情报收集中心。

2. 我国政府信息采集活动的法律规范

我国在这方面虽无专门的法律，不过，现有的不少法律、规章和条例都在不同程度上为政府的信息采集活动提供了一定法律依据。例如，在法律方面，有：《统计法》、《审计法》、《保守国家秘密法》、《刑事诉讼法》、《民事诉讼法》、《食品卫生法》、《药品管理法》、《邮政法》、《海关法》、《大气污染防治法》、《城市规划法》、《环境保护法》、《税收征收管理法》、《国家安全法》、《测绘法》等。另外，许多行政法规和部门性规章也包含有关于政府信息采集活动的规定。

其中，《统计法》和《档案法》是我国目前最明确、全面地规定了政府机构进行信息采集活动的权力的一部法律。1996 年 5 月 15 日经修改后颁布的《统计法》规定，国家机关和政府部门拥有统计调查权，即“调查、搜集有关资料，召开有关调查会议，检查与统计有关的各种原始记录和凭证”的权力。为了保障这个权力，《统计法》第三条规定：国家机关、社会团体、企业事业组织和个体工商户等统计调查对象，必须依照本法和国家规定，如实提供统计资料，不得虚报、瞒报、拒报、迟报、不得伪造、篡改。基层群众性自治组织和公民有义务如实提供国家统计调查所需要的情况。第八条对有关人员的信息采集活动进行了规范：统计机构和统计人员实行工作责任制，依照本法和统计制度的规定，如实提供统计资料，准确及时完成统计工作任务，保守国家秘密。统计机构和统计人员依照本法规独立行使统计调查、统计报告、统计监督的职权，不受侵犯。第六条还规定：统计工作应当接受社会公众的监督，任何单位和个人有权揭发、检举弄虚作假等违法行为。

1987 年制定公布并于 1996 年经修改后重新公布的《档案法》也明确规定，中央和县级以上地方各级各类档案馆是集中管理档案的文化事业机构，负责接收、收集、整理、保管和提供利用各分管范围内的档案。对国家规定的应当立卷归档的材料，必须按照规定，定期向本单位档案机构或档案工作人员移交，集中管理，任何个人不得据为己有。机关、团体、企业事业单位和其他组织必须按照国家规定，定期向档案馆移交档案。集体所有的和个人所有的对国家和社会具有保存价值的或者应当保密的档案，对于保管不善的，国家档案行政管理部门有权代为保管，必要时可以收购或征购。

以外，还有一些法规也规定了国家机关和政府机构有权向各种组织机构和公民个人进行调查，现场检查、收集证据，索取必要的资料、调取产品样品。例如，《民事诉讼法》第六十四条规定：当事人及其诉讼代理人因客观原因不能自行收集证据，或者人民法院有权向有关单位和个人调查取证，有关单位和个人不得拒绝。我国商务部颁布的《关于加强商品市场运行监测工作的指导意见》(商运发〔2004〕277 号)则是政府机构颁布的规章。它提出：市场运行监测是按照一定的指标体系对市场运行信息进行搜集、加工、整理，并进行预测、预警的行为。主要任务是运用现代信息技术依法建立全面、快速、高效的市场信息搜集系统……市场运行监测的主要方式：直接监测，是通过城市生活必需品市场监测系统、重要生产资料市场监测系统、重点流通企业监测系统、茧丝绸市场监测系统等，依据国家统计局批准的监测报表制度和一定的指标体系，直接向样本企业采集市场信息。间接监测，是利用社会信息搜集系统、专家评估系统和专项调查系统进行市场监测。通过直接和间接监测获取的市场信息，经加工、整理成为全国商品流通数据库的主要数据来源。

3.2.2 对大众媒介信息采集活动的法律规范

新闻记者采访权是记者开展工作的首要权利。采访权是指记者享有自主采集新闻信息，不受他人非法干预的权利。采访权来源于知情权，知情权源于言论自由。也有学者认为，新闻采访权实际上是公民社会知情权、社会参与权、社会监督权的代表和延伸。报纸作为大众传媒和舆论工具的性质，也决定了记者的采访权具有特殊性。记者的采访权应该是一种具有特别性质、特别内容的权力，不能等同于一般的民事权利。

1. 美英等国对大众媒介信息采集活动的规范

美国宪法第一修正案规定,公民享有获得信息的权力,尤其是关系到他自身的信息。然而,第一修正案并未给新闻记者采集信息的特权。自独立以来,美国联邦政府和州政府都主张为了所谓的"公共利益"而隐瞒有关它们活动或行动计划的信息,以及限制个人和大众媒介获得某些信息来源的权利。从 20 世纪 50 年代起,大众媒介发动了一场持久的扭转秘密政府趋势的运动,并取得了若干重要的胜利。如《信息自由法》和联邦及各州的《阳光下的政府法》(又称《公开会议法》)的出台,为大众媒介获取政府信息提供了法律保障。

在美国,普遍流行的司法观点是拒绝给予大众媒介在新闻采访方面超过一般公众的权利。自由采集新闻和信息的权利不能扩大到下列领域:政府限制出入的机构(包括军事基地、监狱和其他一些特定地区)、审判诉讼等。当然,在某些情况下,大众媒介仍有可能得到司法或行政恩赐的特殊考虑,如允许进入灾难发生地。

在英国,国家通过制定和颁布《公务保密法》来限制大众媒介的信息采集活动。该法律规定:如果第三者明知违法仍然从政府公务员处接受公务信息,属于犯罪行为。在日本,大众媒介的信息采集活动也要受到国家安全的限制。对于国家秘密与新闻采访自由之间的关系,日本最高法院明确指出,国家秘密构成对新闻机构的采访自由的限制。德国新闻出版委员会(一个行业自律性机构)规定:在采集消息、信息资料和图片时不允许使用不正当的手段。为保护公民个人的隐私权,一些国家的法律也对涉及此问题的信息采集活动加以限制。

另外,信息采集技术的发达和普及,也带来了新的问题。例如,2005 年 7 月 7 日伦敦遭到爆炸袭击后,幸存者用手机拍摄的照片在几个小时内就通过因特网和电视传遍了全世界。此事引起了争论,有人诘问:紧急情况下的抢拍镜头,是记录历史还是不负责任?当受害者停下来拍摄时,会不会让自己和他人陷于危险之中?媒体是否应该播放这些图像鼓励这种危险行为?

2. 我国对大众媒介信息采集活动的规范

我国至今没有专门的新闻法。对大众媒介的信息采集(即新闻采访)活动,1990 年国务院发布了《外国记者和外国常驻新闻机构管理条例》。其中第十条规定:外国短期采访记者、记者团组到中国采访报道、应当向中国驻外使馆或者中国国内有关部门提出申请,经批准后,到中国驻外使领馆或外交部授权的签证机关办理签证。第十五条规定,外国记者采访中国的政府部门或者其他单位,应当通过有关外事部门申请,并经同意;外国记者赴中国开放地区采访,应当事先征得有关省、自治区、直辖市人民政府外事办公室同意;赴中国非开放地区采访,应当向新闻司提出书面申请,经批准并到公安机关办理旅行证件。

对本国记者的新闻采访活动,目前主要是通过发放和审核记者证来加以确认、保护和控制的。有关部门曾先后发布过有关的通知,如国务院秘书厅《关于严格遵照统一发放新闻的通知》,新闻出版署《关于重新核发记者证的通知》,中共中央宣传部、新闻出版署《关于对报(刊)社记者站进行清理整顿和重新登记的通知》,新闻出版署《关于继续进行重新核发记者证工作的通知》。1993 年 7 月 31 日,中共中央宣传部和新闻出版署联合发布了《关于加强新闻队伍职业道德建设,禁止"有偿新闻"的通知》。通知第二条指出,新闻单位和新闻工作者不得接受被采访或被报道者以任何名义给的礼金和有价证券，不得向被采访或被报道者索要钱物。通知第四条还指出，新闻报道与经营活动必须严格分开，记者、编辑不得从事广告业务，从中牟利。

在广播电视节目和电影的进口方面，我国广播电影电视部 1985 年颁发了《关于进口电视剧管理的暂行办法》，1990 年颁发了《关于海外电视节目管理的暂行规定》。1994 年又颁发了《关于引进、播出境外电视节目的管理规定》(取代前两个法规)。1997 年出台了更加全面的《广播电视管理条例》。这些法规规定：用于广播电台、电视台播放的境外电影、电视剧必须经国务院广播电视行政部门审查批准。引进境外电视剧的单位由广播电影电视部指定，引进、播出境外电视剧，应由引进单位报省级广播电视行政管理部门审查并签署意见后报广播电影电视部审查批准。

我国《新闻出版保密规定》(国保(1992)34 号)第十条规定：新闻出版单位采访涉及国家秘密的会议或其他活动，应当经主办单位批准。主办单位应当验明采访人员的工作身份，指明哪些内容不得公开报道、出版，并对拟公开报道、出版的内容进行审定。第九条规定：被采访单位、被采访人向新闻出版单位的采编人员提供有关信息时，对其中确因工作需要而又涉及国家秘密的事项，应当事先按照有关规定的程序批准，并向采编人员申明；新闻出版单位及其采编人员对被采访单位、被采访人申明属于国家秘密的事项，不得公开报道、出版。

目前我国对记者的采访权尚未作出明确具体的规定。报社作为新闻出版单位，是经过国家新闻出版行政管理部门依法审批成立的，有权对一些社会问题和现象进行客观公正的报道和监督。记者受报社指派进行采访，实际上行使了报社的权力。记者的采访权如何界定，记者在行使权力的同时如何履行其相关的义务，目前没有明确的规定。这样，在现实中就容易发生一些问题和法律纠纷。比如，记者不知道自己的采访权的大小、范围、有何限制。被采访对象也不清楚作为被采访者的权利和义务，不知道自己在多大范围内可以接受或者拒绝采访，接受或者拒绝到何种程度。在这种情况下，双方就容易发生冲突，在某些情况下还容易造成一些过激行为，甚至侵害记者的人身权利。

此外，还有隐性采访的法律地位问题。隐性采访是指记者隐瞒自己的身份，采用各种能够获得信息的方式从事的采访活动，例如假冒身份、偷拍偷录、说谎以及未经告之进入私人领域等行为。人们认为，隐性采访必须同时严格遵循两个基本原则：一是必须同时严格遵循暗访时的“两公”原则：即采访对象应该是侵犯社会公共利益及公民或法人的合法权益和采访地点应该是公开场合的原则。另一个是客观真实性原则。违背这些原则的，即使是为了揭露坏人坏事，也不受法律保护。

3.2.3 对商业机构信息采集活动的法律规范

商业机构(如公司、企业)为了维护日常的经营管理，制定经营战略，强化决策，赢得竞争优势和提高商业成功率，需要及时、全面地收集各种有关信息。尤其在当前国内和国际竞争不断加剧的形势下，许多商业机构都日益重视信息收集活动。采用的方法通常有：销售调查、信息检索、统计分析、会计分析、智力拼图等。有些机构甚至连现场侦察和军用谍报手段都用上了。为了规范这些主要出于商业目的的信息采集行为，保护竞争，许多国家都专门颁布了《反不正当竞争法》或《商业秘密法》、《专利法》、《商标法》等。

在美国,《出口管制法》是限制美国企业的商业秘密流向国外的主要法律。任何类型的情报资料都要受到该法的限制。一旦某个企业对某一技术情报资料采取保护措施,以防为公众所知,它立即就成为出口管制的对象。即使是能在公共图书馆里得到的技术资料,只要该企业从大量的一般性资料中筛选出了 1%的有用资料,就可能导致其全部资料属于商业秘密而受到出口管制法的限制。美国的《工业间谍法令 1996》规定:被证明为外国政府或其他企业偷窃了价值超过 10 万美元的知识产权的人不仅可被判最多 25 年的徒刑,而且可被处以最高达 25 万美元的罚款。被认定有罪的外国企业可被罚款 1000 万美元,国内企业可被罚 500 万美元。美国总统可决定禁止同作案人或有罪的企业进行贸易最长达 5 年。

我国《反不正当竞争法》第十条规定:经营者不得采用下列手段侵犯商业秘密:(一)以盗窃、利诱、胁迫或者其他不正当手段获取权利人的商业秘密;(二)披露、使用或者允许他人使用以前项手段获取的权利人的商业秘密;(三)违反约定或者违反权利人有关保守商业秘密的要求,披露、使用或者允许他人使用其所掌握的秘密。第三人明知或者应知前款所列违法行为,获取、使用或者披露他人的商业秘密,视为侵犯商业秘密。

2000 年,我国国务院有关部门发布《因特网站从事登载新闻业务管理暂行规定》第七条规定非新闻单位依法建立的综合性因特网站不得登载自行采写的新闻和其他来源的新闻。

我国颁布的《涉外调查管理办法》(国家统计局令第七号,2004 年 7 月 19 日通过)第七条规定,任何组织、个人不得进行可能导致下列后果的涉外调查:(一)违背宪法确定的基本原则的;(二)危害国家统一、主权和领土完整的;(三)窃取、刺探、收买、泄露国家秘密或者情报,危害国家安全、损害国家利益的;(四)违反国家宗教政策,破坏民族团结的;(五)扰乱社会经济秩序,破坏社会稳定,损害社会公共利益的;(六)宣传邪教、迷信的;(七)进行欺诈活动,侵害他人合法权益的;(八)法律、法规、规章和国家有关规定认定的其他情形。第八条规定,国家实行涉外调查机构资格认定制度和涉外社会调查项目审批制度。第九条规定,涉外市场调查必须通过涉外调查机构进行,涉外社会调查必须通过涉外调查机构报经批准后进行。境外组织和个人不得在境内直接进行市场调查和社会调查,不得通过未取得涉外调查许可证的机构进行市场调查和社会调查。

3.2.4 对公益性机构信息采集活动的法律规范

图书馆、科技或社科情报所、信息中心和博物馆等社会公益部门是向社会提供各种公益性信息服务的主要机构。它们承担着向社会公众和政府机构提供学习、研究、工作和生活中所需的各种图书资料、档案的任务。为了保证上述机构能完成这样艰难而崇高的任务,国家和有关部门必须从政策和法律方面提供有力的支持和保障,使这些机构能采集到国内外出版或提供的一切有价值的文献资料。

1982 年通过的国家"六五"计划第二十五章第四节提出:"要有计划地引进、搜集、整理、复制和报道国内外科技文献资料,加强国内科技情报交流,逐步建成适应我国科技发展的科技情报系统。"1984 年 2 月,国家科委、中宣部联合颁发了《中国图书进出口总公司书刊资料审批管理规定》。1985 年颁布的《中共中央关于科学技术体制改革的决定》中指出:"积极发展国际间的计算机联机检索系统,扩大科学技术图书的进口规模,加速国际间科学技术信息交流,及时把握世界科学技术发展的动向。"1989 年 12 月 2 日,中宣部、新闻出版署联合颁发了《关于加强对外国和港、澳、台报刊进销管理的意见》，规定：外国、港澳台报刊的进口和国内征订工作主要由中国图书进出口公司经办，教育系统可由中国教育图书进出口公司经办。未经中宣部和新闻出版署批准，任何部门和单位均不得承办。对进口外国和港澳台报刊，应进一步严格遵循有选择、有控制、区分内容，从严掌握的原则。海关对未经批准进口的外国和港澳台报刊，要一律查扣，对少数特殊需要的单位或个人，由新闻出版署会商有关部门确定名单，通知海关放行。外国和港澳台报刊进口的协调和管理工作，在中宣部领导下，归口新闻出版署。新闻出版署将不定期公布进口报刊的分类，供各有关单位掌握办理。

1991 年，国家科委发布《中国科学技术蓝皮书》第 6 号：《国家科学技术情报发展政策》。其中第二部分专门规定了文献搜集的原则：(1)确保国家经济建设和科学技术发展的重点需要；(2)增加品种，减少复份，避免不合理重复；(3)在相互协调的基础上，确保情报价值大、使用率高的文献的完整、齐全和配套；(4)从经济技术观点出发，实行文献载体、检索和传递形式的多样化和实用化。并提出：要加强国内文献和非书非刊类情报的收集，以保证信息的多样性及完整性。要建立国内外良好的信息搜集渠道，必须避免不必要的重复。要求各个情报机构、信息中心必须分工明确、层次清晰、配合密切，各级各类科技情报机构收藏文献要按照各自的任务有所分工和侧重。

该政策还明确划分了不同层次的收集系统，以建立合理的科技文献布局。按从大到小的顺序，全国科技信息系统的文献布局分为三级：国家级、专业级和地区级，并规定了各级的信息采集范围和任务。此外，还提出：开发、利用国外数据库资源是收集、了解国外各种信息的重要途径。引进的各类数据库磁带要从用户需求、软硬件资源、提供服务能力等方面认真审查，由有关部门统筹规划，加强管理，并且要加强与国际组织数据库部门的交流。

3.2.5 有关公民个人信息采集权利的法律研究

公民个人的信息采集权利一般包括通信自由权、文化教育权利、知情权和隐私权等。通信是人们交流和获取信息的重要手段。通信自由权是公民个人采集信息的一项重要权利。我国《宪法》第四十条规定，中华人民共和国公民的通信自由和通信秘密受法律保护。

在商业方面，我国 1993 年颁布的《消费者权益保护法》中第八条规定：消费者享有知悉其购买、使用的商品或者接受的服务的真实情况的权利，有权要求经营者提供商品的价格、产地、生产者、用途、性能、规格、等级、主要成分、生产日期、有效期限、检验合格证明、使用方法说明书、售后服务，或者服务的内容、规格、费用等有关情况。

在法律诉讼方面，我国 1980 年的《律师暂行条例》也有规定，律师参加诉讼活动，有权依照有关规定，查阅本案材料，向有关单位、个人调查。1989 年颁布的《行政诉讼法》第三十条规定：代理诉讼的律师，可以依照规定查阅本案有关的材料，可以向有关组织和公民调查，收集证据。对涉及国家秘密和个人隐私的材料，应当依照法律规定保密。经人民法院许可，当事人和其他诉讼代理人可查阅本案庭审材料，但涉及国家秘密和个人隐私的除外。

在医疗保健方面，对于病人的“知情同意权”的问题，国内外医疗界长期存在争议。有的长期从事医院管理工作的人士坦言医生与病人之间存在信息的不平等，病人永远是弱者。1997 年 3 月青岛市卫生局曾颁布过一个文件，明确规定在其所属医疗机构住院的病人对本人病情和医务人员采取的医疗方案有知情同意权，很引人注目，一时成为公众关注的热点话题。2002 年 2 月 20 日国务院第 55 次常务会议通过了《医疗事故处理条例》，自 2002 年 9 月 1 日起施行。其中规定：处理医疗事故，应当遵循公开、公平、公正、及时、便民的原则，坚持实事求是的科学态度，做到事实清楚、定性准确、责任明确、处理恰当。患者有权复印或者复制其门诊病历、住院志、体温单、医嘱单、化验单（检验报告）、医学影像检查资料、特殊检查同意书、手术同意书、手术及麻醉记录单、病理资料、护理记录以及国务院卫生行政部门规定的其他病历资料。

3.3 信息公开方面的法律规范

信息公开是指政府和各种组织机构向公众公开或开放自己所拥有的信息，使其他组织机构和公众个人可以基于任何正当的理由和采用尽可能简便的方法获得上述信息。信息公开与新闻出版有密切关系，但它们是两个不同的概念。前者是某个组织机构公开那些与自己的活动有关的信息，后者则是新闻出版机构发表与他人的活动有关的信息。信息公开与信息采集或获取有一定对应关系。信息公开往往是信息采集和获取的前提条件。

知情权（或称信息获取权）是一个国家的公民的基本权利之一。自由始于知情权。它构成了以信息公开为基础的一种权利观念。国际上，公民的知情权一般是指公民有权了解和知晓除法律规定属于国家秘密或商业秘密或其他可以豁免公开的信息以外的一切活动和信息，包括政府机构和有关的服务机构的活动和信息。一个社会的信息公开程度是它的文明进步的重要标志之一。但是，任何一个政府，任何一个组织机构，都不可能把自己的活动所拥有的信息全部公之于众。因而，哪些机构应公开自己的信息？哪些信息必须公开？向谁公开？如何公开？哪些信息可以豁免公开？对于这些问题，现代社会的法律必须给予明确的回答。

3.3.1 政府信息公开的法律规范

1. 信息公开制度的起源

英国启蒙学者洛克（John Locke，1632—1704 年）首次提出了政府行为应当公开的原则。他在《统治论》中指出，政府所拥有的一切权力应当完全服务于社会福祉，决不允许任意妄为。权力实施必须通过明确、公开的法律。只有法律公开人民才能了解自己的义务，遵守法律，社会才能保证统治者不超越限度。

德国著名古典哲学家康德（1724—1804 年）在《永久和平论》的补编中说，公开是公法的最重要的形式。不论任何法律，均需要公开。他指出，关系到他人权利的所有行为准则，如果与公开性不符，就不合法。德国古典哲学家费希特在《论哲学纲要》中指出，为了判断当权者是否遵守法律，一切国家权力的行使，从提案决定的整个过程都必须最大限度地公开。

黑格尔（1770—1831 年）在《法哲学原理》中提出 3 种国家行为公开的标准：第一，法律公开；第二，审判公开；第三，国会公开。他说："为了承担法律义务，从自我意识的权利角度说，法律需要向全社会公开。"对于审判公开问题，他说，尽管审判内容仅涉及诉讼当事人，但其中的利益具有普遍性，对这种权利的判定关系到千万人的利益……因此司法必须公开。

法与权利具有普遍性，所以必须摆到公众面前。对于国会公开，他说，公开的国会是陶冶市民最有效的大型戏剧。人民只有通过接触国会，才会了解自己的各种利益。

英国哲学家边沁(Jeremy Bentham，1748—1832 年)在《国政运营论》中提出，国家政治运作应当公开。他列举了 4 种公开形式：①出版国会议事录；②采用速记员记录国会演讲、质疑及答辩的内容；③对同一主题的(记录)，除官方出版外，还允许非官方出版；④允许议员以外的人员进入国会场所。他认为，只有允许外人进入国会，新闻机构才能报道，才能对议员客观评价。国会公开的目的是议员充分发挥作用。拥有政治权利的人容易腐败，对于抗腐败最有效办法就是公众监督。另外，国会公开才能得到人民的依赖，使国会的决议得到支持，使统治者了解被统治者的意志，使选民能获得充分的信息以便在选举时作出正确的选择。

德国 19 世纪学者沃尔卡(Carl Theodor Welcker)发展了公开原则，把公开原则进一步细分为：立法公开、政府行政公开、审判公开和公民议论自由。他提出 3 种公开方法：①使全国人民听到、看到国家的活动；②公共议事录和公共文件尽量公开并印刷出版；③允许民间自由出版议事录和公共文件，也允许会议参加者和官员传达公共问题的真实情况。他还强调，政府行为公开的对象应当包括公共生活的一切领域。如果仅仅简略地公布立法原因、政策决定的理由以及审判的决定，就不能说是真正的公开。必须使政府行为公开与公众言论自由结合起来，只有如此，才能使国家成为全体人民的国家，人民才能由此获得正义、法律尊严、自由和幸福。为了限制政治权利的滥用，他还提出权力分立与政府行为公开相结合的原则。

2. 国外政府信息公开制度发展简况

据记载，早在 1766 年，瑞典就制定和颁布了《出版自由法》(Freedom of the Press Act)。这是最早的有关政府信息公开的立法。1946 年，美国颁布了《行政程序法》(Administrative Procedure Act)，其中含有一部分有关公共信息的内容，它指导各政府机构把信息发表在被称之为“公共可获信息或者提出建议和要求的特定地点和方式”的《联邦公报》(Federal Register)上。不过，为了保护信息，又允许政府机构行使广泛的自由处置权。1951 年，芬兰的《公文书公开法》出台，开现代政府信息公开立法之先河。而在国际上影响最大的立法则是美国 1966 年出台的《信息自由法》(Freedom of Information Act，FOIA)。在其影响下，1970 年，丹麦制定《行政文书公开法》；1971 年，挪威制定《行政公开法》；1978 年，法国制定《行政文书公开法》；1982 年，加拿大制定《信息获取法》，澳大利亚制定《信息获取法》，新西兰制定《官方信息法》；1985 年，丹麦和哥伦比亚分别制定《政府信息公开法》；1986 年，奥地利制定《信息责任法》，希腊制定《行政程序法典》。到 20 世纪 90 年代，实现这方面立法的国家就更多了，先后有意大利、荷兰、西班牙、匈牙利、乌克兰、埃塞俄比亚、葡萄牙、比利时、俄罗斯、韩国、立陶宛、冰岛、泰国、巴基斯坦、爱尔兰、乌兹别克斯坦、以色列、拉脱维亚、阿根廷、捷克、加纳、日本、尼日利亚、特立尼达和多巴哥、阿尔巴尼亚、英国、印度、保加利亚、爱沙尼亚、斯洛伐克、南非、波黑、波兰、罗马尼亚、墨西哥等国制定了政府信息公开方面的法律。

据统计，目前世界上已经有超过 1/3 的国家和地区制定了统一的信息公开法，还有一些国家和地区也开始了这方面的研究和尝试。

3. 美国《信息自由法》

由于美国宪法采取了分权原则，导致总统有权决定自行处置一切有关要求各行政部门提供信息的事情。新闻界人士特别关注联邦政府机构和其他一些政府实体不愿意公开政府信息的做法。1955 年，众议院成立了一个关于政府信息的特别委员会（政府运作委员会），在新闻界的帮助下，该委员会开始对政府机构的信息获取政策和实践进行了广泛的调查。结果，在 1966 年，经过国会的长期调查和艰难的立法斗争之后，一项新的法案《信息自由法》（The Freedom of Information Act）使一个新概念（information access）诞生并取代了原来的《行政程序法》中的有关部分。《信息自由法》经美国总统批准后于 1967 年 7 月 6 日开始生效。

该法案的基本原则是：若无特定原因，行政部门的记录应向公众及任何人开放，即：公开是原则，不公开是例外。其适用范围包括：联邦政府行政部门的每个机构、管理委员会和国营组织，但不适用于国会和总统本人及直接幕僚。法院记录和国会记录也不受此法的管束。其内容要点：政府机构应公开除本法九项豁免条款以外的所有记录；法院对政府机构拒绝提供信息的做法有权重新审查。法院经过对于行政机关记录的审查，可以判令行政机关向另一方当事人提供有关信息；法院有权阻止政府机构封锁信息的行为，并有权命令提供任何被不适当地封锁的信息；若发生不服从法院命令的事件，法院可以以蔑视法庭罪处置直接责任者。政府机构对自己行为负有举证责任。政府机构不得以任何方式强迫任何人服从应当公布而未公布在《联邦公报》上的任何文件，也不应该使其受文件之不利影响，除非他实际上及时知晓了该文件内容。该法律向公民提供获取政府信息的权利，而获取者无需说明其目的，也为法庭解决有关信息可获取性的争议提供了依据。

它规定下列 9 类信息可以豁免公开。不过，这些信息如果公开了，该法也不禁止。

（1）依据某一行政命令所确定的标准而得到特别批准的，为了国家安全或外交政策的利益而应保守保密的信息。根据这样的行政命令实际上经过恰当地保密分类的信息。

（2）完全属于政府机构内部运作方式和行政机构的惯例，如工作手册、内部惯例等。即“预期大众不感兴趣的琐碎小事”。

（3）其他法律明文规定免于披露的事项。联邦政府机构曾援引了近百种法律来支持其扣发信息的理由。但是，法院最后裁决只有下列几种法律的规定才有效：①消费者产品安全法；②国家安全法；③准许中情局扣发某些种类信息的联邦法律；④保护有关大陪审团审判程序的联邦法律；⑤隐私法、邮政重组法等。

（4）得自他人或通特权（特许）或秘密方式所得到的商业秘密或贸易与金融信息。

（5）政府机构之间或机构内部的备忘录和信函。根据法律规定，在与政府机构的诉讼中，这类文件只对政府机构而不对当事人公开。此负责条款是要保护“决策前的信息”，通常被解释为“维护证据”，又被称之为“行政特权免责”。在水门事件中，当特别检察官发传票索取有关磁带时，尼克松以白宫磁带受行政特权保护为由拒绝交出。但最高法院的裁决是：只有当争议中的资料是军事或外交秘密时，总统才享有绝对的行政权。而这些白宫磁带未包含这样的秘密内容，故必须交出。当尼克松在离职时试图带走白宫文件时，公众舆论哗然，促使国会 1974 年通过了《总统记录和文件材料保存法》。随后的里根政府和布什政府的官员都企图在卸任时抹掉电子储存的信息。国家安全档案馆长收到了法院的临时禁止令来阻止里根政府销毁其电子档案，后来又请求法院延展该禁令以阻止布什政府在 4 年之后销毁其计算机磁带。

(6) 人事档案、医疗档案及类似的档案，披露这些信息会使个人隐私权遭到明显不当的侵害。

(7) 为执法目的而编制的调查记录，但仅限于出示这样的记录会造成：①干涉执法过程；②剥夺某人公平审判或公平裁决的权利；③不正当地侵犯个人隐私；④暴露秘密提供消息者的身份；⑤泄露调查技巧和程序；⑥威胁执法人员的生命或人身安全。

(8) 行政机关有关银行状况和其他受联邦政府管理的金融机构的报告书，如财政报告或审计账目，一旦披露，会动摇公众对银行和其他金融机构的信任。

(9) 有关石油和天然气等矿藏所在地的地质和地理资料。它们一般属于公司企业的专有信息。

美国最高法院表示：这些豁免并不妨碍其基本政策，公开才是该法的主要目标。

《信息自由法》实施了若干年以后，国会先后在 1974 年和 1986 年对该法进行了修改，以便扩大和加速政府对信息的公开。修正案既有实质性的，也有程序性的。有一项实质性的修正案把联邦政府机构定义为包括任何行政和军事部门，其中包括总统办公室本身、政府自治机关和任何独立的管理机关。这种修正案可以阻止某些行政单位试图逃避遵守该法的要求，理由是它们不算“政府机构”。程序性修正案是为了加速信息的发布和降低公众查阅政府信息的费用。修正案要求政府机构确认统一的收费标准，并将查阅和复制文件的费用限制在合理标准范围内，并免除新闻媒体、教育和科学机构的限制性费用。

该法是美国当代行政法中有关公民知情权的一项重要法律。它一直是公众获取政府机构的信息的非常有效的工具，还成为其他国家制定政府信息公开法案的样板。

4. 我国政府信息公开制度的现状

我国正在制定《政府信息公开条例》，对政府信息公开的法律规范和对公众知情权的立法保护工作还处于起步阶段。但是，已有一些法律包含有一部分相关的表述，如《统计法》、《档案法》等。《统计法》规定，国家统计局和省、自治区、直辖市的人民政府统计依照国家规定，定期公布统计资料。《档案法》规定，各级各类档案馆保管的档案，应分期分批地向社会开放：国家档案馆保管的档案，一般应当自形成之日起满 30 年向社会开放；经济、科学、技术、文化等类档案向社会开放的期限，可以少于 30 年，或随时向社会开放；涉及国防、外交、公安、国家安全等重大利益的保密档案，以及其他到期不宜开放的档案，其向社会开放的期限，可以延长至 50 年，满 50 年开放仍有可能对国家重大利益造成损害的，可以继续延期开放。我国公民和组织必须持合法证明才能利用已开放的档案。属于国家所有的档案，是国家秘密的载体，由国家授权的档案馆或者有关单位公布，未经档案馆或有关机关同意，任何组织和个人均无权公布。《人民法院组织法》第七条规定，人民法院审理案件，除涉及国家秘密、个人隐私和未成年人犯罪案件外，一律公开进行。

对于几类与国计民生关系重大的特殊信息，如地震信息、疫情信息、气象信息、灾情信息等，我国都有专门的法规来规范其公开办法。例如，《发布地震预报的规定》中规定，各级地震部门、地震台站及地震工作者、群测点及测报员以及任何单位和个人，在地震预报意见未经人民政府批准发布前均不得向外泄露，更无权对外发布。在新闻、宣传报道方面，有关地震预报的新闻及其他与地震预报有关的抗震、防震措施的宣传报道，均由新华通讯社统一供稿，其他任何部门和单位不得擅自报道。《破坏性地震应急条例》也规定，地震临震预报，由省、自治区、直辖市人民政府依照国务院有关发布地震预报的规定统一发布，其他任何组织或个人不得发布地震预报。这个条例还规定，任何组织或个人都不得传播有关地震的谣言。发生地震谣传时，防震减灾工作主管部门应协助人民政府迅速予以平息和澄清，因为它对社会稳定、人民生活都会产生极其不良的影响。

水利部《关于公开提供公益性水文资料的通知》(2001 年 9 月 17 日)规定：一、公开提供的公益性水文资料范围为实时报汛资料、经过整编的国家基本水文观测站的基本水文资料。二、各流域机构水文局(处)和各省、自治区、直辖市水文水资源(勘测)局是负责向社会公开提供公益性水文基本资料的单位。三、涉及国家秘密的公益性水文资料，其使用范围和方式必须执行国家有关保密规定。未经国务院水文行政主管部门批准，不得将涉及国家秘密的公益性水文资料以任何形式传播或携带出境。

近年来，在信息化和电子政务的推动下，我国部分地方政府陆续出台了信息公开条例或规定，为制定国家层次的法规积累了许多有益的经验，也为政府信息资源的管理和开发利用提供了比较好的法律环境。例如，2002 年 11 月 6 日，广州颁布了国内第一个《政府信息公开规定》，并于 2003 年 1 月 1 日开始实施。据不完全统计，迄今已有 11 个地区的 17 个地方政府制定了政府信息公开规定或办法，包括上海、武汉、杭州、成都、深圳、北京等城市。

3.3.2 商业机构信息公开的法律规范

商业机构的信息公开问题是最先受人们关注的信息公开问题。它起因于美国 1929 年发生的股市大崩溃。为了防止此类事件再次发生，美国政府在 1933 年和 1934 年相继颁布了《证券法》和《证券与交易法》。其核心是财务公开原则，即法律保障公众有权知道有关上市公司的任何和全部的“实质性信息”(即可能影响某个谨慎的投资者的财务决策的任何信息)。从此，信息公开制度得以发展。

企业信息公开制度又称“信息披露制度”(the corporate disclosure system)，是指上市公司必须按照法律的规定，报告或公告其有关的信息、资料(包括财务、经营状况方面)，以使投资者能获得充分的信息，便于作出投资判断的一系列法律规范的总称。简言之，信息公开制度就是规定信息公开的内容、时间、方式、程序等事项的法律规范。按公开时间不同，其可分为证券发行信息公开制度(或称初始公开制度)和证券交易信息公开制度即持续信息公开制度(或称继续公开制度)。

1. 美国的企业信息公开制度

美国 1933 年《证券法》规定初次公开发行的公司必须登记注册，并使用公开说明书。1934 年《证券交易法》对此又做了补充，规定依 1933 年《证券法》注册并已发行的公司和在证券交易所上市的公司，必须依法定期提出报告，负有持续公开义务。这种持续公开的范围在 1964 年《联邦证券法》的修正案中更扩展到证券店头市场。1934 年的《证券与交易法》还规定了公司内部人员持股及变动报告等制度。

美国证券专家认为："信息公开主义哲学的基本思想是：每个投资者应自己作出决定，这样市场才能自由地发挥其功能，从而有效地分配社会资金。为了使投资者作出决定，相关信息必须提供给他或她"。"从这个角度看，管理者的工作是确定哪些信息应该公开并确保提供恰当的信息，即没有错误、遗漏和延误的信息。"可以说美国的信息公开制度是比较彻底和全面的，因而也是最复杂的，世界其他国家的公开信息制度多以之为蓝本。

20 世纪 90 年代初，随着以网络为代表的新经济的崛起，美国政府实行了放松产业管制的政策，国内的金融、能源、电信、航空等市场纷纷放开。许多公司利用股价高涨之机，盲目扩张而又"消化不良"。表面上美国经济繁荣，华尔街股市牛气冲天。股市高涨时，公司的问题也往往会被忽略。但在股市缩水时，公司就无法再用"充水的利润"去掩盖深藏的矛盾与问题。近些年来，欧美许多公司为提高决策效率和鼓励创新，弱化了董事会监督机能。而公司经理层在权力扩大的同时，又通过股票期权的方式将个人收入与公司股票价格联系起来，却没有对期权的出售做限制性规定，当真实的利润无法来支撑高扬的股价，做假账似乎成了唯一的选择。这样的激励机制理所当然地成为做假账的内在动力。

自 2001 年以来，美国的安然、世界通信、默克制药、施乐和法国的威旺迪等国际大公司相继曝出假账丑闻，而且愈演愈烈。这些国际大公司的丑闻不仅引起人们的震惊和愤怒，同时严重打击了投资者的信心，欧美两地的股市频频刷新历史低点，给刚刚复苏的美国经济蒙上了一层阴影。因此，美国金融市场监管者终于痛下决心，依靠制度制衡来解决瘟疫般的诚信危机。2002 年 7 月，美国颁布了《2002 年公众公司会计改革和投资者保护法》(又称《萨班斯-奥克斯雷法案》(Sarbanes-Oxley Act，简称萨班斯法案))，主要针对公司财务丑闻中揭露出来的问题，修补完善了 1933 年《证券法》和 1934 年《证券与交易法》的有关章节，是一场自 20 世纪 30 年代股市崩溃以来最大规模的证券业管理制度改革。

萨班斯法案规定在上市公司公开披露的信息中，必须附有首席执行官(CEO)和首席财务主管(CFO)的承诺函，保证所提交的定期信息披露报告的真实性。这种承诺函中的内容应包括：确保本公司定期报告所含会计报表及信息披露的适当性，并且保证此会计报表及信息披露在所有重大方面都公正地反映了公司的经营成果及财务状况。此前，美国的上市公司定期信息披露并不需要 CEO/CFO 签字，一旦其上市公司的财务丑闻被揭发，其 CEO/CFO 往往以自己不知情来开脱个人的法律责任。由于专业性强，程序复杂，故一般很难找到直接证据来证明 CEO/CFO 明知或故意披露虚假财务信息。结果，美国无罪推定的司法原则使监管部门经常无计可施。现在，监管者即使找不到或者不再需要寻找财务欺诈的直接证据，也可以要求其 CEO/CFO 本人承担法律责任。

该法案要求进一步缩短财务报告披露的滞后期，提高及时性。其中，未来 3 年内，年度报告由 90 天缩短为 60 天；季度报告由 45 天缩短为 35 天。年报及季报都需要注册会计师的审计。强化上市公司内控及报告制度，要求公司年度报告中提供"内部控制报告"，说明公司内部控制制度及其实施的有效性，"内部控制报告"要出具注册会计师的意见；提高对公司信息披露可用性的要求，包括定期报告中披露所有的资产负债表外交易、财务状况的预测性信息、高层财务人员的道德守则、所有由注册会计师出具的实质性的纠正调整、临时报告中公司财务状况或财务经营状况的实质性变化等。

针对安达信销毁审计档案的问题，萨班斯法案还规定：注册会计师有保管审计工作底稿的责任。要求会计师事务所审计上市公司的工作底稿至少保存7年。由于此项措施的强制性，到目前为止，五大会计师事务所已经基本完成审计和咨询业务的分拆。例如毕马威的咨询业务分拆为毕博咨询；普华永道的咨询业务分拆后被IBM收购；因为分拆较早，从安达信分拆出来的埃森哲咨询得以从安然事件中幸免。

萨班斯法案规定：任何人通过信息欺诈或价格操纵在证券市场获取利益，最多可监禁25年或处以罚款；对违法的注册会计师可被判处10年以下监禁或罚款；延长对证券欺诈的追诉期，起诉时间可以延长至非法行为发现的两年内，或者非法行为实施后的5年内；新的规定将保护公司检举揭发的员工，对举报者进行打击报复的，最高可判处10年监禁，还规定了对举报者的具体的补偿措施，比如恢复职务、补发报酬及其他损失等。

萨班斯法案与信息资源管理有非常密切的关系。它的一些条款与IT直接相关，包括Sec. 302对财务报告的提供，Sec. 404内控报告的提供，Sec. 409实时披露材料的变更，Sec. 802为审计和评审员保留相关的记录等。法案所规定IT一般性控制，包括信息系统开发流程的控制、程序变更管理控制、计算机运行管理控制、程序与数据访问控制、信息系统安全的控制、IT计划等，此外还有应用系统的控制，包括应用系统中设置的有关业务流程的输入、数据处理和输出控制。法案强调企业的信息技术策略和企业内控活动(不论是人还是机器)的操作流程都必须明白地定义并保存相关记录，而后才能实施。要求IT部门要优化财务流程，完善财务应用系统，建立内部控制体系并引入内控管理信息系统，以支持公司高管、财务和内外部审计人员的需求，确保影响财务报表的业务流程、应用和信息基础设施的完整性、可用性和可审计性，保证内控报告和内控程序的完成，并能够对外部审计需求作出积极响应。法案明确规定，外部审计人员必须检查和证实一个公司的内部财务控制的有效性，这其中就包括信息系统的可靠性。

2. 德国会计信息披露的法律规范

通常，会计信息披露规范是针对上市公司的，对非上市公司没有强制性规定。德国会计信息披露规范则打破了“上市-非上市”的界限，采取了基于企业法律形式和规模的分类模式，即不同法律形式、不同规模的企业有不同的会计信息披露要求。其差别主要体现在财务会计报告的组成内容、编制形式、审计要求、确认要求、信息公开范围、时间等方面。

(1) 财务会计报告内容与格式。德国财务会计报告内容由资产负债表、损益表、报表附注、状况报告(相当于我国财务情况说明书)构成。财务会计报表有简化报表格式与一般报表格式之分。所谓简化会计报表是指会计报表某些项目的列示允许采用“汇总”的方式处理，其目的是避免过分详细的信息披露。例如资产负债表中“存货”的反映，在大公司的一般资产负债表上则必须在“存货”项目下再列示出“原材料”、“在制品”、“产成品”、“预付款”等明细项目(在德国，采购材料方面的“预付款”反映在“存货”项目中)，而在中小型公司的简化资产负债表上可仅列示“存货”一个项目。同样，损益表和会计报表附注也有这样的划分。

(2) 审计要求。德国财务会计报告审计有3种不同的要求：不要求审计、要求审计但可以由宣过誓的审计师(vereidigte buchpruefer，VBP)审计、要求审计且要求由经济检查师(wirtschaftspruefer，WP)进行审计。

(3) 审计报告的确认。财务会计报告在审计后，须经企业有关权力部门确认后才能对外公布。

(4) 信息公开渠道和范围。主要渠道有两种：一是地方性的商业登记簿(handelsregister,H)，二是全国性的联邦司法部公告(bundesanzeiger,B)。对于企业会计信息的公开，也与审计一样有3种不同的要求：不公开、仅要求在地方性的商业登记簿上公开(用H表示)、同时在地方性的商业登记簿和全国性的联邦司法部公告上公开(用HB表示)。

(5) 公开时间。一般规定为会计年度终了后9个月，小型公司可以延长至12个月。

对于未达到《公开法》规定规模的非公司制企业，只要求按《商法》披露最低程度的会计信息，无须审计，也无须公开。对于中小型公司，要求按《商法》规定的简化形式编制和公开会计信息。对符合《公开法》规定规模的大型企业，要求按《公开法》规定披露信息。不仅要求编制报表，而且还要求进行严格的审计和广泛的公开。对于大型资本性公司和企业集团(康采恩)，要求按《商法》最高要求披露会计信息。这类企业股东负有限责任，规模庞大，社会影响广泛，故应采取最充分的会计信息披露。不仅要求提供整套详细的财务报表和详细的状况报告，要求经济检查师这一最高级别的审计人员进行审计，而且还要求审计后的财务报告在9个月内同时在商业登记簿和联邦司法部公告上公开。

3. 我国商业机构信息公开的法律规范

改革开放以来，我国开始了这方面的立法行动，先后制订和颁布了一系列法规，如《公司法》、《证券法》、《股票发行与交易管理暂行条例》、《禁止证券欺诈行为暂行办法》、《国债期货交易管理暂行办法》、《企业法人登记管理条例》、《国有资产评估管理办法》、《专利法》、《会计法》、《统计法》、《审计法》等。这些法规为规范商业机构的信息公开行为，保障公众的商业信息获取权发挥了重要作用。

(1) 财务会计信息的公开

财务会计信息是反映企业生产经营状况的重要信息。按照我国《公司法》的有关规定，公司负有向股东和社会公众提供真实的财务会计信息的义务。例如，《公司法》第一百四十条规定，公司经批准向社会公开发行新股时，必须公告新股招股说明书和财务会计报表及附属明细表，并制作认股书。第一百五十六条规定，上市公司必须按照法律、行政法规的规定，定期公开其财务状况和经营情况，在每会计年度内半年公布一次财务会计报告。《公司法》还规定，有限责任公司应当按照公司章程规定的期限将财务会计报告送交各股东；股份有限公司应当定期提供财务会计报告供股东查阅；上市公司应定期公开其财务状况和财务会计报告等。倘若违反了这些义务，提供虚假的信息，《公司法》中也规定了应当承担的法律责任。

(2) 股票和证券发行与交易的管理

《股票发行与交易管理暂行条例》要求相关主体必须依法真实、充分、准确地提供或公开信息。它规定，招股说明书的封面应当载明："发行人保证招股说明书的内容真实、准确、完整。政府及国家证券管理部门对本次发行所作出的任何决定，均不表明其对发行人所发行的股票的价值或者投资人的收益作出实质性判断或者保证。"此外，全体发起人或者董事以及主承销商应当在招股说明书上签字，保证招股说明书没有虚假、严重误导性陈述或者重大遗漏，并保证对其承担连带责任。1993年发布的《禁止证券欺诈行为暂行办法》第十一条规定，禁止任何单位或者个人对证券发行、交易及其相关活动的事实、性质、前景、法律等事项作出不实、严重误导或者含有重大遗漏的、任何形式的虚假陈述或者诱导，致使投资者在不了解事实真相的情况下作出证券投资决定。

(3)《证券法》中的有关规定

1998 年 12 月 29 日，第九届全国人大常委会第六次会议通过了《中华人民共和国证券法》。我国《证券法》总则第三条明文指出："证券的发行、交易活动，必须实行公开、公平、公正的原则"。"公开、公平、公正"，是我国证券法的基本原则，也是各国证券法的基本原则。

发行公开。我国《证券法》第十七条规定："证券发行申请经核准或者经审批，发行人应当依照法律、行政法规的规定，在证券公开发行前，公告公开发行募集文件，并将该文件置备于指定场所供公众查阅。"第五十八条规定："经国务院证券监督管理机构核准依法发行股票，或者经国务院授权的部门批准依法发行公司债券，依照公司法的规定，应当公告招股说明书、公司债券募集办法。依法发行公司债券的还应当公告财务会计报告。"

交易公开，包括日常交易公开、重大事件公开、收购公开。第三十二条规定："经依法核准的上市交易的股票、公司债券及其他证券，应当在证券交易所挂牌交易。"第三十三条规定："证券在证券交易所挂牌交易，应当采用公开集中竞价交易方式。"第六十条规定："股票或者公司债券上市交易的公司，应当在每一会计年度的上半年结束之日起二个月内向国务院证券监督管理机构和证券交易所提交记载以下内容的中期报告，并予公告"。第六十一条规定："股票或者公司债券上市交易的公司，应当在每一年会计年度结束之日起四个月内，向国务院证券监督管理机构和证券交易所提交记载以下内容的年度报告，并予公告。"

第六十二条规定："发生可能对上市公司股票交易价格产生较大影响、而投资者尚未得知的重大事件时，上市公司应当立即将有关该重大事件的情况向国务院证券监督管理机构和证券交易所提交临时报告，并予公告，说明事件的实质。"

第七十九条规定："通过证券交易所的证券交易，投资者持有一个上市公司已发行的股份的百分之五时，应当在该事实发生之日起三日内，向国务院证券监督管理机构、证券交易所作出书面报告，通知该上市公司，并予以公告；在上述规定的期限内，不得再行买卖该上市公司的股票。投资者持有一个上市公司已发行的股份的百分之五后，通过证券交易所的证券交易，其所持该上市公司已发行的股份比例每增加或者减少百分之五，应当依照前款规定进行报告和公告。在报告期限内和作出报告、公告后二日内，不得再行买卖该上市公司的股票。"第八十三条规定："收购人在依照前条规定报送上市公司收购报告书之日起十五日后，公告其收购要约。"第八十九条规定："以协议方式收购上市公司时，达成协议后，收购人必须在三日内将该收购协议向国务院证券监督管理机构及证券交易所作出书面报告，并予公告。"第九十三条规定："收购上市公司的行为结束后，收购人应当在十五日内将收购情况报告国务院证券监督管理机构和证券交易所，并予公告。"

管理公开制度。第十五条规定："国务院证券监督管理机构依照法定条件负责核准股票发行申请，核准程序应该公开，依法接受监督。"第四十条规定："证券交易的收费标准和管理办法必须合理，并公开收费项目、收费标准和收费办法。证券交易的收费项目、收费标准和管理办法由国务院有关管理部门统一规定。"第六十六条规定："国务院证券监督管理机构对有重大违法行为或者不具备其他上市条件的上市公司取消其上市资格，应当及时作出公告。

证券交易所依照授权作出前款规定的决定时，应当及时作出公告，并报国务院证券监督管理机构备案。”第一百零七条规定：“证券交易所应当为组织公平的集中竞价交易提供保障，即时公布证券交易行情，并按交易日制作证券市场行情表，予以公布。”

我国《证券法》第六十三条还规定：“发行人、承销的证券公司公告招股说明书、公司债券募集办法、财务会计报告、上市报告文件、年度报告、中期报告、临时报告，存在虚假记载、误导性陈述或者有重大遗漏，致使投资者在证券交易中遭受损失的，发行人、承销的证券公司应当承担赔偿责任，发行人、承销的证券公司的负有责任的董事、监事、经理应当承担连带赔偿责任。”首先，在证券发行阶段，信息披露行为是证券发行人的一种契约行为，证券的募集和认购的过程就是一个合同的成立过程。发行人违反信息披露义务的行为属于在合同订立过程中违反了诚实信用原则，应当承担缔约过失责任。其次，在证券的交易阶段，信息披露行为表现出显著的非契约性。买卖证券的双方当事人都有权了解代表证券品质的上市公司的经营状况和财务状况，可以将投资者的这种权利称为知情权，也就是投资者全面、准确、及时地了解证券发行公司的经营状况和财务状况的权利。

(4) 信托投资公司的信息披露要求

为规范信托投资公司信息披露行为，中国银监会 2004 年颁布了《信托投资公司信息披露管理暂行办法》，2005 年 1 月 1 日起施行。《暂行办法》要求信托投资公司真实、准确、及时、完整地向客户及相关利益人披露反映其经营状况的主要信息，如财务会计报告、各类风险管理状况、公司治理、年度重大关联交易及重大事项等。《证券时报》成为银监会指定的信托公司信息披露报刊之一。《暂行办法》对信托投资公司信息披露的原则、内容、方式等提出了要求。信息披露的主要内容，一是年度报告，包括自营资产财务会计报告、信托资产管理会计报告、公司治理、经营概况、年度重大事项、重大关联交易等信息；二是重大事项临时报告，即对发生可能影响本公司财务状况、经营成果及客户和相关利益人的重大事件时，信托投资公司应当临时发布公告予以披露。

另外，金融企业的信息披露问题也是一个国际普遍关注的问题。在银行不良债权信息的披露方面，目前的国际新趋势是：①要求资产价值的公允表达；②由自愿披露向强制披露转变；③由内部信息规范向外部信息规范转变。我国当前金融机构缺乏透明度的市场运作状况，按国际标准构建中国金融的信息披露制是十分紧迫和崭新的课题。

(5) 医疗信息公开

2005 年 8 月由国务院发展研究中心与世界卫生组织合作提出的《中国医疗卫生体制改革》研究报告指出，我国医疗体制改革不到位主要体现在种种不公平现象上。这种不公平，也体现在医疗信息公开上。令人高兴的是，一些地方已经在采取行动，例如，广东省出台了《关于健全农村合作医疗信息公开制度的通知》，江苏省卫生厅授权南京一家媒体公布了江苏 39 家三级医院 14 个单病种的相关医疗信息。

3.4 有关信息传播方面的政策法律

信息传播是连接信息生产与信息利用的重要环节，联系信息源与信息用户的重要纽带，是信息管理过程中的难点与重点。由于传播方式和渠道日益多样化，传播面广、影响大，传播技术日益复杂，所以制订和实施这方面的政策法规历来都得到国家权力机关的高度重视。

3.4.1 国外新闻传播方面的法律规范

世界上不存在不受限制的新闻自由。法国1789年公布的《人权和公民权宣言》明确规定言论自由和新闻自由不得扰乱法律所规定的公共秩序。联合国《公民政治权利国际公约》第十九条在规定言论自由包括寻求、接受和传播信息自由权利时明文规定此项权利的行使“带有特殊的义务和责任”，要受到“为尊重他人权利和名誉”和“为保障国家安全和公共秩序”所必需的限制。第二十条规定，任何鼓吹战争的宣传，任何鼓吹民族、种族或宗教仇恨，构成煽动歧视、敌视或暴力的主张，均应依法予以禁止。

1. 美国

美国的新闻业非常发达，已成为一个庞大的产业，对美国的政治、经济、文化和社会生活有巨大的影响。美国国家权力机关主要依靠《美国宪法第一修正案》以及其他相关法规和司法判例来规范大众媒介的信息传播行为。1791年通过的宪法第一修正案的内容是：“国会不得制定任何与下列有关的法律：设立宗教或禁止宗教自由活动，剥夺言论自由，剥夺新闻自由，剥夺人民和平集会及为了纠正不平向政府请愿的权利。”但是，该法案保护的言论自由不是没有限制的。据统计，美国对言论的限制也有十余种之多。联邦法院历来在案例中的解释是：言论自由的运用以不妨碍美国宪法的规定为限，任何出版物的刊行以不得恶意诽谤政府或企图颠覆政府为限。美国大法官霍尔姆斯1919年提出了一个限制标准：当“所使用的言辞在特定情形下，其性质足以产生明显和即刻的危险，将带来国会有权阻止的极大的恶果时”，可以允许惩罚言论表达。其次，在涉及第一修正案的案件中，“各种利益的特别权衡”也成为多数法官承认的一条准则。

美国对新闻传播自由的限制还体现在对诽谤和侵犯隐私行为的限制，对色情内容的限制和查禁，保障新闻自由与保障公正审判的矛盾的协调，政府管制广告的可容许的限度等方面。另外，随着信息经济的发展，信息财产权与第一修正案保障思想交流自由的冲突也日益增多。美国各级法院为平衡有关各方的利益作出了种种努力，而产生的结果往往不一致。

在“9.11”恐怖袭击事件发生以后，美国大大地加强了对通信和新闻自由的管制。政府操纵新闻和制造新闻的事件时有发生。政治和经济领域的实权集团结盟，控制了绝大部分媒体，限制了新闻的真正的多样性，偏袒美国政府的战争政策。

2. 德国

德国对新闻媒介的管理和监督逐渐形成了自己的一套机制，分为两个部分，即依据法律上的规定和自我监督机制。德国的《基本法》(即宪法)第五条是关于“表现、信息与新闻自由”的规定。其第二款规定，所谓的自由是要“受到普通法、保护青少年和个人名誉权有关法律规定”的约束。具体来讲，普通法包括民法和刑法。一个新闻工作者如果唆使士兵叛逃、败坏死者的名誉或毁谤其他公民，其行为系违反刑法，不能算是新闻自由的权利。另外，在保护青少年、保护公民的人格权和私生活、保护国家利益方面也不存在所谓的新闻自由。德国1994年还通过了《反纳粹和反刑事犯罪法案》，规定凡宣扬纳粹者可根据情节轻重判处5

年以下有期徒刑。

“自我监督机制”是通过《新闻法》中所规定的一个组织“德国新闻出版委员会”来实现的。该委员会是新闻界自己设立的机构,不受国家监督,活动自愿,类似一个“道德法庭”。委员会于 1956 年成立,工作人员包括 10 名由德国记协和媒介企业工会提名的记者,以及另 10 名由德国报纸出版者团体和德国杂志出版者联合会派出的出版者。“德国新闻出版委员会”的任务是指出新闻业的弊端,并致力于消除这些弊端;审查公众对各个报纸的投诉。如果发现投诉属实,即对该报提出批评;通报新闻界的组织结构的变化,制止那些损害公民自由交流信息和自由形成舆论的现象;对立法者、政府和公众在新闻问题上提出建议并予以表态。新闻出版委员会不能强迫别人重视它的决议,而是靠人们对其决议的自愿认可,而这在某种程度上取决于这个委员会的威望如何,因此委员会通过工作建立起自己的威望就显得相当重要。

委员会 1973 年制定的“新闻规范”是新闻工作者应遵循的准则。有关条款有:

(1) 尊重事实、对公众作出真实的报道是新闻界的最高准则。

(2) 对于那些以文字或图片公开发表的消息和信息必须视其情况需要,对其内容的真实性进行仔细的检查。对稿件的加工、拟标题和图片解说不得歪曲原意。文献性资料的引用必须忠实于原文。没有证实的消息、传阅和猜测必须注明。在发表象征性的照片时,必须注明这与有凭有据的照片无关。

(3) 在采集消息、信息资料和图片时不允许使用不正当的手段。

(4) 编辑部的出版物不得受私人利益或局外人商业利益的影响。出版者和编辑人员要防止上述企图,并要注意把编辑部的文章与以广告为目的的出版物清楚地分开。广告文字、广告图片和广告标志必须标明其广告性质。

(5) 新闻事业尊重人们的私人生活和个人隐私权。如果当个人行为牵涉到公众利益时,这类内容也可以拿到新闻中来讨论。但同时要注意,不要让公开出版物损害了非当事人的个人权利。

(6) 无论在形式上还是在内容上,凡在道义上或宗教感情上伤害了某些群体的文字出版物和图片出版物,都是与新闻界的责任相违背的。

(7) 不允许因性别、种族、人种、宗教、社会或民族的原因歧视任何人。

(8) 报道悬而未决的调查过程和审判程序必须摒弃偏见。新闻界要避免在法院审理之前或审理程序过程中在文字或标题上采取片面的和先入为主的立场。一个有嫌疑的人在法庭审判前不能将其视为罪犯。在报道青年人的犯罪行为时,只要不是严重的罪行,要考虑到这些青年人的未来而尽可能地不提姓名、不发表可以辨认的照片。对于法院的判决,如果没有重大的理由不应在法院正式宣判以前抢先报道。

3. 日本

第二次世界大战结束后,美国对日本原来的新闻专制制度进行了改造,制定了一部和平《宪法》。其中第二十一条明确规定:国家保障集会、结社、言论、出版以及其他一切表达的自由,并且禁止(对各种表达活动进行)事前检查。由于表达自由是将内在的精神活动表露于外部的自由,比之各种经济性自由,它更居于优越性的地位,对其规制也应当慎之又慎,接受更为严格的审查。但是，新闻媒体并不能任意行使其表达自由，须受到下列制约：

第一，因公正审判而需受到的规制。最高法院指出，对公开审判的庭审过程进行采访，不得扰乱法庭秩序，损害被告人以及其他诉讼关系人的正当利益。

第二，对淫秽刊物的规制。日本最高法院曾经指出，对于淫秽书刊的认定，应当由法官在现有制度下，依照社会通行的观念加以判断。另一个相关的问题是为保护青少年健康成长的需要对于有关性表达的书刊如何加以规制的问题。几乎所有的都道府县均制定了青少年保护条例。这些条例一般都规定：有关行政机关有权将刺激性感情、宣扬残忍性、诱发犯罪或者自杀等可能妨碍青少年健康成长的书籍(包括录像带、录音带、光盘等)指定为有害图书等。这些有害图书等不得供青少年观看、听闻、阅读、使用，不得将其销售、分发或者出借于青少年，销售者或出借者必须将有害图书等同其他图书分类摆放并设法置于青少年无法看到的场所。经营自动售货业务的当事人不得将有害图书等置于自动售货机中。违反上述规定的当事人，将受到一定程度的刑事处罚。

第三，有关人格权(名誉权、隐私权等)的限制。日本最高法院明确指出，表达自由与隐私权之间没有哪个优先的问题，只要表达的行为不侵害他人名誉、信用等权益，就应当保证其自由，在处理其与隐私权之间的关系时也一样。在进行这种比较衡量时，要看表达自由所涉及的事实是否涉及公共利益，是否存在对表达自由加以限制的必要性和紧迫性，以及该侵害行为是否是由加害人故意造成的。

3.4.2 我国新闻传播方面的法律规范

我国有关信息传播的政策法规分散在各种相关的政策法规中。我国《宪法》规定公民有言论、出版自由。对新闻报道工作，我国在不同时期制订了许多政策法规给予指导和规范。

1950年，新闻总署就发布了《关于改进报纸工作的决定》，提出报纸要适应全国逐步转入以生产建设为中心任务的情况，全国报纸应当用首要的篇幅来报道人民生产劳动的状况，宣传生产工作和经济财政管理工作中成功的经验和错误的教训，讨论解决这些工作中所遇到的各项困难的办法。应当减少关于会议、机关活动、负责人的不重要的言论行动及没有广泛重要性的文告文电的篇幅。报纸应当用很大的注意来发表和答复读者的来信，特别是关于政府工作、经济建设事业和其他社会生活的批评、建议和询问的信件。

1990年，新闻出版署的《报纸管理暂行规定》重申我国的报纸必须宣传马列主义、毛泽东思想，宣传党和国家的方针和政策，传播信息和科学技术、文化知识，为人民群众提供健康的娱乐，反映人民群众的意见和建议，发挥新闻舆论的监督作用。并规定，任何报纸不得刊载煽动抗拒、破坏宪法和法律实施，煽动颠覆人民政权和破坏社会主义制度、分裂国家或煽动叛乱、暴乱的，煽动反对中国共产党领导，煽动民族、种族歧视或仇视破坏民族团结，泄露国家机密，危害国家安全，损害国家利益，破坏社会安定或煽动动乱，宣扬凶杀、色情、迷信或伪科学，教唆犯罪和有害青少年身心健康，诽谤或侮辱他人的内容。1988年新闻出版署发布的《期刊管理暂行规定》也规定任何期刊不得刊载上述内容。1988年《印刷行业管理暂行办法》规定印刷企业不得承接反动、迷信、淫秽印刷品及其他非法出版物的印刷业务。广播电视机构也有多项类似的法律或规定。

1997年1月，中宣部、广电部、新闻出版署和全国记协联合发出《关于禁止“有偿新闻”

的若干规定》，重申了1993年《关于加强新闻队伍职业道德建设，禁止"有偿新闻"的通知》精神，并规定严禁采取"公开曝光"、"编发内参"等方式要挟他人以达到个人目的，新闻报道必须与广告、赞助或经营活动严格区分开来，不得以新闻报道的形式拉赞助或为他人做广告。记者、编辑不得从事广告和其他经营活动。

3.4.3 网络传播的法律规范

1. 美国关于因特网的内容之争

各国政府都在关注因特网上出现的色情和政治内容。它们越来越担心，同时也在寻找限制这些问题的途径。1996年1月1日，克林顿总统签署《取消电信管制和电信改革法令》(Telecommunications Deregulation and Reform Act)，由此引起了当年规模最大的争论之一。因为该电信法令中包含内布拉斯加州前民主党参议员 James Exon 和印第安纳州前共和党参议员 Daniel Coats 发起的《通信准则法》。该法以保护少年儿童免受网上色情之害的名义，规定在因特网上传输"不恰当的"内容将被处以25万美元的罚金和最高达两年的监禁。

在支持者看来，此法案的力量在于它关注少年儿童。1996年2月19日，《Computerworld》的编辑 Exon 写道："孩子可以走上信息高速公路，在包含某些最居心不良和堕落腐败的色情内容的网上'红灯区'自由自在地穿行。"他认为，该法案"会有助于确保我们的孩子有机会在网络空间安全旅行。"圣何塞一家在线新闻服务商 ClariNet 通信公司19名原告之一，该公司创始人 Brad Templeton 说："国会议员很难不支持一项自称保护儿童的法律。在所有的争论中常犯的一种错误是，如果你不支持禁止某事，那就一定赞成。因此，发起人把这项法律描绘成旨在保护儿童，因而得以通过。"

德国议会一委员会当时也呼吁国际社会对因特网中有害于儿童的内容加以控制。当局还一直在考虑，联机提供信息者对通过他们的服务到达用户计算机上的色情或新纳粹宣传内容是否负有责任。在澳大利亚、越南和印度尼西亚，也出现了有关色情和政治内容与因特网的争论。主张对因特网加以控制的人士说，采取有针对性的限制措施能够保持因特网带来的益处和维护共同的价值观。德国联邦议院议长里塔·聚斯穆特上周对德国一家报纸的记者说："如果人的尊严遭到损害，宣扬暴力，那么，就应对言论自由加以限制。"

但反对控制因特网的人士说，对因特网不受约束地在全球发展的特性加以限制，将严重削弱它作为争取民主的力量的潜力。根据该法令，各种形式的因特网信息都应接受法律监督。美国公民自由联盟(ACLU)负责网络自由的高级全职律师 Ann Beeson 说："这项法案应用如此广泛，以至于已经威胁到因特网本身的存在。由于风险实在太大，许多商家永远也不会上网。"该法令的致命弱点在于它适用范围广泛及对"不恰当"的内容定义模糊，其标准由各个部门自行决定。反对者还认为，它使网络沦为一个在某种程度上不受第一修正案保护的二流新闻媒体。

就在克林顿总统签署该项法案之际，Beeson 和 ACLU 在费城地区法院的其他律师都代表19名原告对该项法令的合宪性提出质疑。大约500家 Web 站点几乎立即出现黑屏以示抗议。费城地区法庭最初发布了一项限制令，禁止该法生效。后来，该法庭参与了

ACLU 针对一个名叫 Citizens Internet Empowerment Coalotion 的机构所发起的一起类似挑战的诉讼。这家机构代表着计算机行业的大量厂商和其他组织。当年 6 月，一个 3 人法官小组发起了一份长达 200 页的意见书，否决了该法案。地区法院法官 Stewart Dalzell 认为，任何"以内容为基础的对 Internet 的管制，不管动机多么善良，都会使地球村疯狂发烧，热度足可以烤乳猪。"司法部便诉诸于最高法院。12 月，最高法院安排对此事进行口头辩论。1997 年 6 月，最高法院一致裁决这项法案违宪，宣布因特网必须根据第一修正案得到"最高级别的保护"。

Beeson 后来回忆道："尤其是有关第一修正案问题，最高法庭的一致裁决非同寻常。"Beeson 提到，回想起来，似乎人们早就知道这项法案会被推翻，但当时谁也不知道结果会怎样。"两种情况都可能。"纽约 Association for Internet Professionals 的业务经理 Andrew Kraft 则表示，如果这项法令不被推翻，在网络上做生意成本将极端昂贵。他说："涉及内容将会极端危险，而在网络上，内容是第一位的。"

2. 我国对网络传播的法律规范

1996 年 2 月 1 日我国政府就发布了《中华人民共和国计算机信息网络国际联网管理暂行规定》(国务院令)，规定：从事国际联网业务的单位和个人，应当遵守国家有关法律、行政法规，严格执行安全保密制度，不得利用国际联网从事危害国家安全、泄露国家秘密等违法犯罪活动，不得制作、查阅、复制和传播妨碍社会治安的信息和淫秽色情等信息。

国务院 2000 年 9 月 25 日公布的 292 号令《因特网信息服务管理办法》第十三条规定，因特网信息服务提供者应当向上网用户提供良好的服务，并保证所提供的信息内容合法。第十五条规定，因特网信息服务提供者不得制作、复制、发布、传播含有下列内容的信息：(一)反对宪法确定的基本原则的；(二)危害国家安全，泄露国家秘密，颠覆国家政权，破坏国家统一的；(三)损害国家荣誉和利益的；(四)煽动民族仇恨、民族歧视，破坏民族团结的；(五)破坏国家宗教政策，宣传邪教和封建迷信的；(六)散布谣言，扰乱社会秩序，破坏社会稳定的；宣扬淫秽、迷信或者渲染暴力，危害社会公德和民族优秀文化传统的；(七)散布淫秽、色情、赌博、暴力、凶杀、恐怖或者教唆犯罪的；(八)侮辱或者诽谤他人，侵害他人合法权益的；(九)含有法律、行政法规禁止的其他内容的。第十六条规定，因特网信息服务提供者发现其网站传输的信息明显属于本办法第十五条所列内容之一的，应当立即停止传输，保存有关记录，并向国家有关机关报告。第二十条还规定，制作、复制、发布、传播本办法第十五条所列内容之一，构成犯罪的，依法追究刑事责任，由公安机关、国家安全机关依法予以处罚……

2001 年 1 月颁布的《全国人民代表大会常务委员会关于维护因特网安全的决定》第二条规定，为了维护国家安全和社会稳定，对有下列行为之一，构成犯罪的，依照刑法有关规定追究刑事责任：(一)利用因特网造谣、诽谤或者发表、传播其他有害信息，煽动颠覆国家政权、推翻社会主义制度，或者煽动分裂国家、破坏国家统一；(二)通过因特网窃取、泄露国家秘密、情报或者军事秘密；(三)利用因特网煽动民族仇恨、民族歧视，破坏民族团结；(四)利用因特网组织邪教组织、联络邪教组织成员，破坏国家法律、行政法规实施。

2004 年 9 月 3 日，颁布的《最高人民法院、最高人民检察院关于办理利用因特网、移动通信终端、声讯台制作、复制、出版、贩卖、传播淫秽电子信息刑事案件具体应用法律若干问题的解释》，对办理该类刑事案件具体应用法律的若干问题作出解释。

3.4.4 企业广告宣传方面的法律规范

广告是传播信息的重要手段。商业广告是推销产品和服务、争夺市场的重要武器。为了保护消费者和用户的权益，反对不正当竞争，需要有完善的法律来规范广告活动。

改革开放以来，我国政府很重视广告立法工作。1982 年国务院办公厅发布了《关于加强广告宣传管理的通知》，1987 年国务院又发布了《广告管理条例》，另外，此间还发布了多项有关某类食品广告管理的法规。在此基础上，1994 年全国人大常委会通过了《广告法》。

《广告法》规定了广告活动的四项基本原则，即真实合法、精神文明、遵守法律和公平诚信。它规定了各类广告主体的义务和经营范围及权利；规定一般广告准则和特殊广告准则，明确禁止在广告内容中存在 3 种不正当使用情形、3 种造成妨碍的情形和两种含有违法内容的情形，并要求广告内容必须具备“三性”，即明晰性、真切性和可识别性。另外，还对药品、烟草和食品、化妆品等特殊商品的广告提出了专门要求。明确了广告活动的管理体制和审查制度，规定了违反该法应承担的法律责任。

3.4.5 图书情报流通和传播方面的法规

1956 年文化部就发布了《关于加强与改进公共图书馆工作的指示》，指出公共图书馆主要任务是：收集、保藏并积极利用图书、报刊和其他出版物向广大人民宣传马列主义，进行爱国主义和社会主义教育，并使人民获得各种文化科学知识，以图书、资料、书目和索引为本地区的党和政府机关、财政经济部门、科学文教机关和其他机关、团体服务。要求各公共图书馆大力开展图书资料的流通工作。同年，为配合“向科学进军”的计划，文化部社会文化事业管理局向全国图书馆工作会议提出必须动员和组织图书馆的力量，多、快、好、省地为科学研究服务，大力开展科技书刊的借阅工作和国际图书交换工作，提高目录的质量，加强书目参考工作。

1985 年公布的《中共中央关于科学技术体制改革的决定》中，把科技情报机构定位为科技服务机构，要求积极发展国际间的计算机联机检索系统，扩大科技图书的进口规模，加速国际间科学技术信息交流，及时把握世界科技发展动向。1991 年，我国制定和颁布的第一部正式的《国家科学技术情报发展政策》，专门在第六部分阐述了促进情报的传递和流通的问题，首次明确地提出了关于信息传播的若干政策。其中规定：要充分发挥正式交流渠道的作用，积极疏通非正式交流渠道，遵循“主动、多向、快速、准确”的原则，加快情报的传递和流通。并提出了相应的措施：克服语言障碍，充分发挥专业情报网站的特殊作用，加强和完善科技情报报道系统，开展咨询服务，加强用户宣传工作等。

3.5 信息市场管理方面的政策和法律

信息市场是信息商品交易的场所，是信息这种特殊商品的交换关系及其所要求的法制关系的总称。信息市场是信息产品的供需双方按一定的条件和方式，对信息产品进行交易的领域和场所。信息市场有广义和狭义之分：狭义的信息市场只限于信息商品进行具体洽谈和交换的场所；广义的信息市场则包括信息商品交换过程中所产生的各种关系的总和。

3.5.1 信息市场的产生和特征

自有物质商品市场起，人类就有信息交换了。只是早期的物质匮乏使人们的物品需求更多地表现为物质需求，信息市场是隐性的。随着信息的价值得到社会认同，信息市场的概念也逐渐明确起来。早在 13 世纪英国已开始萌发专利制度，在 1624 年颁布了《垄断法》。而专利制度的确立是信息市场由隐性转向显性的标志，因为专利制度第一次以法定文献形式确认了信息的社会价值。到 18 世纪末，在英国产业革命的推动下，专利制度才得到普遍实行。

进入现代工业社会以来，尤其是二次大战后信息技术的发展，人类对信息商品的巨大需求，促进了信息市场的繁荣，专门从事信息生产、组织、交换的信息产业也全面兴起。1976 年，马克卢普在其《美国知识的生产和分配》之中首次明确提出了信息市场的概念。

信息市场的特殊性在于它既是市场的一种具体类型，是一种独立的、有形的商品市场，同时又是市场的一种特殊类型。作为生产要素市场，它与其他市场结合在一起，成为其他市场的要素。从严格意义上讲，信息市场是无法与物资市场截然分开的。物质商品总是或多或少地包含着一定的信息成分，而信息商品一般又总是依附着一定的物质载体。判断某一商品进入市场是作为物质商品还是信息商品，主要取决于两者之中谁占主要成分以及消费者主要购买什么。例如，一张软盘是物质商品，但是消费者购买一张载有程序的软盘时即是购买一种信息商品。判断一个具体的市场形态是物质市场还是信息市场，也要看市场中物质商品和信息商品各占的比重有多大。

由于信息商品的多样性，信息市场在形式上也具有多样性。按信息商品种类划分，可有经济信息市场、科技信息市场、综合信息市场之分；按组织形式分，可有固定型、流动型、临时型信息市场；按所有制形式分，可有国有型、民办型及个体型信息市场等划分方法。

作为信息市场客体的信息商品，既具有一般商品的某些重要特性，又具有与一般商品不同的特性（见第 11 章）。它使信息市场在功能上也具有多样性。从交易次数上看，对于某一具体的信息产品，交易双方不可能重复交易。而对于信息产品的让出方，同一信息商品可与不同对象多次进行交易，其交易次数和范围受其产品的新颖性、适应性、区域性、优质性及其他因素影响。其交易过程往往不是简单的物品交换一个步骤，而是需要让出方的技术指导等后续支持。其信息产品作用的发挥也需要许多其他信息资源和配置来进行配合。

由于现代的信息商品中高新技术含量越来越大，故需要有雄厚的科研基础为保障，信息市场才能繁荣。只有从整体上促进科学技术的发展，才能从根本上促进信息市场的发展。我国《科学进步法》第十二条指出，国家建立和发展技术市场，推动科学技术成果的商品化。技术贸易活动应当遵循自愿平等，互利有偿和诚实信用的原则。

3.5.2 对信息市场主体和中介的法律规范

一般认为，信息市场是由其主体、客体和中介构成的。信息市场主体主要包括信息商品的供给者和需求者，信息市场交易中的经纪人，信息市场管理方等主要市场参加者。信息市场的客体就是信息商品，包括信息产品和信息服务。在信息市场中，市场中介的作用十分重要。因为信息市场交易手段通常比较复杂，既需要信息中介人在生产者与消费者之间沟通信息，又需要信息市场管理机构的科学管理，才能保障信息市场的稳定性和层次性，有利于提高信息市场交易的成功率和合法性。

信息市场各主体在参与交易过程中必须遵循一定的规则。对于信息市场的生产经营者，现有的《公司法》、《广告法》等法律法规都有相应规定。例如，我国《广告法》第一条规定，广告主是指为推销商品或服务，自行或者委托他人设计、制作、发布广告的法人及其他经济组织或个人。广告经营者是指受委托提供广告设计、制作、代理服务的法人及其他经济组织或个人。广告发布者是指为广告主或广告主委托的经营者发布广告的法人或其他经济组织。第六条规定，县以上人民政府，工商行政管理部门是广告管理、监督机关。

《中华人民共和国电信条例》第二章"电信市场"中规定：国家对电信业务经营实行许可制度。未取得电信业务经营许可证，任何组织或者个人不得从事电信业务经营活动。规定了电信业务经营者应当具备的条件。国务院颁布的《因特网信息服务管理办法》、《因特网上网服务营业场所管理办法》、《国务院办公厅转发文化部等部门关于开展电子游戏经营场所专项治理意见的通知》等法规中也有类似的规定。另外，《关于进一步加强电信业务市场管理意见》中特别强调了外商不得在我国境内经营或参与经营通信业务。

在信息市场中，中介方起着沟通信息、为双方提供服务的作用。其认定也是由各行业自行规定，如《专利代理条例》第三条规定本条例中专利代理机构是指接受委托人的委托，在委托权限范围内，办理专利申请或者办理其他专利事物的服务机构。第十四条规定专利代理人是指获得专利代理人资格证书，持有专利代理人工作证的人员。《上海市咨询、智能开发等社会科学方面的服务机构审核、登记办法》〔试行〕中规定：所称咨询、智能开发等机构，是指集体，个体和合作经营的社会科学方面的服务机构。设立咨询、智能开发、信息等机构，或兼营咨询、智能开发、信息等业务的，必须具备一定条件：除相应的资金、固定场所、必要的章程外，主要负责人具有经济师、会计师、讲师、律师等以上的技术职能或相应资格，并由上海社科院对开办可行性及其负责人资格进行审查。

3.5.3 对信息市场客体的法律规范

什么样的信息产品和服务可以作为商品进入信息市场？由于信息产品和服务的多样性，很难给予简单的限定。在《专利法》、《著作权法》、《广告法》、《商标法》等重要的法律中有不同的描述。

我国《专利法》第二条规定，本法所称的发明创造是指发明，实用新型和外观设计。第三条规定，对符合法律规定的发明创造授予专利权。我国《著作权法》第三条规定，本法所称的作品，包括以下形式创作的文学、艺术和自然科学、社会科学、工程技术等作品，如：文字作品，口述作品等。第二条规定，计算机软件是指计算机程序及其有关文档。《商标法》第三条规定，经商标局核准注册的商标为注册商标，商标注册人享有商标专有权，受法律保护。《广告法》第二条定义广告是指商品经营者或者服务提供者承担费用，通过一定媒介和形式直接或者间接地介绍自己所推销的商品或者所提供的服务的商业广告。

最高人民法院和最高人民检察院 2004 年 9 月 5 日联合出台的司法解释作出的规定：

有关人体生理、医学知识的电子信息和声讯台语音信息不是淫秽物品。包含色情内容的有艺术价值的电子文学、艺术作品不视为淫秽物品。

一些行政法规比较早地对可以进入市场的信息产品进行了界定。例如,《北京市技术市场管理条例》第三条规定,一切有益于经济建设、社会发展和科技进步的技术信息,除国家有特殊规定的以外,均可以进入技术市场,成为技术商品。

3.5.4 信息市场秩序的法律规范

信息市场的正常运行需要有多种法律或法规来共同保障和调节,包括前述的《专利法》、《著作权法》、《商标法》、《广告法》以及《反不正当竞争法》、《价格管理条例》、《产品质量法》等。下面,重点介绍信息市场管理方面的法律法规,有关知识产权交易管理的内容放到下一节介绍。

1. 通用的市场管理法律法规

现行的各种市场管理法律法规是建立和规范信息市场的基础。例如,《消费者权益保护法》第三章规定了经营者的义务。如经营者应保证所提供的商品或者服务符合保障人身财产安全的要求。又如经营者应当向消费者提供有关商品或服务的真实信息,不得做引人误解的虚假宣传。《反不正当竞争法》第二条规定,经营者在市场交易中,应当遵循自愿、平等、公平、诚实信用的原则,遵守公认的商业道德。第五条规定,经营者不得采用下列不正当手段从事市场交易,损害竞争对手:(一)假冒他人的注册商标;(二)擅自使用知名商品特有的名称、包装、装潢,或者使用与知名商品近似的名称、包装、装潢,造成和他人的知名商品相混淆,使购买者误认为是该知名商品;(三)擅自使用他人的企业名称或者姓名,引人误认为是他人的商品;(四)在商品上伪造或者冒用认证标志、名优标志等质量标志,伪造产地,对商品质量作引人误解的虚假表示。《产品质量法》包括了产品质量的监督管理;生产者,销售者的产品质量责任与义务,以及损害赔偿和罚则(其产品是指经过加工,制作,用于销售的产品)。《对外贸易法》规定对外贸易的交易原则应是依法经营,公平竞争,不得侵害知识产权,不得使用不正当竞争手段。我国《价格法》第二十三条规定:制定关系群众切身利益的公用事业价格、公益性服务价格、自然垄断经营的商品价格等政府指导价、政府定价,应当建立听证会制度,有政府价格主管部门主持,征求消费者、经营者和有关方面的意见,论证其必要性、可行性等。

2. 针对信息产品和服务的法规

2001年1月颁布的《全国人民代表大会常务委员会关于维护互联网安全的决定》第三条规定,为了维护社会主义市场经济秩序和社会管理秩序,对有下列行为之一,构成犯罪的,依照刑法有关规定追究刑事责任:(一)利用互联网销售伪劣产品或者对商品、服务作虚假宣传;(二)利用互联网损坏他人商业信誉和商品声誉;(三)利用互联网侵犯他人知识产权;(四)利用互联网编造并传播影响证券、期货交易或者其他扰乱金融秩序的虚假信息;(五)在互联网上建立淫秽网站、网页,提供淫秽站点链接服务,或者传播淫秽书刊、影片、音像、图片。

《中华人民共和国电信条例》(2000 年 9 月 25 日)第二章电信市场分别对电信业务许可、电信网间互联、电信资费和电信资源等 4 个方面作出了规定。其中第二十三条规定,电信资费标准实行以成本为基础的定价原则,同时考虑国民经济和社会发展要求、电信业的发展和电信用户的承受能力等因素。电信资费分为市场调节价、政府指导价和政府定价。增值电信业务资费实行市场调节价或者政府指导价。第三章电信服务第三十一条规定,电信业务经营者应当按照国家规定的电信服务标准向电信用户提供服务。电信业务经营者提供服务的种类、范围、资费标准和时限,应当向社会公布,并报省、自治区、直辖市电信管理机构备案。电信用户有权自主选择使用依法开办的各类电信业务。

为了加强对外国通讯社在中国国内提供经济信息业务的管理,国务院授权新华通讯社管理这项业务。国务院有关通知规定,外国通讯社在中国国内经办提供经济信息业务,必须向新华社提出申请,得到批准。外国通讯社不能直接开拓提供信息的用户。与此相反,中国的机关和企业同外国通讯社签订提供经济信息合同时也必须通过新华社办理手续。规定禁止外国通讯社向用户提供具有诽谤中国和有损中国利益内容的信息。这些规定也适用于我国台湾、香港和澳门的通讯社向大陆提供经济信息的情况。

3.6 信息资源利用的法律规范

3.6.1 政府信息的利用的法律规范

1. 档案的利用方面

我国《档案法》第十九条规定:中华人民共和国公民和组织持有合法证明,可以利用已经开放的档案。第二十条规定:机关、团体、企业事业单位和其他组织以及公民根据经济建设、国防建设、教学科研和其他各项工作的需要,可以按照有关规定,利用档案馆未开放的档案以及有关机关、团体、企业事业单位和其他组织保存的档案。利用开放的档案的部分,由国家档案行政管理部门和有关主管部门规定。第二十一条规定:向档案馆移交、捐赠、寄存档案的单位和个人,对其档案享有优先利用权,并可对其档案中不宜向社会开放的部分提出限制利用的意见,档案馆应当维护他们的合法权益。对未开放的档案的利用,则需经馆长同意,必要时报请上级主管机关审查批准。

《机关档案工作条例》第十一条规定,机关档案部门保管的档案,是现行档案,主要供本机关和上级主管机关使用,不属于开放范围,对外提供利用需经上级机关批准。《会计档案管理办法》第七条规定,各单位保存的会计档案应为本单位积极提供利用,向外单位提供利用时,档案原件原则上不得借出,如有特殊需要,须报经上级主管单位批准,但不得拆散原卷册,并应限期归还。第八条规定,撤销、合并单位和建设单位完工后的会计档案,应随同单位的全部档案并移交给指定的单位,并按规定办理交接手续。《干部档案工作条例》第三十一条规定:凡查阅干部档案,利用单位应派中共党员干部到保管单位查阅室查阅。任何个人不得查阅或借用本人及其直系亲属的档案。查阅档案,必须严格遵守保密制度和阅档规定,严禁涂改、圈画、抽取、撤换档案材料,查阅者不得泄露或擅自向外公布档案内容。借用、查阅档案的单位或个人，不得擅自拍摄复制档案内容。因工作需要从档案中取证的，必须请示于部档案主管部门审查批准后才能复制(拍摄)。

《利用档案收费规定》中确定了有偿服务和无偿服务的范围：为落实房、地、财产、债务、债权、学历、工龄和解决纠纷，生产建设或进行其他盈利性，商业性活动以及进行汇编出版等有经济效益的一切单位和个人利用档案，均属收费范围；利用本单位或个人形成、移交、捐赠、寄存的档案和各级党政机关为工作目的考查利用档案，应无偿提供服务(复制工本费照收)，并规定了收费标准和项目，如档案保护费、复制费、证明费和咨询服务费等，具体收费办法由省级物价，财政部门制定。《利用科学技术档案信息资源收费的规定》也有类似规定。

2. 地震和水文资料的利用方面

中国地震局 2003 年 12 月发布的《地震科学数据共享管理办法》(试行)规定：各类用户对获得的共享地震科学数据享有受限的、不排他的使用权。用户有权向承担共享地震科学数据服务的机构提出建议和参与相关的业务活动。用户有权对共享地震科学数据服务中存在的问题提出质疑，并可向国家有关主管部门或中国地震局反映。用户未经允许不得将申请获得的共享地震科学数据直接向外分发或转让，也不得间接地用作供外部使用的数据库和其他服务产品的一部分。用户对申请获得的保密数据有保密的义务；用户申请获得的用于非盈利性活动的共享地震科学数据，不得用于盈利性活动。用户在各种场景公开共享地震科学数据使用结果时，应声明数据来源及关于知识产权的相关声明。用户不得利用共享信息平台制作、复制、发布、传播危害国家和社会的各种信息。

水文资料是水利及一切与水有关联的国民经济建设的重要基础信息和决策依据。2000 年，国务院批转国家计委、财政部、水利部、建设部关于加强公益性水利工程建设管理若干意见的通知》(国发[2000]20 号)指出："地质、水文、气象、社会经济等水利工程设计的基础资料，凡不涉密的，要向社会公开，实行资料共享。"水利部为贯彻这一精神，更加充分有效地发挥公益性水文资料在国民经济建设和社会发展中的作用，2001 年 9 月 17 日发布了《关于公开提供公益性水文资料的通知》，规定：公益性水文资料无偿提供全社会使用，提供单位可酌情收取一定的印制工本费。

3.6.2 受知识产权法律保护的信息资源的利用

1986 年，《民法通则》明确规定公民、法人依法享有署名、发表、出版、获得报酬的权利。后来，我国相继制定和颁布了《专利法》、《商标法》、《著作权法》等一系列知识产权法规，为信息资源的合理利用提供了法律保障。

我国《专利法》详细规定了专利发明的产权归属。如职务发明产权归发明人所在单位，而非职务发明的产权属于发明人与设计人。在授予专利权之后，"除法律另有规定的以外，任何单位或个人未经专利权人许可，不得为生产经营目的制造、使用、销售其专利产品，或者使用其专利方法以及使用，销售依照该专利方法直接获得的产品。"这样做防止了对专利产品的滥用。专利产品是信息含量很高的一类产品，为此，《专利法》第七章还专门规定了专利权的保护问题。

我国《著作权法》第二章规定了著作权人及其享受的权利，著作权归属和继承，权利保护期限和权利的限制等问题。规定著作权属于作者，包括发表权、署名权、修改权、保护作品完整权、使用权和获得报酬权。在第四章规定了图书、报刊的出版、表演、录音、录像及广播电台、电视台播放时的权利归属及付酬问题。《著作权法》第二十二条规定，为个人学习、研究或欣赏，介绍、评论、新闻报道，教学科研，国家机关执行公务，图书馆等公益机构为陈列和保存版本，免费表演，把汉语文学作品翻译成少数民族文字在国内发行，将已发表的作品改成盲文出版等12种情况，可以不经著作权人许可，不向其支付报酬，但应当指明作者姓名、作品名称，并且不能侵犯著作权人依照本法享有的其他权利。第二十三条规定，使用他人作品应同著作权人订立合同或者取得许可。第四章分别规定了图书报刊出版、表演、录音录像、广播电台和电视台播放等不同使用场合的具体条款。第四十五、四十六条规定了各种侵权行为应当承担的法律责任，如歪曲、篡改他人作品的；未经著作权人许可，以表演、播放、展览、发行、摄制电影、电视、录像或者改编、翻译、注释、编辑等方式使用作品的，本法另有规定的除外；未经表演者许可，从现场直播其表演的；剽窃、抄袭他人作品的；未经著作权人许可，以营利为目的，复制发行其作品的；出版他人享有专有出版权的图书的；等等。

《计算机软件保护条例》第二十一条规定，合法持有软件复制品的单位、公民，在不经该软件著作权人同意的情况下，享有下列权利：(一)根据使用的需要把该软件装入计算机内；(二)为了存档而制作备份复制品；(三)进行必要的修改。第二十二条规定，因课堂教学、科学研究、国家机关执行公务等非商业目的的需要对软件进行少量的复制，可以不经软件著作权人或者其合法受让者的同意，不向其支付报酬。但使用时应当说明该软件的名称、开发者，并且不得侵犯著作权人或者其合法受让者依本条例所享有的其他各项权利。该复制品使用完毕后应当妥善保管、收回或者销毁，不得用于其他目的或者向他人提供。第三十条规定，有下列侵权行为的应当根据情况，承担停止侵害、消除影响、公开赔礼道歉、赔偿损失等民事责任，并可以由国家著作权行政管理部门给予没收非法所得、罚款等行政处罚：(一)未经软件著作权人同意发表其软件作品；(二)将他人开发的软件当作自己的作品发表；(三)未经合作者的同意，将与他人合作开发的软件当作自己单独完成的作品发表；(四)在他人开发的软件上署名或者涂改他人开发的软件上的署名；(五)未经软件著作权人或者其合法受让者的同意修改、翻译、注释其软件作品；(六)未经软件著作权人或者其合法受让者的同意复制或者备份复制其软件作品；(七)未经软件著作权人或者其合法受让者的同意向公众发行、展示其软件作品；(八)未经软件著作权人或者其合法受让者的同意向任何第三方办理其软件的许可使用或者转让事宜。

我国《商标法》详细地规定了商标的专用权及有关保护条款。其中第三十九条规定，转让注册商标的，转让人和受让人应当签订转让协议，并共同向商标局提出申请。受让人应当保证使用该注册商标的商品质量。转让注册商标经核准后，予以公告。受让人自公告之日起享有商标专用权。第四十条规定，商标注册人可以通过签订商标使用许可合同，许可他人使用其注册商标。许可人应当监督被许可人使用其注册商标的商品质量。被许可人应当保证使用该注册商标的商品质量。经许可使用他人注册商标的，必须在使用该注册商标的商品上标明被许可人的名称和商品产地。商标使用许可合同应当报商标局备案。

3.6.3 私有信息和个人信息的利用

为了维护私有信息不受侵犯,《反不正当竞争法》第十条第(二)、(三)款规定,经营者不得采用下列手段侵犯商业秘密:披露、使用或者允许他人使用以不正当手段获取的权利人的商业秘密;违反约定或者违反权利人有关保守商业秘密的要求,披露、使用或者允许他人使用其所掌握的商业秘密;第三者明知或者应知前款所列违反行为,仍获取、使用或者披露他人的商业秘密,并对上述各种侵犯商业秘密的行为,规定了相应的法律责任。

《经济合同法》第四条规定,任何单位和个人不得利用合同进行违法活动。第十九条规定,承揽方承揽的复制、设计、翻译和物品性能测试、检验等任务,定作方要求保密的,应严格遵守。《技术合同法》规定,合同条款中一般应包括技术情报和资料的保密条款。委托方提供的技术资料和数据,或者顾问方提供的咨询报告和意见,需要保密的,当事人可以在合同中约定保密的范围和期限。合同没有约定的,当事人有引用、发表和向第三方提供的权利。《禁止证券欺诈行为暂行办法》禁止任何单位或者个人以获取利益或者减少损失为目的,利用内幕信息进行证券发行、交易活动。

《食品卫生法》(试行)规定,食品卫生监督员对生产经营者提供的技术资料有保密的义务。《水污染防治法》、《城市规划法》、《大气污染防治法》、《环境保护法》、《税收征管法》、《审计法》、《注册会计师法》、《国家优质产品评选条例》、《药品管理法实施办法》、《产品质量认证管理条例》、《国有企业财产监督管理条例》、《公证暂行条例》等法规都规定,有关机关有责任为被检查评估的单位保守技术秘密和业务秘密。

关于个人信息的利用,我国《未成年人保护法》第三十条规定,任何组织和个人不得披露未成年人的个人隐私。《刑事诉讼法》第一百一十一条规定,有关国家机密或者个人隐私的案件,不公开进行。另外,我国的《行政诉讼法》、《民事诉讼法》、《收养法》、《民法通则》、《人体重伤鉴定标准》、《人体轻伤鉴定标准》(试行)、《企业劳动争议处理条例》、《精神疾病司法鉴定暂行规定》等法规中都有关于保护个人隐私的内容,但这还是远远不够的。在一些医院里,床头卡曝光病人病情,隐私被他人"旁听",医学观摩令隐私变成教材,化验单对公众公开,注射室男女之间不遮避,医院泄露病人隐私现象令人触目惊心。

3.7 信息安全的法律规范

信息安全(information security)是指为保证信息的完整性、可用性和保密性所需的全面管理、规程和控制。它分为计算机安全和网络安全。计算机安全是指保护信息系统免遭拒绝服务、未授权(意外的或有意的)暴露、修改和数据破坏的措施和控制。网络安全是指网络系统的硬件、软件及其系统中的数据受到保护,不受偶然的或者恶意的原因而遭到破坏、更改、泄露,系统连续可靠正常地运行,网络服务不中断。网络安全从其本质上来讲就是网络上的信息安全。从广义来说,凡是涉及网络上信息的保密性、完整性、可用性、真实性和可控性的相关技术和理论都是网络安全的研究领域。

随着因特网在经济社会发展中的作用越来越突出,网上淫秽色情、赌博等有害信息传播、垃圾电子邮件和垃圾短信息泛滥,计算机病毒传播和网络攻击破坏频繁发生,网上违法犯罪活动不断增多，严重危害了上网用户的合法权益和因特网服务单位的正常运营。据统计，2000 年我国接报因特网违法犯罪案件 2700 起，2004 年增至 1.4 万起，且呈现较快的增长态势。据公安机关调查，近年来我国每年有半数以上的联网单位发生各种信息网络安全事件，联网用户计算机病毒的感染率持续保持在 80%以上的较高水平。同时，我国已成为因特网垃圾电子邮件接收和发送大国。据统计，国内用户平均每天收到的垃圾电子邮件达到 6000 多万封。网络安全是一个关系国家安全和主权、社会的稳定、民族文化的继承和发扬的重要问题。“家门就是国门”，解决信息安全问题刻不容缓。

3.7.1 保障计算机信息系统和网络设施安全的法律法规

许多国家的政府陆续出台了各种专门法律法规，下面重点介绍我国一些主要法规：

1994 年 2 月 18 日我国国务院发布了《计算机信息系统安全保护条例》，规定了计算机信息系统的安全保护制度、安全监督机关及其职责、违反本条例时应承担的法律责任。规定任何组织或个人不得利用计算机信息系统从事危害国家利益、集体利益和公民合法权益的活动，不得危害计算机信息系统的安全。但没有规定哪些行为属于计算机犯罪及其法律责任。

1996 年 2 月 1 日国务院发布了《计算机信息网络国际联网管理暂行规定》，对国内的单位和个人连接和使用国际的计算机信息网络作出了相应的规定，申明国家对国际联网实行统筹规划、统一标准、分级管理、促进发展的原则。规定：个人、法人和其他组织使用的计算机或者计算机信息网络，需要进行国际联网的，必须通过规定的接入网进行国际联网。应当遵守国家有关法律、行政法规，严格执行安全保密制度，不得利用国际联网从事危害国家安全、泄露国家秘密等违法犯罪活动，不得制作、查阅、复制和传播妨碍社会治安的信息和淫秽色情等信息。

2001 年 1 月颁布的《全国人民代表大会常务委员会关于维护因特网安全的决定》第一条规定，对有下列行为之一，构成犯罪的，依照刑法有关规定追究刑事责任：(一)侵入国家事务、国防建设、尖端科学技术领域的计算机信息系统；(二)故意制作、传播计算机病毒等破坏性程序，攻击计算机系统及通信网络，致使计算机系统及通信网络遭受损害；(三)违反国家规定，擅自中断计算机网络或者通信服务，造成计算机网络或者通信系统不能正常运行。

2004 年 9 月 15 日有关部门印发了国家网络与信息安全协调小组第三次会议讨论通过的《关于信息安全等级保护工作的实施意见》。其核心是对信息安全分等级、按标准进行建设、管理和监督，将信息和信息系统的安全保护等级共分五级：第一级依照国家管理规范和技术标准进行自主保护(自主保护)；第二级在信息安全监管职能部门指导下依照国家管理规范和技术标准进行自主保护(指导保护)；第三级依照国家管理规范和技术标准进行自主保护，信息安全监管职能部门对其进行监督、检查(监督保护)；第四级依照国家管理规范和技术标准进行自主保护，信息安全监管职能部门对其进行强制监督、检查(强制保护)；第五级依照国家管理规范和技术标准进行自主保护，国家指定专门部门、专门机构进行专门监督(专控保护)。规定国家对信息安全产品的使用实行分等级管理。信息安全等级保护工作职责分工：公安机关负责监督、检查、指导，国家保密工作部门负责有关保密工作的监督、检查、指导，国家密码管理部门负责有关密码工作的监督、检查、指导。计划用 3 年左右的时间在全国范围内分 3 个阶段实施信息安全等级保护制度。

2005 年 11 月 24 日，公安部发布《因特网安全保护技术措施规定》，对因特网服务单位和联网单位落实安全保护技术措施提出了明确、具体和可操作性的要求。规定因特网服务单位和联网使用单位要建立和落实安全保护措施管理制度。安全保护技术措施主要包括：防范计算机病毒、防范网络入侵攻击和防范有害垃圾信息传播，以及系统运行时间、用户上网登录时间和网络地址的记录留存等技术措施要求。它应当符合国家标准，没有国家标准的应当符合公共安全行业标准。强调安全保护技术措施的实施不得侵犯用户的通信自由和通信秘密。明确了因特网服务单位和联网单位不得实施故意破坏安全保护技术措施、擅自改变措施功能和擅自删除、篡改措施运行记录等行为。明确了公安机关监督管理责任和规范了公安机关监督检查行为。

此外还有：邮电部〔1996〕492 号《计算机信息网络国际联网出入口信道管理办法》、信息产业部《电子认证服务管理办法》(2005 年 1 月 28 日)、《因特网 IP 地址备案管理办法》(2005 年 1 月 28 日)、《因特网电子邮件服务管理办法》(2005 年 11 月 7 日)、公安部令第 51 号《计算机病毒防治管理办法》、国家密码管理局公告(第 2 号)《电子认证服务密码管理办法》(2005 年 3 月 31 日)等。

3.7.2 信息保密方面的法律法规

信息利用过程中的保密问题在我国《宪法》第五十三条、第五十四条，《刑法》第一百八十六条均有规定，具体实施则由《保守国家秘密法》及各省市、各行业的实施细则来规定。

在《保守国家秘密法》中，国家秘密被定义为关系国家的安全和利益，依照法定程序确定，在一定的时间内只限一定范围人员知悉的事项。其具体范围、密级和保密期限，都由各国家机关、单位决定。在利用中，对绝密级的国家秘密文件，资料和其他物品，规定不得复制和摘抄；国家秘密应当根据需要，限于一定范围的人员接触。绝密级的国家秘密，经过批准的人员才能接触。所以，国家秘密的获得，一般均需主管部门的批准。由于国家秘密事项的保密期限届满可自行解密，并且国家秘密事项在保密期内不需要继续保密的，其主管机关要及时解密，这样可以获得一些重要信息，包括国家事务的重大决策，国防建设和武装力量活动，科学技术及国民经济和社会发展中的重要事项。

各省市、各行业的实施细则，根据各自实际情况的不同都有其重点。例如，《中华人民共和国统计法》第十四条规定，属于国家机密的统计资料，必须保密。属于私人、家庭的单项调查资料，非经本人同意，不得泄露。国家科委和国家保密局 1995 年 1 月 6 日发布中华人民共和国国家科学技术委员会、国家保密局令第二十号《科学技术保密规定》第七条规定，关系国家的安全和利益，一旦泄露会造成下列后果之一的科学技术，应当列入国家科学技术秘密范围：(一)削弱国家的防御和治安能力；(二)影响我国技术在国际上的先进程度；(三)失去我国技术的独有性；(四)影响技术的国际竞争能力；(五)损害国家声誉、权益和对外关系。国家科委发布的《信息技术发展政策要点》(1988 年)第九条谈到了正确处理信息共享与安全保密的关系：应着重考虑信息的开发使用问题，最大限度发挥各类信息系统的效益，逐步推进它们的商品化。同时，要保证国家机密的安全和防范信息犯罪。应加强信息分类编码，信息交换格式及规约等的标准化和规范化工作，以利于信息资源的共享。应修改和制定各项有关信息管理的法律和法规，划定各类信息保密范围、等级和时限，以及制定相应的技术和行政措施承认并保障单位及个人使用，转让以及保守其专有信息的合法权利。应重视现代信息保密技术的开发应用，提高信息安全工作的水平。

《中华人民共和国电子签名法》(2004 年 8 月 28 日)第十五条规定，电子签名人应当妥善保管电子签名制作数据。电子签名人知悉电子签名制作数据已经失密或者可能已经失密时，应当及时告知有关各方，并终止使用该电子签名制作数据。第十七条规定，提供电子认证服务，应当具备下列条件：(一)具有与提供电子认证服务相适应的专业技术人员和管理人员；(二)具有与提供电子认证服务相适应的资金和经营场所；(三)具有符合国家安全标准的技术和设备；(四)具有国家密码管理机构同意使用密码的证明文件；(五)法律、行政法规规定的其他条件。

其他相关的法规还有：《中华人民共和国惩治军人违反职责罪暂行条例》、《中华人民共和国军事设施保护法》、《铁路工作中国家秘密及其密级具体范围的规定》、《中医药行业国家秘密及其密级具体范围的规定》、《新闻出版保密规定》、《商用密码管理条例》等。

思 考 题

1. 分析社会信息化对政治、经济、文化的影响和对法律的挑战。

2. 简述信息政策的类型、特点和作用，信息法的特点和作用，信息法的调整对象和范围，信息政策和信息法的区别与联系，信息政策和信息法的研究对象和范围。

3. 为何要对政府、大众传媒、商业性机构和个人的信息采集活动加以规范？各国的做法是什么？

4. 阐述政府和企业信息公开的必要性，法律在这方面的主要要求是什么。

5. 各国对信息传播有哪些比较一致的法律规定？网络传播的法律规范存在哪些问题？

6. 试分析信息市场的特征，分析现行法律对规范信息市场的适应性。

7. 在信息资源利用方面需要注意哪些法律问题？

8. 试分析我国的信息安全政策和法律。

第4章　政府信息资源管理

第1章指出过，在国外，信息资源管理成长和发展于两个不同的社会部门，即作为公共部门的政府机构和作为商业部门的公司企业。也就是说，政府信息资源管理是作为一个整体的信息资源管理产生的源头之一和重要组成部分。

4.1　政府信息资源管理的起源

4.1.1　政府的记录管理制度

记录管理(record management)又称为文书管理，不同于档案管理。美国联邦政府有关法律曾经将记录管理定义为：与记录的生成、维护、使用和保存相关的计划、指导、组织、培训、推进和其他管理活动。其目的是使联邦政府政策和活动的文献适度优化，使政府机构的运行管理经济有效。(美国法典第44篇2901条(2))它来源于图书馆管理、文书管理、行政管理以及其他关注组织机构中的文献资料的有效存储、检索和利用的学科。

1. 中国历史上的记录管理制度

中国古代至少自夏朝起朝廷就建立了记录管理制度。唐朝名相魏征在《隋书·经籍志》中说："古者天子诸侯，必有国史，以纪言行，后世多务，其道弥繁。夏殷已上，左史记言，右史记事。周则太史、小史、内史、外史、御史，分掌其事，而诸侯之国，亦置史官。"又说："先圣据龙图，据凤纪，南面以君天下者，咸有史官，以纪言行。言则左史书之，动则右史书之。故曰'君举必书'，惩劝斯在。""古之史官，必广其所记，非独人君之举。""古者史官既司典籍，盖有目录，以为纲纪。"唐代著名学者刘知幾也曾说过："《易》曰：'上古结绳以理，后世圣人易之以书契。'儒者云：伏羲氏'始书八卦，造书契，以代结绳之政，由是文籍生焉。'"而且，中国古代史官具有中立、公正的传统。现代著名历史学家范文澜先生在考证正史时曾说过这样的话："说文'史，记事者也。从又持中。中，正也。'……故掌文书者谓之史，其字从又从中，右者右手，以手持簿书也。"(见魏征《隋书·经籍志》)

2. 美国的记录管理制度

近代社会的到来，使政府职能得以迅速扩展，如建立公共设施、运输系统、医疗保健和其他社会服务机构，为公民提供各种服务，等等。相应地，政府记录的数量也日益增加，记录管理的任务日益重要。美国建国后不久制定的《人权法案》(Bill of Right，即后来的美国《宪法》)就包含有这方面的内容。美国《宪法》要求政府首脑能保证全体公民能随时了解有关的情况，或者至少要保存好记录它们活动情况的档案。该宪法规定：国会各院应保存其议事录，并逐次加以刊布，惟各院认为需要保密的一部分除外(第一条第五款三)。在十二次修正案中有关于选举团职责的规定:他们应为竞选总统和副总统的所有人分别造册,记录每人所得票数,并在这些名册上署名和加以证明(第二条第一款三)。

政府出版物的管理是记录管理的重要内容。1813年,美国参众两院议事录的印刷发行工作得到批准,规定国会的辩论发言分别刊载于 Register of Debates 和 Congressional Globe 这两种官方刊物上(1873年起刊载于 Congressional Records 上)。1846年,国会开始制定有关国会报告、专门文献(包括行政部门的资料)和法案的例行出版程序。1860年,国会设立了政府出版局(GPO),负责印刷它的所有文献,并为行政部门提供出版服务。后来,国会又制定了一个关于建立保存本图书馆的计划,在全国各地建立一批专门保存政府出版物的图书馆。由 GPO 下面的公共文件管理处负责。

国会还制定了许多法律以规范和指导联邦记录管理活动。其中,比较重要的法律有:1889年颁布的《公共记录处置法案》(General Records Disposal Act),旨在提高联邦政府机构的记录处理效率;1921年的《预算和审计法案》(Budget and Accounting Act of 1921)要求联邦政府设立预算局,并授权其控制政府机构生产记录的数量;1942年的《联邦报告法》(Federal Reports Act),要求控制政府文书的需求并进而减轻公众和企业的文书负担;1943年的《记录处置法》(Records Disposal Act)授权国家档案馆在记录调查结束后制定处置计划;1950年的《联邦记录法》(Federal Records Act of 1950)要求每个联邦机构制定连贯的记录管理计划,以加强对记录生产、维护和利用的控制,并与国家档案局合作改进政府的记录管理。它还给出了记录管理的定义,责成总务局负责组建和经营记录中心。

1946年的《洛奇-布朗法》(Lodge-Brown Act)授权在"胡佛委员会"中设立了一个文书工作管理专家小组(Task Force on Paperwork Management),专门就政府记录管理进行研究并提出建议。根据1946年的《洛奇-布朗法》和《行政程序法》,成立了政府机构组织委员会(胡佛委员会),其中设立了一个文书管理专家小组。《行政程序法》规定了行政机关的规章、意见、裁决会、档案和程序等所谓"公共信息"的管理办法,包括各行政机关应向公众提供的信息类型和提供办法,同时又允许政府机关行使广泛的自由处置权,为政府不愿意公开信息提供了保护伞。1952年6月,建成9个联邦记录中心。1954年6月,保存计划已覆盖了联邦政府95%的记录。1953年的《布朗-弗格森法》(Brown-Ferguson Act)授权在"第二届胡佛委员会"中再次成立文书管理专家小组,就建立文书管理计划、简化和降低成本、加强组织建设等问题进行专门研究。

1966年的《信息自由法》(Freedom of Information Act)规定任何人都有权利用联邦政府部门的任何记录,同时还授权将这些记录公开(那些涉及国家安全或与其他成文法相抵触而受到保护的记录不在此列);1970年的《公平信用报告法》(Fair Credit Reporting Act)赋予个人修改不正确信用记录的权利;1975年,美国国会成立了联邦文书委员会(Commission on Federal Paperwork),这是一个直接隶属美国总统领导的咨询性机构。

贝克(Becker)把20世纪60年代记录管理的特征描述为:①政府开始采用计算机所带来的变化。②1965年通过了法案,它建立了 OMB、GSA(General Services Administration)和国家标准局(NBS),作为制定政策、规章和标准(计算机采办和管理方面)的领导机构。③关心隐私和记录系统。

4.1.2 政府信息资源管理出现的背景

20 世纪 70 年代起，公共管理领域发生的一系列变革，后工业社会理论的兴起，政府文书工作负担的日益加重，促使了政府信息资源管理的出现。

1. 公共管理领域的变革

20 世纪下半叶以来，公共管理领域在理论和实践方面经历了多次变革，对政府的职能和运作方式产生了很大影响。

(1) 公共管理理念的变革

传统的公共管理理论源于威尔逊的行政学思想、韦伯的“科层制”理论。其特色是主张单一权力中心(集权)和等级严密的官僚体制，强调“集权-统一和指挥-服从”的统治模式，认为行政管理的最高准则就是效率。它忽视非政府组织在公共管理中的作用，忽视政治因素对管理过程的影响，忽视社会公平标准。弊端甚多，理所当然地受到了众多的批评和否定。

20 世纪 60 年代末到 70 年代初，西方出现了新的公共行政学——民主的行政理论。它标榜以“社会公平”为核心，强调政府提供服务的公平性，政府对公众的要求要作出积极的回应，而不是只追求行政机构自身的需要，否定传统行政过分追求效率、经济的倾向，提出要为社会上最少受惠者提供公平的公共服务。

20 世纪 70～80 年代，西方各国政府在经济“滞胀”和市场失灵的冲击下，出现了许多新问题，导致新公共管理学的出现。它更多地借用经济学方法来研究公共管理问题。其核心问题是：提供公共利益和服务时，除了拓宽和完善官僚机构之外，其他机构也可以提供这些职能。由此形成了一种社会化的行政理论。

(2) 治理范式的变革

由科层制向企业型政府(公共管理模式)演变。政府治理趋于市场化(而非官僚化)，运用市场的力量，鼓励民间机构协助政府处理公共事务，共同分担运营风险，刺激机关提高效率。其次，它以顾客为向导，即把公众当作顾客，应针对顾客的需要来提供服务，建立顾客回应系统。另外，政府还鼓励公众参与公众事务，把竞争机制引入到公共服务领域，以提高公共服务的质量和公共管理的效率。

(3) 导致变革的四大危机

① 政府合法性危机。它主要表现为公众对于政府参与的冷漠，政府的权威和权力下降，社会对政府权威依赖和信任程度的下降。以美国为例，据一民意调查，美国公众中认为公共资源过度浪费的人数比例由 1958 年的 45%上升到 1985 年的 76%，美国公众中对其政府不信任的人数比例 1978 年高达 58%，表示信任的人数比例只有 34%。英国的情况也类似，英国公众中对其政府表示满意的仅有 35%，不满意的达 54%。所以这就促使政府思考如何进行合法性重建，重新树立政府的权威。

② 民主危机。随着社会、经济、文化的发展，对民主理念的挑战也越来越严峻，民主制度本身引发出多种冲突和挑战。其中，下面 3 种冲突尤为激烈。其一，竞争与认同的冲突。没有竞争就没有民主政治，而竞争须严格限定在公共一致认同的范围内，分歧需要通过认同来节制。民主需要冲突，但不能太多。其二，代表性与治国能力的冲突。民主的代表性要求

领导人和决策者服从于人民的代表和责任机制，而为了稳定，民主政治又要求政府必须能及时、迅速和断然地采取行动。其三，同意与效率之间的冲突。民主政府依赖于被统治者的普遍同意，同意产生合法性；而合法的政府又需要有效率的运作，效率有可能因为需要同意而被牺牲。最严峻的3种挑战是：其一，对“单向民主”提出了挑战。单向民主缺少互动性。网络化对此提出了挑战。其二，对公共服务的垄断性提出了挑战。政府的财政压力巨大，无法独揽提供公共服务的重任。行政效率低下，服务质量不高，不能满足公众个性化、多样化的需求，要求公众服务社会化。其三，特殊利益集团对政府决策的控制受到非议。政府在提供公共服务过程中难以摆脱特殊利益集团的寻租行为。以社会福利为例，其供给过程是要付出成本的，一部分成本付给负责的官员，另一部分付给服务对象。除相关的行政开支外，职业性利益集团耗费了美国政府资助穷人的经费的一半，即所谓福利国家的福利机关挥金如土。本应属于全民的利益，却被某些特殊利益集团所侵蚀，这真是对民主的极大讽刺。

③ 科层制危机。科层制虽有不少正面作用，推动过西方的工业化进程，但其负面作用日益突出，主要表现在：垄断信息，抗拒变革，等级森严，办事专断，管理层次多，规制太复杂，机制缺乏弹性，适应环境差。它导致公共监督困难，官员的创造力受到窒息，难以提供个性化和多样化的公共服务。

④ 财政危机。政府机构庞大，权力膨胀，政府行为不受产权和利润的约束，容易导致政府追求预算最大化和权力最大化，从而导致国家财政负担不断加重，赤字扩大。

(4) 促进变革四大环境因素

① 信息资源成为公共管理(政府治理)的基础资源。西蒙说过，管理就是决策。决策的基础是信息。政府信息是政府治理状态和结果的反映，是行政系统内相互连接的重要媒介。信息又是公共行政的稀缺资源和发展的条件。信息不足和信息不对称都会严重影响政府的效率和公信度。

② IT成为政府治理变革的重要技术手段。行政生态学创始人之一约翰·高斯把技术视为“有助于说明影响政府职能消长的因素之一”，认为“技术领域的变革，无论其对制度上的影响扩展多么缓慢，它的引人注目之处对公民来说也是显而易见的。”过去，推动行政发展的技术是大众传媒技术，现在，IT成为现代政府治理变革的新的推动力量。它使行政等级制的控制力削弱，使政府的分权改革成为可能，使政府与公众之间的沟通更为便捷。

③ 市场化成为政府治理变革的价值取向。市场竞争机制越来越多地引入到政府治理过程中，以优化政府预算，降低成本。一些西方国家一方面大幅度削减社会福利开支，另一方面又大大增加了发包、监督、制定规章等方面的机构和人员。例如，1995年，美国有300万联邦政府雇员在处理政府招标和合同事务(1.7万个合同)。政府成了一个大发包商。政府与市场的界限日益模糊。

④ 经济全球化推动政府治理走向国际化。全球化一定程度上改变了国家和公共行政的性质，产生了一些超结构(如跨国的权力结构)或“影子国家”、“契约国家”。全球化还使公共行政功能国际化，进一步促进了各国政府之间的合作关系，导致产生了全球性的治理结构和共同政策(如汇率政策、预算政策、税收政策、环境政策、信息政策等)。经济全球化还要求

国家对自由裁量权作出某些牺牲，让给某些国际机构，并服从国际规则。①

政府治理变革需要强大的信息支持，需要变革政府信息管理。

2. 后工业社会理论的兴起

1973年美国人丹尼尔·贝尔(Daniel Bell)提出了“后工业社会”的理论。贝尔认为“后工业社会”具有许多新的特征，例如：①经济结构从商品生产经济转向服务型经济；②技术阶级的崛起；③轴心原则是理论知识日益成为创新的源泉和制定社会政策的依据；④未来方向是技术控制和技术评价；⑤决策方式上新的智能技术的诞生。贝尔特别强调，知识和信息正变为后工业社会的战略资源和改造动力。在后工业社会中知识起核心作用，知识价值论比劳动价值论更重要。农业、制造业和服务业等传统部门中信息处理业务增加，也开始改造这些传统部门。未来20年，新的社会基础结构(即信息基础结构)将有大的发展和变化，各种信息技术的融合将引起社会的巨大变化。②

3. 文书工作负担的日益加重

政府职能的扩展导致了政府记录的爆炸式增长。公文旅行、文山会海、信息爆炸等现象大大增加了政府的运作成本，降低了政府的工作效率，助长了官僚主义，影响了政府的形象。政府部门各种记录的激增在第二次世界大战后飞速发展的美国表现得尤为突出。记录管理逐渐成为令政府部门头疼的问题。1974年，为了回应公众对联邦文书工作负担过重的抱怨，美国国会设立了联邦文书工作委员会，对联邦文书负担过重问题进行了为期两年的调查研究，并于1977年10月向国会和总统提交了一份含有800项建议的题为《信息资源管理》的最终报告。其中有650条建议涉及诸如卫生、教育、能源等领域中的记录保管，要求和削减强加在联邦、州、地方政府身上的文书及官派文章(red tape)负担；另外150条建议是关于联邦信息政策制定过程的具体改革措施。这些建议的目的就是要让政府官僚不再把数据和信息视为“免费品(free good)”，为此提出了“信息资源管理”的概念，认为：“对于数据和信息资源，现在没有一种集中的、连贯一致的学说(政策)；甚至也没有优良的信息、建议或指导性意见提供给最高管理层。”1980年，美国国会通过了《文书工作削减法》(Paperwork Reduction Act)，首次在成文法中提出了“信息资源管理”的概念，还要求将信息资源的费用也列入预算之中。这标志着政府信息资源管理正式纳入了政府管理的范围。

在我国，政府信息资源管理作为一种概念开始产生于20世纪80年代中期，从规划和实施国民经济信息化开始。1987年，国家信息中心开始把信息立法作为“八五”的研究课题，跟踪国外，关注问题广泛，包括政治基础、行政体制等。1995年，在有关方面的支持下，这方面的研究又开展起来了，重点放在政府信息资源和信息市场立法。

---

① 顾丽梅. 信息社会的政府治理——政府治理理念与治理范式研究. 天津：天津人民出版社，2003，40～74.

② 丹尼尔·贝尔. 信息社会的社会结构. 北京：科学技术文献出版社，1984，6.

4.2 政府信息资源管理的基本职能、目标和任务

4.2.1 政府信息资源管理的基本职能

根据美国联邦政府管理与预算局(OMB)1985 年发布的 A-130 通告《联邦政府信息资源管理》的主要思想和其他相关的政策,政府信息资源管理的基本职能就是对政府机构的信息采集、生产、加工处理、存储、传播、利用等活动进行规划、预算、组织、指导、培训、促进和控制的过程,包括信息本身和相关的各种资源如人员、设备、经费、技术等。

1. 信息资源管理规划

规划是为了使政府信息资源管理达到预定的目标和取得预期的效果,分析政府和公众的信息需求,分析现有的信息资源状况和环境条件的基础上,制定政府信息资源管理规划或行动方案的过程。简单地说,规划就是要确定做什么、如何做和谁去做。

政府信息资源管理规划工作的内容主要有:识别与信息资源管理有关的政府机构的战略业务规划和任务及其中的各种组成要素;确定机构的战略信息需求,全面评估目前的环境条件(如现有的业务流程、信息技术架构、信息系统和网络、信息资源及其利用状况、管理层和政府工作人员的认识和态度等),建立描述政府的业务、活动、信息的管理模型,建立信息资源管理的目标架构,制定战略实施计划等。信息资源管理规划应当与政府机构的战略规划和业务规划相一致。

政府信息资源管理规划所要解决的主要问题是要在各种行动方案中作出正确的抉择,在政府信息资源管理与政府机构的发展目标之间"铺路架桥"。

2. 信息资源管理的预算编制

预算是经过一定的程序核定的未来一个时期内的收入和支出的计划。通过预算,可以对收入和支出加以有效的控制和管理。预算是实现政府信息资源管理规划的重要手段。它反映政府为信息资源管理活动提供的资金保证如何,从一个重要方面体现国家对政府信息资源管理的政策,规定了政府信息资源管理的方向,同时也对信息资源管理的目标进行约束。

在 20 世纪 70 年代到 80 年代,霍顿、马钱德等人曾经提出了多种用于信息资源管理的成本会计和预算方法。

(1) 增量预算法。其目的是观察下一年(或时期)所需要的总经费和开支的效率,详细开列预算科目。着眼点是面向投入,着眼于经费总量的增加,突出所需经费数量与上一年支出之间的差别。这种预算编制法的优点是能把各项成本开支汇聚到总量上,预算科目容易理解。缺点是对有关的目标和任务没有足够的分析评估,成本会计或报表的组织没有注意到信息生产活动。

(2) 调整增量预算法。其目的同上。着眼点也与前者基本相同,但是报表格式有所不同,依赖于组织的目标。优点也同上,但是在一般性开支中考虑了信息资源,并把它们纳入

到成本会计项目中,可提供更加详细的信息处理科目的分类和报表。缺点也与前者基本相同,仍然看不到信息收集、处理、利用和价值之间的关系。

(3) 综合预算法。其目的是应用于集中化的、整个组织层面的决策。着眼于通过一系列的步骤来明确定义组织和计划的目标与信息需求之间的关系,要求有非常详细的记录资料。它是一种最全面的预算方法,有利于对信息资源的利用进行规划。缺点是工作量非常大,往往会因为时间和人力等资源的不足而难以实现。具有强烈的一体化思想,要求权力和资源控制的集中化。这一点可能会与组织的结构和功能不相容。

(4) 面向利用的预算法。其用途是评估所收集的信息资源的实际使用状况,看它是否能使个人、部门和整个组织获益,并协调信息需求与信息资源的供应。着眼点是面向产出,将成本开支与信息资源在组织中的利用状况联系起来,把信息资源管理视为组织学习过程,其效果取决于人们对它的理解程度。强调最终用户的价值高于一切。其优点是假定消除冗余或重复并不是绝对必要的,只是在那些信息资源作用不明显或存在功能障碍的领域才有必要削减。缺点是要承受高额的编制成本,因为工作人员要在开支计算并把信息资源与利用关联起来等方面花费大量时间。

(5) 零基预算法。其用途是确定信息资源管理规划的目标和完成的可能性,鉴别各种行动方案并加以排序,以方便作出信息资源管理开支费用方面的决策,并把信息资源管理规划与服务连接起来。着眼点是信息资源利用的规划目标及达到这些目标的各种方案和途径,根据信息需求和使用情况来确定目标。其优点是强调现行的目标和需要,可突出那些已经过时的计划或项目,提供多种可选择的实施方案,能把中下层管理者纳入到预算编制过程,让他们为他们做的计划进行开支计算;提供了一种把各种计划与整个组织的优先目标关联起来的方法。缺点是非常费工费时,在面对组织中的政治、法律和经济因素时,优先度关联表常常会被打破。

3. 组织和指导

信息资源管理中的组织职能是保证规划实现并使信息资源管理活动的连贯性、协调性和一致性所必须的组织措施。组织工作的具体职能是设计一种组织结构,使参与政府信息资源管理活动的人员明确自己在集体活动中的位置,了解自己在相互协调的系统中的作用,自觉地为实现政府信息资源管理的目标而有效地工作。

指导职能就是指挥和领导政府信息资源管理活动并使之实现政府信息资源管理目标的过程。它直接涉及政府信息资源管理者和管理对象之间人与人的关系,涉及对政府信息资源开发和利用活动的指导、沟通和有效的激励,引导参与政府信息资源开发和利用的工作者有效领会和出色实现有关的目标。

据美国的有关调查分析,信息资源管理的组织方面对于信息资源管理成功与否影响非常大。目前,世界上许多国家的政府都很重视建立和强化政府的信息资源管理的组织体制。这种体制在国家一级至少包括两个层次:即决策层和执行(操作)层。[①]

决策层由相关部长或副部长们组成的国家或政府信息委员会。其主要职能包括:政府

① 政府信息资源的管理与立法研究. http://www.ciia.org.cn/genfiles/1029231653.html,2003-11-11.

信息资源管理方针政策的制定，重大信息工程项目的审定和批准，部门间信息工程系统的协调和利益冲突的调解，以及其他需要在内阁一级才能解决的问题。有些国家还组建了国家或政府信息委员会的咨询机构，如顾问委员会，由国内（甚至包括国际上）的著名的专家、学者和企业家组成，向信息委员会提供咨询、顾问和建议服务。

执行层是政府信息资源管理的执行和操作机构，也是国家或政府信息委员会的执行机构。它负责执行国家或政府信息委员会的决定，履行其管理和实施职能，包括对政府各部门的信息资源管理进行监督和指导。在级别上它应当是一个与政府各部门大致平级的机构，一般宜设在政府的综合管理部门之下，以便利用控制政府投资或预算等手段实现政府信息资源管理的目标。在规模上，尽管政府信息资源管理涉及的范围很广泛，但这个机构却应当十分精简，充分发挥其信息管理优势，将大部分的业务外包给其他相关部门、高校、研究机构和企业。由于政府信息资源管理已成为政府改革和管理现代化的重要的课题之一，故不少国家（包括美国和加拿大）的政府设立了首席信息官制度，中央政府各部门和地方各级政府一般都有自己的首席信息官，承担执行实施政府信息资源管理的责任和任务。

以美国为例，例如，1996 年 2 月 10 日，当时的美国总统克林顿签署和颁发了国会通过的《信息技术管理改革法案》，提出在政府部门设立首席信息官（CIO）；同年 7 月 16 日又以 13011 号总统令对该法案进行了补充与完善，遂使条例成为信息技术管理改革的指导性文件。政府部门的 CIO 职责为：①向政府各部门负责人提供意见及帮助，指导、监督信息技术事务的执行，保证该机构政策与各项事务的顺利实施；②开发、维护该机构良好集中的信息技术结构，有效进行信息资源管理；③评价该部门人员在信息资源管理方面的知识与技能是否达标，评价该部门行政职位与管理职位人员是否合格，提出行政职位与管理人员招聘、培训、专业发展的策略与具体计划。

同时成立了 CIO 委员会（http://www.cio.gov），由国务院、财政部、国防部、司法部、内务部、农业部、商务部、劳动部、卫生部、住房与城市开发部、交通部、能源部、教育部、退伍军人事务部、环境保护部、联邦紧急事务管理局、中央情报局、中小企业管理局、社会安全局、陆军部、海军部、空军部、航空航天局、国际发展局、综合事务局、国家科学基金会、核规章委员会、人事管理局等部门的 CIO 们组成。委员会主席由联邦管理与预算局的副局长担任，该局所属的信息与规章事务处、联邦财政管理处、联邦采购政策处的负责人，科技政策局的资深代表，政府信息技术服务处主任，信息技术资源处的主任也是 CIO 委员会的成员。委员会下设资金计划与信息技术管理，联邦信息技术力量，企业合作，项目拓展，安全、保密与关键设施，电子政府等不同的分委员会。另成立的政府信息技术服务处（http://www.gits.gov）原为政府信息基础设施建设的领导部门，成员由各政府部门确定，CIO 委员会可任命两位成员。①

4. 人员培训

人员培训是指制定政府工作人员的信息资源管理培训计划，采用各种方法和途径对所

---

① Fletcher P D, Westerback L K. Catching a Ride on the NII: The Federal Policy Vehicles Paving the Information Highway. J. of the American Society for Information Science, 1999, 50(4): 301.

有参与政府信息资源管理活动的人员(包括最终用户)进行教育、训练,使其掌握政府信息资源管理的技术、方法,提高其素质和工作效率。要定期评估有关政府信息资源管理的人力资源计划和人才需求状况。

5. 控制

控制是对政府信息资源管理活动进行评估和调节,以确保政府信息资源管理目标的实现。在政府信息资源开发和利用活动中,一旦决策方案、活动计划通过组织付诸实施的时候,就需要对活动进行控制。它通过监督,检查计划的执行进度,揭示计划执行的偏差,找出出现偏差的地方、性质和原因,并采取积极措施予以调节,或把不符合要求的政府信息资源开发和利用活动纠正到正确的轨道上来,使之符合原来的决策和计划发展,或重新制定符合实际情况的决策,修正计划。

4.2.2 政府信息资源管理的目标

第1章曾经阐述过信息资源管理的总目标是:建立和维护一个集成的信息基础结构,使一个组织的沟通、合作、业务和服务达到新的水平,使它的信息资源的质量、可用性和价值达到最大化,并在整个机构中实现信息共享。这个总目标原则上也适合于政府信息资源管理。同时,还要考虑政府信息资源管理的特殊性。政府或政府机构承担更加广泛的任务和责任,拥有最丰富的资源(包括权力),是最大的信息资源拥有者、生产者和使用者。所以,在确定目标时,当然要提出更高的要求。政府信息资源管理的总目标是建立一个强有力的、分布式和集成化的政府信息基础设施,使政府信息资源得到最大限度的开发利用,使政府在宏观经济管理、社会管理、公共服务及履行其他职能方面达到一个新的水平。其具体目标会依不同情况而有所不同,目前一般应包括以下6个方面:

(1) 对政府信息资源进行综合管理,保证政府信息资源的真实性、准确性、适用性和管理的科学性,以提高政府决策的效率和质量,满足日益增长的社会需求;

(2) 提高政府信息资源开发利用的效率,充分开发政府管理经济和社会事业所需的信息资源,应尽量减少重复采集和开发,做到"一源多用",使政府信息资源开发利用费用和公众的信息采集负担降至最小;

(3) 宣传信息资源对政府管理和运作的重要性,改变人们对信息资源管理的态度、观念和做法,使人们认识到政府信息是国家的一种重要的资产,使政府部门(特别是管理者)对信息问题负起责任来;

(4) 促进和确保政府信息的一致性和标准化,使重复信息最小化,努力实现政府信息采集和利用的效率和效益的可核算性;

(5) 改善政府工作人员获取信息的环境条件,保证政府信息处理和传递系统的可获得性和充分性,保证政府机构内部用户能便利、及时地获取信息,激励政府机构内部各分支机构之间分享信息,并促进政府部门之间的信息资源交换和共享;

(6) 确保政府信息安全。

4.2.3 政府信息资源管理的主要任务

1. 制定和实施政府信息资源开发利用规划

为使政府信息资源管理和开发利用合理、有序地进行，有必要制定详细、周密的规划，以保证政府信息资源管理的有效性和经济性。此项工作对我国来说更是当务之急。在科学规划的基础上，按照规定的程序，利用现代信息技术和手段，有组织地采集、处理、传输、发布和保存各种信息资源。要改进和变革政府采集、使用、发布信息的方式和方法，使信息冗余减至最少，信息费用减至最小，并使政府信息资源价值最大化。

在实施政府信息资源管理和开发利用过程中，要充分调动各政府部门和地方的积极性。由它们根据统一规划和各自的情况提出各部门或地区的规划和实施方案，经综合部门或归口管理部门平衡、协调后实施，以避免重复开发造成人力物力浪费。只有做好了政府信息资源管理和开发利用规划，有组织有目的地进行政府信息资源开发利用，信息交换和共享才能实现，才能推进信息化建设事业的发展，然后又可以反过来推动全社会的信息资源开发利用。

2. 研究和制定相关的政策和法规

现在都讲"依法治国"，解决信息问题也离不开法律手段。政府信息资源管理往往涉及部门之间、地方之间的利益冲突，在协调无效的情况下，需要通过法律和法规强制地予以执行，即"依法治信息"。这也是政府信息资源管理的一条基本原则。政府信息资源管理的核心的问题是"管什么"，"谁来管"和"如何管"。必须以国家法律和政策法规的形式对这些基本问题予以回答，并且要形成制度。一些在政府信息资源管理方面比较先进和成功的国家或地区，都制定了比较完善的政策法规。在第 3 章提供了多方面的有关内容。下面，仍以美国为例，介绍其相关的政策和法规。

美国在 1966 年制定了《信息自由法》，解决了政府信息公开问题。1974 年颁布了《隐私保护法》，解决了公民个人信息的保护和获取问题。1980 年制定了《文书工作削减法》，确立了政府信息资源管理的概念、原则、任务和责任。1985 年出台的 A-130 号通告《联邦政府信息资源管理》将政府信息资源管理的政策、任务和责任进一步具体化。1993 年，克林顿政府提出了著名的《国家信息基础设施：行动计划》，既是美国推行信息化建设的一项重要战略，也体现了政府信息资源管理的一种新思维。紧接着，又有 5 项政府法律对建立一种新的政府信息管理战略和方法进行了界定，提出了要求。它们分别是：

(1)《政府绩效法案》(Government Performance and Results Act of 1993，GPRA，Public Law 103-62)，GPRA 要求有一种具有战略性的、重点放在该机构预定的项目实施效果，而不是放在比较传统的、用来监测效率的 IT 产出指标上的新的管理架构。

(2)《1995 文书工作削减法》(The Paperwork Reduction Act of 1995，PRA，Public Law 104-13)、《信息技术管理改革法》(Information Technology Management Reform Act of 1996，ITMRA)或《联邦采购改革法》(Federal Acquisition Reform Act of 1996，Public Law 104-106)。

(3)《联邦政府信息资源管理》(OMB Circular A-130,1985 年)1994 年修订版,增加了要求为信息资源制定战略规划,要求信息、系统和技术要与联邦政府机构的任务和计划集成起来。它传递了一种清晰的信息:由削减文书工作发展到把信息资源作为联邦政府的一种战略性资产来管理和利用。

(4)《信息技术管理改革法》(Information Technology Management Reform Act of 1996,ITMRA),又称 1996 Clinger-Cohen 法案或《联邦采购改革法》(Federal Acquisition Reform Act of 1996,Public Law 104-106),规定在 OMB 设立美国的 CIO,通过利用现代 IT 支持政府机构的任务,增强联邦政府部门的首脑在显著改善它向公众提供服务和其他项目活动效果的责任和公众的可监督性。该法案的核心是要求联邦政府机构把它们的 IT 投资计划和绩效测量指标整合到其资金规划过程。它把重点从 IT 采购管理转向 IT 投资管理,撤销了 Brooks Act of 1965(Public Law 89-306),把对 IT 采办的审批权交回行政部门。

(5)《13011 号行政命令:联邦政府信息技术》(Executive Order No. 13011: Federal Information Technology),它把上述几个法案中的相关条款整合在一起,并创立了 3 个部际机构:①CIO 委员会(CIO Council),目的是改善联邦政府的信息资源管理;②政府信息技术服务部(Government Information Technology Services Board,GITS),目的是保证贯彻 National Performance Review 中 IT 备忘录;③信息技术资源部(Information Technology Resources Board,ITRB),为选购重要 IT 系统提供独立的评估。[①]

需要研究本领域的国际经验,研究我国政府信息资源管理的现状和存在的问题,在此基础上提出相关的政策和立法建议。应当看到,与政府信息资源管理相关的法律和法规涉及的范围相当的广泛,既包括政府与政府的关系,政府与企业的关系,特别是政府与私营企业的关系,还包括政府与每一个公民的关系。随着信息化建设的不断深入发展和现代信息技术日新月异的发展,新的信息政策和法律问题一定会层出不穷。有关的政策和法律法规的制定也是一个动态的、不断完善的过程,决不是有了一批法律法规以后就可以高枕无忧了。

3. 政府信息基础设施的管理

政府信息基础设施主要包括通信网络、计算机设施和系统、各种数据库和文档、各种服务系统等。它必须作为一个整体来加以考虑,并独立于国家信息基础设施之外。政府信息基础设施的建设必须与政府信息化的目标一致,必须与政府应用信息系统的发展一致,必须与技术发展的趋势一致。政府信息基础设施的建设既要从长远出发,又要避免设备的闲置和浪费,因而,必须充分论证,审慎规划;而且,政府信息基础设施的建设规划必须是整个政府信息化规划的一部分。

政府信息基础设施建设面临着一个基本的矛盾,即开放性与安全性的矛盾。开放的政府信息基础设施有利于政府与公众的互动。但是,在"黑客"猖獗、"信息战"日益成为威胁国家安全的情况下,安全性是政府信息基础设施建设必须优先考虑的因素之一。目前,政府信息基础设施建设一般都采用"并行"发展模式,即"内网"和"外网"并存。按照这样的模式建

---

① Fletcher P D, Westerback L K. Catching a Ride on the NII: The Federal Policy Vehicles Paving the Information Highway. J. of the American Society for Information Science, 1999, 50(4): 300～302.

设政府信息基础设施，更需要认真规划，精心设计和完善的管理。

4. 政府应用系统开发和维护的管理

政府应用系统一般包括办公自动化系统、电子政务系统、政府网站等。政府应用系统的开发管理包括了上述系统的开发管理和相关的工程项目管理。一方面，政府各部门有许多相同的应用需求，如人事管理、财务管理、文档管理、公文处理、考勤管理、设备器材管理、图书资料管理等。政府应用系统应当能提供这些功能。另一方面，政府各个部门具有其不同的职能，故需要有不同的应用系统。目前，我国政府建立了一系列大型的应用系统，如“金关”、“金税”、“金盾”等大型工程产生的系统。

首先，具有相同功能或类似的处理流程的应用信息系统，应该组织统一的系统开发，形成“应用系统的共享”。这样可以节约开发费用，有利于对系统的维护和升级，促进政府部门之间信息的交换和共享。对于不能在系统层级上共享的应用系统，可采用“模块”的形式促进应用信息系统的共享，如开发各种“模块”供各政府部门选用。

其次，政府应用系统开发商或提供商的选择和合作也是一个具有战略意义的问题，需要高度重视。一些政府部门可能拥有自己的系统开发力量，如信息中心。但是，从长远的观点看，政府部门应该向“开”而“不发”过渡。“开”是指开发政府的信息需求，弄清楚自身的需要和功能要求，研究应用系统的市场状况和性能等，而把应用系统开发外包出去。这样，对软件产业的发展将有重要的推动作用。信息中心应适应变化了的情况，以系统运行维护和提供用户服务为主。同时，还需要加强政府合同管理，规范政府与市场的关系，包括版权、保密、产品升级和售后服务等。

最后，信息工程项目管理主要是要控制投资总额、规范项目审批权限和程序以及项目的中期评估和总结验收工作。

5. 政府信息技术的管理

政府信息技术管理包括政府的技术政策、规范和标准的管理。政府信息技术政策应明确规定什么技术对政府系统适用或不适用以及技术和软硬件设备的更新周期。政府信息技术的标准与规范应规定政府适用的信息技术体系结构、协议、标准、硬件设备的选择范围、操作系统与数据库系统的适用品牌、办公自动化软硬件规范等。

政府部门要制定或采用先进、适用的信息技术政策和标准。这样可以保证政府信息资源和应用系统具有高度的兼容性和可共享性，促进信息产业发展，加快先进技术的引进和推广应用，确保政府信息安全，避免由于“信息不灵”或“心术不正”产生错误的决策，导致严重的信息安全问题和国家财产损失。

6. 政府信息安全管理

政府信息安全管理包括：确定各种政府信息的“所有者”、安全级别和建立安全机制。信息“所有者”有责任为保障其所拥有的信息的安全负责。对于“所有权”不明确的信息更加需要加强安全管理。政府需要制定统一的信息安全标准，它包括政府信息基础设施的物理安全、数据安全、系统安全与备份以及一套可操作的安全评估和审定的程序。另外，采用并行模式，也不等于就不需要注意安全问题了。

从国家安全的角度考虑，政府信息安全管理还需要设定更长远的目标，包括由政府委托企业研究信息的加密技术，新的计算机和通信系统的体系结构，新的计算机操作系统等。①

4.3 政府信息资源管理的技术工具

通用的政府信息资源管理技术工具多种多样，发展很快。如最常用的办公自动化系统(OA)和决策支持系统(DSS)。前者是20世纪70年代中期发展起来的一种信息管理系统，面向非结构化的管理问题(即事务处理业务)，是一种设备驱动型的、以程序化信息处理为主要职能的人-机系统，主要目标是提高工作人员办事效率，具有一定的信息管理、传播和控制功能，是一种面向内部的信息系统。决策支持系统是以管理科学理论为基础，以IT和仿真技术为手段，针对半结构化的决策问题，支持决策过程的智能化人-机系统。它可为决策者提供决策所需的数据、信息、背景材料和方法、模型，帮助明确决策目标和问题识别，建立和修改决策模型，提供各种备选方案并加以评价和优选，主要面向内部高层决策，是一种并非提供一般信息资源的人-机系统。

本节着重介绍政府信息资源定位服务系统(government information locator service,GILS)。

4.3.1 GILS的起源

为政府信息资源创建某种定位系统的思想最早产生于美国。1980年美国国会通过《文书工作削减法》(PRA)，它把政府信息资源(包括数据、信息和技术)视为资产，需要像其他资产一样加以管理。1985年OMB颁发的A-130号通告《联邦政府信息资源管理》提出，为了妥善地管理好这些资产，必须有全面的资产目录。基于此，政府机构把编制和维护这种资产目录作为其信息资源管理业务的组成部分，这些目录可以作为一种信息资源定位器发挥作用，即“联邦信息定位系统”(FILS)。这是一种发现和消除重复的联邦信息采集需求的机制，主要不是为了查找信息，但它还是为政府机构识别其信息资源和编制这些财富的目录奠定了基础。

1990年，OMB资助的一项研究成果发表，题为“联邦信息资产目录/定位系统：从负担转为获益”(Federal Information Inventory/Locator Systems: From Burden to Benefit，作者为McClure等人)。该报告呼吁放弃FILS这个名称，改名为：“政府信息/目录系统”(Government Information /Inventory System，GIIS)，以便描述一种用来连接政府机构的信息资源目录工作和公众获取信息的新方法。GILS的理念受到了政府机构和公众利益研究的广泛关注。该报告全面地评述了相关的法律法规和其他工具。

另一种动力则来自公民、研究人员、图书馆员、政府机关中希望改善政府信息获取(特别是电子化信息)的人们。由于机读化政府信息数量不断增加，传统的检索工具速度太慢，公众需要新的技术来帮助他们识别、查找和获得政府信息。基于计算机和网络的新的信息生产环境也对传统的集中化存取和传播模式提出了挑战。改进各种信息获取条件成为1991

---

① 政府信息资源的管理与立法研究. http://www.ciia.org.cn/genfiles/1029231653.html,2003-11-11.

年美国白宫图书情报工作会议的主要论题。会上建议联邦政府将全部政府文献进行全面的标引和摘录，以便向每个公民提供便利和公平的信息获取手段。与会者提出一个提案，要求联邦政府责成其每个机构维护好它的出版物目录，联邦政府则要编制和维护好总目录。

20 世纪 90 年代初，一些联邦政府机构越来越重视公众获取问题，关注建立某种政府信息定位器。1991 年开始的一项工作是"政府机构之间公众获取工作组"（即著名的所罗门群岛工作组）的成立。其代表来自各个政府机构，工作重点是公众对政府电子信息的获取问题。还设立了一些分小组，其中之一是"定位器和标准"小组，任务是深入研究政策问题和具体的指导意见。在此期间，其他部际工作组（如 CENDI）研究了政府信息资源定位系统的开发问题。"国家档案和记录管理局"（NARA）、"总服务局"（GSA）和 OMB 联合进行了一项研究，其成果以《联邦政府信息/目录定位系统的识别和描述：基于网络的定位器设计》于 1992 年发表，对建立一种基于网络的政府信息定位系统提出了具体建议，指出了定位器的作用：适应发展中的网络环境，把一种分布式模式置入虚拟的政府信息定位服务中。

1993 年初，克林顿入主白宫，一系列信息政策问题立即提到议事日程。头一个月，克林顿政府就宣布采用新的计算机和网络技术使政府信息更容易被纳税人获取。《国家能力评论》评述说政府将要求各政府机构把它们拥有的联邦政府信息编制成目录，使之为公众可获取。GILS 概念的出现及网络基础设施的贡献将使政府的工作更加有效率，特别是在信息资源管理和公众信息获取方面。克林顿政府的其他有关政策也把 GILS 的思想融入到自己的信息战略中。1994 年 5 月，信息高速公路任务组的一份报告概述了政府对 GILS 的思考：把它视为一种虚拟定位器，由各个政府机构建立的网络化的定位器构成。采用数据内容和计算机通信方面的技术标准，以便实现元数据检索的互操作。

4.3.2 GILS 的含义和构成

从字面上看，GILS 是一种定位服务（locator service）。实际上，它是一个具有多重意义的概念。首先，GILS 是一种政府信息检索系统，依据国际标准建立，可跨机关查询政府信息，为 NII 的一部分。其次，它是一种元数据标准，为美国联邦政府所推行的两种元数据（GILS 和 FGDC）之一，依据数据的特性设计数据元素，可展现某种信息架构，识别数据来源，保障数据安全，避免用户直接存取实际数据可能造成损坏或蓄意破坏的风险。从"标准"的角度看，GILS 是一种服务，一套由人、组织、信息技术和信息资源组成的检索服务，是一种规定服务器与客户机之间通信行为的服务，在网络环境中，提供收集、查找信息的功能。对系统开发实施者而言，GILS 是一个支持政府政策，由软硬件组成的，以 ANSI Z39.50 为基础，包括一套特别制定的记录，可进行跨数据库检索的系统。

综上所述，GILS 中包含的关键因素有："系统"、"元数据"、"服务"。它是一种识别、描述政府信息资源，提供获得该资源方式的系统。它根据 ANSI Z39.50 建立系统规格书，并设计专门面向政府信息的元数据标准，建立一套指引记录（类似编目款目），可在网络环境中检索和获得，且记录中可能包含超链接，指向实际文件，便利公众获取政府信息和服务。

作为一种系统，GILS 主要由以下 3 部分构成：

(1) 核心（GILS Core）：全部 GILS 定位器记录的一个子集，描述各联邦政府机构所维护的信息资源，遵守联邦信息处理标准（FIPS Pu6. No. 192）中定义的 GILS 核心元素，并通过互联的电子网络设施相互访问。

(2) 信息发布产品(information dissemination product)：由某个政府机构向公众传播的任何形式的文献资料。

(3) 定位器(locator)：用来识别其他信息资源，描述这些资源中可获得的信息，并帮助公众如何获得政府信息的一种信息资源。

美国政府机构编制信息资源目录的运动要求各政府部门认同一系列的技术标准，包括元数据标准和网络通信协议。1993 年秋，公众获取论坛定位器分小组(public access forum locator subgroup，所罗门工作组下属的)着手制定 GILS 记录的元数据标准，部分专家与美国地质调查局签署研究合同，为 GILS 制定一种标准化的技术和数据内容描述方法。后一项工作的成果是一份题为《政府信息定位服务(GILS)：ANSI/NISO Z39.50 信息检索标准的扩展研究和开发》的报告(Moen & McClure，1994)。该报告的核心内容是 GILS Profile，它详细说明了 Z39.50 将如何应用于 GILS，定义了构成描述政府信息资源的元数据记录的数据元素基本集。为 GILS 编制的 Z39.50 技术说明书以下述名称发表：《联邦政府信息处理标准，No. 192：政府信息定位服务应用大纲》(Federal Information Processing Standard Publication(FIPS Pub) No. 192：Application Profile for the Government Information Locator Service(NIST，1994))。[①]

4.3.3 GILS 的目标和实施

1. GILS 的目标

这项研究和实践明确了联邦政府信息定位系统的总目标是使一般公众能找到他们所需要的政府信息。它具体包括以下主要方面：

(1) 提供描述政府信息的标准方式

政府信息的类型相对多样化，有图书、期刊、公报、法律、研究报告、非书资料、网络资源、服务、资料库及档案等。GILS 在分析政府信息资源的特性的基础上，设计通用的元数据类型，希望各政府机关能以标准化的方式来描述政府信息资源。它依照信息检索及交换的标准来建立。GILS 规格书建议采用 Z39.50 为信息检索及交换的标准，所以，所建立的系统可在任何系统硬件或软件平台上运行，而不影响因特网或内部网之间的数据交换。

(2) 提供获取政府信息统一窗口

GILS 发展至今，许多国家视其为信息政策的重点推动项目。例如，美国把它作为 NII 的一部分。加拿大更明确将 GILS 定位为获取政府信息的统一窗口，整合国内原有的政府信息指引系统，如 infosource 等，以改善政府信息检索效率。

(3) 提高政府信息检索的准确率

GILS 设计的元数据类型可提高检索的精确率，获得更专指的政府信息。另外，网络上

---

① McClure C R etc. Descriptive Assessment of Information Policy Initiatives：The Government Information Locator Service(GILS) as an Example. J. of the American Society for Information Science，1999，50(4)：314～330.

大量的信息，其表现方式虽然绚丽多彩，获取也容易，但使用者往往无法搜索到比较专指的、符合使用者要求的信息。使用者常常必须花费相当的时间与精力进行信息的筛选工作，以排除不相关的资料。利用它可搜索远程系统内的政府信息。GILS 为分布式的系统架构，借助标准化的数据结构和 Z39.50 协议，使用者可搜索到远程系统内的政府信息。

(4) 促进政府机构内部的信息资源管理工作

信息资源管理的概念将政府信息视为“有价品”，认为应比照政府机关的财产来建立目录，进行管理。这种观念自 1993 年的 OMB Circular A-130 号文件公布时即不断强调。到 1994 年，OMB Bulletin 95-01 公布时又将该观念与 GILS 概念结合。GILS 可作为机关内部资源管理及跨机关信息交换的标准，以促进各机关间的资源共享，减少重复作业。它还可以与机关记录管理工作相结合。1996 年颁布的“NARA's Strategic Plan for 1997-2007”中指出，GILS 可达到财产控制及记录流程管理的目的。其方式就是利用 GILS 中的“schedule number”元素，以了解目前各机关记录的现况，并可浏览记录内容，确保记录的存在。

2. GILS 的实施

OMB 的 95-01 公报公布了各政府机构必须完成的 GILS 实施工作及截止时间：到 1995 年 12 月 31 日，编制出一份目录，涵盖它的自动化信息系统、隐私保护法的记录系统与包含它的全部信息传播产品相连接的定位口。上述内容应当用一种 GILS 核心定位器记录描述出来。到 1995 年 12 月 31 日，根据 FIPS Pu6. No. 192 所认可的形式和相关的应用大纲(profile)，使初期的 GILS 核心定位器记录能供联机检索。到 1996 年 6 月 30 日，对上述工作进行评估，以确定这些信息资源目录在多大程度上涵盖了 44 U. S. C 3301 中定义的联邦政府记录。对于被这种目录所包含的所有联邦政府记录，政府机构要确定它们是否被 Archivist of the Unite States 所批准的记录配置方案所包括。到 1996 年 12 月 31 日，要求上述机构对 GILS 核心定位器记录上描述的信息资源中未纳入配置方案的记录进行配置审定。GILS 核心中反映的资源目录应当作为本机构提出的记录配置方案开发的基础。并要求不断更新其资源目录和 GILS 核心定位器记录。

OMB 明确规定了政府机构的责任和实施要求：①识别出所有行政部门的信息资源；②描述这些资源的可获得性；③帮助如何获得这些信息；④改善政府机构在履行其记录管理责任和回应《信息自由法》要求的能力；⑤通过使现有的信息更容易获得和在政府机构之间共享来减轻信息采集给公众造成的负担。

该公报还赋予某些政府机构特殊的职责，如商务部负责维护 FIPS Pu6. No. 192，NARA 出版有关 GILS 记录的制作指南并提供培训。还提出要成立一个部际委员会来协调 GILS 的实施和开发“政府部门间主题定位器”(interagency topical locator)。

该公报创建了一个 GILS Board，由许多政府机构的代表组成，任务是评估 GILS 的发展，出版年度评估报告，评价和建议强化 GILS 对用户需求的满足度，包括可获得性，易用性，描述语言的实用性、准确性、一致性，及时性和全面性。

4.3.4 实例：德克萨斯州政府的 GILS

美国德克萨斯州政府的 GILS 命名为 Texas Records and Information Locator (TRAIL)，是根据该州立法机关 1995 双年度会议的命令实施的。德州电子保存计划(EDP)采集、保存本州电子政府出版物，并提供查询服务。该州的立法要求所有的州政府机构委任一位联络官来支持 TRAIL 服务，通过 TRAIL 网站发布任何新的政府出版物。州图书馆负责采集和标引工作并提供查询服务。TRAIL 工作人员选出 12 个 DC 元数据来描述这些出版物，创建主题和出版物类型指导原则，培训政府机构联络官使用元数据。①

TRAIL/Electronic Depository Program(TRAIL/EDP)的体系结构介绍如下：

TRAIL/EDP 系统由一批相互连接的计算机服务器(server)构成，每个服务器处理一个特定的流程和任务。

Server-1 的功能是州政府机构网站的收割机。收割机程序就是一种 Web 的"crawler"，它套录网页信息(XML 和 HTML)，提取特定的元数据和标识，将信息转换为客户定制的字段，供其他服务器使用。如图 4-1 所示。

Server-2 是服务器 1 采集的信息的数据仓库，作为一个 Oracle 数据库服务器端应用，采用 Java 编程语言。Server-2 提供基本数据供 Server-3 和 Server-4 使用。Server-2 利用关系数据库管理系统(RDBMS)完成大量数据的处理，RDBMS 以关联表形式存储数据，在数据的存储、检索和处理方面具有高度的灵活性。接收了服务器 1 所收割的信息后，服务器 2 将信息分解为两个不同但相互联系的集合：一个是描述性元数据，另一个是套录的出版物集合。后者成为基本档案或出版物的保存副本。如图 4-2 所示。

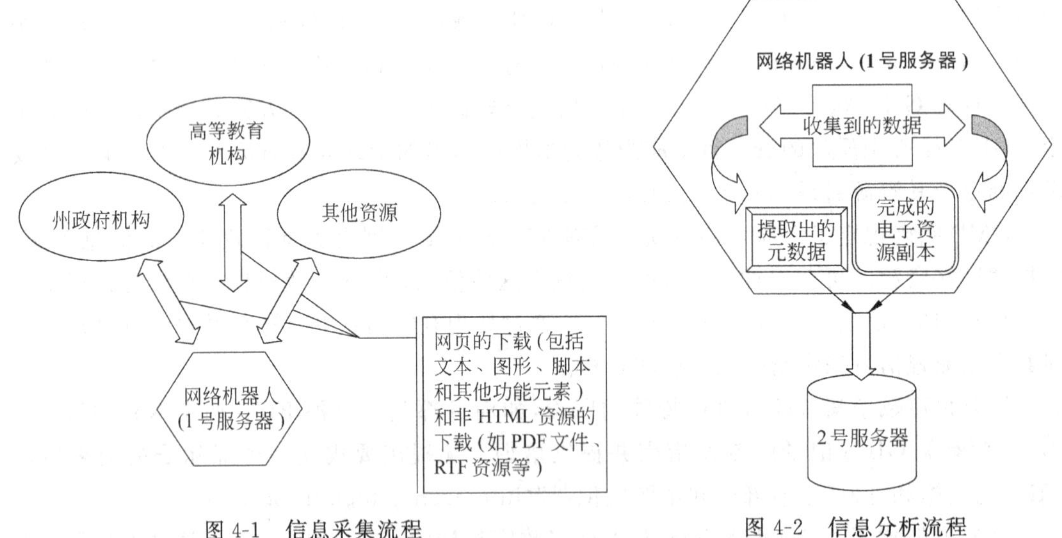

图 4-1 信息采集流程

图 4-2 信息分析流程

① Hartman C N, Condrey C. TRAIL: From Government Information Locator Service to Electronic Depository Program for Texas State Publications. DTTP, Documents to the People. College Park: Summer 2004. 32(2):22～28.

服务器 3 和 4 负责特定的任务：处理公共程序接口(服务器 5)与数据库(服务器 2)之间的检索提问。Server-3 (见图 4-3)是遵循 Z39.50 协议的服务器，检索元数据元素。Server-3 还是查询接口服务器与得州图书馆其他服务器(包括它的联机公众查询目录(www.tsl.state.tx.us/catalog)、联机资源发现服务器或 RDS (www.libraryoftexas.org))之间的桥梁和网关。Server-4(见图 4-4)是一个全文搜索引擎，允许用户以精确的短语或名词术语的形式向数据库提问(它们可能是出版机构提供的元数据中所没有的)。

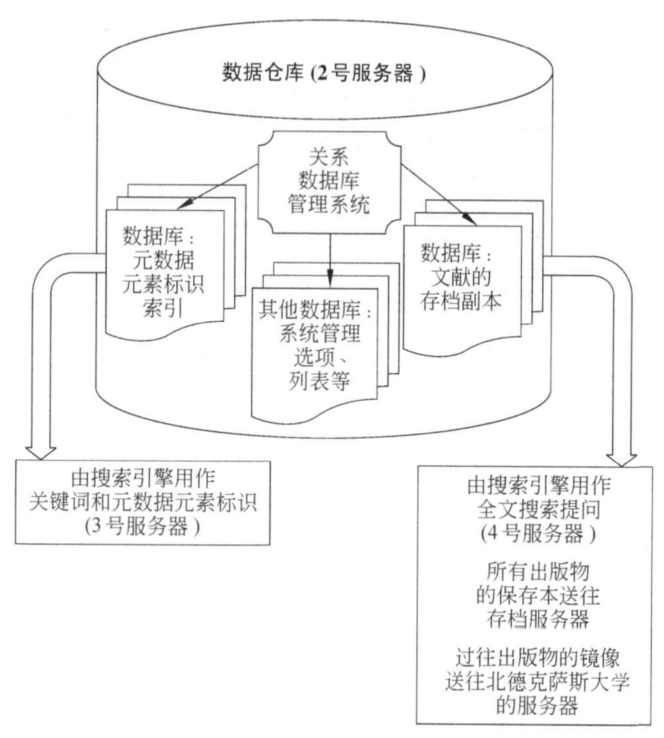

图 4-3　数据分发流程

服务器 5 是一个 Web 服务器(见图 4-4 和图 4-5)，将网页传递到浏览器。它生成并显示检索结果页面，存放在内存中。Server-5 在 Linux 环境下还作为一种 Apache 服务器应用。

德州的电子政府出版物计划得到了许多有关机构的支持。它的潜在收益者是本州的纳税人和要跟踪政府活动的历史的研究者。更加明显和直接的利益相关人有图书馆员、档案人员、信息技术人员、记录管理者、州政府机构和专业协会，他们帮助公众获取知识资源，保护信息资源，识别信息获取方法的变化并将新的更加有效的技术引入到本计划中。通过监视技术的发展和信息生产者及用户的行为，通过与其他州政府、联邦政府和其他国家的政府的合作，通过与其他利益关系人的密切合作，TRAIL/EDP 服务的开发者已经明确了该计划的需要，并选择最佳实践来满足这种需要，拥有多方的输入和责任，识别和安装了该计划的基本设施，规划未来的技术更新和任务的变化。

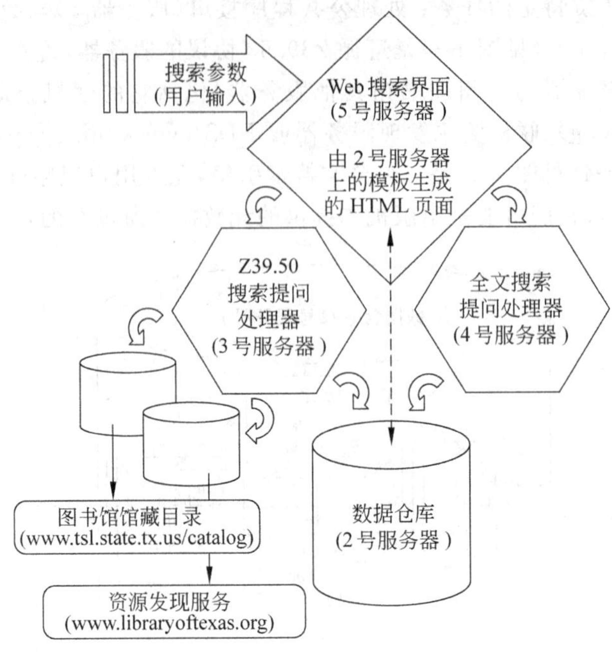

图 4-4　公共查询(Search)流程

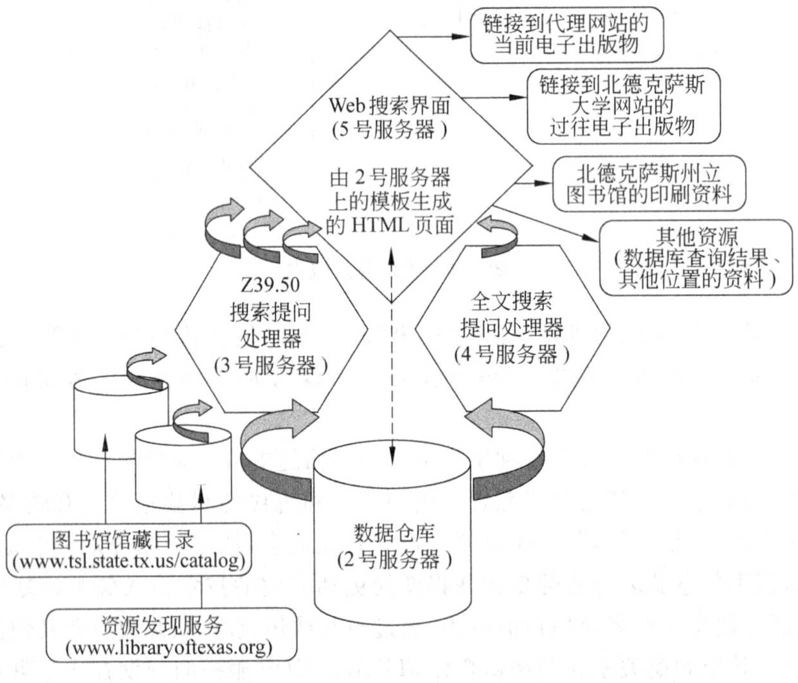

图 4-5　公共查询(Retrieval)流程

4.4　政府信息化与电子政务

政府信息化是指政府部门为更加经济有效地履行自己的职责，向全社会提供更好的服务而广泛地应用信息技术，开发利用信息资源的活动和过程，是政府信息资源管理的高级阶段。

政府信息化的 3 层含义：①逐步地、广泛地应用信息技术；②开发利用信息资源；③组织结构和工作流程的优化或重组。与之相关概念还有：电子政务、数字政府、网络政府、无纸政府等。

4.4.1　政府信息化的发展历程

1. 国外政府信息化的发展过程

美国第一台数字式计算机就应用于政府的军事部门。20 世纪 60 年代，美国和少数发达国家开始把计算机应用于重复性强的规范数据处理业务(如会计、档案)。20 世纪 70 年代初，西方发达国家普遍应用计算机于事务处理领域；中后期，计算机开始应用于综合性管理业务；部分发展中国家也开始在政府部门应用计算机。20 世纪 80 年代，局域网和 MIS 成为政府信息技术应用的主流，对决策分析的支持也取得了一定进展；大多数发展中国家开始应用 IT。20 世纪 90 年代，政府广泛采用先进的信息网络技术，应用的领域渗透到政府职能的各个方面。政府信息化成为国家信息基础设施(NII)建设的重要内容之一。

日本政府 1987 年度的《情报化白皮书》将政府信息化、产业信息化和家庭信息化并列为信息化的 3 大领域。日本中央政府应用的信息技术大体上经历了 4～5 代的演进，基本上建成了支持其主要业务工作的 MIS 和 DSS，每年的 IT 支出约需 80～100 亿美元。

美国政府信息化则起步更早(如上所述)，投入也很大。据估计，美国联邦政府从 1981 至 1998 年在 IT 应用方面共支出了大约 4000 亿美元。各州政府在这方面的支出也不少。

进入世纪交替时期后，各国政府加快了信息化步伐。美国制定了一个称为“走进美国”计划，要求从 1997 年至 2000 年在政府 IT 应用方面完成 120 项任务。到 21 世纪初，其政府信息化要达到这样的水平：政府对每个公民的服务都实现电子化；在 IT 的支持下，政府工作效率有显著的提高，美国联邦政府 1998 年甚至还通过了《文书工作消失法》，要求美国政府部门 5 年内实现无纸工作，即所有的工作和服务都以信息网络为基础。1999 年 1 月，法国政府也宣布实施一个项目，名称是“为法国进入信息社会做准备”，其重要内容之一就是利用信息技术使公共服务现代化，特别要利用网络来向公众提供服务。

2. 中国政府信息化的发展过程

我国 20 世纪 70 年代起开始在统计、地震监测、气象和电力等部门应用计算机进行数据处理工作。20 世纪 80 年代初，政府信息化进入第一次高潮。1983 年开始国家经济信息自动化管理系统规划和设计，带动了“六五”期间的一批大型信息工程及办公自动化的建设，如邮电通信系统、气象预报系统和电网监控系统等。第二次高潮的主要标志是 1993 年启动了

"金"字系列工程,包括"金关"、"金卡"和"金桥"等。第三次高潮开始于 1997 年,其主要标志是因特网和高性能局域网等先进网络设施的建设和应用,使政府信息化进入网络化阶段。

4.4.2 政府信息化的目标、任务和作用

1. 政府信息化的主要目标

改善政府的信息收集、交换和发布,应用先进的 IT,促进政府组织机构和工作流程的优化,提高政府工作效率和决策水平,使政府能更好地适应国内经济和社会发展的需要,更好地适应激烈的国际竞争和复杂的国际环境,使政府能提供更多更好的公共服务,同时也得到更好的公众监督。

另外,政府信息化还可以促进本国信息产业的发展,带动全社会的信息资源开发利用。通过政府采购,扶植民族产业,特别是扶植一些关键技术和产品的研发。政府信息化还可以引导其他领域的工程应用,由政府先承担应用风险和取得经验,再应用于社会各领域。

2. 政府信息化的主要任务

建立适当的信息收集、交换、发布和分析处理机制,采用适当的技术,使政府的工作和决策拥有充足、及时、准确、适用的信息资源,使广大公众能便利地获取政府拥有的可以公开的各种信息资源。

建立先进实用的应用信息系统和信息网络,提高政府的工作效率,能适应快速变化的外部环境,提高政府的监管能力、回应力及应变能力。

建设可靠高效的政府信息网络,使政府能向每个公民提供快速、方便、廉价的服务,减轻公民为政府的需要而产生的经济负担和时间负担,使公众能方便有效地监督政府的工作。

与政府职能转变和政治文明建设相结合,建立一个精悍、高效、廉明、公正、民主、开放的政府。

3. 政府信息化在国家信息化中的地位和作用

政府信息化在国家信息化中占有核心地位。从信息资源来看,由于信息资源是国民经济和社会发展的战略资源,信息资源的开发和利用的程度是衡量国家信息化的一个重要标志,所以国家信息化必须把信息资源的开发和利用置于国家信息化的核心地位,这也是国家信息化建设取得实效的关键。而政府信息资源在国家信息资源中占主导地位,政府不仅是国家信息资源的最大拥有者,而且也是最大的信息生产者、消费者和发布人。政府信息资源不仅为公众提供政府和社会经济的过去、现在与未来,而且也是保证政府负责任地进行工作的重要手段和政府进行日常管理的基本工具。

政府信息化在国民经济信息化中具有重要的示范作用。加快国家信息化建设是党中央、国务院推进国民经济发展和社会全面进步的重要战略部署。国家在信息化建设中,必须把政府信息化建设当作重点,一方面是为了提高宏观经济管理、决策和服务能力,提高国民经济运行的质量和效率;另一方面,通过政府信息化建设的示范作用,极大地推动国民经济信息化建设。榜样的力量是无穷的,示范的作用是巨大的。大力推进政府信息化,将会有效

地推进和加快国民经济信息化进程。

政府信息化在国民经济信息化中具有极强的带动作用。

政府信息化不仅涉及国民经济和社会发展的各个方面，而且涉及广阔的地域，因此，政府信息化建设必然带动国民经济和社会发展各个方面的信息化建设。牵政府信息化建设之一发，具有带动整个国家信息化建设和国民经济发展之全身的效果。仅从信息资源的开发和利用来说，政府信息资源的开发和利用，必然带动企业和社会信息资源的开发和利用。

一方面，政府信息资源的开发需要企业和社会的支持；另一方面，政府信息资源的开发利用是为企业和社会服务，实现信息共享。政府信息资源的开发和利用，必然极大地带动企业和社会各个方面的信息资源的开发和利用。

从促进信息产业的发展来看，政府是信息技术产品的最大用户，政府信息化不仅可以带动电子信息产业的发展，而且也可以大大带动信息服务业的发展。同时，政府信息化工程建设是以提高投资效益为中心，以高度的责任感和严谨的科学程序进行的，坚持少花钱，多办事，质量第一，统筹规划，科学论证，精心设计，健全责任制，管好用好政府投资，可以带动企业和社会信息化建设健康发展。从推动国民经济发展的全局来看，政府信息化不仅可以加快国民经济新的增长点的形成，而且能够成为带动整个国民经济发展的重要驱动力。①

4.4.3 电子政务建设

1. 电子政务的基本含义

在国外，特别是西方发达国家，电子政务一般是指如何利用因特网等新的技术手段，实现政府对公民(G to C)、政府对企业(G to B)政府对政府(G to G)的直接服务和互动，是政府信息化的高级阶段，即实现政府工作的电子化、网络化。而电子政府则表示一种新的政府形态，指在现代政府治理理念的指导和现代信息技术的支持下，在实现政府信息化和政府组织结构及工作流程的重组或优化的基础上形成的一种新的政府形态，整个政府的运作过程实现了电子化、信息化和网络化。

它们之间既有区别，又有密切的联系。主要表现为：①电子政务可以作为动词来使用，即使政务电子化、网络化；电子政府则不然，人们难以把它作为动词来理解。②电子政务是指政府工作局部或全部的电子化，电子政府则是指政府结构形态的电子化，程度上不一样。③电子政务的范围更广，可包括各种政府事务、政治事务和治理事务；电子政府一般指行政机关(通常不包括政党、议会及其他承担着公共管理职能的非政府机构)的电子化。④电子政务是一种过程的电子化；电子政府是一种结果，即整个政府机构形态的电子化。⑤电子政务是电子政府的基础及其服务形式的创新；电子政府是电子政务发展的高级阶段，要实现整个政府治理理念和机制、模式的创新，电子政府是利用电子技术和现代管理理论进行“重塑政府”或“政府再造”的产物。

---

① 政府信息资源的管理与立法研究. http://www.ciia.org.cn/genfiles/1029231653.html，2003-11-11.

2. 国外电子政务发展状况

(1) 美国近几届总统关注电子政务

1992 年,克林顿一上台就提出了电子政府(e-Government)的概念,宣称他的政府将是一个电子政府,要把美国联邦政府改造为一个"少纸的"的政府,一个利用 IT 提高政府政务的有效性、效率和生产率的政府,一个利用 IT 改造政府内部业务流程的"电子政府"。这就是电子政务和电子政府的起源。副总统戈尔在后来的总统竞选中也把 e-Governance 当作自己拉选民最具号召力的口号之一。

1995 年和 1996 年,克林顿政府先后出台《政府纸张消除法案》和《重塑政府计划》,要求各部门呈交的表格必须使用电子方式,美国应尽可能在 2003 年 10 月以前实现政府办公的无纸化作业,联邦机构最迟在 2003 年全部实现上网,使美国民众能够充分获得联邦政府掌握的各种信息。为此,建立和健全了电子政务的组织管理体系,如图 4-6 所示。2000 年 9 月,美国政府开通"第一政府"网站(www.firstgov.gov)。这是个超大型电子网站,旨在加速政府对公民需要的反馈,减少中间工作环节,让美国公众能更快捷、更方便地了解政府,在同一个政府网站内可完成竞标合同和向政府申请贷款等业务。美国政府的网上交易也已经展开,在全国范围内实现了网上购买政府债券、网上缴纳税款以及邮票、硬币买卖等。

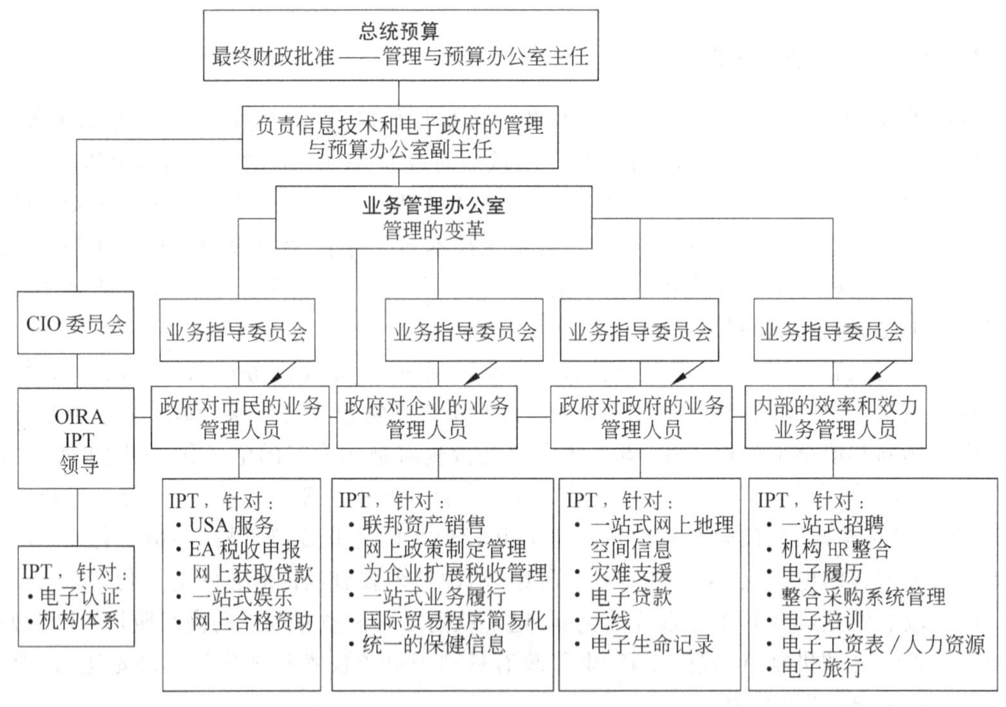

图 4-6 美国电子政务组织管理体系

布什上台后,同样表示要利用因特网提高联邦政府的工作效率,希望建立一个"充满活力,但又有限的"政府,使公民有能力以一种更及时更有效的方式与联邦政府机构进行交流。

在2001年的“9.11”事件后，美国的IT业受到了沉重打击。美国政府为了促进经济复苏，把建设电子政务作为刺激国内IT业增长的手段之一。为此，美国政府2002年在信息技术方面的花费达到了40多亿美元，其中有很大一部分用于电子政务推广。联邦电子政务预算规定，到2002年年底之前，联邦政府各部门凡是25万美元以上的项目采购，必须使用联邦政府统一的电子采购门户平台，逐步使电子采购成为联邦政府的采购标准。

到目前为止，美国已有超过60%的因特网用户通过政府网站进行事务处理。现在美国政府的网站能够提供包括办公室电话、办公地址、在线报刊、在线数据库以及外部网站链接、外语翻译、个人隐私政策、广告、安全特性、免费电话和技术服务等在内的27种功能。据统计，由于实现政府信息化，1992年至1996年，美国政府员工减少了24万，关闭近2000个办公室，减少开支1180万美元。在对居民和企业的服务方面，政府的2000个局制定了3000多条服务标准，作废了1.6万多页过时的行政法规，简化了3.1万多页规定。

(2) 加拿大后来居上

加拿大政府在1999年的国情咨文中说，政府要做使用信息技术和因特网的模范，计划到2004年实现电子政府，政府适于公开的信息和服务将以因特网为主进行。据2002年Accenture对各国电子政务进行的调查评价，加拿大名列第一，第二名是新加坡，第三名是美国，第四名是澳大利亚。评价的标准是，信息公开化和通信设施，政府网站的构成、用户的满意度。加拿大的电子政务之所以能够迅速发展，后来居上，与加拿大良好的信息基础设施有密切关系。据报道，目前上网最多的是加拿大人，加拿大号称是全球联网率最高的国家。全国主要城市均有高速数据网联通，上网费用全球最低。由政府、企业共同参与建设的国家光纤网于2001年建成。该网的技术甚至比美国领先6个月，加拿大在信息基础设施方面的巨大优势为其发展电子政务打下了坚实的基础。在此基础上，加拿大政府大力推广电子政务在各行业的应用，不仅实现了教育、就业、医疗、电子采购和社会保险等领域的政府电子化服务，而且根据需要不断增加和集成新的政府门户网站，先后建立了加拿大政府门户网站、加拿大出口资源网站和加拿大青年网站等诸多政府网站。

(3) 欧盟诸国不甘落后

在欧盟诸国中，英国的电子政务建设走在欧盟诸国的前列。英国从1994年开始着手电子政务的建设，目标是建立“以公众为中心”的政府。英国政府电子政务建设的特点是“平民化”色彩较浓，既考虑了熟悉信息技术的人，也考虑那些不熟悉信息技术的多数人。为了加快电子政务的应用，让尽可能多的家庭能够通过因特网与政府打交道，首相布莱尔提出了“在五年内使每个英国家庭都能上网”的宏伟计划，并在信息时代特别内阁会议上提出政府机构服务上网率在2002年要达到25%，计划到2005年政府所有服务都能上网。

据英国政府部门的报告称，英国的因特网用户在主要欧洲国家中已名列前茅，有超过51%的用户经常登录因特网，超过190万商业用户开始通过电子形式与政府打交道，大约有2000个在线服务中心提供廉价的接入服务和教育培训服务。

法国从1997年开始着手政府上网工程，已经建成了60个政府机构站点，入网的政府部门包括教育、电信和环境等，普通民众也可以通过电子邮件方式直接与总统联系。

德国在信息化方面稍显落后。据对德国一城市的调查，有3/4的人不知因特网为何物。为此，德国政府颁布了“联邦在线2005”规划，加速发展电子政务，要求德联邦政府在今后4

年通过因特网为公民提供大约350种服务。

瑞典在20世纪90年代中期逐步建立各级政府网站。后来，瑞典议会又提出了“24小时政府”的目标，要建设一个能为企业和公民提供公开、有效、便利的公共服务的政府，一个能借助网络手段更好地“为民服务”的政府。人们能在网上交流信息和下载表格。政府逐步实现面向社会的网上办公及政府机构之间的网络交流办公。据瑞典政府公共管理局报告，瑞典所有官方机构现在都建立了网站，都可以提供表格下载和提交来办理各类事务。2004年6月3日，瑞典政府公共管理局在电子政务大会上隆重地向瑞典海关等3个机构颁发了“黄金链接奖”。这是奖励政府机构利用网络手段使公民受益的年度奖，由公共管理局等10个与信息化有关的政府机构联合设立。

(4) 亚洲各国发展迅速

新加坡从1981年起就开始推动政府服务的电子化。现在，新加坡人日常生活已与电子政务紧密结合，例如为汽车上牌照、登记服兵役、查询社会保险账号余额以及报税等都可以通过政府的电子政务网站进行。对那些手头没有计算机的人，还可以到“电子公民中心”免费使用计算机。目前其政府网站可为公民提供200多项电子化服务。新加坡电子政务系统建设特点是完全由国家控制，没有私人参与，政府每年要在这项工程上花费大量的资金。2000年6月，新加坡政府拨出15亿元用于“E政府行动计划”，并为后来3年电子政务系统的维护预留了8.7亿元资金。政府的巨大投入，使新加坡电子政务的发展备受世人瞩目，其发展之快令美国的宾夕法尼亚和其他一些省份也都开始借鉴新加坡经验。

日本早在1993年制定了《行政情报推进共同事项行动计划》。2000年3月正式启动了“电子政务工程”，其主要内容是实现政府网上办公，公民可通过因特网办理各种申请、申报、审批等手续，机构和企业实现政府网上采购。当时预定于2003年全面投入使用，争取2005年前使政府各部门的主要业务全部通过因特网进行，建立一个在全球信息化潮流中领先的“e-Japan”。2004年6月，日本政府又通过了以发展Ubiquitous(泛在的)社会为目标的U-Japan构想，要在2010年将日本建设成一个“Anytime，Anywhere，Anything，Anyone”都可以上网的社会。在U-Japan中的理念包括3方面：普及(Universal)、面向用户(User-oriented)以及独特性(U-nique)。“Universal”是让所有的人(包括高龄老人及残障人士)都能方便地使用网络资源，达到人们之间的紧密沟通。“User-oriented”强调的是以人为本。“Unique”则强调服务的个性化，为大众提供展现活力和个性的舞台，力图在人类无限创造力的推动下，不断地创造出新的服务模式和商务形态。韩国也同步出台了U-Korea战略。①

4.4.4 国外电子政务发展经验总结

1. 电子政府的理论构建

国外有些学者从不同角度对电子政府进行了理论探讨。加尔松(Garson，1999年)将电子政府的理论框架划分为4个方面：分权/民主、规范/非理想化、社会技术系统和全球化理论。分权/民主理论解释电子政府为什么能够积极地促进政府治理变革，是一种最为普遍接

① 王玮. Ubiquitous Network的由来. http://market.cttl.com.cn/wmark_show.php?id=3246 2005-08-22.

受的理论。这种理论认为，政府部门应用信息技术能够带来变革和进步，会导致模式的转变，具有再造政府流程的作用，使政府以公众需求为导向。20世纪90年代的政府再造运动是要改变政府的基本运作方式，即从官僚体制下的集权分部门运作模式转变为以顾客为中心的分权运作模式。因特网的兼容性和外部合作性使政府能利用信息技术直接服务于公众，加强与公众的互动。“一站式”服务促进了政府业务流程的横向整合。规范/非理想化理论的基本内容是对安全、隐私和数字鸿沟的忧虑。这一理论的支持者过去主要关注信息技术的非人性化和隔离问题，近年来则转向数字鸿沟问题。这种理论为评价电子政府提供了一种基本方法。

电子政府理论的另一个重要方面是电子政务发展阶段理论。人们探讨了电子政务发展的规律性，总结出各种发展模式或分期方法。例如，美国公共管理协会和联合国公共经济与公共管理组织(UN & ASPA)提出了一个5阶段模式。

阶段1：出现政府网站。政府在网站上静态地发布信息；行政导向即按照不同行政部门来组织信息，反映了传统的官僚体制；几乎没有服务。

阶段2：提升网站功能。行政导向和信息导向并存，网站依然按照政府部门而不是按用户群来构建，但是网站已开始提供服务信息，不过还没有互动式的服务，公众可以连接到当地政府网站。主要实现了从网站下载政府信息(表格，如报税表)。

阶段3：交互式网站。信息导向、用户导向和行政导向并存，开始步入以用户为中心的阶段，以跨越组织边界的直观分类来组织信息，网络门户使公众可以从一个入口点进入不同的部门和服务领域。实现了政府与用户双向互动，如可在线提交表格，企业和居民可就自己关心的问题向政府提出询问或建议，并与政府进行讨论和沟通。

阶段4：交易式网站。信息导向和用户导向并存。网站可以提供多种形式的服务，特别是交易式服务，即具有交易功能，借助数字签名等技术完成安全的在线交易。实行了网上事务处理，如用户报税并审阅后，政府机关可通过网络给报税人寄回退税支票；或者，在网上完成划账，将企业或居民的退税所得直接汇入企业或居民的账号上，完成了整个报税过程。

阶段5：无缝隙网站。用户导向综合了人和各种信息技术设施能提供的各种服务，实现了纵向和横向的整合和真正的组织模式转变。公众可以穿越不同层次的政府和部门来接受服务和与政府互动。目前这还是一种理想状态。

也有人把电子政务的发展划分为传播、交互、在线业务处理和集成4阶段。此外还有3阶段和6阶段等不同说法。[①]

2. 国外电子政务发展的特点

(1) 政府领导人的倡导和支持。电子政务的发展与政府领导人尤其是“一把手”的政治意愿和执政风格有密切关系。例如，1992年上台的克林顿十分重视政府转型和改革问题，上任伊始就宣布要创建一个电子政府。布什上台后，同样表示要利用因特网帮助联邦政府提高工作效率，提出了“以结果为导向、以市场为基础、以居民为中心”的发展策略。英国首相布莱尔也提出要通过电子政务推动国家创新，使英国在全球居于领先地位。

---

① G·戴维·加森．公共部门的信息技术：政策与管理．刘五一译．北京：清华大学出版社，2005，100～105．

(2) 以用户为中心。从上面的理论也可以看出，发展电子政务的一个主要目的就是要建立一个服务型政府。按照用户(包括公众、企业和政府部门)的意愿设计政府的网站是当今世界上各个政府所遵循的发展原则，它可以帮助政府与用户建立新的、更好互动的关系。先进的因特网技术为政府向用户提供优质、实时的服务提供了可能。

(3) 门户网站功能完善。通过一个政府门户网站可以进入到政府所有职能部门的网站，接受任何一个政府部门提供的服务，使用户感到非常方便，体现了政府职能转变带来的高监管水平和服务水平。2000 年 9 月美国政府开通的"第一政府"网站 www. firstgov. gov，加拿大政府 2001 年 1 月开通的门户网站 canada. gc. ca 和英国 2001 年 2 月正式开通的"英国在线"(www. ukonline. gov. uk)，都能够提供越来越多的服务。

(4) 统一规划和标准。例如，美国于 1994 年提出《政府信息技术服务远景》，确定了美国联邦政府推动电子政府发展目标。欧盟制定了"信息社会行动纲领"，对政府信息化作出了周密的安排。英国在 1996 年发表"绿皮书"，对电子政务的发展作出了系统规划，等等。

(5) 实行分阶段实施策略。例如，美国联邦政府把电子政务的发展分为 4 个阶段实施。第一阶段提供一般的信息、简单的事务处理；第二阶段发展门户网站，实现比较复杂的事务处理和初步的网上协同办公，技术复杂度提高；第三阶段建立集成系统和复杂的技术体系，实现政府业务流程重组；第四阶段建立更先进的技术支持系统和具有适应能力的政务处理系统，实现政府与企业、公民的互动式交流与服务。按照计划，2005 年有 35%的电子政务处于第二阶段，到 2010 年，绝大多数政府部门将按照电子政府的要求被改造。

(6) 重视市场机制的作用。虽然政府直接投入是电子政务建设的主要资金来源，但市场化和外包正在成为世界各国电子政务发展的一个重要趋势。这有利于使电子政务的发展更具有创造力和活力，还可以推动相关产业和经济的发展。目前国外电子政务建设的市场化模式大致有 5 种，即伙伴关系、外协外包、政企整合、发行债券与广告筹资。

4.4.5 中国电子政务发展状况

1. 政府上网工程

我国的电子政务建设是从政府上网开始的。1998 年政府上网已取得了一定进展，有 30%的部委和省级政府在网上建立了 100 多个站点。但整体发展不平衡，各政府站点建设缺乏有效的组织与规划，普遍存在正式名和域名不规范，网站内容设计不合理，主页形象与政府形象不符等问题。1999 年为中国政府全面上网年，中国电信总局和相关部委信息主管部门策划组织了政府上网工程，各省、自治区、直辖市电信管理局作为支持落实单位，联合信息产业界，推动各级政府部门在网络上建立正式站点，提供信息共享和便民服务的应用项目，构建中国的"电子政府"。当年实现 60%以上的部委和各级政府在 163/169 上建立站点，并进一步启动各部委所属行业的上网工程。

2000 年政府上网继续呈快速发展之势。发展的重点是政府纵向业务网和横向专用网。除国税纵向网络系统、水利防灾网络系统等已经落实的项目在 2000 年开始实施或初步建成之外，国家计委、国家经贸委、财政部、外经贸部、国家审计署、卫生部、教育部、国家统计局、国家工商局等中央政府机构以其主要业务工作为链条，以纵向网络建设或完善为主线的政府内部网有了很大的进展。随着省市政府机构调整，省市一级政府的内部网系统和业务系统的建设加快进行，并与中央系统协调发展。同时，部分省市开始建设物理上独立的综合纵向政府专用信息网络(简称政府专网)，如广东、江西、安徽、广西等省区的政府专网逐步向县市扩展，个别的向乡镇延伸。

2. 推动电子政务建设的政策出台

2002年，在国家信息化领导小组第二次会议上通过了《关于我国电子政务建设的指导意见》，为我国电子政务的建设提供了基本的政策框架。《指导意见》指出，推进电子政务不仅对转变政府职能、依法行政、强化政府监管、提高工作效率有重要意义，而且对推动国内信息产业发展，带动整个国民经济和社会信息化进程也将发挥积极的先导作用。

《指导意见》提出了"十五"期间我国电子政务建设的基本目标：初步建成标准统一、功能完善、安全可靠的政务信息网络平台；重点业务系统建设，基础性、战略性政务信息库建设取得实质性成效，信息资源共享程度有较大提高；初步形成电子政务安全保障体系，人员培训工作得到加强，与电子政务相关法规和标准的制定取得重要进展。还确定了电子政务的建设原则和政策措施，强调发展电子政务，要按照统一规划和标准，明确目标，分类指导，分层推进，分步实施。要从实际出发，需求主导，突出重点，不搞"花架子"，不"刮风"。同时，发展电子政务，还要体现改革精神，要有前瞻性，充分考虑建立和完善社会主义市场经济体制的要求。

2002年，国务院办公厅印发了《全国政府系统政务信息化建设2001—2005年规划纲要的通知》。

3. 进入快速发展时期

2003年起，中国电子政务建设进入快速发展时期，信息安全、电子签名、信息资源开发利用等与电子政务相关的市场也活跃起来。受SARS疫情的影响，电子政务市场虽然出现了一定的萎缩，但也让行业用户了解到了信息化的重要性，尤其是应急网络建设的重要性，应急网络系统成为建设重点。

随着政府信息化的深入发展，我国电子政务的建设目标逐渐明确，就是："三级目标、逐级递进。"提高政府工作效率、政府管理水平、政府服务能力，增强地区知识吸收能力、优化地区经济发展环境、缩小地区间数字鸿沟、改善地区居住条件和促进地区经济发展。

自2000年和2001年国务院办公厅两次下发通知以来，各地区、各部门积极推进以"三网一库"为基本框架的全国政府系统政务信息化建设，取得可喜成效。"三网"建设进展显著。一是办公业务网(内网)全面建成。二是办公业务资源网(专网)基本建成，并不断延伸。国务院连接各地区、各部门办公厅的政府专网已经建成，90%左右的省级政府建成了连接本地区市(地)、县级政府和委办厅局的纵向、横向网络，69%的国务院部门建成了连接地方对应委办厅局的纵向网络。三是政府公众信息网(外网)形成相当规模，98%的省级政府和94%的国务院部门建成了外网网站。

同时，应用系统建设也在不断深化和拓展。72%的地区和部门建成公文和信息系统，半数左右的地区和部门建成值班和会议系统，超过60%的地区和部门实现了公文、信息和简报等无纸化传输，47%的地区和部门建成了视频点播系统。国务院办公厅和科技部共同组织实施了电子政务试点示范工程。以身份认证、授权管理、责任认定为主要内容的电子政务网络信用体系建设取得了一定进展。

4. 政府网站评价推动电子政务建设

2004 年中国政府网站评估主要侧重于政府信息公开、网上公共服务及网站用户意识，评估结果表明：

（1）政务信息公开是目前我国政府门户网站的主要内容，电子政务公共服务内容相对滞后，网站用户意识仍较淡薄，地、县级政府门户网站尤为明显。

（2）政务信息公开在数量上有了明显增多，但是在广度和质量上远不够，大多数信息集中在政府介绍、政务动态和政策文件等上面，对于公众关心的办事类和公众参与类内容较为缺乏，公众知情权有待进一步提高。

（3）政府网站公共服务得到一定发展，少数政府门户网站，公共服务的范围已经能够覆盖居民和企业的大部分生命周期。但是全国政府网站总体上公共服务的范围过于狭隘，并且在服务的实用性和质量上还亟待增强。

（4）政府门户网站的“用户中心意识”开始被关注，少数网站开始尝试提供个性化服务，但对绝大多数网站而言，用户意识仍然非常淡薄，尤其表现在关注弱势群体、网站无障碍使用、个人隐私保护和个性化服务等方面。

评估结果显示：我国部委网站绩效平均得分为 40.7，省级政府门户网站绩效平均得分为 43.4，地级政府门户网站绩效平均得分为 27.2，县级政府门户网站绩效平均得分为 14.8。

2005 年中国政府网站评估结果表明政府网站建设又有新的进步，公众参与度明显提高，但政府方面反馈不及时或太少的问题比较突出。评价结果概述如下：

（1）政府网站官民互动的桥梁作用得到认可，公众参与的渠道建设受到普遍重视。省、地、县三级政府网站的公众参与指数已经超过在线办事指数，“网上投诉”、“领导信箱”、“民意征集”、“在线调查”和“市民论坛”等栏目普及率较高。政府网站作为官民活动的桥梁性作用已经得到普遍认可。公众参与性栏目的设置也进一步提升了政府网站的认知度和影响力。很多政府网站能够就当前焦点性的问题组织公众进行交流，或者为城市发展和不断改善居民生活质量建言献策，这些栏目吸引了大量用户访问政府网站，提高政府网站的点击率和绩效水平。

（2）公众参与的效果亟待加强，群众意见和建议必须得到及时反馈。相对于公众参与本身渠道的建设，我国大多数政府网站上仍没有能够体现出公众参与的效果，公众参与类栏目的面孔“冷冰冰”，形式简单，内容不足以吸引用户眼球的现象比较普遍，大多数的互动交流都以缺失政府参与而告终。可以看出，公众参与类栏目成功的关键在于政府的参与，而保持公众参与类栏目生命力的关键在于群众意见和建议必须得到政府及时处理与反馈。加强公众参与的效果，避免“形象工程”和“花架子”现象，是各级政府网站必须重点解决的问题。

（3）加强联合共建，提高科学执政、民主执政的能力。真正决定政府网站公众参与程度的是领导同志和政府工作人员的意识。只有各级领导具备高度的建设社会主义民主的意识，才能不断加强科学执政和民主执政的能力，落实政府网站公众参与类栏目各种保障措施。同时，政府网站工作者必须要加强与职能部门的联合共建，不断牵线搭桥，促进政府各部门与网民进行互动。不能调动业务部门的积极性，就无法办好公众参与类栏目。在此方面已有很多领先网站进行了成功的实践。例如，北京市、武汉市等政府网站联合市纠风办共建"行风政风热线"栏目，既能够引起各部门的足够重视，又可以保证群众投诉得到及时处理；陕西省政府网站联合省信访局共建"网上投诉"栏目，使得群众提议几乎件件都有回复；上海市、杭州市等政府网站接受群众建言献策并转交人大、政协，而且在网上公布提案议案的落实进展情况；北京市、商务部等政府网站邀请部门领导定期与公众在线实时交流，解答网民对热点问题的疑问，使用户真正拥有与政府面对面的感觉。

思 考 题

1. 简述记录管理的发展过程，分析政府信息资源管理出现的背景。
2. 简述政府信息资源管理的基本职能、目标和主要任务。
3. 简述美国的 GILS 的起源、构成、建设目标和实施状况。
4. 美国德克萨斯州的 GILS 建设对我国有何借鉴意义？
5. 概述国内外政府信息化的发展过程和特点，政府信息化的目标、任务和作用。
6. 电子政务与电子政府有何区别和联系？
7. 概述国外电子政务的发展状况和特点、经验。
8. 分析我国电子政务的发展现状、成果和存在问题。

第5章 企业信息资源管理

信息资源管理是20世纪70年代末80年代初在美国首先发展起来的一种管理哲学和管理方法,是以计算机和现代通信技术为核心的现代信息技术的普及应用并与现代管理理论相结合而产生的一种新型的管理理论。最早引入信息资源管理理念的两大领域是企业和政府部门,即企业信息资源管理和政府信息资源管理。

5.1 企业信息资源管理的发展和企业信息结构

5.1.1 企业信息资源管理的产生和发展

1. 产生背景

(1) 社会经济结构变化。工业经济向信息经济过渡。进入20世纪70年代以来,社会经济结构发生了重大变化:工业经济开始向信息经济过渡,人类开始迈入信息社会(或称后工业社会)。信息技术和信息产业迅速发展,信息和知识已成为对社会经济发展起决定性作用的"关键资源",成为促进经济增长的新的源泉。据统计,1967年美国就有近一半的国民生产总值和一半以上的薪金总额来自信息商品和服务的生产、处理和传播等活动。20世纪70年代,美国开始迈向以服务为中心的经济模式,在信息部门工作的劳动力已超过46%(当时农业劳动力仅占3%,工业占28.6%,服务业占21.9%),信息已成为一种更为基本的商品。同时,农业、制造业和服务业等传统部门也越来越多地采用信息技术,信息处理量也迅速增加,并开始改造这些传统部门。

(2) 工作性质和经营方式的变化。信息经济的成熟使工作性质发生转变——从物质劳动转变为智力劳动。这一基本转变又反过来影响服务业和制造业所采用的经营方式。劳动对象和生产方式也发生了变化。数据和信息已成为重要的生产资料和劳动对象。采集、分析和加工信息或知识,分享思想和智慧,已成为公司的重要生产活动和经营活动,改变了过去单一地依靠物质材料和能源的生产模式,利用智力资源去赢得竞争优势,促进产品和服务的数量与质量的提高,成为公司经营的重要目标。例如,制造业的本质是使原材料增值,将它们转化为对人们的工作和生活有益的产品。所以,沿着增值链流动的信息是关键因素,它决定着产品的适用性、可用性、新颖性、质量、对环境的影响以及价格。信息流动量愈大,流动愈快,质量愈好,增值就愈高。

信息处理业的发展提供了日益多样化的技术创新,后者又反过来为新产品和新服务的设计以及传统产品和服务的改造提供了机会。经济活动的效率决定于可控制的人、财、物的动态配置效率,而决定配置效率的是信息。信息革命的伟大成果使信息收集、信息处理、信息存储、信息传递、信息分析、信息使用以及交互式、网络化的信息交换实现了便捷、大容量、高速度和低成本。

(3) 公司经营环境变化。随着经济结构的变化,公司的经营环境也在发生变化。主要体现在:

① 各经济实体和人员之间的交往或交易方式发生变化,公司的经营不再受到地理距离和交通方式的限制。发达的计算机和通信网使地球村和虚拟公司成为现实。

② 公司的内外部环境变得更具有信息密集性和信息敏感性。在公司外部,公司负责人必须跟踪和监控国内外政治、经济、社会和市场的发展动态。在公司内部,拥有了越来越多的信息技术设备、信息资源和知识资产,需要进行有效的管理和利用,为公司的决策和经营服务。在全球化和经济体系中,对信息的依赖程度比以往任何时候都大。信息可能成为一个国家或地区的生命线。一国经济可以非常容易地受到舆论或信息的微小变化的打击,从而导致资产价格出现大幅度的波动。1997 年席卷东南亚许多国家和地区的金融风暴表明:信息不足能导致和加剧资本市场的危机。

由于地区、国家和国际市场的复杂性和不确定性日益加剧,信息资源对企业的重要性正在提高。当服务业与制造业之间、国内市场与国际市场之间的界线变得日益模糊不清,而且环境的变化也在持续加速时,企业监测外部环境的压力也在不断增大。

(4) 公司管理机制需要变革。公司信息化的发展采用了越来越多的信息技术和现代化设备,如 CAD、CAM、MIS、LAN、CIMS 以及现在的 Intranet、Extranet、ERP、电子商务等,使公司的信息传播模式逐渐改变,由原来自上而下的等级式逐渐变为分布式和网络式。加上社会的日益信息化,使公司员工的信息来源更加多样化,更容易获得自己所需的信息。信息就是权力。信息占有和传播方式的改变,动摇了原有的权利基础。原先盛行的金字塔式的公司权力结构将逐渐变为扁平式。依靠等级制度和垄断信息的方法来控制公司的一切的办法将逐渐失灵。与分布式和网络式的信息传播模式相适应的公司组织模式,如分布集成式或网络式的组织结构将受到重视。相应的,原有的高层管理人员将会发现自己越来越难以胜任公司的信息管理方面的工作,需要设立新型的高级经理。国外某公司的一个高级经理委员会也得出了这样的结论:大多数董事会成员在讨论有关财务、市场、人事和商业战略等方面的内容时,觉得很轻松,容易驾驭;而对公司信息管理方面的问题则感到难以讨论。传统的信息管理人员,如数据处理人员、MIS 管理人员等,也逐渐不适应这一变化的需要,需要有更高层次的管理者来统一规划和管理公司的全部信息资源和资产,协调公司内部各机构的信息管理与利用工作,调动公司能利用的一切信息资源(包括内部和外部的资源),为实现公司的计划和目标服务。因此,一种新的高级管理职务——信息主管(CIO)开始出现在一些公司的组织机构中,时间大约是 20 世纪 70 年代末 80 年代初。设置此职务的最初动机是为了将所有分散的信息资源集中由一个人统筹,借助 CIO 的运筹帷幄,辅助 CEO 实现企业的目标。

2. 企业信息资源管理的发展过程

第 1 章阐述了信息资源管理的发展过程和阶段划分,其中也包含了企业信息资源管理的发展过程。不过,与政府及其他领域的信息资源管理相比,企业信息资源管理的发展也有自己的一些不同之处。

第一，数据处理的管理在信息资源管理的初期发展中占有重要的地位，计算机和数据处理的几个发展阶段（即"代"）逐渐导出了信息资源管理的理念。第二代计算机出现后，商业界开始在其运作中引入计算机。电子数据处理或简单的数据处理就是用来描述辅助性的、支持劳动密集型秘书工作的概念。第三代计算机带来了一个新词：管理信息系统，用来描述企业信息处理的意图、目的，认识到管理决策可以大大地得益于数据处理的结果，但为此需要进行某些变革。重要的技术进步，如数据库系统和远程访问的实现，进一步扩大了计算机的应用范围。第四代计算机使其用户基础持续扩大，引入新的软件和数据库工具使得用户更便利了，而且到这一时期末出现了小型、低价、易用的个人计算机的应用。这个时代的重点是提供更高质量的信息，不仅给高层管理者，也给组织中的所有用户。而且，高层管理者也认识到：与公司信息处理有关的费用已成为一个主要预算项目。这个时期，"管理信息"、"公司信息系统规划"、"信息处理的战略规划"及其他信息资源管理的同义词受到了关注。

第二，人们更多地采用诺兰模型、米歇模型等理论来描述企业信息资源管理的发展过程。

第三，强调需要正式的规划，还使用了公司信息政策和信息系统规划等词汇。信息不仅被描述为一种资源，而且也是一种资产和竞争武器或战略武器。随着系统开发领域的发展，IBM 提出的一种技术——业务系统规划（BSP）。其主要目标是业务目标（及信息流）与开发的系统的紧密匹配。这一点等于诺兰的最后阶段（应用反映公司信息流）。另一重要方面是假定数据是一种有价值的公司资源。

第四，此时提出的企业信息政策概念含蓄地概括了 IRM 的领域范围：①保证系统集成和公正服务；②保持与技术发展同步，它将使公司受益；③制定信息处理、获取和传播方面的政策；④具有 MIS 操作的开发和维护所需要的权威和责任；⑤保证数据保密、安全和保存。

5.1.2 企业信息资源配置与企业信息结构

1. 企业信息资源配置

企业信息资源配置的主要目标是使企业收益最大化。在此目标和其他社会目标的指导下，将企业内外部的信息资源在企业各部门、各环节之间进行有效的分配。其最优的表现就是投入产出比达到最大。

从整体上看，企业信息资源的配置效率是由市场价格和企业内部的权威两种机制来决定的。但是，在企业内部，信息资源主要不是依靠价格机制来配置，而是依靠组织权威和管理制度来分配。企业内部信息资源配置的决策者往往是企业最高管理层，由 CIO 或类似角色的管理人员进行实施。在决策的过程中首先考虑的往往是经济因素，因为企业管理的最终目的是提高其经济效率和效益。

企业信息结构是企业信息资源配置的显示屏。任何企业（代理人）对决策规则的选择都基于某种信息结构。这种信息结构决定了信息的分配方式。

2. 企业信息结构的内涵和基本形式

“企业信息结构”这个术语在传统意义上是指企业中信息的传递方式或模式。而在现代化企业中，它一般指企业应用系统结构中以下各种组成部分：①数据、功能(对象)和工作流模型；②应用的资源和工作流；③资源在各平台上的分配。

在传统意义上，企业的信息结构通常可归纳为两种基本形式：等级式信息结构和水平式(或网络式)信息结构。它们是不同的企业管理制度或体制的反映。

等级式信息结构产生于等级制的管理制度。在这种制度下，有关企业面临的全面冲击的信息(即市场信号)首先传递给最上级单位，即管理总部。先由管理总部加以适当处理和计算，然后再通过中级管理部门把这种信息传递到各个车间。车间处于市场信息传递过程的最末端。企业内部由许多基本单位构成，这些单位负责执行具体的职能，其中一个单位要么是另一个单位的上级，要么是另一个单位的下级，上级直接或间接地指挥下级工作，下级要直接或间接地向上级汇报。各单位不与其他单位交流信息。企业若受到全面的冲击(如市场情况发生了变化)，需要调整各种产品的产量以及相应调整各车间在制品的流量，就要由总生产计划室来指挥这种调整，而且也许要通过中间协调机构来进行指挥。总生产计划室定期利用存货变化的信息来调整生产计划。为了执行生产指令和对局部冲击作出反应，各车间的主管要拥有一定的自由决定权。采用等级式信息结构的企业管理者力求集中拥有管理决策所需的一切信息，但往往不能完全控制可能的突发事件和及时采取灵活的修正行动。

水平式信息结构产生于非等级制或弱等级制(准树型结构)的管理制度。采用水平式信息结构的企业力求合理配置信息资源，其管理决策一般重视下级部门参与，充分利用来自下层的信息和对突发事件的快速反应能力。日本丰田公司创立的看板制比较突出地反映了这种水平式信息结构的特征。

丰田公司的看板制是指放在塑料信封中的卡片。在执行每日生产计划的过程中，最终装配线每次提取存货时，都把一张要求生产各种零部件或半成品的看板放入相关库房旁边的信箱中。这种看板写明将要提取的零部件的种类和数量以及交货时间。供应零部件或半成品的上游车间定期收读看板。这种看板既是一种订货单又是交货单。上游车间要根据看板所表明的下游车间的需求来调整生产，不必对管理部门预先下达的命令作出反应，也不会随意调整产量，更不会孤立地一味追求机器的最大利用率。从这个意义上讲，看板制的重要特征之一是：下游车间的需求“拉动”上游车间，而不是上游车间的供给“推动”下游车间。通过看板的循环流动，直接关联的车间之间就形成了一个信息传递链，整个生产体系直接而迅速地对市场需求作出反应。这种看起来相当粗糙的信息制度，却是一种有效的机制。可以把这种协调方法视为与集中化过程相对的横向过程，尽管必须先编制出一份集中化的生产和原料需求计划，以便为进行微调提供一种框架。这种制度展示了日本企业中一种普遍的协调方式，即操作单位之间可以进行直接的横向协调。

3. 两种信息结构的比较分析

(1) 等级式信息结构的优缺点

等级制与竞争性市场机制相比具有相对效率。等级式信息结构的优势具体表现为：

①低缓冲存货成本：通过集中协调计划材料需要量可以节省缓冲存货和车间之间的运输费用。②专业化的经济效益：通过使操作任务专门化，把管理任务和操作任务分离开来，可以最有效地利用雇员的才能。③集中对付冲击的经济效益：等级制可以对全面的冲击作出最有力的反应，因为该制度集中处理所有相关的信息，从而可以制定出最优的计划。

但是，由于等级制缺乏对工作的激励，员工可能没有动力认真工作或改进工作，不会积极地应对局部的冲击。而且，由于下列 4 方面原因，等级制效率被抵消：①不断增长的存货成本。随着制造行业的产品越来越多样化，材料、零部件和半成品的库存量都有很大增长，通过缓冲存货来调整生产变得成本高昂。②专业化的适应成本。由于员工对生产过程没有广泛的了解，那么，即使使用多功能的机器，员工也难以经常变换工具。而要进行小批量生产，就必须经常变换工具。③等级制下的信息传递成本。总协调室的能力是有限的，它可能不能完全理解和处理从下级获得的信息，也不能使下级完全理解自己的意图。远距离信息传递会受到噪声的干扰，在了解到生产中的问题和对问题作出反应之间会有时滞。而且，如果在制品的流动是由调度室集中控制的，就无法利用各生产单位相交之处的宝贵信息，如关于中间产品质量的信息，关于影响按时交货的紧急情况的信息。④专业化制度下的谈判成本。等级制缺乏对工作的激励这一特性，会由于愈来愈需要对所出现的问题作出灵活反应而更加明显。而且，为了从企业那里获得更多的准租金，掌握有专门技术的员工会利用其垄断地位，把精力用在非生产性活动上来增强其谈判力量。

(2) 水平式信息结构的优缺点

以看板制为例，看板制的作用在于把产品的流动和信息流动结合起来，以便用最少的存货对市场波动作出反应。不过，在需求发生很大变动的情况下，进行横向协调时若不集中处理信息，这种协调也会是无效的。所以，采用局部横向协调或准树型结构可能更好。因为它可以节省传递信息和计算所需要的时间，可以在现场迅速利用有关紧急事件的信息，较为准确地在生产一线实施集中化的解决办法。

日本企业的内部效率可主要归于企业内部制度化的信息结构的质量。日本企业的内部信息结构较为分散，因为它依赖的是职能单位之间的横向的信息传递，以及各工作单位对问题的自行解决。之所以能做到这一点，是因为工人具有关键技能，而不是仅仅具有单一的专门技能。实践证明，这种结构使劳动过程具有灵活性，在迅速适应不断变化的市场和技术环境方面是有效的。这种结构的特征是，信息可以在企业内部迅速传递，而要想很好地调整企业内部的生产活动以便能对全面的冲击作出反应，能在现场解决局部冲击带来的问题，从而最大限度地减少这些冲击对整个企业的影响，就必须能够在企业内部迅速传递信息。毫无疑问，这种信息结构的质量在很大程度上取决于操作这种结构的员工所具有的信息处理能力（即智能）。而这又需要一种激励机制来鼓励员工掌握各种知识和专门技能并采取合作态度来有效地操作横向信息结构。日本企业根据员工的关联技能或综合技能来评定其价值。

集中化的信息处理结构的代价是高昂的，因为它在不断变化的环境下传递信息要花费比较多的时间和人力物力。如果不为员工提供富有活力的外部机会来平衡这种结构，它的效率就会降低，因为它压制个人的主动精神。因此，青木昌彦提出一种有效的假设，即双重（对偶）原则：使一个组织有效率的必要和充分条件是该组织分散化或集中化的信息机构要由一套集中化或分散化的人事管理制度来补偿(支持)。这是理解日本企业内部效率的关键之一。日本企业内实行的晋级制和报酬制有助于激励员工即使不是终身也是长期地与企业结合在一起,以求得事业上的发展。

当然,公司的实际结构是复杂的,常常是等级制和横向协调兼而有之。试验性的非等级制传递信息的例子有:矩阵形管理制、多中心管理制和网状管理制。在矩阵形管理制下,跨车间的横向信息传递是和纵向的等级制管理交织在一起的。在多中心管理制下,有多个相互关联的信息传递中心。在网状管理制下,各组成单位在需要时可以不通过信息交换中心而直接相互传递信息。西方企业还越来越多地采用建立多学科工作小组的方法,尤其在高技术开发项目和建筑行业中,工程、销售、财务以及供应和采购往往是相互作用、相互结合在一起。简化业务分级制似乎也是不可避免的。这种放松等级制和减少业务分级是否会产生一种新的混合信息结构,尚不能肯定。另外,值得注意的是,许多西方企业近来都花大力气利用信息传递技术来减少等级制的层次。①

4. 企业信息结构的设计和优化问题

(1) 企业信息技术部门面临的挑战

IT 部门当今所面临的最严峻的挑战就是如何协调质量、灵活性、初始成本以及推向市场的时间这些不同的业务目标。对于大多数企业来说,其通常有以下一些业务目标:应对竞争威胁、全球化、客户服务、产品质量、市场份额、在市场竞争中占有的地位、进入市场的时间、货物和服务的成本、业务流程的重新设计、最终用户的授权、规章制度方面的需求、组织机构的平稳和协调。

基于上述业务目标,确定相应的企业的业务发展战略一般有两种:强调产品/服务的战略和强调生产加工过程的战略。例如,强调产品/服务的战略通常是:单一产品战略、快速开发产品战略、产品初始成本最小的战略、对产品连续不断进行改进的战略等。强调加工生产过程的战略是:同时有多个产品加工的生产方式、强调规模生产效益的方式、强调质量的生产方式、生产线改造成本最小的方式。

对于 IT 部门而言,企业的业务发展战略应当成为它的业务目标,并形成它自己相应的发展战略,包括信息产品/服务和信息生产加工过程。因为 IT 部门的发展战略应该和整个企业及其下属的各个部门的战略相符合,IT 的方法同它的“客户们”的方法也应该是吻合的,IT 的业务目标对企业的产品/服务的特性、质量、灵活性、成本和进入市场的时间等方面都需要提供支持(上述这些方面常常是互相冲突的,故需要折中和考虑优先程度)。而某种折中的选择要影响到应用开发方法的选择,是选择结构化的、模块驱动的方法,还是着眼于实现的方法。影响应用开发方法的因素还有应用的复杂程度、最终用户对象的类型等。

(2) 对企业信息结构的新的要求

良好的企业信息结构必须能容纳信息的多种层次(如概念/规划、逻辑/分析、物理/设计以及实现等层次)。这些不同层次的信息可以通过不同的方法从企业的多个来源收集起来。

---

① 青木昌彦. 日本经济中的信息、激励与谈判. 北京:商务印书馆,1994,33~48,51~52,59.

信息的获取方法可根据发现它们的动机的不同而不同，或采用自顶向下、自底向上或从中间出发。

一般来说，信息结构愈完备，即在概念/规划层以下所能获取细节程度愈高，则对业务的了解程度也就愈高，对计算机系统内存储和自动处理的数据能否满足业务需要也愈容易判断。同时，其维护的代价也最小，因为减少了设计缺陷，增加了将来灵活扩充的可能性，诸如换用新的技术和环境。然而，企业的业务很少是长期稳定不变的，而对业务进行全面细致的分析，对企业的全部信息进行透彻了解、归并、分类，代价又很大。因此，在构筑某一范围的企业信息结构时需要有多种不同的方法，以便在全面性和代价之间寻求折中。工具选择的决定因素就是要求其能支持用不同方法建立信息结构，能支持自顶向下(从概念到逻辑到物理)、自底向上(从物理到逻辑到概念)和从中间出发(从逻辑到物理和概念)的工具则意味着信息结构的总体有较高的价值。

5. 企业的信息政策

如前所述，在企业内部，信息资源主要依靠组织权威和管理制度来分配。企业信息政策是信息资源配置的重要手段。成功的企业信息资源管理应包括：有明确的政策(规定谁对公司的关键信息的安全和完整性负责)；信息体系结构有明确的范围；信息体系结构的所有权十分明确。这些因素使信息资源管理的复杂性大大增加。

企业的信息政策必须指出关键的业务数据和流程的信息结构。内容一般包括以下方面：

(1) 证明为什么需要这样的政策，即阐述数据和信息是公司的资产，需要提供适当的保护，公司数据的准确性和可获得性的重要性等。

(2) 有关管理范围的政策，这是针对企业内部及其合法的下属部门所使用的全部生产数据(包括原始数据、计算机化的数据和数据的硬备份)、企业所使用的外部数据、传送到企业以外去的内部数据等情况的政策。该政策的核心是对每一个数据单元，要指定一个部门负责其安全性和完整性。

(3) 数据安全性政策，应与政府有关法规一致，符合系统安全性标准，为对数据资产的存取提供适当的控制，尤其是对机密和专有数据。

(4) 数据完整性政策，应提供对由下属部门和众多内外部机构共享或管理的数据的质量控制措施，包括对报表数据和决策支持数据的管理控制。

(5) 权限，对政策所涵盖的负有责任的部门和个人进行分类，如数据拥有者、数据用户、数据管理员、安全管理员、安全官员，明确规定各自的权限。

(6) 责任，基于上面对部门和个人权限的分类，详细列出他们实际应负的责任。

(7) 数据管理过程，通常有4种过程，即数据所有权标识过程，人工处理数据过程，数据存取授权申请过程和数据审计过程。

(8) 相关术语的定义：列出政策中出现的名词术语并给予简要而准确的说明。

其中，数据所有权是最富挑战性的政策问题。可能发生性质截然相反的两种情况：一是没有人愿意做数据的所有者，因为一旦做了所有者，就要增加许多责任，多做许多工作。另一种是认识到数据对于业务的重要性，争着做所有者，以免受数据所有者的支配。为此，大多数大型企业的数据政策中都规定有一个最高决策机构，由它来分配数据所有权，裁定在所有权方面的纷争。而数据管理员则应避免成为“数据警察”。

5.2 企业信息资源管理的内容和模式

通过对信息资源管理的产生和发展过程的介绍和分析，可以看出企业信息资源管理的基本思想是：

(1) 信息资源与人力、物力、财力和自然资源一样，都是企业的重要资源，应该像管理其他资源那样管理信息资源。信息资源管理是企业管理的必要环节，应该纳入企业管理的预算。

(2) 信息资源管理包括数据资源管理和信息处理的管理。前者强调对数据的控制，后者则关心企业管理者如何获取和处理信息，强调企业中信息资源的重要性。

(3) 信息资源管理是企业管理的新职能，产生这种新职能的主因之一是信息与文档资料数量激增，各级管理人员迫切需要快速简便获取信息和处理信息。

信息资源管理的思想、方法和实践，对信息时代的企业管理具有重要意义：它为提高企业管理绩效提供了新的思路；它确立了信息资源在企业中的战略地位；它支持企业参与市场竞争；它成为知识经济时代企业文化建设的重要组成部分。

5.2.1 企业信息资源的构成

广义的企业信息资源包括具有与信息相关的知识和技能的人才，信息技术中的硬件和软件设备，提供信息处理和服务的系统和机构。狭义的企业信息资源是企业所拥有的数据和文献资料，经过加工、整理、用于生产、经营和管理方面的各种经济信息，企业拥有的知识产权、员工个人的知识和经验、商业竞争情报等。

1. 企业对信息资源的需求和用途

不同的工作需要不同的信息，所以，企业内部不同的人所需要的信息类型也是各不相同的。信息可能是来自内部的信息源或外部的信息源，可能是客观的或主观的，也可能是几者兼而有之。内部信息主要描述企业中特定业务的内容。外部信息主要描述企业的外部环境或外部对企业的观察和评述。客观信息客观或定量地描述已被人们所知的事物或状态，而主观信息则试图描述当前还不被人所知的事物。例如，你可能知道今天的最低银行利率，这是客观信息，但是你无法知道 6 个月后银行的最低利率，那么你的推测就代表了主观信息。

每个企业无论大小，每天都要处理各种内部和外部信息、主观和客观的信息。以一个卖冷饮的小便利店为例。为了确定最适当的价格，商店必须考虑竞争对手的价格(外部的客观信息)、最近几天的天气情况(外部的客观和主观信息)、冷饮的储存和进价成本(内部的客观信息)、预期市场的供销情况(外部的主观信息)，以及其他许多类型的信息。

2. 企业的主要信息源

企业决策所需的信息主要来自两个方面：外部信息源和内部信息源，缺一不可。

(1) 外部信息源

主要指来自政府和相关企业信息，来自国内外市场的信息，来自各级经济部门和经济咨询机构、预测机构的信息等。概括起来主要有以下 10 类：

① 政策信息，包括党和国家各项方针政策的制定，政治局势的变化，体制改革等情况。

② 法律信息，包括国家和地方政府颁发的各项法规和规定，下达的指令等。

③ 经济信息，如国家经济形势、工农业生产状况，金融、商业信息等。

④ 社会文化信息，如各种社会实践、文化活动、风俗习惯、娱乐活动等情况。

⑤ 科技信息，包括科研新发展、新发明、新成果等。

⑥ 地理环境信息，商品将要打入地区的气象变化、人口分布等。

⑦ 竞争对手信息，包括竞争对象、范围、规模、实力、手段、竞争程度等。

⑧ 消费需求信息，如收入水平、家庭状况、消费结构、需求种类数量、购买动机、购买行为、购买习惯等。

⑨ 商品及销售信息，商品种类、规格、式样、质量、价格、商标、包装、销售渠道、市场占有率、商品寿命周期、广告宣传等情况。

⑩ 国际市场信息，如国际市场商品竞争、销售价格、需求、金融等方面的新动向。

(2) 内部信息源

企业内部信息就是各部门之间、各部门内部在生产、经营过程中所产生的各种记录、数据、报表和文件。它们是企业进行决策和经营管理必不可少的资料，是企业向各级管理部门报告本企业情况和工作以及要求解决的问题的重要依据。根据管理部门的不同，企业内部信息源可以分为以下 8 大类。

① 市场监测资料，指企业市场监测部门收集到的数据资料，主要包括影响企业经营的各种外部环境因素，以及与企业生产经营活动有关的全部资料。

② 财务管理数据，主要包括成本和管理费用情况、利润情况、资本流动情况、企业统计和会计记录等。它是确保企业各种资本有效运营的重要保证。

③ 计划或规划信息，主要包括有关企业长期、中期和当前计划以及为刺激生产发展所制定的重大措施性文件，企业为材料供应、协作、运输、仓库设施、改进机构、提高生产人员技术水平所准备的资料等。

④ 技术研发与管理信息，主要包括企业在进行技术开发(如新产品试制、生产过程在技术工艺上的改进)中所整理、积累的各种资料，企业产品更新、技术改造和新产品试制等的技术档案，设备及技术运用情况，科学研究和应用情况等。

⑤ 投资管理信息，主要包括企业需要的各种投资信息，各种投资的收益情况，企业的发展前景，以及对各种投资者的收益保证等情况。

⑥ 生产管理信息，包括各种生产计划、指令，企业在生产调度过程中的各种记录、企业为确定产品总产量及其结构所准备的图纸和工艺资料、生产进度情况、产品的产量和质量情况，原料供应情况等。

⑦ 组织管理信息,包括有关企业当前任务、目标的文件,上级管理机关的指示,发展扩大生产的文件及完成计划的总结,命令执行情况,劳动生产率情况。

⑧ 营销管理信息,营销部门是汇集企业的产品、市场的销售、服务等方面的信息中心,它处理着从接受订货开始到最后产品交付为止的整个销售过程中的有关业务信息。它综合反映了企业内部和外部因素之间的动态关系,是企业内部重要的信息处理中心。它的内容基本上包括订货控制、订货合同、销售统计、客户分析和销售计划等。

5.2.2 企业信息资源管理的目标

1. 基本目标和具体目标

企业信息资源管理的基本目标是建立和管理一个集成的信息基础结构(将信息和信息技术集成在一起),使沟通、合作、业务和服务达到新的水平,在整个企业中实现信息共享,使企业的信息资源的质量、可用性和价值最大化。其最终目标是通过增强企业处理动态和静态条件下内外信息需求的能力来提高管理的效益,追求"3E",即:efficient(效益)、effective(效率)和 economical(经济)。

企业信息资源管理的具体目标会因企业和环境不同而不同,但下面几点却往往可能是各种企业所共同追求的具体目标:①宣传信息资源的重要性,使企业管理者对信息问题负起责任来;②及时了解企业日常经营管理中的信息需求,有效地采集和开发利用各种信息资源,建立一种机制,使相关信息进入企业的决策过程和问题解决中;③为企业建立一个信息结构,保证信息的一致性和标准化,改善员工获取相关且适用的信息的环境,保证数据管理和信息传递系统的可获得性和充分性,激励企业内部各部门之间分享信息;④促使企业管理层和全体员工在认识、政策和实践上重视信息资源,把它视为企业管理和运营中的一种重要资产,激励企业内部各部门或班组之间分享信息;⑤研究和开发有效的信息生产和信息采集方面的成本比较技术,降低信息成本,提高信息资源管理的效益;⑥确保企业信息安全;⑦在企业的高层设立首席信息官(CIO)。

经验表明,成功的信息资源管理都是那些与企业的业务需求和核心竞争力紧密相关的项目。企业信息资源管理的目标就是培育和提升企业的核心竞争力。核心竞争力的识别、规划和核心竞争力领域的确定,是信息资源管理实践的基本条件。面向核心竞争力领域的信息资源管理项目将成为企业信息资源管理优先发展的方向。

2. 理解目标的关键点

信息资源管理的目标要通过各种角色和技术的互动来达到。为此,企业管理者应当明确:

(1) 信息资源管理首先是一个宏观概念。它在大型复杂组织中可能发挥更好的作用,因为这种组织拥有大量的资本,对 IT 投资大,更加重视组织内信息网络的合理性。

(2) 其管理范围涵盖内部和外部的资源,不像 MIS 那样主要关心内部信息资源。它更加注意 IT 支持机制的要义:把 IRM 与组织的计划和活动连接起来。

(3) 它把信息资产作为公司的战略资源列入企业的资产与负债平衡表和损益表中。它主要关心企业中正式的信息流和信息库藏，而不是非正式的信息流。

(4) 企业中应有一个新的职位和角色 CIO，其地位属于顶层管理者之一。他要理解该组织及其客户的总目标，该组织的行为，要有为企业战略决策所需提供充足信息的能力。

(5) 它要越来越关注隐私权、安全和知识产权保护问题。

5.2.3 企业信息资源管理的任务

在不同时期，人们对企业信息资源管理的内涵和任务的认识是不同的。

1. 早期人们对企业信息资源管理任务的理解

20 世纪 80 年代初，当时一些专家学者认为企业信息资源管理的主要任务就是把各种科学技术、数据库和信息处理资源、设备集成在一起。这种集成涉及 3 个层面：规划、人员、技术。规划层次的集成就是使公司的业务规划与信息系统规划集成在一起，以便使二者共同为公司目标服务。人员集成是指把公司内部各种管理团体、小组、包括高层管理人员、信息管理人员集成在一起，分担不同的管理功能，并共同控制信息资源。技术集成则是指将各种技术手段、设备集成在一起。具体的任务包括下列 4 个方面：①人力资源是公司最重要的资源，故其管理放在首位；②计算机和通信设施等硬件和软件资源的管理，包括其需求管理、性能管理、系统开发与采购的管理，系统和网络安全管理，进行分布式的(信息处理设备)资源管理；③实现企业办公自动化；④进行项目管理。

20 世纪 80 年代中期以来，随着人们认识的深化，企业对信息资源管理的要求提高了，许多企业都把其信息资源管理的主要任务界定在以下 10 个方面：①制定公司信息战略，使企业发展目标、环境、信息规划与业务规划相联系，规划信息需求，对公司各种管理者的信息需求进行规划和预测；②制订和实施公司的信息政策、标准和规范，目的是更好地管理公司的信息资产和资源，包括信息策略方面、信息功能方面、安全保密方面、信息的公平使用方面、技术方法的选择和采用方面；③制定企业信息资源规划；④信息和数据的采集、分析、加工处理和开发利用，并使信息资产(资本)化，即将公司的信息资产纳入公司的财务报表上，成为真正资本化的资产；⑤编制信息成本预算，包括信息结构和公司数据的管理成本、公司信息资源的成本核算、信息审计和评估、信息标准和指南的制定；⑥企业信息系统和网络的建设和管理维护；⑦向企业管理者提供决策咨询服务；⑧向企业员工提供培训和咨询服务；⑨企业的信息安全管理；⑩建立和健全企业的信息资源管理机构。

2. 现阶段企业信息资源管理的主要任务

20 世纪 90 年代以来，许多企业逐渐将信息资源管理的任务集中在以下方面：①信息审计；②制定企业信息资源规划；③组建信息资源管理机构，并进行信息技术、设备和人员的配置、维护和培训；④负责组织企业管理信息系统的构思、开发、运行、维护和管理；⑤建立和维护整个组织中的数据信息标准规范和管理制度；⑥对信息资源的新技术和方法进行跟踪研究，应用于组织的信息管理；⑦负责组织内部所有信息资源的安全和保密工作；⑧向组织中的所有部门提供信息资源的咨询、服务和维护；⑨综合利用信息资源辅助组织的高层决策。

其中，信息审计和信息资源规划是企业信息资源管理中最重要的、必须首先做好的两项工作。同时，还要做好企业的信息资源管理政策和组织设计工作。有关内容将在下一节介绍。

一些企业正在制定信息资源和资产管理方面的政策。这些政策关系到下列对象：①数据；②信息处理设备和软件；③信息系统与服务；④工作人员的责任。

有关信息资源管理的政策问题必定涉及规划、组织和控制这 3 个方面。规划是指对计算机资源的采购、开发、评价、成本控制和设计进行规划。组织是指将计算机资源组织成为有效的逻辑单元。控制是指维护数据和信息的安全性和完整性。

信息资源管理在组织方面细分为下列部门：数据部、模型部（解释数据）、输出部、硬件部、软件部。管理这些部门的人必须是在沟通技巧、知识结构、技术数据处理技能、财务和人力资源管理等方面富有经验的人员，而且要熟悉决策支持工具。

各种策划指导机构可以在专门的领域中提供方向性的建议，并向负责信息资源管理的副总裁报告。例如，服务于美国航天集团（the Aerospace Group）的信息资源管理机构由该公司的一位高级副总裁领导，即信息资源管理副总裁。他还是麦道公司关键资源评议小组的成员（MDC Critical Resource Review Team），该小组的成员来自专门的公司办公室和作业部门的经理。在公司层面，一个信息资源管理行政指导小组的成员来自公司经理和作业部门经理。该小组负责评议和批准每一个信息资源管理方面的计划和所需的资源。

5.3 信息资源管理的方法和模式

5.3.1 企业信息审计

信息审计是为识别、评估和管理信息资源提供某种方法，目的是充分开发信息的战略价值。它也指发现、监控和评估一个组织的信息流和资源的过程，目的是为了实施、维护或提高组织机构的信息管理。不应把它看成是一种选择，而是达到确定信息资源的价值、功能和利用（途）以便充分开发它们的战略价值而必须的步骤。它不同于信息系统审计。

1. 企业信息审计的必要性和作用

（1）为什么需要信息审计

信息管理领域存在的问题：信息过载；对 IM 的作用的误解；信息定位工具的不足；信息与决策需要之间的不协调；文本处理成本过高；未做到法律遵从（non-compliance）；信息流失或失真（information loss）。

IT 项目管理中常见的问题有：①IT 管理与公司业务管理者之间存在文化沟，导致互相不信任，工作配合不好，缺乏战略合作；②在 IT 采购和制定操作职能方面缺少规章和政策；③难以衡量信息系统产生的效益；④不同信息系统之间缺乏整合，造成大量的数据重复，不必要的数据录入和处理；⑤没有把 IT 投资与战略性经营项目结合在一起。

（2）信息审计的作用

在企业中开展信息审计是做好信息资源管理的基础性工作。其作用主要表现在下列方面：①识别一个组织的信息流、过程和信息资源；②识别一个组织的信息需求；③鉴别信息资源的成本和收益，把 IT 投资与战略性经营项目结合起来；④树立 IRM 重要性的意识和界定管理的作用，把握利用信息资源去建立竞争优势的机会；⑤制订一种统一的信息政策；⑥监督和评估信息标准、法律和政策。

2. 信息审计的方法

这里介绍一种集成化的信息审计方法。信息审计工作由信息审计师（一位高级信息专家，来自内部或外部）领导，并成立一个工作组。工作组的成员应具有代表性，由组织中选出并具有与信息相关的背景的高级职员。这种集成化的信息审计方法由 5 个阶段组成：

(1) 宣传启动(promote)阶段

此阶段的目标是寻求对信息审计的支持和合作。其工作分为三步，头两步由工作组完成，第三步由审计师完成。

第一步，宣传信息审计的好处，通过召开会议和研讨会来解释信息审计的作用，本组织为什么要开展此工作，目的是增进大家对信息管理的战略重要性的理解和重视，消除职工中的怀疑或敌意。

第二步，促进全组织的合作，主要通过获得行政首脑的签字同意来推动此项工作。

第三步，对该组织进行一次初步的调查，以便初步评估一下整个组织的认识水平和信息资源的价值，确定本次信息审计的水平（如支持的力度、适用的方法等），形成一个初步的工作框架。

(2) 调查(identify)阶段

此阶段以开展一次自上而下的战略分析起步，了解该组织的任务、环境、内部结构和文化，识别其信息资源和信息流程（作为识别组织的任务与信息资源之间的战略联系的总目标的一部分）。其工作分为六步，前四步由某个工作小组实施，后两步由审计师负责完成。

第一步，识别和界定该组织的任务。为了恰当地说明信息资源的价值和重要性，为信息审计过程和制定信息战略提供全面的战略指导，全面了解一个组织的任务是很必要的。具体做法是：①采用 Abell 的业务定义框架（由 D. F. Abell 在 1980 年提出）来界定一个组织的业务，看它将来是继续扩展原来的业务，还是推行多样化策略；②采用 Synnott 的业务记录分析法来识别组织的目标，评估如何平衡组织为实现其战略目标采取的行动与资源二者的关系；③采用关键成功因素分析法(CSF)，研讨分析关键任务/行动和相关的信息资源。

第二步，识别和界定该组织的环境。这里主要指的是了解影响该组织的政治、经济、社会和技术因素(PEST)。为了全面了解该组织的信息需要，保证信息解决方案能适合特定的业务环境，这样做是很必要的。具体做法是：①采用 PEST 分析法来识别环境的影响；②采用迈克尔·波特的竞争力模型来识别该组织的竞争地位、影响该地位的竞争力量以及信息资源在其中发挥的作用。

第三步，识别和界定该组织的结构。一个组织的结构将决定该组织的信息流程，它可能便于或妨碍某一信息战略制定。信息战略又取决于该战略与组织的结构之间的兼容性。具体做法是：①识别基本的组织结构（可以是一种传统的功能模型，也可以是过程模型）；②采用明茨伯格(Mintzberg)法来确定该组织的结构/战略的匹配性；③采用类似于信息流分析法识别基本的信息流程要求。

第四步,识别和描述组织的文化。组织的文化会影响该组织对待信息的价值观,影响信息流动的方式和信息利用方式。因此,有必要确定组织文化如何影响信息战略的制定。具体做法是:①采用利益集团分析法,识别和跟踪主要利益集团对信息战略的影响;②采用莱文(K. Lewin)的力量场分析法,诊断和评估那些会影响信息战略的能动性力量的限制力量。

第五步,识别信息流。根据对组织的信息流的定义来识别该组织的一般信息流模式。

第六步,识别组织的信息资源。初步建立该组织的信息资源目录,然后访问信息用户、评价了解每种信息资源与它所支持的活动的关系。具体做法是:①建立一个数据库来存储有关每一种信息资源的信息;②面访参与者,向他们提供一份列有关键任务和相关信息资源的清单,请他们评判这些信息资源对有关任务的价值(采用与分制)、功能和实际利用状况(包括任何问题和改进措施)。

整个调查阶段的主要成果是建立了一个完全的信息资源数据库,其中每一种信息资源都清楚地连接着该组织的任务、相关目标和行动。它还为说明该组织的任务(包括业务与信息战略的对应性)、环境、结构和文化之间的战略匹配性提供了丰富的资料,并且突出了问题所在和未来的目标,为下一步的深入分析奠定了基础。

(3) 分析(analyse)阶段

分析阶段的目标是分析和评估该组织的信息资源,制定行动计划,以便改进工作,达到预期的目标。具体做法有四步。前三步由审计师完成,他可以咨询适当的管理人员。最后一步由工作组完成。

第一步,评估信息资源。根据它们的战略重要性、利用状况及其他相关方法来评价,目标是为每一种资源寻找合适的管理战略。具体做法是:①战略重要性评估,评估每一种资源与它所支持的任务和目标的战略关系,然后赋值;②利用状况分析,分析每种资源应当或可能如何利用和正在如何利用,用户是否充分地利用了这种资源。然后,根据它们现实的战略重要性和预期的重要性来定位它们,以便为每一种资源找到一种合适的战略;③问题评价,分析问题的性质,是认识问题,可获得性问题,可访问性问题,还是适用性问题,然后寻找可能的解决办法。

第二步,绘制详细的信息流程图。说明谁在利用什么信息资源,载荷如何适用,为何适用。

第三步,编写初步的分析报告。概述信息审计过程、发现、建设及其他问题。

第四步,制定行动计划。识别和界定该行动计划所要解决的问题和实现的目标。

(4) 会计核算(account)阶段

会计核算阶段的目标是对该组织的信息资源进行成本核算,以便能计算出信息资源及相关服务的成本,将成本与价值及其效率进行比较,并把成本分析和成本建模作为制定和评估信息战略的组成部分。

信息资源的成本和价值衡量是一个有争论的领域。需要与企业的会计师沟通以保证计算方法的一致性和兼容性。然而,由于这方面的会计标准尚未完全建立起来,所以,已经提出的基于活动的成本会计法和基于输出的成本会计法具有一定的可用性。前者通过考察活动成本与信息资源利用的因果关系来衡量信息资源的成本。后者通过识别达到最低限度的质量标准将支付的费用与质量性能联系起来，并为每一种信息资源提供一种质量指标。还可以把两种方法结合起来用。

(5) 综合(synthesise)阶段

综合阶段的任务是报告整个信息审计过程，综合反映审计过程中的发现和提出的建议，目的是为该组织未来的信息资源管理提供统一的战略指导。分两步，第一步编写信息审计报告，全面详细地反映信息审计过程、发现和建议，供分析、评论和参考，由审计师完成。第二步制定信息战略，为该组织未来的、与其任务和目标相关的信息资源管理工作提供统一的战略指导和管理指南，由工作组完成。

5.3.2 企业信息资源规划

一个有效的信息资源规划可以提高生产率和效率，降低成本，实现技术集成，平衡人力资源，以及改善工作场所的气氛。其好处可包括：加快信息流动，简化信息收集，改善管理决策。企业要设立一个新的企业主管，即企业信息主管，他负责整个信息资源规划。信息资源规划应当审查记录和文档、缩微存储、信息光盘等信息系统和设施。

信息资源规划的方法：第一步，确定企业的信息需求，确定能否得到这样一种系统。第二步，一旦确定下来，管理者考虑影响信息资源管理成功实施的技术、组织和行为因素。需要考虑的技术因素包括：①所需要的专用软件和数据的概念模型；②数据处理、办公自动化和数据通信的作用。组织设计方面主要要考虑：组织设计政策中有无必要变革或调整，在新上的系统中的人员培训问题。行为设计方面需要考虑的有关管理者、专家和雇员的工作态度和工作环境的改变问题。

一个大企业的信息资源规划可以包括：①管理层的理解和承诺(承担义务和许诺)；②计划集成；③为实施所有系统而设立项目管理者；④建立信息系统架构；⑤支持信息系统的预算计划程序，保证新技术开发所需要的资金；⑥公正地评估规划；⑦完善信息系统规划；⑧做好标准化工作；⑨充分保证信息系统安全；⑩实现分布式信息处理。实施后评估要与原来的信息资源管理规划相互沟通。

信息资源管理的数据字典的作用与信息资源管理的两个重要阶段有关。第一阶段，信息需求分析和具体说明是一项很复杂的工作，需要数据字典的支持。其最终结果是具体建立一个企业模型，以识别和界定企业的业务功能和实现这些功能所需要的信息类别。该模型包括企业的主要活动、流程、信息流、组织限制因素以及概念。一旦模型建立起来，就可以对每一种业务功能进行详细的信息分析。第二阶段，建立信息模型，利用企业模型中的信息去建立一个形式化的、与实施无关的、数据库具体模型。要分析几种可以帮助把初始需求转换为最终的逻辑数据库设计的信息模型和支持工具，以便作出选择。数据字典中的元数据可用来提供专门化工具(用于构建数据库设计工作台)的数据视图。

5.3.3 企业信息资源管理的模式

企业信息资源管理分为集中式和分散式两种基本方式。这里的集中与分散并非信息处理设备在物理上的集中与分散，而是由企业组织的决策机制和管理体制所决定的信息资源的规划、控制、开发和使用的基本方式。

1. 集中式与分散式

(1) 集中式企业信息资源管理

"集中式"企业信息资源管理是将所有信息资源的配置、协调、控制和管理权集中在一个统一的信息管理机构中，企业中任何一个部门的信息资源需求都由这个集中的信息管理机构提供。集中式信息资源管理需要有集中式的主机系统、通信网络、用户终端和相应的集中式软件操作系统的支持。集中式信息资源管理的主要特点是：便于进行统一集中、高度专业化的资源管理与控制；有利于组织内全部信息资源的协调与平衡；便于形成统一的信息资源标准和操作规范；容易实现信息资源的完整性约束和安全性控制；并且可以使专业人员在专业岗位和环境中不断积累经验、充分发挥，以达到较高的技术水平。

(2) 分散式企业信息资源管理

"分散式"企业信息资源管理是将信息资源分别置于组织中各部门的直接管理和控制之下，各部门内部有自己的信息管理人员或机构，他们可以按照自己的意愿配置所辖的信息资源。其主要特点是：因分散的信息资源缩小了部门内的信息技术设备的规模和能力，降低了通信费用，使信息资源的技术成本和管理成本都比较低；由于信息资源直接由部门进行控制，能够较准确、迅速地满足部门内部的信息资源需求，信息资源的控制和使用十分方便。

集中式与分散式这两种信息资源的组织方式各有特点，并无绝对的优劣之分。确定信息资源管理的组织方式时，主要考虑到企业的决策原则、经营管理特点、信息资源需求以及在市场竞争中的基本策略、信息技术的发展水平等因素。此外，还可以采用集中与分散的组合方式，即部分信息资源要素或部分职能采用集中式，而另一部分则采用分散式。企业中常见的是：信息资源的规划、开发是集中进行的，而系统的应用和管理是分散进行的。

2. 信息资源管理实施的流程模式

经过多年的研究和实践，人们提出或总结出各种各样的实施方法和模式。

(1) 四步模式：①战略管理；②运作规划；③现期的战略目标与信息资源管理的可传递的项目之间的具体连接；④信息资源管理的评价和认可。

(2) 四要素架构：加拿大邮政公司(Canada Post)在成为信息资源管理领先者的道路上吸取了各种各样的经验教训。它的信息架构各个组成部分可看成为其战略数据和信息系统规划的建筑模块，横跨近期和长期。该架构的组成模块包括：①实施技术评估；②开发一个业务活动模型，一个业务实体关系模型和一个业务组织模型；③建立一个新的系统和数据资源目录；④制定一个战略规划和一个设施迁移计划。加拿大邮政公司根据经济效益、政治上的可接受性以及技术上的可行性来评估每一种实施方案。

(3) 五步模式：①建立一种关于如何制度化利用信息的哲学；②鉴别现在的信息处理中所有功能性组织；③确定这些组织之间现有的接口(界面)；④为每一个功能性组织制定相互协调的工作目标，以便消除重复和失误；⑤确定信息资源管理的正确方向，以保证每个功能性组织具有良好的成本-效益水平，包括定义具体的绩效目标，确定与之相匹配的成本费用等。具体的绩效指标必须包括：信息生产所用的时间、信息的形式、数据新颖性、信息产品中包含的信息的质量。

(4) 六步模式：杜克(Robert A. Duke)在1973年提出。即：①确定企业的信息需求和资源；②调查分析和评估这些信息需求的合理性；③确定所需要的信息库；④建立信息管理功能——认可和责任；⑤制定信息资源管理的政策、程序和标准；⑥开发和实施信息系统。

信息资源管理职能几乎全部分散到各个作业管理层的现象太常见了。然而，由于信息资源管理任务太重和太复杂，所以如果没有简明清晰的方向就不可能做好。有关信息资源管理的管理哲学方面应当阐述谁来执行信息资源管理的职能，同时还要阐述信息资源管理如何能用来提高组织的整体效益。虽然数据处理部门、印刷出版部门是与信息处理最相关的职能部门，但是，还是可以按照它的信息功能，采用一些具体指标来识别和标示一个特定的信息处理和信息管理部门。一种协作的方法可以使后续的信息处理步骤的成本和迟延最小化。

信息资源管理各功能组之间的接口：在信息资源管理功能中，现有的接口的数量和强度是这种协调的有效性的指标。5种接口是：①管理层的常设会议；②不同信息处理职能部门工作人员会议；③信息处理职能部门之间的正式的工作协调会；④职能部门之间的数据的物理传递；⑤设立一个正式的信息资源管理职能部门。

5.4 企业信息化建设与管理

5.4.1 企业信息化建设的内容和任务

企业信息化是指企业在生产、管理、经营等各个层次、各个环节和各个领域，采用计算机、通信和网络等现代信息技术，充分开发、广泛利用企业内外部的信息资源，不断提高生产、经营、管理、决策的效率和水平，逐步实现企业运行的全面自动化，进而提高企业经济效益和企业竞争力的过程；同时也是伴随现代企业制度的形成，加强企业运作控制，建成现代企业的过程。

1. 企业信息化的内涵

企业信息化是一个长期的持续发展的过程。其内涵也在发展变化中，由最初的简单单一到后来的复杂多样。不同的人对其理解也许会不相同。其内涵一般包括以下几个方面：

(1) 目标和目的：全面提高企业的经济效益和竞争力，服务于企业的发展目标。

(2) 技术手段：IT应用，硬件设施建设，软件系统设计、开发(或引进)和实施。

(3) 非技术手段：规划和部署，业务流程重组或优化，专家指导实施，全员培训。

企业管理信息化的实质是利用现代管理科学和信息技术建立现代信息网络系统，使企业管理活动各个环节通过信息的快捷流通和有效服务，实现资金流、物流和工作流的整合，达到企业资源的优化配置，不断提高企业管理的效率和水平，进而提高企业经济效益和核心竞争能力的过程。

企业信息化是一个过程，甚至就是一个管理的过程。它是利用计算机和网络技术，将计算机存储的信息通过网络传递到各个方面，实现信息的收集、传输与共享。信息化的水平反映在信息的质量、数量，传递的效率与共享的范围上。

2. 企业信息化的基本任务

(1) 生产过程信息化

生产过程信息化就是信息技术和自动化技术在生产过程中的应用，用自动化、智能化手段解决加工过程中的复杂问题，提高生产的质量、精度和规模制造水平。其中主要应用包括数控设备的应用、计算机生产过程自动控制系统应用、生产数据自动收集、生产设备自动控制、产品自动化检测及生产自动化覆盖等。生产过程信息化还可以细分为以下方面。

制造全过程信息化：包括标准与信息编码体系的建立和应用、产品管理、数据仓库及其应用、产品设计信息化、生产过程信息化、产品生产制造系统及其应用、生产管理系统及其应用。

生产设备电子化和智能化：采用含有先进的电子技术的自动化设备，或利用电子信息技术来改造传统的设备和工艺。

生产过程控制智能化和自动化：利用电子技术进行控制和监测。

(2) 研究开发工作信息化

研究开发工作信息化包括设计过程信息化和产品信息化。

设计过程信息化：产品设计、工艺设计方面的信息化。如计算机辅助设计(CAD)；研究开发信息的快速获取和有效利用；建立工艺设计与生产控制的信息系统。这是资金和技术密集型的企业，特别是高新技术企业，在企业建成投产之日就完成了的。几年来，国家经贸委与科技部一直致力于推进企业对计算机辅助设计、辅助制造系统在智能化工艺设计和生产控制流程中的应用。目前应用较为普遍的是计算机辅助设计(CAD)系统，设计信息化还包括计算机辅助工艺规程设计(CAPP)系统应用、计算机辅助装配工艺设计(CAAP)系统应用、计算机辅助工程分析(CAE)系统应用、计算机辅助测试系统应用、网络化计算机辅助开发环境、面向产品全生命周期活动的设计(DFX)系统二次开发与应用与产品建模、模型库管理与模型效验系统开发与应用。

产品信息化：产品信息化要使用好两个技术，一是应用数字技术，增加传统产品的功能，提高产品的附加值。比如，以往的模拟手机同现在的数字手机在保密性和性能方面无法同日而语，数字控制技术对机床的增值产生了数倍的影响；二是应用网络技术，网络冰箱通过网络管理中心进行控制，可以向用户通报何时需要添置新的食品，从而产生了新的附加值。产品的质量改变不大，最大的差别在于通过服务提高了产品的附加值。

(3) 市场与销售业务信息化

市场和销售业务信息化一般分为三个阶段。第一阶段是利用信息和信息技术来进行市场调查和预测。第二阶段是实现网络营销和电子商务。第三阶段是实现基于因特网的企业电子商务系统，大大节约经营成本，提高产品的市场竞争能力，提高经济效益。

(4) 财务管理信息化

企业财务管理信息化的发展过程一般是先实现会计电算化，然后实现成本控制和利润管理信息化。财务管理是企业管理的重中之重，也是企业信息化的核心内容。实践证明，许多信息化建设取得成效的企业，把财务电算化作为管理信息化的第一步，这是基于财务管理是企业管理的核心。只有有效地掌握并控制资金流，才能控制物流，进而控制生产经营的全过程。在财务管理信息系统的基础上，向其他领域的管理信息系统，如企业资源计划、供应链管理、客户关系管理等延伸，实现企业内部管理全过程所涉及的资金、物资、人才、技术信息流的整合。联想集团财务管理上做到信息化后，业务已经实现每一科目的费用都能实时上报，部门负责人可以随时获得截止当时的收入、毛利、净利的粗报表。

信息化后，财务从简单的记账，变成了财务分析。过去的商务是代理订单来了以后就开票，到财务去交账，然后代理到款和认款，认完款以后再核销，拿着财务票盖章以后去库房提货，再给代理发货，整个过程要经过许多步骤。现在的商务主要是制定信誉政策，对代理进行考核，没有任何地方需要跑腿，票都是代理端、用户端直接进来的，商务甚至看不到票。票同时到财务，财务根据该用户的信誉状况审核，审核通过后库房接到信息发货。货一发完，应收账就形成了，然后代理商直接把款汇到财务部门，财务部门核销、开发票。

信息化财务可以延伸到资金的管理，联想集团把资金优势和信贷政策看作是支持销售的一种手段，因此，公司应收账并不都是在每一笔销售时才进行审核的。但这需要一个复杂的计算模型。ERP 上线后，联想集团的财务能准确、实时地知道每个客户当前的账目情况、历史信誉记录，系统能自动执行能否发货的资金审核，减少了人为控制的难度和随意性，而且用户可以通过电子商务系统了解账务情况，并根据联想集团的信誉政策选择最适合自己的还款方式，大大地提高了客户的满意度。

(5) 管理决策信息化

企业管理决策信息化指企业通过各种信息系统的集成应用来支持企业营销、管理与决策，提高决策管理水平。主要包括：办公自动化系统的应用、管理信息系统(MIS)的应用、企业资源规划(ERP)系统及其应用、供应链管理(SCM)系统及其应用、客户关系管理(CRM)系统及其应用、辅助决策支持(DSS)系统及其应用及电子商务系统的应用。

5.4.2 企业信息化的发展过程

企业信息化起源于制造业。20 世纪 50 年代，电子数据处理技术、数控加工和数据绘图等相继出现，为企业信息化提供了一定的技术基础。1952 年美国麻省理工学院研制出第一台数控机床，并很快投入航空工业使用(用于飞机复杂型面零件的加工)。我国于 1958 年开始研究数控机床。

在管理方面，满足需求和消耗资源最少成为制造企业当时面临的突出矛盾。探求解决此矛盾的理论和方法，是现代化制造管理研究的焦点和进步的动力。保证需求且最为经济的计划就成为制造业管理理论研究的永恒主题。随着企业在社会中的作用范围的扩大和企业对资源理解的深化，不同历史时期出现了不同的计划概念和方法以及相应的管理软件。

1. 20 世纪 60 年代以前

当时很多的企业主要围绕着考虑问题成本，在节约产品成本上下工夫。在生产战略上追求的是大批量、低成本，当时信息系统围绕着库存控制展开。于是，出现了“订货点管理”理论。所谓“订货点”就是根据经验确定的物料库存储备的数量。它等于单位时间的需求量乘以订货提前期加上安全库存量。当时企业较为封闭，制造资源矛盾的焦点仅仅是物料。生产中多余的消耗和资源分配的不合理首先表现在多余的库存上。制造企业的计划管理的焦点就是确定合理的库存水平和选择补充库存的策略。因此，“订货点法”就成为最早的科学计划理论。但是，它没有解决何时需要物料等一些重要的问题。

2. 20 世纪 60 年代

此时，可应用于企业的技术开始增多。例如，相继出现了计算机数控机床(DNC/CNC)、单台数控向加工中心发展，第一代 CAD 产品开始问世。计算机信息管理由事务处理系统(TPS)或电子数据处理系统(EDPS)向管理信息系统方向发展。

在管理方面，20 世纪 60 年代追求的是速度，是内部协调信息集成。针对“订货点”法的缺陷，美国库存与控制协会提出了新的库存与计划控制方法——计算机辅助编制的物料需求规划(material requirement planning, MRP)。它与订货点法有三点不同：一是通过产品结构将所有物料的需求联系起来，二是将物料需求区分为“独立需求”和“相关需求”(IBM 公司的管理专家 Joseph Orlicky 博士提出)，三是对物料的库存状态数据引入了时间分段的概念。所以早期的 MRP 又称为时段式 MRP。所谓时间分段，就是给物料的库存状态数据加上时间坐标，解决了何时需要订货的问题。它以“相关需求”原则和最少投入及关键路径为基础，解决了生产计划合理性、库存合理管理、设备充分利用和作业均衡安排等问题。当时，多品种小批量生产被认为是最重要的生产模式。MRP 是在“订货点管理”的基础上的较大改进，并在计算机上成功实现，主要用于订货管理和库存控制，可在数周内拟定零件需求的详细报告，应用于补充订货及调整原有的订货，从而适应生产变化的需求。

MRP 的特点是利用生产调度(MPS 即主生产计划)、物料用量清单(BOM)、库存信息和未交货清单等资料，经计算得出来的物料需求。在制定采购计划时，根据生产消耗的速度与采购周期来确定安全库存量。生产消耗速度越快，安全库存量就定得越高。当库存降到订货点时，剩余库存可供消耗的时间应正好等于物料采购所需的时间。此时就要进行采购活动，以补充物料消耗。MRP 系统的逻辑流程如图 5-1 所示。

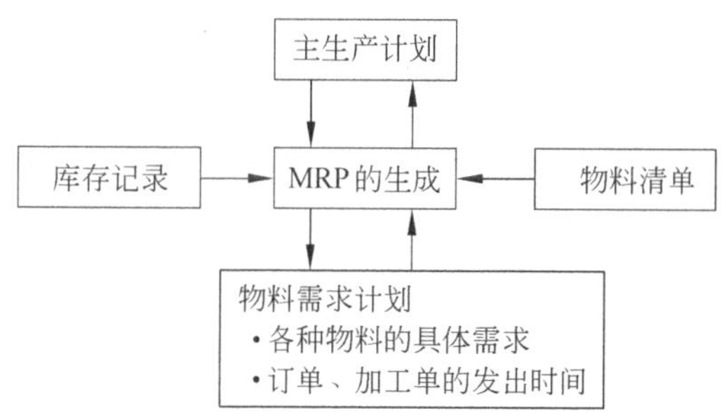

图 5-1　MRP 系统逻辑流程

3. 20 世纪 70 年代

此时加工中心开始向柔性制造系统发展，CAD→CAPP→CAD/CAM。沈阳飞机制造公司举办了我国第一次 CAD 会议(1974 年)，拉开了我国研发 CAD/CAM 的序幕。

企业界看到了质量、工序控制、降低管理成本、提高管理绩效的重要性。管理理论方面，提出了闭环 MRP 和管理信息系统的概念，促进了企业信息化建设。

因为物料需求计划需要通过车间作业管理和采购作业管理来实现，还必须受到生产能力的约束。所以，仅有时段式 MRP 还不够，于是，又提出闭环 MRP 系统。所谓闭环 MRP，一是指把生产能力计划、车间作业计划和采购作业计划都纳入 MRP 中，形成一个封闭系统；二是指在计划执行过程中，利用来自车间、供应商和计划人员的反馈信息进行计划调整和平衡，使生产计划方面的各个子系统协调统一。其流程是：计划—执行—评价—反馈—计划(见图 5-2)。在这一计划理论中，企业对资源的计划和控制，从物料扩展到与生产能力相关的人力和设备。闭环 MRP 的特点是可对生产计划进行产能负荷分析。当主生产计划发生改变时，可对其产生的影响及时作出反应，加强各系统之间的联系。例如，当编制主生产计划时要对生产及供应能力进行测算，如不可行就更改主生产计划。同样，当生产和供应出现问题时，信息也将反馈回去，及时修正主生产计划，在生产、供应与计划编制之间形成一个闭环，从而达到动态控制。①

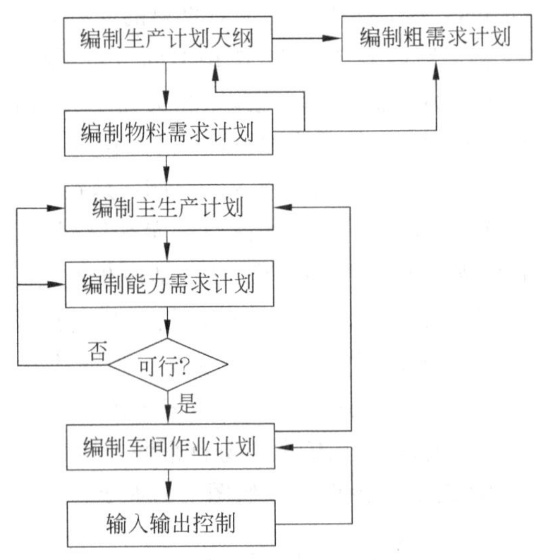

图 5-2　闭环 MRP 系统逻辑流程

管理信息系统则是 20 世纪 60 年代中期在事务处理系统(TPS)的基础于逐步发展起来的。TPS 只能处理企业操作层的数据，而 MIS 则可以从管理层的角度对企业生产、经营和管理进行定量化处理和分析。MIS 的主要服务对象是企业的管理层。它可以支持企业的业务管理，如车间调度计划安排、库存管理等，将处理结果以数据库的形式进行统一存储。如库存管理系统对物资的入库、调度、出库、盘点等活动进行记录，产生活动记录数据库。它还可以支持企业的高层管理，对大量的数据和信息进行查询和统计工作，以报表或图形用户界面的方式输出，使管理者能有效地掌握职能部门内的关键数据和综合信息，为管理者的决策提供信息支持。

---

① 杨学山. 企业信息化建设与管理. 北京：北京出版社，2001，61～65.

MIS 在企业中有不同的应用形式，这些形式与企业的部门职能划分相对应，如市场营销系统、财务系统、生产系统、库存系统、人力资源系统等。而物料需求计划（material requirement planning，MRP）系统和 20 世纪 80 年代出现的制造资源计划（manufacturing resource planning，MRPⅡ）系统则是 MIS 在制造行业的典型高级应用形式。

4. 20 世纪 80 年代

自 20 世纪 80 年代起，CAD/CAM 向 CIMS 方向发展，我国成都飞机公司的 CIMS 工程启动（1989 年）；MIS 逐渐向 DSS 和 SIS/EIS 发展。

在管理理论和相应的管理软件方面，提出了 MRPⅡ和 JIT 等管理模式的概念。MRPⅡ（见图 5-3）以 MRP 为核心，将生产活动中的财务管理和成本控制以及销售管理和市场预测等环节与闭环 MRP 集成到一个系统中，使之成为管理整个企业的一种综合性工具。MRPⅡ包括了生产管理、供应管理、销售管理、质量管理、财务管理、会计管理、成本管理等功能。它把物料、人员、设备、时间、资金和信息等都作为企业的重要资源，通过对上述资源的全面控制，动态协调，从而达到合理库存、降低成本、提高效益、改进管理的目的。

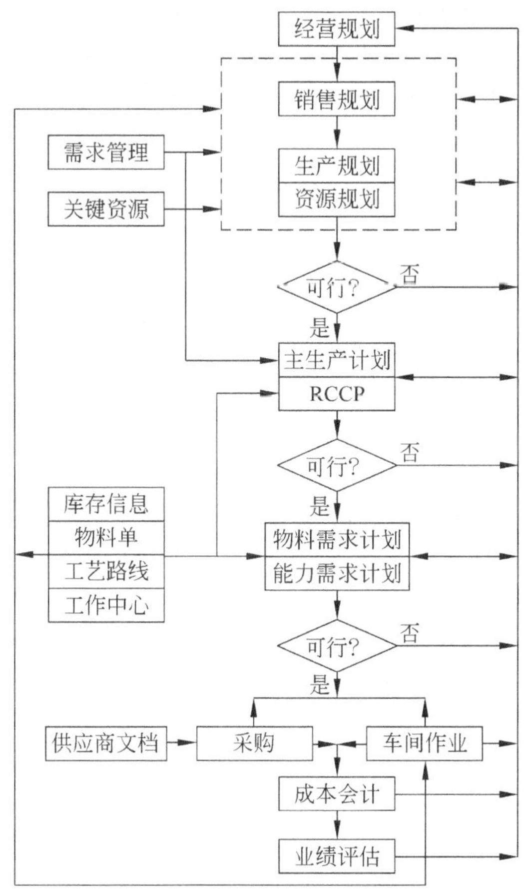

图 5-3　MRPⅡ系统逻辑流程

MRPⅡ是在先进的计算机网络技术支持下，覆盖企业生产制造活动所有领域，有效利用制造资源的生产管理思想和方法的一种人-机应用系统。企业可在周密的计划下有效地利用各种制造资源，控制资金占用，缩短生产周期，实现企业制造资源的整体优化。同时，也可使管理人员从复杂的事务中解脱出来，把精力放到提高管理水平上。我国沈阳第一机床厂在 1980 年引进了第一套 MRP 软件。

随着 IT 的不断发展，MRPⅡ业不断发展。其表现形式为：融合其他的先进管理思想，如准时制生产(JIT)、全面质量管理(TQM)、优化生产技术(OPT)等；利用中远程通信和因特网，提供生产厂与分销商集成的分销资源系统，多工厂的集团管理系统、供需双方业务联系的数据交换系统等。MRPⅡ将实现与其他生产技术的连接，如 CIMS、CAD/CAM、FMS 等。

5. 20 世纪 90 年代

这个时期个性化需求大大提升，要求企业必须有足够的应变能力，所以柔性制造(FMS)和注重内部管理的信息系统也就摆在了企业管理的优先位置。20 世纪 90 年代初，Guartner Group 提出了“企业资源计划”(enterprise resource planning，ERP)的概念。它在 MRPⅡ的基础上扩展了管理范围，给出了新的结构，把客户需求和企业内部的制造活动以及供应商的制造资源整合在一起，体现了完全按用户需要生产的思想。

其基本思想是将企业的业务流程看作是一个紧密相连的供应链，其中包括供应商、制造工厂、分销网络和客户等。将企业内部划分成几个相互协同作业的支持子系统，如财务、市场营销、生产制造、质量控制、服务维护、工程技术等，还包括对竞争对手的监视管理。同时，由于企业追求的目标是利润最大化，而现代企业管理的核心是动态地对企业进行控制，具体表现为企业的动态利润分析，而其内涵则是追求企业资源的合理高效利用。为此，在管理技术上，ERP 更加强调对资金流和信息流的控制，即将对供应链的管理上升到对价值链的控制。另外，ERP 已打破 MRPⅡ只局限于传统制造业的格局，把它的应用伸向各个行业，如金融业、通信业和零售业等。

ERP 的特点可以概括为 4 点：①超越了 MRPⅡ的范围和集成功能；②支持混合方式的制造环境；③支持动态的监控能力、模拟分析和决策支持；④支持开放的 C/S 结构、开放的关系型数据库、4GL 和 GUI 等。

传统 MRP 对于产能的知觉是不敏感的，由计算机计算出来的生产计划，往往无法满足车间对于细部排产的需要。因此，有些用户在选择 ERP 时将计算机细部排产列为重要的需求，部分软件也号称在计算机细部排产方面有完整的解决方案。但是，用户真实使用的情况如何？深入调查发现，有不计其数的因素影响 ERP 细部排产。如果没有人工介入或操控，计算机很难完全胜任细部排产的工作。可以说，ERP 应用中，细部排产是一道坎。

由此可见，相对于短期的细部生产排程，计算机其实更适合处理中长期的主生产排程。掌握瓶颈资源进行主生产排程，较为可行而且更有参考价值。瓶颈资源(bottle neck resource)指的是众多生产设备中最常发生瓶颈的设备，它是生成主生产排程的关键因素，因为牵涉因素少，规划周期长，因此可行性较高。

主生产排程对于产销协调、产能规划等工作，都具有非常高的参考价值，相对而言也易于通过计算机实现。而细部排产工作，最好由车间领班以手工方式来进行。一般制造型企业，大多将细部排产视为车间领班的工作，如果由主管来进行，由于不直接领导车间内的生产、技术人员，对车间的详细情况缺乏了解，常常会事倍功半，费力不讨好。

因此，用户在选购 ERP 时应求真务实，不可迷信计算机细部排产，更不可将计算机细部排产列为 ERP 选型时的考虑因素。诚然，计算机技术在数据存储、传输、逻辑运算等方面远远优于人工，但在诸如细部排产等管理与沟通相融的环节中，人工反而比计算机优越得多。

5.4.3 企业信息化建设规划与实施

1. 企业信息化的组织和规划

(1) 企业信息化的组织建设

首先，企业信息化建设必须建立分工明确、责任到位的组织机制。组织建设的原则有 3 条：一把手原则；设立信息化建设领导小组，实行集体领导；信息主管与信息中心具体负责。职责可分为决策层、技术层、管理层和执行层。企业一把手和决策层的高度重视与科学决策，是推进企业信息化最重要、最关键的前提条件。企业信息化涉及对企业管理体制的改革和业务流程的再造，必须始终得到决策层高度一致和全力的支持。

其次，企业管理的各个层面也必须积极响应、有效配合。其中包括企业各层领导对于企业信息化的认知与推动，制定相应的企业信息化总体规划和实施方案、机构设置，企业管理基础、企业资源整合与优化以及企业信息化人才培养和基础设施建设。

技术层要从企业的实际出发，借鉴国内外同行业或同类企业的经验，研究制定科学合理的企业信息化建设方案。要坚持技术性能的先进性与适用性相结合，符合信息技术发展的趋势。既要重视信息化建设方案的个性化，又要善于利用软件开发、系统集成、运营维护的外包方式。

执行层，包括信息主管与信息中心以及全体员工。信息化需要全体员工的共同参与，才能实现顺畅有效的信息采集、处理、传输与共享。因为最原始的财务数据、生产数据、销售数据、采购数据等都来自于生产经营管理的一线。唯有原始数据采集准确，才能确保汇总信息的真实可靠。

(2) 企业信息化的规划

企业信息化建设要贯彻“统一规划，阶段实施，不断完善，逐步升级”的原则。

企业要从自身的战略目标出发，综合分析企业的生产能力、技术水平、产品结构、研发实力、管理方法、人员结构与素质、市场竞争力，以及影响企业发展的各种因素，认真分析企业的真正需求，弄清楚企业为什么要搞信息化？要达到什么效果？经过充分的论证，制定出企业信息化的总体规划，然后分步实施。企业信息化是为企业的战略服务的，要服从企业的发展目标。确定信息化建设优先顺序的基本原则是效益优先，兼顾投资规模和实施难易程度等因素。逐个分析各个目标需要什么信息技术的支持，再来制定信息化规划。

企业信息化规划必须包括以下方面，并予以充分重视：

① 统一的信息化平台规划。信息化基础平台一般应包括硬件、网络、集群数据中心、数据仓库等设施，并要考虑向未来的新技术平台的延伸，如无线、语言平台等。

② 应用系统的规划。信息化的内容非常广泛，不可能一下子全部实现，这就决定了企业信息化建设是一种长期性的投资。全面信息化必然涉及企业所有的经营管理领域。每个领域现在都已经有相应的应用系统存在，如 ERP、CIMS、CRM(客户关系管理)，SCM(供应链管理)等。其中，ERP 及 CIMS 主要应用于企业或集团企业内部涉及产、供、销、人、财、物的各项作业流程，CRM 主要应用于市场和客户的营销管理及售后服务等领域，SCM 主要应用于供应链的计划优化和协同作业。虽然信息化建设从什么地方起步并无绝对的规定，但不同行业不同企业对信息化的需求是不同的，必须根据每个企业的经营战略需求做好信息化长远规划，以解决最迫切和急需的问题作为企业信息化的切入点。

③ 信息资源综合应用规划。许多企业总是感到信息化建设效率不明显，应用系统一个个陆续上线，而老总们还是不能及时获得一目了然、准确一致的信息。为什么？就是信息资源综合应用和深度开发利用问题没有解决。所以，信息资源综合应用从一开始就要纳入企业信息化的总体规划。

此外，还要考虑企业信息化的投入与产出，包括企业信息化总体投入状况，企业信息化投入所占比例及每年增长状况，投入资金在不同项目中的分配状况以及企业信息化投资所带来的效益。还要确定规划的时限、方法、态度，收集有关信息，评价企业现状，设立目标，明确实施的先后顺序，确定工程成本，实施进程安排。

2. 信息系统的建设策略

首先要解决好系统选型问题。"为信息化而信息化"，这是选型工作的大忌，会误入迷途，导致信息化无果而终。要牢记"知己知彼"的原则，在软件选型前，必须进行业务流程分析和信息流程分析，在理解应用系统(如 ERP)的基础上明确企业的管理需求，了解软件商和咨询顾问公司的特长，能不能满足本企业的需要。在此基础上制定信息系统的建设策略：购买现成的系统，或者外包，或者自行开发和使用者自建系统。

信息系统类型很多，在技术方面有 CAD、CAPP、CAM、CAE、GT 等，在管理方面有 ERP、OA、EAM、TPM、WMS 等，在自动控制和数据采集方面有 DCS，在质量管理方面有 SPC 等。这说明企业信息系统选型是一项涉及面很广，需要全面规划的系统工程。

如果企业要引进某一套 ERP 系统，企业领导和信息主管(CIO)必须深入思考下列问题：企业现行的管理模式与这套应用系统的管理模式有多大差距？按照这套应用系统的要求重构业务流程的难度和风险有多大？是完全采用这套应用系统，还是选用其部分模块？该应用系统与企业现有应用系统的数据接口有多少？这些接口由谁来做？由软件供应商做，还是企业自己做？

如果企业已经实施了 CAD 和 PDM 系统，为了缩短产品上市时间，需要联合合作伙伴，实现网络制造和协同商务，这需要 ERP 甚至 SCM 的支持。降低成本是 ERP 的拿手好戏，而缩短货款回收期要求掌握客户的信息，管理好客户关系，就需要 CRM。当企业发现单靠企业自身的力量仍然不能开发出高附加值的产品，需要联合其他合作伙伴合作开发，这就需要协同产品商务(CPC)的支持。每一种系统对实现期望值的作用是不同的。现在需要 CIO 决策了，先上什么，后上什么。如果几个系统一起上，如何控制投资，进度如何配合，系统之间如何集成以及一系列的技术问题，都将成为选型时要考虑的重要问题。

3. 业务流程重组(BPR)

业务流程重组(business process reengineering,BPR)是指以业务流程为中心和改造的对象,以关心和满足用户(指过程的接受者和使用者,包括企业内外的用户)的需求为目的,对现有业务流程进行根本性的再思考和彻底地再设计,利用先进的制造技术和信息技术以及现代化管理手段,最大限度地实现技术上的功能集成和管理上的职能集成,打破传统的职能型的组织结构,建立起面向流程的组织结构,以实现企业在速度、质量、效率和灵活性等方面的经营能力的巨大提高(M. Hammer,1993 年)。所谓流程,是指集合各种"原料",制造出顾客所需要的产品的一系列逻辑相关的活动。

(1) 企业业务流程重组的必要性和作用

从上面的定义可以看出,BRP 的目的是提高整个流程的效率,更好地满足顾客的需要,在新的环境中获取新的竞争优势。通过将流程中的各个环节有机地组织在一起,密切相互间的协作关系,找出能增加价值的作业,消除不必要的或重复性工作,减少环节间的延迟,从而优化整个流程。它从原有的流程出发,但不拘泥于原有的流程。它强调对原有流程的根本性改造,而不是对原有流程的逐步改善。

企业信息化与业务流程再造是相互作用的。信息化建设使得业务流程再造成为可能。信息技术可以突破劳动分工的束缚,MRP、ERP 等信息系统消除了环节间的壁垒和迟延,提高了每个人的生产效率。早期 BPR 项目大多没有达到预期目标(BPR 理论提出者对其设定的目标为:生产周期缩短 70%,成本降低 40%,顾客满意度、产品质量和总收入均提高 40%等)或者失败,重要原因之一是没有很好地应用 IT 技术。业务流程再造的实现可以为信息化建设提供更合理的业务流程,使得信息技术在业务活动中发挥更大的作用。MIT 的研究人员在 1984—1991 年间进行的一项名为"90 年代的管理"的研究显示:信息技术应用没有成效的企业大多是用计算机信息系统模拟手工业务处理流程。而成功的企业在应用 IT 的方式上则考虑到计算机化管理的特点,并对手工业务处理流程做了很多改变。

(2) 业务流程重组的方法和步骤

BRP 的基础工作是业务流程分析,包括:①业务流程的逻辑结构分析,了解传统的逻辑结构与新的逻辑结构的差别;②业务流程内涵分析,了解每个流程内包含的事件、结构、状态(义务和权利)、业务原则。

不同行业和企业有不同的业务流程。同一企业内也有不同类型的流程,如订单处理、产品开发、服务、销售和行政管理等。组成流程的基本因素有:活动、活动之间的逻辑关系、活动的承担者、活动的对象、活动的实现方式。活动可分为简单活动和复杂活动,简单活动一般由一个或少量动作组成,复杂活动由较多或大量的动作组成。活动之间的逻辑关系是指为完成某一工作不同活动之间的连接方式,如串行方式、并行方式和反馈方式。活动的承担者指活动的主体,包括从事活动的个人、组织、机器以及责任人。活动的对象一般指原材料、零部件、物件、货物等。活动的实现方式指活动承担者从事某一活动所采用的技术、工具、方法等。

流程再造的主要内容可概括为:清除、简化、整合、自动化。清除就是要把原有流程中不能起增值作用的活动清除掉,如过量产出、等待、重复、迂回、不必要的传递等。简化包括机构精简、程序简化、表格简化、技术简化、沟通简化等。整合是指活动的整合、人员整合、客户整合、供应商整合等。自动化是指在完成前面3项内容后，选择一些或全部流程环节、活动，应用信息技术，实现自动化。

BRP的实施模式通常有：根本改造模式和局部改造或优化模式。前者难度大，风险大，效果可能比较显著。后者难度和风险较小，效果也可能不太明显。实施阶段一般分为：了解客户需求，识别和分析业务流程，新流程的设计和创新，新流程试运行，评价与调整，新流程的制度化。实施过程中要注意的重要事项：明确目的，高层支持，营造环境，权威指导，制度保障。

4. 企业信息系统设计与实施

企业信息系统设计应当坚持效益驱动、标准化、面向用户、改革(创新)的原则。

设计工作分为基本设计和详细设计。基本设计要明确阐述系统的外部条件和资源需求，明确规定系统实施过程，完成系统的概略设计。它回答下列问题：建设一个什么样的系统？需要什么样的资源？如何建成这个系统？企业领导、有关部门的主管、外部的管理和技术专家要对基本设计方案进行严格的审议。详细设计的任务是：明确参与人员的职责、工作量、进度；对基本设计的确认与细化；制定命名规则；系统功能分解；系统功能设计，对各个功能模块和对象进行必要的详细说明；报表设计；系统公共模块、公共变量、代码、接口的设计；数据库和文件设计；确定测试要求，包括单元测试、集成测试、系统测试；制定编程规范。详见第9章。

系统实施前需要进行设备采购和招标。采购方式有3种：货比三家、竞争性招标、直接采购。设备采购最重要的问题是决策、保密、分权和防止黑箱操作。

系统实施是根据信息化规划确定的信息系统框架和实施方法、计划，将信息系统加以实现。系统实施可以有3种模式：对已有系统的重新包装；对系统提供商提供的系统组件进行裁剪组合；对新系统/组件进行编码开发。系统实施的原则：先试点，三同时(设计、施工、投产使用)。

系统实施步骤：①调整机构，人员定岗，机房建设，硬软件测试，人员培训；②编制程序，建立数据库；③系统调试，用户培训，系统试运行/系统切换；④系统验收与管理。验收工作包括验收的组织、验收过程管理，报告与文档的审查和管理。管理主要包括系统运行管理、标准规范的建立、安全管理和人员培训。信息系统运行维护阶段的工作包括：技术与系统培训、运行管理制度制定、信息系统运行、系统日志建立、运行性能评价和信息系统调整等。①

5.5 企业信息化的发展和深入

进入21世纪，我国提出了新的发展战略：以信息化带动工业化。企业信息化也进入了因特网时代和协同商务时代。企业由注重内部流程管理的信息化转向外部流程管理的信息

---

① 杨学山.企业信息化建设与管理.北京：北京出版社，2001，186～188，195，212～214.

化，并利用因特网这个大平台，将ERP的功能向前方和后方延伸。这样，在ERP的基础上延伸或发展出客户关系管理、供应链管理、协同产品商务、产品数据管理、产品生命周期管理、制造执行管理系统以及与内外部知识源相接的知识管理(见第12章)。

5.5.1 客户关系管理

由于市场竞争越来越激烈，企业间的竞争由产品竞争、品牌竞争，转向服务的竞争。谁能掌握住客户并加强与客户的联系，谁就有可能取得市场优势。

1. CRM的含义和类型

客户关系管理(customer relation management，CRM)首先是一种管理思想：核心是把企业的客户视为最重要的企业资源，要通过深入的客户分析和完善的客户服务来满足客户的需要。CRM又是一种管理机制：以客户为中心来构筑企业架构，主要体现在企业的市场营销、销售、服务和技术支持等与客户直接相关的环节。要完善对客户需求快速反应的组织形式，规范以客户为核心的工作流程，不断开发客户驱动的产品和服务设计，以培育客户的忠诚度。CRM还是一种管理技术：把最佳商业实践、数据仓库、数据挖掘、商务智能、一对一营销、销售自动化、呼叫中心以及其他信息技术紧密结合在一起，为企业提供一种新的业务解决方案。

CRM系统的常见类型有：①呼叫中心(CTI)：以电话为主要渠道的客户互动，并将电话与计算机系统整合在一起。②网上协同(Web collaborate)：通过万维网向客户提供帮助。③销售自动化：一种纯软件产品，包含了行销、业务、服务等商业过程。④数据发掘(data mining)：运用数学模型来分析企业内的大量资料，以发现不同的客户或市场，推测消费者的行为和偏好。

2. CRM系统的结构

(1) 客户资料管理模块：对来自各部的客户信息，包括客户基本资料、销售历史、服务历史、各种会议记录等，进行科学管理，以利于全面地分析客户。此外，还有客户价值管理(根据利润贡献度来分析客户)。

(2) 市场营销管理模块：对市场营销活动按项目和事件进行管理，并对产生的效果进行评估。又可分为：市场促销管理、市场分析管理、市场预测管理等。

(3) 销售业务管理模块：包括鉴别线索、接近潜在客户、客户对产品的评估、市场分析、客户决策、签单/丢单分析等销售环节的管理，同时提供宣传材料发送管理、信件模块管理、产品资料管理、销售日志、报价管理、订单管理等。

(4) 客户关怀与服务管理：除提供呼叫中心接口外，还记录客户的投诉及处理记录过程，记录客户的问题和解答情况、问答解答度管理、技术支持、售后服务记录等。

3. CRM项目的实施及其效果

成功实施CRM的4大要素：①建立新的管理理念；②营销体系重组；③以企业内部ERP系统为基础；④采用ASP模式。实施CRM的6个阶段：①考察和探索；②确定

CRM 的实施目标和途径；③建立商业模型，包括企业组织机构调整；④规划和定义解决方案；⑤系统开发；⑥系统运行，实现 CRM 的价值。

目前，大多数零售企业都部署了呼叫中心和数据采集 CRM 软件，并开始尝试应用分析学和客户划分技术，希望将来能够根据不同顾客的购买习惯向顾客提供特别建议和销售刺激。未来的零售商 CRM 将能使用统计数据和算法从数据中采集谁可能购买某种产品的信息。由于销售的性质和监管要求的原因，制药行业中的 CRM 与众不同。销售代表用 CRM 收集和报告有关不利事件或赔偿问题的信息，这些信息常常由负责采集和帮助完成这些交易的专门的呼叫中心来处理。医院采用 CRM 可以控制费用、培养患者忠诚度以及提供更好的服务的需要，一些医院考虑采用 CRM，包括呼叫中心支持和自助服务功能。在制造企业，经理通过登录 CRM 系统，就能够得到所需要的资料，雇员可以看到哪些顾客访问网站以及他们查看的信息类型，客户可以利用 CRM 通过因特网订购商品。金融服务行业在使用 CRM 软件上处于领头羊的位置，因为金融服务业是一个完全基于信息的行业。购买喜好、家庭需要和退休计划属于那些必须被仔细跟踪以使金融服务机构可以根据个人需要定制产品的信息。美国纽约银行由于采用了 CRM，现在可以为该公司分布在 30 个国家的 1650 名销售雇员提供一幅单一的、整合的与银行打交道的每一位顾客的视图。

据调查，采用 CRM 时遇到的最大困难是：①集中并维护各种数据；②让使用者接受 CRM；③评估项目 ROI；④让技术与流程相配合；⑤客户化 CRM 工具。CRM 的应用效果如何呢？接受调查的 501 位销售主管在应用 CRM 后认为数据管理有巨大进步的占 25.7%，取得较小进步的占 44.9%，没有可衡量的进步的占 17.8%；不知道的占 11.6%。[①]

5.5.2 供应链管理

激烈的竞争环境使企业不仅要充分利用企业内部的每一种资源，还要充分利用好外部的一切资源。为了增强竞争优势，各企业纷纷将它们的生产经营活动集中在自己的核心业务上，而将其他业务交给别的企业去处理。例如，目前美国工业企业平均外包费用为销售额的一半以上。最近十几年来许多企业的实践充分表明，有效地管理供应链是企业成功的重要标志之一。

1. 供应链管理的含义和特征

供应链是由物料获取并加工成中间件或产品，再将成品送到消费者手中的一些企业和部门构成的链条或网络。供应链管理(supply chain management，SCM)就是协调企业之间(从供应商到顾客)整个链条上或网络中的信息流、资金流和物流，将狭义的企业内部业务流程扩展为广义的行业供应链。它是对由供应商、制造商、分销商、零售商到顾客所构成网络中的物资流、信息流、资金流进行计划和协调，使其成为一个完整的过程。供应链中的实体包括供应商、工厂、仓库、分销中心和零售商。这些企业实体共同负责与一类或多类产品相关的采购、生产并最终将产品送达顾客等各项活动。他们的活动包括：订单处理、原材料或在制品存储、生产计划、作业排序、货物运输、产品库存、顾客服务。从运行机制来看，供应链

① CRM走向垂直化. www.ccw.com.cn，2004-11-08.

是一个过程，即根据顾客订单，通过原材料供应、存储、产品生产、产品送达顾客的一个物品的移动过程。有效的供应链管理是指：在不降低质量、不降低顾客满意度而使成本不断下降的前提下尽快协调各环节的活动。

供应链管理的基本思想就是“横向一体化”，即把原来由企业自己生产的零部件外包出去，充分利用外部资源，跟协作企业形成一种水平关系、平等关系。典型的供应链上有一个起核心作用的企业。核心企业是供应链上信息流和物流的协调中心，它的下游是从销售商到用户，上游是供应商和供应商的供应商。信息流和物流必须有机地协调运作，才能实现供应链的整体效益和真正获得竞争力。

供应链管理的主要特征有：①强调企业的核心竞争力和识别本企业的核心业务；②横向一体化的思想；非核心业务外包；③合作性竞争，多赢竞争；④以顾客满意度为目标的服务化管理；⑤追求物流、信息流、资金流、工作流和组织流的统一；⑥更加关注物流企业的参与；⑦借助信息技术实现目标管理。

2. 实施 SCM 的主要技术

(1) 计划优化技术。计划和调度在 SCM 系统中处于中心位置，是连接企业内部制造系统与外部市场供销的枢纽。整体供应链计划优化涉及由原材料供应直至交货发运的全过程，要同时考虑生产和运输的成本和约束，相关的决策变量可能遍布全球，数量可多达上百万个。要在如此复杂的系统中实现优化，完全基于约束条件的数学规划算法已不够用，必须把用户的业务规划经验和目标做成专家系统，嵌入到求解优化的系统中。

(2) 预测及需求管理技术。以过去的订单和发货单为基础，利用因特网广泛收集信息，并借助专家系统提供用户的业务知识和经验。故这种系统的功能应当扩展到任何能输入有价值的信息的人或系统。

(3) 调度排产技术。其目标是提高产量和设备利用率，减少切换次数，降低中间产品库存量，使生产成本降到最低。

(4) 物流管理系统。将仓储管理、销售预测和后勤计划等集成起来，要考虑整个供应网络的生产能力、约束条件、合同和非常规客户，利用线性规划、模拟退火算法或传统的发送请求计划(DRP)等技术来优化仓储部署。

此外，还有过程模拟技术、运行信息系统(OIS)、先进的过程控制和实时优化技术。

3. SCM 系统的功能和作用

目前的供应链管理软件一般具有以下功能：①搜集和管理原始材料采购过程中的各种数据和信息；②记录各供货商的供货质量好坏、价格高低和交货及时与否；③帮助管理者决定原材料的选购、运输和储存的策略；④根据客户的产品种类和数量的要求，指导采购人员在很广的地域内按合理的价格购入原材料，在适当的时间把企业的原材料送到适当的地点，以便把库存减到最低限度，降低资金占有率；⑤实时考察生产过程各环节的质量状况，及时地进行调整，减少不合格产品，提高产品质量，控制成本。

完整的全球供应链管理系统可以帮助企业随时掌握各地各网点的销售情况；全面掌握所有供应商的详细情况；合理规划异地库存的最佳效益；合理安排进货的批次、时间以及运输等问题;合理调整公司的广告策略和价格政策;向企业(供应商)提供有偿信息服务;网上订货和电子贸易;可随时把商店的动态告诉每一位想了解的顾客。

5.5.3 协同产品商务

协同产品商务(collaborative product commerce,CPC)是20世纪90年代后期出现的一类新的企业管理解决方案。CPC以产品为核心,利用因特网技术把产品设计、工程、原料选用(包括制造和采购)、销售、营销(及其他职能部门)、现场服务以及客户紧密地联系在一起,通过因特网让在产品生命周期中涉及的所有个体,包括原材料供应商、合作伙伴、客户以及生产小组等能够跨地域协同工作,形成一个商务知识网络。CPC重点解决企业与企业间的业务流和信息流问题,相当于广域企业信息管理系统。被授权的CPC用户可以使用任何一种标准的浏览器软件查看该系统视图中的信息,这一视图对一组分散的异构产品开发资源进行操作。这些资源一般存储于多个信息仓库中,由相互独立的实施和维护系统来管理。CPC的重要特点是将企业间松散的数据和应用功能耦合为一种统一的数据模型,而且这种数据模型并不依赖数据通用性来保证个体之间的相互协作,这样就使企业应用软件之间的集成变得很容易实现。

因为CPC能围绕产品,解决松散造成的沟通不畅、反应迟缓等问题,故特别适合于离散型制造业。美国著名IT咨询公司Aberdeen Group的调查表明,CPC能让离散型制造商大大改善其作为生存基础的整个产品生命周期的管理功能,与时下流行的SCM(供应链管理系统)、ERP(企业资源规划系统)以及CRM(客户关系管理系统)共同构成制造业的电子商务解决方案。调查表明,CPC特别适合航空航天、船舶、汽车等重工业以及家电等轻工领域的离散型制造企业。它们都以产品为中心,可从5个方面提高企业的核心生产力:

(1) 实现跨企业协作,甚至可以实现随处设计、随处制造。经济全球化的发展,跨地域经营、企业集团化、联合和并购已成为企业迅速发展的有效途径。一个新产品的开发,往往有40%~70%的工作是与其他企业协作完成的,故企业必须采用"分散管理"的模式,以利于分工协作。CPC技术通过建立一种环境,让地理上的空间距离消失,实现纵向的流程整合式管理,对企业整个供应链资源进行有效组织和管理,帮助企业实现更大范围的协作。

(2) 提高企业对市场反应的灵敏度。市场瞬息万变,机遇稍纵即逝,企业需要不失时机地与供应商和合作伙伴协调。CPC技术能使企业在供应商和合作伙伴发生变化时,迅速地与新供应商和合作伙伴的业务系统建立连接,方便地访问和交流信息,使企业能更加灵活地应对动态的商业环境。

(3) 管理产品生命周期。每个制造商对产品的整个生命周期,从产品概念形成到产品定义、采购、生产、服务、维护和报废等,都应有周到的管理,才能更好地开发、管理和改进产品。CPC技术能够在一个协作框架下提供产品规划、建模、数据管理、零部件和供应商管理、工艺过程规划、制造数据发布、备件维护等管理工具,即管理整个产品生命周期的完整解决方案。

(4) 见效较快。一般而言,成功的CPC实施,少则3个月、多则1年就能得到投资回报,主要体现在降低成本、提高效率、提高管理能力等方面。

(5) 提炼产品中的知识财富。开发一个产品并不等于构成该产品的所有要素都是新的。据统计，一个新产品中可能含有老产品80%的成果。所以，对产品信息的有效管理和充分利用，将大大加快产品创新的速度，降低产品成本。CPC把所有与特定产品相关的知识、信息加以记录、处理、传递和应用，即将产品中含有的知识财富提炼出来，在相关企业中共享，可加快产品的开发和创新。同时，CPC还有利于将开发者的知识转化显性知识，把这种知识转移到一个易控制和共享的载体上，真正把员工知识转化为企业的财富。

CPC的应用趋势：由于CPC有多方面的优势，CPC从概念形成到现在仅有6、7年的时间，应用快速增长。许多跨国制造企业纷纷选择这项技术来增强其核心业务能力，提高企业的竞争力。据Aberdeen预测，2005年全球CPC市场的销售额将增至近500亿美元。CPC领域的先行者PTC公司早在1996年便预见到它的重要性，并开发出以网络为核心的产品开发解决方案Windchill，被全球600多家的跨国企业采用。我国60多家企业（如长春一汽、华为、美的、大连柴油机厂、厦门工程机械厂）也采用了PTC的产品。其他主要的CPC产品有IBM的Enrovia、Matrix One、SDRC等公司的CPC系统。

5.5.4 产品数据管理和产品生命周期管理

1. 产品数据管理（PDM）

(1) PDM的含义。PDM是以软件技术为基础，能将所有与产品相关的信息和过程集成到一起的技术。其历史可以追溯到20世纪80年代，一些CAD软件公司发现用户在这方面有强烈的需求，他们抓住时机，推出了PDM系统，如美国CV公司的Optegra系统、EDS公司的IMAN系统、SDRC公司的Metaphase系统。其中很多都是一些原来的高端CAD供应商的后续产品。PDM明确定位为面向制造型企业，以产品管理为核心，以数据、过程和资源为信息管理的3大要素。其实施管理的两条主线是静态的产品结构和动态的产品设计流程。所有的信息组织和资源管理都是围绕产品设计展开。

(2) PDM的主要功能。主要有以下8个方面：

① 图文档管理：是PDM的核心，主要包括文档的存储和查询，按属性搜索的机制，图文档动态浏览，分布式文件管理，图文档安全机制等。

② 任务流和工作流等过程管理：定义和控制人们创建和修改数据的手段，包括面向任务或临时插入或变更的工作流管理，规则驱动的结构化工作流管理，图形化工作流设计工具等。

③ 产品结构（PSM）与产品配置管理（PCC）：以数据仓库为底层支持，以物料清单（BOM）为其组织核心，把工程数据和文档联系起来，实现产品数据的组织和管理，并向用户或应用系统提供产品结构的不同视图和描述。

④ 零部件管理：提供零部件的分类和查询技术，可以很容易地查询、浏览、获取设计信息，如文件描述、作者、部门、版本号以及零件与项目间的连接关系等。

⑤ 计划/项目管理：负责对项目、任务以及项目的开发过程和进度进行管理与监控。

⑥ 系统及权限管理：包括用户、工作组、组织、角色、角色分配、权限、安全级别等内容，保证文档和图纸得到安全控制，以防止非法删除、复制和修改。

⑦ 更改控制管理：包括变更建议、审批、提交、完成等功能，跟踪更改处理全过程。

⑧ 版本管理：可对版本和版次进行管理，并将零部件属性按与版本无关或有关进行分离。

2. 产品生命周期管理（PLM）

(1) PLM 的含义。PLM 是 PDM 思想的延伸，它强调对产品生命周期内跨越供应链和销售链的所有信息进行管理和利用，这是二者的本质区别。PDM 功能仅是 PLM 功能的一个子集。实际上，大多数 PLM 供应商大多数同时又是 PDM 供应商，而且大多数 PDM 供应商都已经推出自己的 PLM 解决方案，实现了向 PLM 供应商的转移，如 EDS 公司的 TeamCenter（从原 Metaphase 和 Iman 转化）、IBM/DS 公司的 ENOVIA 与 SmarTeam、PTC 公司的 WindChill。当然也有 ERP 厂商加入此行列，如 SAP 的 mySAP PLM，就是基于 ERP 体系的 PLM 解决方案。但也有一些 PDM/CAD 的供应商并没有真正的 PLM 产品，而是"搭便车"兜售其 PDM/CAD 产品。

(2) PLM 的实施。与工具软件相比，PLM 最复杂和困难的是实施。实施方法与 PDM 实施有很多相同之处。实施条件：第一，网络是基础，要有一个可靠有力的网络环境支持。第二，要有高可靠性的操作系统、强大的硬件平台、稳定的数据库系统和海量的存储设备。第三，基础数据要准确、一致、完整，这是成功实施 PLM 的前提保障。"三分技术、七分管理、十二分数据"的原则同样适用。此外，还要建立有效的管理制度。PLM 不是一种纯软件产品，其实施会与企业原来的管理基础和管理流程相冲突，故企业高管层的支持不可缺少。PLM 实施成功的标志是技术、人员、数据和管理方法的良好结合和集成，而不是自动化水平。

5.5.5 制造执行管理系统

制造执行管理系统（manufacturing execution system，MES）是美国管理界 20 世纪 90 年代中期提出的新概念。MES 国际联合会（MESA International）对 MES 提出如下之定义：MES 在产品从工单发出到成品产出的过程中扮演生产活动最佳化的信息传递者。当事件发生异常时，借助实时正确的信息、生产执行系统规范、原始工作情况、数据显示及反馈，作出快速的响应，以减少无增值的生产活动，提高工厂生产流程的效率。（MESA White Paper No. 6，1997 年）

1. MES 的基本目标

MES 以过程数据模型为核心系统，连接实时数据库和关系数据库，对生产过程进行实时监视、控制和诊断，进而完成环境监测，单元整合，过程模拟和参数优化，并在生产过程管理层进行物料平衡、生产计划、调度、排产、离线与在线模拟与优化等。MES 的基本目标是支持精准的制造流程，对制造流程进行监控和管理，把工厂现场发生的情况报告给有关人员，以便采取适当的行动。MES 通过某种基于 Web 的应用，可以提供有关整个制造流程的连续、实时的数据。实时制造在精密制造流程中发挥着关键作用，特别是在医疗设备制造业这样的高科技产业领域。制造系统的最新发展已经使管理者对大量的信息变得唾手可得，使得他们能检测出工厂中发生的异常情况，然后立即去解决问题。这种可以获得实时制造信息和几乎可以在瞬间作出变更的能力，显著地降低了制造成本。MES可改善生产条件，准时出货，加快库存周转，提高生产毛利及现金流量效益，并在企业与供应链之间提供一个双向的生产信息流。

2. MES的主要功能

由上述定义可以看出，MES是一系列管理功能，而非一套软件系统。它可以是各种生产管理的功能软件集合。MES通过其各成员的实践归纳了11个主要功能模块，包括：工序详细调度；资源分配和状态管理；生产单元分配；过程管理；人力资源管理；运维管理；质量管理；文档管理；产品跟踪和产品清单管理；数据采集和性能分析。实际的MES可能包含了其中一个或几个功能模块。

由于MES在制造过程中扮演生产活动最佳化的“信息传递者”的角色，MES需要有多种功能，能够同时为生产、质检、工艺、物流等多个部门服务，故MES的结构设计必须满足以下原则：MES应该是一个分布式的计算机系统；以生产行为信息为核心，为企业决策系统提供直接的支持；能够与企业的其他信息系统相连接，以提供高效的企业管理功能。

MES一般采用工业PC/PLC/HMI等设备作为车间内各生产单元(生产区域)功能站的主要构件，以大型关系型数据库技术为设计基础，并基于稳定的Web应用，提供标准的因特网浏览查询和远程资料索取。通过对各个生产单元的数据收集和反馈，组成覆盖全厂或者整个流水线的、满足闭环生产管理需要的开放式以太网络。采用MES数据库服务器作为系统核心，进行实时数据存取和比照，实现生产过程的监视、控制和管理。企业内部各功能站通过局域网对MES服务器进行交互操作，同时其他各查询终端也通过局域网查询MES处理后提供的数据、报表和图形。企业外部通过因特网可以连接到MES，在设定的权限内对系统进行信息发布或读取。这样，公司内部管理、外部机构以及其他相关业务单位通过MES连接成为一个紧密的整体，达到实时信息共享，使业务流程变得有序而高效。

3. MES与ERP的关系及发展前景

在生产计划管理、质量管理和物流管理等方面，MES和ERP系统的功能可以互相延伸和对接，共同构建更为完善的现代化企业信息管理体系。当企业已经存在ERP系统时，可以将MES与ERP系统进行集成，以优化公司的信息管理，更加有力地保证商业目标的实现。

MES是面向车间层的生产管理技术和实时信息系统，是企业实施敏捷制造战略和车间生产敏捷化的基本技术手段。它强调控制和协调，使现代制造业不仅有了很好的计划系统，而且能使计划落实到实处。MES在国外的企业中得到了迅速推广，给企业带来了可观的经济效益。近年来，MES应用也开始纳入了我国一些企业的日程。2002年，由上海宝信软件公司(上市公司)牵头，联合有关高校院所，以宝钢实际应用为背景，为我国钢铁制造业提供以MES为核心的综合自动化解决方案和成套应用软件，其目标是整体技术达到国际先进水平，部分软件填补国内空白，在国内市场占有率达到30%左右。

5.5.6 企业电子商务

电子商务是企业信息化的一个重要组成部分，是企业信息化的重要成果和应用。

1. 电子商务的内涵、特点和作用

世界贸易组织电子商务专题报告中认为，电子商务就是通过电信网络进行的生产、营销、销售和流通活动。它不仅指基于因特网上的交易，而且指所有利用电子信息技术来解决问题、降低成本、增加价值和创造商机的商务活动，包括通过网络实现从原材料查询、采购、产品展示、订购到出品、储运以及电子支付等一系列的贸易活动。

电子商务的鲜明特点是：消除时空障碍，可在任何时候任何地点进行商务活动；通过使商务运作程序合理化节省运营成本；更好地为本地市场服务并获得新的客户资料；有利于小企业进入大市场和国际市场。它是对信息流、资金流和物流三流整合的过程，因而其实现过程也分为 3 个步骤：一是信息流的交互，首先通过因特网宣传企业产品的技术、质量、性能及价格信息；二是交易各方通过因特网开展商务谈判，进一步沟通信息；三是通过因特网签署购销合同并完成支付结算，进而实现信息流、资金流与物流的统一。

电子商务为企业提供了一种虚拟的全球性贸易环境和一个可自由连接的虚拟市场空间，大大提高了商务活动的水平和服务质量，节省了潜在开支，加强了供需双方的联系。电子商务的作用在于降低交易成本，增加利润。企业如何有效地整合因特网商务资源，是电子商务企业首要思考的问题。电子商务已使许多业务模式由过去的成本中心变成了利润中心，通过整合多个商务活动获取较高的产品和服务盈利。电子商务的实质是服务型商务，企业进行电子商务不只是业务扩展或把业务搬到因特网上，而是经营管理模式的一场深层变革。

2. 电子商务的发展状况

美国在电子商务方面起步早，投入大，发展快。美国在 1995 年全年网上零售额的购买量为 5 亿美金，2003 年网上零售营业额达到 1141 亿美元。1999 年美国 B to B 交易在 1450 亿美金，2000 年达到 4330 亿美元，2002 年达到 1.9 万亿美元，可见增长之迅猛。① 欧洲的电子商务虽然落后于美国，但近年来开始驶入快车道。据市场调研机构 eMarketer 公司提供的资料显示，2003 年欧洲电子商务参与者的数量增长加快了，市场规模达到 370 亿美元，2006 年将达到 2000 亿美元。② 另据报道，2004 年，全球电子商务的增长率为 25.3%，整体营业额为 27 748 亿美元，通过电子商务实现的交易占全球贸易的 15%～20%。在电子商务的几种交易方式中，B to C 和 B to B 所占分量较重，而其中又以 B to B 所占比例最大。在全球电子商务销售额中，B to B 业务所占比例高达 80%～90%。③

我国电子商务经过几年发展，已走过了 3 个阶段，即 1998 年前后以 IT 厂商和媒体为主的第一阶段，1999 年至 2000 年以电子商务服务商为主体的第二阶段，从 2001 年开始进入以企业应用为主体的第三阶段。此后，我国电子商务的发展开始加速。电子商务的主体开始从媒体和电子商务服务商转换为企业，传统企业正在大规模进入电子商务领域。全国大

---

① 杨华. 美国网上零售业去年首次实现整体盈利. http://economy.enorth.com.cn/system/2004-05-26.

② 欧洲电子商务加速，2006 年营收将达 2000 亿. http://www.iresearch.com.cn/B2B/detail_news_id=855，2006-03-10.

③ 水清木华研究中心. 2005 年中国电子商务盈利模式研究报告. http://www.pday.com.cn/research/，2005-12-25.

约50%的大中型企业已上网，部分大中型企业集团在实现企业内部ERP管理的基础上积极开展网络营销、网上采购、供应链管理和客户关系管理。电子商务在石油、冶金、家电、信息、汽车以及图书等行业都有较大的增长，增长率为20%左右。

有关统计显示，2002年中国电子商务网站总量为3804个，比2001年增长12%；其中B to B网站1527个，比2001年增长13.5%；B to C网站2277个，比2001年增长10.7%。2003年的“非典”刺激了电子商务的复苏。电子商务交易额实现了较大幅度提高，2002年全年交易额共计1809亿元人民币，与2001年相比增幅达66%。其中B to B电子商务交易额为1784亿元人民币，比2001年增长66%；B to C电子商务交易额为25亿元人民币，比2001年增长90.1%。个人电子商务成交额达135.05亿元，网上购物客户达2200万，分别比2004年增长280%和38.6%。① 2004年，在国内物流、支付、信用体系逐步改善，电子商务在中国复苏地更为强劲，电子商务的交易总额达到近4400亿人民币，已进入务实发展阶段。2005年我国网上商店总数已超过10万家，网上展示商品约有2000万件。

中国电子商务的主要盈利模式有：本行业产品销售，通过网络平台销售自己生产产品或加盟厂商产品；销售与本行业相关的产品；提供租赁服务；拍卖产品，收取中间费用；提供销售平台，接收客户在线订单，收取交易中介费；特许加盟，一方面可以迅速扩大规模，另一方面可以收取一定加盟费；注册会员，收取会费；提供上网服务，为行业内企业提供相关服务，如企业邮局、网站建设等；发布供求信息、企业咨询等；广告，为业内企业发布广告；咨询服务，为业内厂商提供咨询服务，收取服务费。

思考题

1. 简述企业信息资源管理的发展、基本任务、目标和实施流程。

2. 分析企业信息结构，并谈谈企业信息结构设计和优化问题。

3. 简述信息审计的必要性、作用和方法以及信息资源规划的内容和方法。

4. 简述企业信息化的内涵、任务、国外企业信息化的发展经验及对我国企业的借鉴作用。

5. 请谈谈企业信息化规划的基本内容和如何做好组织建设工作。

6. 简述企业业务流程重组(BPR)的必要性、作用、实施方法和策略。

7. 试分析MRP、闭环MRP和MRPⅡ的基本思想、主要功能和不同之处。

8. 简述ERP的基本思想、特点、流程和基本功能，并谈谈细部排产方法。

9. 请说明客户关系管理、供应链管理、协同产品商务、产品数据管理、产品生命周期管理、制造执行管理系统的基本思想、主要功能和作用。

10. 电子商务的内涵和特点和作用，评述我国企业电子商务的发展状况。

---

① 吴学军. 个人电子商务成交额135.05亿. http://news.thebeijingnews.com/china/2006-02-20.

第6章　公益性机构信息资源管理

本章概述公益性机构的含义、性质、类型及其在信息资源管理中的作用，分别介绍公益性科技信息机构、公共图书馆、博物馆等不同公益性机构或领域的信息资源管理。

6.1　公益性机构概述

公益性机构这个概念和称谓近年来出现比较多。但是，它对于许多人来说还比较陌生，对它的性质、类型和作用了解得比较少。在使用时，常常发生混淆不清的现象。

6.1.1　公益性机构的定义

在国内的文献和参考工具书中，基本查不到公益性机构的定义。但是，有两个相关的概念近来出现得相当频繁，就是“非营利性组织”和“非政府组织”。

“非营利性组织”(non-profit organization，NPO)，这个概念大致是从20世纪80年代开始流行。其背景是美国联邦税法有关非营利性组织的免税规定。其实这个概念与“非政府组织”在内涵上基本一致，都是把政府和企业排除在外，指那些非政府性的、非营利性的社会组织。

“非政府组织”(non-governmental organization，NGO)，指的是那些独立于政府之外，不以营利为目的的志愿性社会组织。NGO关注的往往是社会公共性的问题和人类共通性的问题，比如贫民救助、贸易公平、环保、反战、反核等，这些问题所涉及的一般不是个人的利益、组织的利益或者国家的利益，而是社会的公共利益或者人类的共同利益。

参考上面两个概念的含义，公益性机构(public benefit organizations)可以定义为：用纳税人的钱或社会捐赠的资源设立和运营的、为公民提供公益性服务的机构。又可以称为非营利性机构。主要类型有公共图书馆、公益性信息机构、博物馆、展览馆、公共研究机构、公办教育机构、公共服务机构等。

6.1.2　公益性机构出现的背景

公益性机构的重要起源之一是社会中的志愿性组织。美国学者托克维尔(Alexis De Tocqueville)观察到，美国社会中多种多样的志愿性组织(如教会、社区团体、公民组织等)对建立美国的民主制度有特殊的贡献。一些志愿协会对一个国家的“文化健康”起着十分重要的作用。它们使关怀公共利益和互助活动成为一种公民的习惯，使利他主义成为慈善组织制度化的基本要素(托克维尔，1988年)。有些学者试图从理论上来说明公益性机构出现的必然性。已经提出的理论依据主要有政府失灵理论和合约失灵理论。

1. 政府失灵理论(government failure theory)

由美国经济学家伯顿·韦斯布罗德(Burton A. Weisbrod)1974年提出。因为现有的经济学无法解释为什么要由非营利性机构来提供公共或集体消费的物品，故人们试图建立一个模型来解释下列现象：在政府和市场之间为何会存在非营利性机构？哪些因素决定了物品由政府、私人市场还是非营利性机构来提供？政府部门、私人市场和非营利性机构之间的关系是怎样的？

韦斯布罗德认为，任何投票者都有对于物品的需求（包括公共物品和私人物品）。政府、市场和非营利性机构都是满足个人需求的手段。这三者在满足个人的需求方面存在相互替代性。正是政府和市场在提供公共物品方面的局限性，导致了对非营利性机构的功能的需求，这是非营利性机构存在的主要原因。

韦氏的论证逻辑是：个人的需求数量是异质性的。在任何政治单元中，个人在收入、财富、宗教、种族背景、教育水平等方面都有着一定程度的差异。这直接导致了个人对于税收制度等各种公共物品需求的差异性。政府提供的任何商品的数量和质量都是由政治决策过程决定的，对于公共物品的提供也不例外。在不存在投票交易的简单多数模型中，投票结果往往反映了中位选民（median voter）的需求，而留下了大量的不满意的选民群体。尽管在公共选择中也可能采用加权投票的方法，但韦斯布罗德认为，投票方式的变化只是会较小地改变不满意人群的数量。只要反映中位选民需求的政治决策过程还在起作用，就仍然不能满足异质性较强的消费者需求。这就为其他组织机制的介入提供了前提条件。

大量的对政府提供的公共物品不满意的消费者可以有几种不同形式的替代性选择方案：①移民；②形成较低层次的政府；③求助于私人市场；④求助于非营利性机构。

选择方案①是有成本的，而且人们在选择居住地点的时候往往更多考虑其他因素，而不是当地政府的税收政策。

选择方案②，人们有可能组成只包括他们自己的政治单位，形成较低层次的政府来提供公共物品。比如，公园和图书馆就可以同时由联邦、州、县和地方政府提供。韦斯布罗德认为，尽管有了选择方案②，但不满意的消费者仍然会存在。

选择方案③，韦斯布罗德认为，从纯粹技术的层面来看，没有技术约束可以防止私人市场生产公共物品，由私人和政府提供物品的区别在于消费者的偏好和相对的价格。从消费者偏好来看，公共物品的一个弊端在于，每个消费者对物品的形式、质量、利用、调配都有着更少程度的个人控制，因此，作为力图实现个人效用最大化的消费者，通常会选择购买有更多的个人控制和较少外部收益的私人替代品，而较少去购买公共物品。这意味着，消费者处于政府和私人市场的非最优位置，他们对政府提供的公共物品过度满足或不满意，同时在私人市场上作出了社会无效率（social inefficiency）的选择。

由于上述这些组织机制都不足以满足消费者的需求，志愿性组织作为政府以外的集体物品的提供者就有了存在的功能需求。

在韦斯布罗德看来，志愿性组织提供的公共物品的数量取决于公共部门能够满足选民的多样需求的程度。在其他条件相同的情况下，对政府使用的税收价格体系不满意的公共物品需求的数量越大，志愿部门的规模就越大。对于特定的政府提供的输出，消费者需求的差异越大，可以预计的志愿部门的输出就越大。如果其他条件相同，消费者需求的同质性越高，不满意的需求就越少，相对于政府部门的规模来说志愿部门的规模就越小。

2. 合约失灵理论(contract failure theory)

由美国法律经济学家亨利·汉斯曼(Henry B. Hansmann)1980年提出。他认为,如果公共商品或服务由非营利性机构来提供,生产者的欺诈行为就会少得多。因为非营利性机构要受到"非分配约束"(non-distribution constraint),即它不能把获得的净收入(net earnings)分配给对该机构实施控制的个人,包括该机构的成员、管理人员、理事等。净收入必须得以保留,完全用于为机构的进一步发展提供资金。

在汉斯曼看来,"非分配约束"是非营利性机构区别于营利性机构的最重要的特征。这个特征使得非营利性机构在存在信息不对称的情况下提供商品和服务时,尽管有能力去提高价格或降低产品质量,且不用担心消费者的报复,但他们仍然不会去损害消费者的利益,因为他们所获得的利润不能参与分配。这就在很大程度上抑制了生产者实施机会主义行为的动机,维护了消费者的利益。

非营利性机构的"非分配约束"特性,实际上就是在市场上可能出现"合约失灵"情况时对生产者的机会主义行为的另一种有力的制度约束。非营利性机构的存在是消费者无法通过通常的合约方式来监督生产者(即"合约失灵")时所作出的一种制度反应。[①]

6.1.3 公益性机构的性质和治理问题

1. 公益性机构的性质

根据所在国法律,非营利机构不得向其拥有者、出资者或信托管理者分配组织收益,可享受本国、本地政府税收优惠,并可向社会募捐。提供公共服务或公益性服务;服务对象多为特定社会群体;组织管理者、拥有者多为无偿奉献;组织收益需用于实现组织宗旨的活动。

非营利的含义是不以营利为目的,收费合理、公正。特别是它的营利部分要用于经营和扩大再生产,而不能作为红利分配。非营利性机构可以利用其业务的公益性来申请政府的支持、企业的赞助、社会的捐赠来改善其财务状况,使事业顺利发展。一切以发展社会公益事业为中心,这是非营利性机构经营的根本目标、立业之本。

非营利性机构的经费来源一般主要靠政府投入,其次是团体或个人捐助。政府通过直接资助和税收豁免对非营利组织的补贴,对这些组织来说是生死攸关的。政府对非营利组织的贡献比各类私人捐款的贡献要大得多。因此,1999年《公益事业捐赠法》第七条规定,"公益性社团受赠的财产及其增值为社会公共财产,受国家法律保护,任何单位和个人不得侵占、挪用和损毁。"公益性机构提供的服务是公益性的社会化服务,主要目的是方便公众,为公众提供高质量、高水平的服务,而不是为了创收。这是它与商业性服务机构之间的最大区别。

2. 国外的非营利性机构及其治理机制

日本的非营利性机构要取得公益法人身份,必须具备3个条件:①从事公益性事业;②不以营利为目的;③得到主管政府机构的许可。日本政府对非营利性机构实行政府部门

---

① 田凯. 国外非营利组织理论述评. www. npo. org. cn/news/findnews. asp? newsid=5693,2006-02-28.

主管制，由各级政府对其进行批准和监督。针对民法没有涉及公益性法人和营利性法人之间的非营利团体的法人化的问题，日本在1998年制定了《特定非营利活动促进法》(NPO法)。该法促进了日本NPO的发展和社会结构的变革，使一定范围内的市民团体获得了法人资格。

美国的非营利性机构很发达，全社会几乎事事处处都离不开他们。它们的年收入额约占国民收入总额的10%左右(不包括宗教组织)，其中约30%的款项属于政府择优资助的拨款。美国的非营利性机构可以选择法律形式不同的组织形式，包括非营利公司、信托和未注册非营利性公司的协会。非营利性公司又有3种主要形式：公益性公司(public benefit corporation)、互助性机构和宗教机构。NGO治理的关键是"公开原则"。美国联邦法律规定，任何人都有权向NGO要求查看他们的原始申请文件及前3年的税表。

非营利组织具有服务公众的使命，其资金来源和运作成本依赖于社会财富的二次分配，并往往在法律上享有一定的减免税待遇。因此相对于企业组织来说，非营利组织的公共责任更显突出。而且同为非营利组织，公益性的、非会员制的组织如财团法人，较之于互益性的、会员制的组织如社团法人，其公共责任更为重要，更有必要加强自律与他律的结合。

6.1.4 中国的非营利性机构

非营利性机构这个概念在我国只是近几年才比较多地受到关注，还缺乏深入的研究。

1. 非营利性机构的类型

在我国，公益服务主要由事业单位承担。事业单位是依法设立的从事教育、科技、文化、卫生等公益服务，不以营利为目的的社会组织，是国家为了社会公益目的，由国家机关举办或者其他组织利用国有资产举办的，从事教育、科技、文化、卫生的社会服务组织。其主要特征是：具有服务性、公益性和知识密集性。可以说，我国的事业单位就是公益性机构的代表和主体。除了事业单位以外，社会团体和民办非企业单位也属于非营利性机构。这3类非营利性机构在性质上还有一些差别。

(1) 事业单位法人。事业单位法人认定的两个依据：①经国务院机构编制管理部门批准、国家事业单位登记管理部门登记或备案；②经地方县级以上机构编制管理部门批准、地方县级以上事业单位登记管理部门登记或备案，领取《事业单位法人证书》。事业单位法人包括以下单位：①各级党委、政府直属事业单位；②党中央、国务院直属事业单位举办的事业单位；③各级人大、政协、人民法院、人民检察院和各民主党派机关举办的事业单位；④各级党委部门和政府部门举办的事业单位；⑤使用财政性经费的社会团体举办的事业单位；⑥国有企业及其他组织利用国有资产举办的事业单位；⑦依照法律或有关规定，应当由各级登记管理机关登记的其他事业单位。

(2) 社会团体法人。社会团体是指中国公民自愿组成，为实现会员共同意愿，按照其章程开展活动的非营利机构。同时具有法人条件的社会团体是社会团体法人。社会团体法人认定的3个条件是：①依据《社会团体登记管理条例》；②经国务院民政部门和县级以上地方各级人民政府民政部门登记注册或备案；③领取《社会团体法人登记证书》。社会团体法人包括以下单位：①学术性社团：各类学会、研究会等。②行业性社团：各类协会、商会等。

③专业性社团：各类从事专业业务的促进会等。④联合性社团：各类联合会、联谊会(同学会、校友会)等。⑤基金会：各类基金会。⑥其他群众团体：工会、共青团等。

(3) 民办非企业单位法人。民办非企业单位是指企业单位、事业单位、社会团体和其他社会力量以及公民个人利用非国有资产举办的、从事非营利性社会服务的社会组织。同时具有法人条件的民办非企业单位为民办非企业单位法人。民办非企业单位法人认定的3个条件是：①依据《民办非企业单位登记管理暂行条例》；②经国务院民政部门和县级以上地方各级人民政府民政部门核准登记；③领取《民办非企业单位(法人)登记证书》。民办非企业单位包括：①民办教育单位；②民办医疗卫生单位；③民办文化单位；④民办科技单位；⑤民办体育单位；⑥民办劳动服务单位；⑦民办民政福利单位；⑧民办社会中介服务单位。

2. 我国非营利性机构的现状

近50多年来，我国的各项公益服务事业不断发展壮大。目前，属于事业单位的机构有120万个，从业人员达2900万人。这些事业单位大多是在高度集中的计划经济时期产生的。近年来，在事业单位的举办主体、投入方式、用人制度、分配制度和调整布局、改企转制等方面进行了一些改革探索。但是，相对于政府机构改革和企业改革，事业单位改革还比较滞后，还存在不少问题。比如，部分单位政事不分、事企不分、功能定位不清，不同程度地偏离公益目标；一些单位人浮于事，效率低下，用人机制转换还不到位，规范公平的分配机制尚未形成；养老保险制度尚未建立，社会保障体系还不健全；资源配置不够合理，资金使用效益不高；政府在公益服务领域的越位和缺位现象并存，城乡之间、地区之间的公益服务水平差距过大，公益服务供给总量不足等。

国家有关部门开始认识到，要完善中国公益服务体系，首先要明确事业单位的概念和定位，即在规范事业单位定义、划清事业单位范围的基础上，明确事业单位在社会主义市场经济体制中的基本定位。根据事业单位的基本属性，提出事业单位的定义："事业单位是依法设立的从事教育、科技、文化、卫生等公益服务，不以营利为目的的社会组织"。

当前，我国事业单位改革的目标是：第一，要明确事业单位的公益目标。事业单位作为提供公益服务的社会组织，公益性是其基本属性，必须围绕其公益目标来开展工作，这是个前提。第二，要有合理的投入机制。要合理确定国家对社会公益事业的投入政策，改进和完善投入方式，鼓励社会力量以多种方式投入支持公益事业，满足人民群众日益增长的公益服务需求。第三，要有完善的宏观监管制度。现有事业单位监管缺位的问题，要在改革中逐步予以解决。要加强政府对事业单位的管理和社会公众对事业单位的监督，以保障各项公益服务的公平、公正和优质高效。第四，事业单位的运行要保持较高的效率。根据不同事业单位的特点，通过改革建立和完善事业单位内部激励和约束机制，调动事业单位职工的积极性，提高事业单位的工作效率和资源使用效益，降低运行成本，提供更多、更好的公益服务。上述目标可以简单归纳为：分类指导，增加投入，端正行为，调整机制，以岗定编，拉开差距，鼓励流动，提高效率。

另外，配套改革措施也要跟上。第一，在增加政府公共预算的前提下，调整中央与地方之间的财力分配，尽量做到财权与事权的统一。第二，加快与非营利性机构有关的会计制度、税收制度、管理制度建设，并加快相关立法工作的速度。第三，建立并完善与政府公务员社会保障制度,以及企业职工社保制度相互衔接的事业单位职工社保制度。第四,借鉴历史和国外经验,在教科文卫各个领域建立起一套行之有效的内部激励和奖惩制度。第五,动员社会力量,研究建立针对公益性事业单位的一套评价体系和评价指标。第六,加快政府立法、司法和行政机构的改革,提高政府自身的执政能力。

改革后事业单位应当具备以下特征:一是依法设立,区分不同情况由法定审批机关批准,依法登记。二是从事公益服务,主要是教育、科技、文化、卫生等涉及人民群众公共利益的服务活动,一般不履行行政管理职能。三是不以营利为目的,一般不从事生产经营活动,经费来源有的需要财政完全保证,有的可以通过从事一些经批准的服务活动取得部分收入,但取得的收入只能用于事业单位的再发展,不得用于股东、管理层和职员分红等。四是社会组织而不是个人,要有自己的名称、组织机构和场所,有与其业务活动相适应的从业人员和经费来源,能够独立承担民事责任。

评价公益性机构绩效的指标首先是社会公益目标,其次才是经济指标。鼓励社会公益机构创收并将个人收入与经济效益挂钩,可能有利于经济指标的改善,却可能对社会公益目标造成损害。降低财政负担不能成为事业单位改革的根据,相反的,政府要根据科学发展观的要求逐步增加公共预算支出。①

6.1.5 公益性信息资源管理和公益性信息机构

1. 公益性信息资源

所谓公益性信息资源,是指进入公共流通领域的、由公益性机构管理和向公众提供的信息资源。其主要类型有:图书、期刊、会议文献、学位论文、专利文献、政府出版物、研究报告、标准文献、产品样本、科技档案、经济数据、科技数据、商业性资料、休闲娱乐性资料、教育和学习性资源、因特网上的信息资源。

公益性信息资源面向社会公众,是带有公共福利性质、以提高全民素质和人民生活质量等社会效益为主要目的的信息资源。它具有以下性质:①公益性——主要采用无偿或低价服务,不以营利为目的;②公开性——可以向全民公开,不涉及国家秘密、国家安全和个人隐私;③共享性——可以在全社会或一定区域内共享,如共同利用、相互交换、互借等。

公益性信息资源不同于政府信息资源和商业性信息资源。政府信息资源主要是指由政府权力机构直接管理和控制的那一部分信息资源,如政策法规、会议记录、政府档案、政府统计资料等。当其中一部分信息资源依法公开或因其他原因公开后,如果被公益性机构或事业单位获得并收藏,就成为公益性信息资源。但是,这只是公益性信息资源的来源之一。在科技、文化、教育、卫生、经济、生活、娱乐等行业和领域均有大量的公益性质的信息资源。公益性信息资源主要由公益性信息机构或非营利性服务机构负责收集、整理加工和提供服务,如传统的图书馆、博物馆等;政府一般应当免费向公益性信息机构提供政府信息资源。公益性机构还可以从市场上获得各种信息资源。公益性信息资源的最主要来源是社会上生产或产生的信息资源,如新闻出版机构生产的信息资源、科研教育机构产出的信息资源等。获得

---

① 公益机构管理与改革国际研讨会情况. www.yqbb.gov.cn 2004-12-30.

方式主要有购买、呈缴、划拨、接受、交换等。

公益性信息资源的特点是：数量增长迅速；来源广泛、分散；载体多元化；内容广泛多样、有一定交叉重复；社会需求广泛、分散；管理难度大。

2. 公益性信息机构

上面所界定的公益性信息资源同样需要加以科学的管理。这种管理任务通常是由非营利性机构或公益性机构承担的。公益性信息机构是主要从事信息管理和服务的非营利性机构。它具有的以下性质：①合法性，经政府有关部门批准和登记备案，遵守相关的法律法规，维护信息采集、加工、服务的公平、合法原则；②普遍服务性，面向社会每一个成员提供服务，特别是弱势群体。公益性信息机构是公益性信息资源管理的主要承担者。其他的非营利性机构也可能兼任一部分管理公益性信息资源的职能。本章主要阐述公益性信息机构的信息资源管理问题。这里需要指出的是，它属于一种狭义的信息资源管理，即限于对信息内容和介质的管理，是文献管理的延伸和发展。

3. 公益性信息资源的管理目标和任务

对于国家和政府来说，公益性信息资源管理的主要目标是：研究、制定各级公益性信息资源开发利用规划；促进跨部门和联合进行公益性信息资源开发利用；建立公民最低信息保障制度和普遍服务制度。公民有权获得最低的信息需求服务。需要逐步建立全民信息服务体系，政府应制定保障公民获得最低的信息服务的制度。应强调普遍服务原则，保证所有用户能够以负担得起的价格享用公益性信息资源。

公益性信息资源管理的基本任务：

(1) 建立和完善全社会的公益性信息资源管理的体制和机制，确立公益性信息资源管理机构的管理机制和有关政策。

(2) 制定公益信息资源开发利用的总体框架，包括主要任务、重点项目、进度安排，确定各机构部门的权力、责任和义务。

(3) 界定各行业和领域公益性信息资源的范围，制定公益性信息资源的采集、分类、组织、归档、发布与服务等环节的管理制度，加强对信息资源开发利用的管理，制定各公益性机构之间的信息资源共享制度。

(4) 在做好日常的信息资源建设和管理工作的基础上，重点建设好基础性强、需求面广的公益性信息资源库。

(5) 建立公益性信息资源的目录体系与交换体系，作为公益性信息资源管理、共享、交换、服务的工具。

(6) 建立和完善公益性信息服务体系和网络，向公众提供信息资源和相关服务，发展多种信息服务方式和规范信息服务行为，以保证每个公民都能获得基本的公益性信息服务。

(7) 加强知识产权保护，研究新形势下的信息共享与版权保护的平衡机制。

(8) 做好公益性信息资源的保存和保护工作。

当前，政府应当支持和鼓励公益性信息资源的开发利用，积极向公益性机构提供必要的信息资源。建立投入保障机制，支持重点领域的公益性信息资源开发利用项目。当前迫切需要加强农业、科技、教育、文化、卫生、社会保障和宣传等领域的公益性信息资源开发利用，加大向农村、欠发达地区和社会困难群体提供公益性信息服务的力度，推广公众需要的公益性信息服务典型经验。要制定政策，引导和鼓励非营利性机构和企业开发信息资源，开展公益性信息服务，或按有关规定投资设立公益性信息服务机构。重视发挥中介机构的作用，支持著作权拥有人许可公益性信息机构利用其相关信息资源开展公益性服务。要促进信息资源公益性开发利用的有序发展。明晰公益性与商业性信息服务的界限，确定公益性信息机构认定标准并规范其服务行为，形成合理的定价机制。妥善处理发展公益性信息服务和保护知识产权的关系。

4. 公益性信息资源管理的一般方法

由于公益性信息资源的来源和公益性信息服务的广泛的社会性和多样性，需要有大量的各种资源的持续投入，所以必须依靠法律和政策来管理公益性信息资源和保障广大公众获得必要的公益性信息服务。对于主要从事公益性信息资源管理的机构来说，主要通过资源研究、资源建设、资源协调和共享。

资源研究包括对信息资源的类型、特性、价值、价格、数量、分布、获得渠道、用户需求状况的调查和分析。可以借助各种信息源指南和一个工具来了解信息资源的类型划分、特性或特点分析、出版或发表数量、价值分析与评价以及价格信息和获取渠道。对于信息资源的数量增长和分布状况，人们已经总结出一些经验性规律，如文献增长规律、分布规律、老化规律等，都有一定的参考和应用价值。用户需求研究包括用户的研究领域、兴趣、面临的任务和问题、信息利用的习惯和偏好，以及用户对信息的质量、数量、类型、形式、时限等方面的要求的调查研究。用户需求的研究方法有直接调查或访谈法，间接的方法一般基于文献或记录的分析，如用户反馈卡、用户咨询单、服务日志等。

资源建设是依据公益性信息机构的职能和任务以及用户的信息需求，合理地规划和布局、采集、选择、获得、组织、积累和保存信息资源，形成与公益性信息机构的目标相适应的资源体系和库藏的活动和过程。资源建设一般应当遵循实用性、系统性、特色化和整体协调等原则。质量控制和评价的主要参数有：学科领域覆盖率、资源构成比例、存储总量、增长速度、资源老化期限、资源利用率、用户需求满足率、用户满意度、资源成本费用等。

资源协调和调配是指从整体公共利益出发，在一个国家、地区或系统内对信息资源的采集、使用和保存进行分工协调、协作，以优化资源配置，减少不必要的重复，节省费用，充分发挥资源的最大效益。主要方法有制定资源协调和调配规划，制定书刊采购综合选题计划，设立有效的协调或协作机制，建立储存图书馆，建立信息资源联合目录和交换体系以及信息资源导航站等。

为了得到政府和广大公众的理解和支持，公益性信息机构越来越重视营销工作。公益性信息机构也可以而且应当适当地运用市场化手段来管理信息资源和发展服务，以及解决经费和其他资源不足的问题，例如采取以资源换资源或以服务换资源等方式。

公益性信息机构一般都重视并擅长于信息资源的深度开发利用，如信息资源加工、组织、信息分析研究、数据库建设、信息检索与过滤、咨询服务等。应当充分发挥这些专业机构的优势，提高公益性信息资源的管理水平和效益。

6.2 公益性科技信息机构的信息资源管理

现代意义上的科技信息机构一般是第二次世界大战后出现的。各个国家都有一定数量的科技信息机构，它们的类型和性质可能多种多样。例如，1952 年，前苏联建立了科学情报研究所，1955 年更名为全苏科技情报研究所。美国联邦政府商务部、国防部、空军、海军、原子能委员会、国家航空航天局等政府机构也先后建立了不同类型的科技情报机构。我国的科技信息机构出现于 20 世纪 50 年代中期。1956 年 10 月 15 日正式成立中国科学院科学情报研究所。1958 年 5 月 14 日，经国务院批准，由国务院科学规划委员会和国家技术委员会(以后合并为国家科学技术委员会，即现在的科学技术部)提出《关于开展科学技术情报工作的方案》，将科学情报研究所从中国科学院脱离出来，建立中国科学技术情报研究所，作为全国科学情报中心，由国家技术委员会领导，同时建立各专业部委和省市的情报中心；并决定在上海、成都、西安、武汉、广州、天津、沈阳 7 大城市设立大区综合情报中心。此后，这 7 个大区综合情报中心、各省市科技情报所和 50 多个专业情报所相继建立，逐步形成了我国的科技信息研究和服务体系。

6.2.1 科技信息机构的性质、职能

1. 科技信息机构的性质

从性质上看，上面提到的前苏联、美国和我国各级政府建立的各种类型的科技情报研究所基本上都是属于政府举办的事业单位，属于公益性科技信息机构。我国当时实行的是计划经济和单一的公有制，故当时设立的这些机构还没有涉及公益性和非营利性的概念。而且很多的科技情报研究所还具有准政府机构的职能。例如，国家科技情报局和后来的国家科委科技信息司都设在中国科技情报研究所(1992 年更名为中国科技信息研究所)。我国一些省市和自治区的科技情报局(或司)一般也设在本省市和自治区的科技情报研究所内。

1991 年 2 月发布的国家科委蓝皮书第 6 号《国家科学技术情报发展政策》(以下简称《政策》)明确地提出："科技情报机构属于非营利性单位，开展情报服务经营，主要在于增强自我发展能力。"但是，由于长期经费不足，工作人员待遇偏低，我国政府部门举办的科技情报机构主要由政府的力量来约束，很难按照国际上通行的公益性机构的标准来运营，即非营利性机构要受到"非分配约束"(non-distribution constraint)，即它不能把获得的净收入(net earnings)分配给对该机构实施控制的个人，包括该机构的成员、管理人员、理事等。净收入必须得以保留，完全用于为机构的进一步发展提供资金。这一点很不同于国外的政府举办的科技信息机构。

后来，我国在很多企事业单位也陆续地建立了一些情报所或情报室。美国也有上万家专业性图书馆或情报中心。它们的性质比较复杂。它们一般只给举办机构内的成员提供公益性服务，没有向社会提供公共服务的义务。

2. 科技信息机构的职能

科技信息机构的基本职能就是采集、分析和传播或传递信息和情报。《政策》规定：国家科技情报系统的工作对象，以科学技术情报(含科学情报、技术情报、技术经济情报)为主，同时根据用户的需求，积极扩展经济、市场和管理情报。系统的情报类型，包括文献情报和非文献类情报。系统的功能是对社会的情报整序、检索、研究和咨询服务。

我国科技情报业务工作体系包括搜集、加工、整序、标准化、检索、研究、传递、报道、交流、咨询和用户反馈等各个功能子体系。根据用户的需求和信息技术的发展，不断改进和强化各个功能子体系。

6.2.2 科技信息机构的管理体制、资源和服务

1. 管理体制

在我国，国家科委代表国家管理科技情报系统。国家科委下设科技情报司，具体负责国家科技情报工作的方针政策和长短期发展规划、计划的制订和组织实施，并通过有关的制度、法规和标准等方面的建设，对我国科技情报事业实施宏观管理，同图书馆、档案、标准、专利、出版、新闻、邮电等其他信息系统协调工作。国务院各部门、直属机构和各省、自治区、直辖市以及特区应逐步设立相应的科技情报职能管理机构，负责管理各部门和各地区的科技情报子系统，以形成我国科技情报系统的管理体系。前苏联的科技情报管理体制和我国基本相同，因为我国的科技情报工作管理模式是从苏联引进的。1998 年，在政府机构改革中，原来的国家科委更名为科学技术部，其下属的科技信息司被撤销，全国的科技信息工作由科学技术部条件财务司负责管理。

美国的科技情报工作管理体制基本上是分散的、多元化的。只是在 1957 年以后的一段时间里，因为受到了苏联人造卫星上天的巨大冲击，美国总统科学顾问委员会向联邦政府提出建立国家科技情报局的建议。于是，美国联邦政府内才开始设立联邦科技情报局，后来更名为联邦政府科技局科技情报委员会(COSATI)，负责提供政策咨询、协调和执行联邦政府的决定。同时，在国家科学基金会内设立科技情报服务局(OSIS)，负责制定各种科技情报工作的基本政策和采集科技情报和民间科技情报活动的各种措施。后来，这些管理机构逐步被撤销或合并。

法国的科技情报工作最初由国家科学研究中心负责管理。1973 年，正式成立了法国国家科技情报局领导委员会，负责人由总统任命，其他领导成员由政府各部的代表和聘请的专家担任。该机构负责制定科技情报工作规划和计划，分配经费，组织协调，交流经验，培养干部，以及国际事务，具有跨越政府部门的管理职能。1979 年，根据政府的“79-805”号法令，成立了新的科技情报工作领导机构——科学技术情报部际代表处，取代科技情报局领导委员会，职能有所扩大。

2. 资源和服务

科技信息机构的信息资源主要由文献、研究人员组成。它所关注的文献资源主要是近

期出版的科技和经济领域的期刊、会议记录、研究报告、专利、技术标准、产品说明书和样本、政府出版物以及各种科技数据和经济数据。除了专利、技术标准等特种文献外，一般不重视过期的书刊的积累和保存。非正式出版物、论文预印本、内部科技资料、会议交流、现场调查和考察收集的资料，一般都被视为宝贵的信息资源。

科技信息资源的有效利用可给社会带来下列效益：节省寻找从事相关领域研究的其他研究者的时间；把重复研究的时间和费用减少到最低限度；因更全面地关注相关的研究工作而产生新的见解和突破；获得别处不可能得到的新信息；更好地了解相关的研究与开发方向；节省撰写研究报告、论文和文章的时间。

美国国会技术评估办公室(1990 年)曾写道："美国必须更好地利用它的科技信息资源，如果它希望参与世界市场的竞争并保持它的领导地位的话。科技信息是发明过程——从教育、研究、产品开发到制造——的一个基本组成部分……我们时代的许多问题——健康、能源、交通和气候变化——都需要利用科技信息去了解这些问题的性质和复杂性，去找出和评估各种可用的解决方案。科技信息的重要性不仅对科技人员来说是事实，而且对政治家、商人和其他必须作出与科技有关的决策的领导者，以及对那些必须生活在这些决策所造成的环境中的公民来说都是重要的。"

情报分析研究人员是科技信息机构最重要的资源之一。这是科技信息机构的性质和任务决定的。科技情报人员的情报发现能力、分析综合能力、沟通能力对科技信息机构非常重要。

科技信息机构提供的主要专业服务有：情报采集与检索、情报深度加工分析、专业咨询服务、情报预警服务、情报报道和传播服务等。

6.2.3 我国公益性科技信息资源管理

1. 基本任务

在上面提到的我国政府《关于开展科学技术情报工作的方案》中指出："科学技术情报工作的任务是，报道最近期间在各种重要的科学技术领域内，国内外的成就和动向，使科学、技术、经济和高等教育部门及时获得必要的情报和资料，便于吸收现代科学技术成就，节省人力时间，避免工作重复，促进我国科学技术的发展。"长期以来，我国的科技情报工作的中心任务就是为科学技术研究和政府管理决策服务。

十一届三中全会后，国家科委组织制定了《1978—1985 年全国科学技术发展规划》，把"研究建立全国科技情报、图书资料现代化的检索中心和系统"列为重点项目的第 74 项。1980 年 7 月召开的第五次全国科技情报工作会议提出："科学技术情报工作应该围绕国民经济建设和科学技术发展的需要，广辟情报来源，加强文献工作，深入调查研究，掌握国内外科学技术动向，有针对性地，及时地提供情报分析和分析研究资料，有效地为国民经济建设服务。"对任务的界定仍然继承了早期的思想，但是开始突出要面向国民经济建设主战场。

2. 市场经济冲击下的改革

随着改革开放的逐步深入，我国科技信息机构面临着日益严重的挑战。在改革过程中，公益性与营利性的矛盾开始显现。

1985年6月召开了全国科技情报体制改革座谈会，国家科委批转了《全国科技情报体制改革座谈会纪要》，提出科技情报机构改革的基本方向：科技情报工作必须大力促进计划商品经济的发展；逐步推行有偿服务，积极开拓信息市场；加强科技情报系统基础建设，共同开发信息资源等。这表明，在市场经济的初步冲击下，政府首次以文件的名义认可了科技情报机构开展的有偿服务。暴露了科技信息机构在坚持公益性和想迈向营利性这两种思想的矛盾和冲突。

1988年召开的全国所（局）长座谈会产生的《国家科委关于加快和深化科技情报体制改革的意见》，提出了5个方面的意见：①进一步解放思想，转变思想观念；②科技情报工作要投入经济建设主战场；③改革情报机构的运行机制，实行所长负责制，搞活科技情报机构，向经营服务方向转变；④改革科技情报经费管理；⑤发展科技情报工作的横向联合。

上述《政策》进一步强化和细化了建立营利性科技信息机构的思想，提出：科技情报机构必须增强经营观念、深化情报服务，一方面坚持做好技术基础工作和社会公益性服务；另一方面加强情报经营，引入服务经营机制，建立起新的科技情报经济活动形式和服务经营体系。加强大宗的和外向型情报产品的生产和经营活动，不断扩展社会服务，提高自我发展能力（第五十三条）。科技情报机构要加强横向联合，积极向经济、社会领域延伸，不断扩大有偿服务范围，利用各种渠道，大力开拓国内外市场，加速情报产品的商品化进程（第五十四条）。在服务经营过程中，要正确处理社会公益性和有偿服务的关系。要考虑经济效益，也要注意社会效益，提高服务质量。在收益的分配上，要贯彻按劳分配和兼顾国家、集体、个人利益的原则（第五十五条）。科技情报机构属于非盈利性单位，开展情报服务经营，主要在于增强自我发展能力。国家对情报服务经营活动给予支持和鼓励，实行必要的优惠政策（第五十六条）。

1992年9月，国家科委召开第八次科技情报工作会议，出台了《国家科委关于进一步加快和深化科技信息机制改革的意见》和《国家科委关于加快科技信息服务业搞活纲要和政策要点》，宣布了国家科委关于"科技情报"改为"科技信息"的决定，提出改革的总目标是："建设与社会主义市场经济相适应的功能社会化，结构网络化，信息生产与服务产业化，手段现代化，面向社会，面向经济，面向市场，面向攀登科技高峰的社会公益型和科技服务型并举的科技信息事业和信息产业。"对改革的内容提出以下几点：①调整结构。多数信息机构要逐步由社会公益型向科技服务型转变，实行企业化管理，国家重点支持三类信息机构：国家综合性科技信息所，专业部科技信息所，省市科技信息所。②人才分流。今后3～5年内，除保留一支精干队伍继续从事基础研究和公益服务外，50%以上的人员要分流到信息服务业和产业。③转变机制。国家支持的三类信息机构实行两种运行机制：一是稳住和加强公益服务；二是放开和搞活以市场为导向的信息业。

1993年，国家科委出台了《国家科委关于加快发展科技信息服务业发展规划纲要》。其中规定2000年科技信息服务业发展的总体目标是：努力开发信息资源，强化采用现代技术，积极开拓信息市场，提高信息资源的共享水平和利用率，提高经济与社会效益，初步建成一个与发展社会主义市场经济相适应的社会化、产业化、网络化的国家综合科技信息网络和多层次的科技信息服务、咨询和评估分析系统，达到20世纪80年代的国际水平。

许多科技情报机构不得不重新考虑自身的生存和发展问题，重新定位，面向市场，根据市场需要开发信息产品，提供信息服务，通过盈利来增强自我生存和发展的能力。为了激发机构活力，提高员工工作和创收的积极性。政府提出要改变过去的管理方式，将原来的事业单位管理模式改变为企业化管理模式，强化员工的市场观念、效益观念、竞争观念。

这种改革确实明显地增强了一些科技情报机构适应市场变化的能力和竞争力，使它们的财政状况大有好转，暂时解决了生存和发展问题。但是没有从根本上解决可持续发展的问题。它所带来的负面影响是我国科技信息资源拥有量急剧下降，公益性科技信息服务受到不同程度的削弱。尽管在1997年国家科委下发了《国家科委关于加强信息资源建设的若干意见》，并出台了《"九五"期间文献信息资源建设和发展的若干建议》，情况依然没有明显好转。

1999年8月"中共中央，国务院关于加强技术创新，发展高科技，实现产业化的决定"颁布，随着全国科技体制改革的进一步深化，科技信息工作的改革的核心是密切围绕"稳放调分转"方针，实现分类管理，机构改革，总体转制。对于公益型的科技信息机构，在调整结构，分流人员的基础上，按非营利性机构的机制运行和管理，政府主要通过扶持政策，竞争择优方式提供科研项目和设施，条件和基地建设经费，同时要有步骤地精简和组合，重新进行规划布局，稳住少量能体现优势和特色的重点机构，促进大多数机构成为区域性或行业性的科技信息、服务、咨询机构。

3. 向公益性的一定返依

为了解决科技信息资源总量急剧下降，公益性科技信息服务受到削弱的问题，经过科技界和科技信息界的不断呼吁和努力，国务院2000年批准成立国家科技图书文献中心(NSTL)，由科技部联合财政部、国家经贸委、农业部、卫生部和中国科学院共同建设，实行理事会制。经过几年的建设，已成为中国最大的科技文献信息服务设施。

NSTL管理体制：科技部代表5部委"政策指导，监督管理"。理事会是领导决策机构，由跨部门、跨系统的科技专家(院士7人)、信息专家以及科技部、财政部主管部门负责人组成。中心在理事会领导下实行主任负责制，主任由理事会考核聘任，中心工作人员由主任聘任。专家委员会负责业务指导咨询，包括文献资源建设专家委员会和计算机网络建设专家委员会。运行机制：统一采购，规范加工，联合上网，资源共享。其中，文献采购的原则是：统一规划，专业分工；统筹协调，避免重复；统一计划，分布采购；增量调控，盘活存量，优化配置，提高效益，推动共享。数据库建设的原则：统一标准，分布加工；联合上网，集中建库。文献服务实行统一规范和分布式服务。可以看出，NSTL在管理体制方面有创新，实现了跨部门、跨系统的资源共建共享，为科技基础条件平台建设发挥了示范作用。在实施模式上体现了4个结合：机构虚拟与工作现实结合；政府部门与专家的结合；信息专家与科技专家的结合；中心发展与成员单位发展的结合。新的运行机制推动了资源的优化配置，提高了资源和经费的有效利用。

为了增强我国的科技创新能力，国家有关部门2001年制定和颁布的《国民经济和社会发展第十个五年计划科技教育发展专项规划》提出要加强科研基地和基础条件建设。建设和维护国家基本科学数据中心、国家科技成果网站、国家数字化科技文献服务网站和国家重大科技进展信息库。根据国家"十五"规划和上述专项规划，科学技术部又制定了《可持续发展科技纲要》(2001—2010 年),提出了 6 个重要任务,其中第 4 项是:加强基础研究和基础性工作,提高可持续发展科技能力建设;加强可持续发展学科建设;加强人口与健康、资源与环境、社会安全、城镇建设等科学数据的收集积累、监测网络、数据库和有关可持续发展相关信息系统建设,实现信息共享和有效利用;做好有关种质资源、科学标本的收集、整理、保存工作;等等。

6.2.4 美国的科技信息资源管理

1. 概况

美国联邦政府是通过各机构内的信息管理部门向公众提供科技信息服务的。如:商务部的国家技术信息服务局(NTIS,政府最主要的技术信息服务机构),教育部的教育资源信息中心(ERIC,负责收集、整理、出版与教育相关的信息),国家航空航天局的科技信息办公室(负责编辑出版与航空航天有关的文摘索引和数据库),能源部的科技信息办公室(管理和提供能源部的科技信息,提供国际范围的能源信息服务),国防部的国防技术信息中心(负责与国防有关的保密信息和非保密信息的管理与服务),政府印刷办公室(GPO,负责印刷出版国会、政府和法院的报告、资料、文件等),国家科学基金会的科学资源研究部(主要进行 14 种科技统计、调查,出版专题报告)以及国家医学图书馆、国家农业图书馆和国会图书馆(向公众提供广泛的信息服务)等。

美国政府注重建立科技信息传递机制,为科技人员如何利用联邦政府的科技信息提供指南。包括政府出版物:指政府出版的大量的各种报告、资料等。图书馆寄存制度:图书馆接受专题信息代管。政府图书馆、信息中心、文摘索引、目录、会议和研讨会、公共文献数据库、公共的非文献数据库、半公共电子数据、国家实验室、公立和私人合作机构等都拥有大量信息、政府举办如何利用信息的培训班;政府还利用简讯、简介等形式提供信息、服务指南、非正式的个人通信,以及代理某个政府机构提供信息服务的代理机构。

美国私营部门在公益性科技信息服务中发挥着重要作用。有关研究表明,1980 年以来,私营部门在支持研究与开发活动拿出的经费已多于联邦政府(498 亿美元对 445 亿美元)。私营部门已是科技信息活动的重要组成部分。私营机构在美国科技信息的贡献一般是通过若干正式的传播渠道来传播信息。首先是科学和工业界的个人研究者向学术期刊投稿,通过这种媒体发表他们的研究成果。私营数据库为这种信息提供了检索手段,而且私营数据库服务商使这些数据库能为公众所利用(支付一定费用后)。其次是申请专利。然而,私营部门经常借故商业秘密来制止研究成果的传播。对许多公司来说,已发生了从申请专利转向利用商业秘密来保护其研究成果的动向。

美国联邦政府生产和传播科技信息的方式类似于私营部门。它的科学家在学术刊物上发表论文,发表技术报告,采集和报道科学数据,并与本领域的其他科学家或专家(包括政府机构内外的)交流。联邦政府还拿出资金和其他资源资助私营部门以完成政府特别感兴趣的研究计划。联邦也仿照商业秘密的方式,不公开某些研究成果,因为害怕它可能危及国家安全或削弱美国的竞争力。

2. 面临的挑战和问题

20世纪80年代以后,美国的公益性科技信息事业渐渐的失去了往日的繁荣景象。公营部门遇到了如何使国会和公众信服科技信息的重要性的问题。在联邦政府的政策领域中,科技信息的地位被认为是次要的。科技信息被期望服务于太多的主人,而这种期望因多方面的原因而产生了浪费、无效、不能妥协的倾向和政策的支离破碎。为了更有效地利用科技信息,所有的利益集团有必要把科技信息作为一个独立、正统的政策领域来认识,以便采取适当政策行动和政策分析。

美国国会技术评估办公室1990年发表的一项研究报告中指出:"行政部门的领导是绝对必要的,因为科技信息是许多联邦的R&D机构生产的,如果政府的科技信息工作要取得成功,就必须进行协调。政府机构已建立各种各样的专门机制来协调科技信息的各个具体方面,但还缺少一个总的、统一的协调机制。这些现有的委员会中的一个可以扩充或赋予更广泛的职能。或者,可以建立一个新的高级的科技信息的部际委员会,其代表来自生产科技信息的各种R&D计划、政府机构的数据中心和技术文献发行办公室,以及像GPO和NTIS这样的全国性的信息传播机构。"美国的科技信息机构在经营上也出现了危机。美国商务部管辖的国家技术情报服务处(NTIS)因为联邦政府投入不足而曾经面临过生存问题。

20世纪90年代初,随着苏联解体和冷战结束,和平与发展成为时代的主题,世界经济格局也发生了重大变化,高科技逐渐成为经济发展的制高点,竞争异常激烈。面对日趋激烈的全球竞争,克林顿一上台就以"振兴美国竞争力"为目标,及时提出"科技强国"战略。1993年2月,克林顿发表了一篇题为"以技术促进美国的发展——振兴经济的新方向"的国家技术政策报告。克林顿连续两届执掌白宫,花较大精力关注美国科技的发展。布什上台伊始,在接受美国《科学》杂志采访时,特别强调了科技政策和国家利益的关系。布什政府的科技政策在与克林顿政府保持必要的连续性的基础上,进行了一系列的调整,更加强调要大力推进高新科技尤其是数字信息科技的发展,以确保美国21世纪在科技和经济上的绝对优势。这些政策客观上有利于公益性科技信息事业的稳步发展。

3. 实例介绍——美国国家技术信息服务处

(1) NTIS的使命与任务

美国国家技术信息服务处(NTIS)1970年成立,隶属于美国商务部,其前身可追溯到1946年成立的技术服务局(OTS)。其使命是收集信息并向公众传播,为联邦其他部门提供信息产品及服务,通过提供激励创新和发明的信息来促进国家经济发展。主要提供科学、技术、工程和商业方面的信息,是政府出资组建的最大的信息资源中心,属非营利性机构。成立以来,NTIS为商界、大学和政府提供了超过300万份的出版物,涉及350个以上的主题领域。作为美国商务部技术管理机构的重要部分,NTIS承担以下任务:①促进公众使用联邦信息;②制定方针,使得联邦机构将相关政府信息提交给NTIS;③制定执行方法和程序,使联邦机构顺畅地将信息提交给NTIS;④维护永久的非保密性科学、技术、工程和商业方面的知识库;⑤在全球范围内收集并传播信息;⑥开发新的方法以实现信息的快速传播。

(2) NTIS 的信息来源与服务内容

NTIS 的信息资源主要来源于：①政府机构，包括农业部、商务部、国防部、教育部、卫生和公共事业部、居住和城市发展部、内政部、国务部、财政部、运输部、退伍军人事务部等 200 多个政府机构；②全球资助国，包括加拿大、日本、英国、前苏联、西欧和前东欧国家；③有合作协议的机构，包括私人部门、个人、公司和其他机构。

NTIS 为联邦机构和公众提供如下服务：①综述和案例研究；②出版物、音视频和计算机产品的发售；③专门信息及维持服务；④网络开发管理及在线集成；⑤NTIS 电子版及多媒体产品服务；⑥NTIS 音视频/多媒体服务；⑦信息研究订制服务。著名的 NTIS 美国政府科技报告，历史悠久、报告数量多、参考和利用价值大。NTIS 政府科技报告也被称为"四大报告"：PB 报告、AD 报告、NASA 报告和 DOE 报告，它们分别来自美国商务部、美国三军科研机构、美国航空和宇航局和美国能源部。

(3) NTIS 的运营模式

美国政府认为，科技信息传播属公益性事业，能使全社会受益，同时其直接商业价值不明显，故需政府推动。根据美国 1157-7 号法案第 15 条规定：NTIS 是美国科学、技术及工程信息的搜集、处理和传播中心，并出售其信息产品及服务。美国 105-245 号法案规定：由联邦资助研究及发展的非机密性科学技术及工程信息，美国联邦单位必须及时传递给 NTIS。以上法律规定保证了 NTIS 的正常运营和发展。迄今，NTIS 仍然是主要依靠其产品及服务的销售收入来支持。当然，也需要政府提供一定的经费支持，特别是国会下达新的计划和需求时。1992 年 10 月国会通过了有关法案，建立了 NTIS 滚动基金，将 NTIS 产品和服务的全部收入都滚入基金，包括主要支出在内的所有花费都由基金支付。NTIS 主要的收入来源是根据美国法律可以免费得到联邦政府的科技报告，并可对外销售。

6.2.5 其他一些国家的科技信息机构

1. 俄罗斯的科技信息机构

苏联解体后，体制转轨，休克疗法，经济下滑，经费减少，通货膨胀，不可避免地冲击原来依赖国家投资的科技情报行业。科技文摘数据库的开支大幅度增加，经营亏本，入藏文献急剧减少，传统的服务方式已不能满足需要。为保证为基础科学研究服务，俄罗斯联邦科委和科学院情报保障学术协调委员会在 1994 年 9 月成立了一个专家班子研究科技信息机构的改革问题，提出了《全俄科技情报所为基础科学提供情报保证及发展前景的构想》。该构想可看作是俄罗斯的科技信息政策的一部分。它提出：全俄科技情报所必须从原来为大众服务转向有针对性地为专家学者服务。其基本任务是：为基础研究提供情报保障；对俄罗斯的科技规划、投资规划、地区及其他发展规划进行情报跟踪，给予情报支持；对俄罗斯及其他国家科研工作进行情报跟踪，实现通信一体化；加入国家学术团体情报网络；研究新的情报技术与方法，支持科学研究。该构想把全俄科技情报所定位为综合性情报服务中心，其任务是：情报保障；情报跟踪；情报分析；情报预测；情报监控；情报咨询。其工作内容包括：加工并传播二次文献，特别是电子化信息；提供一次文献复制件；加工并传递科技分析综述；提供分析性、综述性和预测性事实情报，为用户提供特定需要的分析产品；情报文献报道；获取国外情报出版物及数据库。同时，还提出了情报产品与服务的质量要求和价格政策，强调情报活动不以盈利为目的。

2. 日本的科技信息机构

(1) 概况

日本政府内阁科学技术厅1970年提出建立科技信息全国流通系统(NIST)的构想，目的是提高全国科研工作的效率。具体措施是：其一与各种信息机构有机地结合起来，建立全国的流通系统，充实信息提供服务，整顿信息流通体制，促进信息的国际流通和向地方流通，强化信息搜集工作。其二提出利用科技振兴整备费，在数据库建设方面开展产学研三结合的研究。其三推动科技信息流通技术标准(SIST)的制订和普及，在信息处理部门设立技术士制度，由国家来认定情报科学技术协会举办的数据库检索技术人员考试。在数据库建设方面，支持日本科技情报中心建设各种科技文献数据库和事实库及相关技术的研究开发工作，使收集的国内外科技文献实现数据库化，提供联机服务和书本式检索工具，将重要的科技文献建成英文数据库，开发日英翻译系统。另外，还与美国和德国合作建立国际科技信息联机网络(STN)，促进日本科技情报的国际传播。

(2) 实例——日本科学技术振兴机构

日本科学技术振兴机构(JST)是1996年10月由日本科学技术情报中心(JICST)与日本研究开发公司(JRDC)合并而成的一个特殊法人，是以搜集、处理及提供日本国内外科技信息来促进科技发展的科技信息流通中枢机构。JST使命是通过广泛服务，推进日本科技发展，包括推进基础研究商业化的协调研发，创造新的技术种子；发布科技信息等。JST的计划和编制由政府批准，为政府提出的目标服务。在第一个中期规划(2003年10月～2007年3月)期间，JST要开展以下5项活动：①先进技术的创新；②推进先进技术商业化；③推进科技情报的传播；④研究者交流和研究支撑；⑤促进大众对科技的理解。

JST由理事会管理，下设职能部门10个，包括科技普及部、研究系统促进部、科技促进基金特别调节部、未来关键技术研究部、日本科学未来博物馆等；行政后勤部门5个，包括规划和评估室、总务部、财务部、设施管理室、监察室。另外，其国际事务部下设巴黎、布鲁塞尔、马来西亚、北京和华盛顿等5个分部；其研发战略中心下设规划管理部；其基础研究办公室下设协调规划部、研究促进部、研究计划部、先进测量技术部、多领域研究管理扶持部、研究扶持部；其技术转让与创新办公室下设技术转让促进部、技术发展部、开发协议部、区域科技促进部(下设8个区域创新广场)、知识产权部；其情报事业本部：下设高级数据库部、文献信息部、情报服务部(下设中部、西日本两个分部)。

JST的主要服务内容是：收集全球的科技信息，建立各种数据库，提供公共服务。JST情报事业本部的服务有：信息收集、加工、储存与提供、在线服务。建立的数据库主要有JOIS、Jdream、医疗全文数据库，提供基于STN国际情报检索等服务。其他公共服务有：科技书目、JST馆藏目录、信息处理与管理月刊、机器翻译系统、文件递送服务和翻译服务等。

6.3 公共图书馆的信息资源管理

公共图书馆是公益性文化和信息机构的代表。在任何一个国家里，它都是向广大公众提供最基本的信息服务的少数机构之一。在我国，除了公共图书馆以外，国家图书馆也兼有公共图书馆的职能，国务院各部门各系统所属的图书馆和高等学校图书馆同样也承担着一部分公共服务的职能。本节所谈的改革图书馆的信息资源管理，一般也适用于这些类型的图书馆。

6.3.1 公共图书馆的性质和职能

1. 公共图书馆的性质

联合国教科文组织在1949年首次发布、1994年修订后重新发布的《公共图书宣言》中指出，公共图书馆，作为人们寻求知识的重要渠道，为个人和社会群体进行终身教育、自主决策和文化发展提供了基本条件。公共图书馆是传播教育、文化和信息的一支有生力量，是促使人们寻找和平和精神幸福的基本资源。

《宣言》称"公共图书馆是地区的信息中心，它向用户迅速提供各种知识和信息。"并强调：①每一个人都有平等享受公共图书馆服务的权利，而不受年龄、种族、性别、宗教信仰、国籍、语言或社会地位的限制。对因故不能享用常规服务和资料的用户，例如少数民族用户、残疾用户、医院病人或监狱囚犯，必须向其提供特殊服务和资料。②各年龄群体的图书馆用户必须能够找到与其需求相关的资料。公共图书馆必须藏有并提供包括各种合适的载体和现代技术以及传统的书刊资料。重要的是馆藏和图书馆服务是否具有高质量，是否确实满足地方需求、适合地方条件。馆藏资料必须反映当前趋势和社会发展过程，以及记载人类活动和想象的历史。③馆藏资料和图书馆服务不应受到任何意识形态、政治或宗教审查制度的影响，也不应屈服于商业压力。

公共图书馆的基本特征是：向社会公众开放和提供服务，依法设立和经营，经费主要来源于政府的税收。

2. 公共图书馆的职能

关于图书馆的社会职能，国际图联1975年在法国里昂召开了关于图书馆职能的科学讨论会。会议通过的总结一致认为，现代图书馆的社会职能有4种：①保存人类文化遗产；②开展社会教育；③传递科技信息；④开发智力资源。国际图联确定的图书馆的社会职能是合理的，基本上反映了现代图书馆的实际情况和现代社会对图书馆所具有的共性职能，也是社会要求图书馆承担的共同责任和义务。但不同的国家对图书馆的社会职能赋予了不同的解释，不同类型的图书馆的侧重点也可能不相同。

联合国教科文组织的《宣言》全面地阐述了公共图书馆的使命，认为公共图书馆服务的核心应该是与信息、扫盲、教育和文化密切相关，主要使命为：

(1) 养成并强化儿童早期的阅读习惯。

(2) 支持个人和自学教育以及各级正规教育。

(3) 提供个人创造力发展的机会。

(4) 激发儿童和青年的想象力和创造力。

(5) 加强文化遗产意识,提高艺术鉴赏力,促进科学成就和科技创新。

(6) 提供接触各种表演艺术文化展示的机会。

(7) 促进不同文化之间的对话,支持文化多样性的发挥。

(8) 支持口述传统文化的保存和传播。

(9) 保证市民获取各种社区信息。

(10) 为地方企业、社团群体提供充足的信息服务。

(11) 促进信息技术的发展和计算机应用能力的提高。

(12) 支持并参与各年龄群体的扫盲活动和计划,在必要时组织发起这样的活动。

3. 公共图书馆的服务

最初,公共图书馆提供的服务仅限于阅览、外借,随着社会的发展,技术的进步和读者需求的不断深化,服务的方式和内容逐渐发展并丰富起来。例如,比较常见的服务有:文献出借(包括个人外借、团体外借、国内互借、国际互借、代借、馆外待查及预约);文献阅览(包括普通阅览、专业阅览、不同文献类型或语种阅览);文献复制(包括馆内即时复制、馆外委托复制);文献检索与查新;文献信息咨询;传播(包括编制书目索引或文摘、编印动态和进展等出版物、编辑出版专业杂志、书刊展览、专题(语种、学科)文献展览、文献类型(载体)展览);定向服务(包括定题跟踪、定点(地区)信息提供、定单位(系统)信息提供);用户教育(包括文献信息知识讲座、文献开发与利用培训、计算机应用技能培训、知识产权和学科发展报告)。

6.3.2 公共图书馆的管理原则

联合国教科文组织的《宣言》提出公共图书馆的拨款和立法原则是:

(1) 公共图书馆原则上应该免费提供服务。建立公共图书馆是国家和地方政府的责任。必须专门立法维持公共图书馆,并由国家和地方政府财政拨款。图书馆应该是继承文化、传递信息、扫盲和长期教育战略的基本组成部分。

(2) 为保证全国图书馆的协调和合作,必须立法并制定战略计划,来确定并建设同一服务标准的全国图书馆网络。

《宣言》接着提出了公共图书馆运作和管理的 6 条原则:

(1) 必须制定清晰的政策,确定与社区需求相关的目标、重点和图书馆服务。必须有效地组织公共图书馆并保持运作的专业水准。

(2) 必须确保与有关合作伙伴(用户群体和其他专业人员)进行地方、区域、全国甚至国际性合作。

(3) 使社区每一个人都能确实得到图书馆服务。需要有理想的馆舍环境、良好的阅读学习设施,以及相关的技术和充足的开馆时间,包括对不能到馆的用户提供馆外服务。

(4) 图书馆服务必须适应乡村和城市社区的不同需求。

(5) 图书馆员是图书馆用户和馆藏资源之间的能动的中间人。图书馆员的专业培训和继续教育对保证服务质量非常重要。

(6) 必须制定馆外教育和培训计划,帮助用户从各种馆藏资源中获取有价值的信息。

《宣言》最后特别敦促全世界各个国家和地方的决策者和整个图书馆界,应认真贯彻和落实宣言表述的各项原则。

6.3.3 中国公共图书馆事业

1. 概况

我国初期的公共图书馆多由藏书楼演变而来。19 世纪末,在戊戌变法运动的影响下,一些较开明的维新派人士请求开设公共性的藏书楼。1902 年,浙江绍兴的徐树兰以一己之力筹建古越藏书楼,于 1904 年正式开放。此时,湖南省图书馆和湖北省图书馆也先后成立。中国国家图书馆的前身北京图书馆的前身——京师图书馆于 1910 年开始筹建,1912 年正式开放。根据有关资料统计:1949 年 10 月,全国各类型的图书馆只有 392 所,其中公共图书馆 55 所、高等院校图书馆 132 所、科学研究图书馆 17 所、工会图书馆 44 所、私立图书馆 44 所。50 年之后的情况如何呢? 据我国文化部 2002 年提供的数据,1999 年底全国共有公共图书馆 2767 个,比上年增加 36 个,增长 1.3%。县级及县以下图书馆 2330 个,比 1998 年增加 29 个,增长 1.3%。全国公共图书馆共有从业人员 48792 人,比上年增加 479 人,增长 1.0%。作为衡量服务能力的指标之一的公共图书馆总藏量仍呈连续稳步上升趋势,截至 1999 年末,全国公共图书馆总藏量共有 3.95 亿册(件),比 1998 年增加 1.02 亿册(件),增长 2.7%。全国平均每馆藏书 12.8 万册,比上年增加 0.2 万册,增长 1.6%。全国人均藏书 0.28 册,与上年持平。[①]

香港地区的公共图书馆在 20 世纪 90 年代已发展到 28 所及 2 个图书馆流动站(车)。截至 1994 年底,藏书量达 280 万册,视听资料 18 万件,中外文期刊 5000 种,接待读者 507 万人次,外借图书 1508 万册次。澳门地区,截至 1998 年 10 月,有各种图书馆约 150 所,从业人员约 300 人,总藏书量 700 万册,购书总经费约 700 万澳元。台湾地区,到 2002 年 9 月底,有直辖市以上图书馆 4 所,县市图书馆 24 所,乡镇市区图书馆 330 所,合计 358 所(含分馆及第二馆合计 498 馆),已建立起一个比较完整的公共图书馆体系。台北"中央图书馆"是台湾最大的公共图书馆,截至 1993 年 5 月,拥有藏书 121.4 万册、期刊 20551 种,报纸 383 种,非书资料有 49.96 万件,其中包括缩微单片、录音带、录像带、光盘、激光唱片等非印刷型出版物。[②]

2. 管理体制

中国建立了由国家集中领导和分级管理的图书馆事业管理体制。文化部图书馆处 1989 年改为图书馆司,其主要职能是综合管理全国图书馆事业,是管理全国图书馆事业的职能机构。各省市自治区文化厅设有图书馆处,管理本地的图书馆事业。国务院一些部门

① 中华人民共和国文化部. http://www.allchinadata.net/DataCenter/ 2002-02-20.

② 赵红川. 台湾省公共图书馆事业发展简况. http://www.sclib.org/sclib-bbs/ 2003-09-05.

和系统(如教育部、卫生部、科学院等)也设有管理图书馆事业的机构,如1979年,卫生部建立了全国医学图书馆工作协调委员会;1980年3月,中国科学院建立了出版图书情报委员会;1981年9月,教育部建立了全国高等学校图书馆工作委员会。总体上看,中国图书馆事业的管理体制是一种条块相结合的组织体制。各系统之间联系松散,缺乏统一协调。

在政策和法律方面,1978年8月教育部印发了《关于加强高等学校图书资料工作的意见》,11月国家文物事业管理局颁布了《省市、自治区图书馆工作条例》,12月中国科学院颁布了《中国科学院图书情报工作暂行条例》和《中国科学院图书情报工作发展规划纲要》。1981年5月,文化部、教育部和团中央在北京联合召开全国少年儿童工作座谈会,重点研究了发展少年儿童图书馆事业,改善少年儿童图书阅读条件,加强阅读指导等问题。同年11月,文化部图书馆事业管理局编制了《图书馆发展规划》。1982年12月修订颁布的《中华人民共和国宪法》第22条规定要发展为人民服务,为社会主义服务的图书馆事业。同年9月,《中国共产党第十二次全国代表大会政治报告》把图书馆作为建设物质文明和提高人民群众思想觉悟和道德水平的重要条件。同年11月,国家"六五"计划提出县县有图书馆的要求。1984年5月,文化部图书馆事业管理局制定了《图书馆技术工作和科学研究发展规划草案》1985年7月,中共中央宣传部和文化部在北京联合召开全国图书馆工作会议,讨论了文化部提出的《关于改进和加强图书馆工作的报告》。1986年10月,文化部图书馆事业管理局提出了《关于组织实施图书馆事业"七五"计划的意见》。同年11月,中国科学院提出了《中国科学院文献情报工作"七五"发展规划》。1987年6月,国家教委召开的全国高校图书馆工作会议制定了《全国高等学校图书情报事业"七五"规划要点》。同年10月,中共中央宣传部、文化部、国家教委、中国科学院将《关于改进和加强图书馆工作的报告》印发全国执行。同时,由国家教委和文化部共同发起,国家教委、中国科学院、国防科工委、中国社会科学院、邮电部、电子工业部、国家档案局、国家标准局和国家专利局等单位组成了图书情报工作部际协调委员会。1988年10月,部际协调委员会文献资源专业组在北京召开会议,研究和部署全国文献资源调查工作。这是我国首次跨地区、跨系统的文献资源调查工作。20世纪90年代得到延伸,全国有20个省、市、自治区及部分中央部委成立了省级或专业的协调委员会或相应组织,该组织从成立至今,虽然发挥的作用不够明显或不理想,但其形式是好的。从我国的现状来看,这种形式也是比较容易为人接受的,问题是没有赋予它应有的权力和职能。

1987年2月,文化部、财政部、国家工商行政管理局联合颁发《文化事业单位开展有偿服务经营活动的暂行办法》。1994年5月,人事部、文化部印发关于图书、文物、博物、档案、群众文化事业等单位贯彻《事业单位工作人员工资制度改革方案》实施意见的通知。一些图书馆推行"一馆两制"或"一馆两业",即在维持和发展公益性服务的同时,开办企业,参与市场竞争,成立信息服务公司、影视中心、书店等。

20世纪90年代初,开始了图书馆的宏观管理和评估。1992年12月文化部发出通知,决定自1993年1月起对全国县以上公共图书馆开展评估定级工作。首先在一部分省、市、自治区的图书馆中进行试点,参加试点的有5所省馆、4所计划单列市馆、70多所地(市)级馆、300多所县馆。1994年4~7月,评估工作在全国30个省、市、自治区(除西藏外)全面展开,参加评估的图书馆共2189所,其中省级与计划单列市图书馆35所、地(市)级图书馆

238 所、县级图书馆 1916 所，占县以上公共图书馆的 85%。省、市、自治区图书馆和计划单列市图书馆由文化部组织评估，但不评定等级。地（市）、县（市）图书馆由省、市、自治区文化行政主管部门组织评估。

6.3.4 美国公共图书馆事业

钢铁大王卡耐基（Andrew Carnegie）是美国整个公共图书馆体系的缔造者。走进美国很多社区公共图书馆的大门，都可以看到一块“大匾”上铸着卡耐基的名字。从 1886 年到 1919 年，卡耐基共捐助了 5600 万美元（当时价格），在全美 1400 个社区建立了 2000 座图书馆，其中绝大多数是公共图书馆。当代美国首富，微软创始人比尔·盖茨也对美国公共图书馆事业慷慨解囊。1997 年盖茨和夫人一起设立了“盖茨图书馆基金”，用于低收入地区公共图书馆添置计算机和网络设备，以及图书馆管理人员计算机知识的培训。按计划，基金将为此在 5 年内投入 2 亿美元现金和价值 2 亿美元的设备。

1. 资源、服务和利用情况

在美国，公共图书馆的基本特征是：由政府财政税收支持，有管理委员会，对所有人开放，读者来去自由，州立法认可，服务不收取费用。据美国教育统计中心 2002 年 2 月的最新数字，全美 50 个州及华盛顿特区的公共图书馆为 9046 家，服务涵盖全美 97%的人口。全美公共图书馆的藏书量总计 7.47 亿册，人均拥有量为 2.8 册，其中电子读物现达 4900 万册，千人拥有量为 5.1 册。全国 92%的公共图书馆接通了因特网，83%的图书馆为读者提供免费上网服务，78%的公共图书馆提供网上借阅服务。

公共图书馆的馆内阅读是不需要任何证件的，任何人都可以不受丝毫阻碍地走进图书馆的任意位置翻阅图书。外借图书须办理借书卡，但借书卡的办理过程相当简便，一般只须出示有效身份证件即可，甚至连短期访问的外国人出示护照也可办理，整个过程只需几分钟，并且不需缴纳押金。美国公共图书馆的服务随着科技的发展和社会的进步不断拓宽，已大大超出了“图”和“书”的传统概念，演变成集文化、教育、娱乐等于一身的综合机构。[①]

作为一个公共服务机构，图书馆努力为各方面的读者提供服务。比如，为老年读者购入大字号的书，添置盲人读书上网设备，定期送书到监狱和老年中心，为新移民准备外文书籍等。公共图书馆提供的服务已经远远超出了“藏书楼”的概念。它首先成了社区的信息中心，读者如今可以不必亲临图书馆，而是通过电话或者网络实时向管理员提问，也可以远程进入公共图书馆共享的庞大数据库直接查找资料；它也成为社区的活动中心，读者可以从公共图书馆了解纳税、选举、征兵、献血等信息，同时领取到资料和表格；再一个功能是社区的教育辅助中心，比如克里夫兰公共图书馆设立有热线电话辅导中小学生的家庭作业。[②]

在美国各种文化中，最值得重视和推崇的，是无偿为社区服务的“公共图书馆文化”。公共图书馆是“城市最重要的免费公众空间”。英文里的 Free 包含“免费”和“自由”二义，是注重它对市民的全面服务功能；“空间”，则是在它专业性的教育功能上，突出其“公共性”。公

① 汪俊. 人民日报，2002 年 8 月 9 日，第 2 版.

② 陈蓬. 美国公共图书馆见闻. 中国网，2005 年 10 月 19 日，文章来源：中华读书报.

共图书馆除了让市民随时能够进来读书、用书、借书以外，还把举办各种文化讲座、文化聚会、社区的公共社交活动等放在很突出的地位，并且经常把图书馆开放给不同族裔的市民，开展他们本族裔的文化活动。[①]美国有些公共图书馆还以开展商务支援活动为重点，介绍活跃地区产业的公共图书馆如何支援创业，向中小企业提供帮助。

调查表明，美国大约65%的家庭在过去一年中光顾过公共图书馆，而有小孩的家庭光顾的比例更高。来自美国教育部定期出版的《美国公共图书馆年度统计报告》显示，2000财政年度内，共计有11亿人次光顾了全美范围内的9074家主要公共图书馆，相当于每个美国人光顾了4.3次；共借阅各种图书，音像等17亿册/盒，平均每人借阅6.4册/盒。

2. 经费来源

美国公共图书馆属非营利性机构，经费主要是靠政府拨款、基金会及各种捐助。尽管各州存在差别，但大多是按地方税收3%至8%的比例划拨。各公共图书馆的拨款数量取决于读者及馆员人数、分布地区重要性等多种因素，但各馆有权根据自身情况决定资金使用投向及安排各种活动。2002财政年度的数字显示，全美公共图书馆经费总计77亿美元，其中联邦政府拨款占0.7%，州政府拨款占12.8%，地方政府占77.1%，其他收入占9.4%。政府的支持都来自税收。依照谁收益谁付费的原则，社区的公共图书馆基本服务于社区，因此，地方政府负责出“大头”。

由于经济波动和各地财政支出日益庞大，图书馆经费也成了最容易被削减甚至砍掉的项目之一。近年来，各地图书馆经费日益不足的消息频繁出现在报刊上。而图书馆经费拨得多拨得少，并不主要由一个州的经济实力决定，而是“利益集团”游说的结果。这也是美国政治的一大特点。俄亥俄州论GDP远远赶不上加州，但该州有一个组织得力的“俄亥俄图书馆委员会”(Ohio Library Council)，委员会的一项重要工作就是专门游说州议员。每当州议会开会讨论预算时，委员会就组织图书馆的工作人员和热心的读者在会议厅外集会。所有这些“招数”多少给州议员们一些“压力”。

由于来自政府拨款的数目越来越有限，当要进行新馆扩建或增加运营费用时，各个社区的图书馆必须依靠当地社区的年度公投，以增加税收或者发行债券来取得资金。为此，图书馆将自己的项目计划列在选票中，选区的每位居民都有赞同和反对的权利。为了使自己的议案能顺利通过，每个图书馆都要做大量细致的“拉票”工作。

3. 管理体制

根据尼克松总统签署的91-345方案，1970年7月20日成立了美国图书馆与信息科学委员会(NCLIS)，该委员会为联邦政府系统内的独立性永久机构。主要任务是担任国会、总统与各州的地方政府有关全国性图书馆与信息服务的信息顾问，向总统和国会提出有关此方面的政策和计划，以加强美国信息活动的统一协调：①向白宫及国会报告有关国家政策之执行情况；②执行有关全国图书馆、信息需求之研究、调查和分析；③提倡研究发展活动；④举行听证会、发行相关刊物；⑤针对全国图书馆和信息需求，制定全国计划，协调联

---

① 苏炜. 专栏：耶鲁漫笔. 南方周末，2004-08-05.

邦、州和地方性活动；⑥针对图书馆服务之财务资助提供意见给主管做决策参考。委员会基本理念以用户为导向，提供最好的服务给社会成员。

各州和城市也有相应的图书馆委员会，负责本行政区划内的公共图书馆的规划、指导和管理，其职责更为具体。以加州为例，加州图书馆委员会由13名成员组成，其中9名由州政府按有关程序任命，4名由州议会按规定方式任命，州立图书馆馆长担任图书馆委员会的执行总裁(CEO)，加州公共图书馆除了预算由州政府依据加州图书馆法案和其他相关的图书馆条例审核划拨之外，其任务、目标和政策由加州图书馆委员会确定，馆长的招聘与考核也由图书馆委员会完成，图书馆工作人员的数量、工作报酬的等级、岗位职责等项内容均由图书馆委员会最后确定，该委员会针对图书馆的所有社会管理行为都依据图书馆法和其他相关条例进行，图书馆的服务成效由该委员会考评确认之后，由州立图书馆馆长直接向州长汇报，图书馆委员会成员基本上是一种荣誉职位，没有特别的待遇和行政级别。

美国图书馆协会(The American Library Association)负责图书馆工作人员从业资格的确定、图书馆学院教育资格的认证。重点工作领域是：图书馆员培训、图书馆法和图书馆标准的制订、出版编辑、图书馆合作(如联合编目、建立联合目录、馆际互借)等、促进馆藏建设和信息检索、推进图书馆自动化网络化数字化发展、国际图书馆交流等。

美国公共图书馆的社会支持团体——“图书馆之友”在图书馆事业的发展中起着不可低估的支持与监督作用。它由热心图书馆事业的人士组成，主要是经常利用图书馆的热心读者、离职的专业馆员、图书馆委员会的卸任人员等。他们参与公共图书馆的宏观管理、考评，或为图书馆争取议会和民众的支持，以获得更大程度的财政拨款，或为图书馆争取各种基金会、企业和社会团体的赞助，或招募和充当志愿者为图书馆的日常事务和各种活动出力。当然它也代表民众向图书馆提出服务诉求，以提高图书馆的服务水平，并督促图书馆实现其应尽的社会义务。“图书馆之友”在公共图书馆系统中充当公众与议会、政府之间的桥梁，是美国体制下公共图书馆不可或缺的强有力的支持团体，也是图书馆提高服务水平、满足居民阅读需求的馆外监督团体。[①]

6.3.5 欧盟公共图书馆事业

1. 总体情况

就阅读习惯而言，欧洲各国大不相同，而且与经济指标无关(如国内生产总值)。相反，在很大程度上受国家图书馆政策的影响。丹麦图书馆用于购置书刊的预算十分充裕(通常斯堪的纳维亚国家的情况均如此)，这对于维持高水准的阅读习惯和高质量的图书行业以及保持较高的识字率十分重要。

1981—1990年，西欧社会没有发生剧烈的动荡，但是图书馆投资的相对重点发生了显著变化，投资增长的主要领域转向高等教育部门。公共图书馆支出增长较缓，职员人数略有减少，总收藏量增长率降低。学校图书馆(指中小学)不断衰落，因为学生人数减少，人口老化。由于信息市场的迅速扩展以及电子信息和娱乐需求的有望增长，信息链的范围日益扩

---

① 刘洪辉.美国公共图书馆管理模式及启示.http://www.gzlib.gov.cn/gtxh/view.asp?id=564，2006-03-06.

大。在这种情况下，图书馆的经济价值应当如何评价？据欧洲联盟对图书馆的宏观统计，图书馆就自身服务收取的费用估计为每年2.09亿欧元（指1986—1990年）。其中10%以上是英国国家图书馆文献提供服务部的收入，它是迄今欧洲最大的图书馆文献供应商。

国家图书馆的作用在变化，人们对它寄予厚望。为了满足这一点，各国已相应增加了这方面的预算拨款。欧盟各国家图书馆每年的总经费相当于4.012亿欧元，每年增长0.9%，其中工作人员工资占50%以上。国家图书馆也在开展筹款活动。书目编纂工作过去认为是份内的事情，如今已成为图书馆经营的重要方面，带有很强的商业性。尽管预算增加，但是国家图书馆在整个图书馆系统中发挥的主导作用却在不断减弱，中心作用明显下降。以前人们提倡国家图书馆职能扩大，从法定交存到提供国家书目服务，从广泛收集外国资料到馆内借阅，从国家规划到研究与发展。如今，没有一个国家图书馆能认可如此大范围的工作任务。

在公共图书馆方面，据欧洲委员会1995年统计，欧洲公共图书馆的经费开支从1981年约28.12亿欧元增加到1990年的33.38亿欧元。购书经费1986—1990年间每年达到5.92亿欧元。其中英国和德国的购书经费分别都超过了1亿欧元。

公共图书馆的服务点数量在逐年增加，20世纪80年代平均每个服务点的服务人口达到3550人，只有德国、奥地利、英国和斯堪的纳维亚各国低于此平均数。1986—1990年间，欧盟各国公共图书馆馆内查阅人数估计每年约有18亿多人次。在公共图书馆登记的人口比例，丹麦最高，达到65%，接下来是英国58%，比较低的国家有：荷兰30%、爱尔兰19.5%、法国17%、德国10%～15%。

为了解决日渐衰落的阅读习惯问题，图书馆加强了音视频资料的收藏，其阅读人数比传统图书几乎翻了一番。可提供因特网上网服务的公共图书馆日益增多。除了提供基本服务外，还提供专门服务，如检索服务、商务信息、按用户要求提供信息和社区信息。收藏和服务的多样化，使免费获得信息产生了问题。联合国教科文组织和国际图联在修订《公共图书馆宣言》时将基础服务与增值服务区分开来，图书馆可以通过提供增值服务来获得流动资本。其实，在这一变革被接受以前，有些图书馆已经采取了实用的态度。据统计，公共图书馆的各种税费收入从1981年的9000万欧元增加到1990年的1.1亿欧元。其中，荷兰和比利时的公共图书馆的各种收费收入约占图书馆总经费的10%，英国约占2%。[①]

2. 国别情况

英国的《公共图书馆宣言》中称："本宣言期待政府承担有关公共图书馆的3大义务：①公共图书馆的核心服务，从馆藏的使用角度看，应该是免费的；②应该进行必要的投资，将公共图书馆与信息高速公路连接起来；③地方政府应当自由地拨出足够的经费，建设现代化、高质量的公共图书馆。"1964年颁布的《公共图书馆和博物馆法》规定任何人都可以在馆内免费利用图书馆查找图书和其他印刷资料。在异地生活、工作或学习的人有权免费借阅图书或其他印刷资料。在20世纪80年代中期，英国109个行政区划就设立有15000个公共图书馆，700个汽车图书馆，藏书总量为1.3亿册，平均每个居民2～3册。全国公共图

① 伊维斯·科里尔. 世界信息概览. 北京：中国对外翻译出版公司. 联合国教科文组织，1999，115，116～120.

书馆归英国教育和科学部艺术与图书馆办公室管理。

在德国，由于历史原因，德国的图书情报事业结构较为松散，各联邦州均有自己的图书馆法规和体系。但总体而言，第二次世界大战结束后，原西德各联邦州的公共图书馆普遍实行总馆一分馆模式（两德统一后，东部5个新联邦州也实行了此模式）。以斯图加特图书馆为例，它由总馆、17个分馆、儿童馆、音乐文献馆及多个流动图书馆组成，读者覆盖面从幼儿直至九旬老人。全市55万人口，年人均外借图书7.4册，年访问人次180万（2000年统计数据），使文献资源得到了充分利用。德国的馆际互借系统也是非常发达的。目前德国共有6大地区性图书馆联合目录、7大专科目录、全国机读联合目录和全国期刊数据库等。每年有近280万件传统馆际互借，成功率为87%。为了进一步改进传统馆际互借耗时长的缺陷，德国图书馆界正致力于研究和发展自动化馆际互借，把所有参与馆际互借的图书馆和信息机构联成一个开放的网络系统。如德国图书馆联合体开放网络系统（DBV-OSI）、SUBITO文献快递系统以及Jason期刊论文提供系统等。

法国的公共图书馆由当地市政当局建立和管理，共有1000多个。2万人以上的城镇92%都有公共图书馆，1万人以下的城镇93%都有公共图书馆。公共图书馆的经费80%来源于地方政府，20%来自中央政府。国家文化部设立图书馆和阅读管理局负责管理国家图书馆、各省的外借图书馆和一些重要的公共图书馆。大约80%的图书馆工作人员是国家公职人员。

6.4 其他公益性机构的信息资源管理

6.4.1 博物馆

1974年，国际博物馆协会第十一届大会通过的章程，明确规定：博物馆是一个不追求营利的、为社会和社会发展服务的、向公众开放的永久性机构，为研究、教育和欣赏的目的，对人类和人类环境的见证物进行搜集、保存、研究、传播和展览。美国《简明不列颠百科全书》定义现代的博物馆是征集、保藏、陈列和研究代表自然和人类的实物，并为公众提供知识、教育和欣赏的文化教育机构。美国博物馆协会定义博物馆是收集、保存最能有效地说明自然现象及人类生活的资料，并使之用于增进人们的知识和启蒙教育的机关。《苏联大百科全书》定义博物馆是征集、保藏、研究和普及自然历史标本、物质及精神文化珍品的科学研究机构、科学教育机构。日本的博物馆法规定：博物馆是收集、保存、展出有关历史、艺术、民俗、工业、自然科学等资料，供一般民众使用，同时进行为教育、调查研究、启蒙教育等所必要的工作，并对这些资料进行调查研究作为目的的机关。

我国2005年12月22日颁布的《博物馆管理办法》把博物馆定义为收藏、保护、研究、展示人类活动和自然环境的见证物，经过文物行政部门审核、相关行政部门批准许可取得法人资格，向公众开放的非营利性社会服务机构。利用或主要利用国有文物、标本、资料等资产设立的博物馆为国有博物馆。利用或主要利用非国有文物、标本、资料等资产设立的博物馆为非国有博物馆。

1. 博物馆的性质和职能

博物馆的基本使命和宗旨是：为社会与社会发展服务，关注现实与未来发展，关注社会，置身其间的社会状况、问题和发展、社会、社群、文化。它一般具有以下性质：

(1) 非营利机构。运用社会提供的各种资源为公众福利服务，不向机构的拥有者、成员分配经营利润。属非营利(赢利)的社会公益机构。

(2) 向公众开放。博物馆是公共品，公众有权利用其设施、收藏和智力资源。向一切愿来博物馆的观众开放，并吸引更多的观众。

(3) 文化特性。博物馆承载着人类重要的文化遗产，担负着文化传承的重任。因而，博物馆应是社会公益性单位，是供市民欣赏文物、增长历史文化知识的场所。

博物馆的基本职能是物证的收藏、保护、研究、传播、欣赏。欣赏是观众的权利，注重审美情趣，保持博物馆展览的高格调。博物馆被视为学校的第二课堂、成人的终生学校、文化的窗口、旅游的热点，是人们扩大知识领域、满足审美享受、培养生活情趣、陶冶身心的重要场所。博物馆还是保存和研究人类文化遗产的重要机构。因此，各国都十分重视发展博物馆，至20世纪80年代，全世界博物馆的总数已经达到3.5万多座。随着各国经济文化的发展，博物馆的数量还将继续增加。

2. 博物馆的特点和社会作用

博物馆具有以下3个特点：①实物性。三维物质实体具有：实体性、真实性、唯一性。②收藏性。为后代子孙保留珍贵的文化、自然遗产。要权衡现实与未来需要，在藏品管理、文物保护上要严肃认真，不做损害子孙利益的蠢事。③开放性。博物馆是社会财富托管人。其藏品及社会服务设施是公共资源。博物馆藏品、陈列、工作资源(场地、设施、智力)要开放。要以开放态度对待社会现象、舆论、行为。

博物馆的社会作用体现在：社会文化的继承、传播、传承；社会的综合记忆；种族、文化、智能、创造力、价值观、历史、交流。在政治方面，它体现国家对历史、文化、现实的态度；国家统一，民族团结；政府形象、国家形象、地方形象。在经济方面，它是文化产业和旅游业的支柱因素；在文化教育方面，它是文化传播的重要手段，保护文化遗产的重要机构，是社会教育机构；在科研方面，它是提供科研资料、从事专业研究的重要机构。另外，它也是公众休闲、艺术欣赏的重要场所。

3. 当代中国的博物馆事业

据2003年统计，中国大陆地区现有2200多个博物馆，共有馆藏文物1236万余件套。有2/3以上是中小博物馆，有公立博物馆也有私立博物馆。绝大部分是在新中国诞生以后才发展起来的。其中文物系统有1521个。类型多为文史、自然科学方面的博物馆。布局：东南沿海680余个，中部520余个，西部310余个。管理体制：集中型行政管理，政府办馆。基本任务：保护文物，宣传教育，地方形象。

当代中国大陆地区博物馆特点：①与地方社会发展结合，体现各地政府文化发展战略；②关注地方历史发展，地区特色明显；③文物色彩浓厚，2/3的博物馆是文物类；④科研色彩浓厚，重视专业科研；⑤采用计划体制，经费、人员、任务、管理基本沿用计划经济模式；⑥展览呈现精品化、考古化，"声光电"手段兼备。

内部管理体制实行三部一室制，按职能分工。一般设保管部、陈列部、群工部（社教部）以及办公室。优点是：分工明确，责任明确，与博物馆任务对应。问题是：部门封锁，业务割裂，分工过细影响员工积极性。

近年来，中国博物馆事业进入了新的发展高潮。据一项数据统计显示，"九五"发展期间，全国新建了12个大型博物馆，"十五"期间将有30个包括国家博物馆及省市博物馆在内的新博物馆开工建设，有11个大型博物馆将进行改扩建。博物馆基础设施建设的迅速增长，的确是一件令人欣喜的好事，但任何事业都是在危机中前进的，新的发展带来了新的机遇、新的挑战，也潜伏着新的危机。目前，存在的主要问题有：

(1) 藏品保护资金严重缺少。在全国2200多个博物馆中，大约有2/3生存困难，其中以中小博物馆居多。中小博物馆的财政支持力度小，有的地方没有严格按照文物保护"五纳入"的原则加大对文物保护的投入。加之自身造血功能不强，经营收入少，导致文物保护资金严重缺少，馆藏文物的保护保管问题无法解决，更谈不上投资文物的征集。

(2) 藏品保护意识弱。有的部门、单位领导分工不明确，缺乏对文物保护的责任意识，过分的关注其经济价值，不关心文物本身的价值，人为损坏现象严重。有的甚至监守自盗，有的因担心文物损坏受到处罚和影响仕途而隐瞒不报。

(3) 藏品保护缺乏科学管理。建立健全的藏品保护管理制度是博物馆藏品科学管理的重要一环。目前，很多博物馆缺乏一套对文物保护和管理的科学管理制度。存在藏品登记分类混乱，入库排架无序，编目统计不清，建档内容不齐等现象。有些保管人员不熟悉基本操作规程，导致人为损坏严重。[①]

新颁布的《博物馆管理办法》规定：国家扶持和发展博物馆事业，鼓励个人、法人和其他组织设立博物馆。县级以上人民政府应当将博物馆事业纳入本级国民经济和社会发展规划，事业经费列入本级财政预算。博物馆的数量、种类、规模以及布局，应当根据本地区国民经济和社会发展水平、文物等资源条件和公众精神文化需求，统筹兼顾，优化配置。鼓励优先设立填补博物馆门类空白和体现行业特性、区域特点的专题性博物馆。国家鼓励博物馆发展相关文化产业，多渠道筹措资金，促进自身发展。博物馆依法享受税收减免优惠，享有通过依法征集、购买、交换、接受捐赠和调拨等方式取得藏品的权利。这项法规的颁布和实施，将有助于上述问题的解决，使我国博物馆事业持续健康地发展。

4. 国外博物馆事业

这里重点介绍英国、美国和法国的博物馆事业。

(1) 英国的博物馆事业

英国的博物馆事业相当发达。早在1753年，英国国会通过法案，建立大英博物馆(British Museum)。从17世纪到19世纪，英国明购暗抢地将许多国家的无价之宝搬到了英国，放置在大英博物馆。大英博物馆堪称世界上最大的博物馆，它占地约13.5英亩，展览

---

① 肖冠雄. 中小博物馆藏品保护管理中的突出问题及对策. huaminglou，2006-01-17.

面积7万多平方米，馆藏文物超过700万件。在100多个展厅中，有90多个长期展览厅。以大型陈列分类展示欧洲、亚洲、非洲、美洲、不列颠、埃及、罗马、希腊、近东、太平洋地区的文化遗产。该馆的历史、考古、文物保护、博物馆学和民族学的研究地位在世界上居于最前列。

1845年，英国颁布有关博物馆的法案，要求地方政府拨款支持图书馆和博物馆。1963年，英国国会通过了女王签署的《大英博物馆法》，规定"大英博物馆理事会"为"大英博物馆"的法人，拥有管理和控制大英博物馆的权利。每届理事会由25人组成，其中女王任命一人，首相任命15人，英国皇家学会、皇家研究院、英国科学院和伦敦文物学会各提名一人，另外5人由博物馆理事会任命。理事会定期开会指导和控制博物馆事务。他们的主要任务是：①选择聘用博物馆馆长，并报请首相批准；②对于博物馆财政收支情况给出全面年度公报；③制定博物馆主要工作的政策和策略；④制定博物馆短期和长期发展规划；⑤审查和批准博物馆馆长执行理事会政策所提出的计划；⑥检查博物馆馆长执行计划情况。

大英博物馆直接受英国文化、传媒和体育部的行政领导，运营资金大部分来自英国政府。博物馆通过兴办公司的运营收入弥补经费不足，由大英博物馆公司负责出版、零售、文化旅游和产品开发，博物馆发展信托基金负责接受捐助。博物馆还通过兴办博物馆之友吸收社会资金和利用社会资金增加馆藏，并兴办了支持购置文物艺术品的特定外援组织，例如，赞助收购和研究希腊罗马文物艺术品的外援组织(The Caryatids)，赞助古近东文物艺术品的"古近东之友"，赞助日本文物的"日本之友"，赞助印刷品和绘画艺术研究和购置的大师绘画赞助者组织。从1995年至2000年5个财政年度来看，政府资金约占70%，博物馆自营收入只占30%。政府2002—2003年财政年度拨款给大英博物馆约为3700万英镑。[①]

(2) 美国的博物馆事业

美国博物馆有一百多年的发展历程，形成了先进的管理理念，严密的组织体系、科学的运行机制、高科技的保护手段和有效的保障措施。在美国，博物馆是为大众服务的社会公益性文化事业，是不以盈利为目的的机构，早已成为人们的共识。美国博物馆无论是国立还是私立，都坚持公益性社会文化事业的属性，已形成国家和社会共同支持博物馆事业的良性发展机制，不同所有制不同类型的博物馆相互促进、协调发展。美国博物馆类型繁多，除历史文物类博物馆外，更多的是艺术类博物馆。还有自然史博物馆、航天博物馆、移民博物馆等。以私立为主，政府在支持国立博物馆的同时，对私立博物馆虽然也给予一定额度的资金扶持，但政府总体上负担不重。因为美国早已形成了多渠道投入博物馆的政策、法律和财税机制，博物馆资金的主要来源是社会的多渠道支持。社会踊跃捐赠是美国博物馆得以发展的重要原因。由于全社会都很热心，所以博物馆事业发展很快，已形成了不同所有制、不同类型的博物馆相互促进、协调发展的体系。

所有藏品都通过严格鉴定，建立规范的藏品档案。许多博物馆都已实现博物馆管理信息化，通过计算机可以查询其中任何一件文物的基本数据、级别、图片(可放大)、评价、收藏库柜编号、流程情况，并可进行动态管理。计算机数据备份，绝对安全。而且原先的文物卡片(登录卡、流程卡)仍可同时使用，或作为备案。

---

① 中国文物信息网，2003-09-12.

美国博物馆具有很强的开放性。一是面向国内外观众的开放性。多种文字的参观导图、陈列简介可随意自取,多语言导游器供不同国家的观众使用,同时还广泛配置检索器、查寻机、投影电视等。另外,还有残疾人通道、轮椅等,方便残疾人观众。就连库房的开放性也很强。观众检索到库藏某件(些)文物,提出观赏要求,按规定办理手续后都可以得到满足。二是本馆所有文物(包括库藏文物)一般都允许拍照,只是从保护文物出发,大多不允许打镁光灯。美国的博物馆、遗址博物馆及相关的文物开放点,都将对国民进行教育、特别是爱国主义教育作为重要目的。

美国博物馆的机构设置突出博物馆的功能及特点,把所有部门分为行政管理部门、业务部门、综合服务部门3大类(块)。行政部门非常精简,重点是决策、执行和日常管理。业务部门设置细微,分工明确。综合服务部门设置较为全面,有社教部、会员管理部、经营管理部等。教育与服务手段多种多样,有学生活动、公众活动、家庭与社区活动、导游讲解、展厅授课、免费发放宣传品等形式。

博物馆在馆长领导下向董事会负责。同时,全国博物馆协会按照《博物馆评价标准》,定期对包括大都会博物馆在内的各大博物馆评估,发布评估报告,对博物馆起到重要的监督、促进作用。博物馆每年要出年鉴,向董事会汇报,也向社会汇报。还有日益扩展的"博物馆之友"网络,随时向该馆提出意见、建议。这些来自董事会、博物馆协会、博物馆之友以及社会舆论的监督,使公私博物馆都必须发奋努力,不敢懈怠。一旦管理经营不善,国家的拨款就会减少,也会影响社会对博物馆的支持(捐助),关系到博物馆的存亡。[①]

(3) 法国的博物馆事业

法国的博物馆数量多,分工细,品类繁杂。以巴黎为例,除了世界闻名的卢浮宫美术博物馆之外,艺术类博物馆还有展出19、20世纪、特别是印象派作品为代表的奥塞博物馆、柑橘园博物馆,以20世纪现代艺术为特色的蓬皮杜中心、国家网球场画廊,颇具特色的中世纪博物馆(旧克吕尼美术馆)、巴黎市现代艺术博物馆、法国纪念碑博物馆、装饰艺术博物馆、色情博物馆、阿拉伯世界研究院、欧洲摄影馆、电影资料中心,一些收藏着艺术大师个人代表作品的专门博物馆,像罗丹博物馆、布代尔博物馆、毕加索博物馆、莫罗博物馆、德拉克洛瓦国家博物馆、蒙马特尔的达利博物馆,以及从私人收藏发展起来的马莫唐博物馆、卡纳瓦莱博物馆、加列拉博物馆、雅克马尔-安德烈博物馆等。

法国拥有世界上最早、最成熟的文化制度和博物馆管理体系,由国家统一管理。著名的卢浮宫艺术馆始建于1204年,1793年正式对外开放,成为一个博物馆。如今博物馆收藏目录上记载的艺术品数量已达40多万件,分为许多的门类品种,从古代埃及、希腊、埃特鲁里亚、罗马的艺术品,到东方各国的艺术品;有从中世纪到现代的雕塑作品;还有数量惊人的王室珍玩以及绘画精品等。卢浮宫是世界三大博物馆之一,是世界上最大的艺术宫殿。

卢浮宫博物馆一直隶属法国政府文化部,全年经费开支达到5.6亿法郎。它每年接待的各国游客数量达500万以上,堪称世界之最,而博物馆每年的门票收入和其他收入只有0.8亿法郎。每年要靠国家拨款4.8亿法郎作为补贴才能维持正常运转。这种状况使得卢浮宫的财政长年拮据,难以满足日益扩大的参观者的需要,管理方面也比较混乱。卢浮宫的

---

① 以人为本的美国博物馆. http://www.mstz.net/post/175.html,2006-04-21.

改革思路是以艺术展览为依托，开展商业经营。如今，新建的“玻璃金字塔”下明亮的地下大厅和“卡鲁塞尔”大厅成为接待游客的主要场所。旅游纪念品商店、书店、时装店、首饰店、咖啡店、酒吧、旅行社、银行等鳞次栉比。卢浮宫向社会开放，为各类临时性的艺术展览、学术报告会和其他文化活动有偿提供场地和服务，年收入也可达 2500 万法郎。①

法国人没有将博物馆当作一项产业来经营，而是真心诚意地作为展示和传播民族文化的一种必不可少的手段，注重其长远的社会效益。为此，他们不惜作出巨大的经济投入，重在维护、保养和传承。②

6.4.2 气象服务

1. 国外公益性气象服务

国外传统的气象服务（包括气象信息服务和气象工程服务）主要或全部由国家公共资金支持，气象部门无偿向政府和社会提供气象服务，民航气象服务则通过特殊的税收方式进行成本补偿，大部分国家对气象人员实行公务员管理。20 世纪 40 年代以后，一些国家的气象部门开始了以盈利为目的的商业性服务，私营气象服务公司开始出现。许多国家气象部门的气象服务运行机制也发生了变化，主要表现为：

① 国家气象部门只提供公益无偿服务，气象预报通过媒体向社会公开发布，所需的生产运行经费包括人员工资完全由政府提供，以获取商业利润为目的的商业性气象服务则主要由私营公司承担，按商业化方式运作，所需的气象资料和产品由国家气象部门免费提供，如美国、日本等国。

② 国家气象部门同时开展公益性服务和商业性服务，允许私营公司从事商业性服务。国家气象部门经费的主要来源是政府，政府部门用户使用气象服务时要按成本补偿方式付费，为社会企业或经济部门提供服务则按商业利率收费，这些国家气象部门通常要成立专门的部门或实体开展商业性服务，如法国和澳大利亚等国。

③ 国家气象部门转化为气象服务公司，按商业性公司方式运作，政府如需要气象服务也要按合同付费，如新西兰等国。③

2. 中国的公益性气象服务

我国第一部《气象法》于 2000 年 1 月 1 日正式实施。该法把公益性气象服务放在气象工作的首位，规定不得随意开展气象有偿服务。为农村农业生产服务的气象服务必须是公益性的，其他领域的气象有偿服务将有专门的细则规定。随着《气象法》的实施，我国气象事业以前存在的气象设施重复建设、气候资源浪费严重等问题将得到改善和解决。气象部门比过去增加了相应的行政处罚权，同时也明确了在气候资源开发利用上的法律责任。气象部门错报公众气象预报和灾害性天气警报，要承担相应的法律责任。2001 年 12 月 21 日，

---

① www.516de.com/bbs/printpage.asp?BoardID=5，2006-01-30.

② 沈坚. ctnews.com.cn，2004-11-05.

③ 陈西艳. 气象经济，无限商机. 光明日报，2001-08-20，B2 版.

国家气象局发布第4号令《气象资料共享管理办法》。其中所称气象资料，是指各级气象主管机构组织收集并存档的各种气象观(探)测记录，以及由这些记录加工处理而成的各类气象数据集、各种气候统计值和数值分析资料等。

该办法规定：国务院气象主管机构负责全国气象资料共享工作的管理。地方各级气象主管机构负责本行政区域内气象资料共享工作的管理。各级气象主管机构负责共享气象资料提供工作的单位，应当通过网络适时、滚动向社会发布下列基本气象资料，供公众无偿下载：①我国参加世界气象组织全球通信系统(GTS)交换的地面气象站的定时(4次)观测报告和高空站的定时(2次)观测报告；②我国参加地面气候资料国际交换的气象站的气温、气压、湿度、风、降水、日照等要素的当年的月、年统计值。各级气象主管机构负责共享气象资料提供工作的单位，应当免费向从事气象工作的机构、事业单位开展的公益服务、非营利性科研和教育机构从事的非商业性活动提供所需的气象资料。有关部门和单位与气象部门合作开展的业务和科研项目所需的气象资料，按双方建立合作关系时商定的原则和方法处理。为企业、事业单位从事的经营性活动提供所需的气象资料，除收取资料复制和交付成本费外，可以补偿性收取资料加工处理费。各级气象主管机构负责共享气象资料提供工作的单位，为各级党委、人民政府及其防灾减灾机构，以及外国驻华使馆、领事馆、联合国驻华机构提供其开展公务活动所需的气象资料，不收取费用。

思 考 题

1. 分析公益性机构的性质，并解释其出现的必然性，中国公益性机构的现状和特点。
2. 公益性信息资源与其他信息资源有何不同？简述其管理目标、任务和方法。
3. 简述公益性科技信息机构的性质、职能、管理体制、资源和服务，并进行中外比较。
4. 简述公共图书馆的性质、职能、资源、服务和管理原则，并进行中外比较。
5. 简述博物馆的性质、职能、特点和社会作用，并进行中外比较。
6. 试综合分析比较政府、企业和公益性信息资源管理。

第7章　网络信息资源管理

因特网的出现为人类开辟了新的更加广阔的信息空间。它的无国界性和使用的便利性，使它迅速地集聚了亿万以上的各种各样的用户。人们利用它发邮件、聊天、发布消息和广告、文件传输(FTP)、发表文章和各种作品、远程登录(Telnet)、购物、交流思想等，随之而来的就是网络信息资源的爆炸性增长。据统计，1995 年 4 月—1997 年 8 月，因特网上的信息量增长了 100 倍。以后每 100 天翻一番。经过 20 多年的发展，因特网已成为全球规模最大、用户最多、资源最丰富的广域网。因特网对已有的信息传播和管理方式提出了严重的挑战。它将无比丰富的良莠不齐的信息资源带给人类。如何让海量、无序的网络信息资源为人类服务，这就是网络信息资源管理的任务。

7.1　因特网和因特网信息资源

因特网与其他的信息空间相比，具有许多特殊的性质。了解这些性质，对学习和理解网络信息资源管理是很有必要的。

7.1.1　因特网的一般特性

1. 技术特征

因特网是由世界各地无数的网络、计算机和其他有关设备互相连接在一起的网络。它的主要技术特点可以归纳为：分层的分布式结构，无连接的分组交换技术，网络互连协议 IP (IP over everything)，路由器加专线技术，可扩展的路由技术，端到端的网络连接技术，层次结构的域名、网络管理技术，以及开发通用应用的技术。它能理解 HTML 语言。网络上的每一台计算机和设备都有一个唯一的地址：IP 地址，如 202.192.16.1。人们为网络上的主机赋予一个便于记忆的名字：域名，如 www.pku.edu.cn、www.whitehouse.gov 等。允许客户机程序访问各种多媒体信息系统：文字、图像、声音。通过 URL 进行文档和资源的访问。第二代因特网或下一代因特网预计速率将比现在提高 100 倍到 1000 倍。

因特网提供了许多新的信息交流方式，可以归纳为两类：①非交互式：e-mail、信息浏览、信息搜索。②交互式：在线文本交谈、语音通信(如 IP 电话)、视频通信(如视频会议)、共享白板系统等。

与一般的通信网相比，因特网有以下几个特点：一是与信息源紧密结合。为什么要上因特网，首先是要查找信息，而不是首先要同某一个人建立联系，而通信网是要同某一个人建立联系。因特网上有大量的数据库，有大量的信息提供者，网是与信息源紧密结合的。二是上网方便。与数据通信网相比，因特网上网很方便，电话拨号就可以上网。而要建立原来意义上的数据网是很复杂的。三是使用价格低廉。四是规模效益。

2. 因特网上的资源和服务

因特网上有非常丰富的各种资源，包括计算资源、存储资源、通信资源、软件资源、信息资源、知识资源等。常见的有：网上图书馆、网上大型专题数据库、新闻组(news group)、邮寄用户清单(mailing list)、电子公告版(BBS)、信息获取工具、共享硬件/软件资源(巨型机、大型存储器、公用软件)、搜索引擎：Google、百度等。网络信息资源在数量、结构、分布和传播范围、载体形态、内涵、传递手段等方面都显示出新的特点。

在因特网上除了 Web 资源外，还有大量的、相互独立的公共文件服务器，其中存储着各种有用的资源，供人们通过 FTP(文件传输)手段进行获取。一般通过 FTP 下载的信息主要有以下 3 类：免费软件(可供用户免费使用)、共享软件(只允许用户免费一段时间，到期后需交纳一定费用才能继续使用)、公共档案文件(如各国的人口统计资料、期刊杂志、艺术图片、科学实验结果等)。

因特网提供的主要服务有：远程联机服务(Telnet)、文件传输(下载/上传)服务(FTP)、电子邮件服务(e-mail)、电子公告版服务(BBS)、菜单驱动的信息查询服务(gopher)、网页访问服务(WWW)、新闻组服务(news)、网上找人(whois)、文件索引查找(archie)、广域信息服务(全文检索)(wais)、搜索服务(search)。

3. 因特网的用途和应用

因特网的主要用途有：

(1) 信息检索。借助浏览器、目录和搜索引擎等工具，查找和获取信息。因特网早期主要应用于科技和教育。它有两个来源：美国军用网(DARPA)，科技教育网。科研人员、大学师生要查找信息，所以检索是它最基本的功能。

(2) 信息交流。包括 e-mail、news、BBS、net-chat、net-meeting。在因特网上发邮件很便宜，大家都愿意使用 e-mail，是使用率最高的一种应用。在因特网上大家还可以对感兴趣的问题进行各式各样的讨论。

(3) 信息发布。各种机构、团体和个人都可以在因特网上制作主页来宣传、推销自己。

(4) 电子商务。因特网上的商务活动发展很快，可以做广告、订货，也可以直接交易(一些非物质性商品的交易)。如资料和书的交易，现在通过因特网就可以进行电子交易，可以从网上传输过来。音乐光盘内容，在网上通过账号付过费后，就可以在网上直接下载；对于实物的交易，则可以在网上订货，发货单，直至付款。关于订购机票，一种是可以在网上订购，航空公司送票，更进一步可以由航空公司在网上直接将票传过来。这些商务活动在西方发达国家发展很快。

(5) 电子政务。政府利用因特网向公众提供各种服务。

(6) 远程教育。一地授课，多点收看。交互式，在网上点名请教授答疑、授课。

(7) 远程医疗。X 光片通过因特网传过去请著名专家收看、指导，还有传送医疗资料、进行病历讨论、提些咨询意见等；而在动手术时远距离现场指导在理论上也是可行的，但是需要解决出了问题谁负责的问题。

(8) 游戏、娱乐。想打桥牌，在网上发出邀请，有 3 个人响应，那么 4 个人就可以在不同的地方在网上打桥牌。

因特网的应用模式非常多样。按服务商划分，有 ISP(服务)、ICP(内容)，IAP(接入)；按用户划分，有商业应用、电子广告、教育科研、电子出版；按服务方式划分，有共享资源(FTP、Telnet)、获取信息(WWW、gopher、news、whois)、协同工作(e-mail、远程会议/诊断)等。

4. 因特网的管理模式

因特网最大的特点是管理上的开放性，没有集中的管理机构。为了确保它在全球的发展和开放性，促进网络运行所需的标准兼容性，先后成立了一些民间性质的机构，自愿承担一些必要的管理职责。如 1992 年成立的因特网协会(ISOC)，其目标是利用因特网促进世界范围内的信息交流，成员全都是志愿者。ISOC 下设两个机构：

(1) 因特网体系结构委员会(IAB)，负责制定和批准技术标准，制订资源分配的规则，地址分配，通过网络发布因特网工作文件，规划因特网发展战略，就技术问题进行国际协调。

(2) 因特网工程任务技术委员会(IETF)，负责讨论因特网当前以及即将遇到的技术问题。因特网或网络中心的日常管理由以下部门完成：①NOC(network operating center)职责，确保网络正常运行，监督网络活动。②NIC(network information center)职责，为用户或用户服务机构提供支持。

7.1.2 因特网的信息资源

因特网上的信息资源(下面简称网络信息资源)有广义和狭义之分。广义的网络信息资源包括用于网络信息组织、管理和传播的软硬件设备、人员以及网络信息内容，狭义的网络信息资源则指网络信息内容。本章所论述的网络信息资源仅指狭义的概念。

从字面上讲，网络信息资源指通过计算机网络可以利用的各种信息资源的总和，具体地说就是指以数字格式将文字、图像、声音、动画等多种形式的信息存放在光、磁等载体中，并通过网络通信、计算机或终端等方式加以利用的信息资源。随着因特网的迅速发展和普及，网络信息资源主要指放置在因特网上的信息内容集合。

1. 网络信息资源的类型

人们在从事网络信息资源管理和利用过程中，提出了对网络信息资源的不同分类方案。

(1) 按所对应的非网络信息资源划分，有：①网上图书馆馆藏目录：在网络中，图书馆的书目发展成为联机公共检索目录(online public access catalog，OPAC)。用户利用目标图书馆的网站，就可以打破图书馆利用的时空限制，查询世界各地图书馆的馆藏。②网上电子书刊：指完全在网络环境下编辑、出版、传播的书刊、报纸及参考工具书，以及印刷型书刊、报纸、各类参考工具书的电子版。③网络数据库：包括书目数据库、联机数据库、多媒体数据库。网络中的数据库具有直观、快速、便捷的特点，涉及不同领域和专业，为用户提供联机检索服务。④动态信息：新闻、会议、广告、交通、天气、股市行情等。⑤娱乐资源：网络游戏等。

(2) 按人类信息交流的方式划分，有：①非正式出版信息：指流动性、随意性较强的，信息量大，但质量难以保证和控制的动态信息。如电子邮件、专题讨论小组和论坛、电子会议、网上聊天室上的信息等。②半正式出版信息：指受到一定产权保护但没有纳入正式出版信息系统中的信息，如工作进展报告、项目研究状况、会议记录、内部出版物等。它们又被称为“灰色”信息。一般来自各种学术团体和教育机构、企业、商业部门、国际组织、政府机构和行业协会等网站上，用户可以查询从正式出版信息系统中无法得到的信息。③正式出版信息：指受到一定的产权保护，信息质量可靠、利用率较高的专业信息。通过 Internet，用户可以查询各种网络数据库、电子杂志、电子版图书、电子报纸、专利信息、音像制品等。

(3) 按信息资源的来源机构划分，有：①政府机构及社会团体：这包括各级政府机关、国际组织、行业协会等机构发布的网上权威信息。②教育部门及各类研究机构：这包括大、中、小学等网站，及医院、研究机构的主页等。③公司企业：公司企业为了宣传自己的形象和产品，也会利用网络这个媒介，使更多的消费者认识熟悉自己。现在一般比较有名的企业都会有自己的网站。因特网的商业化应用催生了一个新的产业——因特网服务业。人们可利用网络本身来赚钱，现在较为成功的有 Google、百度、易趣网、阿里巴巴等网站。④新闻媒体：目前大多数的人上网都是为了看更多更好的新闻。几乎您所知的所有媒体都有网络版，传统的媒体还可以利用他的电子版产品来发展更多的订户。⑤个人资源：现在个人参与网络建设的兴趣越来越大。许多人自己建立了个人主页或网站，用来介绍自己、交友、推销自己的产品等。

(4) 按信息资源的学科内容划分，从信息资源的学科内容看，网络信息可分为政治信息、学术信息、经济信息、教育信息、文化信息等。

2. 网络信息资源的特点

与传统信息资源相比，网络信息资源呈现出许多新的类型和特点，如内容丰富、形式多样、组织复杂等。这给网络信息资源管理带来新的挑战。下面，从 5 个方面来分析网络信息资源的主要特点。

(1) 内容丰富，数量大。网络信息资源内容十分广泛，包罗万象，几乎涵盖了社会科学、人文科学和自然科学的各个领域。数量巨大，增长迅速。上至宇宙，下至地理，只要你想得到的内容，都能在网络上找到，其中大多数是免费提供的。每天网络上发布的各种语言的信息不计其数，没有人可以全部浏览。

(2) 多媒体、多类型、多语种，传播范围广泛。网络信息丰富多彩：文本、数据、图形、图像、视频、动画、声音等，应有尽有。宽带技术广泛使用后，从网络中下载音乐、打网络游戏、下载电影都轻而易举，人们能通过不同类型的载体来认识这个世界。此外，各种语种的信息都可以在网上获得，一条信息发布到网上只需数分钟便可以传到地球的其他地方，使工作效率大大提高。通过网络，可以了解到世界上任何一个角落发生的事情。

(3) 信息构成复杂，缺乏管理。向因特网提供信息的机构数不胜数，信息的发布有很大的自由度和随意性，信息格式不统一，质量上良莠不齐，没有“把关人”，缺乏必要的管理。网络上不仅有所需要的有用的信息，也有许多垃圾信息、违法的信息，缺乏必要的管理，对未成年人十分不利。所以，需要过滤、甄别、筛选，对未成年人上网给予积极的引导。

(4) 交互性强。与传统的媒介相比，交互性是网络信息传播的一大特点。传统的媒介的信息的流动是单向的，而获取网络信息资源的过程却是双向的、互动的。人们有了查询的意愿后，可以主动上网查找自己所需的信息，还可以向网络输送信息或通过网络与别人合作完成一项工作。网络信息资源使不同国家的人真正凝聚在一起。

(5) 分散性和动态性。信息分散存放，纷繁无序，可随时修改，动态性和时效性强，尤其是新闻类的信息，可能过了几个小时，甚至是几分钟，这条信息就已经过时了，网络中信息更新或淘汰的速度大大超过了传统的媒体。

7.2 网络信息资源的宏观管理

网络信息资源管理是与网络的特点密切相关的。在网络信息资源日益成为国民经济和社会发展的基础性和战略性资源的今天，需要大力加强网络信息资源管理，使网络信息资源真正得以合理开发和有效利用，有利于保护网络信息资源开发利用机构的合法权益，转化为既能满足人类生活需求又能创造财富的可消费产品或服务。只有合理、正确创建信息环境，才能充分开发和有效利用信息资源，加快社会、经济信息化的实现。网络信息资源的管理可分为网络信息资源的宏观管理和微观管理，本节将着重介绍网络信息资源的宏观管理。

7.2.1 网络信息资源宏观管理的主要问题

网络信息资源的宏观管理涉及方方面面，国际、国内，经济、政治、文化、宗教、教育，没有什么东西不在上面。一些非政府组织和专家把因特网治理问题归纳为 5 大领域和 11 个方面。5 大领域是：①基础设施和标准化；②法律问题；③经济问题；④发展问题；⑤社会文化问题。再进一步分解为 11 个方面。这也是当前网络信息资源宏观管理密切相关并要重视和解决的主要问题。下面，选择其中几个最密切相关的问题加以阐述。

1. 基础设施与标准化

因特网基础设施分为 3 层，底层是传输的基础设施，电信当然是最大份额的，卫星、有线电视、动力电缆、因特网光缆、无线都可以传输。中间一层是技术标准和协议，TCP/IP，DNG。上面一层是内容和应用标准，像 BBS 等。传统电信的管理对因特网治理有影响。WTO 制定的基础电信服务市场准入政策，反垄断政策总体的市场框架，是否适用于因特网，还有争议。要想开放 ISP 市场，还得制定协议。

2. 因特网地址域名资源的管理

域名和地址是网上的重要资源。为了容易记忆和查找，为了当用户改变服务器而有了不同的 IP 地址时能被别人找到，原则上网上的每一台计算机都有一个纯数字组成的 IP 地址。从域名查找 IP 地址的过程称为域名解析；域名系统按层次结构保存域名数据，最顶层的称为“根”，根服务器保存着所有国家、地区顶级域名和全球公用顶级域名服务器的数据，根上面只有每个国家的总头和每一个 GTLD 的总头；根的镜像服务器有 80 多个，分布在世界各地。管理这些资源的组织机构，形成了一个相当复杂的体系。

ICANN(Internet Corporation for Assigned Names and Numbers，因特网域名和代码分配管理机构)是全球域名、根服务器和 IP 地址分配机构的总体协调者。其权力来自美国政府的商务部。ICANN若要因特网域名系统的顶层根服务器的内容,必须经过美国商务部批准,并广播到位于全球各地的数十个镜像服务器。理论上讲,美国政府拥有单边修改整个域名系统的权限,这就是许多国家政府忧虑的原因。当然,事实上还没有发生过这种事情。域名、地址和根服务器系统是与各国的国家安全和经济运行以及人民生活密切相关的因特网的基本资源,它的管理应该从美国一个国家授权转变为全世界因特网上的国家联合授权,使各国在资源管理过程中占有平等的地位,从而提高各国政府对因特网的信任和安全感。这就需要联合国的介入。这也是我国政府的态度,同时也是许多国家,特别是发展中国家的期望。这个问题属于因特网治理现行机制中最高层次上存在的重大原则缺陷,应该得到公正的解决。所以,在WGIG过程中提出建立某种"根服务器协定"的设想,目的是使政策监管的权限归于国际社会,最主要的是管住根服务器的主记录。但是,人们认为美国不可能会接受这种意见,可能的解决办法是:将根服务器的控制权从美国政府交到ICANN手中,改革ICANN,使其咨询机构GAC成为国际化的象征和体现。

3. 域名和商标的纠纷及仲裁

由于没有法律规范,所以引发了网上圈地(即域名抢注)的现象。一时间,抢注著名商标域名,造成侵权、冒名等损害用户和公众利益的事件层出不穷。UDRP(统一纠纷处理政策)是一个仲裁法,这个法权按照注册域名的合同合理生效。

4. ISP对于内容的责任

20世纪90年代中期,在许多国家,ISP对内容一般不负任何责任,国家也不追究它的责任。它自己也认为没有责任,其理由是:"两国交兵,不斩来使"。后来,随着因特网商业应用的增多和安全问题日趋严重,一些国家开始用法律来监管ISP。各国家法律的共同点是:只要ISP不知情,就不必为侵犯知识产权内容负责。但是,一旦通知你了,就必须删除这些侵犯知识产权的或其他有害的内容。这就是美国和欧盟采取的"通知-去除"原则。这个原则现在已经成为各国的共识。我国的政策还要求ISP负责检查所传输的内容是否违法。这个压力就很大,因为增加了企业的成本,而这些成本最终会转嫁给因特网用户,这样可能会影响因特网的发展。ISP无奈地卷入了政府对内容的问责,它们要及时响应政府规范内容的要求。

5. 因特网技术融合

IP协议的广泛应用,推动了电信、广播电视和因特网3个系统的技术融合,即所说的"三网融合"。融合将使原来经营不同市场的企业进入直接的竞争。国外有些企业同时发展娱乐业和ICT,或者实行资产合并、业务合并,形成了因特网服务、电视、音乐、软件集于一体的企业。一些国家和组织,如马来西亚、瑞士和欧盟,已经开始进行探索和改革。马来西亚1998年就通过了电信与媒体法案,为规范融合建立一个总体的框架,促进它们的发展。在我国,电信和广播电视业仍然存在着难以消除的垄断,这种政策将会使技术融合带来的自然的发展演变过程受到体制的约束,使中国落后于世界的发展。

6. 因特网的安全问题

因特网奉行“端到端透明性”的核心设计理念，就是将因特网中与通信相关的部分(IP网络)与高层应用(端点)分离，最大限度地简化网络的设计。所依据的假设是：参与因特网最初设计开发的人是具有共同爱好的技术专家，他们之间相互信任；因特网是一个由科研团体或政府研究机构管理下的非商用网络。今天，与设计因特网时的30多年前相比，所面临的技术环境、商业环境、社会环境、政策环境都发生了翻天覆地的变化。这些变化导致IP技术面临严峻挑战，使因特网成为一把双刃剑。它的广泛深入应用也会增加了现代社会的脆弱性。所有要害的社会系统，如电力、医疗、交通等，都可成为网上打击的目标，从而造成严重的经济后果和政治损失。根本的安全措施是变革其基本协议和架构。

7. 知识产权和个人隐私的保护问题

这两个问题都需要把握平衡。保护不足会阻碍科技创新和产业发展，损害每个公民的利益；保护过度也会影响因特网的发展和应用。

8. 垃圾邮件问题

垃圾邮件是全球的问题。我国的很多垃圾邮件就是来自美国，是美国的代理服务器上大量散发的。所以，垃圾邮件的问题是一个国际的问题。美国对垃圾邮件的定义是：凡未经本人许可就把商业信息(广告)发到别人的邮箱里的行为都属于垃圾邮件，属于违法行为。而将色情的东西送到成人的信箱里却不算违法。在美国，散发垃圾邮件，可以判坐牢。一些欧洲国家的定义是：凡是未经本人请求就把邮件发到别人信箱里就是垃圾邮件。我国还没有关于垃圾邮件的定义，也没有这样的法律，顶多是封了，不能抓发邮件者。可以看出，各国治理垃圾邮件的做法不一致，需要有国际的协调。①

7.2.2 网络信息资源宏观管理的对策

1. 世界信息社会峰会提出的因特网治理模式

2005年2月17～25日在日内瓦召开的世界信息社会峰会第二阶段会议的第二次筹备会上，提出了因特网治理的4种模式，供第三次筹备会议讨论和选择。

模式1：建立全球因特网委员会(GIC)

该委员会由各地区选派一定比例的政府成员代表和其他利益相关者组成。它将从美国政府商务部手中接管对国际因特网的管理职能，同时取代ICANN政府咨询委员会。GIC应当设在联合国，ICANN对GIC负责，政府应发挥主导作用，私营机构和民间团体以咨询成员身份参加。其主要职能是：①制定因特网公共政策，对因特网资源管理进行必要的监管，如对根区文件的增删、IP地址的管理、通用顶级域名的引入、国家代码顶级域名的分配和重新分配；②制定因特网公共政策并协调其他相关的重要问题，如垃圾邮件、隐私、网络

① 胡启恒.因特网治理——全球面临的挑战.http://market.cttl.com.cn/wmark_show.php?id=3281,2005-09-14.

安全与犯罪等，这些问题目前还没有被现有的政府间组织很好地解决。③协助与因特网公共政策相关的协议、公约、条约等的谈判。④加强对更广泛的因特网议程中一些发展问题的指导，如能力建设、多语种、庞大的按成本核算的因特网费用、平等使用因特网等问题。⑤视情况需要核准争端解决机制和行为仲裁的规则和程序。

模式 2：不成立具体的监管组织

不另外成立具体的监管机构，但需要加强 ICANN 政府咨询委员会的作用，以满足一些政府对特定问题的关注。该模式提倡设立论坛，为所有投资者提供平等充分的参与机会。论坛为各种利益相关者提供一个对话空间，以讨论与因特网相关的公共政策问题。要改变现有一些国际组织成员覆盖面不全的缺点，优先关注发展中国家的所有利益相关者平等参与因特网治理的结合问题。论坛中的讨论由参与者透明地进行。论坛还将发挥协调功能，协调参与讨论的各方，同时就某些特定问题进行讨论并提出建议或倡议。

模式 3：成立国际互联网委员会(IIC)

对于涉及国家利益的政策问题，鉴于任何一国政府都不应该在因特网治理中占主导地位，可成立这样一个机构来行使这种职能，尤其是 ICANN/IANA 的职能。其职能还可以包括处理与因特网资源管理相关的国际公共政策问题和不属于现有的国际政府间组织职责范围的国际公共政策问题。对于这样一些问题，IIC 的政府成员将发挥主导作用，私营机构和民间团体则提供建议。同时，IIC 还可以就更广泛的因特网议程上的一些发展问题起促进作用。新成立的机构可能使 ICANN 政府咨询委员会显得多余。在实现这一国际化方案的同时，还应签订适当的有关 ICANN 的东道国协定。

模式 4：治理、监管和全球协作的综合集成

此模式将把因特网治理、监管和全球选择这 3 个相关领域综合起来加以处理，并提出一种架构来应对下列挑战：①对由政府领导的、与因特网相关的公共政策机构制定的相应的公共政策作出决策。②对在全球范围上负责因特网技术和业务运作的私营机构实施监管。③通过政府、私营机构和民间团体之间的平等对话来参加因特网发展的全球合作。

这种架构包括的 3 个机构及其职能如下：

全球互联网政策委员会(GIPC)：①负责处理与因特网相关的政策问题，从公共政策的角度协助制定因特网技术标准。②就现有的各政府间组织处理的问题以及目前尚无常设性处理机构或牵涉到若干国际或政府间组织的其他公共政策问题提供一种政府主导的机制。③私营机构和民间团体以观察员身份参加。

全球互联网域名和地址分配协调机构(WICANN)：①负责因特网在技术和经济领域的发展(类似 ICANN 的角色)，是私营部门主导的机构，由经过改组的、国际化的并与联合国有联系的 ICANN 组成。②政府将在其中起两种不同的作用：一是负责监管那些从全球范围负责因特网技术和业务运作的机构(该职能目前由美国政府商务部行使)，由 GIPC 任命的监管委员会行使该职能；二是咨询职能，目前该职能由 ICANN 政府咨询委员会(GAC)行使。③政府和民间团体以观察员身份参与，WICANN 将签订东道国协议。

全球互联网治理论坛(GIGF)：①负责有关因特网公共政策问题的协调和讨论。②为政府、私营机构和民间团体提供平等参与的机会。

2. 各国对上述几种治理模式的态度

美国政府经济事务局发表关于因特网治理的评论：美国认为虽然制定和执行公共政策是政府具有的职能，但是与私营部门和大众的充分磋商和合作才能更有效，更有效率，并更有代表性地制定政策。美国愿意持开放态度，与所有利益相关人一同探讨改善因特网的方法。但是美国强调目前的因特网架构运行良好，不仅强大，而且在地理上是分散的。因特网的安全和稳定是必须要得到保证的。美国表示支持因特网向全世界发展。美国列举了一些例子说明因特网国际化不但是潮流，也是现实，并借此表白自身没有独控因特网的倾向。美国提出 WGIG 报告缺少了关于一项重要的公共政策的叙述，那就是建立一个适合因特网发展和传播的环境。美国认为如果想将因特网的社会和经济效益最大化，每个国家就必须在立法、管理和政策上鼓励私有化、竞争和自由发展。最后的总结性意见是，由于"因特网治理"这个定义太广，将很难有效地涵盖所有议题。美国表示将继续支持所有利益相关人在因特网治理中的参与，认为这才是解决因特网相关问题的根本，并且表示继续支持通过市场化途径和私营机构主导来发展因特网。

欧盟委员会的表态是，新的模式应该遵循以下原则：新模式不应取代现有的架构或机构，而应建立在现有的因特网治理结构上。但是侧重点应放在各个利益相关体，如政府、私营机构、社会团体和国际组织之间的互补上。新的公-私合作的模式应通过讨论相关的因特网治理政策问题来形成，以有利于因特网的稳定和强大。

日本因特网治理工作组(IGTF-JP)总体意见：认为目前的由下而上、分散、开放的架构运转良好，没有必要建立一个新的架构，而应完善现有架构。过分强调政府的作用可能会造成过度管理并限制因特网的积极发展。私营机构仍应是因特网治理的主体，而政府应该是一个总体的协调人。

韩国表示赞同报告对因特网治理的定义及其保证私营机构和民间组织参与的原则。表示原则上支持建立一个全球性的论坛以便所有的利益相关者能讨论相关问题，并希望这个论坛能定期召开。但未对选择哪种模式进行表态，只强调因特网稳定与安全必须得到保证。韩国强调国家/地区对其 ccTLD 拥有主权，且 ccTLD 对该国/地区的经济和社会发展具有重要意义。

WSIS 第二阶段会议(2005 年 11 月)上各国代表关于"因特网管辖权"问题分歧依然较大，最终只同意建立一个由各国政府参与的"因特网治理论坛"，对因特网治理问题进行继续讨论。第一届"因特网治理论坛"将于 2006 年 6 月由联合国秘书长安南主持召开。实际上，由于美国强硬维护既得利益，不放弃对因特网的实际控制权，故关于建立因特网国际治理新机制的提议被搁置起来了。[①]

3. 我国的对策

作为因特网大国，我国在因特网国际治理问题上的最终目标是打破美国单边管理因特网的不合理局面，争取建立起有利于我国及广大发展中国家利益的新的因特网国际治理体

---

① WGIG 发布工作报告. http://www.cnnic.cn/html/Dir/2005/10/10/3206.htm.

系。最终形成的 WGIG 报告充分反映了中国的观点。针对上述情况，我国将继续进行因特网国际治理新机制的研究，积极参与国际因特网治理问题的讨论，了解动态、宣传观点、扩大影响、提高地位、争取利益。为我国因特网发展营造良好的国际环境，推动国际因特网治理新机制的建立。同时，加强国内因特网治理机制和方法的研究、试验与实践。

今后工作的重点包括：加强对新技术(如 P2P)、新业务(即时通信)引发的因特网信息安全问题的研究；引进因特网域名根服务器和镜像服务器，研究镜像服务器运行中可能产生的问题，制订有效应对措施；研究探索国内 IP 地址集中申请机制的建立、运作和管理方式；增强因特网站、域名信息、IP 地址信息比对功能，提高网站备案信息的真实性和准确率；加强网络安全应急预案和工作机制的研究与制订，提高应对突发事件的实效性和操作性；开展对虚拟主机、主机托管服务的治理工作；充分发挥因特网协会的机制和作用，引导因特网行业自律。

近十几年来，我国增值电信业务发展迅速。据不完全统计，目前我国的 1.4 万家增值电信企业中，80%以上的企业从事 ISP、ICP 业务。大多数企业的增值业务差异化程度低，同质化现象突出，ISP/ICP 市场竞争激烈。在以往相对宽松的监管政策和巨大的利润诱惑下，不良信息、订购陷阱、价格欺诈、垃圾短信等不法、违规现象层出不穷。为此，我国政府多个部委在各自职能范围内涉及因特网的相关领域会同信息产业部出台了相应的管理条例、办法或意见，如国家版权局《互联网著作权行政保护办法》(2005 年 5 月)、文化部《关于网络游戏发展和管理的若干意见》(2005 年 7 月)、国务院新闻办公室《互联网新闻信息服务管理规定》(2005 年 9 月)等。作为因特网行业主管部门的信息产业部加快了建立和完善市场退出机制的步伐，如规定所有 ISP、ICP 必须进行许可证备案等，以尝试建立增值电信业务市场运营状况监测机制，建立增值业务经营企业的退出机制。

“三网融合”的目标已经写入了我国“十一五”发展规划中：“加强宽带通信网、数字电视网和下一代互联网等信息基础设施建设，推进三网融合。”这对中国通信业乃至整个 IT 产业发展无疑是一个重要的政策信号。

我国在因特网管理和发展方面已经出台了许多政策和法规，详见第 3 章。

7.3 网络信息资源的微观管理

网络信息资源的微观管理的主要任务是把握需求，合理组织、协调网络信息资源的开发利用。一般由具体的政府部门、网络信息机构、公益性机构或企业等组织负责实施。

7.3.1 网络信息资源系统的建设

这是指根据自身组织的目标与用户特点，开发组织内的网络信息资源系统。在网络普及、用户自我查询能力日益增强的今天，网络用户需要的是导航式的服务、信息内容深加工服务以及一切用户个人查询难以实现的网上服务。所以，在因特网应用的大环境下，在用户需求内容动态变化的情况下，传统信息服务机构必须根据自身组织的目标与用户特点设计开发组织内的网络信息资源系统。这里重点谈谈网上信息资源开发利用和导航库建设问题。

1. 网络信息资源的开发

这里主要指对组织外网上信息资源的开发。就是根据需要和相关领域的网络信息资源状况，制定出科学、合理的信息资源开发利用方案，使现实的网络信息资源充分发挥作用和产生效益。当前，要解决好以下两个方面的问题：

首先要重视网络信息资源的选择。网络信息资源的选择标准应考虑信息质量、易用性、来源的稳定性和连续性以及提供信息的广度和深度。只有建立一套较为合理的规则和评估制度，对网上的大量信息进行选择和过滤，让相对较为有效的信息传输到网上，使信息质量得到保障。详见 7.3.4 节。

其次要重视网络信息资源的增值处理。IT 业的蓬勃发展使人们看到了网络信息资源的增值作用。网络信息资源经过选择、采集、加工和整理，这些劳动的价值附加在因之产生的信息产品上，提高了信息产品的价值。

2. 导航库的建设

导航库建设是网络信息资源系统的核心。信息采集质量的好坏直接关系到导航库建设的质量。因此，在资源的采集过程中，要根据导航库的功能与用途，它所服务的各个不同层次的用户的不同需求来确定信息采集的内容；最重要的是要围绕本专业的内容进行。这是一项基本的工作，而且需要大量的时间投入对采集来的信息源进行不断的跟踪，以便及时了解其变化，同时要能随时捕捉到新出现的站点。

(1) 将相关的网页下载分类、标引。下载分类主要是使用搜索引擎将网站页面的主要内容一一下载下来，按照该专业的标准要求进行分类；标引是将站点的属性(政府、科研、企业、大学等)、站点的分类、主题以及页面的主题、信息类型、信息表述形式(全文、文摘、索引等)分别用规范的主题词、分类等标识出来。

(2) 建立索引数据库。将上述下载分类标引好的信息录入数据库中，并且根据需要设立索引关键字。数据库的建设也是导航库建设的核心工作之一，因而其规划的好坏直接影响到导航库的使用效率(即查询的速度、查询的准确率等)。

(3) 利用 ASP 开发数据库查询服务。ASP 是 active server pages(动态服务器主页)的缩写，它是一个服务器端的脚本环境，在站点的 Web 服务器上解释脚本，可产生并执行动态、交互式、高效率的站点服务器应用程序。ASP 可以胜任基于 Web 服务器的各种动态数据发布。导航库提供两种查找方式：关键词检索和分类浏览检索。其中关键词检索还可以通过一些限制条件来缩小或扩大检索的范围。查询结果返回给用户后，经用户选择就可以直接访问相应的网址或网页。数据库与 Web 页面的接口可以通过 ASP 来实现。

(4) 相关网页的制作。利用 FrontPage 等网页制作工具设计相应的网页，并且在设计时应尽量采用最新的 HTML 语言标准。同时在网页的设计中，要考虑用户的特性及该导航库要实现的功能，要突出网站的交互功能，以便实现与用户的对话。

3. 网络信息资源系统应用实例

我国有关单位开发的“标杆行业信息资讯平台”是一个比较成功的网络信息资源系统。

"资讯平台"以信息产业部颁布的电子行业标准"网络信息分类系统"、以及电子政务主题词表、数据元标准为基础。"资讯平台"系统内嵌中间件——网络信息自动标引软件,对采集来的信息实现自动分类、自动标引,标注出信息的分类号和主题词,具体功能有:①能对不同类型数据库的全部信息或部分信息进行自动标引。②能对结构化的电子文档信息进行批量自动标引。③能对数据采集表单的单条信息进行自动标引。④能对自动标引结果进行再编辑,以提高标引质量。⑤用户可以定置自动标引参数。该平台利用中文信息处理技术,实现了网络信息资源的自动分类和主题词标引,提供了多种检索功能检索手段。

打开"资讯平台"前台操作页面,用户可从国民经济行业分类(19 个大门类)、信息内容类型(12 个库)、信息形式载体(4 个库)和社会基本活动单位(10 个库)四维中的一维或多维进入检索状态,在各类数据库中进行全库、库间跳转(跨库)、分类导航等检索。该平台以"网络信息分类主题一体化词表"为基础,实现信息类型、信息行业、信息载体和信息持有单位等四维定位检索。主要检索方式有:①分类目录导航检索。利用词表的类号与类名的等级关系可构造 3 级、4 级或一分到底的分类目录导航,分类目录可逐级展开,逐级显示每个数据库的信息量,逐级检索。②库间跳转、多库检索。根据数据库间的字段关联关系进行信息关联接力检索。通过数据库群的联合索引实现多库检索功能。③产业链、知识链、政务链检索。利用词表的参见关系,实现产业链、知识链检索。④智能搜索。通过词表的词间关系(用、代、属、分、参关系)的代项词,把同义词(含异构词)连动起来检索。传统的布尔检索、全文检索、限定字段检索、二次检索(逐步缩小范围)都可以提供。

7.3.2 网络信息资源系统的日常管理和服务

1. 日常管理

这里所说的日常管理包括网络信息资源系统中资源和服务的更新、技术维护等工作。网络信息资源是一个动态、发展的信息资源,许多网址会发生变更,网页的内容也会随时更新,这就需要一直进行跟踪管理与维护。信息系统人员就承担此项重任,他们不仅要建立一个网络信息资源系统,还必须维护系统,使系统能够正常工作,并对系统的资源进行跟踪完善。网络信息资源系统的管理主要有系统运行管理、系统维护管理、系统安全性管理等。

(1) 系统运行管理。从网络信息资源系统运行的角度出发,有两方面的工作需要充分保证。一是对日常例行的检查和管理,包括检查数据的输入、存储、更新、复制、统计、输出是否按规定的操作规程进行,这些规程是否符合标准程序等。二是对系统运行情况的记录和积累,包括系统工作的熟练、效率、系统提供服务的质量、系统维护的修改情况、系统的故障等。

(2) 系统维护管理。维护管理是网络信息资源系统最经常性的工作,其主要内容包括:纠正在使用过程中暴露出来的错误;使系统适应外部环境的变化;改进和完善原有的软件;升级或改进系统的可维护性和可靠性。具体的维护工作包括软件维护、硬件维护、数据维护等。网络信息资源系统的维护是一项十分琐碎枯燥的工作,如何激发系统工作人员的工作热情就成了一道难题。

系统安全性管理方面的内容见 7.4.5 节。

2. 开展基于因特网的信息服务

目前网络的普及使网络信息用户激增，在用户数量增加的同时，各用户群体类型也多种多样，其信息需求呈多样性、复杂性。网络信息需求的这种多变性、时效性，更是增加了对网络环境下个性化信息服务的要求。个性化信息服务可以根据用户提出的明确要求提供信息服务，或者通过对用户个性、使用习惯的分析而主动地向用户提供其可能需要的信息服务，从而引导用户的信息需求，吸引用户步入信息世界，成为信息的使用者和提供者。

个性化信息服务首先应该是能够满足用户的个体信息需求的管理服务，用户可以订制传送到计算机上的信息，在需要的时候查看，甚至还可以离线阅览。这种管理服务是在研究用户的个性、习惯、知识结构、心理倾向、信息需求和行为方式的基础上，通过用户的自助服务，使用户接触到所需的相关信息和感兴趣的知识内容，以节约用户时间，提高工作效率。个性化的信息服务主要有以下几种方式：信息代理、推送服务和词表导航等。这种信息服务的方式具有针对性、主动性、智能性和高效性等特点。

7.3.3 学科信息门户

目前，网络学科信息门户的开发技术已经很成熟，这些门户具有各种不同的安装和运行模式，所采用的门户网站技术也各不相同。所有高质量的信息门户都具有一个重要的共同点：目的都是使门户成为各自用户的宝贵资源。科研人员和学术专家并非总有时间或技能去浏览因特网，从而获得相关资源支持他们的工作。随着网上出版物和信息越来越普遍，一些科研人员会遗漏许多有价值的信息资源。

1. 学科信息门户的特征

学科信息门户是高质量的可控的信息服务资源。一般具有以下特征：①提供网上大量网站或文献的链接服务；②智能化的资源选择，它根据既定的质量和范围标准来选择资源（不包括根据机器自动统计而得的使用率来选择资源的方法）；③智能化的产生内容描述，包括短的注释和评论（自动选择的摘要除外）；④内容描述可以采用给定的关键词或受控术语；⑤智能化的产生浏览结构/分类（不包括完全无组织的链接表）。

2. 开发信息门户的基本原理

许多学术图书馆和研究单位都在寻求一种方法，使其用户可以快速、高效的在网上找到高质量的信息。DESIRE（欧洲信息研究和教育服务发展）工程和其他的项目（例如，IMesh（因特网主题门户的国际合作））的发展正说明了发展信息门户可以解决这个问题。

传统的信息环境是以人如出版者和图书管理员作为媒介来筛选、加工信息以便于用户搜索目录和有序信息的索引，而不必浏览原资料和不相关的信息。学科信息门户建设也是相同的原理——由学科和信息专家对因特网资源进行选择、分类和著录，帮助用户进行搜索和检索。用户可以根据关键词搜索或主题领域浏览对因特网资源描绘数据库进行筛选。用户可以通过在给定的高质量资源中检索到所需资料。通过资源描述信息，用户可以获得资料的来源、内容和性质，从而得出结论该领域是否值得进一步研究。

3. 国外学科信息门户实例

下列信息门户是很好的门户，为广泛的门户区域提供有趣的发展信息。

Biz/ed(网上的商业和经济教育门户)：为学生、教师和演讲者提供独特的商业和经济服务。该门户包含 ROADS 为基础的网络目录，包括由学科专家选择和描绘的 1400 个网上资源。参见 http://www.bized.ac.uk/。

DutchESS(荷兰电子主题服务门户)：是一个网上主题服务门户资源，该门户提供对网上资源的索引，为学生和学术科研者提供高质量的，与学术界相关的资源。该资源是根据 Nederlandse Basisclassificatie 进行分类(荷兰基本分类法)。参见 http://www.konbib.nl/dutchess/。

EEVL(爱丁堡工程虚拟图书馆)：为高等教育和科研团体提供高质量的工程资源信息门户服务。该门户提供广泛的或集中的搜索能力，其检索结构提供到完整的资源描述记录或资源本身的链接选择。其目录具有描述和许多网上资源的链接。参见 http://www.eevl.ac.uk/。

芬兰虚拟图书馆工程：成立于 1995 年，由芬兰教育部直接资助，目的是形成芬兰专业主题索引的主题门户的基础。一系列图书馆已经产生了 40 个主题领域的个性化虚拟图书馆；这些虚拟图书馆已经变为门户形式，提供芬兰语和英语双语服务。Kuopio 大学虚拟图书馆已经成为以 ROADS(以学科为基础的资源组织和资源发现服务)为基础的门户虚拟图书馆，其学科领域包括临床营养、神经科学和制药学。参见 http://www.uku.fi/kirjasto/virtuaalikirjasto/。

NMM 端口门户：该门户是英国国家海洋博物馆的网上目录，提供高质量的海洋领域相关资源。每个资源都由图书管理员或学科专家选择和描述，该网站还提供博物馆海洋研究中心发展的服务和材料。参见 http://www.port.nmm.ac.uk/。

OMNI(有序的医学信息网络)：有序的医学信息网络门户领域包括医学、生物医学、联盟健康、健康管理和相关主题。该服务还提供培训材料和工作室。可以通过按字母排列的主题，分类主题或 MeSH 标题进行浏览。此外，OMNI 还提供许多有价值的生物医学领域服务，包括 MEDLINE 评论部分、国家健康服务信息策略文献和英国 CME 数据库。参见 http://www.omni.ac.uk/。

SOSIG(社会科学信息门户)：可以帮助你找到高质量的社会科学教育、科研及相关领域的网站。该网上目录提供成千上万的高质量网上资源，每个资源都是由学术图书管理员和学科专家选择和描绘。该 SOSIG 服务由 ESRC(经济和社会研究委员会)、JISC(联合信息系统委员会)和欧洲联盟资助。参见 http://www.sosig.ac.uk/。

所有信息门户列表可查看网站：http://www.hw.ac.uk/libwww/irn/pinakes/pinakes.html。

4. 学科信息门户工程的主要任务和建设阶段

阶段 1：工程前。包括熟悉工程计划概况、工程资助保障、制定工程概况时间表和计划。

阶段 2：工程的计划和建立。包括起草详细的时间表和计划、雇佣工作人员、发展相应的技能、制定政策文献(范围和选择标准)、技术计划。

阶段3:技术执行。包括技术建立和系统测试、培训非技术人员使用该系统。

阶段4:开发资源目录。包括为资源编目、开发资源目录、服务启动。

阶段5:日常运营。包括持续开发目录、资源集管理。

一般来说,上述阶段是连续的、相关的。比如,如果阶段2没有完成,则阶段3无法开始。另外,门户开始运行的时候其目录中必须具有一定数量的资源。尽管资源的确切数量在很大程度上依赖于在目录开发方面所投入的人力和物力以及门户的总体目标,许多门户都是当其可利用资源达到100~200个时才开始运行。①

7.3.4 网络信息资源评价

因特网的开放性与自由性,改变了信息传播的秩序,任何人都可以在网上随意发布、传播任何信息,不必经过编辑和出版部门的权威审核,信息的质量无法得到控制。为了保证利用的质量和效果,很有必要进行鉴别和评价工作。

1. 评价类型

网络信息资源评价可分为第三方评价法、用户评价法、网络计量法。

(1) 第三方评价法

所谓第三方,这是相对于网络信息资源的发布者(所有者)以及网络信息资源用户而言的。目前,第三方评价法的主要形式有:

商业性的专业网络资源评价网站如 Magellan Internet Guide(http://www.mckinley.com)、Lycos Top 5%(http://point.lycos.com/categories)、Argus Clearinghouse(http://www.clearinghouse.net)等。评价的范围多侧重于综合性网络资源,面向普通网络用户,注重网络资源的形式而不注重信息内容,所选择的评价指标体系包括日访问量、网站设计的感官效果等。

图书馆所提供的网络资源评价服务一般针对学术信息资源评价,具有专业性。采用的评价指标体系多侧重于信息内容,且考虑网络信息的权威性、学术性,是专为科学研究而服务的,如 ADAM(http://adam.ac.uk)、EELS(http://www.ub2.lu.se/eel/)、OMNI(http://omni.ac.uk/)、SOSIG(http://www.sosig.ac.uk/)等。

第三方评价法虽然是目前较为普遍的网络信息资源评价方法,但也存在着一些问题:

① 评价方法的合理性和可信性问题。第三方评价法的效果取决于评价指标和方法过程选择的客观性、合理性、科学性与公正性,但评价指标体系的选择、相关指标权重和赋值以及评价的方法与过程往往具有不可克服的主观性,从而会影响评价的客观性。

② 网络信息的易变性和动态性使得评价工作往往滞后于实际情况的变化。

③ 第三方制定的网络信息资源的质量指标仍无法满足用户的个性化与特殊化信息需求,由此会导致评价结果的适用性问题。

④ 第三方评价一般需要付费,在一定程度上增加了用户的负担。

---

① 中国科学院国家科学数字图书馆学科信息门户建设白皮书.根据 Desire Handbook 编译,2004,3~10.

(2) 用户评价法

它由用户根据其特定信息需求从中选择符合其需要的评价指标和方法。评价机构仅将其所选择的指标体系和评价指南告知用户，帮助或指导用户进行信息资源评价，而不是代替用户评价。这有助于用户搜集完全符合自身特定需要的信息资源，提高信息资源过滤的质量。

但是，由于需要用户依照评价指标和评价方法对每一个信息资源实体(网站、网页、网络文献等)进行鉴别和评价，增加了用户的负担，使用户无法快速发现高质量的信息。同时，由用户而不是由专业机构承担资源发现的职责，在一定程度上影响了资源发现的全面性。用户评价所采用的方法多为定性评价方法。

(3) 网络计量法

网络计量法是目前正在探讨和研究的一种网络资源评价方法。它首先假定网络中某个网页指向其他外部网页或网站的超链接都是经过作者选择的，有一定的质量保证，并把这种超链接视同印刷型文献中的引文，这样就可以借用传统的引文分析法对网络资源的价值和重要性进行评价。尽管有人认为信息资源的价值难以量化，但仍可根据网页之间的链接关系来建立网络信息资源价值或重要性的相对度量值，就像现在一些搜索引擎所做的那样。另外，访问量也常被用作衡量网络信息资源价值或重要性的重要指标。

近年来，已有人开始探讨把定量方法应用于网络信息资源评价，例如，通过计算网络信息资源被检索或引用的次数来测定网络资源的重要性，采用引文分析方法来评价网络信息资源，用于发现特定主题领域的优秀网站软件系统等。

与第三方评价法和用户自我评价法相比，网络计量法依据的是网络信息资源的自身特征和规律，在一定程度上克服了第三方评价法和用户自我评价法的主观性和价值偏向性。

2. 评价指标体系

印刷型文献评价主要着眼于内容本身和质量，其他因素只作为辅助手段。首先根据表面特征(如作者的知名度、著作的出版年代、版本、出版者情况等)进行初步判断，然后分析该出版物的读者对象、材料的客观性、新颖性等，再参考相应的书评或有关的综述。

网络信息资源评价的指标设计往往要同时考虑资源的内容和形式方面。评价标准一般包括：目的、收录范围、内容、用户对象、图形和多媒体设计、易用性、价格等。

(1) 目的指标：资源设立的目的，是否包含明确声明，资源本身是否已经实现了预期目标，特定的用户群是哪些，资源是在什么程度和层次上提供给用户的，能否满足目标用户的需求等。这是评价网络资源的首要因素。

(2) 收录范围指标：资源的广度、深度、时间跨度、信息类型、表现形式等。其中，广度和深度是最重要的指标。广度是指资源所覆盖主题领域，深度指所提供的资源是原始信息还是信息线索。

(3) 内容质量指标：是评价网络信息资源的最重要、最基本的标准，包括学术水平、可信度、时效性、内容的连续性等方面。通常可以细分为下列项目：①准确性，即资源所包含的信息是否准确可靠。可以通过与其他相关资源的比较或评价者根据自己的专业知识来进行鉴别。②权威性，指该资源的制作者、拥有者或提供者的声望和权威性。③新颖性，指资源内容的更新频率和更新周期。④独特性，指该资源是否可以通过其他途径或形式（如其他站点、CD-ROM或者印刷本）取得，该资源在形式上或其他方面有何特别之处。⑤相关链接，外部链接是否明晰，链接是否能定期更新以保证链接路径正确、有效等。

（4）图形和多媒体设计方面：图形和多媒体设计是否适合于该资源的目的，是否美观，是否能增强资源的表现力，是否与内容紧密相关，等等。

（5）资源稳定性和连续性：站点的稳定性和连续性至关重要，它决定了用户是否能稳定、持续地获得该资源。

（6）网站易用性：这是网络信息资源评价与印刷型资源评价的不同之处。可以细分为：①用户界面的友好性。②所需的计算机运行环境。③资源组织的逻辑性和易定位性，是否提供了有用的搜索引擎，检索结果输出是否方便利用（如按相关度排列），等等。④资源与用户之间的交互性。

网络计量法的评价步骤和指标如下：①统计某学科站点（或页面）的分布情况，确定站点（或页面）收录的方向和重点，掌握核心站点（页面）的数量和分布比例。②分析站点（或页面）被其他站点链接的情况，即对其他站点指向某站点（或页面）的链的数量进行统计分析，以帮助确定核心站点。③计算站点的平均页面长度、站点创建时长和日均访问次数，它们在一定程度上反映了站点的质量，可作为辅助数据。

7.4 网络信息资源管理的实现技术

自有因特网以来，为了管理和利用好这个神秘的信息空间及其无比丰富的资源，人们陆续创造了各种各样的技术和工具。如比较重要的有：各种置标语言（HTML、XML等），各种浏览器、目录工具、元数据标准、目录工具，各种搜索引擎、信息过滤和网络挖掘技术，各种知识组织工具（如主题网关、学科信息门户、Ontology、Semantic Web等），此外，还有网络计量方法、信息构建技术、网格技术。由于篇幅所限，本节主要介绍网络环境下的信息过滤、信息组织、信息服务和信息安全等方面的实现技术。

7.4.1 网络信息过滤技术

信息过滤（information filtering）是指信息的选择性传播。随着因特网的迅猛发展和广泛使用，“信息过载”和“不良信息”问题日趋严重。如何能够更有效、更准确地找到自己感兴趣的信息，排除与自己的需求无关的信息，已成为网络信息资源管理的重要任务。

网络信息过滤主要针对用户在一段时间内比较固定的信息需求，是为非结构化及半结构化的数据设计的，主要用于处理文本信息。其目标是帮助用户处理大量的信息，对动态的信息流进行筛选，着重排除用户不希望得到的信息，基于用户需求大纲（profile）从输入的信息流中滤掉不需要的数据。信息过滤技术，大多数都是用机器学习和人工智能方法实现的，其目的是提高过滤效率。目前，得到人们重视的解决方案是：通过预置不良网址，禁止使用者登录有害网站和采取对计算机页面进行智能分析的方法，对在计算机屏幕出现的词汇进行逻辑判断，完成对不良信息的查杀，既过滤掉对外部（因特网）不良信息的访问，又杜绝内部（磁盘、光盘、局域网）不良信息的泛滥。信息过滤研究的一个显著趋势是增加信息过滤系统的自动化，以便自动地修改需求大纲和自动地进行相关的过滤操作。最早的 Web 过滤系统允许利用用户确定的关键词构建需求大纲。后来，陆续出现了通过比较两种需求大纲获得利用相关反馈方法，利用代理来观察电子邮件系统用户行为并学会将各种各样的行为与信息(或消息)内容联系起来等方法。过滤代理采用的算法有：规则归纳算法(rule induction algorithm)、K 最邻近算法(K-nearest neighbor algorithm)。它们已应用于邮件消息及新闻组新闻的过滤。

信息过滤系统可从 3 个方面分类：①根据操作的主动性分为被动过滤系统和主动过滤系统；②根据操作的位置可分为代理服务器过滤和客户端过滤；③根据过滤方法分为认知过滤(基于内容的过滤)、社会学过滤(协作过滤)及经济学过滤。其中，基于内容的信息过滤与信息检索最为紧密，其思想是从文档中发现相关词，然后用已发现的相关词再发现其他相关文档。这一过程是重复进行的，其形式判断是采用矢量空间模型和词频测量方法、相近语义索引等。为了提高用户在检索过程中的自主作用，个性化模式的信息过滤得到了相应的研究。有人提出了一种层次式的智能信息过滤模型。其基本思想是将整个计算任务分解成若干子任务，利用信息检索中已经使用的技术及人工智能相关学习技术实现信息过滤功能。该系统实现了基于内容和用户个性化模式的信息过滤，通过用优化的相关反馈方式与用户进行有限的交互，实现对用户的兴趣的适应和学习。

7.4.2 网络信息资源的组织技术

网络信息资源的组织是指对网络上的各种有关概念、数据、事实、文献等，通过分析、明确信息中包含的知识本质，把信息资源中的知识关联进行揭示、整序，形成便于用户理解、查询的检索系统。目前对网络信息资源进行组织管理使用较多的方式主要有 4 种：文件方式、主题树方式、数据库方式和超媒体方式。

1. 文件方式

文件是一个有符号名的一组机关的逻辑记录的集合。一个文件可以包括数据、程序或字符，是计算机保存处理结果的基本单位。文件方式操作简单、方便，网络发展初期广为流行的文件传输协议(file transfer protocol，FTP)就是利用文件方式组织网络信息而专门开辟的服务。但随着网络信息资源的不断普及和信息量的增多，文件方式难以实现有效的控制和管理。

2. 主题树方式

主题树方式的基本做法是先按照某种事先确定的概念体系结构建立等级式主题目录，然后以超文本链接的方式将不同学科、专业、行业或区域的信息按照主题目录的分类要求逐级组织起来。主题树方式具有严密的系统性和良好的可扩充性，但在综合性的网络资源系统中，每一类目下的条目过多，会使整个体系过于庞大而难以迅速找到所需要的信息。

3. 数据库方式

数据库方式是通过采用对大量的规范化数据库进行管理的技术，可以大大提高信息管理的效率。因为数据库的最小存取单位是字段,所以可以根据用户需求灵活地改变查询提问。但数据库方式要求用户掌握一定的检索技巧,包括关键词及其组配的选择。目前数据库方式是普遍使用的网络信息资源组织方式。

4. 超媒体方式

超媒体方式将文字、表格、声音、图像、视频等多媒体信息以超文本方式组织起来,使人们可通过高度链接的网络结构在各种信息库中自由航行。这种方式符合人们思维跳跃的习惯,用户可以根据兴趣在网络中不断发现新的搜索目标。但同时也难免会造成搜索半天,真正要找的东西却没有着落的现象。

即使存在着这样那样的问题与不足,但大多数人都认为,数据库方式与超媒体方式的结合将是网络信息资源组织技术的未来发展趋势。

7.4.3 网络信息资源的推送技术

网络信息资源的推送技术(Push)也被称为“网播”(Netcast),是 1996 年由 Pointcast Network 公司首先提出的。它与有关媒体公司合作,利用其信息推送软件,向网络上的广大用户主动地发布、推送各种新闻、财经、体育等信息。

从用户的角度来看,推送技术是一种信息获取技术,其背后的基本思想是用户可以订制被传送到用户计算机上的信息,并在想查看的时候再查看它,甚至可以离线浏览。这种技术使用户不必每次访问固定的网站就可以自动获得由网站主动发送的最新资源。从信息发送方的角度来看,推送技术是一种信息发布技术,也就是网络公司通过一定的技术标准或协议,从网上的信息源或信息制作商那里获取信息,再通过固定的频道向用户发布信息的技术。应用信息推送技术建立的“网播站(Webcasting)”,也就是网络信息广播系统,通过智能化的代理服务器从环球网上不断地取回用户所需的信息,将信息进行分类,在主机上设立了固定的“信息频道”和“信息树”,供用户对网上的信息进行预订和选择,用户联网后,通过客户机随时可获得经过更新的各类信息。

目前常见的推送技术主要采用以下几种方式:

(1) 频道式推送。频道式推送技术是目前网上最普遍采用的一种推送方式。在这种方式中,所有的信息都被按内容划分为不同的“频道”,用户可以通过订阅自己感兴趣的频道来获取信息。

(2) 邮件式推送。用电子邮件方式主动将有关信息发布给列表中的用户。这种方式只需要实现一个基于 Web 的 e-mail 发送系统。

(3) 网页式推送。在一个特定网页内将所推送的信息提供给用户,如某企业、某组织、某个人的网页。

(4) 专用式推送。采用专门的信息发送和接收软件,信息源将信息推送给专门用户,如机器的点对点通信。

7.4.4 网络信息空间和语义 Web

1. 网络信息空间模型

网络信息空间(InterSpace)是在美国数字图书馆计划一期(DL1)项目中由 Illinois 大学(UIUC)提出的。该项目开发了一个对多媒体信息进行语义标引的原型环境(即 InterSpace 的原型系统),依靠对概念和类目的统计聚类来实现。基于语义标引的交互式导航使人们能深入地检索量大多样的信息资源。在概念抽取、概念空间计算、类目图、概念赋予等自动化技术的支持下,InterSpace 原型实现了跨主题域和媒体类型、适应不同收藏量的,以及交互语义的互操作。该系统用于索引科学技术文献的信息基础结构,使对多个因特网信息源的查找如同面对一个单一的联邦式数字图书馆。

InterSpace 的目标是将异构的分布式信息资源统一管理。它力图成为一个灵活、统一、可伸缩的系统,网络上的每一份电子文献(文本的或多媒体的),在信息空间中都可以表示为一个对象。信息单元(IU)是 InterSpace 中的基本组织单位,包括索引引擎对象、数据转换器对象等。所有的 IUs 具有 3 种能力,即显示自身、链接自身和索引自身。IUs 间的链接可涉及一个、多个 IUs 或被置于一个 IU 链表的 IUs 集合。由于 IU 对其自身索引,而使该 IU 可被查找。IU 对象有一系列的属性,包括所有权和可访问性。系统提供对复杂互操作应用的丰富的支持,包括:对象间互联、远程执行、对象缓存以及对复杂对象的支持。

InterSpace 系统由 3 层组成:应用层、应用编程环境层和系统编程层。应用层提供与用户的接口;应用编程环境层(APE)包括编写各类高层应用所需的通用服务,为在 InterSpace 中编写程序提供了一组简单的通用对象(如文献和数据库)和一组通用高级服务(如出版控制和收藏分析);系统编程层(SPE)包括信息空间和 IUs 的基本功能,是 InterSpace 的核心。实际上,它是利用因特网提供的协议环境,将分布的、异构的各个信息网络连接起来,实现数据跨网的透明传输,即提供物理机器间的数据通信。把数字图书馆作为将信息资源互联起来的一种应用环境,为分布的、异构的信息资源之间提供透明操作,满足用户的各种信息需求,即提供跨资源仓库的信息处理。也就是说,把因特网看成是整个信息空间的物理层,数字图书馆则相当于逻辑层,要使整个因特网成为一个单一的、虚拟的、有组织、有结构的信息资源仓库,并提供统一的跨仓库的无缝搜索。①

后来,有人又对上述模型加以改造(见图 7-1)。改造后的模型包括 4 个功能层次:信息传输层、信息(处理)层、服务层和知识层。

(1) 基于 HTTP 的传输层。HTTP 是 Web 协议在服务器和客户机之间用来传输数据的主要方法,是一个理解 URL 的小型、快速 I/O 协议,适用于超文本/超媒体环境。这是一个使用请求/响应模型的客户机/服务器协议,这种模型使用 MIME 来压缩所请求的数据。HTTP 客户机与服务器之间的数据通信在概念上与电子邮件类似。

(2) 基于语义模型的信息层。它的底层是信息空间的基本单元,必须是自含语义的。以 XML 文档为例,它可以装载结构化和半结构化的领域信息。在信息层的最上层是

---

① 唐世渭等. 互联信息空间 InterSpace. http://www.lib.ytu.edu.cn/DZFW/tsgnbck/tsgnbck0303/030302.htm.

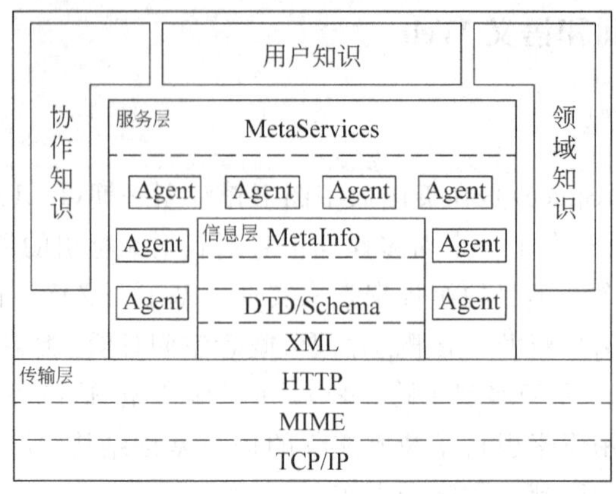

图 7-1 网络信息空间的体系结构

MetaInfo(元信息),它为信息空间提供内容指南。

(3) 基于 Agent 的服务层。在 MetaInfo 的导航下,Agent(代理)围绕解析器(Parser)建立应用服务,采用 Java 来解释 DTD 或 Schema(模板)和处理消息,并利用基于消息系统的异步技术,以 XML 方式进行数据交换。MetaServices(元服务)支持动态的声明和定位信息空间的服务,并可以按照任务的需求在知识层的支持下组织 Agent 进行协作,最终通过分布在信息空间的 Agent 之间的按需松散协作来实现信息空间的开放智能服务。

(4) 基于知识表示的知识层。它主要包括领域知识、协作知识和用户知识。其中,领域知识主要以 Ontology 的方式表示,使得参与服务的 Agent 能够对领域知识有一个统一的共识。用户知识主要为不同用户建立用户模型,以便服务层为用户提供个性化的信息服务。协作知识主要表示 Agent 之间的组织方式和合作协议。①

上面介绍的网络信息空间模型目前仍然没有实现,因为涉及的问题太多、太复杂了,任何一个机构都无法独立解决。

2. 语义 Web

语义 Web(Semantic Web,亦称语义万维网)由万维网创始人 Tim Berners-Lee 于 2001 年正式提出,是对下一代因特网的一种称谓。提出者认为它不是一个独立的 Web,而是现有的网络的扩展,其中的信息被赋予明确的意义(即语义),使计算机与人能够自动地协同工作。语义 Web 是一种分层实现互联的信息空间结构,如图 7-2 所示。

第一层 Unicode 和 URI 是整个语义 Web 的基础,Unicode 处理资源的编码,URI 负责标识资源。第二层 XML+NS+xmlschema 用于表示数据的内容和结构。第三层 RDF+rdfschema 为语法层,用于描述 Web 上的资源及其类型。第四层 Ontology vocabulary 为语义层,用于描述各种资源之间的联系。第五层 Logic 在上面四层的基础上进行的逻辑推理操作。第六层 Proof 属于验证或检验层,验证推理的正确性。第七层 Trust 为信任评估机制,即对 Web 上的资源和服务进行信用评级。

---

① 张维明等.应对信息爆炸的挑战.http://www2.ccw.com.cn/01/0128/b/0128b02_2.asp,2001-01-28.

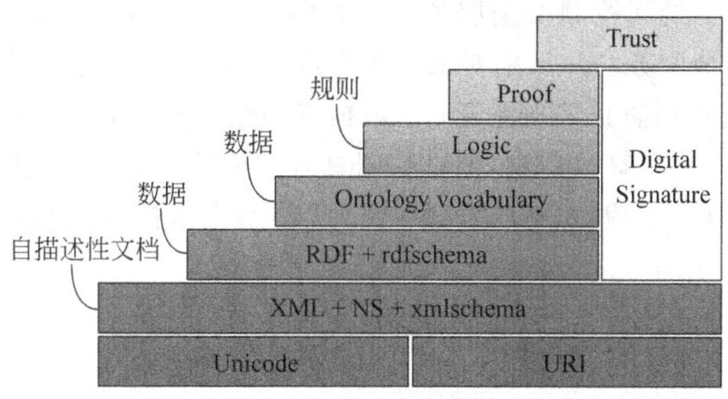

图 7-2　语义 Web 的层次结构

语义 Web 的基础研究包括本体的开发、语义 Web 语言的形式语义、证据(Proof)和信任(Trust)模型的开发。语义 Web 在 RDF 和 OWL 已经正式成为标准。OWL 如何与上层的连接是研究热点之一，典型的研究工作是 OWL Rule Language(ORL)和语义 Web 上的信任机制。ISWC2004 对 Rule 和 Trust 设有专门的工作组。语义 Web 的研究成果在许多领域有潜在的应用价值：如 Semantic Web Service、Agent on Semantic Web、Semantic Blogging、Semantic e-mail、Semantic Portal，还有基于语义 Web 技术的 Knowledge management、e-Business，Information integration、e-Government 等。

另一个发展趋势是信息网格研究。信息网格是在现有的网络基础设施、协议规范、Web 和数据库技术基础上建立的一体化的智能信息平台。在这个平台上，信息的处理是分布式、协作和智能化的，用户可以通过单一入口访问所有信息。其最终目标是做到服务点播(service on demand)和一步到位的服务(one click is enough)。

信息网格的体系结构、信息表示和元信息、信息连通和一致性、安全技术等是目前的研究重点。信息网格体系结构研究的重点是底层的信息存储、表示、对外发布、呈现给用户的各层应用程序逻辑具体分层、实现和集成以及各中间层的数据存储、接口界面、通信机制等方面。信息的表示包括信息存储在数据库或其他存储介质中的表示和将其呈现给用户时的界面表示。信息的连通性是把有一定关系(包括语义和逻辑上)的数据连接在一起，在不考虑安全限制的前提下，从一个信息源可以到达连通的其他任何信息源。

7.4.5　网络信息资源管理的安全技术

因特网面临的安全威胁主要来自两个方面：以破坏系统为目标的系统犯罪和以窃取、篡改信息，传播非法信息为目标的信息犯罪。计算机黑客的攻击、计算机病毒的传播，传输介质的失密，都会威胁到计算机和网络信息的安全，给用户造成巨大的损失。例如，2000 年 5 月 4 日，一种被称为“爱虫”的新型计算机病毒席卷了亚洲、欧洲和美国等地，全世界约有 100 多万台计算机遭到侵袭，因计算机系统瘫痪或关闭造成的经济损失高达百亿美元。

1. 开放系统互联(OSI)的安全体系

早在 1989 年，国际标准化组织就对开放系统互联(open system interconnection，OSI)网络环境下的安全性问题进行了深入的研究，并在此基础上提出了 OSI 安全体系，规定了以下 5 种安全服务：①访问控制安全服务——提供一些安全防御措施，限制用户越权使用资源；②对象认证安全服务——识别对象的身份或对身份进行证实；③数据保密性安全服务——利用数据加密机制防止信息泄露；④数据完整性安全服务——防止用户非法使用修改、复制、插入、删除等手段篡改信息，保证数据具有完整性；⑤防抵赖性安全服务——证实发生过的操作，防止对手抵赖，包括防发送方抵赖、防递交方抵赖以及在发生争执时进行仲裁和公证。

2. 网络安全性规划与配置

网络安全主要包括通信线路传输的安全和服务器的安全两方面。服务器的系统安全更为重要，网络安全规划应该从以下几方面考虑：

(1) 建立安全可靠的防御体系结构。服务器的安全必须在建立时就考虑安全可靠的防御体系结构，一般的防御层次如下：①路由器，这是第一层，用来过滤某些 IP 地址和服务；②防火墙系统，用来过滤 IP 和服务，建立 VPN 等认证机制，正确进行配置；③入侵监测系统，被动地监测网络上的所有数据包，检测是否有危险或恶意的不安全的操作访问，以便采取不同的对策；④操作系统安全；⑤Web 服务器软件的安全，对操作系统和服务器软件必须进行正确的配置，以保证系统的安全。

(2) 服务器的选用。应选用高可靠性的专用服务器，采用硬件冗余方法来提高服务器的容错能力。

(3) 操作系统的选择。目前服务器采用的操作系统主要有 UNIX 和 Windows NT。选用时应注意如下几点：①应选用安全级别高的操作系统(安全级别由低至高依次为：D、C1、C2、B1、B2、B3 和 A 7 个级别)；②应选用成熟稳定的系统；③及时了解新系统的安全漏洞并及时下载安装安全补丁程序。

(4) 服务器软件的选用。选用服务器软件时应考虑是否适应现有环境，是否达到业务要求，在增加其他软件时是否可能造成新的安全漏洞。一般来说应考虑以下因素：①易于同外部信息整合；②有良好的用户管理接口，最好是图形界面；③适应目前的需要，并足够开放，易于扩展；④有良好的技术支持。

(5) 服务器软件的安全配置。因特网服务器安装完成后，必须进行一些必要的安全特性方面的配置，主要有：①区分客户可访问和不可访问部分，使敏感数据不对用户开放。②对于 Web 服务器，要检查所使用的 Applet 和脚本，尤其是与客户交互作用的脚本，防止外部用户执行非法指令。③排除站点的安全漏洞，加装补丁程序，监测兼容性问题。④关闭无关的服务和账户，尽量减少拥有过多权限的用户。⑤设置监控机制，监控来访用户的情况，提高安全性。

3. 因特网服务器的安全防范

因特网的交互性既是它的优势，也是易受攻击的弱点。受到的攻击或入侵的主要类型有：

(1) 密码破译及其防范。服务器上的许多重要信息(如密码、口令)均采用加密方式存储在系统中。加密后的信息，权限大的用户可以直接看到，其他用户也可利用系统漏洞等方法得到，并用解密工具得到加密前的明码。因此要增强密码的强度，同时应定期更换密码。

(2) 未授权访问及其控制。服务器上的未授权访问将破坏文件的私有性、机密性和完整性。要控制未授权访问可采取以下几种方法：①通过 IP 地址来控制，此方法是在 Web 服务器上设置拒绝某些 IP 地址的访问，但非法用户可以伪造 IP 地址或域名；②用户名/口令限制，可通过设置对口令的要求和输入错误口令的次数进行限制；③信息加密，采用安全性能更好的非对称加密系统。这时密码是成对的，一个用于编码，一个用于解码收发双方各有一个，这就可防止信息在传输过程中被截取。

(3) 信息截取及其防范。当服务器和用户交换信息时，在适当的地方安装能俘获网络报文的设备或软件(如嗅探器：Sniffer)，就可能截取用户信息。为避免信息被截取，可采用以下两种方法：①检测和消灭嗅探器软件，主要检查网络接口是否有杂收模式，因为只有在该模式下才能截取本不应该接收的数据包；②将数据隐藏或加密，这样可使嗅探器发现不了或截取了也没用。由于嗅探器软件不能跨过交换机、路由器和网桥 3 种网络设备进行信息截取，故可应用这 3 种设备进行网络分割，使之收集的信息减少而增强 Web 系统的安全。

(4) 系统中的漏洞和病毒及其防范。黑客可以利用系统漏洞对服务器发出指令，非法取得系统文件并无限制地向服务器发出大量指令，最终导致整个系统崩溃。因此网络管理员应能及时发现漏洞并及时修复。此外要特别注意对病毒进行检查的工作，尤其在上传文件时。

(5) Web 服务器的 CGI 脚本漏洞及其防范。CGI 脚本可能会产生两个方面的安全漏洞：一是可能暴露主机的信息，增加受攻击的可能性；二是在处理远程用户输入时，可以骗取在系统上执行命令的权限使系统直接受到攻击。因此应仔细坚持 CGI 源程序、运行方式、CGI 是否对系统文件的读取和修改、对非法输入数据是否进行处理等。

思 考 题

1. 简述因特网上的资源类型、特点、用途、应用和管理模式。

2. 当前因特网信息资源宏观管理面临的主要挑战和问题有哪些？国际社会采用和提出了哪些治理模式？我国在因特网治理方面的态度和基本对策是什么？

3. 网络信息资源微观管理包含有哪些内容？请谈谈学科信息门户的特征、开发原理。

4. 简述网络信息资源评价的必要性、评价方法和评价指标。

5. 目前实现网络信息资源有效管理的技术有哪些？各有什么作用？

6. 简述网络信息空间 InterSpace 模型和语义 Web 的体系结构，并对二者加以比较。

7. 试谈谈网络信息资源在安全方面存在哪些隐患？如何加以防范？

第8章 内容管理和信息资源开发利用

8.1 内容管理的功能和系统

8.1.1 内容管理的含义与信息孤岛问题

1. "内容"是什么?

这里所说的"内容",是一个比数据(data)、文档(document)和信息(information)更广泛的概念。数据通常指结构化的、由传统关系数据库管理系统(RDBMS)处理的对象。文档通常指企业和政府生产或拥有的非结构化信息,常常由一些全文信息管理系统或文档管理软件来管理。信息通常包括结构化的数据和非结构化的文档。

除了一般的数据、文档、多媒体、流媒体外,内容还包括 Web 网页、广告、程序(如 JavaScript)、软件等一切数字资产(digital asset),甚至还包括商业规则。

2. 企业的信息数量剧增

Forrester 调查显示:企业的信息内容量在以每年 200%的速度增长。据统计,由于内容和信息量增长迅速,到 2004 年底,企业内的数据将达到 1999 年的 30 倍之多,特别是非结构化内容数量巨大。企业的结构化内容来自 SCM、ERP 及各种数据库等,约占企业信息总量的 10%~20%。而非结构化内容,如文档、e-mail、音频视频文件等,却占企业信息总量的 80%~90%。Gartner 调查显示:平均每个知识员工每个星期在不增值的相关文档处理任务上需要花费 8 个小时,包括文档的创建、寻找、整理等。

3. 信息孤岛问题

企业和政府在信息化建设达到一定水平后,内部会同时运行着许多不同的业务应用系统。这些系统都会产生出一定数量的信息和数据,但往往不能相互共享和利用,形成了一个个的"信息孤岛"。使用者若要从中找出一份特定的资料,无易于大海捞针。所谓"信息孤岛",就是指相互之间在功能上不关联,信息不共享、不交换,以及存在信息资源与业务流程和应用相脱节的计算机应用系统,又称为烟囱式系统。有各种各样的信息孤岛,如企业内部的信息孤岛、政府内部的信息孤岛、行业内或行业间的信息孤岛等。

为了改变这种状况,过去的做法通常是专门开发针对特定系统的内容管理工具。由此带来的问题是,一旦系统升级或发生变化,内容管理工具也必须随着改变,开发和维护的成本都很高。这种情况使企业意识到,必须建立一种跨平台、能打破信息孤岛的内容管理系统(或平台),无论企业有多少个应用系统和多少内容,也无论这些内容存放在何处,谁在更新或使用这些内容,都可以借助这个平台对所用内容进行转换、重新定向和提供。这样,企业才能真正有效地利用自己内部的所有信息和数据,这对于大企业集团尤其重要。

4. 内容管理的含义

Gartner Group 认为内容管理从内涵上应该包括企业内部内容管理、Web 内容管理、电子商务交易内容管理和企业外部网(Extranet)信息共享内容管理(如 CRM 和 SCM 等),Web 内容管理是当前的重点,e-Business 和 XML 是推动内容管理发展的源动力。

Merrill Lynch 的分析师认为内容管理侧重于企业员工、企业用户、合作伙伴和供应商方便获得非结构化信息的处理过程。内容管理的目的是把非结构化信息出版到 Intranet、Extranet 和 ITE(Internet Trading Exchanges),从而使用户可以检索、使用、分析和共享。商业智能系统(BI)侧重于结构化数据的价值提取,而内容管理则侧重于企业内部和外部非结构化资源的战略价值提取。

Giga Group 认为作为电子商务引擎,内容管理解决方案必须和电子商务服务器紧密集成,从而形成内容生产(production)、传递(delivery)以及电子商务端到端系统。

Yankee Group 认为内容价值链包括内容供应商(content providers)、服务提供商(service providers)和内容消费者(content consumers),因此内容管理解决方案必须提供创建、出版、传递、个性化等全套功能。

内容管理是指对各种非结构化或半结构化的信息资源的采集、加工、传递和利用,并集成到结构化数据的商业智能环境中。它包括记录管理、文档管理、数据管理、网站内容管理等,突破了传统的办公自动化、MIS、ERP、CRM 以及工作流管理等系统的应用范围、使用效果,覆盖了内联网、外联网和因特网上的资源和应用。

内容管理就是要在使用端建立一个跨系统、跨平台的系统,让各种操作系统、应用系统、数据库(如 Windows、Linux、Lotus Notes、Microsoft Office)等都能在这个跨平台的系统上运行,让人力资源管理、销售、营销等不同部门和不同需求的用户都能使用它。

8.1.2 内容管理的目标和功能

1. 内容管理的目标

内容管理的目标就是要解决信息分析、过滤、阅读权限和安全管理等问题,实现从内容采集、创建、传播到分析等整个产业价值链的整合。

内容管理平台(系统)要以信息共享为目的,面向海量信息处理,集信息数字化、分布式存储、管理、传播、查询为一体的管理平台。

2. 内容管理的功能

一个完整的内容管理系统一般应具有 4 大功能:

(1) 内容采集、创建和集成。内容采集和创建功能包括各种数据、信息、文档和程序的获取,创建内容的协作工具,如网络搜索机器人,文档和网页制作工具(包括协作创建),数据格式标准化和转换(Metadata and XML)等。内容集成功能把来自不同系统、不同存储格式的信息资源整合在一起。

(2) 内容管理。内容管理功能把各种应用系统产生的异构数据通过一定的转换器转换成XML格式,实现内容的结构化和格式的统一。同时,通过建立一个共同的目录管理机制,使各个应用系统的数据都按此目录机制配送流动于各系统之间,既不必建造一个庞大的数据库,也不必更改现有系统的运行模式,达到屏蔽各种异构系统的目的。内容管理还包括:内容的存储和管理,即高效、安全存储和管理各种形式的内容;版本控制和回滚(version control, tracking and rollback),即多版本控制,tracking和rollback等功能;先进工作流管理(advanced work flow management),可以用户自定义的流程和基于角色的流程控制,审批流程等;模板设计和管理(template design and management),可视化的内容模板设计,使得内容的表现和内容本身分开,兼容XML;内容复制(content replication),包括多服务器镜像,跨平台内容自动同步更新等;安全和访问控制管理(security and access rights),除了一般性的数据库安全控制机制外,还包括加密、复制和传播限制,这些功能在电子商务环境中非常重要;用户管理(user management),用户管理是个性化和电子商务的基础。

(3) 内容分析。内容分析功能主要负责对内容的进一步分类、标引、排序、搜索等。包括:自动归类(categorization),自动归类能大大提高在海量信息环境下用户的检索和导航效果;检索和导航(search and navigation),先进智能化知识检索技术,基于内容整合(如相关新闻、相似性检索)的启发式信息导航,自然语言查询和对话,动态摘要生成,数字特征的提取和检索技术,跨语言检索和机器翻译(多语言应用环境)。

(4) 内容发布。内容发布功能也包含有整合,要做到随需而变,满足不同客户、不同路端、不同形式的发布需求。这是衡量内容管理系统性能优劣的最直接的因素。包括:①出版(publishing),动态和静态网页生成和分发,以及与个性化密切相关、能够和其他外部数据很好的集成(syndication),支持基于桌面系统(类似Microsoft Office等)环境的直接出版,支持按照计划任务自动出版(content scheduling); ②分发(delivery & distribution),包括caching,负载平衡,流媒体的delivery等,WAP和PDA支持等,还有自动推送等功能; ③内容电子商务(content commerce),包括在线数字产品销售管理。

8.1.3 内容管理系统的功能和实现技术

各种企业对内容管理的理解往往不一样,所以会导致在产品设计和盈利模式上的差异。图8-1给出了一个概念性的内容管理系统架构和功能示意图。

1. 内容管理系统的功能

图8-1中,内容仓库用来存储各种形式的内容,如文档、视频、音频文件等。内容搜索是内容管理系统的核心功能模块,用以帮助使用者快速定位所需内容,按照搜索方法可分为全文搜索、上下文搜索等。现在更先进的检索技术还包括智能化知识检索技术,自然语言查询等。内容管理模块是内容管理系统的主要功能模块,提供对内容管理过程的支持,包括:内容创建和编辑,用以实现各种数据、信息、文档和程序的获取并提供创建内容的协作工具,如文档和网页制作工具,数据转换(Metadata and XML)工具等;内容的个性化是内容管理区别于传统文档管理的一个重要特征,包括根据用户喜好的用户控制个性化、根据内容相关性

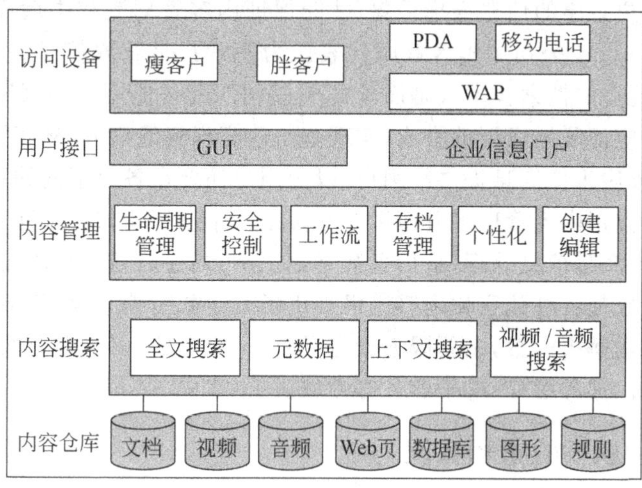

图 8-1　内容管理系统架构和功能

的数据控制个性化等；存档管理用来实现安全存储、管理各种形式的内容；工作流用来实现用户自定义的流程和基于角色的流程控制、审批流程等；安全控制包括数据库安全控制、加密，复制和传播限制等；生命周期管理主要是指对内容版本的控制，如多版本控制、版本跟踪等功能。用户接口模块包括传统的非 Web 方式的图形用户界面(GUI)以及新近发展起来的企业信息门户(EIP)等各种方式，EIP 将成为未来用户接口的主导方式。内容访问设备包括客户计算机以及 PDA、移动电话等移动型设备。

2. 内容管理的实现技术

内容管理的实现技术主要有：①门户技术(Portal)，是结合各种有用的信息资源成为单一的和应有尽有的网站的技术；②文本挖掘与检索，解决从海量的非结构化文档中快、准、全地找到所需的文档的技术；③Web 挖掘，是从庞大的、动态的、超媒体结构的 Web 文档、媒体、结构以及用户交互行为中抽取感兴趣的、有潜在价值的模式和隐含信息的技术；④多媒体挖掘；⑤自然语言处理技术，可以用来支持专家系统、知识工程、情报检索、办公室自动化的自然语言；⑥人-机接口的实现；⑦智能代理技术。[①]

生产内容管理产品的商家对内容管理系统的设计有不同的做法。TRS 认为内容管理的体系结构分为 3 个层次：底层(核心技术层)是智能检索技术、知识管理技术、工作流技术；中间层是一个通过 Web Server 进行互操作的内容管理组件平台，其中含有用于信息采集的 TRS 信息雷达，用于内容协同管理的 TRS WCM 以及用于内容发布的服务器 TRS CDS 等；最上层是提供行业化的内容管理产品和解决方案，如企业竞争情报系统、门户网站等。龙道信息技术有限公司称其内容管理产品是以美国著名情报检索专家萨尔顿(G. Salton)的检索模型为基础，不同于关系数据库的属性管理。慧聪国际则认为国外的理论模型未必能适合中国国情，中文内容带有明显不同的习惯和风格。只有通过强有力的搜索引擎

① AMT-企业资源管理研究中心，2002-06-19.

技术才可以实现用户意愿的信息准确采集，才能保证内容管理流程中后面环节的真正增值和提高效率。Autonomy公司中国区首席代表认为搜索只是获取信息的渠道之一，但不是唯一的渠道，而且现在的搜索技术只是简单的关键词匹配。他还针对TRS的观点，提出内容管理的体系结构应摆脱界面层的集成，实现基于内容理解的集成，从底层打破信息源之间屏障，通过概念集成后再把信息提供给用户，以免用户还要在各个不同的系统中进行信息的获取和操作。北大方正内容管理平台博思3.0版是一个基于J2EE的跨平台产品。它以信息共享为目的，面向海量信息处理，集信息数字化、分布式存储、管理、传播、查询为一体的管理平台。管理的对象是各种数字化内容。已推出了基于数字档案馆、数字图书馆、数字博物馆等不同行业的应用解决方案，主要服务于电子政务、企业信息化、综合网站和垂直门户、数字图书馆、远程教育、远程医疗、电子商务等领域。

8.1.4 内容管理软件的市场状况

1. 市场需求状况

目前企业产生的大量数据中，结构化数据仅占15%，其余85%都是非结构化数据(文字、图片、传真、语音等)。而由于大量非结构化数据缺乏有效的管理和提炼，造成信息资源的极大浪费。因此，如何管理利用好大量的非机构化数据，从中提炼出有价值的信息，帮助企业的客户更好地了解公司产品的特性，支持企业实现经营目标，进而达到协调管理的目的。这样，能提供有相应功能的内容管理软件将拥有广阔的市场前景。

据Aberdeen集团对全球IT购买意向的调查显示：内容管理软件、安全软件、硬件是IT买主在2003年最希望购买的3大类产品。IDC的调查报告也同样显示：2001年全球内容管理存取软件市场营业收入达到29亿美元，到2005年则将超过140亿美元。而Meta-Group预测，2004年企业内容管理的市场规模将超过100亿美元。

Forrester Research的统计表明，非结构化"内容"量正以每年200%的速度增长。而分析师估计，一般员工大约花费35%的时间寻找工作中所需要的非结构化信息。一方面是低效率的内容管理，另一方面是不断膨胀的内容量，简单的事实对比包含了一种迫切需求：企业需要一种内容管理工具，能像管理结构化信息一样有效地管理企业的非结构化信息。

国内有关人士也认为内容管理的需求很大，尽管实际的购买行为还不普遍，但TRS估计能保持35%左右的增长。慧聪国际认为：内容管理软件在国内2003年大约有3～4亿元的规模，每年的市场增长率大约在40%左右。龙道信息技术有限公司负责人预言：国内内容管理软件市场的需求规模将达到20亿。

面对这样大的市场需求，一些大的软件公司如Microsoft、IBM、SAP、CA等都陆续进入这个市场。它们提供的内容管理软件的功能主要集中在内容采集、内容管理、内容发布及工作流管理等4个方面，但各有侧重，各有所长。

2. 内容管理软件产品的特点

(1) 国外的内容管理软件产品。Interwoven、Documentum、FileNet、IBM、OpenText等公司分别在内容管理的某一方面独领风骚。在系统架构上，IBM的内容管理软件(IBM

Content Manager)是以 DB2 数据管理软件为基础，提供了完整、灵活的企业内容管理基础构架，使企业能建立和查询各种结构化和非结构化的文档，包括财务报告、影像、计算机输出格式、商业文件以及各式多媒体音视频信息，让企业得以收集、管理及传送各种格式的企业信息，并与企业的核心业务紧密结合。在产品功能上，Microsoft Content Management Server 除了提供高度灵活性的跨组织内容出版及审核流程，大幅度提升网站内容出版者的工作效率外，也能支持不同格式、不同信息设备及不同语言的内容输出，让网页阅读者能使用各种装置采集网站信息。在市场层面上，FileNet 占领了全球绝大部分的保险市场，其亚太区副总裁 Hugh Sutherland 不久前到中国考察，准备进军国内的保险市场。在联机信息服务领域，Dialog 公司已将矛头直指商用领域，ISI 则准备把重点放在金融领域。

(2) 国内的内容管理软件产品。国内的内容管理市场的发展从最初以网站内容管理为主到媒体数字内容(资产)管理，现在逐步进入到企业和政府应用，越来越多的企业和行业用户将实施内容管理。TRS 从 1993 年起就专注于为行业用户提供内容管理应用软件的系统设计、集成和开发服务。现在已经形成了 12 个产品系列和 5 大解决方案，应用领域覆盖了政府、媒体、金融等多个行业。慧聪国际软件公司采用基于因特网的智能化信息处理技术，开发出包括 I-Search 智能中文全文检索系统。实时信息采编监控系统等在内的四大产品系列和数据库加速解决方案，为用户提供信息检索、采集、分类、定制、整合、挖掘等产品和服务。还雄心勃勃地打算把公司由单一的搜索引擎业务延伸到内容管理领域。其他一些厂商，如易地平方、龙道、365Agent、方正博思等也不甘落后，纷纷推出了基于个人用户的产品和行业解决方案。

目前，国内市场上的内容管理产品提供商可分为三类：

第一类是搜索引擎提供商，主要利用其成熟的搜索引擎技术，根据用户的需要，设计开发出相应的内容管理系统。如慧聪的 I-Search 智能中文全文检索系统和 I-News 实时信息采编监控系统，百度的企业竞争情报系统、“网事通”信息采编检索系统。

第二类是软件开发商，主要依赖其成熟的数据库管理技术或全文检索技术为基础，利用“网络蜘蛛”等信息获取技术，有针对性地开发出内容管理工具软件或软件平台，如 IBM 公司的基于 DB2 架构的内容管理产品，TRS 的基于全文检索技术的数字图书馆资源整合门户和政府上网解决方案等。

第三类是联机信息服务商，如国际上知名的 Dialog 公司、ISI 公司以及国内的万方数据和因特网实验室。

8.2 内容管理的基本方法和技术

8.2.1 信息采集

1. 信息采集原则

信息采集是指通过各种方式获取所需要的信息，是信息资源有效管理和利用的第一步，也是关键的一步。为了保证信息采集的质量，应坚持以下原则：

(1) 系统性原则。信息采集要力求系统、全面、完整，这样才能完整地反映管理活动和决策对象发展的全貌，为决策的科学性提供保障。当然，在实践上信息采集不可能做到绝对的全面、完整。所以，人们提出了如何在不完整、不完备的信息下作出科学的决策的问题。

(2) 针对性原则。要根据本单位的任务和服务对象，有针对性、有重点、有选择地采集利用价值大的各种信息资源。但是，必须以全面、系统的采集工作为前提。

(3) 及时性原则。信息的利用价值取决于该信息是否能及时地提供，即它的时效性。信息只有及时、迅速地提供给它的使用者才能有效地发挥作用。特别是决策对信息的要求是“事前”的消息和情报，而不是“马后炮”。所以，只有信息是“事前”的，对决策才是有效的。要及时、主动发现、捕捉各类信息，做到“人无我有”、“人有我优”。

(4) 可靠性原则。或称准确性原则，即要求所采集的信息要真实、准确、可靠。这是信息采集工作的最基本的要求。要做到这一点，信息收集者就必须坚持调查研究，对收集到的信息必须不断检验，反复核实，通过比较、鉴别，深入细致地了解各种信息资源的信息含量、实用价值、可靠程度，力求把误差减少到最低限度。

(5) 方便、经济的原则。同样的信息可能有多种不同的载体形式，应注意首先选择使用方便、目前人们使用较多且比较经济的信息资源。

(6) 计划性原则。采集的信息既要满足当前需要，又要照顾未来的发展；既要广辟信息来源，又要持之以恒，日积月累，不是随便的，而是根据本单位的任务、经费等情况制订比较周密详细的采集计划和规章制度。

(7) 预见性原则。信息采集人员要掌握社会、经济和科学技术的发展动态，采集的信息既要着眼于现实需求，又要有一定的超前性，要善于抓苗头、抓动向，随时了解未来，采集那些对将来发展有指导作用的预测性信息。

2. 信息采集策略

(1) 定向采集与定题采集。定向采集指在采集计划范围内，对某一学科、某一国别、某一特定信息尽可能全面、系统地采集。定题采集是根据用户指定的范围或需求有针对性地进行采集工作，在某种意义上属定题服务范畴。

(2) 单向采集与多向采集。单向采集指对特定用户的要求，只通过一条渠道，向一个信息源进行采集，针对性强。多向采集指对特殊用户的特殊要求，广泛地多渠道地进行采集，这种方法成功率高，但容易相互重复。

(3) 主动采集与跟踪采集。主动采集指针对需求或根据采集人员的预测，事先发挥主观能动性，赶在用户提出信息要求之前即着手采集工作。跟踪采集指对有关信息源进行动态监视和跟踪，这对深入研究跟踪对象很有益处。

(4) 建立信息网络。管理活动要求信息准确、全面、及时，靠单一渠道采集信息是远远不够的，特别是行政管理和政府决策更是如此，因此必须建立信息采集的网络，运用多种途径收集信息。大量的、多渠道采集的信息，必须通过设置关键的节点来保证汇集和传递、处理、利用的有效性。

(5) 利用因特网进行信息采集。为吸引更多用户的访问，不少网站往往提供很多有价值的免费的信息，用户可以利用搜索引擎找到这些网站。在搜索过程中，要充分发挥智慧，特别是搜索结果的分析，不同的搜索引擎会搜索到不同的网站，同一搜索引擎在不同的时间结果也会不同，这就是一种信号，提示你哪些网站的影响面大，哪些网站是动态变化的。

(6) 严格管理与激励措施相结合。要加强对信息采集质量的管理。首先，要制定采集标准，规定搜集信息的数量、流程各环节的时间要求和责任交接方式(签名或确认)、有效的反馈方式和反馈记录、有用信息的衡量标准，对信息的时效性提出明确要求。其次，可以通过激励措施提高信息采集人员的积极性。三是各级主管认真审阅采集人员的工作记录(如信息反馈单、工作日志等)中所反映的信息质量，并加以引导。对采集到的原始资料进行审查，确保信息的质量。

3. 信息采集方式

(1) 文献型信息资源的采集。①购买：通过预订、现购、委托代购等方式获取信息资源，往往是最主要的方式。②交换：通过建立资料或信息交换制度来获得一些有用的信息资源。③接收：根据呈缴本制度、档案移交制度或捐赠协议等接收有关的信息资源，是获得档案、特定文献资料等的主要方式。④征集：向地方、民间有关单位或个人征集历史档案、书籍、手稿等。⑤申请：根据有关规定(如信息公开法律)向政府有关部门申请获得某些资料。⑥复制：包括静电复印、制成缩微品、计算机复制等。⑦网络搜索：指用"机器人(robot)"或"蜘蛛(spider)"定期地到指定的网站去抓取部分或全部网页，也指一般用户利用各种搜索引擎或浏览器从网络中采集有用的信息。

(2) 实物型信息资源的采集。采集人员通过参观或参加各种实物展览、订货会、展销会、交易会，或者现场参观考察和观摩同行实验室、试验站等方式实地考察实物，直接购买或索取实物样品。

(3) 鲜活型信息资源的采集。①交谈：通过与员工、同事、熟人等进行直接对话、交谈、讨论和辩论来获取信息。②采访：选择特定对象，针对某些感兴趣的问题主动提问，获取信息。③社会调查：指直接从社会中了解情况，采集信息和数据，收集到第一手资料。这是获得真实可靠信息的重要手段。

此外，还可以通过参加各类报告会或演讲会、各类培训班、其他社交活动以及现场录音等方式收集各种鲜活信息。随着信息社会的到来，用户对信息的时间性要求愈来愈高，鲜活型信息将会越来越受到重视。

(4) 数据的采集。主要的采集方式有观察、实验、检测、考察、调查、统计、检索、普查和科学研究等。数据采集常用的设备是传感器。仪表就是把一种物理量通过传感器，变成能够传递和度量的物理量。如对地震波的测量，通过传感器把机械的波动变成电信号收集起来。又如对温度的测量，就是把温度信号变成长度或其他信号收集起来，温度计在这里就是一个传感器。采集的方式有多种，如雷达、超声、红外、X射线、远距离遥感、遥测等。空间信息的采集通常由GPS系统、激光三维扫描系统、空间信息合成与编辑系统以及其他实时采集系统来实现。

我国有关部门为了加强基础研究和基础性工作，提高可持续发展科技能力建设，近年来很重视加强人口与健康、资源与环境、社会安全、城镇建设等科学数据的收集积累、监测网络、数据库和有关可持续发展相关信息系统的建设工作，有关种质资源、科学标本的收集、整理、保存工作,并强调要实现信息共享和有效利用。

4. 新的采集技术

计算机辅助信息采集与电场(CASIC)技术在欧美地区已经通用化。它可以采集调查数据、远程传输和对调查数据进行分析处理。它包括计算机辅助电话采访和面对面采访技术。

(1) 全自动电话访谈(CATS)。近年来出现的一种使用内置声音回答技术,取代了传统的调研方式和电话访谈。它利用专业调研员的录音来代替访问员逐字逐句地念出问题及答案。回答者可以将封闭式问题的答案通过电话上的拨号盘键入,开放式问题的答案则被逐一录在磁带上。

(2) 交互式计算机辅助电话访谈(CATI)。是中心控制电话访谈的"计算机化"形式,目前在美国十分流行。每一位访问员各坐在一台计算机终端或个人计算机前,当被访者电话被接通后,访问员通过一个或几个键启动机器开始提问,问题和多选题的答案便立刻出现在屏幕上。这一方法省略了数据的编辑及录入的步骤。

(3) 计算机柜调研。一种类似于公用电话亭的计算机直接访谈调研方式。带触摸屏的计算机存放在可自由移动的柜子里,计算机可以设计程序以指导复杂的调研,并显示出全颜色的扫描图像(产品、商店外观等),还可以播放声音录音和电视影像。这种访谈方式的费用较低,而且被访者更可能给出诚实的答案。由于调研前已进行了程序化设计,故更容易控制。在美国、西欧、日本等市场调研技术发达的国家,计算机柜调研已经成功的用于贸易展示、会议,现在正在尝试用于零售环境,在那里会有更多的用途。

(4) 网络调研系统。主要有 e-mail 问卷、交互式计算机辅助电话访谈(CATI)系统和网络调研系统等 3 种基本类型。e-mail 问卷按照已知的 e-mail 地址发出,被访者回答完毕将问卷回复给调研机构,有专门的程序进行问卷准备、列制 e-mail 地址和收集数据。交互式计算机辅助电话访谈(CATI)系统前面已介绍过。网络调研系统运用专门的问卷链接及传输软件,问卷由简易的可视问卷编辑器产生,自动传送到因特网服务器上,通过网站使用者可以随时在屏幕上对回答数据进行整体统计或图表统计。费用比 CATI 系统低,小规模的样本调研(低于 500 名)的费用比 e-mail 调研高。

值得注意的是,网络调研没有空间和地域的限制,一切都是随机的,调研人员既无法预期谁是站点的访问者,也无法确定调研对象的真实身份。所以,网络调研的明智策略是设法识别访问者并吸引其访问站点,使他们有兴趣在站点上进行双向交流。要科学地设计调查问卷,将所调查的问题明确地传达给访问者,设法取得对方的合作,使访问者能提供真实、准确的回复,并给予访问者奖励以激发其参与调研的积极性。

8.2.2 信息组织

1. 信息表示

"信息表示"(representation of information)是 20 世纪 80 年代以后开始使用的一个术语,在通信领域中又称为"讯息表示"(message designation)。它的一般含义是指一种表述:由信源或通道机制(如编码者)提供的、关于他们如何相信该信息将适合于现有的某种组织化标识集合的一种陈述(statement)。在知识组织系统(如情报检索系统)中,信息表示就是信息在系统中存储的逻辑结构和物理结构的一种表示方式。它通常要借助现有的某种语言工具来表示某信息在给定信息空间中的逻辑地址和物理地址。

(1) 信息表示的来源

信息表示的来源多种多样,并不是只有分类和标引。信息从创建到传播利用的每一个阶段都可能产生不同形式的信息表示,常见的有:信息的创作(生产)者为自己的作品命名;编辑出版部门对作品或信息的编辑加工,提供编辑排版符号、置标语言、关键词、类别标记、特种文献编号等;发行销售部门对出版物加注标识,如陈列标志,或编制销售目录;图书馆对出版物进行编目和分类;信息机构对信息内容进行分析、标引和摘录;数据库生产者和联机服务商对每一个记录(信息条目)进行识别,提取出检索键;文本分析系统(如自动标引系统)自动生成信息表示。

(2) 信息表示的生成方法

可归纳为两大类:派生法和指派法。所谓派生法,是指信息表示直接来自对象信息集合自身,利用某些识别和分析技术,从对象信息集合中提取出可用于信息组织和检索的语词符号或其他特征标识。传统的派生法又称为关键词索引法、自动抽词标引或派生式标引。不同的对象信息有不同的特征,所以其特征信息的识别和提取方法也不同。

所谓指派法是指信息表示来自对象信息的外部,由信息加工处理者在对信息内容进行分析的基础上,考虑其潜在用户的知识结构,参考社会的公共知识结构,确定要揭示的信息内容属性及表示方式,直至把标识(如标引词、分类号)赋予对象信息的过程。传统的指派法又称为赋词标引法,包括受控词标引和自由词标引。传统的分类方法,包括列举式分类、组配分类和自动归类,也属于指派法。此外,早先使用过的各种穿孔编码法、颜色编码法亦属于此范畴。近些年来出现的一些新的表示方法,如元数据表示法、置标语言表示法则是数字化和网络化时代的产物,是传统指派法的新应用或新发展。

2. 信息表示语言

(1) 置标语言

置标语言(markup language)由一些代码(codes)或控制标记(tags)组成,这些代码或控制标记本身若单独存在是无意义的,它们必须结合文件信息后才能形成一份有用的电子文件。所谓有用的电子文件是针对应用软件来说的,即应用软件能够解读电子文件中的置标语言,并通过置标语言的意义对电子文件进行特定的处理,例如将文件输出到特定的装备上,如屏幕、打印机、数据库等,或是进行信息的交换、整合、检索等。置标语言不同于一般的控制流程序设计语言,基本上可以被视为是一种数据流的文档结构描述语言。在计算机处理过程中,置标语言的标记既可以作为数据,也可以作为控制语句来使用。置标语言的产生有多种因素,如信息交换与信息再利用问题。

SGML(standard generalized markup language)是数据描述、数据模型化和数据交换的标准,是一种描述结构的模式语言,也是标识这些结构的置标语言。SGML 是一个复杂的系统,就语言而言它是一种电子文献的格式,即标准结构化文献格式,或描述文献的一种计算机语言,它有自己的语法(syntax)和语义(semantics)。SGML 文本由 SGML 声明、DTD

和 SGML 例示 3 部分组成：SGML 声明用于说明 SGML 某类文档中所使用的一般性的具体细节，如分界符(<、>、/=字符的定义，对所采用字符集(ASCII 或其他字符集)的规定等。就是说，SGML 声明定义字符信息、具体语法规则、容量要求以及使用 SGML 的哪些特征。文件类型定义(document type definition，DTD)用来规定标记某一类文档的规则，并定义该类文档相应的文档结构。对不同结构的文档(备忘录、文章、书)来说，定义文档类型都是不同的。定义文档类型是应用标准中的核心部分，使用 SGML 总是首先明确使用的是哪个定义文档类型。定义的结果用 DTD(文档类型定义 document type definition)来表示。文件实例中包含文件信息正文及标记，它一般由 SGML 声明中允许的字符组成，其中夹入的标记遵照此类文件的文件类型定义进行。SGML 应用于文件及元数据格式的编码，成为多种元数据格式的基础。因 SGML 标记语言极其精密和复杂，故没有被广泛地应用。

HTML 是 SGML 的一种简化应用，用于创建 Web 页和 Web 信息发布的第一个通用语言，它提供跨平台的文档共享。它有一个固定的 SGML 规范声明及相应的 DTD，并且着重在如何将信息显示出来，而不是考虑如何将文件数据结构化。HTML 是建立 Web 超文本文件的工具，由一组特定的标记和属性规则组成。HTML 文档以纯文本形式存储，用标签来定义文档组织。在 HTML 文档中，可以嵌入图片、音频、视频、JavaScript 等其他对象，通过 URL 还能实现 Web 节点间的超链接。HTML 所提供的功能能够满足许多 Web 信息发布的需要，如发布在线文档，文档中可以包含图像、列表、选择框等内容，通过 URL 实现远程 Web 节点在线链接，提供交互查询提问单，甚至还可以嵌入电子表格、视频、音频以及各种应用程序等内容。

随着 Web 文件越来越大，越来越复杂，HTML 暴露出几个方面的缺陷：①扩展性很差，不允许用户设定自己文件的标签或者属性；②不支持描述数据库和面向对象层次的深层结构规范；③不支持检查输入数据合法性的语言规范。这些特性严重限制了它的应用。所以 XML(extensible markup language)应运而生。

XML 是 SGML 的一个子集，其设计目标是使 SGML 能够像 HTML 一样通过 Web 发送、接收与处理，它充分利用 SGML 特征并且简单易用，保留了 SGML80%的功能，却使复杂度降低了 20%。XML 文件可以独立于 Internet 存在，其平台无关性将对 Web 产生巨大的影响。XML 保留了 SGML 在可扩展性、结构以及数据确认方面的主要优点，可支持建立用户定义的 Web 文件类型。XML 文件与 HTML 相比，XML 在以下 3 个方面都予以改进：①信息提供者能根据需要自行地定义新的标识及属性名；②XML 的描述具有结构性，文件结构的嵌套可任意复杂；③应用程序不用外部定义概念就可以检查 XML 文档结构的正确性和有效性。XML 文档由字符数据(character data)和标记(markup)组成。在一个 XML 文档中可能出现 6 种标记：元素(element)、实体引用(entity reference)、注释(comment)、处理指令(processing instruction，PI)、CDATA 部分定界符(CDAT a section delimiter)和文件类型声明(document type declaration，DTD)。一方面，利用 XML 可以生成各种用于不同目的的元数据：导航图、内容评价、流路径、定义、著者等。另一方面 XML 被广泛应用于文件及元数据格式的编码，成为众多元数据格式的基础，如“频道定义格式”(CDF)、“源内容框架”(MCF)、“资源描述框架”(RDF)、“因特网内容选择平台”(PICS)、“Web 集合”(Web collections)。

(2) 元数据

元数据是关于数据的有结构的数据，或者定义和描述其他数据的数据。它规定了数字化信息的组成，其基本功能在于规范数据组织，便于检索和传递。本质上说，元数据(metadata)是一种数据结构标准。元数据概念最早起源于计算机科学(如数据字典)和图书馆界(如编目规则、机读目录记录格式)。元数据在其他很多领域也已经有应用，如在地理界的应用相当成熟，并实现了标准化。元数据(metadata)是随着因特网上海量和迅速增长的信息资源和传统的资源组织方式的局限性，而成为人们关注的焦点的。

根据其功能，元数据可以被划分成3种基本类型：①知识描述型元数据：用来描述、发现和鉴别数字化信息对象，如MARC等。②结构型元数据：用来描述数字化信息资源的内部结构。比前者更侧重于数字化信息资源的内在的形式特征，如目录、章节、段落等特征。③存取控制型元数据：用来描述数字化信息资源能够被利用的基本条件和期限，以及指示这些资源的知识产权特征和使用权限。

一种元数据格式通常由多层结构组成。首先是内容，即该元数据格式的构成元素及其定义标准，包括信息内容描述性元素、技术性元素、管理性元素、结构性元素。其次是句法结构，即定义元数据结构以及如何描述这种结构。例如元素的分区分段组织、元素选取使用规则、元素描述方法(例如，都柏林核心元数据采用的ISO/IEC 11179标准)、元素结构描述方法(例如MARC记录结构、SGML结构、XML结构)、结构语句描述语言(例如extended backus-naur form notation)等。再次是语义结构，即定义元数据元素的具体描述方法，尤其是定义描述时所采用的标准、最佳实践或自定义的描述指示规则。

目前，国际上存在很多种元数据格式，这些元数据格式是针对不同领域的需要提出来的。其中影响最大的元数据格式为Dublic Core(都柏林核心元数据)，它是定义国际性跨学科电子资源元数据核心集行动的结果，主要目的是要建立一个可以描述任何网络信息资源的元数据元素集，以支持Internet资源的发现。DC最初的用意是提供一个简单的格式，供创作者使用来对其Web资源进行描述，用户无需专门培训就可以创建自己文件的元数据。由于DC具有创建和维护简单、句法易理解、系统互用性、可扩展性等特点，后来受到了来自图书馆、博物馆、档案馆、政府机构等各种不同社会团体的资源描述专业人员的广泛关注和应用。此外，还有TEI头标(test encoding initiative header)、统一资源特征(uniform resource characters，URC)、编码档案描述(encoded archival description，EAD)等。

(3) 都柏林核心元数据格式(DC)

DC元数据格式是通过举办一系列研讨会的形式发展起来的，第一次研讨会于1995年3月在美国俄亥俄州的都柏林举办。这些研讨会和会后相关的工作最终产生了由Weibel等人于1998年提出的一个精简的元数据集——都柏林核心元素集(dubiln metadata core elements set)，简称DC。它所包含的3个大类15个要素，可基本揭示信息资源的特征。第一大类为描述资源内容的要素；第二大类为描述知识产权的要素；第三大类为描述资源外部属性的要素。DC的创制为专业或非专业编目人员、网络信息创编者提供一个简单、实用而又有效的信息描述工具。

题名(title)：资源的名称，通常由创作者或出版者赋予。

著者或创作者(author or creator)：对于创建资源的知识内容负有主要责任的个人或

组织，如文献的作者、视觉资源的艺术家、摄影师或插图绘画者。

主题词和关键词(subject and keywords)：表示资源主题内容的单词或词组。属于主题编目的范围，见下面的主题标引小节。

描述(description)：资源内容的文本描述，如文献的文摘、视觉资源的内容描述等。

出版者(publisher)：负责使资源能够以现有形式获得的实体，如出版社、大学里的部门或社团实体。

其他贡献者(other contributor)：在创作者(creator)项中未指明的、对资源作出了重要贡献，但其贡献次于创作者项中指明的个人或组织所做的贡献的其他个人或组织(如编者、转录者和说明者)。

日期(date)：与资源的创建或可获得性相关的日期。

资源类型(resource type)：资源的种类，如网页、小说、诗歌、工作报告、技术报告、散文和词典。

形式或格式(format)：资源的数据形式和尺寸(如大小、持续时间，可选择)。

资源标识符(resource identifier)：用来唯一标识资源的字符串或数字，如 URL 和 URN。

来源(source)：有关另一资源的信息，当前资源源于该资源。

语言(language)：资源的内容中所使用的语言。

相关资源(relation)：另一资源的标识符及其与当前资源的关系。

覆盖范围(coverage)：资源内容的空间或时间方面的特征。

权限管理(rights management)：有关作品版权生命和使用方面的规范。

DC 的优点是：①鼓励作者和出版者已自动资源发现工具能收集的形式提供元数据；②鼓励包含有元数据的模块的网络出版物工具的创造；③DC 生成的记录能作为更详细的编目记录的基础。所以，在数字化图书馆的信息发现、信息检索和信息组织诸方面，元数据都起着十分重要的作用，它为分布式数据发现和检索奠定了基础。元数据体系是数字化图书馆系统的管理和控制层，它可以被看作一个数据地图，指引数字化图书馆的数据存取。国外一些知名通用搜索引擎都较好地支持网页使用的元数据标签，可以完善检索结果的相关性排序，从而大大提高搜索引擎的检索效果。

(4) 信息检索语言

在信息检索系统中，信息的表示和组织需借助一定的标记系统或语言。信息检索语言就是最重要的标记系统或语言。所谓信息检索语言(简称检索语言)，根据国际标准化组织(ISO)颁布的有关标准的解释，是指用于信息内容表示、存储和检索等过程的语言，或者是上述语言与给定检索软件中所特有的命令的组合。在西欧国家又称为文献工作语言。

它的主要功能有以下 3 种：①信息表示功能：可用来表示(描述)某一信息(知识)单元的特征和用户的信息需求。②信息/知识组织功能：可以利用它来组织信息库或知识仓库中的信息和知识，使之成为一种有序的、便于管理和查询的信息集合或知识集合。③词汇控制和协调功能：能对检索系统中采用的信息表示方式(如标引词、检索词集合)加以规范和控制，使其意义和用法更加明确、专一和统一，同时能与其他检索语言协调一致(一部分检索语言具有此项功能)。

信息检索语言的类型很多，自然语言与受控语言是检索语言最基本的分类。自然语言(natural languages)在这里是指索引词汇直接来自系统所处理的文献或提问本身，使用前未经优选和规范化处理的一类检索语言。其表现形式为题名或文中的关键词集合、自然语言文本、自然语言提问以及早期的单元词。它往往是标引时手工或机器自动抽词的产物。受控语言(control languages)指索引词汇在使用前经过优选和规范化处理，并且整个语言经常处于某种权威机构或检索系统的管理和控制之下的各种检索语言的总称，又称规范化语言。由于文献用语和用户提问用语非常丰富、复杂和多样化，词与概念之间常常存在一对多、多对一或多对多的交混现象(如同义词、多义词、同形异义词等)。当某个词脱离其上下文后，它的歧义性会增大，难以准确地指示信息内容。此外，直接来自文献或用户提问的词汇之间的语义关系往往是隐含的，不能为知识组织提供天然良好的机制。控制索引词汇的目的是消除或减少它们的歧义性，保证信息表示的一致性和准确性，使词间语义关系由隐含的转变为显性的，并把全部索引词汇组织成某种知识体系，以便使其具有良好的表达和组织功能。

受控语言按索引词汇的组配特征来划分，又可分为先组式语言和后组式语言两大类型。索引词汇的"组配"(coordination)问题主要是因某些主题概念或命题不能用单个语词来全面表示所引起的。用两个或更多的词或类的组合起来描述和表示文献主题，这样的作业或过程就称为组配。如果组配作业是在标引前或标引中完成的，这样的检索语言均称为先组式语言。其中前者称为定组式，后者称为散组式。如果标引时只用一些基本词汇分别去描述文献主题的各个组成要素，索引词汇不是事先组配好，而是事后组配，让检索者依需要进行自由组配。这样的检索语言就称为后组式语言。

还可以依据其他特征对检索语言或知识组织系统作进一步的区分。如以科学分类为基础建立起来的各种分类系统，如图书分类法、文献分类法以及面向其他对象的分类体系，统称为分类语言。以各专业领域的术语为基础，以概念逻辑为规范手段的各种主题语言，如标题词语言、单元词语言、叙词语言、关键词语言等。

3. 信息资源编目

信息组织的核心作用之一，是生成描述信息资源的元数据。这些元数据是用户浏览和查询信息的基础，能帮助用户有效地鉴别资源的用途和可获得性，以免在信息海洋上到处浏览却收获甚微，可大大节省了用户的时间。信息资源编目就是生成信息资源的替代记录，利用这些记录可以方便地鉴别、定位、访问和使用资源。它是信息资源组织的基础性工作，其主要任务之一是描述每一个信息资源单位或单元的外部特征和形式上的特征，也就是资源一般特征的著录工作。另外，它还包括目录体系设计、目录组织、有关规章制度的制定等。狭义的资源编目未涉及资源的内容特征的分析，国际上通常称之为描述性编目，以区别于广义的编目工作中包含的分类工作或主题标引工作(相应地称为主题编目)。

长期以来，编目采用手工操作方式，目录载体为书本式及卡片式，技术落后，编目工作分散重复，编目方法和数据不统一，目录使用效率低。20世纪中叶以来，集中编目和合作编目模式逐步发展起来，信息技术在编目工作中的应用，使编目工作开始进入自动化和网络化阶段。出现了机读目录(MARC)、编目自动化系统和联机编目网络，有力地促进了编目数据交流和编目成果共享。编目人员已经不是仅仅从事传统的编目工作，如原始编目、规范工作、确定索书号和主题。他们越来越多地被看作管理者、政策制定者、数据库升级的管理者、目录讲解者、信息资源建设者、自动化系统管理者。分担其他工作的趋向正在加强，特别是从技术服务领域向公共服务的领域转移。

(1) 资源编目工作的内容

编目需要完成如下准备工作：元数据格式；必备的信息类型及其来源；内容标准和编目规则；编目工具和接口。如前所述，元数据格式(如 Dublin Core, MARC)是一些数据输入和查询的框架。必备的信息类型及其来源，包括：书目型描述性信息(题名、位置以及该资源内容的责任个人和机构等)，这类信息一般直接从资源自身摘取；主题信息(如分类号，编目人员添加的关键词，以及取自叙词表或标题表的词汇)，主要由标引员根据主题法或分类法给出；管理型元数据，包括有助于管理信息资源的其他任何信息，如负责选择和编目特定资源的相关人员的信息，一个目录记录的创建(或更新)日期以及对外发布所选资源的日期等。选择内容标准和编目规则，通常包括以下几点：了解可能存在的所有数据元素列表；简要解释每个元素项目需填什么信息；解释信息如何填入数据元素项目中；明确一些日期、语言代码等的格式使用原则；所用到的外部标准的提示(或连接)，例如，分类法，名称规范。一旦开始编目，这些原则必须分发给负责资源著录的人员。最后，资源著录工作需要通过一个界面和编目工具来完成。对于某些元数据格式，它可以用文本编辑器(例如 ROADS 模板)和 Web 工具(例如 Dublin Core 使用的 HTML 和 RDF 格式的 DC-dot)来进行资源著录。最好有一个能够符合自身需求的编目界面，比如能提供所采用的主题表、编目规则以及一些编目示例。

(2) 编目对象和资源著录

编目对象：各种形式的信息资源，如图书、期刊、论文、研究报告、专利、技术标准、档案、公文、网页等。据报道，在 1987—1997 年的 10 年间，编目工作的对象就发生了很大变化，音视频资料、数字化文献和因特网资源大量增加。如表 8-1 所示。

表 8-1　1987 年和 1997 年编目对象的变化

编目对象	1987 年	1997 年	编目对象	1987 年	1997 年
视听资料	49.1%	66.7%	因特网资源	1.2%	31.4%
数字化文献	4.7%	44.3%			

资源著录：指按照一定的规则对文献内容与形式特征进行分析、选择、记录的过程。资源著录的结果产生款目，传统上称为目录卡片，在计算机编目中称“MARC 记录”。描述的内容事项，也称为元数据，编目过程中，通常要按照某种元数据标准对资源加以描述。

(3) 编目规则和标准化

编目规则和原则的作用是说明如何按指定格式生成元数据。为了保证描述工作的一致性和目录质量，编目工作必须遵循一定的方法和规范。图书情报界把这种方法和规范称为图书著录法、图书著录条例、文献著录规则。1908 年，英美两国图书馆界联合制定了《英美编目条例》(AACR)，在国际上有很大影响。1977 年提出的《国际标准书目著录》(ISBD)在世界范围内推广应用，促进了文献编目的标准化。我国在 1981 年颁布了文献著录方面的国家标准《文献著录总则》。1995 年 OCLC 和 NCSA 联合推出了一套新的基于 Dublin Core

的编目规范。主张使用简单的标识集合来描述网络信息资源和数字化资源。

(4) 计算机编目和机读目录

计算机编目就是借助计算机系统完成编目作业,包括单机编目和联机编目。机读目录(machine-readable catalogue,MARC)是一种以代码形式和特定结构记录在计算机存储载体上,可由计算机自动控制、处理和编辑输出的目录。其主要特点是:一次输入,可输出多种载体的款目,可实现合作编目和联机检索。美国国会图书馆1966年首次推出机读目录记录格式MARC,1969年开始发行MARCⅡ格式的图书编目数据磁带。1973年,国际标准化组织(ISO)将该格式作为国际标准颁布,即《文献目录信息交换用磁带记录格式》(ISO2709),1983年,为了达到"国际书目控制"的目标,国际机读目录记录格式《UNIMARC手册》问世。1984年,联合国科教文组织综合信息规划处,出版了《公共交换格式》(CCF)。在我国,1994年国家图书馆编制出版了《中国机读目录通讯格式使用手册》(简称CNMARC),推动了我国机读目录的普及和规范。

联机编目是指利用计算机和网络环境,由多个机构共同编目,合作建立具有统一标准的信息资源联合目录数据库,并在此基础上实现联机合作编目。其优点是降低编目成本,提高书目质量,分享专业知识和技能,提高编目效率。世界著名联机合作编目机构有美国的联机计算机图书馆中心(OCLC)和研究图书馆信息网络(RLIN),澳大利亚文献服务系统(Kinetica),英国图书馆自动信息服务系统(Blaise)。中国著名的联机共享编目机构有中国高等教育文献保障系统(CALIS),全国图书馆联合编目中心(OLCC),台湾图书书目信息网(NBINet)。联机编目系统一般为Client/Server结构,网络通信采用TCP/IP协议,数据访问通常采用Z39.50协议。联机编目系统的主要功能有:联机编目功能、批处理功能、MARC转换功能、统计功能、馆际互借功能、系统维护功能。

(5) 目录体系、目录组织和维护

目录体系是指信息机构为了合理地组织和揭示信息资源库藏而设置的各种目录所形成的一个体系。这些不同类型的目录在内容和功能上相互联系相互补充。目录体系的设计要考虑信息机构的类型、任务、资源状况、用户需求和成本等因素,并且要保证目录体系的稳定性和连续性。过去传统手工编目时代通常有"读者目录"、"公务目录"、"书名目录"、"著者目录"、"分类目录"等。实现计算机编目和图书馆自动化后,读者可通过OPAC(公共查询系统)进行检索,传统的各种目录逐渐停止使用。

目录组织是指按照一定的次序将各类著录完成的款目排列起来组成目录的过程,目的是方便读者检索。

目录的维护是指信息资源的存在状况会发生变化,特别是网络信息资源更是变化莫测,网页的内容经常会更新(但新的内容并非必然比旧的好),网页的虚拟位置(通常是URL形式)可能会变动,甚至IP地址也可能被取消或更换用户(尽管有时候这样不太合适),所以编目人员要及时更新信息资源的著录信息,而且要定期检测信息内容(这可以查看那些"到期的"管理元数据或随机取样调查)。要做到这点,需要使用一些诸如链接检测器之类的自动工具,任何编目工具都必须支持这一工作。

4. 信息分类

分类就是以“类”作为描述信息特征的标识，指示信息内容所属的学科或领域。“类”是具有相同属性的事物的集合。

(1) 分类的作用

资源分类的目的在于使用户更容易找到资源。分类法不同于其他主题标引系统（如主题标目和叙词），它追求将相互关联的资源集合形成一个等级体系，注释和代码的使用方便了等级主题树的创建。通过构建一个等级结构，分类法使用户可以找到一系列相关的信息（尽量避免遗漏）。采用分类法可以大大方便信息浏览。对于那些操作还不熟练或对某个学科及其结构和术语还不了解的用户来说，浏览功能特别有用。它还有利于深入查询和浏览相关资源，因为分类法是等级式的，随着用户在该等级体系中上下浏览，所浏览的资源主题也随着变宽或变细。分类法经常使用不受语言影响的表达符号（数字或字母），这些符号可以根据需要转换成各种分类词汇，即在分类符号和分类词汇之间可以形成特定的关联。这就为查找多种语言的词汇提供了可能，也使创造多语言浏览环境成为可能。其他语言轻而易举就能添加到适当的位置，而不必对资源重新分类。稳定性更高，大型的分类法都是有规律地正式发行新版本，不断地更新内容。

(2) 分类法

分类法是历史最悠久的一种检索语言。分类法中的类通常以学科、领域或事物名称命名（即类名），用特定的符号系统（类号）为简略表现形式。类的含义和适用范围由类名和类表结构共同决定。我国西汉末年目录学家刘向、刘歆父子创立了我国第一部图书分类法——《七略》，用来编排当时的国家藏书。魏晋时代荀勖等人又创立了“四部”分类法（设经、史、子、集四大部类）。19 世纪中叶至今的百余年，是分类法成熟和蓬勃发展的时期。各国的分类学家创立了各种各样的分类法。其中，国外最有影响的有美国的《杜威十进分类法》(DDC)和《国会图书馆分类法》(LCC)，欧洲的《国际十进分类法》(UDC)和《国际专利分类法》(IPC)，前苏联的《图书馆数目分类法》(BBK)，印度阮岗纳赞的《冒号分类法》(CC)。我国近百年来也编制了数十种分类法。其中，目前在大陆应用最广的有《中国图书馆图书分类法》，在台湾较通用的是刘国钧编的《中国图书分类法》。

古今中外的所有分类法可以归纳为两大类型：等级列举式分类法和分面分类法。等级列举式分类法主要根据学科门类来列类，又称体系分类语言，主要用于藏书组织和分类目录编制。分面分类语言要按主题来列类，经过描述对象的概念的分析与综合，可以把复杂主题概念分析为若干简单的主题概念或概念因素，简单的主题概念可以综合表达复杂的主题。简单主题属性即构成“面”。它属于散组式语言，适用于编制分类目录或索引。

分类法的选择：在选择分类法之前，有很多个因素要考虑。比较不同类型的分类法很有必要。定制的分类法，面向门户的信息内容和用户群而定，应该更能满足实际要求。自编的分类法灵活、易于调整改变，因此相对较容易吸收新领域新热点。创建新分类法也有一些不足之处，费时，昂贵，不像现有的通用或学科分类法那样已经为许多用户所熟知。可能缺乏互操作性，在浏览和查询时，与其他信息服务和数据库不能很好地通信。不过，许多自制定的分类法存在严重的不足，使用起来效率低，频频出错。它们的逻辑层次性不强，类目划分不恰当，多等级类目应用不合理，术语、内部连接和类间关系不正确，等等。图书馆界通用的分类法一般都有数十年乃至上百年的历史，内容和结构可能比较陈旧。它也有其优点：它们是通用的分类法，是面向全世界所有信息而制定的，涵盖了所有学科。在选择要采用的分类法时，应该考虑如下几个重要的问题：信息服务的范围和覆盖面，以及主要的目标用户；分类法的质量、状态和可得性；费用，信息专家、技术人员所需的费用；互操作问题，所选的分类法与现有的其他分类法（包括单学科或通用）是否有互操作的可能；维护问题，该分类体系的制定者对这个分类法的更新维护情况。

5. 主题标引

主题标引（简称标引，indexing）是对文献的内容主题及其他有检索意义的特征进行分析、识别、提炼和归纳，然后用某种检索语言标写出来，作为信息存储与检索依据的信息处理过程。标引是信息分析加工过程中的重要环节。通过标引，赋予文献检索标识，指明其内容特征，再配以书目信息编制出各种目录、索引或数据库，是实现文献检索的基础。

标引使用的语言可以是自然语言或受控语言。可按使用检索语言的类型来划分标引类型，如使用分类检索语言时，称为分类标引，使用主题检索语言时，称为主题标引。主题标引又分为受控标引与自然语言标引。受控标引指须由事先指定的叙词表（主题词表）中选用相应规范词，对文献进行标引。自然语言标引又称自由词标引，指不设规范词表而由标引人员直接选用的文献内自然语言词，对文献进行标引。

主题标引包括两个很不相同的智力工作步骤，即主题分析与概念转换。主题分析是对所标引的信息资源的内容进行全面准确的分析，把握其主题内容或中心思想，形成主题概念（包括核心概念和辅助概念）。概念转换指的是选用指定的检索语言来表达主题概念。如果采用自然语言标引，就可以用该资源本身提供的重要词语（即关键词）做标引词。如果采用受控语言标引，则需要从某种指定的受控语言（如叙词表、标题表或分类表）中选择适当的词（即受控词）来表达该主题概念。常见的方法有标题法、元词法、叙词法。

（1）标题法

标题法采用标题词语言描述文献主题和信息需求，编制主题目录、索引或建立索引文档。它按照文献所论及的事物（而不是学科属性）集中相关文献，强调知识的特指性。与分类法相比，标题法具有较好的直接性和专指性，较适合于特性检索。在系统性方面则比较差，不适合于族性检索。此外，在表达主题的灵活性方面，又逊于元词法和叙词法。在主题标引和索引工作中，它已逐渐被叙词法所取代。

（2）元词法

元词法采用单元词语言描述文献主题和信息需求，编制索引或建立检索文档。它反对标题法等传统的标引方法所用的主题词预先固定组配的做法，主张标引时用最小最基本的词汇单位（即单元词）做主题词，通过检索阶段的布尔逻辑组配来合成主题概念，实现文献主题与用户提问的匹配，即后组配原理。元词法的主要优点是：表达主题灵活性好，词汇控制工作量小，简化了文献标引作业，便于提高标引深度和专指度，用户可通过调节组配元的成分和数量来优化检索结果。主要缺点是：单元词仅限于字面分解与组配，易造成分解不当和错误组配，影响查准率。

(3) 叙词法

叙词法采用叙词语言描述文献主题和信息需求，编制主题目录、索引或建立检索文档。它吸收和融合了多种索引方法和检索语言的原理和长处，如元词法的后组配原理，标题法的预先组配原理和参照系统，分面组配分类法的概念分析与综合原理，列举式分类法的学科分类展示原理，关键词法的轮排显示原理等。叙词法的主要优点是：叙词的表现力强，专指性和灵活性好，组配方法科学；词汇控制技术较完善，显示手段多；参照系统完善，词间关系指示明确；因而能比其他索引方法更好地满足特性检索和族性检索的需要。它逐渐取代了标题法和元词法，成为文献标引和情报检索中应用最普遍一种方法。

随着计算机检索系统的建立和文献数据库的应用，出现了自动标引。自动标引是指利用计算机对文献自动进行标引，以代替人的脑力劳动。自动标引有两种形式：抽词标引与赋词标引。无论抽词标引或赋词标引，首先都需要将文献转化为机读形式。抽词标引以文献内词的出现频率作为标引词加权的主要依据。自动赋词标引要模仿人的标引行为，实现难度很大。

标引质量对数据库质量和检索效果有直接的决定性影响。衡量标引质量一般采用网罗度、专指度和标引一致性等指标。标引网罗度是指每一种资源所含的主题（要素）在标引时被确认并转换为标引词的数量；标引专指度是指标引词表达资源主题的精确程度。标引一致性是指不同标引人员或同一标引人员在不同时期对同一主题的资源进行标引时，主题分析结果和概念转换的一致程度。从信息检索的角度看，网罗度高有利于提高查全率，专指性强则有利于提高查准率。

8.2.3 信息检索

信息检索就是将信息按一定的方式组织和存储起来，并根据用户的需要找出有关信息的过程。它是人类信息活动的一种过程，其中包括存与取两个环节，但又不是简单、机械的存取。在这里，存是指一种面向来自各种渠道的大量信息而进行的高度组织化的存储。而所谓取，就是面向随机出现的信息需求而进行的高度选择性的检索，且尤其强调快速便利地检出与需求有关的信息。

1. 信息检索的类型

信息检索按照检索对象可分为文献检索、数据检索、事实检索。

(1) 文献检索

文献检索以文献为对象，是用户提问（检索课题）与文献集合（检索工具或数据库）中的记录相关匹配和选择的过程。从本质上看，文献检索是一种相关性检索。它不同于数据库检索和事实检索，不直接解答用户提出的问题本身，只限于提供与之相关的文献资料供参考。根据加工深度不同，文献检索可分为题录（目录）检索、文摘检索、全文检索和语段检索。

(2) 数据检索

数据检索是将经过选择、整理和评价（鉴定）的数据存入某种载体中，并根据用户需要从某种数据集合中检索出能回答其问题的准确（确定）数据的过程或技术。信息检索的主要类型，与文献检索相对。广泛地应用于研究开发、科学计算、质量控制、管理决策、计算机辅助设计与制造等领域。从本质上看，数据检索是一种确定性的检索，它要直接提供用户所需要的确切的数据或事实，而且检索的结果也是确定的，要么输出能回答用户的具体问题的答案，要么检索结果为零。数据检索的对象为数值性数据、非数值性但可用数值表示的（可量化的）数据（如颜色、形状等）和事实。它们或来自文献资料，或直接来自实验、观测和调查过程，是信息内容的高度浓缩物。

（3）事实检索

事实检索是对事实、数据或知识进行组织、存储和处理，并针对用户的提问直接提供答案的过程和技术。是信息检索中最高级最复杂的一种类型。它不同于文献检索和数据检索，因为其目的不是泛泛的提供参考文献，或者只限于提供已有的数据或事实，而是要从已有的基本数据或事实中推断或演绎出新的数据或事实。事实检索既包括数值性数据的存储、检索、算术运算、比较和数学推导，还包括非数值性数据（如事实、概念、思想、知识等）的存储、检索、比较和逻辑推理，从已有的数据或事实中发现、推导、归纳或演绎出新的知识。

2. 计算机信息检索

人类在经历了漫长的手工检索时代和短暂的机械检索阶段后，终于在20世纪60年代迎来了计算机检索时代。计算机信息检索是由人和计算机共同作用下完成的信息存储与检索的过程。它于20世纪60年代进入生产性开发和实际应用时期，70年代开始向联机化和网络化发展。它改变了信息的表示方式、存储结构和检索匹配方法。信息或数据用计算机可识别的代码表示，用便于计算机快速存取的方式存储。用户提问与信息集合的匹配实现了自动化，即用户可利用计算机从数据库自动地分拣出所需要的信息。

实现计算机检索的主要设施是计算机信息检索系统。信息检索系统有许多不同类型，如脱机检索系统、联机检索系统、光盘检索系统、计算机辅助微缩品检索系统、电视信息查询系统（图文电视）、多媒体检索系统等。

（1）计算机信息检索系统的逻辑结构

其逻辑构成一般有信息源采集与选择子系统、内容分析与标引子系统、建库系统、用户接口子系统、提问处理子系统、词表管理子系统等部分。信息源采集与选择子系统的功能是根据系统的经营方针和服务对象的需要，以快速和经济的手段，全面地选择和采集各种信息源（文献、数据、事实等），为建立和维护数据库提供充足而适用的数据资源。内容分析与标引子系统的功能是根据一定的规则和程序，由标引员或计算机（或二者共同作用）对资源内容进行分析，从中提取或赋予资源一定数量的标识（如分类号、主题词、关键词等），作为信息存储与检索的依据。建库子系统又称数据库生产子系统，其功能是建立和维护可直接用于信息检索的数据库。主要作业内容有：数据录入，错误检查与处理，数据格式转换，生成并定期更新各种文档。用户接口子系统简称用户接口，是面向系统用户的一种人-机接口，是系统与用户之间实现通信不可缺少的连接系统。通常由用户模型、信息显示、命令语言、反馈机制以及各种输入输出设备构成。提问处理子系统的功能是处理用户输入的检索词或提问式，并将它们与数据库中存储的数据（如信息表示或其他数据标识）进行比较运算，根据给定的匹配标准生成命中信息集合输出。它一般要完成提问的接收、校验、加工和匹配比较等操作。词表管理子系统的功能是对系统使用的检索词汇进行管理维护，使之与标引、建库和检索等子系统相连接,支持用户的各种词汇查询操作,并从提问、人-机对话或其他可获得来源中采集新的词汇信息,以及生成和输出各种形式的词汇数据和词表产品。

(2) 计算机检索系统的物理结构

计算机检索系统的物理构成有3部分:硬件(计算机及外围设备)、软件(系统软件和情报检索软件)和数据库(文献或数据集合)。硬件部分主要包括具有一定性能的主计算机、外围设备以及与数据处理和数据传输有关的其他设备。软件部分包括系统软件和应用软件。系统软件一般包括操作系统、编译程序与汇编程序、诊断程序、输入输出控制程序、作业程序与记账程序、报表生成程序等。应用软件通常包括数据库管理系统、建库程序、数据输入输出程序、自动标引程序、文档管理程序、词表管理程序、定期检索服务程序、回溯检索程序、记账统计程序、通信管理程序、总控程序等。

数据库部分包括各种数据库和文档。数据库是在计算机存储设备上按照一定方式存储的相互关联的数据集合。按照国际通用的数据库分类方法,计算机检索用的数据库通常有下列类型:

① 参考数据库(reference database):指引用户到另一(些)信息源去获得原始文献文本或其他细节的一类数据库。与源数据库相对。亦称指示性数据库。它包括书目数据库和指南数据库。

② 源数据库(source database):直接提供原始资料或具体数据的一类自足性数据库。用户查询这种数据库后,一般不必再查阅其他信息源。与参考数据库相对。属于源数据库范畴的有数值数据库、文本-数值数据库、全文数据库、图像数据库、术语数据库等。

③ 混合型数据库(hybrid database):能同时存储多种不同类型的数据的一种数据库。例如,把文本数据和数值数据存储在一起,或者前两种数据分别与图像数据混合存储在一起。

此外,还可以按照载体形式来区分,有磁媒体数据库(database on magnetic media)、光盘数据库(database on optical disc)、多媒体数据库(multimedia database)。

3. 联机检索系统

联机检索系统曾经是一种最便利、使用最广泛的计算机检索系统。它允许用户以联机会话方式直接访问系统及其数据库,不管它们位于何处。要实现这一点,往往又离不开一定的通信设施和服务体制。进入通信网中的联机检索系统,又称为联机检索网络。它是联机检索实现网络化的结果,集合了许多现代先进的信息技术。

一个实用的联机检索网络至少由联机检索中心、通信设施、检索软件3部分组成。

(1) 联机检索中心

它是联机检索网络的中枢部分,由中央计算机、联机数据库、数据库检索与管理软件以及相应的检索服务体制组成。中央计算机及外部设备包括中央处理机、中央存储器、通信部件、控制部件和连接外围设备的通道输入输出子系统。中央计算机的功能是在系统软件和检索软件的支持下完成信息的存储、处理和检索等操作,对整个系统的运行进行管理和控制。另外,还需要配备一些必要的外部设备,如磁盘、磁带机、光盘机、高速打印机等。

联机检索系统拥有的各种数据库统称为联机数据库。它们一般是由数据库生产者提供的，可能也有一些是系统本身自建的，或与他人合建的。这些数据库在成为可供联机检索用的数据库之前，一般都要经过数据转换，包括代码转换和格式转换。代码转换是指把数据库磁带的字符代码转换成本系统主机使用的代码。格式转换是指把原磁带格式转换成标准格式或本系统的内部格式。数据转换结束后，将磁带中的数据装入系统的磁盘，便构成了数据库的主文档(MF)。主文档的记录为可变长记录。为了节省存储空间和便于随机存取，一般采用紧密无间隙地组织和组块方式存储，并建立相应的主文档索引(MX)，即主文档的索引文档，指明每条记录在磁盘上的存储起始地址。仅有主文档及其索引还不能支持联机检索，还必须建立倒排档(IF)，以满足用户按不同途径查询数据库的需要。建立倒排档的过程是由计算机在检索软件的控制下自动完成的。具体的操作是从主文档中抽取可检字段(如作者、题名、主题词、分类号、自由词、出版者等)，然后加以排序和归并。题名或文摘字段的抽词操作还要借助于停用词表。此外，有的联机数据库还可能单独设有词表文档(RT)。它可以帮助用户选择主题词，提高检索效率。

要使联机检索系统能顺利地开展各种服务，必须建立健全的服务体制和管理机构。这种机构的任务是：向上级管理部门争取必要的财力和物资，市场推销与用户培训，与电信部门和数据库供应商建立正常的联系，各种费用、设备、技术资料和合同的管理，等等。

(2) 通信设施

它是发展联机检索服务的基础。没有发达的通信网，建设联机检索网络就无从谈起。联机检索网络的通信设施一般包括通信网、调制解调器、检索终端、自动呼叫器、通信控制器及其他设备。

(3) 检索软件

建立一个实用的联机检索系统，不仅需要上面所介绍的各种硬件设备、数据库、通信设施和服务体制，而且还需要有一套高性能的信息检索软件，才能使计算机系统有效地发挥作用。许多大型商用联机检索系统的软件构成情况是很少公开披露的。

4. 联机检索方法

(1) 用户需求分析

用户的信息需求多种多样。用户需求的形成，受许多社会因素和个人因素的影响。例如，第一种需求是对最新的信息的需求，即要求及时获得，又要求迅速传递。有这种需求的大多是一些探索未知的研究人员，以及那些从事管理决策工作的人员。第二种需求是想了解某一理论、方法、设备、过程的片断性情报，以解决其研究中的具体问题。这种需求最常见，数量最大，要求检出的信息针对性强，能解决具体问题。第三种需求是想对某一课题进行系统详尽的了解，以便掌握问题的历史、发展及现状。从事编写教材和科技综述，评价科技成果以及专利申请新颖性审查等工作的人往往会提出这种需求。这种需求要求检索全面、系统、彻底。第四种需求是用户已经知道所需文献资料的名称或作者，或文献号等，而要求获得该文献的原件、复印件、最新版本或不同文字的译本以及等同专利说明书等。

(2) 检索策略制定

弄清楚用户需求之后，就要设计一种策略去达到目标。检索策略就是为实现检索目标而制定的全盘计划和方案，是对整个检索过程的谋划和指导。选择什么检索系统和数据库，通过什么途径,选用什么检索词和逻辑组配方法以及需要哪些反馈操作等一系列问题的考虑与安排,都属于检索策略的范围。美国人鲍纳(Charles Bourne)比较全面地总结出了5种供联机检索策略:最专指面优先策略、最低登录量的面优先策略、积木式检索策略、"引文珠形增长"型策略、"逐次分馏"型策略,值得参考和应用。

(3) 联机检索的基本程序

从与联机系统相连接开始,到与联机系统脱离结束,主要经由以下步骤:①同中心计算机接通,并与系统联机;②根据既定的检索策略选择待检索的数据库或文档;③输入并组配检索词;④打印检索结果;⑤退出系统,并脱离电信系统连接。

联机信息检索的方法有很多,下面是它的一些主要类型。

(4) 布尔检索法

布尔检索(Boolean Search)利用布尔逻辑算符进行检索词或代码的逻辑组配,是信息检索中最常用的一种方法。常用的逻辑算符有:"AND"(与)、"OR"(或)、"NOT"(非)。布尔逻辑算符"OR"也可以写作"+"。检索词A和检索词B若用"OR"组配,则提问式可写为:A OR B或者A+B。表示检索时,数据库中的记录凡含有检索词A或者检索词B或者同时含有检索词A和B的,均为命中记录。逻辑与算符"AND"也可以写作"*"。检索词A与检索词B若用"AND"组配,则提问式可写为:A AND B或者A*B。表示检索时,数据库中同时含有检索词A和检索词B的记录才算是命中记录。逻辑非算符"NOT"也可写作"-"。检索词A和检索词B若用"NOT"进行逻辑组配,则可写为:A NOT B或者A-B。表示数据库中凡含有检索词A而不含检索词B的文献为命中文献。

(5) 截词检索法

截词检索(truncation search)也是信息检索中常用的技术之一,它可以截取检索词的某一部分用于检索。因此特别适合于西文检索,可一次性地解决词干相同的词、英美拼法不同的词的检索。截词符多采用通配符"*",可以用它代表多个字符。因此,截词检索有时也称为通配符检索。截词检索又有多种类型。

按截断的位置分,有:

① 后截断将截断符号放在字符串的右方,保持词的前方一致。也叫前方一致检索。如computer*,可检出由下列词标引的记录:computeracy、computerise、computerization、computers、computery。

② 前截断将截断符号放在字符串的左方,保持词的后方一致。也叫后方一致检索。如*computer,可检出由下列词标引的记录:microcomputer、minicomputer。

③ 中截断将截断符号放在字符串的中间,保持词的前后部分一致。主要可解决一个词的不同拼写形式。如:organi*ation,可检出由下列词标引的记录:organisation、organization。这种方法称为通配符检索更为确切。

按截断的字符数量分,有:

① 有限截断。常用n个?号表示需要截断n个字符,例如:computer?,可检索出下列词标引的记录:computer、computers、computery。

② 无限截断。对被截断部分的字符数没有加以限制。前面的前截断和后截断中均没有对此进行限制,所以均为无限截断。

(6) 限制检索法

限制检索(limitation search)是将检索词限定在某一范围内进行检索的方法,以提高检索效率。常用在字段限制中,即利用前、后缀符进行的字段检索,将提问词限定在标题、著者、关键词等字段中出现,以提高命中记录的相关度。在检索系统中,数据库提供的可检字段通常分为主题字段和非主题字段。主题字段又称基本检索字段,如题名、叙词、标识词和文摘等;非主题字段也叫辅助检索字段,如作者、资源类型、语种、出版年份等字段。每个字段都有一个用两个字母表示的字段代码。值得注意的是,各个检索系统所设立的字段是互不相同的,即使同一字段,也可能采用不同的字段代码。为了避免出现检索误差,在进行字段检索前,应事先参阅系统及有关数据库的说明,对于系统指定的前后缀符形式也应参见系统的使用说明。

利用系统规定的限制符、限制检索命令进行的限制检索:在一般的联机检索系统中,还提供有一类限制符。使用这类符号进行检索,可以从资源的外部特征方面(如命中记录的文种、资源类型、出版时间等)限制检索结果。限制符的用法与后缀符相同,而它的作用则与前缀符一样。另一种限制检索就是使用各检索系统提供的有关限制检索的命令。如DIALOG系统中就有Limit和Limitall两条限制指令。

(7) 位置检索法

位置检索(proximity searching)根据检索词之间的位置关系来定义命中记录。它允许指定两词之间的词序和词距。词序指两词之间前后顺序,词距指两词之间间隔的单词数。常用的表示有(以DIALOG系统为例):

① (W)或()算符,例如,real(w)estate检出real estate;又如,non()stick检出non stick或non-stick。

② (N)算符,例如,fiber??(n)optic?检出fiber optics或optical fibers。

③ (nW)或(nN)算符,例如,solar(1w)energy检出solar energy或solar radiant energy。又如,cost?(1n)living检出cost of living或living costs。

④ (S)算符,例如,solar(s)heat。在全文数据库中,(s)位置算符是将算符前后的两个检索词限定在同一段落内出现,词序可变;而在其他数据库中则是将检索词限定在同一子字段或同一句子中出现,词序可变。

(8) 加权检索法

加权检索(weighted search)是按照权重来决定文献是否命中的一种方法,是一种定量检索技术。其侧重点不是判定检索词是否存在,而是判定检索词在满足检索逻辑后对文献命中与否的影响程度。加权检索的基本方法是:在每个提问词后面给定一个数值表示其重要程度,这个数值称为权重。检索时,先查找这些检索词在数据库记录中是否存在,然后将每篇命中文献中出现的检索词的权值相加。权值之和达到或超过预先给定的阈值,该记录即为命中记录。运用加权检索可以命中核心概念文献,故它是一种缩小检索范围提高检准率的有效方法。但并不是所有系统都能提供加权检索这种检索技术。即使能提供加权检索的系统,对权重定义、加权方式、权值计算和检索结果的判定等方面也有不同的技术规范。

(9) 多媒体检索和超文本检索

多媒体检索(multimedia search)包括基于描述的多媒体检索和基于内容的多媒体检

索。基于描述的多媒体检索就是用一个关键词来描述所要查找的图片或是音乐，比如可以用“classroom”这个词来查找教室的图片，也可以用“spring”这个词查找相关音乐。基于内容的多媒体检索就是用一些特征来查找多媒体信息，这些特征包括颜色、形状、纹理等视觉特征，及音频、音高、音长等听觉特征。

超文本检索(hypertext search)：超文本是一种信息的组织方式，它把不定长的基本信息单元存放在节点上，这些基本信息单元可以是单个字、句子、章节、文献，甚至是图像、音乐或录像，节点以链路方式链接。链路可以分为层次链、交叉引用链、索引链等，构成网状层次结构。超文本的特点是以联想式的、非线性的、链路的网状层次关系，允许用户在阅读过程中从其认为有意义的地方入口，直接快速地检索到所需要的目标信息。超文本检索时其内容排列是非线性的，按照知识(信息)单元及其关系建立起知识结构网络，操作时用鼠标去点击相关的知识单元，检索便可追踪下去，进入下面各层菜单。超文本检索常用在电子出版物中，这类出版物不仅采用超文本，而且常采用超媒体(hypermedia)，提供文本和图形接口，因特网上的 WWW 便是典型的例子。

5. 网络搜索技术

1993 年 2 月，Internet 技术取得了突破性进展，第一个图形界面浏览器 Mosaic 的发布解决了远程信息服务中的文字显示、数据链接以及图像传递等问题。次年 Netscape 推出了 Navigator。因特网成为了信息传递、交流的最有力的工具之一。随着网络技术的飞速发展和 Internet 的商业化，网上的信息几乎是呈指数级增长。单凭简单的浏览工具很容易迷失在信息的海洋中。需要一种在信息海洋中航行的导航系统，即搜索引擎。

(1) 搜索引擎的发展和类型

1994 年春天，目录式搜索引擎出现并占据了主要地位。它依靠人发现网上的信息，由编辑人员对知识进行甄别和分类，用户可以利用这种分类结构进行浏览。但目录式搜索引擎还不是严格意义上的搜索引擎。目录检索系统数据量有限，更新不及时，成本较高，迫切需要一种全自动、大数据量的网络搜索工具。1994 年夏天，以 Lycos、AltaVista、Infoseek、Excite 为代表的第一代搜索引擎诞生，当时的数据量不到 100 万页网页，检索响应速度相对比较长(在 10 秒以上)。1995 年 12 月，第二代搜索引擎出现，以 AltaVista 和 Inktomi 为代表，它们拥有的数据量已经达到 5000 万页网页。专门在后台提供搜索引擎技术和服务的专业化公司已经产生。Goto. com 使用了超链分析与根据用户的点击行为来分析与重排序，搜索得到的结果相关性程度较高，而且比较符合用户的点击习惯。同年还出现了一种新的搜索引擎——元搜索引擎。第一个元搜索引擎是华盛顿大学的学生开发的 Metacrawler。用户只需提交一次搜索请求，由元搜索引擎负责转换处理后提交给多个预先选定的独立搜索引擎，并将从各独立搜索引擎返回的所有查询结果，集中起来处理后再返回给用户。1998 年，第三代搜索引擎出现，以 Google、Inktomi 和百度为代表。Google 提供一系列革命性的新技术，包括完善的文本对应技术和先进的 PageRank 排序技术，后者可以保证重要的搜索结果排列在结果列表的前面。

(2) 搜索引擎的结构和工作原理

搜索引擎主要由搜索器、分析器、索引器、检索器和用户接口构成。

① 搜索器主要功能是在因特网中漫游，发现和搜集信息。它通常是一个遵循一定协议的计算机程序，即蜘蛛程序(spider)。它日夜不停地运转，要尽可能多、尽可能快地抓取网页，搜集各类信息。在 Internet 中信息是用 HTML 语言描述的，不同的 HTML 页面通过其中所包含的超级链接互相连接，这些超级链接以 URL(uniform resource locator，信息资源的标准通用地址)的方式被表示出来。spider 程序从一个起始的 URL 集开始，顺着 URL 中的超链接(hyper link) 以宽度优先、深度优先或启发式方式循环地在因特网中搜集信息。这些起始 URL 的选取可以是任意的 URL，通常是一些质量较高、非常流行、含有很多超链接的站点，如新浪、搜狐、雅虎等这样的站点。将 Web 空间按照域名、IP 地址或国家域名划分，每个搜索器负责一个子空间的穷尽搜索。搜索器搜集的信息类型多种多样，包括 HTML、XML、Newsgroup 文章、FTP 文件、字处理文档、多媒体信息。一个 URL 对应一个源文件，spider 将其全数抓回，供分析器进行处理。搜索器的实现常常用分布式、并行计算技术，以提高信息发现和更新的速度。商业搜索引擎的信息发现可以达到每天几百万网页。由于因特网上的信息更新非常快，所以它还要定期更新已经搜集过的旧信息，以避免死链接和无效链接，保证检索结果的质量。

② 分析器即分析程序，功能是理解搜索器所搜索的信息。它通过一些特殊算法，从 spider 程序抓回的网页源文件中抽取出索引项。索引项有形式索引项和内容索引项两种：形式索引项如作者名、URL、更新时间、编码、长度、链接流行度(link popularity)等；内容索引项是用来反映文档主题内容的，如关键词及其权重、短语、单词等。内容索引项可以分为单词索引项和多词索引项(或称词组索引项)两种。单词索引项对于英文来讲是英语单词，比较容易提取，因为单词之间有天然的分隔符(空格)；对于中文等连续书写的语言，必须进行词语的切分。还要给内容索引项赋予不同权值，以表明这些与网页内容的相关程度，以判断网页内容。如一个文章的题目往往能够概括文章的核心内容，它必然会被赋予一个较高的值。同时，分析程序还将此网页中的超链接提取出来，返回给搜集程序，以便 spider 进一步深入搜集信息。

③ 索引器将生成从关键词到 URL 的关系索引表。索引表一般使用某种形式的倒排表(inversion list)，即由索引项查找相应的 URL。索引表也可能要记录索引项在文档中出现的位置，以便检索器计算索引项之间的相邻关系或位置关系(proximity)，并以特定的数据结构存在硬盘上。索引器可以使用集中式标引算法或分布式标引算法。当数据量很大时，必须实现即时索引(instant indexing)，否则不能够跟上信息量急剧增加的速度。标引算法对索引器的性能(如大规模峰值查询时的响应速度)有很大的影响。一个搜索引擎的有效性在很大程度上取决于索引的质量。

④ 检索器的主要功能是根据用户输入的关键词，在索引器形成的倒排表中进行查询，同时完成页面与查询之间的相关度评价，对将要输出的结果进行排序，并提供某种用户相关性反馈机制。检索器常用的信息检索模型有集合理论模型、代数模型、概率模型和混合模型 4 种。

⑤ 用户接口的作用是输入用户查询、显示查询结果、提供用户相关性反馈机制。主要的目的是方便用户使用搜索引擎，高效率、多方式地从搜索引擎中得到有效、及时的信息。用户接口的设计和实现使用了人-机交互理论和方法以充分适应人类的思维习惯。用户输

入接口可以分为简单查询和复杂查询(高级检索)两种。简单接口只提供用户输入查询串的文本框。复杂接口可以让用户对查询进行限制,如逻辑运算(与、或、非、+、-等)、站点聚类、内容聚类、相近关系(如NEAR)、域名范围(如.edu、.com)、出现位置(如标题、内容)、信息时间、长度等。

网上信息检索方法与联机检索方法大致相同。

8.2.4 信息分析

信息分析工作是内容管理高级阶段。上面所说的信息采集、组织和检索,不管其手段和工具多么奇妙有效,所产生的信息都只是分析家用来酿制美酒的原材料。信息分析不同于一般的思考,它具有更为明确的目的和方法。信息分析主要目的是将信息转化为某一特定类型的知识,为某个用户提供他决策所需要的东西。信息超载就是没有经过分析消化的信息过多,没有足够的时间来分析或解释信息。

1. 内容分析

内容分析(content analysis)是指识别某一信息的属性或特征,以达到准确地推理出该信息源(message source)的意义的过程。一般指自动内容分析。

(1) 内容分析的技术和工具

内容分析采用的技术和工具通常有:词频和相对频率分析技术,停用词表技术,语词轮排和对照技术,基于受控词表的分析方法,词干分析技术,定义语法类(即词类),句法分析法,结构分析法等。其中,前面6种都属于元素分析技术,句法分析介于元素分析与结构分析之间。结构分析要识别各种元素及其相互关系,侧重于后者,以识别这些关系如何被用来表示信源与信宿之间所交换的信息的内容和含义。换言之,它是把文本转换为结构化表达方式或图解表达方式,以便从文本中推出源文本的含义内容。已出现的结构分析技术比较多,如词汇球()、关联图()、语义网()等。词汇球的球心表示某一文本集合中最宽泛的概念,然后按专指度递减的顺序把其他概念排列在球的适当位置上,以表示词汇之间的关系。关联图有点像心血管系统,用来表示文本之间的关系和某一文本的位置。

(2) 内容分析的应用

它的应用领域很多。例如,在政治学领域,通过对一个国家的政治性通信、政府控制的舆论工具的社论进行统计分析,来评价一个国家的政治态度是进攻(侵略)性的,还是防守性的;是敌意的,还是友好的。或者通过分析总统候选人的讲演、竞选演说或报告来估计他的政治倾向、思维方式等。在心理学领域,借助内容分析去确定受试者的品性。比如,心理学家把他与受试者的对话记录下来进行分析,统计话语之间的停顿的时间长度和某些口头语(如um、er、ah)的使用情况,来检测受试者说话时的心理状态(害怕、担心、和平或挑衅)。在人类学领域,人们认为,一个国家或地区的民间传说和神话故事往往带有大量的、能反映该国家或地区的文化传统中根深蒂固的道德(精神)特征和社会价值观的信息。所以,通过对民间故事或神话故事的内容分析,有可能发现一种文化的民间传统与该文化目前的特征之间的关系。在语言学领域的应用就更多了,如词典编撰、作品特色研究、寓言解释、韵文分析、机器翻译、风格学研究(比较不同作者的风格)。在音乐领域,内容分析重点应用于主旋律的分析，识别某种旋律曾在某一作曲家的哪些作品中再现过，或者识别某种旋律在哪些作曲家的作品中共用过。在信息检索领域应用也很多，如自动编目、文摘工作、索引工作、自动标引、自动分类、文档检索等。

2. 自动编目与文摘工作

自动编目(automated cataloguing)指应用自动内容分析技术(如人工智能和专家系统技术)，从待编目的文献中自动识别和提取书目信息生成目录产品的过程。自动编目系统有3种类型：编目知识和规则咨询系统，书目记录自动生成系统和编目全程自动化系统。它们一般具有以下技术特征：运用专家系统原理，利用编目规则建造知识库，使系统具有一定的智能水平；主要从较规范的文献文本(如书名页、版权页等)中采集书目信息；重点研究主要著录信息源(即书名页和版权页)的内容与形式特征及其识别技术；一般系统仍处于实验研究阶段。

文摘是信息工作者处理和传递信息时经常使用的一种文体和信息产品。它具有多方面的用途：通报最新的研究成果和信息资源；深入揭示信息资源的内容；节约阅读时间；克服语言障碍等。撰写文摘是一种再创作活动，应当熟悉有关的规则和标准。其一般程序是：通读全文，了解其内容梗概。重点分析原文中有关研究背景、目的、研究范围与重点、研究方法、研究过程、研究结果和结论等方面的内容。编写文摘。

自动编制文摘(automatic abstracting)：指利用计算机对文献文本进行扫描分析，自动生成文摘的过程和技术。自1958年开始试验以来，一些机构已开发出各种不同的系统原型。自动编制文摘的基本原理是：将文章输入计算机中，或加以必要的预编辑；确定抽取“文摘句”的标准，建立一套计算文中各个词和句子的分值的方法；计算机根据给定的标准和方法分析文章全文，选出一批文摘句，加以润色和组织成一篇完整而连贯的文摘，打印输出。其中最关键的技术是文摘句的识别和加工润色操作(即格式化编辑)。

3. 自动标引

自动标引(automatic indexing)是指标引作业全部或部分实现自动化的过程。美国自动标引专家斯蒂芬曾给它下过这样的定义：“自动标引就是用机器抽取或赋予索引词，一旦编制好程序和规则，就不需要人工干预。”由于历来自动标引使用的机器都是计算机，故又称计算机标引(computerized indexing，computer-based indexing)。

自动标引可分为自动抽词标引和自动赋词标引。自动抽词标引指利用计算机直接从文献的机读文本(题名、文摘或正文)中抽取 * 关键词，自动生成关键词索引或检索文档的过程。它又可分为主关键词标引和全关键词标引。前者要求计算机能选出少量主要关键词做 * 标引词，后者则是把除停用词以外的全部关键词抽出做标引词。自动赋词标引指用计算机模仿人的赋词标引方法，分析文献内容，提取主题概念，然后用适当的语词符号描述这种概念。实际上，目前的计算机一般难以直接实现自动赋词标引，故人们通常采取迂回策略来接近此目标，如采用聚类方法，预示词方法，因子分析法等。我国汉语文献自动标引研究始于20世纪70年代末80年代初，繁荣于80年代中期，先后研制开发出十余个各具特色的自动标引系统原型和一批索引编辑排版系统。由于汉语文献中词与词之间没有明显的分隔标志，研究工作大部分集中在汉语分词技术方面。提出的分词方法有词典法、内码法、规则法、单字法。其中词典法又有近十种不同的实现方案，如部件词典法、后缀连接法、停用词典＋主题词表法、关键词词典法等。亦有少数试验系统探索和采用了标引词加权选择技术。

4. 信息提取技术

信息提取技术(information extraction)从诞生至今已约有30多年的历史了，最近十几年得到特别重视，并且成为信息检索、数据库和自然语言处理等领域发展的热点。原因是传统的信息检索只能向用户提供相关性的结果，是否对用户有用还需要用户自己去判断。面对网络时代信息量快速膨胀，以及信息用户要求提供精确和有用的直接信息的双重压力，信息服务提供者必须掌握能更有效地分析信息并从海量信息中提取重要或关键信息的手段。

信息提取技术的要点在于通过过滤大量的非格式化或半格式化的文本资料，使用自然语言处理技术中的浅层分析手段，捕捉文本中有用的信息并填写到信息槽中，经过后处理(如解决共指成分，消除重复信息等)过程，将难以用人力全部阅读和分析的自然语言文本中那些对于解决特定问题的无效内容过滤掉，然后将有用内容转换成容易用人工或机器进行分析的格式化数据。

信息提取技术是现代化信息分析工作必不可缺少的辅助工具。一些发达国家因为人力资源价值高昂，信息提取技术应用尤为广泛，甚至为了加快信息系统的数据录入工作而在数据库的信息录入模块中嵌入简化的使用自然语言分析技术的信息提取模块。而使用信息提取技术构建数据库，提供定题情报以及分析结果给用户使用的信息服务公司更是兴旺发达，有些已经可以提供有效的经济分析数据供工商业用户使用，并开始大量盈利。

5. 情报分析研究

情报分析(information analysis)是指对一个特定领域的大量信息进行采集、选择、评价、分析和综合，或者为了某一特定任务对有关信息进行收集、分析和综合，使之成为对解决相关问题有用的情报的过程。也是一种以信息为研究对象，以情报学的方法和各种分析方法为手段，以解决特定理论问题或现实问题为目的的一类研究工作。情报不是信息的堆积。情报分析研究工作通常分为下列5步：

(1) 选题。情报分析课题的来源通常有3个方面，即上级机关下达的指令性课题，一般用户委托的课题，情报研究机构自选的课题。选题是情报分析过程中非常重要的环节，对最终结果影响很大。有一个好的选题可能意味着成功了50%。英国著名科学家J·D·贝尔纳说过："课题的形成和选择，无论是作为外部的经济技术要求，还是作为科学本身的要求，都是科学研究工作中最复杂的一个阶段。一般来说，提出问题比解决问题更困难。"因此，选题一定要充分考虑其理论意义或现实意义如何，是否符合现实需要或长远需要，考虑用户的需要还要考虑可行性。

(2) 开题报告的审查论证。开题报告要清晰地阐述选题的背景、目的、意义、研究内容和重点、研究方案、研究条件、工作计划和进度、研究力量配备、经费预算等方面的内容。一般来说，只有符合下列条件：研究意义重要，目的明确，研究方案科学，实践上可行，经济上合理，选题才能得到确认。

(3) 信息收集和整理。信息是情报分析的基础。要全面地收集各种有关的信息和资料。收集的基本方法是信息检索和实际调查。通过各种方式收集来的信息和资料,一般都是分散无序的,质量也可能参差不齐,所以要做好整理和鉴别工作,以方便使用。这是情报分析的基本功之一。

(4) 分析研究。根据既定的目标和研究方案,应用一定的分析方法和工具,进行信息分析和问题研究。包括目标分解,研究现状和水平分析,问题假设,建立模型,假设检验或验证等。

(5) 研究报告撰写。情报分析报告(或称情报研究报告)一般包括下列内容:研究的主要问题和目标,本领域的现状分析,所使用的研究方法,研究分析过程,研究结果和结论,问题解决方案和具体实施建议、策略。

8.3 信息资源开发利用

8.3.1 信息资源开发利用的意义

信息资源开发利用是指根据社会需要,对信息资源进行采集、处理、存储、传播、服务、交换、共享和应用的过程。信息资源开发利用的方式和目的可以是多种多样的。例如,在载体形式不变的情况下,对信息内容进行加工,提高信息的效用。或者,仅仅改变信息的载体形式,发掘、扩展信息的采集和传播渠道,提高信息的可获得性和可共享性;也可以是上述两个方面的结合。

我国政府的信息化领导机构早已提出:信息资源开发利用是国家信息化的核心。为什么信息资源开发利用问题现在上升到如此重要的地位?信息资源开发利用的重要性体现在哪些方面?可以从以下几个不同方面来说明信息资源开发利用的重要意义:

(1) 现代资源观:信息成为主要的生产要素。“资源”是一个历史范畴,其含义和范畴随生产力的发展而变化。资源开发利用的历史就是人类不断地发现和认识资源的历史。在信息经济时代,信息与物质和能源并称为3大战略资源。美国著名社会学家丹尼尔·贝尔在1973年就提出“后工业社会的关键变量是信息和知识”。哈佛大学信息政策研究中心主任欧廷格(A. G. Oettinger)把物质、能源和信息的关系表述为:“没有物质,任何东西都不存在;没有能量,任何事情都不会发生;没有信息,任何东西都没有意义。”这就是现代的资源观:把信息资源视为一切经济和社会活动的重要资源,视为主要的生产要素之一。

(2) 信息资源是促进经济变革和增长的强大动力。20世纪下半期,世界经济高速增长,经济结构和经济发展模式发生了巨大变化。信息资源在其中发挥了重要的作用。信息资源对经济增长的作用方式是通过改进其他资源的素质,提高生产要素的生产率,降低社会成本的方式来实现的。

(3) 信息资源开发利用能力是核心竞争力的重要体现。1993年底欧洲委员会白皮书《发展、竞争与就业:走向21世纪的挑战和道路》中提出:要“采用最好的手段来生产、管理、交换和传递信息”,以提高欧洲的经济竞争力和增加就业。布瓦索在《信息空间——认识组织、制度和文化的一种框架》一书中指出:“创造和分享新信息,构成了现代国家竞争优势的核心。”

(4) 信息资源开发利用是完善市场经济的重要手段。市场竞争通常是不完全的，所以社会需要有另一手来推动知识的获取、改造和传播，以减缓信息失灵，尤其是在信息失灵会对穷人造成影响的时候。完善的市场要求信息是畅通的。信息资源开发利用可以有助于消除信息壁垒或信息不对称，使市场更有效。

(5) 信息资源开发利用是提高政府运作效率的需要。制定有效的公共政策，加强管理能力，降低运作成本，提高公共服务效率，都需要充足的信息资源。政府部门做好信息资源开发利用工作，还可以起带头示范作用，可以打破长期以来存在的部门、地区信息分割状态，消除信息孤岛，切实实现信息的互通共享，从而对政府机构实现有效监管。

(6) 信息资源开发利用是实现可持续发展的需要。目前，我国的自然资源消耗量已达到极限。如果再按照现有的增长模式来维持这样的增长速度，我国的资源和环境都是不可承受的。必须转变经济增长方式，充分发挥信息资源对其他资源的替代和节约作用，走循环经济的道路。

8.3.2 信息资源开发利用的原则

1. 我国信息资源状况

我国信息资源的优势是：我国历史悠久，人口众多，地域广阔，物种丰富，经济活动总量大，这些都是产生信息资源的优势条件。其中最有价值和最具特色的信息资源有：中国文化资源(历史文化、民族文化、语言文化、宗教文化等)；中文信息资源；中国的统计信息资源；中国的市场信息资源；生物(物种和基因)信息资源。

我国信息资源的劣势是：科技领域缺乏原创性和高水平的成果，经济领域缺乏国外经济信息资源(如国外市场行情、国外企业信息等)，文化领域缺乏现代文化娱乐资源(如游戏、电影等)，本国生产的有自主知识产权并适合我国需要的产品与实际需要相比相差太远。从开发利用的角度看，劣势在于对信息资源开发利用的重要性、长期性认识不足，现有的信息资源共享性差，重复采购和重复加工处理现象严重，造成很多浪费。信息资源开发利用的方式单一，单纯的依靠政府的投入。对信息资源的知识产权、安全等问题认识存在误区。

2. 我国信息资源开发利用的原则

信息资源开发利用要涉及各方面的利益，需要有合理、明确的原则来规范各方面的权利和义务，平衡各方面的利益。

国家信息化领导机构最近提出我国信息资源开发利用应当遵循以下4个原则：

(1) 统筹协调。正确处理加快发展与保障安全、公开信息与保守秘密、开发利用与规范管理、重点突破与全面推进的关系，综合运用不同机制和措施，因地制宜，分类指导，分步推进，促进不同领域、不同区域的信息资源开发利用工作协调发展。

(2) 需求导向。紧密结合国民经济和社会发展需求，结合人民群众日益增长的物质文化需求，重视解决实际问题，以利用促开发，实现社会效益和经济效益的统一。

(3) 创新开放。坚持观念创新、制度创新、管理创新和技术创新，充分利用国际国内两个市场、两种资源，鼓励竞争，扩大交流与合作。

(4) 确保安全。增强全民信息安全意识，建立健全信息安全保障体系，加强领导，落实责任，综合运用法律、行政、经济和技术手段，强化信息安全管理，依法打击违法犯罪活动，维护国家安全和社会稳定。

国家科学技术部科技文献平台(以国家科技图书文献中心为核心)建设规划是我国科技系统信息资源开发利用的重大举措。该规划提出了若干条建设原则，既具有宏观指导性，又具有较强的操作性和系统自身的特色。

第一，增量盘活存量原则。这是一条最重要的原则。它指要通过"共建共享"机制和"网络化"的先进技术手段，盘活被行政部门和已有系统长期分割的国家科技信息资源存量，扩大国家科技创新所需要的科技信息资源增量。后来又改为按照"调控增量，盘活存量"的原则，从国家科技文献信息资源建设的全局性、战略性、权威性出发，推进科技文献信息资源的整合与共享，构建国家科技文献信息资源保障体系。

第二，统筹规划、分步实施原则。指在资源建设上要通过统一规划、统筹协调，克服以往各自为政、重复订购的现象，提高经费的使用效益，使外文文献资源迅速增长。

第三，多种能力协同发展原则。指文献资源采集能力、信息加工能力、信息服务能力、支撑平台正常运行的能力等要协同发展，不断拓展服务方式，深化服务内容。后来又总结为5个能力，即文献保障能力，快速反应能力，决策支持能力，集成服务能力，持续发展能力。

在组织管理方面提出要坚持联合、协作、开放、共享的原则，从组织规划、建设管理、技术机制和服务模式等多方面推动中心各单位的共建共享，避免重复浪费，促进良性发展。

在运营机制方面提出要在强调公益性和社会化原则的同时，针对某些特殊文献和深层次的信息知识服务，在一定范围内实行市场化的运作机制。

此外，还提出了"边建设、边服务、边发展"原则和加强可持续能力建设(资源、长期保障、研发、机制)的原则。

文化部在《关于实施全国文化信息资源共享工程的通知》(文化部 财政部(文社图发[2002]14号))中提出，"共享工程"的建设目标是把文化信息资源传送到城乡基层文化网点和群众身边，要坚持以公益性为主，充分发挥各级文化、财政部门的积极性。并指出，"共享工程"的实施涉及各级各类文化单位，覆盖地域广，要充分体现统一规划、统一标准、资源共享的原则。要利用现有的网络和软硬件环境，整合现有的文化艺术资源来实现共建共享，不搞重复建设。各地要在统一规划的前提下因地制宜，发挥各自的优势与特色。

中国科学院在文献情报系统中长期规划战略研讨会(2004年4月20至21日，北京)上提出了用户导向，提升创新能力为主的原则，确立"资源到所，服务到人"的服务理念。

加拿大政府在收录有两项重要的信息资源开发利用政策的《财政委员会手册》信息资源管理卷前言中提出了政府信息资源开发利用的若干原则，包括：有效地支持决策；符合业务要求，并保护政府和公众的利益；在法律和政策范围内尽可能广泛地利用政府拥有的信息资源；取消不必要的信息采集任务，减轻公众接受询问的负担；鉴定和保存那些有助于再现政策演变过程、计划的制定过程或具有历史与档案价值的信息或资料。

在确立或提出信息资源开发利用的原则时，还应当强调分清公与私，官与民。所谓分清公与私，就是要明确现有的和将要开发出来的信息资源哪些是公有的(是大公？还是小公?),哪些是私有的;要明确开发活动或行为是公益性的,还是商业性的。所谓分清官与民,就是要明确政府和民间(或社会)在信息资源开发利用方面的责任和义务。哪些事情是政府应当做的,哪些事情是不应当做的;当然,政府的能力是有限的,有些事情可能一时做不到,但不等于政府没有这方面的责任。民间力量在信息资源开发利用中也可以和应当发挥很大的作用。

8.3.3 信息资源开发利用的战略

所谓战略,就是关于如何有效地利用各种资源来达到某一目标的谋划和计划。通常指一个国家或地区、一个组织在一定时期内有关其发展的具有全局性、决定性、长远性的重大问题的筹划与决策。通常包括战略目标、战略重点、战略步骤、战略措施等方面的内容。信息资源来源久远而广泛,数量巨大,用户面非常广泛,用户需求千差万别。信息资源开发利用已被确定为我国信息化建设的核心。在一定条件下,如何开发和利用好各种信息资源,更好地满足广泛的社会需求,讨论战略问题,研究和借鉴前人的经验,非常重要。

1. 国外信息资源开发利用的战略

美国政府在 NII 中提出的 9 项原则,实际上可以视为克林顿政府的信息资源开发利用的战略指导思想。它包括:①通过税收和法规政策,促进民间企业投资;②扩展“全民服务”概念,保护所有美国人以负担起的价格享用信息资源;③以“催化剂”的作用来促进技术创新的新的应用,责成重要的政府研究计划和拨款帮助民间企业开发和应用 NII 所需要的技术;④促进 NII 以完备、交互和用户驱动的方式进行;⑤保证信息安全和网络的可靠性;⑥改进无线电频谱的管理,它是日趋重要的资源;⑦保护知识产权,为防止非法伪冒和保护知识产权的完整性,政府将研究如何加强国内的版权法和国际知识产权条约;⑧协调各级政府和其他国家的行为;⑨提供利用政府信息的机会,并改善政府的采购活动。布什上台后,信息资源开发利用的战略上发生了变化,特别是“9.11”事件后,加强情报收集和集成成为其主导战略。

加拿大政府非常重视信息资源的开发利用,认为信息资源是与人力资源和自然资源同样重要的资产,特别是将政府信息资产作为加拿大信息资产中最重要的组成部分。加拿大政府认为,政府信息是有益于全体公众的资产,高效的政府信息管理会提高政府服务的效率和透明度,促进政府机构之间的协作,有助于政府决策和保存具有历史价值的信息。为此,1989 年颁布了关于政府信息资源管理的新政策,以取代以往有关档案管理、电子数据处理、缩微技术和政府信息采集等方面的政策,并影响到其他有关方面的政策,如图书馆管理、《信息获取法》、《个人隐私法》、减轻公众与小企业文书负担等方面的法律。新政策适用于一切信息资源,一切形式的处在信息生命周期每一阶段的信息。其中心主题是让公众知道政府拥有的信息资源在何处,如何找到它,其载体形式是什么。更重要的是,它强调政府拥有的信息是一种机构资源,在其整个生命周期中必须作为一种资产来管理。同时,政府还制定了相关的信息技术管理政策。这两项政策收入到《财政委员会手册》的信息资源管理卷中。

欧盟 2000 年开始推行“电子欧洲行动计划”(e-Europe Action Plan)。欧盟认为,电子内容是重要的经济资源,其有效的开发利用对欧共体内的经济增长,增加就业,提高企业竞争力和公民生活质量以及进一步强化一体化内部市场，都有着极其重要的意义。而且认为，电子信息内容开发利用和跨国信息服务是 e-Europe 计划的关键，欧洲虽然在内容开发上有很好的基础和传统，但是在电子内容的资源开发上已经落后于美国，应当奋起直追。因而，制定了“电子内容计划”(e-Content Program，相当于我国的信息资源开发利用工作)，并建立了 1 亿欧元的基金。从改善立法环境入手，通过示范项目和经验交流等方式予以推动。

“电子内容计划”的战略目标是：通过在全球网络中发展欧洲的电子内容，促进欧盟社会和文化的发展，促进各成员国向信息社会的发展，并且实现因特网的普及使用；促进欧盟数字内容的使用，特别要提高公共部门信息的使用效率；在全球网络中发展多元语言和文化，尤其是欧盟范围内的语言文化，提高欧洲内容产业的出口能力，特别是中小企业的出口能力；创造有利条件，在全球网络推广、传播和使用欧洲的数字内容，促进经济发展，提高就业率。目前，已有泛欧求职信息网、泛欧教育网、全欧电子地理信息网等服务。计划建立更多的泛欧信息服务，深化欧盟内部市场的统一程度，造就真正的“欧洲公民”(European Citizenship)环境。

法国政府一直奉行信息自主独立的政策，重视数据库和信息网络建设以及信息的传播和利用，避免依赖别国的信息资源，同时注意保护本国的文化和国家主权。

德国联邦政府 1994 年 8 月公布了第 3 个信息发展计划《1990—1994 年联邦政府专业信息计划》。该计划突出地强调了以下 5 项政策：①加强和改善电子信息系统，建设高质量的数据库；②改善技术信息环境和经济发展条件，提高德国产品的新技术含量和国际竞争力；③加强信息科学人才的培养；④加强信息领域的国际交流与合作；⑤增强信息政策和法律的指导和调节功能。并确定了这一时期的工作重点：国家重点资助专业信息机构和科技图书馆，提高公众利用科技信息的水平，改进数据库的生产和供应以及文献提供服务，等等。1996 年 2 月，德国政府内阁通过了《信息 2000 年》，其主要内容之一是为信息社会制订新的法律框架，使世界上最现代化的德国通信设施充分发挥作用。后来，又颁布了《信息和通信服务规范法》，其宗旨是为利用电子信息和通信服务的各种可能性规定统一的经济框架条件。它具体规定了服务提供者的权利和责任、电信服务中的个人数据保护法、数字签名法、传播有害信息的法律责任、数据库著作权保护以及信息服务价格的规定等。联邦政府科技委员会也向政府和经济界提出了有关法律、数据保护和多媒体技术应用等方面的政策法规建议。

印度政府把数据库建设作为发展重点之一，鼓励本国有关机构与外国合作，加快数据库建设速度。印度的数据库发展战略是：集中支持重要信息机构建设数据库，优先建设使用频率高的信息源数据库(如期刊、专利联合目录)；建设国外较缺乏的数据库和本国更需要的数据库(如金属数据库、纺织数据库)；大力发展光盘数据库；鼓励私营机构参与数据库建设；加强与国外数据库产业的联系，与国外合作开发印度数据库市场，包括合作建库，引入国外数据库联机检索服务，使印度数据库走向国际市场等。

新加坡继“IT2000”之后，又于 1994 年提出“图书馆 2000 年”计划，要建立一个“无围墙的图书馆”，通过计算机网络把新加坡 500 个图书馆和信息中心与国外的图书馆和数据库连接起来，作为建设智能岛和促进社会信息化计划的组成部分。该计划提出了 6 个战略措施和 3 个关键性启动建议，其中包括：确立一个协调的国家馆藏战略，保证图书馆馆藏具有最大的覆盖率和最小的重复率;利用市场机制提供高质量的信息服务(如翻译服务、信息分析和信息重组等加值服务);使新加坡成为一个全球知识交流站(利用它与东西方传统的历史联系和发达的信息网络);开发新技术,对多媒体、知识导航和网络系统等新技术投入更多的开发资金。

考察这些国家的信息资源开发利用战略,有些经验是值得借鉴的。一是政府在信息资源开发利用方面目标明确,责任清楚;二是政府在信息资源开发利用中有所为有所不为。国家主要承担公益性信息资源的建设项目,包括支持面向基础研究,提高公众科学文化素养和道德水平、保护和弘扬民族文化的研究以及服务于政府内政外交决策等方面的信息资源建设项目,支持图书馆做好公益性信息服务。而对于非公益性信息产品和服务,则主要由市场来提供。如商业信息、娱乐性信息产品和服务,应由民间机构来主导投资和开发。政府不能也不可能包揽起来,它只能起政策引导和调控作用。另外,还必须认真考虑国家主权和民族文化保护问题,要警惕过分依赖外国的信息资源。

2. 我国信息资源开发利用战略

我国国家信息化领导机构最近提出的有关文件,体现了国家层面的信息资源开发利用战略。其中强调:坚持以邓小平理论和"三个代表"重要思想为指导,牢固树立和落实科学发展观,以体制创新和机制创新为动力,以政务信息资源开发利用为先导,充分发挥公益性信息服务的作用,提高信息资源产业的社会效益和经济效益,完善信息资源开发利用的保障环境,推动信息资源的优化配置,促进社会主义物质文明、政治文明和精神文明协调发展。

该文件指出信息资源开发利用工作的总体任务是:强化全社会的信息意识,培育市场,扩大需求,发展壮大信息资源产业;着力开发和有效利用生产、经营活动中的信息资源,推进政府信息公开和政务信息共享,增强公益性信息服务能力,拓宽服务范围;完善法律法规和标准化体系,推动我国信息资源总量增加、质量提高、结构优化,提升全社会信息资源开发利用水平,提高信息化建设的综合效益。具体任务分为3大方面:加强政务信息资源的开发利用,加强信息资源的公益性开发利用和服务,促进信息资源市场繁荣和产业发展。最后提出了若干条战略措施,即完善信息资源开发利用工作的保障环境。

在中国科学院文献情报系统中长期规划战略研讨会上,有关负责人提出"十一五"专项建设的总体框架是:在保持和维护现有中国科学院公共信息平台资源量和技术服务能力的基础上,将建设的重点放在以用户导向为主的4个基本建设计划上来,即:若干研究所一流信息平台建设计划、重点领域一流信息平台建设计划、支撑研究生教育的信息平台建设计划、院宏观决策信息研究计划。

我国近期应当以政府信息资源开发利用为重点,优先开发国家基础性信息资源。在保证政府有足够和持续的投入的同时,积极推进商业化运作,鼓励企业参与信息资源的开发利用。同时,注意利用国外信息资源,加强信息资源开发利用方面的国际合作。数字化、网络化的信息资源的采集、处理、存储、传播、利用、商业运作等,是现阶段进行信息资源开发利用的重点。数字出版将继续是信息资源建设的重要形式之一,数字图书馆则是未来的发展方向。要正确理解数字图书馆的含义。它不仅仅(或主要不是)指图书馆现有文献资料的数字化,而是指更广泛的社会信息资源和文化资源的数字化。数字化和网络化更要注意解决好著作权保护问题，任何轻率的、绕道走或侥幸的做法和想法都可能会损害信息资源建设工作的健康发展。

8.3.4 信息资源开发利用的模式

在信息资源开发利用基本理论研究中，我国有关部门曾经提出一个模式，即三层次模式。其中第一层是基础性信息资源开发，其重点是编制信息资源目录（主要是政府的信息资源目录，公益性信息资源目录也很重要）和建设若干个国家或地区性的基础信息资源库。第二层开发是建设各种综合性和专业性的数据库，其内容类别和方式丰富多样，如制作各种电子出版物、音像出版物或广播电视节目等。它们构成了内容产业的主体部分。第三层开发是建设各种信息应用系统，它们是信息资源开发利用的实际应用行业、环境和任务；它们自身也可能从事一部分信息资源开发利用或再度开发的工作。下面介绍几种比较典型的模式。

1. 国家科学技术部的科技文献平台建设模式

它也是一种三层次模式，该平台基本框架为：

信息资源层（实物层）：内容和功能涵盖各种文献信息资源（印刷本文献、数字化资源、网络信息资源、特殊媒体信息资源等）组成的基础文献信息资源保障体系。包括一次文献层和二次文献层。通过一定的措施和手段调控国家科技文献信息资源的合理分布和系统建设。在“十一五”末期建立起一个各载体、各类型资源相对完备、布局合理、结构优化、保障率高、使用便捷、网络化、共享化的国家科技文献资源保障系统和可靠的长期战略保存机制。

集成揭示层（数据库层）：功能为对分布式、多样化的实物层资源进行集成化的组织和揭示的联合服务机制。按照“集成揭示、有机整合、支持多样化服务”的原则，通过建立全局性数据库系统以及相应支撑系统，全面地集成揭示和有机整合国家科技文献平台的信息资源，提供形成跨资源、跨学科、跨系统的集成化资源发现和内容检索机制，并提供支持多样化服务的集成数据平台。

信息服务层（网络层）：功能为充分利用通过数据库层所集成组织和揭示的分布式资源和集成资源，向用户提供网络化、集成化、可定制的文献信息服务，支持科技信息机构提供个性化和个性化整合服务。

2. 中国高等教育文献保障体系建设模式

中国高等教育文献保障体系，即 CALIS，采用的模式是：

(1) 多级资源保障，即 CALIS 共享资源与高校图书馆资源，其他信息服务机构或体系的共享资源，商业性资源。

(2) 因特网上多级分布式结构，即中心站点（管理中心），骨干站点（中心馆＋数字图书馆基地），基础站点（联盟成员馆）。

(3) 共建、共享、共管的面向教育科研的数字化集成信息服务环境，管理者是管理中心（高校数字图书馆联盟）；建设者是管理中心、地区（省中心）、数字图书馆基地、成员馆；服务者是管理中心、地区（省中心）、数字图书馆基地、成员馆；服务环境是集成所有可依托网络开展的服务。

从读者角度看，CALIS是由各级门户网站组成的数字图书馆综合门户网站。

3. 上海市文献资源共建共享模式

上海市文献资源共建共享工作以建设协作网的模式展开。1994年上海地区公共、科研、高校、情报四大系统的19个图书情报机构签署了《上海地区文献信息资源协作网工作条例》。1999年5月13日在上海市政府会议厅举行了"上海市文献资源共建共享工作会议"，提出了《上海市文献资源共建共享计划》，要求在3年的时间内，实现上海地区公共、高校、科研系统图书馆之间的联网，同时会议确定了"信息平台"、"文献采购协调"和"实施信息服务与人才培养"等3个具体方案。1999年协作网工作主要是构建上海市文献资源共享的信息平台和实行外文期刊采购协调。2000年在因特网上开通了"上海市文献资源共建共享协作网"主页，上海地区联机联合编目系统正式启动，并开始研制开发网上馆际互借系统。2002年已有1/3的区县图书馆及部分学校图书馆(共15家)加盟上海市中心图书馆，还实现了网上的联合编目和文献资料的统一采购，网上联合知识导航站也正式启动。2003年起协作网工作的主要目标是：①推进特大型城市中心图书馆体系的建设；②完善以网络为基础的地区文献资源共建共享信息平台；③形成高效合理的全市文献信息资源体系；④形成全市联网的各类书目信息系统；⑤建立多层次文献传递网络；⑥建设全市性数字化咨询系统；⑦开展多层次全方位专题服务与信息咨询；⑧推行以电子商务为核心的图书馆服务模式。现在该协作网已有44家高校和科研图书馆，28家区县和基层图书馆加入。上海把此模式的建设经验总结为：资源共建共享需要新的载体不断推进；政府推动是资源共建共享发展的支撑；技术推动是资源共建共享成功的关键；人力资源建设是资源共建共享的保证；社会需求是资源共建共享发展的动力。

4. 欧盟的e-Content模式

欧盟的电子内容计划第二阶段的实施模式沿三个行动线(action line)展开。第一行动线提供公共信息的公众访问和商业化开发，预算比例为40%～45%；第二行动线在多元语言和文化环境中增强内容产品，预算比例为40%～45%；第三行动线提高数字内容市场的活力，预算比例为10%～15%。把公共信息的商业化开发和发展数字内容市场作为实施的关键环节和突破口。按照此模式，欧盟已经成功实施了几十项重点示范工程，取得了重要的成果。

8.3.5 关键技术的选择

1. 信息采集技术

在进行信息资源开发利用时，一方面需要把大量现有的、用不同形式和载体存储的文献资料，如文件、图片、声像资料等，通过扫描、照相等转化为数字化信息。所用的采集技术有图像扫描与处理，文字、图像和语音的识别以及数字化初始信息的各种再加工技术，还有数字化资料的生成技术，定义与接受不同类型的数据文件，以便存储到计算机内，加上相应的数据压缩与转化技术。另一方面需要按特定的目标与服务内容从因特网获取不同类型的信息资源，根据特定的方法进行排序、组织，并根据其动态变化进行更新，以形成一个用户可以直接使用的、有价值的信息资源。

选择什么样的信息采集和处理技术，决定了信息资源开发利用的工作效率。目前，印刷体的 OCR 识别技术已达到完全实用的程度，含有更先进的技术的专业版 OCR 软件性能更优良。要综合考虑 OCR 技术的各项指标：识别的正确率、速度、需要的人工负担，以及对各种编码的支持，另外还要考虑该技术要有开放的开发接口，这样才能与其他应用系统连接。

2. 信息组织技术

信息组织技术是一个开放系统，它随着新技术、新方法在信息组织中的应用而不断充实、发展。其中的关键技术主要有数据库技术、数据仓库技术、自动标引、自动分类、信息检索技术。数据库技术主要包括关系数据库技术、面向对象数据库技术、非结构化数据库技术、多媒体数据库技术、数据仓库技术等。关系数据库已成为最普及的数据库技术。分布式数据库和多媒体数据库是研究的热点。数据仓库正广泛地应用于各种商业领域，电信、银行、零售、航空、铁路、邮政、食品、消费类制造、汽车、医疗、保险等行业对数据仓库技术需求最为强烈。

支持数据挖掘的理论方法有：模式发现（即在数据库中发现模式）、概率理论（基于概率统计理论的数据挖掘基础是发现随机变量的联合分布概率）；微观经济分析（通过数据挖掘来发现对企业决策过程有用的模式）、归纳数据库（数据库模式看作是由存储在数据库中的模式和数据组成）。建立一个能满足以上这些要求的定义良好的数据挖掘框架是当前研究的主要目标。另外，目前商用数据挖掘市场也有一些初步的数据挖掘产品，这些系统也正处于不断完善的过程中。

3. 信息检索技术

网络信息资源作为信息资源开发利用的重要对象，目前的关键技术有：智能检索技术、多媒体检索技术。智能检索包括用户检索需求理解的智能化和检索过程的智能化。对前者需要检索系统（软件）从概念层次上来理解用户的提问，可用的技术有基于同义词表、蕴涵词表等入口词表进行领域和概念的扩充。还可利用自然语言处理技术对提问加以分析。检索过程的智能化是指能够代理用户进行检索，并且可以基于用户已有的检索经验，适应用户变化的检索需求。它体现了检索系统与人工智能技术的融合，如采用机器学习技术、推理机制来不断更新检索的知识库，利用不断产生的新的知识使得检索具有智能性。智能 Agent 就是一个实例，它可以在用户没有明确具体要求的情况下，代替用户进行各种复杂的工作，如信息查询、筛选及管理，并能推测用户意图，自主制定、调整和执行行动计划。个性化信息检索目前尚处于研究阶段，还没有成熟的系统问世。

基于内容的图像检索技术利用图像的颜色、纹理、草图、形状等特征进行检索，它融合了图像处理和理解技术，提供更有效的检索方法。音视频检索技术发展比较缓慢，有关压缩文件、音像、动画文件等对象的自动索引问题，仍然处于探索研究阶段。

4. 信息共享平台技术

目前，主要通过一系列的有关数字对象的存储、元数据描述和传输的规范性协议来建立统一的、标准化的、可扩展的、灵活的、开放的信息共享的技术平台，以达到数据交换和资源共享的目的。其中的关键技术有：Web服务技术、信息推送技术和数字资源描述技术。

目前解决异构平台上不同系统互相通信和共享数据的主流技术就是Web服务技术。Web服务技术是为解决在Internet环境下松散耦合的Web服务之间进行互相调用互相集成的技术框架，它以XML/SOAP/WSDL/UDDI为主干。该框架中有3个角色：服务提供者、服务注册中心和服务请求者。服务提供者是提供最终Web服务的应用，它实现一个Web服务，并放在在线服务器上供其他用户使用，这些用户可能本身就是一个其他的应用。服务注册中心是一个Web服务的注册地，汇集了很多在线的Web服务。虽然提供Web服务构建的产品有很多，但是因为是在内部实现的技术，所以IBM、HP、Oracle等厂商都采用J2EE架构，对支持该项技术的平台框架的选择主要在.Net和J2EE构架之间。综合比较来看，二者旗鼓相当，各有优劣。在未来相当长时期内，J2EE和.NET都将是企业构建应用系统的重要选择，两种平台将共存，不断地相互借鉴和完善，并且有望通过Web服务实现互操作。

5. 信息安全技术

信息安全主要包括物理安全、网络安全、应用系统安全以及用户安全。信息资源开发利用技术需要重点考虑的安全问题是网络安全、应用系统安全和用户安全。因为要保证让正确的用户，以正确的方式，使用正确的信息资源；保护信息不会泄露给未经授权的人；防止信息被未经授权的人篡改；保证信息和信息系统确实为授权者所用，防止计算机病毒或其他人为因素造成系统拒绝服务；对信息和信息系统实施安全监控，防止非法利用信息和信息系统；保持信息行为人不能过后否认自己的行动。在应用系统安全方面保护信息安全的关键技术主要有：数字加密技术、数字签名技术、数字水印技术、数字版权管理技术和安全传输标准。

数据版权管理(data right management，DRM)技术，是指数字化内容在生产、传播、销售、使用过程中知识产权保护与管理的技术。DRM的目标是运用技术手段遏制盗版，保护数字化内容的知识产权。第一代DRM技术主要致力于对数字化内容的安全性和加密技术的开发；第二代DRM技术则扩展到对数字版权的描述、认证、交易、保护、监控、跟踪以及版权持有者相互关系的管理上。DRM技术在数字图书馆领域有了一定范围的应用，尤其在电子图书的出版、发行和销售过程中得到一定的应用。

数字水印技术是指用信号处理的方法在数字化的多媒体数据中嵌入隐含的标记。一旦嵌入水印，数字水印将随多媒体数据存在，但是被嵌入水印的图像、视频、声音等信息仍保持极高的品质，非法用户无法获取或去除数字水印信息。数字水印一般应用于数字作品的知识产权保护、商务交易中的票据防伪、声像数据的隐藏标识和篡改提示、隐蔽通信等。数字水印通常根据它要加密的对象文档的类型分为两类：文本和图像水印。处理文档的图像水印，在空间域中加数字水印，而处理文档的数字水印应有3种办法：文本行编码、字间空当编码和字符编码。

不同的信息安全技术解决不同的信息安全问题，实践上需要多种信息安全技术相结合。比如：对一些关键且数据量小的信息，采用公钥加密技术；对一般的有加密必要的信息资源采用私钥加密技术，以达到安全性和效率的有效平衡。网络安全方面主要依靠 SSL 等安全传输协议技术。对一些需要加密的多媒体对象数据采用数字水印技术进行加密。

思 考 题

1. 内容和数据、信息之间有何区别？企业为何要引入内容管理？
2. 简述内容管理的含义、目标、作用，内容管理系统的基本架构、功能和实现技术。
3. 分析内容管理软件的需求情况、主要产品及其特点。
4. 简述信息采集的一般原则、策略、方式和新的采集技术。
5. 何谓信息表示？简述信息表示的语言类型及其作用。
6. 简述资源编目、分类、主题标引的作用和基本方法。
7. 简述信息检索的主要类型、基本原理、各种信息检索系统的结构和功能。
8. 简述联机信息检索的流程和基本方法，网络搜索的主要工具和技术。
9. 信息分析工作的主要内容是什么？简述各种信息分析业务的基本方法和作用。
10. 请阐述信息资源开发利用的重要意义、原则、战略、模式以及关键技术。

第9章 信息技术管理

信息技术管理是信息资源管理的重要组成部分。在现代社会中，人类的信息活动离不开信息技术的支持。所谓信息技术，是指与信息的生产、发送、传输、接收、变换、识别、控制等有关的技术总称，是在信息科学指导下扩展人类信息处理功能的技术，主要包括通信技术、计算机技术和控制技术。信息技术的广泛应用，促进了社会生产力的飞速发展，引起了社会的深刻变革。对信息技术的开发、应用进行有效的控制和管理已成为一项重要的工作。

9.1 技术管理理论

由于信息技术的开发应用属于技术活动的范畴，所以谈到信息技术管理，不得不提及技术管理及其理论。技术管理理论对信息技术管理的研究和应用具有一定的借鉴和指导意义。

9.1.1 技术管理的产生背景

技术活动是一种特定的社会活动。它影响着社会生活的各个领域，并在社会实践中不断发展。技术管理是在人类的技术活动及其管理实践中逐步凝聚出来的。从历史发展角度来看，技术管理是在以下背景下产生的。

(1) 技术科学和应用科学的分化。人类在社会生产实践中积累和创造了丰富的知识，逐渐形成庞大的知识体系，从而形成了学科的高度分化，同时不断出现新学科。技术管理就是在这样的发展过程中产生的。

(2) 技术活动的组织管理需求。人类技术活动的分工不断深入，专业技术活动内容分工越来越细，具有技术活动共性的组织管理问题越来越突出，于是技术活动的组织管理内容便逐渐从专业技术活动中分化出来，随着管理模式的进化，发展形成现代科学技术体系中技术管理学。

(3) 现代管理学的发展。现代管理学最初是从提高生产技术活动效率、加快操作速度、降低生产劳动成本开始研究并发展起来的。在最初的科学管理的实践中注重分析生产系统工作过程的基础上，合理进行职能分工，通过制订工作标准和规范工作方法，建立能效工作制度，并改善工作条件，实现科学管理来提高劳动生产率。随着技术进步和社会生产的发展，管理思想观念不断更新，管理学迅速发展，为技术管理的形成奠定了管理理论基础。

(4) 技术活动和技术管理活动的实践。技术管理的基础是技术活动和技术管理活动的实践。随着社会的发展，技术活动在社会系统中普遍存在，有着广泛的社会实践领域，技术活动更加复杂和全面，需要进行系统的管理。随着科学技术的进步和社会生产的发展，对技术活动的管理显得更为复杂和重要。

9.1.2 技术管理的研究内容和学派

技术管理已经提出了30多年，得到社会的认可和接受，其范畴在不断地清晰和明朗。1987年，美国全国研究会曾将技术管理定义为："技术管理涉及工程、科学和管理，研究为了形成和实现组织战略和运行目标而规划、开发和实施技术能力的问题。"它关注技术开发与实施、技术向产业和政府扩散的管理问题，具体包括：在业务活动中识别和评价技术；管理研究与开发活动，确定项目可行性；将技术组合到组织的业务活动中；在产品和工艺过程中实施新技术等。

1. 技术管理的研究内容

技术管理的研究主要涉及以下4方面内容：

(1) 技术的战略和远期问题。它包括：创新管理，研究、开发、工程、运行(RDEO)战略规划，国家和国际技术政策，预测和评价，技术联盟，营销和技术联系(产品概念、设计、支持)，技术变革管理，收买和合资谈判。

(2) 与技术有关的政策。它包括：技术转移、组织接口、社会技术系统设计、市场营销与研究开发、制造与研究开发、行政管理与研究开发等方面的政策。

(3) 当前的RDEO问题。它包括：项目管理、技术人员的组织管理、质量和生产率管理、技术生产率、危机管理、新产品开发、供货人管理、开发和技术管理者培训等方面的问题。

(4) 技术支持和服务问题。它包括：信息系统开发和应用、人力资源管理、劳动管理谈判、法律问题、风险和补偿分析、技术经济、伦理和社会影响、技术管理中的专家系统。

2. 技术管理学研究中的学派

技术管理理论产生后得到了迅速的发展，具体表现为从关注技术活动的研究开发向关注技术创新过程发展；从关注单项技术开发活动向关注开发、组织变动、人力资源等多项活动集成演进；从关注技术性局部活动向关注技术、生产、商业等全局性活动变化；从静态管理向动态管理推进，强调适应不断变化的环境。

技术管理研究内容的发展促进了4个技术管理学派的产生，它们分别是技术研发(R&D)管理学派、创新管理学派、技术规划学派和战略性技术管理学派。

(1) 技术研发管理学派。技术研发管理学派认为，技术发展沿着一定的曲线成长，对技术成长的投资越多，技术性能就会越高，相应的技术曲线伸展得就越快。该学派把技术研究与开发的内在机制看作是一个黑箱，其研究内容基本上不关注技术研究与开发过程，只关注投入和产出。

(2) 创新管理学派。创新管理学派是在技术研发管理学派的基础上发展起来的。该学派认为技术创新对经济发展和人类进步起着关键性的作用，技术创新不仅涉及技术发明，而且涉及生产、制造、市场、销售、服务等商业化过程。因此，该学派主张将技术管理的视野从技术研究与开发扩展到技术创新的全过程。

(3) 技术规划学派。技术规划学派认为，技术竞争的加剧和技术进步的加速是经营环境不确定性增加的两大重要因素。因而，技术作为企业竞争力的构成因素，其作用不断加大，技术变化不再当然地被视为具有简单性和可预测性的特点。因此，该学派关注技术的动态变化，主张在动态分析中对技术活动进行规划。

(4) 战略性技术管理学派。战略性技术管理学派认为，传统的技术管理方法存在以下问题：缺少高层管理关注，组织不适应，技术和组织集成不当，技术部门和商业部门缺少相互理解、沟通和合作，对技术没有给予战略性重视。这些问题导致企业技术吸收率低、技术实施失败率高等后果。基于以上认识，该学派主张企业技术管理应与战略管理相融合，要把人力资源和组织因素集成到技术创新过程中，技术问题和商业问题要同时考虑。

9.1.3 信息技术管理的任务和作用

信息技术管理是一个新兴的研究领域，目前还没有一个公认的界定。笔者认为，信息技术管理以信息科学、管理科学等相关学科为理论基础，采用工程、经济、技术等手段，以信息技术及信息系统的开发、应用中的技术管理问题为研究对象，对其中的规律性问题、组织管理问题和环境条件问题进行综合分析，具体涉及信息技术和信息系统的开发管理、质量评价、安全管理、运行维护、计算机网络管理和标准化等问题。

1. 信息技术管理的任务

信息技术管理以信息技术活动及其规律为研究对象，通过有效地组织管理相关的开发应用过程，发现其中的内在规律，寻求利用这些知识解决各种技术问题的方法，从而提高活动效率，推动信息技术的应用和进步。为此，信息技术管理研究有以下几项任务。

(1) 研究信息技术活动的规律。信息活动作为人类一项特殊的技术活动，有着其自身的活动规律。这些规律在信息技术开发与应用、信息系统建设、信息资源管理过程中体现出各影响因素之间的关系，并反映了信息技术体系中构成要素在信息运动中的内在联系。信息技术活动规律的研究揭示和阐明信息技术的特征和发展规律，从而可以更好地推动信息技术的发展。

(2) 研究信息技术活动过程的组织管理。各类信息技术活动都有一定的目标和具体内容，实现某一技术目标存在不同的途径。通过分析研究信息技术活动过程，按照其规律性总结归纳出科学的活动程序，如大型复杂信息系统的开发管理、信息系统的质量控制等问题，从而实现信息活动的合理分工协作，推动信息技术开发、信息技术创新等活动的深入开展。

(3) 研究信息技术活动的环境条件。信息技术活动的开展要受到社会系统的制约和技术系统自身条件制约。研究信息技术活动的环境条件，寻求和创造适宜信息技术创新、普及、发展的机制，使技术活动与外部环境协调发展。这些方面的研究有信息技术标准化问题等。

2. 信息技术管理在信息资源管理中的作用

信息技术管理是人类信息活动不断深入，信息技术及其应用飞速发展的产物。信息技术管理在信息资源管理中具有重要的作用。首先，从概念上说，广义的信息资源概念包括信息的采集、传输、加工、存储活动中的各类设备、软件、方法、技术、标准、规范、政策等，而这些内容也都属于信息技术的范畴，所以理论上信息技术管理属于信息资源管理的研究内容。

其次，信息资源管理离不开信息技术的支持，在信息资源管理中是否能有效地利用信息技术，对信息资源管理活动的结果会有较大的影响。因此信息技术管理是信息资源管理中的重要活动，在信息资源管理工作应重视对信息技术的管理。

9.2 信息系统管理

信息系统是指为实现一定的目标，在一定的信息处理模型指导下，由计算机硬件设备、通信和网络设备、计算机软件、信息资源、用户、规章制度等所组成的信息处理的统一体。其功能是对信息进行采集、处理、存储、管理、检索和传输，并能向有关人员提供有用信息。同很多事物一样，信息系统也有其生命周期。信息系统管理贯穿于整个生命周期之中。

9.2.1 信息系统的开发管理

信息系统开发包括软件开发、硬件开发、数据库开发等多方面的内容。但从开发管理角度来看，由于其中最复杂、最多样性、最难于控制的工作是软件开发，所以对信息系统的开发管理主要研究集中在软件开发管理上。

1. 系统开发管理的内容

系统的开发管理采用工程化的思想、原理、技术和方法来指导系统的开发工作。它由方法、工具和过程 3 部分组成。其中开发方法是完成开发项目的技术手段。它支持项目计划和估算，系统需求分析等工作；工程使用的系统开发工具支持系统开发和管理，支持各种文档的生成。管理人员在系统开发过程中，对开发活动的质量、进度、成本进行评估、管理和控制。这些工作包括人员组织、计划跟踪与控制、成本估算、质量保证、配置管理等。

信息系统的开发管理是系统开发活动发展的必然结果，大规模的系统开发必须用工程的方式进行组织和管理。即对项目开发人员进行严密的组织管理，实施良好的协同配合。开发管理的内容有：

(1) 系统开发方法。软件开发方法研究如何高效地开发高质量系统方法。它应指出系统开发的明确工作步骤，并给出描述各类系统产品的文档格式。所以开发方法应提供开发过程模型和产品描述模型。

(2) 系统开发工程管理。工程管理研究如何有效地对开发项目进行管理，以便于按照进度和预算完成项目计划，实现预期的经济和社会效益。具体包括成本估算、进度计划、人员组织、质量保证等方面。

(3) 系统开发工程经济问题研究。该方面的研究从经济学的角度出发，从成本效益分析入手，对开发的过程和有关问题进行研究。探讨如何合理有效地组织有关的开发活动，对开发进行控制和管理。

2. 系统开发模型

大型复杂系统开发强调开发工作的规范化和分阶段性。在实际的开发过程中，各阶段的实施往往不是顺序的，而是表现为带有一定反馈和重复步骤的迭代过程。这种复杂的过程往往需要一定的模型来表示。开发模型就是这样一种模型。软件开发模型表明了开发过程所依据的开发方法，具体地描述了软件的工作内容和工作过程，给出了开发活动各阶段之间的关系，从而为以后的各类系统开发提供指导。

(1) 瀑布模型

瀑布模型(Waterfall Model)是 Bohem 于 1976 年提出的，它是最早的软件开发模型。瀑布模型又被称为生命周期模型。它将开发分为 3 个时期，它们是计划时期、开发时期和运行时期。每个时期又可分为若干个阶段，其开发过程可用图 9-1 或图 9-2 来表示。

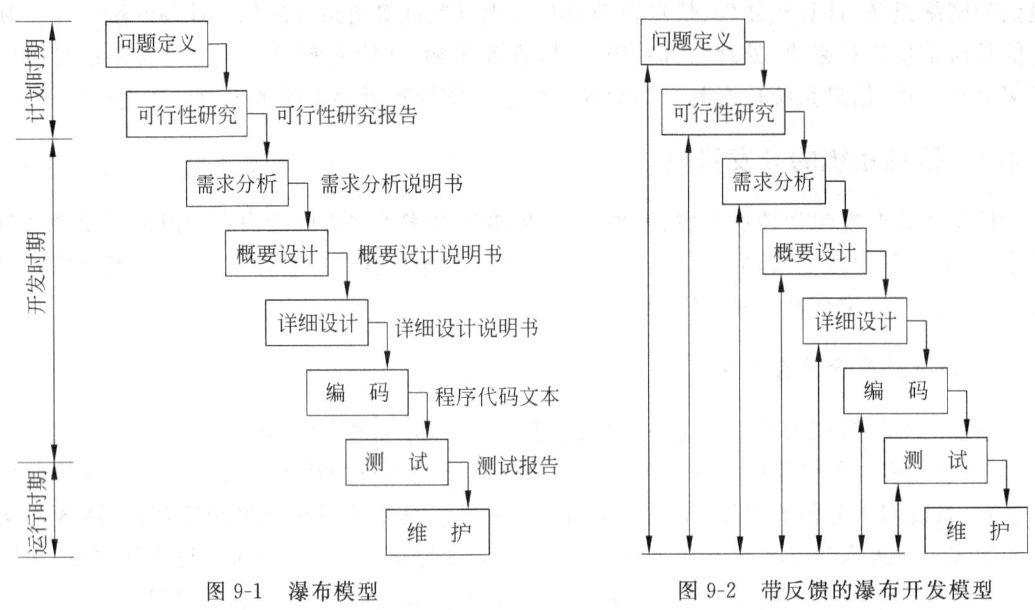

图 9-1 瀑布模型

图 9-2 带反馈的瀑布开发模型

瀑布模型描述了软件开发的过程，定义了各个阶段所做的工作。在瀑布模型的控制之下，人们需要经过相当长的时间即经过软件的分析、设计、实施和测试才能得到软件的初始版本。

(2) 原型法

原型(Prototype)是所开发系统的一个可执行模型或引导性版本，它可为客户和软件开发各阶段的系统人员提供系统的原始蓝本，并以此为基础进行需求分析和系统设计。

建立不同目的的原型可使用不同的实现方法和实现过程。原型实现的过程也可看作是原型系统的生命周期。在建立原型时，只将注意力集中于要验证的主要方面，而忽视其他一些次要方面。原型的建立步骤如下(见图9-3)：

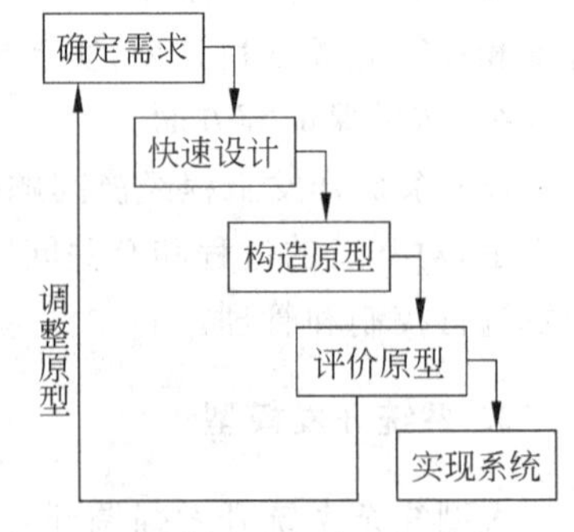

图 9-3 原型构造过程

第一步，确定需求。根据所要完成的任务，确定要建立何种原型，用原型来解决何种问题，以此来决定在构造原型时重点要验证及解决的问题及忽略的细节。

第二步，快速设计。快速设计是在基本的需求分析的基础上，做必要的设计工作。

第三步，构造原型。该步骤用某种语言或原型开发工具实现原型，得到可执行的原型。

第四步，评价原型。通过试运行，对系统所要解决的问题进行验证，并可以提出新的要求，通过调整当前原型实现。

第五步，实现系统。将评价原型的结果运用到系统开发中，以实现系统，得到所要开发的软件产品。

(3) 增量开发模型

增量开发模型又称螺旋开发模型(Spiral Model)，因在其指导下的开发呈现为一个螺旋式上升的过程而得名。增量开发模型是生命周期模型与原型模型的结合，它不仅体现了这两个模型的优点，而且还增加了新的内容——风险分析(risk analysis)，用来弥补两者的不足。

增量开发模型是一种渐进式的开发方法。它从建立原型开始，目的是演进出目标系统。增量开发模型指导下的开发是一个循序渐进的过程。原型刚开始很简单，只体现人们最初的想法。以后不断以较小的而又容易实现的增量扩展，在已有的原型上加入新的功能。整个过程体现出系统逐步完善的过程。每当系统人员对系统有了新的认识和想法后，就通过原型实现。随着系统开发的深入，原型不断扩充和完善。增量开发模型的过程有以下几个步骤：

第一步，通过调查分析，确定客户对目标系统的基本需求。

第二步，在对客户基本需求分析的基础上进行风险分析。

第三步，通过简单的设计，用某种方式快速构造一个系统原型。

第四步，将原型交给客户运行，通过运行原型并和客户充分交流。在此基础上进行评审，根据对原型的改进意见，作稍为详细的系统分析和设计，并构造下一代原型系统。

第五步，重复以上“运行原型系统——与客户交流——进一步的分析设计——再构造原型”的过程，直到目标系统开发结束。

图 9-4 说明了增量开发模型的过程。

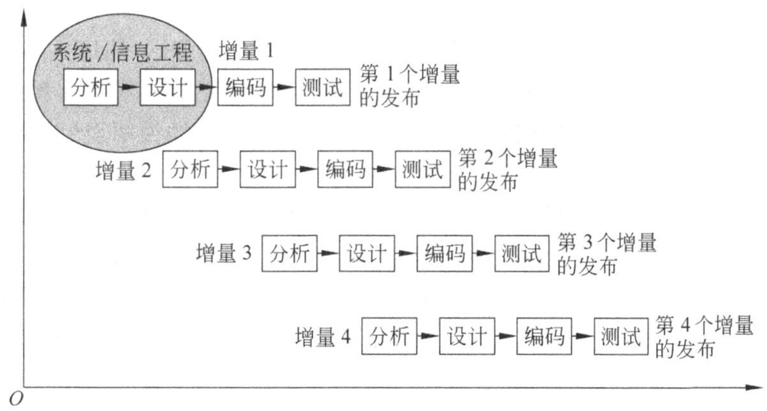

图 9-4　增量开发模型的过程

系统开发存在着各种各样的风险。与风险相关的因素包括思想、观点、行为，地点、时间等。人们改变、选择、控制与风险密切相关的条件可以减少风险。在开发过程中，开发人员应关心顾客需求、开发环境、目标动机、时间、成本等因素的改变会产生何种影响。系统开发的风险分析包括：风险标识、风险估算、风险评价和风险管理等内容。

3. 系统开发规范

为使系统开发过程更加合理，很多国家都制定了相应的系统开发规范。我国国家标准《计算机软件开发规范》(1986 年)就是这样一个规范。该规范将系统生存周期分为 8 个阶段，即可行性研究与计划、需求分析、总体设计、详细设计、实现、集成测试、确认测试及使用与维护。使用分阶段的方法开发大型复杂系统是依照人类解决复杂问题的惯用策略，即把复杂问题进行分解，分别解决相对简单的子问题。生存周期正是从时间角度对生产过程进行分解，以便有条不紊地进行开发。各阶段的具体工作如下：

(1) 可行性研究与计划。可行性研究与计划是系统生存周期的第一项活动。一般来说，信息系统的开发都会受到多方面因素的限制。因此，在项目开始之前应根据客户可能提供的时间和资源条件进行可行性研究。有效的可行性研究通过科学的研究和投资效益分析，发现开发过程中存在的问题，从而避免可能的人力、物力和财力上的浪费。可行性研究包括经济可行性、技术可行性、法律可行性和开发方案的选择等方面的内容。

(2) 需求分析。需求分析是系统开发的一项重要任务。需求是用户对目标软件系统在功能、行为、性能、设计约束等方面的要求。在需求分析工作中，系统分析人员对用户需求进行调查和分析，确定现有环境的特征，正确定义目标软件的特性。因此，需求分析工作是对应用问题及其环境进行理解与分析，为问题涉及的信息、功能及系统行为建立模型，将用户需求精确化。

(3) 总体设计。其任务是根据需求规格说明建立目标系统的总体结构，提出系统结构图；定义各功能模块的接口、设计全局数据库或数据结构、制定组装测试计划等。

(4) 详细设计。详细设计是对总体设计中产生的功能模块进行过程描述；设计功能模块的内部细节，包括算法和数据结构，从而为编写源代码提供必要的说明和准备。

(5) 实现。系统实现的任务是将详细设计的结果转化为用具体的程序设计语言所书写的程序。同时，系统实现还要对所编写的源程序进行程序单元测试，即模块测试。

(6) 集成测试。测试是寻找程序中错误的过程。测试目的是尽可能多地发现系统存在的问题，进而加以改进。集成测试根据概要设计中各功能模块的说明及制定的集成测试计划，将经过单元测试的模块逐步组装并进行测试。

(7) 确认测试。又称验收测试，其任务是根据需求说明书中定义的全部功能和性能要求以及确认测试计划测试整个系统是否达到了要求。并提交最终的用户手册和操作手册。

(8) 使用与维护。系统经过确认测试后，就进入了使用和维护阶段。使用和维护工作一直伴随着系统，直到系统被废弃不用。系统维护的目的是保证系统正常而可靠的运行，使系统性能不断得到改善和提高，以充分发挥作用。

4. 文档化管理及其规范

文档化管理是系统开发管理的重要特征。在系统开发生命周期内，相关文档的完成是每一阶段完成的标志。文档记录总结了一个阶段工作的具体内容，并作为下一个阶段的工作基础，是不同阶段相互衔接的工具。文档既是系统开发者的工作需要，今后能以此为依据进行检查、修改；同时，文档向使用者提供了判断开发任务是否完成以及完成质量的依据。

为使开发过程中各阶段的文档编写更为规范、合理和统一，我国制订了该方面的国家标准《计算机软件产品开发文件编制指南》，用以指导软件开发过程中的文档编制。

9.2.2 软件质量及其管理

1. 软件质量及特性

(1) 软件质量的概念

一般认为，计算机软件质量是软件的一些内部特性的组合，它依赖于软件的本质。因此，软件质量与描述软件优秀程度的特性相关。在 ANSI/IEEE Std 729-1983 中，软件质量被定义为："与软件产品满足规定的和隐含的需求的能力有关的所有特征"。其中包括：

- 软件产品中能满足给定需要的性质和特性的总体，例如，符合规格说明。
- 软件具有所期望的各种属性组合的程度。
- 顾客或用户觉得软件满足其综合期望的程度。
- 软件的合成特性，它确定软件在使用中将满足顾客预期要求的程度。

(2) 软件质量的基本特性

通常认为，软件质量由以下 9 个方面的特性来定义：

- 功能性：软件所实现的功能达到它的设计规范和满足用户需求的程度。
- 可靠性：在规定的时间和条件下，软件所能维持其性能水平的程度。
- 易使用性：对于一个软件，用户学习、操作、准备输入和理解输出所做的努力的程度。
- 效率：给定条件下，用软件实现某种功能所需的计算机资源(包括时间)的有效程度。
- 可维护性：在一个运行软件中，为了满足用户需求，当环境改变或软件发生错误时，进行相应修改所做的努力的程度。
- 可移植性：软件从一个计算机系统或环境转移到另一个系统或环境的容易程度。
- 可扩充性：在功能改变和扩充的情况下，软件能够正常运行的能力。
- 可移植性：为使一个软件从现有运行平台向另一个运行平台过渡所做的努力的程度。
- 重用性：整个软件或其中一部分能作为软件包而被利用的程度。

2. 软件质量因素——软件质量的二级特性

软件质量基本特性是从使用观点引入的。为了更准确地对软件质量进行描述，必须将它们转化为与软件有关的观点，即从面向技术的观点进行定义。这种定义是通过对每个特性建立一组二级特性来完成的。从软件设计观点出发，软件质量特性由下列二级质量特性所决定：

- 可追踪性：在特定的开发和运行环境下，提供从实现到用户需求的可追溯性。

- 完备性：所需软件功能全部实现。
- 一致性：软件设计、实现技术和标记一致。
- 精确性：计算和输出时能提供所需的精度。
- 简单性：在可理解方式下，简化功能的定义和实现。
- 可操作性：确定与软件操作有关的规程，并提供有用的输入输出。
- 培训性：与现行操作方式相近，并能进行联机帮助与培训。
- 通信有效性：在执行功能时，使用最少的通信资源。
- 处理有效性：功能的实现占用最少的处理时间。
- 设备有效性：功能的实现使用最少的设备（包括存储设备和外部设备）资源。
- 模块性：提供内聚度高，耦合度低的软件。
- 系统无关性：系统不依赖于软件环境（操作系统、例行程序和输入、输出子程序等）。
- 硬件无关性：系统与现行系统的微码及计算机结构无关。
- 自描述性：对功能实现进行自我说明。
- 结构性：软件结构程度良好。
- 清晰性：以可理解的方式对程序结构作出清楚明了的描述。
- 可扩充性：适应数据存储和计算功能扩充要求。
- 文档完备性：软件文档齐全、描述清楚及满足国家标准。
- 健壮性：在发生意外时，能继续执行和恢复系统。
- 通用性：使用协议、例程、数据表示的接口标准。
- 可见性：进行开发与操作状态监控。
- 安全性：能防止软件受到意外或蓄意的存取、使用、修改、毁坏或泄密。

3. 软件质量管理

软件质量管理是对软件这一特殊产品的质量管理。在软件开发早期，软件设计者对软件的检查不够重视，软件质量仅取决于软件设计者本身的工作态度、能力和人为的质量标准。随着质量管理和软件技术的发展，提出了制定软件设计和开发各阶段的标准化问题。20世纪70年代，美国首先提出了软件质量概念，并进行了软件质量管理的实践。

软件质量管理活动大致可以分为质量控制和质量设计，这两类在功能上是相互依赖的，质量控制可以进一步分成计划、规程评价和产品评价3部分内容。

(1) 计划。为了进行质量控制，必须首先制定一个软件质量管理计划，这个计划确定质量目标，确定在每个阶段为达到总目标所应达到的要求，对进度进行安排，确定所需的人力，资源和成本等。它贯穿于整个软件的生存期中，指导软件每个阶段的活动。

(2) 规程评价。软件质量管理包括软件开发、生产、管理和维护中所遵循的规程的评价。这个概念反映在软件质量管理的定义中。所谓规程就是在软件生存期中应当遵循的一些政策、规则和标准的具体实施的描述，软件质量管理就是通过软件管理人员来监督和执行这些规程。在规程评价过程中，不同的软件要求不完全相同，因此可能用不同的标准。一般来说，所制定的政策应当具有下列特点：

- 采用成本低、效果好的方式来开发符合生产质量要求的软件。

- 产品、文件和服务是高质量的。
- 在工作中应尽量避免错误和浪费。
- 有一个足够灵活以适应各种不同的项目要求、满足不同的文件标准的质量保证体系。
- 质量保证体系含有文档化的手册，如质量保证手册、可靠性手册、规格说明手册、配置管理手册等。

(3) 产品评价。质量管理也包括软件产品本身的评价。虽然在软件开发过程中不断地进行评审、分析、验证和确认等，但最后还可能存在错误，因而可能在上述的规程方面表现出来。这样，对产品评价时就可能发现违反规程的问题。产品评价所用的方法可以是设计的走查、代码的审计、测试结果的分析以及软件的质量度量和评估等。

4. 软件质量标准

在软件开发过程中，随着软件工程的发展，人们有组织地制订了软件开发、生产、管理活动等方面的规范，美国国防部和 IEEE 都做了比较系统的工作。下面是一些软件质量管理方面常用的美国军用标准：

- DDDD 5000.29：主要用于国防系统的计算机资源管理。
- MIL-5-52779A：软件质量保证需求规范。
- MIL-Q-9858A：质量需求规范。
- MIL-STD-480：配置控制-工程变化、偏差及弃权。
- MIL-STD-483：系统、设备、军需品及计算机程序的配置实践。
- MIL-STD-490：规格说明书实践。
- MIL-STD-1521A：对系统、设备和计算机程序的技术评审和审计。
- AFR800-14Vol.Ⅰ：系统计算机资源的管理。
- AFR800-14Vol.Ⅱ：系统计算机资源的获得和支持规程。
- DOD-STD-2168：软件质量评价。

下面是一些 IEEE 有关软件质量管理方面的标准：

- ANSI/IEEE Std 729-1983：软件工程术语标准词汇。
- ANSI/IEEE Std 730-1984：软件质量保证计划标准。
- IEEE Std 828-1983：软件配制管理计划标准。
- ANSI/IEEE Std 829-1983：软件测试文档标准。
- IEEE Std 830-1984：软件需求规范说明指南。
- IEEE Std 983-1985：软件质量保证计划指南。

9.2.3 信息系统的运行管理

1. 信息系统运行管理的目标与内容

(1) 运行管理的目标。信息系统交付使用后，即进入系统运行阶段后，运行阶段的目标是对系统进行管理和维护，即对信息系统的运行进行控制，记录其运行状态，进行必要的修改与扩充，以便使信息系统真正符合用户的需求。

(2) 运行管理的内容。信息系统的运行管理主要包括日常运行的管理、运行情况的记录以及对系统的运行情况进行检查与评价。运行管理主要包括以下内容：

- 数据采集。具体包括数据收集、数据校验及数据录入。收集工作往往是由分散在各业务部门的业务管理人员进行的。因此，应注意采集点的工作，以便提高所收集数据的质量，完整、及时和准确地得到数据，为系统的正常运行打下坚实的基础。
- 例行数据处理及服务。包括：例行的数据更新、统计分析、报表生成、数据的复制及保存、与外界的定期数据交流等。这些工作一般是按照一定的规程，定期或不定期地进行。
- 设备管理。为了完成前面所提到的数据录入及例行服务工作，要求各种设备始终处于正常运行的状态之下。为此，需要有一定的设备管理人员，负责设备本身的运行与维护。具体包括设备的使用管理，定期检修，备品配件的准备及使用，各种消耗性材料的使用管理，电源及工作环境的管理等。
- 系统运行记录。包括工作量信息、信息服务信息、系统的维护修改情况和故障情况等。
- 系统运行的检查与评价。看是否达到预定目标、系统的适应性、安全性及效益情况。
- 系统安全管理。是日常工作的重要部分。9.3 节有专门讨论，此处不再赘述。

2. 信息系统运行管理的机构与人员

有效地组织好系统运行对提高管理信息系统的运行效率是十分重要的。系统运行组织的建立是与信息系统在企业中的地位分不开的。目前我国各企业、各组织中负责系统运行的大多是信息中心、计算中心或其他信息部门等。随着人们对信息作用的认识提高，信息系统在企业中的地位也在逐步提高。

由于信息系统本身的特点，其运行中要涉及多方面的、具有不同知识水平及技术背景的人员。这些人员在系统运行中互相配合，共同实现系统的功能。他们之间能否互相配合、协调一致，是系统成败的关键因素之一。人员的管理包括 3 个方面：首先，明确地规定其任务及职权范围，尽可能确切地规定各类人员在业务活动中应负的责任；其次，对每个岗位的工作要有定期的检查及评价，为此，应有一定的评价指标；再次，应对工作人员进行培训，以不断提高他们的工作能力，从而提高整个系统的工作效率。

3. 信息系统运行管理的问题

信息系统的运行管理应注意以下问题：

(1) 运行制度的建立与实施。为保证系统正常运行，应建立和健全信息系统管理体制，有效地利用运行日志等对运行的系统施行监督和控制。各种运行方式应有一整套管理规则，明确规定各类人员的职权范围和责任，在什么时间、什么条件下应该完成什么工作，出现问题也有一套规则进行处理等。高层领导要定期检查系统运行情况，发现问题及时处理。这样才能保证信息系统为各层管理服务，充分发挥信息资源的作用。

(2) 运行日记管理。系统运行日记主要为系统的运行情况提供历史资料，为查找系统故障提供线索。运行日记应当认真填写、妥善保存。其内容包括：填写时间、操作人、运行情况、异常情况(发生时间、现象、处理人、处理过程、处理记录文件名、在场人员等)、值班人签字、负责人签字。

(3) 档案管理。系统档案包括系统开发阶段的各种文档、评价报告、运行日记、维护日志等。这些文档是系统的重要组成部分,要做好分类、归档工作,要妥善、长期保存。同时对档案的借阅要有严格的管理制度和必要的控制手段。

9.3 系统安全管理

随着信息技术应用范围的不断扩大,人们对信息系统的依赖性越来越强。然而,信息系统,特别是网络环境下的信息系统本身的脆弱性和易于攻击的弱点,使得信息系统的安全问题越来越受到人们的广泛重视。目前,信息系统的安全管理已成为全球关注的一个问题。

9.3.1 信息系统的安全问题

1. 信息系统安全的认识

我国1994年颁布了第一部计算机信息系统安全法规:《中华人民共和国计算机信息系统安全保护条例》。该条例认为,信息系统安全是“保障计算机及其相关的和配套的设备、设施(含网络)的安全以及运行环境的安全,保障信息的安全,保障计算机功能的正常发挥,以维护计算机信息系统的安全运行。”信息系统的安全性主要体现在以下几个方面:

(1) 保密性:对信息的存储、传输进行保护,确保信息不暴露给未授权的实体或进程。

(2) 可控制性:可以控制授权范围内的信息流向及使用方式。保证合法用户能正确使用,防止非法用户对系统的操作或使用。

(3) 可审查性:对出现的系统安全问题提供调查的依据和手段。应能够判别出程序和数据是否已被删改、复制和破坏。

(4) 抗攻击性:具有抵御系统外部的非法用户进入、访问或破坏系统的能力。

因此,可以认为信息系统的安全就是为了防止对系统资源非法使用和访问,保证系统的硬件、软件和数据不因偶然的或人为的因素而遭受破坏、泄露、修改或复制,维护正当的信息活动,保证信息系统安全运行所进行的活动。

2. 实体安全和信息安全

在逻辑上,计算机信息系统由实体和信息两大部分组成。所以信息系统安全也分为实体安全和信息安全。所谓实体是指实施信息采集、存储、处理、传输和利用的计算机及其外部设备和网络;信息是指存储于计算机及其外部设备上的程序和数据。实体安全主要是针对计算机系统中的硬件和软件、通信系统中的工作站、计算机网络、通信网络、线路与终端设备,而信息安全主要是指存储设备及其内容的安全。

3. 影响信息系统安全的因素

信息系统是一个复杂的集合体,其运行涉及多方面的因素,因而影响信息系统安全的因素也非常复杂。归纳起来，可以认为有如下因素：

(1) 自然因素。包括：地震、水灾、火灾、风暴、雷击等，它们可以破坏信息系统实体，也可以破坏信息等。

(2) 环境因素。指高低温冲击、电压降低、过压或过载、振动冲击、电磁波干扰和辐射等干扰因素。

(3) 技术因素。指因信息系统实体在技术上存在缺陷或安全隐患，如软件错误、机器寿命、介质老化、由介质的剩磁效应或电磁辐射造成的信息泄露等。

(4) 人为因素。指由人的主客观行为造成的后果，它是信息系统安全的主要威胁。人为因素又分为无意损坏和有意破坏两种。无意损坏是由于人的疏忽大意造成的过失性损坏；有意破坏是指对设施、设备或数据信息进行直接的破坏或盗窃，施放病毒或改变系统功能等。

4. 安全管理的任务

总的来说，安全管理包括以下内容：①进行安全性威胁分析；②制定和实施安全策略；③身份认证(依靠签名、公证和证书)；④强制实施访问控制；⑤保密(加密)；⑥确保数据完整性(信息鉴别)；⑦监测系统以防止安全性威胁；⑧报告安全状态、对安全性的侵害以及未遂侵害。

9.3.2 信息系统的安全措施和策略

1. 安全措施

由上可知，信息系统的安全主要是针对系统内的实体安全和信息安全，即防止实体和信息遭受破坏而使系统不能正常工作；并防止信息被泄露和窃取。同时针对各种可能会影响信息系统安全的因素，制定防范策略和措施。为此，信息系统采取的安全策略主要有3个方面：技术措施、管理措施和法律措施。

(1) 技术措施。技术措施是信息系统安全的重要保障。实施安全技术，不仅涉及计算机和外部设备及其通信和网络等实体，还涉及数据安全、软件安全、网络安全、运行安全和防病毒技术。安全技术措施应贯穿于系统分析、设计、运行和维护及管理的各个阶段。

信息系统的安全保证措施是系统的有机组成部分，应以系统工程的思想、系统分析的方法，对系统安全需求、威胁、风险和代价进行综合分析，从整体上综合最优考虑，采取相应对策。只有这样，才能建立起一个有一定安全保障的计算机信息系统。

(2) 管理措施。从目前的情况来看，信息系统安全的主要问题并不在技术方面，而在于管理和人员。很多系统管理员以为实施了一些技术安全措施之后，系统的安全性就得到了保障。事实上并非如此，系统安全性的保障需多方面的工作。管理措施应以行政制度形式落实下来，并建立相应的职能机构进行实施，从而把技术手段和行政手段融为一体，形成全局的安全管理。这些制度可以包括：用户和工作人员安全教育制度、安全工作检测制度、系统运行维护和管理制度、计算机处理的控制与管理制度、设备与工作场地保卫制度、资料控制制度等。

(3) 法律措施。要保证信息系统的安全,还需要制定相关的法律法规和技术规范。一方面对网络信息安全做相应规范,明确用户和系统人员应履行的权力和义务。另一方面应对不正当的信息活动要受到民法或刑法的限制或惩处,对网络犯罪行为实施打击。这些法律法规应包括保密法、数据保护法、信息公开法、计算机安全法、计算机犯罪法等。信息安全技术规范对信息系统安全也极为重要。其内容包括各种技术标准和规程,如计算机安全标准、网络安全标准、操作系统安全标准、数据和信息安全标准、电磁兼容性标准、电磁泄漏极限等。这些法律和标准是保证信息系统安全的依据和保障。

2. 安全策略

要实现系统的安全,首先要从宏观上把握,从全局出发,制定周密的安全策略。制定安全策略需要考虑以下几个问题:

(1) 估计威胁。如前所述,信息系统安全受到来自各方面的威胁,为保证安全,应将所有可能的威胁罗列出来,并对这些因素进行评估。

(2) 明确需要保护的资源。安全管理人员应充分了解信息系统需要保护的资源,需要使用的设备和需要访问的资源。这样才清楚哪些系统需要最严格的保护,并决定提供给哪些用户正确使用和安全警告的知识。

(3) 信息安全要达到的目标。信息安全的目标可以概括为解决信息的以下问题:

- 保密性:保证信息不泄露给未经授权的任何人。
- 完整性:防止信息被未经授权的人篡改。
- 可用性:保证信息和信息系统确实为授权者所用。
- 可控性:对信息和信息系统实施安全监控,防止非法利用信息和信息系统。

(4) 选择信息安全的原则。有两种不同的安全原则:一种是准许访问除明确拒绝以外的全部服务,另一种是拒绝访问除明确准许以外的所有服务。需要在二者中择其一,一般选择后者作为总的原则。

(5) 估算为安全受到损害所付出的代价。信息安全需要综合考虑效益、风险和可行性。安全策略不应是基于现行或将来的产品或技术,而是要基于功能需求和组织所承担的风险。

9.3.3 信息系统安全技术

技术措施是保证信息系统安全的重要手段。下面对主要的安全技术进行介绍。

1. 实体安全

实体安全是信息系统安全的前提。实体安全主要包括以下内容:

(1) 场地环境安全。信息系统场地选择应远离有害的气体源及存放腐蚀、易燃、易爆物品的地方;远离强的动力设备和机械,避开高压线、雷达站、无线电发射台和微波中继线路;远离强振动源和噪声源;有较好的防风、防火、防水、防地震及防雷击的条件等。

(2) 设备安全。信息系统应根据实际需要选择设备,并考虑设备本身稳定可靠;对环境条件的要求尽可能低;设备能抗震防潮;本身电磁辐射小,抗电磁辐射干扰和抗静电能力强;有过压、欠压、过流等电冲击的自动防护能力;有良好的安全接地。设备安全包括:

① 防电磁泄露。电磁泄露是指计算机系统工作时，有用的信息通过电磁信号或谐波辐射出去。抑制信息外泄的方法有以下两种：一种是采用电子屏蔽技术来掩饰计算机的工作状态和保护信息；另一种是采用物理抑制技术，对线路单元、设备乃至系统进行屏蔽，以阻止电磁波的传播，或从线路和元器件入手，消除产生较强电磁波的根源。

② 防电磁干扰。计算机系统工作时产生的电磁辐射的能量超过一定程度时就会干扰计算机本身和周围的电子设备。计算机在电磁干扰环境中工作，其安全性受到严重影响。通常，抑制电磁干扰的基本方法主要有电磁屏蔽、接地系统、电源系统等方法。

2. 网络安全技术

网络具有多层次的结构特性，因此其安全技术可面向两个方面服务，即网络层和应用层。网络层用于保护网络服务的可用性，其重点解决的是系统安全问题。网络层上最常用的技术是防火墙技术；应用层用于保护合法用户对数据的合法存取，有关的技术将在数据安全和电子商务安全中说明。

防火墙是设置在两个或多个网络之间的、用于安全隔离的计算机系统。它用来保证本地网络资源的安全。通常是包含软件部分和硬件部分的一个系统或多个系统的组合。防火墙不是单个的设备或软件，而是一个最大程度实现网络安全性并最小化授权用户不便的综合办法。根据防火墙的定义，防火墙应该具有以下基本功能：

(1) 限制外部网主机/用户只能访问内部网提供的某些被安全政策所允许的服务，这些服务的提供应该在双穴主机或是周边网络上的堡垒主机上。

(2) 限制内部网用户，不允许他们访问外部网某些危险的站点或使用某些危险的服务。

(3) 在内部网用户访问外部网服务时，提供地址转换或端口转换的功能，对外部网屏蔽内部网细节，还可对通信内部进行检查，提供更严格的安全防护。

(4) 在内部网用户访问内部网而必须经过不安全信道时，提供身份鉴别和机密性服务、完整性服务以及不可抵赖服务等，这主要是针对物理位置处于防火墙之外的用户而言。

防火墙技术主要有两种：过滤技术和代理技术。过滤技术即包过滤技术，其处理对象是 TCP/IP 协议最基本的数据单元：数据包。其依据是预先定义好的或动态实施的一组安全规则，一般根据 IP 地址传输层协议、端口号和有无确认位等参照规则对进出的包进行检查，决定是转发还是丢弃。代理技术是使用一台或多台计算机作为整个内部网与外界交互服务的中介，它一般在应用层实施，面向的是具体服务的细节，而不像过滤一样只有连接的概念。代理的访问控制力度比过滤技术要细。

3. 数据安全技术

数据安全的主要技术是加密技术。实际上，密码是实现一种变换，利用变换保护信息秘密是密码的最原始的能力。现代密码学不仅被用于解决信息的保密性，而且也用于解决信息的完整性、可用性和可控性。所以，密码是解决信息安全的有效手段。

按作用不同，数据加密技术主要分为以下 4 种：

(1) 数据传输加密技术。数据传输加密的目的是对传输中的数据流加密，常用的方法有线路加密和端-端加密两种。前者侧重在线路上而不考虑信源与信宿，是对保密信息通过各线路采用不同的加密密钥提供安全保护。后者则指信息由发送者端自动加密，并进入TCP/IP数据包回封，然后作为不可阅读和不可识别的数据穿过因特网，当这些信息一旦到达目的地，将被自动重组、解密，成为可读数据。

(2) 数据存储加密技术。数据存储加密的目的是防止在存储环节上的数据失密，可分为密文存储和存取控制两种。前者一般是通过加密算法转换、附加密码、加密模块等方法实现；后者则是对用户资格、权限加以审查和限制，防止非法用户存取数据或合法用户越权存取数据。

(3) 数据完整性鉴别技术。数据完整性鉴别的目的是对介入信息的传送、存取、处理的人的身份和相关数据内容进行验证，达到保密的要求，一般包括口令、密钥、身份、数据等项的鉴别，系统通过对比验证对象输入的特征值是否符合预先设定的参数，实现对数据的安全保护。

(4) 密钥管理技术。密钥管理的目的是为了数据使用的方便，数据加密在许多场合集中表现为密钥的应用，因此密钥往往是保密与窃密的主要对象。密钥的媒体有：磁卡、磁带、磁盘、半导体存储器等。密钥的管理技术包括密钥的产生、分配保存、更换与销毁等各环节上的保密措施。目前常用的密码系统有共享密钥密码系统、公用密钥系统和不可逆加密系统。

共享密钥系统只用一个密钥进行信息的加密和解密，其特点是制作速度快，适合大批数据的加密。其典型代表是美国的数字加密标准(DES)。DES以56位密钥对64位文本块进行加密，使用了16个迭代的查表和位重排的巧妙组合。

公用密钥系统采用的是一对数学互补密钥，绕过了排列共享密钥的问题，其中一个密钥为公用密钥，另一个为专用密钥，用一个密钥加密的信息只有用另一个密钥才能解开，由一个密钥无法得到另一个密钥。公用密钥不需要保密，但为保证其真实性和完整性需要专门的权威机构证明。公用密钥密码系统的典型应用为RSA系统。

不可逆加密系统的特征是其加密过程不需要加密，不存在加密的管理问题，因而使用简单，但计算量大，一般限于有限信息的加密，如口令加密。但随着计算机硬件性能的提高，该系统的使用也会逐渐增加，如制作信息摘要。

4. 计算机病毒的防范

计算机病毒是一种在计算机系统运行过程中能把自身精确复制或有修改地复制到其他程序体内的程序。它通过某一途径潜伏在计算机的存储介质(或可执行程序、数据文件)中，达到某种条件即被激活，对信息系统资源进行破坏。作为一种对信息系统安全具有很大威胁的程序，计算机病毒具有传染性、潜伏性、可触发性、欺骗性、衍生性和破坏性。

对计算机病毒的防范主要采取技术措施手段。主要包括软件预防和硬件预防。

软件预防是指采用病毒预防软件来防御病毒的入侵。如安装病毒预防软件，并使之常驻内存，当发生病毒入侵时，及时报警并终止处理，达到不让病毒感染的目的。

软件预防是病毒防御系统的第一道防线，其任务是使病毒无法进行传染和破坏。这种病毒预防软件通常具有以下功能：①能监视程序的常驻，防止程序任意常驻内存，以应付大多数计算机病毒；②防止程序直接写入系统引导区；③防止执行文件被修改；④监视操作系统资源，防止病毒修改；⑤能监视程序运行，对执行程序进行监测和控制。

软件预防有一定的局限性，它只能预防该软件能清除的病毒，对一些不能诊断或不能消除的病毒则无能为力，但它也不失为一种较有效而经济的预防方法。

硬件预防指采用防病毒卡等来防御病毒的入侵。其主要优点在于广谱抗毒和主动防御。

5. 电子商务安全技术

电子商务是目前信息技术应用的一个重要领域，由于其活动主要在网络环境下进行，所以也是一个对信息安全技术具有较高要求的一个应用活动。电子商务需要有规定顾客、商家和各金融机构之间的责权关系，给出参与各方的数据存储和通信过程以及数据流动的支付协议。在这些协议中，要充分考虑到对安全性的要求。电子商务的安全主要采用身份认证技术和数据加密技术。这里简单对认证技术进行介绍。

(1) 认证技术的原理与系统结构。数字认证是电子商务安全的基础。数字认证需要证书支持。证书是在网络上鉴别一个人或组织的真实身份的凭证。证书的颁发系统叫做 certificate authority，即 CA。要建立安全的电子商务系统，必须首先建立一个稳固颁证系统。利用加密算法在密钥自动管理、数字签名、身份识别等方面的特性，可建立一个为用户的公开密钥提供担保的可信的第三方认证系统。可信的第三方认证系统为用户发放电子证书，使用户之间利用证书来保证信息安全性和双方身份的合法性。1994 年，国际邮联 ITU 公布了关于证书格式的标准 X.509 协议。用户只要使用符合 X.509 协议证书的系统，就能实现交易双方证书的自动验证，从而识别身份。

在结构上，颁证系统分为 CA、登记机构(register authority，RA)和公布系统(Web publisher，WP)3 部分。作为核心系统，CA 放在一个单独的封闭空间中，其功能是在收到来自 RA 的证书请求时，颁发证书。登记机构分散在网上，接受客户申请，并审批申请。RA 与 CA 双方的通信报文也通过 RSA 进行加密，确保安全。公布系统置于因特网上，是普通用户和 CA 直接交流的界面。对用户来讲它相当于一个在线的证书数据库。用户的证书由 CA 颁发之后，CA 用 e-mail 通知用户，然后用户用浏览器从这里下载证书。

(2) SSL 协议。SSL(secure sockets layer)协议是 Netscape 公司提供的一种用于浏览器和 Web 服务器之间的安全连接技术。SSL 协议在应用层收发数据前，协商加密算法、连接密钥并认证通信双方，从而为应用层提供了安全的传输通道；在该通道上可透明加载任何高层应用协议，如 HTTP、FTP、Telnet 等。SSL 协议独立于应用层协议，在电子交易中被用来安全传送信用卡号码。同时，被大部分的浏览器和 Web 服务器所内置，便于在电子交易中应用。

(3) SET 协议。SET(secure electronic transaction)协议由 Visa、MasterCard 等于 1997 年 5 月联合推出，并得到 IBM 等公司的支持，从而为在因特网上进行安全的电子商务提供了一个开放的标准。SET 要达到的最主要的目标是：①信息在 Internet 上的安全传输；②订单信息和个人账号信息的隔离；③消费者和商家的相互认证，以确定通信双方的身份；④要求软件遵循相同的协议和消息格式，使不同厂家开发的软件具有兼容和互操作功能，并且可以运行在不同的硬件和操作系统平台上。

SET 协议是针对开放网络上安全、有效的银行卡交易，为因特网上卡支付交易提供高层的安全和反欺诈保证。SET 协议为电子交易提供了安全措施。SET 协议保证了电子交易的保密性、可审查性、身份的合法性和抗否认性。

9.4 网络管理

9.4.1 网络管理的功能

在网络环境下，管理任务具有多样性。同时，由于网络是一个分布式的异构环境，网络的构建往往以开放式的形式，采用多种兼容方案进行建设和管理，所以，为方便网络的管理，应将整个管理任务划分成若干个功能域，并规定各个功能域的典型管理任务。OSI 管理体系结构定义了网络管理的 5 个管理功能，它们是故障管理、配置管理、计费管理、性能管理和安全管理，英文缩写为 FCAPS，下面对每个功能的管理任务进行简要说明。

1. 故障管理

故障管理的任务是对系统的异常行为进行检测、隔离和排除。故障的识别和跟踪是各类信息系统面临的一个问题。相比而言，由于因素多，计算机网络中的故障管理工作更为复杂。这些因素包括所涉及组件的数量大、物理上资源的分布性、硬件和软件的异构性和组件所归属的不同域等。常见的故障可能来源于数据传输路径、网络组件、终端系统、组件中的软件、不确切的接口描述或不正确的操作等。故障管理的任务是及时地监测和排除，具体包括：①监测网络和系统状态；②回答和响应报警；③诊断故障原因(即故障隔离和根本原因分析)；④建立差错传送机制；⑤引入和检查差错恢复措施(即测试和校验)；⑥操作故障票据系统；⑦向用户提供帮助。

2. 配置管理

一般认为，配置是传输介质、网络组件、系统或主机、软件等资源在网络上或地理上的布局，或是对这种布局所进行的描述。配置从组织、地理、管理和安全等方面描述资源如何互连以及它们的逻辑关系。而配置管理是对网络中的配置所进行的操作，它用来设定和修改系统运行的参数，建立使系统正常运行所需的环境。

配置管理控制系统的运行环境，包括安装新软件、扩充旧软件、安装新设备、改变网络拓扑结构和负载。对物理设备而言，配置管理往往是通过软件控制和参数设定进行的；这些参数包括：功能选择参数、授权参数、协议参数、设备参数、路由表登记项、名字服务器、目录、网桥过滤参数、网桥生成树参数、路由器互连路径参数、最大文件长度、计算时间和允许的服务等。

3. 计费管理

计费管理是网络管理中的一项重要内容。计费管理包括监测和测量资源或服务的使用、定义可计费的单元、保存结算账目和费用日志、账户结算、制定和监督限额、保持对使用情况的统计，以及制定计费政策和要收取的资费。如果其中的一些服务由几个服务提供商共同提供，那么计费管理还应包括对服务提供商进行协调，如采用收入分配或统一费用或按通信量收费等方法。

一般来说，计费管理功能可包括以下内容：

(1) 使用管理功能。包括使用产生、使用编辑、呼叫事件或服务请求确认、使用差错修正、使用积累、使用关联、使用聚合、使用分配等。

(2) 计费处理功能。该项管理功能包括使用测试、使用监督、使用数据流管理、使用数据收集管理等。

(3) 控制功能。主要包括费用管理、收费系统变更控制、数据产生控制、数据传输控制、数据存储控制等。

(4) 收费功能。包括收费产生、账单产生、支付处理、债务收集、同部协调、合同处理等。费用编制的底层参数包括传送的分组数或比特数、连接持续时间、连接的带宽和 QoS、通信伙伴的位置、网关服务的转换费用、对服务器资源的使用、对软件产品的使用等。

计费管理需要对用户的有关信息进行必要的掌握，这些信息包括：用户的细节信息、相关的合同信息服务、合同有效性、经授权的用户、限额、服务等级协议、转账和支付细节、资费信息、使用信息和管理系统参数。

4. 性能管理

性能管理比故障管理有更高的要求。故障管理的目标是确保通信网络系统的运行，而性能管理的目标是确保整个系统良好地运行，即在较高的性能指标上运行。性能管理的首要问题是定义服务质量。

服务质量可通过网络服务商和客户之间的接口表示，它一般包括以下内容：①服务和服务类型的规范说明；②对相关的 QoS 参数的描述；③监测操作的规范说明；④对 QoS 参数变更所作的反应的描述。

此外，性能管理还包含为确保所规定的服务质量所需的方法，包括：①制定服务质量参数和度量；②监测所有的资源，找出性能瓶颈和出现问题的情况；③执行测量并进行趋势分析，预测尚未出现的故障；④评价历史日志；⑤处理测量数据，产生性能报告；⑥进行性能和容量规划，用来分析或模拟预测模型，以便验证新的应用、调整措施，配置变更的效果。

5. 安全管理

安全管理是对分布式环境下的系统安全提供保障。讨论的出发点是对公司内那些值得保护的网络中的资源，信息，技术设施、服务和产品进行保护，以防止受到攻击或不正确的操作和威胁。有关安全管理的内容请见 9.3 节。

9.4.2 网络管理的模型

1. 组织模型

在网络管理中，管理者、被管理的网络资源和管理系统之间形成了一定的关系，即组织和运作结构。组织模型(organization model)用于说明这种运作结构。网络管理体系结构支持系统操作员制定的组织和运作结构，提供相应的配置可选项来支持尽可能多的特征组织形式。即体系结构应具备描述协同形式、管理角色、行业分组等组织问题的能力。在实际工作中，具体的拓扑结构和功能配置方案可能有多种，一般有多点控制结构、多中心结构、层次结构、集中式结构和管理者网络等几种。

以上方式的控制结构被限制在两个层次等级上，但为协调多点控制方法中的内容，可以依据一定的协同机制形成多中心控制或层次管理的模型。其中，集中管理中的管理系统负担相应的管理任务。在多点控制中，资源依据某一方面的特征，如拓扑特征、功能特征或组织特征被分成若干组，每组被指定一个管理者。管理者网络是一种较复杂的形式，其资源并没有明确地划分为各个管理系统，资源分配的类型取决于很多因素。如同一资源可被分配给几个管理者，一个管理者负责安全管理，另一个负责性能管理。

如果在同一层次或同一网络中的管理系统并没有采用完全相同的体系结构，则使用中介管理者作为管理网关来映射管理服务。代理实现管理体系结构之间的转换。中介管理者也能承担一些预处理任务，如收集和评价监测数据、阈值分析、事件过滤或事件关联。这样就能实现管理功能的合理分配，减轻网络传输管理信息的负担。

管理体系结构的组织模型描述管理操作的执行者及有关的情况，如操作执行者的角色以及它们协作的基本原则。目前的管理协作形式主要有以下两种。一种是当前管理中最常用的协作形式，OSI 管理和因特网管理都采用这种形式。该形式具有非对称层次结构协作形式的管理者/代理模型。它依据客户/服务提供商关系进行协作。因此，它与客户/服务器模型类似。管理者(客户)指示代理(服务器)进行特定的操作或提供特定的信息。代理回送操作结果或被要求的信息。这是一种 $m:n$ 的关系，因为管理者可指示多个代理进行操作，代理同时也可为多个管理者服务。操作执行者的角色分配通常并不是静态的，角色可依据任务动态改变。另一种是完全对称的协作形式，它产生于对等对象通信和协作，又被称为对等网络方法，它能提供灵活的交互关系，并且能双向交换信息。CORBA 采用这种协同模型。

2. 信息模型

在网络环境下，管理工作可以看作是利用协议将管理命令传送到管理实体，并对其管辖的管理对象(management object，MO)进行访问。所谓管理对象，是指要对其进行管理操作的网络资源特性的抽象表示。所以，网络管理的信息模型(information model)用于对管理对象进行描述和说明，即建立一定的对象模型，从而更好地认识、分析和管理网络。

作为网络管理体系结构的核心，信息模型定义了管理对象的描述框架，而作为一种管理视图(management view)，信息模型可被认为是为实现管理任务所需的实际硬件和软件资源的模型。因此信息模型必须具备描述对象的标识、部分组成、行为特征、操作集(如利用操作、动作或方法调用)、管理对象间的关系、利用管理协议对其进行操作等能力。

实际上，管理对象具有广泛的含义。除网络组件、系统组件外，动态对象(ATM-SVC、TCP 连接)、行政管理对象(administrative object)(如资源的安装位置、用户记录、价格表)、工具和控制对象(如日志文件、过滤器等)、通用管理功能(如测量方法)、管理策略和管理域也都是管理对象。所以，网络管理的信息模型定义了建模方法和描述管理信息的唯一标识符。具体的方法可以是实体联系方法、数据分类方法或面向对象方法。ISO 和 OMG 使用模型对象方法进行建模，而 IAB 则采用数据分类的方法。OMG 是在 CORBA 中使用 IDL 和程序语言数据类型。

在信息模型中，可以从不同的角度来指定管理信息，如资源、规程、厂商、操作人员和客户。自底向上的方法试图从已定义的协议、组件和产品中获取与管理相关的抽象。自顶向下的方法则是从管理应用、用户或操作员的要求中获取管理信息。在实践中，以上两种方法定义的对象可能会有很大的区别。

3. 通信模型

网络管理的主要工作是对物理上分散的网络资源进行监视和控制。管理信息的交换是管理过程中不可缺少的一部分。管理体系结构的通信模型(communication model)定义了为实现操作执行者之间的信息交换所需的概念。依据不同的目标，通信的实现方式有以下 3 种：

(1) 通过交换对资源或代表资源的管理对象进行操作的控制信息实现通信。这种情况下，管理系统通常采取主动。

(2) 通过状态请求(监测)来实现通信。状态请求通常主要由管理者触发。

(3) 通过资源所在的系统产生的异步事件消息实现通信。

为了能完成通信控制，通信模型必须处理以下一些问题：①规定通信伙伴；②规定为实现以上 3 个通信目标所需的通信机制，即为交换管理信息和所需的服务和协议规范说明。同时还应该提供创建文档的机制；③为通信数据结构(交换格式)定义语法和语义；④将管理协议嵌入到服务体系结构或底层通信体系结构的协议层中去。这也会影响普通的(非管理的)协议实体接口、应用模块和本地操作系统进程。

4. 功能模型

网络管理的功能模型(functional model)将整个复杂的管理任务分解成若干个管理功能部分，如配置管理、故障管理、计费管理等，同时还规定通用的管理功能。所以，功能模型提供了创建前述管理的基础；同时它也是创建局部管理方案仓库和为代理指定管理功能的前提。管理模型还必须为每个独立的管理域定义预期的功能、服务以及实现这些功能所需的管理对象。对从属于管理功能的管理对象的描述必须依据与之关联的信息模型的规定。同时还需要规范管理功能的调用，这包括为管理者设计和制定作为开放平台基础的 API 和内部接口，为代理制定作为可扩展代理或智能代理基础的内部接口。

9.4.3 网络管理协议

1. SNMP

SNMP(simple network management protocol，简单网络管理协议)是 TCP/IP 协议族的一个应用层协议，随着 TCP/IP 的发展而发展起来的。作为远程监视和管理技术的标准，适用于网络设备如集线器、路由器和网桥，以及服务器和工作站，其原理是任何 SNMP 管理站应当能够监视和控制任何 SNMP 网络设备。

在 TCP/IP 发展的前期，由于规模和范围有限，网络管理的问题并未引起重视。直到 20 世纪 70 年代，仍然没有正式的网络管理协议，当时常用的一个管理工具就是现在仍在广泛使用的 Internet 控制报文协议(Internet control message protocol，ICMP)。ICMP 通过在网络实体间交换报文对，测试网络设备的可达性和通信线路的性能。随着因特网的发展，连接到因特网上的组织和实体数目也越来越多。这些各自独立的实体主观和客观上都要求能够独立地履行各自的子网管理职责，因此要求一种更加强大的标准化的网络管理协议来实现对因特网的网络管理。

20 世纪 80 年代末，因特网体系结构委员会采纳 SNMP 作为一个短期的网络管理解决方案；由于 SNMP 的简单性，在因特网时代得到了蓬勃的发展。SNMP 作为一种网络管理协议，它由被管理的设备(网元)、代理(agent)和网络管理系统(network management system，NMS)3 个关键元素组成。SNMP 使网络设备彼此之间可以交换管理信息，使网络管理员能够管理网络的性能，定位和解决网络故障，进行网络规划。SNMPv1 是 SNMP 实现的最初版本，由 RFC 1157 定义，并按 SMI 构造和实现。SNMPv1 可以应用于 UDP、IP、CLNS、AppleTalk、DDP、IPX 等协议之上，广泛应用于因特网，并成为实际上的网络管理协议。1992 年发布了 SNMPv2 版本，以增强 SNMPv1 的安全性和功能。包括新增的操作和数据类型。SNMPv1 SMI 由 RFC 1155 定义，着重定义了 ASN.1 数据类型、SMI 特定的数据类型以及 SNMP MIB 表。

目前，SNMPv3 已经发布。虽然它是 IETF(Internet engineering task force，因特网工程任务组)建议标准，但它已经得到了供应商的支持。Bay、BMC、Cisco、HP 等公司都在推出自己的相关产品。SNMPv3 包含了 IETF 为没有发布的 SNMPv2 所做的大部分改进，并且修正了 SNMP 最初版本的一些缺陷。其中最引人注意的是 SNMPv3 提供了强大的合成安全模块。这些改变反映了网络技术的进步，扩展了原来的协议所规定的一些限制，改善了协议操作的方法。

2. 电信管理网络

电信管理网络(telecommunication management network，TMN)是由 ITU-T 提出的概念。目前，TMN 及其相关的接口标准对于通信网都是特别需要的，其中主要原因有两点：

(1) 迅速引进的通信新设备和新技术可以由集中操作中心进行最佳的管理，并且为数不多的专家可在中心得到集中利用，技术人员也可得到计算机化的操作系统 (OS)的支持；

(2) 越来越多的国家已经认识到多厂商环境的益处。要想在购买电信设备时做到经济有效，就需要网络设备和操作系统供货商之间在设备管理方面进行竞争。同时，取消电信垄断(例如通过放松管制)也形成了业务的竞争并加剧了厂商之间的竞争。

尽管 TMN 是由 ITU-T 提出的，但它现在已经是全球接受的电信网络管理框架，而且许多其他组织也确认了 TMN 标准。ITU-T TMN 标准未来的发展将在很大程度上受到新的电信技术与相关的管理需求以及支持分布式管理的新的计算与通信技术等方面因素的影响。

9.5 企业网络信息系统建设

随着信息技术的发展，网络环境已成为各类信息技术应用的基本平台。从覆盖范围来分，网络系统可分为广域网和局域网。其中局域网由于其应用的普遍性已成为各类组织机构进行信息化建设的首要建设内容。相对来说，局域网建设也是一项长期的工作，涉及技术和管理多方面的问题。总的来看，企业网络信息系统建设要经过需求分析与总体规划与设计、网络方案实施等步骤。

9.5.1 需求分析

企业网络信息系统建设有其特定的目标，并受众多因素的约束。网络技术具有多种方案，适合不同的用户需求。对于不同的组织机构，由于其规模、行业和企业目标的特点不同，所建的网络信息系统必然各不相同，这些网络信息系统之间区别是很大的。因此，要想以合理的人力、物力和财力，在最短时间内建设适用的网络系统，必须运用系统工程观点，进行需求分析。

需求分析阶段应该明确用户对网络信息系统的具体要求，而这些要求又与用户单位的业务性质、规模、地理位置等密切相关，所以必须对上述情况进行详细深入的调查研究。

用户对网络信息系统的综合要求可归纳成 4 个方面的要求：

(1) 功能要求，详细了解用户对网络信息系统必须完成的所有功能和提供的服务的要求；

(2) 性能要求，包括用户对网络信息系统的信息处理能力、存储能力、系统容错能力、网络安全性、联机请求的响应时间等方面的要求；

(3) 扩充性要求，包括提高网络的传输速率、增加部门网络的数目、增加主机服务器以及其他网络设备等的数目；

(4) 运行环境要求，是要求完全重建还是要求对现有网络信息系统进行扩充；

(5) 建立信息处理模型，基本方法是分步骤由高层逐步细化到底层，即首先建立总业务工作流程，然后对各个部门的业务流程进一步细化。

9.5.2 总体规划与设计

需求分析完成后，就可以在此基础上选择合适的网络建设方案。具体的网络建设方案包括所采用的主干网技术、所选用的网络设备及服务器设备等。

总体规划与设计的任务是确定组成网络信息系统的各个物理元素，即确定网络信息系统的结构、选用的网络操作系统、数据库管理系统等，完成各种软硬件的选择、结构化综合布线设计、网络管理设计等任务。

1. 网络信息系统总体规划

(1) 确定网络信息系统的结构。从网络带宽来看，目前常用的网络类型有 10Mbps 以太网和高速网，高速网又有 ATM、FDDI、快速以太网、100VG-AnyLAN 等类型。网络信息系统结构的确定应根据用户单位的具体情况。为此，在充分了解用户单位对网络信息系统结构要求的基础上，了解现有的各种网络结构形式，最后提出符合用户要求的最佳网络结构。

(2) 确定网络操作系统及服务软件。网络操作系统是网络信息系统中最重要的软件产品，网络信息系统的性能及其能够提供的各种服务在很大程度上都取决于所配置的网络操作系统。因此，在网络总体设计阶段，应根据网络需求选择最合乎用户要求的网络操作系统。较流行的网络操作系统主要有 UNIX、NetWare、Windows NT、Linux 等，它们各具特点，可根据应用环境的具体要求和侧重点来进行选择。

目前，常见的 WWW 服务器软件已有 10 多种，较流行的有：Netscape 公司的 Communication Server 和 Commerce Server、Microsoft 公司的 Internet information server(IIS)。常用的邮件服务器软件有 Microsoft Exchange Server、Lotus Notes、Novell GroupWise，它们都有邮件收发等功能。代理服务器可为访问因特网的用户提供代理请求。常用的代理服务器软件有 Microsoft Proxy Server 1.0、Netscape Proxy Server 2.5、WinGate Pro 2.0 和 WinProxy 1.1。

(3) 确定数据库服务器。大型网络信息系统中通常都配置了数据库服务器，并在其上安装了主数据库管理系统，如 Oracle、Sybase 等，用来存储和管理整个网络信息系统的重要信息，所以应该慎重选择数据库管理系统。

(4) 确定硬件设备。网络信息系统中较重要的硬件设备还包括网络服务器、集线器、路由器、交换机等，它们都是网络信息系统的核心部分，直接影响着网络信息系统的性能，在系统设计阶段一定要认真分析和选择。

2. 网络信息系统总体设计

(1) 结构化综合布线设计。20 世纪 80 年代以来，各种网络信息系统的布线都广泛采用统一结构化综合布线系统。常用的布线方法是：由低层向高层，逐层进行布线设计。

(2) 管理方式设计。目前，各种网络信息系统都采用集中管理方式。即大都在路由器或者交换机等设备中配置网络软件，用来管理整个网络中的各种网络设备。国外一些计算机公司也纷纷推出各种网络软件和网管平台，应该根据实际情况加以选用。

(3) 接入设计。大型网络信息系统通常由本地网络和若干远程网络构成，所以在网络设计阶段应该考虑采用哪些互连方式来连接这些远程网络。在详细设计阶段，应该更深入、更细致地设计远程网络的互连，包括应该采用的互连方式、分组交换网、电话网及 DDN 等，还包括选择传输速率、接口数量、互连设备的类型等。

(4) 安全性设计。网络信息系统的安全性已经成为备受关注的问题。许多新的网络操作系统都达到了 C2 级的安全性标准，具备一定的访问控制能力。但是，仅依靠操作系统提供的安全措施不能确保网络信息系统的安全性，所以必须采取其他安全措施，如防火墙。

系统设计完成应形成系统设计说明书，说明书中应该详细说明确定采用的网络结构以及选用的关键设备的依据，并组织专家进行审查。

3. 主干网方案

主干网技术是网络方案规划中最重要的内容，目前常用的主干网方案有以下几种：

(1) 以太网。以太网是目前使用最为广泛的局域网，其核心思想是利用共享的公共传输媒体，常规的共享媒体以太网只以半双工的模式工作，网络在同一时刻要么发送数据，要么接收数据，而不能同时发送和接收。对所有的用户，共享以太网都依赖单条共享信道。其传输率目前已达到1Gbps。以太网支持的传输媒体从最初的同轴电缆发展到双绞线和光缆。同时，星型拓扑的出现使以太网技术上了一个新台阶，获得更迅速的发展。从共享型以太网发展到交换型以太网，并于1997年出现了全双工以太网技术(802.3x)，实现了同时收发。

(2) FDDI(fiber distributed data interface，光纤分布式数据接口)。它是一种高性能的光纤令牌环局域网，广泛适用于高速度、高可靠的应用。FDDI主要的技术指标有：

- 数据传输速率为100Mbps；
- 站点间最大距离可达2km；
- 最多可连接的站点数为1000个；
- 传输介质为光纤；
- 网络覆盖范围可达100km；
- 截止访问控制协议为定时令牌传递；
- 网络拓扑结构为双向环/树型。

作为一种高速、高可靠的网络技术，FDDI具有以下优点：

- 提供100Mbps传输速度，适用于高速业务传送；
- 采用双环结构，提供容错和故障隔离，具有故障自动恢复功能，故网络可靠性极高；
- 使用光纤介质，具有抗干扰、不产生电磁辐射和光隔离等优点；
- 传输距离远，覆盖范围大，站点间可达2km，适合作为大型企业级主干网。

FDDI的缺点主要是设备昂贵，灵活性较差。

(3) ATM(asynchronous transfer mode，异步传输模式)。它是一种新型的网络交换技术，适合传送宽带综合业务数字网(B-ISDN)可变速率业务。ATM具有以下功能特点：

① 对网络技术而言，ATM是一种战略性的先进技术方案，它以异步传输模式帮助用户解决网络中的各种技术难题。它不但满足用户对宽频带传输信息的需求，而且使当前的广域网与局域网融为一体，为实现语言、视像和数字等信息在网络中的高度集成化提供了一个简化、统一的网络结构。

② 在ATM体系结构的网络中，只需配置工作站和交换机两种设备，而不再需要配置桥接器和路由器，因而在技术支持和技术培训方面比较简捷、容易。

③ ATM网络最大的吸引力之一是它具有特别的灵活性。用户只要通过ATM交换机按需要建立交换虚电路(SVC)，就可相互通信，并共享资源。在ATM结构网络中，工作站采用端-端链路连接，不直接共享传输线路的宽带，从而降低了用户对传输宽带不断增长的需求的压力。ATM具有按需分配带宽的特点，这是区别现有网络的一大优点。高速率带宽传输，能够满足交互式多媒体和视频传输对环境的需求。

④ ATM没有传输距离的限制。ATM技术既可以用于局域网，亦可以用于广域网，传输距离可穿越大城市甚至横越海洋。

⑤ ATM把数据分割成固定长度(53字节)的信元(它由5字节的信元头和48字节的

信息段组成，总共为53字节)，获得了极大的传输带宽和可扩充性，以满足音频和视频信号的传输。ATM还可以提供突发性、宽频带传输的支持，亦适应实时性多媒体数据的传输。

⑥ ATM技术的可用性表现在它能与传统的网络连接，并可与传统网络共存；ATM的真正价值在于它的传输管理和端-端信令。ATM通过服务器的搬移，将中央控制重新归还给网络，这样既有利于加强安全性，也有利于数据的访问。

⑦ ATM用端节点间的点一点连接和交换机技术代替传统网络的共享访问传输技术；用长数以单元传输代替传统的长度可变的数据报传输；用面向连接的技术代替传统网络的路由器转发；用嵌套式层次结构寻址机制代替传统网络中的长而复杂的链路层地址和网络层地址；用逻辑子网和物理子网分离的方式取代传统网络中不区分方式，允许分布在整个网络中的用户组构成虚拟局域网等，从而从根本上解决了传统联网技术所存在的问题。

当然，ATM也存在一些不足之处，这些不足主要表现在：

① ATM技术还处在发展阶段，有些地方还不够成熟与完善，如寻址、拥塞控制以实时语言传输及安全标准的制订等，产品还未完全标准化，而且价格昂贵。

② 要适应企业级网络的需要，ATM交换机就必须满足一系列规范的要求。尽管各大厂商提供的ATM交换机产品都符合ATM论坛制定的UNI标准，但由于各公司的实现程序不相同，以及在结构和对UNI特性增强的具体措施上互不相同，因而，各厂商的交换机产品之间互操作性差，甚至不能互操作。

③ 在ATM业务传输中，错误选路和信息丢失等是ATM交换技术所面临的一大问题。

④ 缺少与现行网络的接口，传播媒介的种类很有限，由于ATM是双工155Mbps的连接，传播媒介还仅限于光纤。

(4) 虚拟局域网(VLAN)。它是在交换局域网的基础上，采用网络管理软件构件的可跨越不同网段、不同网络(如ATM、FDDI、100Base-T、10Base-T等)的端到端的逻辑网络。实现虚拟局域网需要的条件是构成虚拟局域网的站点必须直接连接到支持VLAN功能的局域网交换机端口上和相应的管理软件上。VLAN是现代网络化管理的重要内容，因为VLAN将位于不同网络、不同位置、不同交换机上的用户，通过网络管理软件形成一个虚拟的网络。在一个VLAN网络中，尽管用户可能工作于不同的国家，但使用VLAN就像在一间办公室使用VLAN一样方便。用户能方便地进行通信、共享资源和协同工作，且一个站点可以隶属于多个VLAN。所以，VLAN具有以下优点：①更有效地共享网络资源。因为VLAN是一个由用户与资源所构成的逻辑网络，不论用户和资源位于何处，都可由网络管理软件进行配置和组合。②简化网络管理。以前管理网络是按用户的插头、布线、插座等组织和布局，当用户的位置发生变化或搬迁设备时，常常需要改动布线系统和接插座，改变用户的IP地址，费力费时，特别是管理一个大中型网络时，尤其困难。借助于VLAN，网管人员在网管工作站进行配置即可。③简化网络结构，保护网络投资。

4. 网络设备选择

(1) 主干网设备

由于视频、多媒体的广泛应用，人们对宽带提出了更高的要求。作为主干网100Mbps的FDDI、100Base-T和155Mbps的ATM已不能满足用户对宽带的需求，因此产生了千兆位以太网。目前比较常用的主干网设备有以下几种：

① SuperStackⅡ交换机。这是一种即插即用式结构，它提供了可缩放的多技术连接体系和集成式管理功能，还有一些不间断和冗余电源系统可以选择。SuperStackⅡ系列交换机使得台式机和工作组具有高性能低成本的交换能力成为现实。它们通过配置高速FDDI、快速以太网或ATM链路与服务器和主干网相连，从而消除通信瓶颈。SuperStackⅡ交换机以太网端口都能得到全部10Mbps的带宽。并能自动把错误信息包和广播风暴减少到最低程度。集成式跨平台式管理使得故障排除既快速又简便。SuperStackⅡ交换机还可以与现有的网络设备进行无缝接合。

② SuperStack 3 Switch 4924交换机。这是一款固定端口配置的多层千兆以太网交换机，可以为高性能服务器集群和企业级网络配线室提供24个交换式10/100/1000Mbps端口。作为SuperStack 3 Switch 4900交换机产品家族中的一员，3Com公司SuperStack 3 Switch 4924交换机还带有一个扩展插槽，用来安装SuperStack 3 Switch 4900产品系列的选件模块。

③ SuperStack 3 Switch 4950交换机。这是一款固定端口配置的多层千兆以太网交换机，在一个统一的集成化平台之上为用户提供包括12个10/100/1000Mbps端口、6个1000Base-SX以及6个GBIC端口在内的共24个端口，满足了服务器集群、建筑楼宇和园区网络骨干对于高性能以及传输介质的灵活性等方面的要求。作为SuperStack 3 Switch 4900交换机产品家族中的一员，3Com公司的SuperStack 3 Switch 4950交换机还带有一个扩展插槽，用来安装SuperStack 3 Switch 4900产品系列的选件模块。

④ CoreBuilder 3500高功能交换机。它也非常适合于做中型企业主干网交换机，该类交换机使用先进的分布式ASIC+RISC技术，可编程的灵活智能路由引擎(FIRE)为所有端口的点播、组播和广播提供无阻塞、线速的路由和交换功能。总吞吐量可超过400万PPS；可以用于以太网、快速以太网、千兆以太网、FDDI以及ATM；支持IP路由，IP组播路由，IPX和AppleTalk协议路由。基于策略的服务区分不同的网络流量并给它们分配不同的带宽。CoreBuilder 3500交换机不仅提供第二层的交换技术和第三层的路由功能，而且还支持服务质量(QoS)，服务类别(CoS)，使用动态流量分类的PACE技术和资源预留协议(RSVP)。因而能够更有效地提高吞吐率，减少延时和确保安全。

⑤ Cisco Catalyst 5000系列。在Cisco产品系列中，Catalyst 5000系列比较适合做中型企业网络的主干交换机。Cisco 5000系列由Catalyst 5000、Catalyst 5002和Catalyst 5500组成，它可以使用标准千兆以太网、快速以太网、令牌环网、FDDI或ATM的高速连接；支持快速以太网通道(Fast Ether Channel)和千兆位以太网通道(Gigabit Ether Channel)；支持Cisco IOS软件的所有先进特性，如防火墙、VPN、IPSec、QoS和隧道等；采用多层交换技术；可以在任何介质之间交换，比如令牌环网和ATM、千兆以太网和ATM、FDDI和ATM等；Cisco的VTP支持跨所有交换机的动态VLAN和动态中继配置。

(2) 部门网与工作组网设备

Cisco Catalyst 3000系列是适用于部门级的局域网交换机，由Catalyst 3000、Catalyst 3100和Catalyst 3200组成。它具有先进的交换堆叠技术，提供路由模块，实现路由器和交换机间的有机结合，无需再另接路由器，并有多种类型的连接模块选择。可支持最多达64个VLAN；每个端口可支持1700个MAC地址，最多支持10000 MAC地址，可连接10000个最终用户站点；每端口缓存高达：192KB(10Base-T端口)、256KB(100Base-T端口)。

Catalyst 1900 系列交换机是适用于工作组级的局域网交换机，由 Catalyst 1900、Catalyst 1900C 和 Catalyst 1912 组成。Catalyst 1900 系列交换机以特别低廉的价格提供业界领先的性能和 Cisco 端到端网络集成。企业版软件通过嵌入的 Cisco IOS 技术，能使这些交换机提供无与伦比的网络配置灵活性和可伸缩性，从而提供全面管理和安全、带宽优化、网络多媒体和虚拟局域网(VLAN)支持。

(3) 服务器设备

服务器是网络中最关键的设备之一。服务器通常向工作站提供处理器、内存、磁盘、打印机、软件、数据等资源和服务，并负责协调管理这些资源。由于网络服务器要同时为网络上所有的用户服务，因此要求网络服务器具有较高的性能，例如快速的处理速度、较大的内存、较大的磁盘容量和高可靠性。根据网络的应用和规模，可选用高档微机、UNIX 工作站、小型机、超级小型机和大型机等。选择网络服务器时要考虑以下因素：①CPU 的速度和数量；②内存容量和性能；③总线结构和类型；④磁盘总量和类型；⑤容错性能；⑥网络接口性能；⑦服务器软件。

从网络所提供的应用服务来看，服务器可分为文件服务器、数据库服务器、Web 服务器、电子邮件服务器和应用服务器等。

① 文件服务器。通过网络，客户能将文件服务器中的共享文件下载到自己的计算机中，客户也能将自己的文件上传到文件服务器中。在 Internet 中，文件传输协议(FTP)就是专门提供文献服务的。文件服务是网络最基本的服务，可以用它来建立共享文档库、共享程序库、共享图像库、共享视频库、共享音频库等。

② 数据库服务器。它是网络中最重要的组成部分，通过网络，客户能查询数据库服务器中的数据，数据库服务器处理客户的 SQL 请求，将查询的结果传送给客户。因为数据库系统中存储着大量重要的企业管理数据，因此，数据库服务器也特别重要。

③ Web 服务器。它广泛应用于 Internet/Intranet 网络中。采用浏览器/服务器(Browser/Server)网络计算模式，浏览器/服务器是客户机/服务器网络计算模式的继承和发展。用户通过浏览器和网络，可浏览 Web 服务器的信息(文字、图像、视频、音频等)。

④ 电子邮件服务器。电子邮件是使用最为广泛的 Internet 服务，据统计，目前每天约有 3000 万人在发送电子邮件。通过使用电子邮件服务器，客户能有效地交流信息和通信。

⑤ 应用服务器。根据用户的需求，还可设置各种不同类型的应用服务器，如提供视频点播(VOD)服务的视频服务器、提供音频点播(AOD)服务的音频服务器和提供 CAD 设计、制图等服务的 CAD 服务器。

9.5.3 软件系统规划

软件系统规划应确定所使用的网络操作系统、数据库管理系统和网络安全软件。

1. 网络操作系统

网络操作系统的主要任务是调度和管理网络资源，网络资源主要包括网络服务器、工作站、打印机、网桥、路由器、交换机、网关、共享软件、应用软件、共享数据等。

(1) 网络操作系统的功能。网络操作系统应包括如下主要功能：

- 数据共享：数据是网络最重要的资源，数据共享是网络操作系统最核心的功能。
- 设备共享：网络用户共享比较昂贵的设备，例如激光打印机、大屏幕显示器、绘图仪、大容量磁盘等。

- 文件管理：管理网络用户读写服务器文件，并对访问操作权限进行协调和控制。
- 名字服务：网络用户注册管理，通常是由域名服务器来完成。
- 网络安全：防止非法用户对网络资源的操作、窃取、修改和破坏。
- 网络管理：包括网络运行管理和网络性能监控等。
- 系统容错：防止主机系统因故障而影响网络的正常运行，通常采用UPS电源监控保护、双机热备份、磁盘镜像和热插拔等措施。
- 网络互连：将不同的网络互连在一起，实现彼此间的通信与资源共享。
- 应用软件支持：支持电子邮件、数据库、文件服务器等各种网络应用。

(2) 网络操作系统相关产品。目前，常用的网络操作系统主要有以下几种：

- UNIX网络操作系统。UNIX是一种32位多用户、多任务的网络操作系统，广泛应用于大型机、超级小型机、RISC工作站和高档微机。
- Windows NT网络操作系统。目前广泛使用的是Windows NT Workstation 4.0和Windows NT Server 4.0。
- Novell NetWare网络操作系统。1994年，Novell公司推出了超级网络操作系统NetWare 4.1。目前广泛使用NetWare操作系统是NetWare 3.12、NetWare 4.1和IntraWare，NetWare 5.0是Novell新一代的Internet/Intranet网络操作系统。

2. 数据库管理系统

数据库是管理数据的一种新技术，其主要目标是解决数据管理中数据的获取、编码、组织、存储、访问和处理等问题。

数据库按其性能可分为小型桌面数据库、中型部门级数据库和大型企业级数据库。

(1) 小型桌面数据库。目前，用于PC机桌面的小型数据库很多，主要有Access、FoxPro、Visual FoxPro、FoxBASE、Approach和dBASE等。通常只适用个人或工作组使用。

(2) 中型部门级数据库。MS SQL Server正在向大型企业级数据库方向发展，就目前而言，MS SQL Server 2000还没有达到大型企业级数据库的水平，属于中型部门级数据库，适用于中小型企业使用。

(3) 大型企业级数据库。目前，称得上大型企业级数据库的有Informix、Oracle和Sybase，近来CA公司也加入到了大型数据库的竞争行列，其数据产品Jasmine(茉莉花)是一个专门为Internet联网而开发的，可称得上网络数据库和多媒体数据库。

3. 网络安全软件

防火墙是主要的网络安全软件。防火墙能增强企事业单位Internet网络的安全性。防火墙能决定外界能访问哪些内部Internet服务；哪些外部用户能访问哪些Internet服务；内部人员能访问哪些Internet服务。防火墙必须只允许授权的数据通过。防火墙的类型具有分组过滤型、代理服务器和综合型防火墙等类型。以下是典型的防火墙产品。

(1) Checkpoint公司的Firewall。FireWall-1产品包括以下模块：

- 状态检测模块(Inspection Module)：提供访问控制、客户机认证、会话认证、地址翻译和审计功能。

- 防火墙模块(FireWall Module):包含一个状态检测模块,另外提供用户认证、内容安全和多防火墙同步功能。
- 管理模块(Management Module):对一个或多个安全策略执行点(安装了 FireWall-1 的某个模块,如状态检测模块、防火墙模块或路由器安全管理模块等的系统)提供集中的、图形化的安全管理功能。
- 连接控制(Connect Control):为提供相同服务的多个应用服务器提供负载平衡功能。
- 路由器安全管理模块(Router Security Management):提供通过防火墙管理工作站配置、维护 3Com、Cisco、Bay 等路由器的安全规则。
- 其他模块,如加密模块等。

(2) Netscape 的 Proxy Server。代理服务器是替另一台不能执行某个操作的计算机执行该操作的服务器。在因特网中,代理身后的工作站没有合法的因特网连接。因此它们不能直接与因特网对话。代理位于因特网与本地局域网连接的结合点上,而且代理一般是一台插有两块网络接口卡(NIC)的 NT 计算机,或者是一台通过 RAS 连接与因特网连接。代理把本地局域网请求路由到因特网上,就好像它自己在请求那些信息。Netscape Proxy Server 软件是一个强有力的复制与过滤 Web 内容的应用系统。它可以显著降低网络拥挤程度,控制用户对网络资源的访问,简化加密通信过程,使网络维护与管理的费用得以节省。Netscape Proxy Server 可复制与过滤 Web 内容,帮助网络管理员减轻网络负担,保护内部网内容及基础结构,并控制对网络资源的访问。作为 Netscape SuiteSpot 专业版的关键部件,代理服务器在如下 4 个关键领域里发挥超值作用:内容过滤与访问控制、复制、性能和企业管理。

(3) Microsoft 公司的 Proxy Server。微软代理服务器由 3 个独立的服务器所组成:Web 代理服务器,WINSOCK 代理服务器和 SOCK 代理服务器。这 3 个服务器都在管理员安装微软代理服务器时得到安装,而且每个服务器都作为 Windows NT 下的一个独立服务来运行。微软公司试图把 Windows NT 设计成为供各种 Internet 的全局应用程序包的一部分。尽管它没有与 IIS 打包在一起,而且只是一个添加服务。由于微软代理服务器与 Windows NT 操作系统的紧密集成性,所以它利用 Windows NT 子服务(比如安全和网络通道)跟 IIS 及其他服务器产品协同工作,以构成一个整体应用程序。

9.5.4 外部网络连接

外部网络连接的作用是建立企业内部与因特网之间的联系,这种连接对于企业的信息化建设具有重要的意义。外部网络连接可以使不同企业的网络系统能够互相通信,使企业能够访问更多的信息,通过网络与企业的客户和供应商建立更为方便的联系渠道。

1. 网络互连形式

按地理覆盖范围对网络进行分类,网络互连形式主要有以下 3 种:

(1) 局域网与局域网互连(LAN-LAN),例如以太网与令牌环之间的互连。

(2) 局域网与广域网互连(LAN-WAN),例如使用公用电话网、分组交换网、DDN、IS-

DN、帧中继等连接远程局域网。

(3) 广域网与广域网互连(WAN-WAN),例如专用广域网与公用广域网的互连。

2. 网络互连设备

(1) 网关。网关工作于网络层以上层,其基本功能是实现不同网络协议的互连,网关依赖于用户的应用,是网络互连中最复杂的设备,没有通用的网关。通信服务器是典型的网关应用,用于互连公用电话网和计算机网络。

(2) 路由器。路由器工作在网络层,用于互连不同类型的网络。用路由器互连网络的最大特点是:各互连子网仍保持各自独立,每个子网可以采用不同的拓扑结构、传输介质和网络协议,网络结构层次分明。路由器是重要的网络互连设备。

(3) 网桥。网桥工作在数据链路层,用于连接相似的网络。其原理是将数据帧从一个网络段转发到另一个网络段,使得多个网段在逻辑上看起来好像一个网络。

(4) 中继器。中继器工作在物理层,用于互连相同类型的网络。其原理是对电缆上传输的数据信号进行再生放大,再转发到其他电缆上,从而延长信号的传输距离。

9.6 信息技术标准化

9.6.1 标准、标准化及其意义

标准是对重复性事务和概念所做的统一规定。它以科学、技术和实践经验的综合成果为基础,经有关方面协商一致制定,由相应公认机构批准,以特定的文件形式发布,作为共同遵守的准则和依据。其目的在于促进最佳的公众利益,在一定范围内获得最佳秩序。所以,标准是一种特殊的文件。

这种文件具有以下特点:①经过权威机构批准。②根据科学、技术和经验成果制定。③在兼顾各个有关利益各方的基础上,经过协商一致制定。④可以重复和普遍应用。⑤可以为公众所得到。

标准化是人类以制定标准和贯彻标准为主要内容的活动和过程。标准化工作的任务是制定标准、组织实施标准和对标准的实施进行监督。统一、简明、协调和优化是标准化的基本原则。标准化工作是一个不断循环和螺旋式上升的运动过程。每完成一个循环,标准化的水平和标准化的效益就会提高一步。

标准化对信息技术管理具有重要的意义,标准化是对信息技术进行有效管理的前提之一。通过制定和实施标准,可以对人类活动进行指导和规范,在更大的范围内实现信息技术成果的共享,减少信息活动、信息技术开发中的无序状态,以达到规范化、系列化和统一化,提高工作效率。

9.6.2 信息技术标准化的组织

信息技术标准的制定由相应的具有权威性和影响力的机构完成。目前,与信息技术有关的标准化组织较多,其中影响较广的组织有 IEC(国际电工委员会),ISO(国际标准化组

织),IEEE(美国电气和电子工程师学会),ECMA(欧洲计算机制造商协会),CCITT(国际电报和电话咨询委员会),其中ISO和IEC共同创建了联合技术委员会JTC-1(又称为信息技术委员会),JTC-1下属的ISO/TC97,IEC. TC47B也是重要的信息技术标准化组织。

1. 信息技术委员会的机构设置

信息技术委员会的机构设置为:

(1) 特别小组。共有4个特别小组:软件系统小组、登录授权小组、工作程序小组和战略计划小组。

(2) 应用元素组。该小组包括信息处理系统词汇、软件开发和文件编制、数据元表示法和语言4个分组。

(3) 设备和媒体组。该小组包括数字数据互换用软件媒体、标记和文件结构、识别和信贷卡和数字数据光盘4个分组。

(4) 系统集组。该小组包括系统间的远程通信和信息交换、设备互联、文本和办公系统、信息检索、传输和管理5个分组。

(5) 系统支持组。该小组包括字符集和信息编码、数据加密技术、计算机图形学、微处理器系统和信息技术设备4个分组。

2. 我国的信息技术标准化组织

我国没有设立专门的信息技术标准化组织,信息技术标准化的具体工作由全国计算机与信息处理标准化技术委员会下属的各分技术委员会完成,其包括以下分组:词汇、字符集与编码、程序设计与语言、数据通信、磁盘、软性磁媒体、数据元表示法、开放系统互联、外围设备及消耗品、数据加密、工业自动化系统、软件工程、数据处理设备安全、微型计算机。

9.6.3 信息技术标准

信息技术标准化是围绕信息技术开发、信息产品的研制和信息系统建设、运行与管理而开展的一系列标准化工作,是推广普及信息技术的基础,也是确保信息系统实现互联、互通、互操作和确保信息系统高效率安全运行的根本保证。

信息技术标准化主要包括以下内容:

- 信息技术术语标准化;
- 信息分类编码标准化;
- 中文信息处理技术标准化;
- 存储媒体标准化;
- 软件工程标准化;
- 数据库标准化;
- 网络通信标准化;
- 电子数据交换(EDI)标准化;
- 办公自动化标准化;
- 识别卡标准化;

• 家庭信息系统标准化；

• 信息系统设备标准化；

• 工业自动化标准化；

• 信息安全标准化；

• 信息技术测试与评估标准化等内容。

到 2002 年底，我国已发布信息技术标准 1000 多项。这些标准的贯彻实施，促进了各种类型信息系统的建设，加速了国民经济信息化进程。

思 考 题

1. 简述技术管理的产生背景、研究内容、主要任务和作用。

2. 简述信息系统开发管理的主要内容，比较几种常见的开发模型。

3. 信息系统开发规范一般包括哪些内容？

4. 如何衡量软件质量？如何开展软件质量管理？

5. 简述信息系统运行管理的目标、内容和应当注意的问题。

6. 信息系统的安全性如何体现？影响系统安全的因素有哪些？安全管理的任务有哪些？简述一般的安全措施、策略以及信息系统安全技术的主要类型和作用。

7. 简述网络管理的功能、模型、主要协议以及企业网络信息系统建设的主要内容。

8. 简述信息技术标准化工作的基本内容和有关组织结构及重要标准。

第10章 信息产业管理

信息资源管理既需要政府、企业和公益性机构等不同主体的积极参与，也需要有相应的产业和市场的支撑和依托。发展信息产业既可以为信息资源管理提供技术装备，又可以承接信息资源开发利用的成果。基于此，信息资源管理的内容体系中应当包含有信息产业管理方面的内容。

10.1 信息产业

1962年美国经济学家、信息经济理论的创始人马克卢普(F. Machlup)在《美国的知识生产与分配》一书中超前地提出了“知识产业”的概念，里面包含的主要是信息产业。1963年，日本学者梅棹忠夫发表《信息产业论》一文，首次提出“信息产业”的概念。然而，作为一个产业，信息产业的出现时间实际上要早于概念的提出。

10.1.1 信息产业的发展与现状

1. 世界信息产业发展概况

20世纪50～60年代是世界信息产业兴起的阶段。自1946年世界上第一台计算机诞生在美国后，以研究开发经营计算机等设备的企业迅猛发展。20世纪50年代初，美国建立电子工业硅谷。日本则在1970年成立信息技术振兴局，重点补贴和投资各项信息事业，制定并实施了一系列的信息产业振兴措施。

自20世纪80年代起，世界信息产业开始高速发展。除美日欧外，一些新兴的工业化国家和地区如“亚洲四小龙”的信息产业迅速崛起。1980年—1988年间，亚洲“四小龙”的电子工业产值年均增长21.9%，高于美日等国。20世纪90年代后，在各国的“信息高速公路”计划的推动下，信息产业不仅在发达国家中迅猛发展，在发展中国家也得到重视和发展。据统计，1980年—1995年间，美国、欧共体的GNP年均增长2.3%，而信息产业年均增长率却超过20%；日本GNP的年均增长率为6%，而其信息服务业年均增长达26.4%。另据数据表明，1980年全球信息产业销售总额为2370亿美元，1990年增长到6490亿美元。1985年—1996年间，世界电子产业的增长速度是世界社会总产值增长速度的3倍，远远超过世界国民生产总值的增长速度。

2005年，世界电子信息产业(主要包括电子信息产品制造业、软件业和IT服务业)的市场规模达到2.02万亿美元，比2004年的1.93万亿美元增长4.7%。2005年，世界电子信息产品市场规模排前十名的国家和地区依次是：美国(3737亿美元)、中国(1830亿美元)、日本(1551亿美元)、德国(752亿美元)、英国(554亿美元)、法国(403亿美元)、韩国(379亿美元)、意大利(326亿美元)、墨西哥(321亿美元)、中国台湾地区(270亿美元)。2005年全球软件和IT服务业的市场规模估计为6743亿美元，比2004年增长5.8%。其中，美国、西欧、日本的软件和IT服务业的市场规模分别为2903.7亿美元、2241亿美元和820.2亿美元，比2004年分别增长5.9%、5.3%、4.4%。中国的软件市场规模为265亿美元。[①]

2. 中国信息产业发展概况

中国信息产业起步于20世纪50年代。为突破西方国家的技术封锁，自力更生研究制造晶体管、集成电路和计算机。1958年制造出第一个半导体晶体管。1965年诞生第一块半导体集成电路板，起步时间与日本相当，比韩国还早，但由于极左路线和"文化大革命"的破坏，产业难以发展。文革后期，开始出现转机。1973年召开全国计算机工业会议(7301会议)，会议提出大、中、小结合，以中小为主，着力普及应用；发展系列机，实现一机多用、多机通用各型联用等政策。1974年作出两项重要决定：发展微机和启动"748"工程。20世纪80年代，实行对外开放，面向应用。提出以"两微一小"建立核心产业，同时发展软件和外部设备，重点搞好微小型机产业。从国外引进计算机和外部设备的生产线，仿制成功后提高产品的国产化率。在集成电路产业方面，1986年，"七五"发展计划提出要建立和发展南北两个微电子基地。20世纪90年代，"三金"工程和其他各种信息化工程陆续启动，推动了信息产业的迅速发展。提出抓应用促发展，为大型应用系统工程配套，实现产用结合，推动计算机的国产化。

长期作为"瓶颈"制约着我国经济发展的通信业，通过采取开放市场政策(1994年，中国电信允许联通经营基本电信业务，放开经营9种电信增值业务；1999年，中国电信分为固话、移动通信、无线寻呼和卫星传输4个实体)，在"八五"末完成了人工网向自动网、模拟通信向数字通信的转变。到"九五"末，通信业已成为我国国民经济中发展最快的行业，建成了一个接近世界水平的通信网络，固定电话和移动电话网络规模已经位居世界第二位。邮政已基本形成一个沟通城乡、覆盖全国、联通世界的服务网络体系，网络规模、覆盖范围位居世界前列。通信业务种类齐全，基本满足了社会对通信业务的多层次需求。通信业提前两年实现了业务总量翻番的原定目标，网络的建设为构筑国家信息基础设施奠定了坚实的基础。

"九五"期间，电子信息产品制造业、软件业以超过30%的年均增长速度持续、快速发展，主要产品产销量增长迅速，结构调整初见成效，产业整体规模已跻身世界前列。彩电、激光视盘机、彩管、程控交换机、移动电话、显示器等部分产品成为世界主要生产国。中文信息处理技术国际领先。到1999年底，主要经济指标提前一年超额完成"九五"计划。电子信息产业制造业、软件业已经成为国家工业经济的第一支柱产业。[②]

通过"八五"、"九五"时期的重点投资、重点推进和发展，到2000年底，信息产业提前超额完成了"九五"计划目标，信息产业增加值占国内生产总值(GDP)的比重由"八五"末的2%提高到4%，对我国国民经济和社会发展发挥了有力的促进作用。

"十五"期间，我国信息产业继续保持高速发展。2006年3月17日国务院信息化工作办公室发布的《中国信息化发展报告2006》提供的数据显示，5年间，我国电子信息产业规模

---

① 2005年世界电子信息产业发展分析.兰科研究中心.信息技术与产业发展研究，2006(5)：2.

② 信息产业"十五"纲要，2002，2.

扩大了 2.3 倍，对 GDP 增长的贡献率达到 8.8%。2005 年，我国电子信息产业经济运行状况良好，全年实现销售收入 38411 亿元，同比增长 24.8%，其中软件及系统集成收入 3900 亿元，同比增长 40.3%；工业增加值 9004 亿元，同比增长 28.2%；利税 1742 亿元，同比增长 6.5%；进出口 4887 亿美元，同比增长 25.8%。电子信息产品出口占全国外贸出口总额的比重超过 1/3。我国固定电话和移动电话网络规模都居世界第一位，网络的技术先进程度也已名列前茅。

10.1.2 信息产业的范围和结构

信息产业是一个由多种部门产业组成的产业群。其内涵与外延随着信息技术的进步和应用发展而变化和扩大。由于人们认识和研究的角度不同，所以对信息产业的理解、定义、分类都各不相同。正如卡罗所说，信息产业是如此难以定义和分类，以至于从来没有一本年鉴去总结其过去的规律和分析其未来趋势。[①]

1. 信息产业范围的界定

马克卢普认为知识产业包括教育、研究开发、传播媒介、信息设备和信息服务 5 个部分。他分析了知识生产与分配的经济机制，并对美国的知识产业进行了定量的测算。据他测算，1958 年美国知识产业总产值为 1364.36 亿，占 GNP 的 28.5%，从事知识生产的劳动力占总就业人数的 31.6%。[②] 1963 年，日本学者梅棹忠夫在《信息产业论》一文中，揭示了信息产业的拟人律演进机制，由此引起人们对于“信息社会”和“信息化”的关注和讨论，对 20 世纪 60～70 年代日本政府的产业政策产生了很大影响。1977 年，美国经济学家波拉特(M. U. Porat)发展了马克卢普的思想，在他发表的 9 卷本的报告《信息经济》中系统地提出了一套关于信息产业经济分析的框架体系和测度方法，并对美国经济中的信息活动进行了定量分析测算。[③] 信息学家 P. G. Zurkowki 认为，信息产业不是简单的服务业，它既包括传播信息内容，又包括信息的传输过程和传输手段的信息服务业。英国经济学家马丁(W. J. Martin)在 1987 年所写的《信息社会》一书中认为，信息产业是信息物品(good)和服务的综合体。它包括了与信息相关的技术、生产结构、生产者、创造发明者和用户，其活动的目的主要是受经济驱动的，但不是百分之百地为了盈利。

西方一些重要的相关行业协会、研究机构和政府机构也对信息产业进行过界定。例如，美国信息产业协会(AIIA)认为，信息产业是依靠新的信息技术和信息处理的创新手段，制造和提供信息产品和信息服务的生产活动组合。欧洲信息提供者协会(EURIPA)认为：信息产业是提供信息产品和信息服务的电子信息工业。日本科学技术与经济协会认为：信息产业是指开发计算机硬件、软件及各种通信设备的信息技术产业与数据库、咨询、新闻出版和教育等使信息转化为商品的信息商品化产业。美国联邦政府商务部 1999 年发表的报告

---

① Carol T. Review on the book, The NFAIS Year Book of the Information Industry 1993. Information Processing & Management, 1995, 31(1): 142.

② Machlup F. The Production and Distribution of Knowledge in the United States. Princeton University Press, New Jersey, 1962.

③ Porat M. V. The Information Economy. Washington, DC, Government Printing Office, 1977.

《新兴的数字经济》中描述了美国信息技术产业的发展状况。它所定义的信息技术产业是指计算机软硬件生产者及服务提供者、通信设备及服务提供者、仪器生产者，相当于信息产业的范围。1997 年首次提出、2002 年更新的《北美产业法律系统》(NAICS)对信息产业作出了全新的分类，详见 10.3 节。

在我国，产业部门通常把信息产业的范围界定为包括电子信息产品制造业、通信业和信息服务业。学界也提出了自己的观点。其中，比较有代表性的有，信息经济学家乌家培先生的定义：信息产业是为产业服务的产业，是从事信息产品和服务的生产、信息系统的建设、信息技术装备的制造等活动的企事业单位和有关内部机构的总体。① 马费成教授的定义：信息产业是指国民经济活动中与信息产品和信息服务的生产、流通、分配和消费等直接有关的相关产业的集合。陈禹教授等人的定义则更为具体：所谓信息产业是指以信息为资源、以现代新兴信息技术为基础、专门从事信息资源和信息技术的研究、开发和利用，生产、储存、传递、营销信息商品，为经济发展提供有效信息服务的综合性生产活动的产业集合体，是国民经济结构的基本组成部分。

2. 信息产业的结构

(1) 国外对信息产业的分类

波拉特将信息部门分为第一信息部门和第二信息部门。其中，第一信息部门指所有直接向市场提供信息产品或信息服务的企业或部门，划分为 8 大类(见表 10-1)；而第二信息部门仅指为企业内部消费而创造信息产品或服务的非信息企业，比较复杂，它主要指从事规划管理、研究开发、信息处理、通信、文秘、广告等工作的部门，又称为“准信息部门”。

表 10-1 一级信息部门的分类

知识生产与发明业	信息分配与传播业	风险经营与管理业	市场调查与协调业	信息处理与传递服务业	信息产品制造业	与信息市场有关的某些政府活动	信息活动的支撑及租金
研究与开发业	教育	金融业	调研与非投机经纪业	电子或非电子处理业	电子性消费或中间产品	联邦政府中的一级信息部门	信息建筑物及租金
发明业(民间)	公共信息服务	保险业	广告业	电信业基础设施	非电子性消费或中间产品	邮政服务	办公室设备
民间信息服务	正式和非正式传播媒介	投机经纪业	非市场调控机构		电子或非电子性投资产品	州和地方教育	

美国信息产业协会根据信息活动的内容，将信息产业分为 6 个部分：①一次信息活动和机构(指向市场提供信息产品和服务的信息活动和机构)；②二次信息活动和机构(指为自身内部需要而生产信息产品和提供信息服务的信息活动和机构)；③以计算机为基础的信息服务；④信息销售活动和系统；⑤各种信息会议服务以及信息支持服务活动及手段；

---

① 乌家培.经济、信息、信息化.长春:东北财经大学出版社,1996,259～266.

⑥电子计算机网络之类的产业。

欧盟 1995 年在其《欧洲报告》中对信息产业做了一次分类尝试。该报告认为信息产业由 9 个子产业构成：①微电子制造业；②计算机设备制造业；③电信设备制造业；④消费性电子产品制造业；⑤电子出版业；⑥传统出版业；⑦软件制造及服务业；⑧电信服务业；⑨视听服务业。并且，它们测算出 1993 年上述分支产业分别占欧洲信息产业总产值的比重为：2%、11%、6%、5%、2%、22%、15%、27%和 10%。

日本科技与经济协会将信息产业分为两个产业群和 10 个分支产业，如图 10-1 所示。

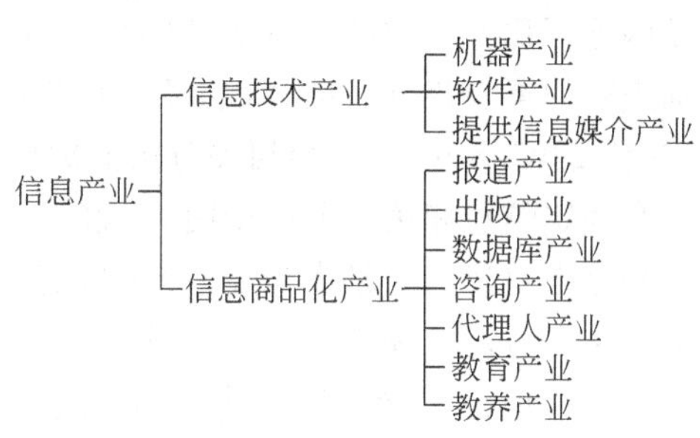

图 10-1　日本科技与经济协会的信息产业分类

(2) 国内提出的信息产业分类

张守一研究员的“三分法”，把信息产业分为：信息技术部门、信息商品化部门和准信息部门(见图 10-2)。前两个部门类似于日本的分类，第三个部门则类似于波拉特的第二信息部门。

马费成、靖继鹏教授等提出了“六分法”。①信息产品开发经营业，包括研究开发与发明性产业、软件开发、数据库建设；②信息传播报道业：包括电影事业、艺术事业、出版事业、新闻事业、广播电视事业、教育事业；③信息流通分配业：包括邮政业、电信业；④信息咨询服务业，包括咨询服务、信息中心、图书馆事业；⑤信息技术服务业，包括地质矿产勘察服务业、通信设备服务业、广播电视设备修理业、电子计算机修理业、其他电子修理业；⑥信息基础设施业，包括非电子消费或中间产品制造业、非电子设备制造业、计算机通信设备制造业。①②

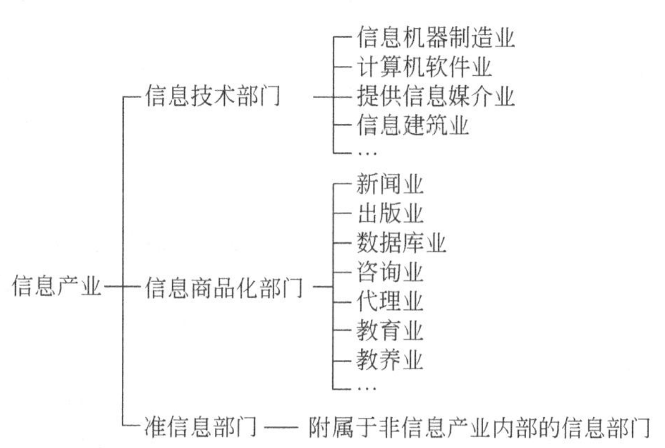

图 10-2　信息产业分类的“三分法”

此外，还有卢太宏教授提出的“四分法”：信息设备制造业、信息传播报道业、信息技术服务业、信息流通服务业。

---

① 马费成．信息经济学与情报经济学．情报学报，1993，12(1)：16～24．

② 靖继鹏等．吉林省信息产业测度分析．情报学报，1993，12(6)：433～444．

(3) 中国国家统计局提出的分类规定

由于我国统计上长期缺乏对信息产业统一的定义和规范，造成难以利用行业统计数据对信息产业及信息化的发展状况进行准确的定量分析，并进行地区间、国际间的比较。为解决这一问题，2004 年国家统计局制定了《统计上划分信息相关产业暂行规定》(简称《规定》)。

《规定》根据我国实际情况，以国家标准 GB/T4754-2002《国民经济行业分类》为基础，兼顾国际可比性。按照信息活动的自身特征，在《行业分类》的基础上，对与信息活动有关的类别进行的重新组合。同时，参考了联合国的《全部经济活动的国际标准产业分类》第 3.1 版(简称 ISIC/Rev. 3.1)的相关分类的编码方法。

在确定信息相关产业范围时，考察了目前关于信息产业划分的实际情况，认为目前大致有三种分类口径。一是大口径，即将与信息活动有关的内容都列为信息产业。它包括所有的信息生产、搜集、加工、传播、管理活动，以及与信息有关的产品生产、销售、租赁和技术活动。二是小口径，其范围仅包括电子信息设备制造，电子信息设备销售和租赁，电子信息传输服务，计算机服务和软件业。《规定》采用的是中口径，即按照"十六大"报告提出的优先发展信息产业的战略目标，同时参考了 ISIC/Rev. 3.1 的两种相关分类，确定其范围包括电子信息设备制造、电子信息设备销售和租赁、电子信息传输服务、计算机服务和软件业，其他信息相关服务如表 10-2 所示。

表 10-2 信息相关产业分类

一、电子信息设备制造

1. 电子计算机设备制造
   - 电子计算机整机制造
   - 计算机网络设备制造
   - 电子计算机外部设备制造
2. 通信设备制造
   - 通信传输设备制造
   - 通信交换设备制造
   - 通信终端设备制造
   - 移动通信及终端设备制造
   - 其他通信设备制造
3. 广播电视设备制造业
   - 广播电视节目制作及发射设备制造
   - 广播电视接收设备及器材制造
   - 应用电视设备及其他广播电视设备制造
4. 家用视听设备制造
   - 家用影视设备制造
   - 家用音响设备制造
5. 电子器件和元件制造
   - 电子真空器件制造
   - 半导体分立器件制造
   - 集成电路制造
   - 光电子器件及其他电子器件制造
   - 电子元件及组件制造
   - 印制电路板制造
6. 专用电子仪器仪表制造
   - 雷达及配套设备制造
   - 环境监测专用仪器仪表制造
   - 导航、气象及海洋专用仪器制造
   - 农林牧渔专用仪器仪表制造
   - 地质勘探和地震专用仪器制造
   - 核子及核辐射测量仪器制造
   - 电子测量仪器制造
   - 其他专用仪器制造
7. 通用电子仪器仪表制造
   - 工业自动控制系统装置制造
   - 电工仪器仪表制造
   - 实验分析仪器制造
   - 供应用仪表及其他通用仪器制造
8. 其他电子信息设备制造
   - 电线电缆制造
   - 光纤、光缆制造

续表

计算器及货币专用设备制造	计算机系统服务
二、电子信息设备销售和租赁	数据处理
1. 计算机、软件及辅助设备销售	计算机维修
计算机、软件及辅助设备批发	其他计算机服务
计算机、软件及辅助设备零售	2. 软件服务
其他电子产品零售	基础软件服务
2. 通信设备销售	应用软件服务
通信及广播电视设备批发	其他软件服务
通信设备零售	五、其他信息相关服务
3. 计算机及通信设备租赁	1. 广播、电视、电影和音像业
计算机及通信设备租赁	广播
三、电子信息传输服务	电视
1. 电信	电影制作与发行
固定电信服务	电影放映
移动电信服务	音像制作
其他电信服务	2. 新闻出版业
2. 因特网信息服务	新闻业
因特网信息服务	图书出版
3. 广播电视传输服务	报纸出版
有线广播电视传输服务	期刊出版
无线广播电视传输服务	音像制品出版
4. 卫星传输服务	电子出版物出版
卫星传输服务	其他出版
四、计算机服务和软件业	3. 图书馆与档案馆
1. 计算机服务	

10.1.3 信息产业的特点和目前面临的挑战

1. 信息产业的特点

(1) 战略先导性。世界各国都把信息产业视为具有战略意义的产业和引领世界经济发展的先导。信息产业的发展与否,是决定一个国家经济的兴衰与综合国力强弱的关键。通信网络是国民经济的基础设施,信息安全是国家安全的重要内容,强大的电子信息产品制造业和软件业是确保网络与信息安全的根本保障,信息技术标准已经成为世界各国经济主权的重要体现,信息技术和装备是国防现代化建设的重要保障。信息产业作为高新技术产业群的主要组成部分,是带动其他高新技术产业腾飞的龙头产业。许多高新技术及其产业难以跨越的障碍,需要在信息技术及其产业取得相应突破后才能消除。因此,可以说,信息技术是其他高新技术的先导性技术,而基于信息技术发展的信息产业,更是促进其他产业形成和发展的先导产业。

(2) 知识密集性。信息产业的投入主要依靠知识、技术、智力等信息资源;其劳动力结构以信息劳动者如工程技术员、软件设计人员、信息分析加工人员为主;其生产以知识和信息内容的研究开发、存储利用来为社会创造财富;其产品中知识和信息的含量及创造的价值大大高于其他产业。

(3) 高渗透性。IT既是针对特定工序的专业技术,又是适应于各种环境的通用技术,因而在国民经济的各个领域具有广泛的适用性和极强的渗透性。信息产业已广泛渗透到各个行业和领域,成为各行业和领域的有机组成部门,包括使传统行业实现改造和升级。一些传统行业因采用CAD等技术,使得设计和绘图工作都可由计算机完成,工程设计工效大大提高,节约投资上百亿元。我国城市自来水公司采用CAC,使供水管网自来水流失率降低50%。在工业上,微电子技术向传统产业的渗透是促使传统产业"软化"进而升级换代的关键。

(4) 高效、低耗性。一方面,信息产业能以较少的物质资源和人力资源的消耗提供高附加值的产品,产生很高的经济效益,如信息咨询业、软件业、网络服务业等产业被称为无物能损耗的"无烟产业"、"头脑产业"等。它不但节省资源、能源,不产生对社会环境污染和对生态的破坏,而且还可创造出其他产业所不能创造的很高经济效益。另一方面,信息产业通过渗透和服务于社会经济的其他领域,起到优化资源配置和节约资源的作用,间接地提高经济效益。如金融界通过金融电子网的建立,减少了在途资金的占有量,大大提高了资金的利用率。又如,电信业的发展可间接地节省交通部门的费用。

(5) 高增长性。信息产业是一个增长迅速的朝阳产业。自第二次世界大战以来,世界信息产业的增长一直高于其他任何一种产业的增长。自20世纪50年代以来,世界信息产业以年平均15%~20%的速度向前发展,尤其是计算机产业、软件业、电信业、数据库业等产业年平均增长率达20%~30%。

(6) 高投入、高回报和高风险性。信息产业的"高投入"指资金的高投入和智力的高投入。无论是信息产业"硬件"的制造,还是信息服务中"软件"的生产,都需要大量资金的投入。目前,在信息产业内部,往往由于一个公司的力量难以支持庞大的资金投入而采取许多公司结盟、合资、兼并等方式来提高投资和竞争能力。其次,信息产业所需的初始投资大,信息技术产业化的周期长,成功率相对低。信息产业的高投入、高风险相伴的是高产出和高回报。一项信息技术的产业化一旦实现成功,则将给投资人和创业者带来比其他行业要丰富得多的利润和效益,甚至给整个地区的经济带来巨大的促进和推动作用。

(7) 高就业性。尽管信息产业对就业者素质要求高,可能会给社会带来结构性失业的现象。但从长远来看,信息产业的发展将带动文化教育、服务产业以及新兴信息行业(如软件业、网络业、咨询业等)的产生和发展,创造更多新的就业机会。近年来,在西方国家中,信息产业的劳动岗位已占到总就业的45%以上,这表明发展信息产业将是解决劳动就业的重要途径。信息设备制造业的低端,使技术密集型与劳动密集型并存。产品的营销和售后服务也需要大量的人员,可以吸纳较多的劳动力。信息服务业的资本有机构成相对较低,以智力资源投入为主,市场需求多样,很难形成专业化、大规模的生产,故它的发展不仅不会减少就业,而且还在很大程度上增加了各类就业机会。据统计,美国在1991—1995年5年间,信息服务业产值增加了30%,就业人数增加了50%。[①]

2. 我国信息产业面临的挑战和问题

我国信息产业目前面临7个方面的挑战:①体制机制依然不适应;②行业管理、监管体系不够完善;③法制建设亟待加强;④集成电路、软件、关键元器件等核心基础产业薄弱;⑤行业创新能力不足;⑥普遍服务压力大;⑦结构性矛盾依旧突出。

存在的主要问题是:

(1) 产业大而不强。我国信息企业的规模与"全球信息技术公司百强"的企业规模相比,差距依然很大。科技部报告:国外对我国信息产业发展的控制加剧。新华网北京2006年5月3日电(记者李斌、卫敏丽):随着经济全球化步伐的不断加快和我国经济的快速发展,发达国家和跨国公司对我国的技术控制也不断加剧,使我国企业在自主创新方面处于不利的位置。在信息技术领域,发达国家和跨国公司一方面通过设置技术壁垒和知识产权壁垒、制定技术标准加强对信息技术的控制,如近几年发生的华为、第三代移动通信标准等技术专利案件以及WAPI标准事件都表明发达国家和跨国公司对我国信息技术创新的制约;另一方面通过在我国大量申请专利占领我国市场,增加了我国信息产业技术创新的难度。[②]

(2) 盈利能力不强。与世界先进水平相比,我国电子信息百强的利润比较低。我国信息百强利润前10名与世界信息百强利润前10名相比,每一家企业利润都不到后者的5%。主营收入在增长,但净利润却出现下滑,这是目前许多软件上市公司经营状况的真实写照。

(3) 电信增值业务发展落后,基础电信、计算机服务和IT制造业尚没有形成合力。信息产业过于偏重制造业,软件与信息服务业规模偏小。三资企业与国有企业的差距继续拉大,整个行业的出口近九成来自三资企业。在推动中国电子信息产业快速发展的同时,三资企业也由于创利高、纳税低等原因加大了中国市场的竞争力度,增大了产业的不确定性风险。

(4) 关键性基础技术与应用技术落后,企业技术创新能力薄弱,产品技术含量低、核心技术少和制造工艺差的现象还普遍存在。生产所需关键设备、仪器基本依赖进口。

(5) 信息资源开发滞后于网络建设。相对于通信网络建设的快速发展,信息资源的开发利用明显滞后;信息知识产权保护不够;管理体制不健全;基础工作薄弱;信息资源重复配置;信息资源不足与闲置并存,信息资源难以实现全社会共享等。

(6) 产业政策调整慢。信息服务业长期不受重视。我国对IT产业技术创新进行的支持和补贴的政策很多在不同程度上超出了不可申诉补贴的限制,如有些政策以支持产品商业化、R&D及其后阶段为主,有的甚至已经涉及被禁止的补贴范畴。

10.2 信息服务业

服务是由服务提供者提供的、以让客户感觉协调一致的方式满足客户的一种或多种需求的可用系统或功能。服务业是国际上通行的产业分类概念,指那些以提供非实物产品为

---

① 曹元猛.我国发展信息产业需要注意的问题.经济管理文摘,2003.

② 新华网.http://tech.163.com,2006-05-04.

主的行业。我国长期受传统观念的影响,认为提供非实物产品的行业不创造价值。近年来我国已将发展现代服务业作为重要的战略之一。信息服务业是现代服务业的基础和先导,它与信息资源开发利用有着非常密切的关系。我国政府在"十五"规划中将信息服务业作为行业发展的重点之一,突出了它的重要性。

10.2.1 信息服务业的内涵与结构

1. 基本概念

(1) 信息服务

信息服务是以信息资源为基础,利用现代科学技术,对信息进行生产、收集、处理、传输、存储、传播、使用并提供信息产品和服务的各种活动的总称。它也指以信息和信息产品为劳动对象,借助信息技术和系统等劳动工具,经过调查研究、信息增值处理等环节,形成信息产品和服务,并通过提供咨询或经纪等特定的行为方式将信息产品和服务用于用户的问题解决活动的全过程。这一过程包含了用户与服务的相互作用和结果。

广义的信息服务包括一切以独特的策略和内容帮助信息用户解决问题的社会经济行为(包括生产行为、管理行为和服务行为),以产品或劳务的形式向用户提供和传播信息的各种信息活动,即信息服务业范围内的所有活动。它是以信息用户为导向、以信息服务者为纽带、以信息服务内容为基础、以信息服务策略为保障的活动。有人认为信息服务有 4 个基本构成要素:信息策略与方法、信息服务对象、信息服务者和信息服务内容。信息服务就是围绕着这四要素进行计划、组织、指挥、实施、协调、控制。

(2) 信息服务业

信息服务业是从事信息加工、处理、传递等活动及相关基础结构构成的行业,是信息产业中的软产业部分,是主要从事信息资源开发和利用的重要产业部门,属于第三产业。

信息服务业是连接信息设备制造业和信息用户之间的中间产业。对生产与消费的带动作用大,产业关联度高,发展信息服务业有助于扩大信息设备制造业的需求和增加对信息用户的供给。信息服务业是信息资源开发利用,实现商品化、市场化、社会化和专业化的关键。信息服务作为高智慧的智力密集型活动,在国民经济中所占的地位越来越重要(见图10-3),其所创造的价值也越来越大,已形成了独立的产业部门,即信息服务业。信息服务业是信息产业的重要组成部分。值得指出的是,虽然人们强调信息服务业是信息产业的核心,但实际上产业界和政府常常视其为信息产业的附庸,作为买卖设备系统的手段。

我国信息产业部 2003 年颁发的《电信分类目录》中对信息服务业的定义是:通过信息采集、开发、处理和信息平台的建设,通过固定网、移动网或因特网等公众通信网络直接向终端用户提供语音信息服务(声讯服务)或在线信息和数据检索等信息服务的业务。信息服务的类型主要包括内容服务、娱乐/游戏、商业信息和定位信息等服务。信息服务业务面向的用户可以是固定通信网络用户、移动通信网络用户、因特网用户或其他数据传送网络的用户。显然,此定义仅把信息服务视为电信服务中的一项增值业务。而从信息产业部的管理职责来看,信息服务业还应包含软件服务,随着未来三网融合的实现,它还应包含广播电视业。

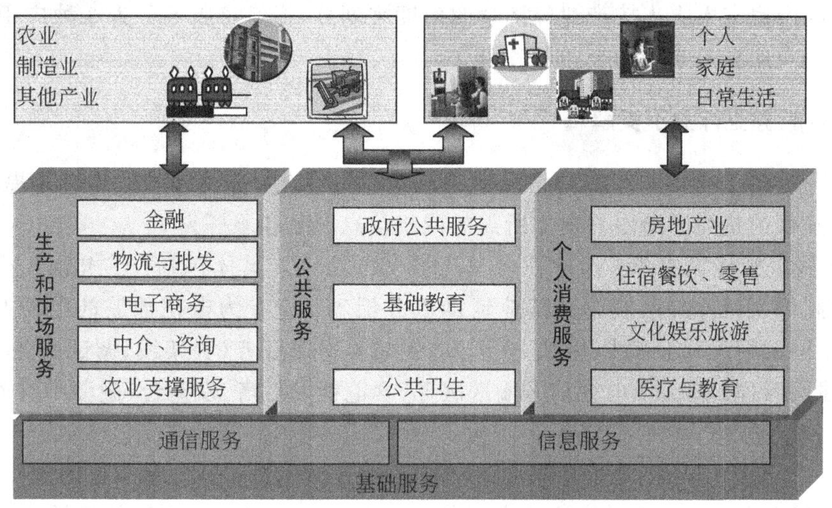

图 10-3 现代服务业体系结构①

2. 信息服务业的分类

1992年出版的日本《情报服务业白皮书》将信息服务业划分为5大类：信息处理服务(包括增值网络服务、联机信息处理服务、脱机信息处理服务、远程计算服务和数据录入)；软件业(包括用户软件和软件产品)；设施管理(受托管理或经营信息系统和设施)；数据库服务(包括联机和脱机服务)；其他(包括市场研究、舆论调查和相关信息设备销售等)。日本通产省曾经把信息服务业的内容划分为8个大类：委托计算、软件开发、录入、机时出租、系统等管理运营的委托、信息提供服务、各种调查业(市场调查、舆论调查和智囊机构)、其他(咨询服务、演讲、教育培训等)。

美国通常把信息服务业分为7大类：信息处理服务(其小类构成与日本的基本一致)；网络服务(包括电子邮件服务、电子数据交换、增值网络服务(VAN)和电子信息服务(含联机和脱机数据库服务))；系统软件；应用软件；一揽子委托服务(又称为交钥匙系统，包括用户软件、软件包、设备采购及其他技术支持服务)；系统集成服务；专业服务(包括专业培训、咨询、系统运行管理等)。

西欧各国的信息服务业的分类不太一致，总体上与美国的分类基本一致，归纳起来有11个类目：联机信息服务；脱机信息服务；其他信息提供服务；数据处理服务；一揽子委托服务；用户软件服务；系统软件服务；专业服务；网络服务；系统运行和管理服务；系统集成服务。

按照我国国家统计局2003年12月29日发布的《统计上划分信息相关产业暂行规定》将信息产业分为5个大类(见表10-2)，后3类可视为信息服务业。我国台湾地区有关主管部门把信息服务业分入其行业分类表中的第72类(计算机系统设计服务业)和73类(数据处理及信息供应服务业)。

① 国家中长期规划发展战略研究第七专题组.现代服务业发展科技问题研究.2004,5.

另外，国内也有人提出按产业经济学的角度来划分，将信息服务分为3种应用模式：内部服务模式、商用服务模式和公益服务模式。

3. 信息服务业行业小类解释

(1) 因特网信息服务：指在网络环境下从事信息采集、处理、存储、传递和提供利用等一切活动，其目的是为了给用户提供所需的网络信息产品和服务。

(2) 有线电视传输服务：指电视台及转播台的活动。具体包括：①电视(含有线电视台)节目的制作、节目主持、播放及其他辅助服务活动；②专为电视播放的电视制作中心；③有线电视网的管理；④有线(电缆、光缆)电视信号输送服务(含架线、调试服务)；⑤台网分设的有线网管理；⑥无线电视信号输送服务(含电视发射塔、发射台、微波中继站、接受天线等服务)。

(3) 广播传输服务：指各类广播电台的活动。具体包括：①广播节目的制作、播音、播放及其他辅助服务活动；②有线载波广播信号输送服务；③无线广播信号输送服务(含发射塔、发射台、中继站服务)。

(4) 计算机系统服务：指提供计算机系统的设计、集成、安装等方面的服务。具体包括：①办公用计算机及系统的咨询、设计、集成、安装、调试和管理；②生产及其他专业用计算机及系统的咨询、设计、集成、安装、调试和管理；③计算机机房的设计、安装、调试和管理；④其他计算机硬件及咨询、设计、集成，包括计算机销售、维修、硬件的制造。

(5) 数据处理服务：指为用户提供数据的录入、加工、存储等方面的服务，以及使用用户指定的软件加工数据，并将结果返回给用户的活动。不包括：提供数据库服务；专门提供文件、数据的录入、排版和打印的服务；为客户提供软件的设计。

(6) 计算机维修服务：指对计算机硬件及系统环境的维护和修理服务。具体包括：①对计算机系统进行维护；②为计算机系统排除故障；③计算机硬件维修。不包括硬件及系统的咨询服务。

(7) 其他计算机服务：指计算机咨询和其他未列明的计算机服务。具体包括：①专为客户提供计算机操作，并配有技术人员的场所；②为计算机辅助服务提供咨询(如程控PC、辅助设计CAD、扫描CAT、排版、制造CAM、教学CAI、仿真等)。

(8) 基础软件服务：指为计算机用户提供的软件设计、编制、分析、测试及咨询等服务。具体包括：系统软件服务；数据库软件服务；网络管理软件服务；安全及防病毒软件服务；工具软件服务；数据库访问软件服务；远程过程调用、消息、对象、交易、终端仿真等中间软件服务；通用软件服务，主要有办公、图像处理、视听制作、游戏等软件服务。

(9) 应用软件服务：指为专业领域使用计算机的用户提供软件服务，以及提供给最终用户产品中的软件(嵌入式软件)服务。包括：①行业应用软件服务：财务、审计、税务、统计、金融、证券、通信、能源、工业控制、交通等软件服务。②语言处理软件服务：信息检索、文本处理、语言应用、词典、语料库、语言翻译等软件服务。③嵌入式软件服务：家电、手机、程控交换机、基站等软件服务。

(10) 其他软件服务：指为特定客户提供的软件服务，以及有关的咨询、监督和培训活动。包括：为顾客特约开发的各种软件和服务；软件的咨询、监督和对基础软件使用人员的培训。

10.2.2 信息服务业的产生与发展

1. 世界信息服务业发展概况

信息服务作为一种活动或职业，自古以来就有，如封建帝王周围的谋士，大臣身边的幕僚、食客，都属于从事信息咨询服务的人。还有，古代的烽火台、驿站、图书馆、牙行等提供的也是信息服务。到近代，信息服务主要由行业协会承担。英国工业革命推动了采矿业、制造业和建筑业的快速发展，同时也促进了科技的进步。在此过程中，大量的工程技术问题需要解决。这些问题的解决需要依靠各种知识和经验，这样就促使科技开发人员进行各种合作、交流和联合，产生了各种学会或协会。这些学会或协会一方面出版刊物，提供信息咨询服务，另一方面承揽工程设计业务，兼营技术咨询服务。例如，1818 年成立的英国土木工程师学会就是在一些土木建筑事务所的基础上联合而成的，目的之一是承担工程咨询业务。1830 年，德国创办了《药学文摘》(即后来著名的《化学文摘》)，定期为科学界提供系统的科学信息报道服务。它们标志着近代咨询业和信息服务业的诞生。后来，数学、物理等基础学科和电力、机械、交通运输等工程技术领域也先后成立了类似的机构和服务。1913 年，英国咨询业界成立了自己的行业协会——咨询工程师协会(the association of consulting engineering)。另外，个体咨询已经不能满足日益增长的经济建设需要，于是出现了各种咨询公司。

第二次世界大战结束后，科学技术和经济快速发展，对信息咨询服务的需要也迅速增多，促使信息咨询业快速发展，无论在数量和规模上都出现了一个新的飞跃，日益成为社会经济发展不可缺少的重要行业。其表现形式是：各种信息中心和情报研究机构纷纷建立，以满足社会对信息服务的需要，传统的图书馆也开始提供或强化其信息服务功能；咨询业逐渐由专业咨询发展到综合咨询，由技术咨询发展到管理咨询和战略咨询，服务领域从经济建设逐步扩展的政治、军事、法律、环境等许多领域，出现了各种“智囊团”、“思想库”；计算机信息处理和服务业也开始出现并迅速发展起来。特别是 20 世纪 70 年代以后，世界各国(尤其是发达国家)面临着许多共同问题，如能源危机、环境污染、人口膨胀、资源匮乏等全球性问题，迫使一些国家联合起来研究对策，这样就使咨询业进入了国际合作阶段，出现了一批国际性或跨国的咨询服务机构。另外，计算机和分时通信技术的发展，出现了计算机化的信息服务，特别是联机检索服务，并迅速走向国际化。

20 世纪 80 年代，全球的信息服务业快速发展，一些发达国家(如美、日、西欧)的增长速度达到两位数，大约是其 GDP 增长速度的 3～5 倍。据日本出版的《情报化白皮书 1990》提供的数据，到 1989 年底，全球信息服务业的市场规模已超过 1820 亿美元，其中美国 920 亿美元，日本 335 亿美元，西欧 521 亿美元，共计 1776 亿美元，占全球的 97.58%。其余部分的分配情况是：澳大利亚 20.3 亿美元，韩国 5.6 亿美元，印度 3.6 亿美元，中国 2.5 亿美元，新加坡 2.2 亿美元。

20 世纪 90 年代，在全球信息高速公路建设大潮的推动下，信息服务业得到更快的发展。新的信息服务形式不断涌现，特别是基于因特网的信息服务业开始大放异彩。在 1993 年，全球的信息服务业总规模已达 2650 亿美元，与 1989 年相比，年平均增长率为 9.9%，是世界经济增长速度3%的3倍多，美、日和西欧所占的份额降至81.9%(2170亿美元)，亚太地区的份额升至18.1%(480亿美元)。到20世纪90年代中期，转向服务业务成为制造业最时髦的战略之一。由于制造业的基础发生变化，仅靠制造产品不能创造足够的利润。竞争更加激烈了，产品使用周期缩短了，"开放性结构"允许各公司能够配用竞争对手生产的零部件。激烈的竞争已使生产和销售设备的利润极低，制造业的毛利率一度高达75%，而这时极少超过30%。而服务业的毛利率可能超过50%，咨询业的毛利率更高，转向服务业务是制造业增加利润的唯一途径。对许多计算机公司来说，发展服务业务也是一种求生存的战略。这样，就吸引了一大批制造业厂商进入服务业，以促进它们的硬件产品的销售，帮助制造业渡过难关。其中，规模最大的是信息技术服务业(下面简称IT服务业，包括信息系统的设计、维修和安装)。根据数据咨询公司统计，全球IT服务业1996年营业额达到大约2340亿美元。

目前，国际上信息服务业呈现出以下几个明显的发展趋势：传统信息服务转向电子信息服务。现代新技术迅速渗透于信息服务业。公益性信息服务比重趋低，商业化服务比重增加。信息服务趋向专业化。信息市场日趋扩展和完善。信息服务业趋向跨国经营和国际化。

2. 我国信息服务业发展概况

我国的现代信息服务业开始于20世纪50年代中期。其主要形式是科技情报服务和工程咨询服务。在计划经济下，它完全由政府统一管理，统一投入资金、人力和设备，基本上无偿为国有或集体私有制企事业单位和政府部门提供服务。承担信息服务职能的机构主要是各种研究机构和科技情报机构，此外还有各类图书馆也提供一定的文献信息服务。"文革"前初步建成的科技信息服务体系在"文革"期间受到严重摧残，改革开放后得到恢复和发展。尤其是工程咨询业和经济信息服务业开始独立发展，并向产业化方向发展。

20世纪90年代，我国工程咨询业和经济信息服务业快速发展，电信服务业和IT服务业迅速崛起，网络服务业开始受到市场的追捧，科技信息服务业则进入下降和调整期。据《计算机世界》1993年10月13日报道，我国信息服务业的规模为：政府信息机构2000个，信息企业8000个，咨询企业30 000个，其他信息服务机构10 000个以上，从业人员约有70万，年营业额约20亿元。各种信息服务业的营业额为(据邮电部门统计)：软件开发与销售8亿元，信息提供服务2亿美元，信息处理服务2.6亿元，系统集成2亿元，咨询业4亿元，其他1.4亿元。另据《信息产业报》1996年4月4日提供的数据，1990年，我国的信息服务机构和企业数量约为1万个，1992年为2万个，1994年达到6万个；从业人数1992年25万，1994年达100万；年营业额1990年20亿元，1991年30亿元，1992年50亿元，1994年达120亿元。《中国计算机报》1996年9月30日报道了电子工业部信息中心朱鹏举先生提供的1995年数据：我国信息服务业销售额达77亿元，年增长33%。其市场构成如下：系统集成服务45%，增值网服务1%，数据库服务3%，咨询服务4%，维修和培训服务7%，电子出版8%，展览6%，其他26%。另外，国产数据库1038个(平均库容量33MB)，因特网用户5万个。

这个时期我国信息服务业发展的主要特点是：覆盖领域逐步扩大，服务内容走向综合化和专业化，手段日趋现代化，服务走向市场化、商品化和国际化，发展速度比较快。存在的主要问题有：社会对信息服务业的重要性认识不足；有关政策法规不完善，管理体制不健全，行业结构不合理；行业行为不够规范，"炒"信息的现象较为严重；企业规模小，专业化程度低，经营机制缺乏活力，主体部分事业单位占的比重过大，缺乏走向市场的动力；从业人员总体素质不高，构成不合理；基础设施较差，服务手段比较落后。

10.2.3 我国信息服务业现状

1. 2001 年我国信息服务业发展总体状况①

(1) 单位构成状况。2001 年基本单位普查资料显示：全国法人单位总数为 510.7 万个，其中信息服务业共有法人单位 19.5 万个，占全国法人单位的 3.8%。信息服务业法人单位数中，经纪业为 4.7 万个，占信息服务业的 24.1%，信息提供业为 3.3 万个占 16.9%，咨询业为 3.3 万个占 16.9%，信息处理业为 2.5 万个占 12.8%，电信服务业近 1 万个占 5.1%，公共信息服务业为 4929 个占 2.6%，社会调查业为 4210 个占 2.1%，其他信息服务业为 3.8 万个占 19.5%。

(2) 资产规模状况。在全部信息服务业法人单位中，有 16.5 万个单位的资产在 50 万元以下，占 84.6%；资产规模在 50～100 万元的单位有 1.2 万个，占 6.1%；100～500 万元的有 1.1 万个，占 5.6%；500～1000 万元的单位有 2344 个，占 1%；1000～5000 万元的单位有 2650 个，占 1.6%；5000 万元～1 亿元的单位有 825 个，占 0.4%；1 亿元以上的单位共有 1640 个，占 0.8%。在亿元资产以上的单位中，有 1355 个集中在电信业中，占 82.6%，其他依次为经纪业为 8.8%，信息处理业为 3.3%，信息提供业为 3.1%，咨询业为 0.2%，社会调查业为 0.1%，公共信息业为 0，其他信息服务业为 1.9%。资产规模在 5 亿元以上的单位基本上都在电信行业，其中社会调查业、咨询业、公共信息服务业中均不存在资产超过 5 亿元资产的单位。而 50 万元以下的单位中，公共信息业占到本行业 0.5 万个单位的 99.1%，社会调查业占本行业的 96.7%，咨询业占本行业的 94.4%，其他信息服务业占本行业的 89.1%，经纪业占本行业的 84.2%，信息提供业占本行业的 82.3%，信息处理业占本行业的 77.9%，电信服务业占本行业的 45.2%。因此可以看出我国信息服务业较大规模的单位集中在电信业。

(3) 地区分布状况。信息服务业法人单位数目最多的是北京，有 4.9 万个，占总数的 25.1%，上海 1.9 万个占 9.7%；广东 1.8 万个占 9.2%；江苏 1.2 万个占 6.2%；浙江 1.1 万个占 5.6%。上述 5 个省市共占总数的 55.8%。单位数目最少的省区是：西藏 203 个，青海 498 个，宁夏 561 个，贵州 1120 个，甘肃 1548 个，它们共占总数的 2%。

社会调查业法人单位最多的为北京 629 个，占总数的 14.9%，其次为湖北 237 个，仅占总数的 5.6%，依次为广东 227 个、黑龙江 226 个。数目最少的为西藏 5 个、宁夏 9 个、青海 22 个、海南 29 个，4 省市合计只占到总数的 1.5%。

信息处理业法人单位最多的为北京 5775 个，占总数的 23.1%，其次为广东 4285 个，占

---

① 我国信息服务业存在 4 个主要问题. 中国统计信息网，2003-08-18.

16%；上海2834个，占11.3%。数目最少的西藏8个、青海38个、宁夏43个、贵州65个，4省市合计只占总数的0.6%。

信息提供业法人单位最多的依然为北京6076个，占总数的18.4%；广东3852个，占11.6%；其次为浙江2523个，占7.6%；江苏2507个，占7.6%。数目最少的依然是西藏、青海、宁夏和贵州，4省市合计只占总数的1.4%。

电信服务业法人单位最多的为广东808个，占总数的8.15%；其次为四川529个，占5.3%；云南490个，占4.9%。而山东、黑龙江、浙江、广西、江苏几省的单位数目均在400～490之间。北京为139个，占1.4%。数目最少的依然为宁夏66个，占0.7%；海南85个，占0.9%；西藏97个，占1.0%；青海127个，占1.3%。

咨询业法人单位最多的为北京8208个，占总数的24.9%；其次为江苏2729个，占总数的8.3%；位居其后的山东、浙江数目都不超过2000个。数目最少的西藏、青海、宁夏和海南，4省市合计为461个，仅占1.4%。

经纪业法人单位数目最多的为北京1.5万个，占总数的31.9%；上海7266个，占15.5%；广东3835个，占8.2%。数目最少的是西藏、青海、宁夏和贵州，4省自治区合计为262个，仅占0.6%。

公共信息服务业单位最多的为四川311个，占总数的6.3%；辽宁276个，占5.6%；江苏262个，占5.3%；云南和山东都接近250个。最少的西藏14个，海南32个，宁夏38个，青海55个。

其他信息服务业法人单位数目最多的仍然是北京，有1.3万个，占总数的34.2%；其次为上海5281个，占13.9%；广东3372个，占8.9%。数目最少的为西藏9个，青海41个，宁夏86个，贵州110个。

通过以上数据可以看出，在我国信息服务各行业中，经纪业的集中度最高，公共信息服务业和电信服务业地域分布较为均衡，最多的省份占全国的比例也不到1/10，且这两个行业单位数目与地域经济发达程度关系不是很密切，如四川、云南等西南省份的单位数目都位居前列，社会调查业也表现出此种态势。

(4) 经济类型的分布状况。信息服务业法人单位中，内资为18.7万个，占总数的96.1%；外资为4167个，占2.1%；港澳台资为3507个，占1.7%。内资占绝对优势，外资法人数目多于港澳台资数目。各分支行业中的情况也是如此，只有电信服务业较为特殊，港澳台资法人数目远多于外资，信息提供业、咨询业中港澳台资法人数目也略多于外资。

(5) 从业人员状况。信息服务业法人单位的从业人员数量，7人以下、8～19人和20～49人3种规模分别占44.6%、37.6%和12.2%。但是各个分支行业差别比较大，例如，电信服务业分布比较均匀，7人以下、8～19人、20～49人、50～99人、100～299人的单位数目均在15%～25%之间。从业人员超过500人的法人单位主要集中在电信服务业，共有556个；其余依次为经纪业190个，信息提供业130个，信息处理业96个，咨询业14个，公共信息服务业5个，社会调查业1个，其他信息服务业73个。万人以上的法人单位只有4个，全部属于电信业。

(6) 行业经营状况。信息服务业全部法人单位中，经营收入在50万元以下的单位有14.4万个，占总数的73.9%；50～100万元的有1.4万个，占7.2%；100～500万元的有2.3

万个，占 11.8%；500～1000 万元的有 5044 个，占 2.6%；1000～5000 万元的有 6090 个，占 3.1%；5000～1 亿元的有 1129 个，占 0.6%；1 亿元以上的有 1247 个，占 0.6%。在亿元以上的单位中，电信服务业就占了 689 个，占 55.3%；其次为经纪业 245 个，占 19.6%；信息处理业为 132 个，占 10.6%；信息提供业为 123 个，占 9.9%；咨询业为 8 个，占 0.6%；社会调查业为 2 个，占 0.2%；其他信息服务业为 48 个，占 3.8%。

从上述状况可以看出，我国信息服务业存在的主要问题有以下几个：

(1) 单位规模偏小，竞争力较弱。资产规模在 50 万元以下的法人单位数目占总数的 84.6%，从业人员在 50 人以下的法人单位数目占总数的 94.4%，经营收入在 50 万元以下的法人单位数目占总数的 73.9%。如此小的规模很难参与国际竞争。

(2) 区域分布很不平衡。北京、上海、广东、江苏、浙江 5 省市的信息服务业法人单位总和占全国单位总数的 56.2%，而宁夏、青海、西藏、贵州、甘肃 5 省区的信息服务业法人单位总共只有 3930 个，仅占总数的 2%。今后的西部大开发工作同样要很好地考虑如何发展西部的信息服务业。

(3) 吸引外资数量和力度不够。信息服务业中只有 4167 个外资单位，占总数的 2.1%；3507 个港澳台合资单位，占总数的 1.7%。其中，社会调查业有 20 个外资单位，占本行业的 0.4%；信息提供业有 123 个，占本行业的 0.3%；咨询业有 24 个，占本行业的 0.07%；公共信息服务业有 2 个，占本行业的 0.04%。这与我国的电子行业、汽车行业在吸引外资方面形成了鲜明的对比。

(4) 信息服务业的研究力量和教育培训工作较为薄弱。信息服务业涉及多个学科和领域，长期以来，有关信息服务业的研究和人才培养工作主要由情报学、信息管理、图书馆学等少数学科承担，其他相关学科的参与度不高。

2. 2003 年我国电信服务业和科技咨询业发展状况

电信服务是信息服务业中的主要组成部分，随着技术进步、业务与网络的融合，传统电信服务的内涵和外延逐步扩大，电信服务与信息服务的界限逐步趋向模糊，与网络有关的信息服务(包括电信网、因特网、广播电视网等)实际都成为广义电信服务的一部分。从目前看，电信服务至少应包括传统电信服务和因特网服务。2003 年，我国电信服务业的市场规模为 4610 亿元。而据 CNNIC 统计，截至 2003 年底，中国因特网市场整体规模达到 208.2 亿元，其中基于网络的因特网信息服务市场规模在 100 亿元左右，增长速度超过 100%。对我国而言，因特网通信中的电子邮件、因特网短信、网络搜索等服务已经迈入可持续发展轨道。据 CCID 统计，2003 年包括网络短信、网络广告、网络游戏、搜索引擎、收费邮箱等内容的网络服务市场整体规模达到 72.7 亿元，较上年增长 103.1%。新浪、网易、搜狐等 9 个有代表性的因特网公司在 2003 年的平均收入约为 45 亿元人民币。目前，在线广告、电子商务、网络音视频、在线媒体、搜索引擎、网络金融、网络教育等已进入起步阶段；网络医疗与卫生服务等则处于萌芽阶段，与国外先进水平的差距很大；作为未来的发展方向之一，网格计算已开始进行研究与试验；因特网通信中的 voip 等业务技术上已相对成熟，但在商业模式等方面尚存在不少问题。在 2005 年初的信息产业工作会议上，王旭东部长提出了树立信息服务业大行业观念的指导方针，这为信息产业做大做强的道路指出了明确的方向。[①]

根据对全国 31 个省市 1637 家科技咨询机构的统计，2003 年，我国有科技咨询从业人员 16.4 万人，其中专职人员 13.4 万人，兼职人员 3.0 万人；全年共完成咨询项目 125.4 万项；科技咨询项目总额达 451 亿元；产生的经济效益为 131.3 亿元；1637 家咨询机构全年实现咨询营业额 90.4 亿元；咨询活动营业盈余 14.9 亿元，上交总税金 6.9 亿元；年末资产总额达到 789.8 亿元。

从营业额方面看，1997—2003 年间，我国工程咨询市场始终是最大的（见表 10-3）。自 20 世纪末开始，其所占比重呈现下降趋势。技术咨询营业额所占比重从 2001 年的 11.8% 上升到了 2003 年的 23.8%，处于第二的位置；管理咨询也有较快增长，2003 年比 2001 年增长了 6.3 个百分点。政策咨询和其他咨询营业额在增长，但所占比重近年来有所下降。[②]

表 10-3　1997—2003 年间，我国科技咨询细分市场营业额及所占份额

类别	1997 年		1999 年		2001 年		2003 年	
	营业额/亿元	所占份额/%	营业额/亿元	所占份额/%	营业额/亿元	所占份额/%	营业额/亿元	所占份额/%
政策咨询	1.86	8.5	5.38	8.8	2.93	1.1	4.40	0.98
技术咨询	7.10	32.5	3.60	5.9	31.46	11.8	107.10	23.77
管理咨询	0.79	3.6	1.16	1.9	4.00	1.5	35.18	7.81
工程咨询	8.72	39.9	45.81	75.4	180.77	67.8	250.28	55.54
其他咨询	3.36	15.4	4.89	8.0	47.46	17.8	53.63	11.90

3. 信息服务业发展状况小结

信息服务业整体增长速度较快，成长性较好，增长速度较高。信息市场和信息企业发展迅速。信息服务业作为国民经济现代化的重要标志，对整个经济的发展和人类生活环境产生了巨大的影响，信息服务业的发展过程是经济运行效率和人类生活质量提高的过程。相对于电信服务业，信息服务业中的因特网服务规模还相对偏小，咨询业方兴未艾，软件业陷入尴尬境地。政府信息服务系统建设初具规模，公众信息服务基础设施建设飞速发展，公共信息服务业蓬勃发展，电子信息资源建设受到高度重视，信息政策与法规逐步完善。

受网络发展的影响，大型信息服务商仍占主导地位，但难以形成垄断。小企业也具有优势，因为在网络环境下，形成信息服务的垄断会越来越困难。品牌成为网络信息服务企业最重要的无形资产。搜索服务成为信息服务业增长热点，它能提供更加贴近百姓需求的信息服务。信息产品营销越来越重要，信息服务价格逐渐下跌。用户是网络信息服务最大的受益者，服务商则如履薄冰。用户的需要更加多样化，如电视节目、动画和娱乐软件等，而不是单纯的文本信息。电信服务价值链不断拉长、细分和开放，并由链状向“网”状发展；整个价值链中，对上游管制相对较松，对下游管制相对严格；价值链中各个环节的合作关系将会更

① 信息服务业的现状和发展趋势. http://www.cnmanage.com/ArticleView,2005-11-29.

② 中国科技在线网站. http://www.bestinfo.net.cn/ztrd/tjfx/2003y/sjgl/bjkjtj/rjkxyj/t,2004-09-28.

加复杂和密切;从不同的中心出发,可以呈现不同的价值链。从价值链看,我国的信息服务业发展与发达国家还有一定差距,如价值链的完整性、价值链中各个环节的合作关系、价值链中上游环节的贡献率等。

我国信息服务业发展中存在的主要问题有:信息资源严重不足;投资不足且分散,投资结构不合理;缺乏整体结构设计和向产业化发展的运行机制;公益性信息服务还缺乏持续发展的长效机制,普遍服务的原则尚未真正实现;政府信息服务基本上仍局限于政府内部和网站信息发布;信息环境亟待改善;信息市场发育水平低;商业性信息服务仍处于幼儿期,企业规模小,竞争力较弱;吸引外资的数量和力度不够;产值持续增长,但经济效益下滑;国际贸易纠纷不断增加;目前还缺乏对信息服务业的整体统计。

10.3 信息内容产业

10.3.1 信息内容产业的含义和构成

作为一个概念,信息内容产业首次出现在 1995 年"西方七国信息会议"上,当时称为内容产业(content industry)。而作为产业统计的一个正式门类,它首次出现在美国 1997 年推出的《北美产业分类系统》(NAICS)中,取名为:information。其实际涵盖的产业有些早已存在,有些则是近几年才出现的。

1. 信息内容产业的含义

1996 年,欧盟《信息社会 2000 计划》把内容产业定义为:制作、开发、包装和销售信息产品及其服务的产业。其产品范围包括各种媒介的印刷品(图书报刊等)、电子出版物(联机数据库、音像制品、光盘出版物和游戏软件等)和音视频传播服务(影视、录像和广播等)。

美国软件与信息业协会将在线内容出版商和提供商、支持信息产品和服务营销与提供的技术和服务提供商都归类为从事内容产业的企业。

英国伦敦政策研究所穆尔(Nick Moore)提出把信息开发部门分为 3 个部分:信息生产(内容)部门、信息提供部门和信息处理部门。信息内容产业包括公营、私营部门生产和开发知识产权作品的组织。信息来自作家、作曲家、艺术家、摄影家,他们得到编辑、电影制片人、电视制作者、动画片绘制者以及很多相关职业的协助。另一类信息是汇编作品:参考工具书、数据库、统计资料、股票和商品结构信息。①

日本科学技术与经济协会把信息内容产业包含在信息商品化产业中,指使用信息机器进行信息收集、加工、分配和提供信息服务的产业,培养适应高度知识化社会的人才的产业,以及提供高度专业化信息、甚至于代理主体行动的产业。它们都是通过出售信息内容而成立的产业,其活动是使信息产业化,故通称为信息商品化产业。电影、电视、影像、音响、书籍、音乐和艺术等都属内容产业。日本政府有关部门则把内容产业划分为如下门类:新闻报道业、出版业、数据库产业、咨询业、代理人型产业、教育产业、教养产业。

加拿大政府有关部门将信息内容产业划分为非文化部分和文化部分。内容产业中非文

---

① 伊维斯·科里尔著. 世界信息概览. 臧惠娟等译. 北京:中国对外翻译出版公司,联合国教科文组织,1999,406~407.

化部分主要包括：通信服务、数据库、健康信息服务、非文化多媒体产品、应用软件。内容产业中的文化部分主要包括：可视艺术、图书馆服务、音乐制作、广播、电影、印刷媒体服务。

根据上述情况，可以将信息内容产业定义的归纳为：现代意义上的信息内容产业是一种基于数字化、多媒体和网络等技术，利用信息资源和其他相关资源，创(制)作、开发、分发、销售和消费信息产品与服务的产业。图 10-4 是信息内容产业中各种角色关系的示意图。

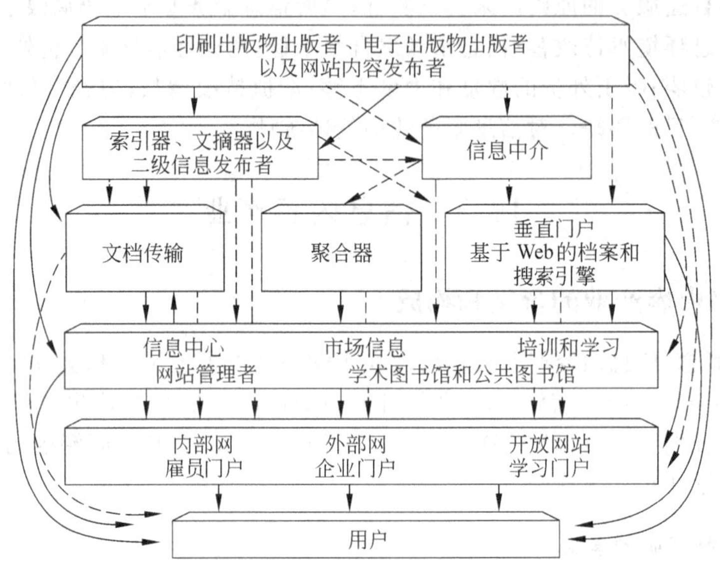

图 10-4 信息内容产业中各种角色及内容配送渠道

信息内容产业的同类概念如下：

(1) 数字内容产业(digital content industry 或 e-Content industry)

此概念在欧盟内比较常用，主要指数字产品/服务的创建、设计、管理和发行以及支持这些活动的技术。爱尔兰政府负责企业、贸易、科学技术和创新的国家政策与咨询委员会(Forfas)2002 年 11 月提出《爱尔兰数字内容产业发展战略》，把数字内容产业定义为：创建、设计、管理和销售数字产品和服务以及为上述活动提供技术支持的产业，是将传统内容产业、媒体和娱乐业、软件与多媒体、电子硬件和电信等加以综合集成的新的经济活动领域。它包括游戏产业、数字图书馆、电子学习(含以计算机和网络为基础的学习、虚拟教室、数字化协作)、商业与客户电信/无线服务(含娱乐、预订旅行和娱乐、财务交易、定位服务)、非媒体应用(含高端成像、设计和虚拟现实工具与应用，主要用于科学与工业)。我国台湾地区称“数位内容产业”，指将图像、字符、影像、语音等资料加以数字化并整合运用之技术、产品或服务(不含硬件)。数字内容产业就是现代意义上的内容产业，这两个词可以互换使用。

(2) 信息内容服务业

我国国家信息中心专家在 2002 年发表的调查报告《初步分析：我国信息内容服务业情况调查》中采用了这种称谓，指“数据库、网上栏目和产品、纸介质产品(期刊、杂志等)以及其他”。报告中所说的信息内容服务业基本上就是信息内容产业。

(3) 创意产业(creative industry)

澳大利亚政府有关部门用这个词主要指那些能产生著作权、发明专利、外观设计专利或商标权的所有产业,强调其内容的原创性。1997 年英国首相布莱尔成立"创意产业特别工作组",旨在提倡与鼓励人的原创力。1998 年,该小组对创意产业进行了定义:"源于个人创造力、技能与才华的活动,而通过知识产权的生成和取用,这些活动可以发挥创造财富与就业的成效"。据此,英国将 13 个行业确认为"创意产业":广告、建筑、艺术和文物交易、工艺品、设计、时装设计、电影、互动休闲软件、音乐、表演艺术、出版、软件、电视广播等。英国所说的创意产业基本上属于文化产业和内容产业的范畴。

2. 信息内容产业的结构

信息内容产业提出的时间比较短,国际上还没有为它编制标准的分类体系。然而,2002 年出版的《北美产业分类系统》(NAICS)(表 10-4)提供了一个比较适合信息内容产业的框架。该系统专门为"信息"(information)设立了一个大类,其中非常突出信息内容的生产和提供活动,而把硬件产业划归制造业,对信息服务业中的一些门类(如系统集成、咨询服务等)也未列入,所以是一种比较纯的信息内容产业分类,值得借鉴。

表 10-4 北美产业分类系统(NAICS)2002 中展现的信息大类(information sector)

51	Information
511	Publishing Industries (except Internet) 出版业(不含网络出版)
5111	Newspaper,Periodical,Book,and Directory Publishers 报纸、期刊、书籍和目录出版业
5112	Software Publishers 软件出版业
512	Motion Picture and Sound Recording Industries 电影和录音业
5121	Motion Picture and Video Industries 电影和录像业(包括生产、发行、放映和后期制作等)
5122	Sound Recording Industries 录音业(含生产、集成化的生产和发行、音乐发行、录音棚等)
515	Broadcasting (except Internet) 广播业(不含因特网)
5151	Radio and Television Broadcasting 无线电广播和电视业
5152	Cable and Other Subscription Programming 有线电视和其他订阅节目
516	Internet Publishing and Broadcasting 网络出版和广播业
517	Telecommunications 通信业(有线、无线、卫星、通信转卖、电缆等)
5171	Wired Telecommunications Carriers 有线通信业
5172	Wireless Telecommunications Carriers (except Satellite) 无线通信业(不包括卫星)
5173	Telecommunications Resellers 通信转卖
5174	Satellite Telecommunications 卫星通信业
5175	Cable and Other Program Distribution 电缆和其他节目发行业
5179	Other Telecommunications 其他通信业

续表

518	Internet Service Providers, Web Search Portals, and Data Processing Services 网络服务提供商、网络搜索门户、数据处理服务业
5181	Internet Service Providers and Web Search Portals 网络服务提供商、网络搜索门户
5182	Data Processing, Hosting, and Related Services 数据处理业、主机提供和相关服务业
519	Other Information Services 其他信息服务业(包括新闻辛迪加、图书馆、博物馆等)

10.3.2 信息内容产业的特点和相关产业

1. 信息内容产业的特点

信息内容产业与其他产业相比,有其明显的特殊性。北美行业分类系统的类目说明中就指出,之所以将信息部门单独提出来作为一个大类,是因为信息和文化产品生产和发布过程的特征,使信息部门有别于货物生产和服务生产部门。这些特征是:

(1) 对消费者来说,信息内容产品的价值存在于消息、教育、文化或娱乐所包涵的内容之中,而不是在它们的发布形式中。

(2) 与传统物质产品不同,某种信息内容产品(如在线报纸或电视节目)不一定是有形的,也不必与某种特定载体形式相关联。

(3) 与传统服务不同,信息内容产品可以通过网络等渠道直接传递给消费者,而不必经过供货商或中间商。

(4) 大多数信息内容产品受到知识产权法律的保护,未经授权,不能任意地发布、复制、修改等。

(5) 在发布和传送信息内容产品的过程中,容易通过加载其他产品和服务(如广告)来使信息内容产品增值。

2. 信息内容产业与相关产业的关系

(1) 与文化产业的关系

文化产业是从事文化产品生产和提供文化服务的经营性行业。主要包括:文化艺术、文化出版、广播影视、文化旅游等4个领域。当前文化产业涵盖演出、影视、音像、文化娱乐、文化旅游、网络文化、图书报刊、文物、艺术品及艺术培训等领域。[①]

信息内容产业与文化产业之间存在一种交叉关系。内容产业作为一个整体是一个新的产业,它包含了文化产业相当大部分的内容,而且文化是信息内容产业中内容和创意的重要源泉。但内容产业的范围更广,文化产业无法全部涵盖或取代它。

信息内容产品和服务已成为一种新的文化承载者和传播者,其生产和消费也成为一种新的文化现象,一种新的经济活动方式和生活方式。它将推动文化产业进一步发展。

文化内容产业是韩国文化与内容产业局采用的术语。该机构认为,文化内容产品是由诸如文化传统、生活方式、思想以及价值观和民间文化等文化因素产生的一类文化产品。这

① 张小冲. 光明日报,2004-06-16.

是将文化产业和信息内容产业融合在一起的提法,并强调其文化属性。

(2) 与信息服务业的关系

信息内容产业是信息服务业的核心部分,更突出信息内容的生产和提供。

10.3.3 国外信息内容产业发展状况

1. 美国信息内容产业发展概况

总体状况:美国信息内容产业(information sector)规模巨大。根据1997年美国国家统计局的普查数据,1997年美国信息业收入为6232亿美元,共有经营单位11.4万家,提供300多万个就业机会。其中:新闻出版业收入1790亿美元,机构3.4万个,从业人员101万;电影与音像业收入559亿美元,机构数2.2万个,从业人员28万;广播通信业收入3463亿美元,4.3万家机构,143万从业人员;信息服务与数据处理业收入419亿美元,1.5万家机构,35万从业人员。

在美国新闻出版业中,有报纸9200家,员工人数45万,其中日报1700家(含晚报),周报7500家。杂志18000种以上,出版社9000家。([美]秀兰·诺蓝哈:《进入传播业——21世纪新生涯规划》,1998年)美国的广播电台总数超过10000家,其中4649家调频(FM)电台,4733家调幅(AM)电台。电视台中有539家特高频(VHF)电视台,359家超高频(UHF)电视台;303家地方电视台,6200家有线电视台,电视用户8500万,约有3700家电视台自己制作部分节目。

美国电影业非常发达,1983年就创造了37亿美元的票房收入,雇佣了20多万工作人员。每年生产剧情片200部,教育影片1700多部,企业影片9000部,官方影片约2000部。美国的电影称霸国际市场,其中6大电影公司(哥伦比亚、米高梅/联合、华纳、21世纪福克斯、派拉蒙、环球)又独占了剧情片的制作与供销。根据1997年美国国家统计局的普查数据,电影与音像业收入559亿美元,机构数2.2万个,从业人员28万。

美国数据库业也非常发达。1999年,美国数据库生产商3674家,数据库服务商2454家,数据库数量11681个,分别比1975年增长了18倍、23倍、39倍(根据2000年5月美国全国联机会议(NOM)材料整理)。表10-5和表10-6显示了美国1995—2000年间数据库产业和信息服务业的增长情况。

表10-5 美国信息内容产业(部分)销售增长情况

行业	1995年营业额/亿美元	2000年营业额/亿美元	1995—2000年均增长率/%
电信业	57.89	149.45	21
联机数据库业	47.1	119.9	21
联机新闻业	26.87	68.05	20
其他网络服务业	73.97	187.95	21
其他处理服务业	58.44	114.5	14
系统软件业	262.12	432.9	11

数据来源:INPUT《1995—2000年美国市场预测概要》。

表 10-6 美国信息服务业(部分)销售增长情况

行业	1995 年营业额/亿美元	2000 年营业额/亿美元	1995—2000 年均增长率/%
全美国市场	1733.48	3284.19	14
专业服务	261.84	478.98	11
系统集成	124.17	255.78	16
外包	186.64	422.97	18
处理服务	254.25	385.06	9
网络服务	162.35	384.39	19
系统软件产品	262.12	432.9	11
应用软件产品	321.11	676.55	16
交钥匙系统	161	247.16	9
其他			

数据来源：INPUT《1995—2000 年美国市场预测概要》。

美国 2002 年信息内容产业规模：新闻出版业 329 亿美元，电影与音像业 757 亿美元，广播通信业 4862 亿美元，信息服务与信息处理业 903 亿美元，合计 8850 亿美元。

据日本电通总研株式会社《2006 年传媒白皮书》提供的数据，2004 年美国传媒市场高达 1.5 万亿美元，传媒产业企业 137294 个，就业人数超过 1000 万人。在美国传媒产业中，出版业、通信和音像(影视)三者平分秋色。其中，图书销售额 237 亿美元，杂志销售收入 103.315 亿美元，杂志广告收入 213.132 亿美元，合计收入 316.443 亿美元。报纸发行收入 109.89 亿美元，报纸广告收入 482.44 亿美元，合计 576.92 亿美元。电影业收入 95.39 亿美元(可能仅指国内收入)。有线电视广告收入 187.77 亿美元。

2. 欧盟数字内容产业

2001 年欧洲数字内容产业(e-Content industry)的产值大约为 4330 亿欧元，占欧洲 GDP 的 5%，已经超过了电信业的 2540 亿欧元，以及计算机硬件和软件的 2120 亿欧元。(Final Report for the Mid-term Evaluation of the e-Content programme, European Commission, 2003)

3. 日本内容产业

2002 年日本的内容产业销售规模达 11 万亿日元(约合 1000 亿美元)，是日本汽车业的一半，钢铁业的两倍多。(人民网日本版：日本政府重视振兴文化产业，2003 年 12 月 7 日)。其中，出版业 2.31 万亿日元(约合 210 亿美元)，影视和唱片业分别为 6939 亿日元和 5031 亿日元，动画产业 2000 多亿日元(若加上关联产业，市场规模达 2 万亿日元)，游戏产业 6040 亿日元(1999 年)，国内移动通信市场已达 10.5 万亿日元，宽带普及率居世界之首(因特网普及率 60.6%，其中宽带接入的用户占 47.8%)。

2004 年，日本传媒业市场约为 13 兆 3362 亿日元(约合 1100 亿美元)。其中，2000 年以来呈正增长的是：网络连接服务 7499 亿日元，CS 2346 亿日元，录像带/DVD 2984 亿日元，有线电视 3533 亿日元，电影 2109 亿日元，商业播放 829 亿日元，手机 89 754 亿日元，音乐会 1364 亿日元，游戏 6492 亿日元，NHK 6854 亿日元，民营电视台 23 656 亿日元。呈负增长的是：图书出版业 9429 亿日元，录像带/DVD 租赁 1218 亿日元，报纸 23 800 亿日元，杂志 12 988 亿日元，广播 2123 亿日元，卡拉 OK 7466 亿日元，游戏软件 3160 亿日元，通信 69 415 亿日元，CD 租赁和零售 3766 亿日元。

4. 韩国文化内容产业

韩国游戏产业非常发达，2002 年产值达到 34000 亿韩元(约合 28 亿多美元)，电影业 10350 亿韩元(约合 8.6 亿美元)。据波士顿咨询公司估计，2002 年出租故事片和动画片的韩国 Korea. com 和莱科斯公司平均每天的顾客已达 10 万人，产生了大约 13 亿美元的营业额。

10.3.4 国外发展信息内容产业的法律环境和政策措施

1. 美国的相关政策法规

美国国会颁布的《信息自由法》(1966 年)和《隐私保护法》(1974 年)为政府信息公开和政府信息资源开发利用提供了基本法律保障。接着又颁布《文书工作削减法》(1980 年颁布，1995 年修订)和《联邦政府信息资源管理》(A130 号通告，1985 年颁布，后多次修订)为美国政府开展信息资源采集、加工处理、发布传播、保存和利用提供了详尽明确的指导和规范。

克林顿政府 1993 年提出的《国家信息基础设施：行动计划》为美国信息内容产业的发展提供了更广阔的空间和新的推动力。为了解决好因特网普遍应用带来的新问题，使信息内容产业能健康地持续发展，美国政府又先后颁布了《知识产权与国家信息基础设施》白皮书(1995 年 9 月)、《个人隐私权与国家信息基础设施》白皮书(1995 年 10 月)、《数字千年著作权法》(1998 年)、《电子数据交换标准》、《政府信息定位服务应用标准》等政策法规。

为了加强对数字内容的保护，接连颁布了《数字消费者知情权法》(2003 年 3 月)和《数据库与信息采集盗用法》(2003 年 9 月)。前者规定，拥有著作权的数字内容生产商和分发商出售内容和内容接入时，如果某些技术会限制购买者使用、复制、传递和转换这些内容，生产商和分发商应该在出售前清晰而准确地告知购买者这些技术特征。还规定要确保数字信息和娱乐内容的消费者预先被告知可能限制其使用和处理这些内容的相关技术的特征。后者列举了构成数据库与信息采集盗用行为的 5 个条件：①原告在创建或收集信息时花费了一定的成本；②信息价值具有高度的时间敏感性；③原告花费了一定成本创建或收集的信息被被告以“搭便车”的方式使用；④被告使用信息的行为构成对原告所提供产品或服务的直接竞争；⑤“搭便车”行为降低了原告所提供产品和服务的价值，对其生存和质量构成威胁。

2. 欧盟发展内容产业的政策法规

欧盟为了促进其内容产业的发展，先后颁布了一系列的政策和法规。早在 1996 年，就颁布了《数据库保护指令》和《关于促进欧洲多媒体内容产业发展和鼓励在信息社会中使用多媒体内容的决定》(简称 Info2000),2000 年 12 月又颁布《关于在全球网络发展欧盟电子内容与信息社会发展多样化语言的决定》,目标是提高欧盟的数字内容产品的使用率和出口能力。后来陆续出台的政策文件有:《信息社会著作权指令》(2001 年)、《电子欧洲 2002:欧盟开发公共部门信息框架》、《电子欧洲 2005》、《公共部门信息:欧盟的重要资源》(即信息社会公共部门信息绿皮书)等。

欧盟的重要成员国英国和爱尔兰在发展内容产业方面也给予了高度的重视。英国 2000 年 2 月颁布了《英国数字内容产业发展行动计划》,提出要从以下 7 方面入手促进该产业发展:建立相应的门户网站,建立数字内容论坛,提高从业人员 IT 水平,为创业者和中小企业提供资金支持,建立长效机制,提高出口能力,鼓励开发政府信息资源。其他相关的政策和法律有:《信息自由法 2000》、《信息通信技术与博物馆、档案馆和图书馆发展战略行动计划》、《1998—2005 年国家医疗保健机构信息战略》、《建设信息核心:国家医疗保健机构计划执行纲要》。

爱尔兰于 2002 年 11 月出台了《爱尔兰数字内容产业发展战略》,指出数字内容产业正在蓬勃兴起,极具吸引力,发展迅速,市场价值很高,会给爱尔兰带来巨大商机。提出要采取必要措施来抓住这一重大机遇,包括:降低增值税税率,设立专项风险资金;加强知识产权保护;加速宽带基础设施建设;加大人才培养力度,提高从业人员素质;成立数字内容产业指导小组,指导和协调产业发展和本战略的实施;开放国家控制的内容资源,鼓励公共领域更有效地开发现有数字内容,等等。

3. 日本的相关政策法规

日本政府主管内容产业的部门是经济产业省商务情报政策局文化情报关联产业课(或称媒体与信息内容产业课)。2001 年日本出台了《e-Japan 战略》,指出必须通过政府监督及各项扶持政策使内容产业规范合理地发展,包括:①税制优惠政策:对内容制作企业实行特别折旧制度。可以选择普通折旧法规定的两年折旧制度,亦可按照特别折旧法采取 10 个月折旧制度。②完善资金采购环境:1992 年《商品基金法》,把电影等内容产品也划入该法的规制范围,控制资金回收风险。还可以使用银行投资基金等低风险资金。③慎重地规范内容表现形式:既不能仅根据某一种加以限制,也不能放任不管。④实施海外战略:认为日本在此领域有很强国际竞争力,要利用此优势,积极进入和扩大国际市场。2003 年 7 月日本政府又推出《e-Japan Ⅱ 战略》,把数字内容产业列为优先发展领域之一,并指出未来信息化社会在知识、文化方面应达到的重要目标是:综合推进内容产业的发展,利用日本的知识文化资产创造新价值,以提升日本内容产业的国际竞争力,加深世界对日本文化的理解。

鉴于上述计划实施不理想,2004 年日本政府又推出 U-Japan 计划,要在 2010 年实现"无所不在的日本"(Ubiquitous Japan)。在 U-Japan 中,U 的理念又被细化为 3 方面:普及(Universal)、面向用户(User-oriented)以及独特性(Unique)。Universal 是让所有的人(包括高龄老人及残障人士)都可以方便地使用网络资源,达到人们之间的紧密沟通。User-oriented 强调的是应用要重视使用者的便利性,以人为本,从每一个细部体现科技的人文关怀。Unique 则体现了使用者鲜活的个体特性,为大众提供展现活力和个性的舞台,力图在人类无限创造力的推动下,不断地创造出新的服务模式和商务形态。

4. 韩国发展文化产业的政策法规

韩国则采取发展文化产业的模式来推进信息内容产业。1994 年韩国文化观光部设立文化产业局。1998 年正式提出“文化立国”方针。1999 年开始陆续出台各种政策法规。如：《文化产业振兴基本法》(1999 年)、《文化产业发展五年计划》、《文化产业前景 21》、《文化产业发展推进计划》等。上述政策法规明确界定了文化产业的含义和范围，确定了文化产业发展战略和中长期发展计划，提出一系列重大举措，决心用 5 年时间使韩国文化产业产值在世界市场的份额由目前的 1%提高到 5%，要成为世界五大文化产业强国之一。它还把游戏产业列为国家战略产业，重点扶植。为了推进文化产业发展，韩国先后设立了一系列的推进机构，如韩国文化产业振兴委员会(2000 年)、韩国工艺文化振兴院(2000 年)、文化产业支援中心(2000 年，后扩建为文化产业振兴院)以及一些地区中心、游戏综合支援中心(1999 年，文化观光部，负责游戏产业政策和规划)、游戏技术开发支援中心(1999 年，产业资源部，负责游戏产业园区建设和管理)、游戏技术开发中心(1999 年，信息通信部，负责相关技术开发)。此外，文化观光部还下设有广播影视振兴院、电影振兴委员会、游戏产业开发院等机构。民间还有 140 多个社团组织致力于行业管理。

韩国在 2004 年和日本同步推出了 U-Korea 计划。韩国信息和通信部(MIC)专门制定了《数字时代的人本主义：IT839 战略》，重点支持 Ubiquitous Network。总统卢武铉更是 U-Korea 计划的积极倡导者，他期望通过政府与科技、产业界的紧密合作和艰苦实践，在自己第二届任期届满时(2007 年)使韩国能够达到 U-Korea 的目标。

5. 加拿大的相关政策法规

加拿大在建设因特网的同时就开始了数字内容的规划。其中较有影响力的机构是加拿大信息高速公路指导委员会，它分别于 1995 年和 1997 年发布了两部与数字内容相关的报告：《连接共有内容：信息高速公路的挑战》和《将加拿大带入数字世界》。上述报告的内容要点是：确认信息内容是属于文化的一部分。评估加拿大信息内容产业的现状，指出信息技术的发展为信息内容产品生产者和消费者提供了良好的契机，但是相对于快速发展的信息高速公路而言，加拿大的信息内容已经相当陈旧。提出发展加拿大内容产业的策略建议：①政府减少对发展内容产业拨款的限制；②加拿大商业机构应该与国际内容提供商进行对抗；③平衡加拿大人对国内外信息内容的兴趣，使本国公民对本国内容更感兴趣；④加拿大数字内容的促进措施；⑤成立加拿大电视及有线电视基金会；⑥追加财政预算；⑦编制加拿大数字资源目录，向公众公布数字内容资源名称、相关负责机构、项目主题、项目类型、媒体类型、项目进行状态等信息，以便开发利用。

10.3.5 我国信息内容产业发展的条件和水平

1. 我国大陆地区信息内容产业发展状况

(1) 内容产业基础设施。据 2006 年 2 月 28 日国家统计局发布的《中华人民共和国 2005 年国民经济和社会发展统计公报》提供的数据，到 2005 年末，全国共有艺术表演团体

2577 个，文化馆 2868 个，公共图书馆 2736 个，博物馆 1556 个，档案馆 4012 个(开放各类档案 6016 万卷或件)，广播电台 273 座，电视台 302 座，教育台 50 个，有线电视用户 12569 万户，有线数字电视 413 万户，广播综合人口覆盖率 94.5%，电视综合人口覆盖率 95.8%，全年生产故事片 260 部，科教片、纪录片和美术片 42 部，特种影片 14 部，出版各类报纸 404 亿份，各类期刊 27.5 亿册，图书 64 亿册(张)。

(2) 传媒产业。据《中国出版年鉴 2003》的统计，2002 年我国新闻出版业产值约 167 亿元，利润约 34 亿元。企业数量超过 800 家。2005 年中国传媒产业总产值约为 3205 亿元，约比 2004 年增长 11.9%。各种传媒的市场规模是：图书出版 1155 亿元，电视广告 397 亿元，手机短信 305 亿元，广告公司 297 亿元，期刊发行 270 亿元，报纸广告 242 亿元，报纸发行 180 亿元，有线电视收费 151 亿元，游戏 61 亿元，广播广告 50 亿元，电影 48 亿元，音像制品 30 亿元，期刊广告 19 亿元。(数据来源：清华大学媒介经营与管理研究中心)

广播电视业，据国家广电总局《关于促进广播影视产业发展的意见》中提供的数据，2002 年，全国广电系统总收入已达 514 亿元，其中广告收入超过 280 亿元，财政拨款 75.84 亿元，财政拨款仅占总收入的 14.75%。在 2006 年广播电视展主题报告会上，国家广电总局副局长张海涛透露了广电行业 2005 年的经济效益。他说，根据广电总局计财司的统计，去年广电收入为 888 亿，同比增长 7.77%；其中，广告收入为 458 亿元，占全年广电总收入的 51%；有线电视费 151.28 亿元，各级财政拨款 123 亿元；电影全国票房收入为 20 亿元。在广告收入中，广东最多，为 83.8 亿元，然后依次是上海、浙江、江苏、北京、山东、湖南等，其中北京广电系统广告收入为 40 多亿。另外，在广告收入中，电视广告收入 397 亿，广播的广告收入为 50 亿。

广告业总体方面，据《中国新闻年鉴 2003》的统计，2002 年我国广告业共有经营单位近 9 万户，从业人员 76 万人，营业额 900 亿元，占当年 GDP 的 0.89%。

(3) 文化产业。据《2004 年：中国文化产业发展报告》估计，2002 年我国城乡居民实际文化消费约 5300 亿元，2003 年达到 5830 亿元。另据《中国文化文物统计年鉴 2003》的数据，2003 年我国文化产业共有机构数 30 万，就业人数 167 万，文化产业增加值 2526 亿元，利润 900 亿。

(4) 网络信息服务业。来自艾瑞市场咨询最新的调查数据显示，2003 年，中国网络信息服务业处于高速增长期，市场总规模达到 82.5 亿元，比 2002 年的 33.8 亿元增长了 220%。目前国内网络信息服务业已形成网络广告、网络短信、网络游戏、搜索引擎、收费邮箱、网上购物等多个子行业，呈现出多元化的发展趋势。其中，网络广告、网络短信、网络游戏是目前 3 大最主要的子行业，而搜索引擎、即时通信、宽带增值服务、网上购物等行业则呈现出很强的发展潜力。①

(5) 市场调查业。最新的数据显示 2004 年的行业营业额已超过 40 亿元人民币，而 1997 年的时候还仅为 4.5 亿元，2005 年达到 48 亿元，8 年间，增加了近 10 倍！②

(6) 网络游戏业。据信息产业部有关负责人介绍，2005 年，我国网络游戏用户达 2634

① 网络信息服务市场增长强劲，去年总规模达 82.5 亿元. http://www.chinalabs.com/news/ArtView.asp，2003-10-18.

② 市场调查业的破与立. http://www.dcfxs.com/bbs/dispbbs.asp?boardID=9&ID=124&page=1，2006-05-01.

万人，比上年增长30.1%。网络游戏出版市场销售收入超过37亿元，比上年增长52.6%。经过由引进代理向自主创新的转折，我国网络游戏产业快速发展。目前，我国开发的大中型网络游戏作品超过200款，原创网络游戏市场占有率超过6成。根据调查机构Niko Partners预计，随着MMO游戏、休闲小游戏和下一代游戏机在中国的持续成功，2010年中国游戏市场的收入将达到21亿美元。游戏相关产品出售也是一笔很大的收入，如服饰、纪念品、出版物等。2002年，盛大一本《传奇官方宝典》就已再版发行3次，达3000多万。①

(7) 短信服务业。我国手机短信的发送量在2003年实现了快速增长，突破了2200亿条，手机短信增值服务市场的规模也超过200亿元，占数据通信总收入近90%。2005年，我国移动短信发送量累计达到3046.5亿条，比上年增长39.9%。②

网站短信市场：据统计，2002年中国网站短信收入为9.2亿元人民币。iResearch曾预测，2003年中国网络短信市场将达到27.7亿元，增长率达201.1%，占整个SP收入的50%。2004年中国短信网络市场将达到44.3亿元。随着彩信的加入及网络短信用户的增加，到2006年网站的短信收入将达到106亿元人民币。③

2. 我国港台地区的数字内容产业

我国香港地区内容产业也有相当大的规模，仅以数字内容产业为例，据港府数码娱乐工作小组2003年报告，香港至少有350家公司从事数码效果及后期制作、动画制作以及娱乐互动和多媒体软件开发，有网游中心或网吧400余家，港人每年在游戏产品上的开支超过50亿港元。在2000—2002年间，香港游戏产品进口总值分别为91亿港元、82亿港元和87亿港元，转口总值分别为101亿港元、85亿港元和90亿港元。

台湾“经济部”把数字内容产业定义为：“将图像、字符、影像、语音等资料加以数字化并整合运用之技术、产品或服务(不含硬件)。”它把该产业细分为8大类：游戏、动画、音视频内容、移动内容、数字内容软件、数字学习(在线学习)、数字化出版与馆藏、网络服务。台湾目前有数字内容企业1681家，从业人员33 000人。到2006年，企业数可望增至3000家，从业人员增至70 000人。2002年，台湾数字内容产业相关产值达1537亿新台币，比上年增长15.2%。预计未来数年可维持每年20%的增长率，2006年其产值可望达到3700亿新台币，其中30%出口。

3. 我国信息内容产业发展状况简评

我国传统信息内容产业规模较大，但新兴的数字内容产业还处在发展的初期，市场规模不大。其中，文化产业、出版业、广播影视业总产值较大，是信息内容产业的重要组成部分。网络游戏业、短信业等发展迅速，未来前景广阔。

考虑各个行业在统计口径等方面的差异，各行业之间的交叉现象不可避免。因此，对整

---

① 我国原创网络游戏市场占有率超过六成. http://www.iresearch.com.cn/html/online_game/detail_news_id_29265.html, 2006/05/04.

② 黄长征. 陶承怡. 中国移动通信业发展分析. http://www.cttl.com.cn/shchgch/cmark_show.php?id=9144, 2006-04-24.

③ 互联网实验室季度报告摘要. 互联网产业, 2003-11-04.

个信息内容产业的情况进行整合比较困难。

10.4 信息产业发展的管理

产业管理是研究有关某个产业组织和系统的一般管理理论和方法的学科。它具有多面性，技术、工程和人力因素取向，并应用心理学和其他学科的知识。它要应对在竞争激烈的环境下产业组织和系统所面临的挑战和问题。信息产业管理的内容主要包括产业理论的提出、产业结构优化和测度、产业管理体制设计和优化、产业政策制定、实施和评价等方面。

下面重点介绍信息产业管理体制、信息产业政策和发展信息内容产业与信息服务业的问题。

10.4.1 信息产业的管理体制和政策

1. 信息产业的管理体制

信息产业管理体制有多种形式，如集中式、分散式、政府主导式、市场主导式等。集中式管理体制主要是由国家统一集中管理整个产业，设立专门的管理机构（如专门的部或局）负责管理。分散式则体现为多头管理，不同的产业分支由不同的部门管理，甚至可能是多个部门同时管理同一产业。政府主导式是采用行政管理的方式来管理产业。市场主导式则主要依靠相关行业组织来管理产业，有自发、自律的特点。

世界各国的信息产业管理体制也多种多样。有的国家偏重于集中，如日本；有的国家强调分散，如美国。我国目前对信息产业的管理基本上属于混合式，即兼有集中式、分散式和政府主导式等特征。将经济管理和文化宣传管理分开，信息产业部管产业的经济方面和综合信息服务网络，文化宣传部门管内容，包括所有媒体内容。其优点是有利于体现国家的意志和贯彻国家的经济政策，利用政府的强势地位来配置资源，集中力量发展政府偏好的产业。缺点是管理难度大，对市场变化的反应比较慢，容易贻误时机；另外，它还容易造成企业对政府的依赖性，产生各种权力寻租行为和机会不平等的现象。从发展趋势看，我国现行的管理体制已经不太适应产业和社会发展的要求，如三网融合问题就难在体制，如果再不突破体制的障碍，不仅会阻碍信息产业的发展，而且将延缓信息化进程，最终影响国际竞争力。

2. 信息产业政策

产业政策是国家经济政策的重要组成部分。它的含义有两方面，一是指产业发展的方针或原则，二是指干预社会经济活动的政府行为。作为前者，政策对计划制定和市场活动，对政府行为和企业行为，对生产者和消费者都有指导作用。作为后者，政策对资源和社会财富的分配或再分配产生影响。在西方经济学中，政策概念一般偏重于后一种含义。制定产业政策的目的一般有：实现经济振兴和经济赶超。实现经济结构调整和结构转换。保持经济领先地位和维持经济增长势头。维护社会整体利益。

信息产业在现代国家经济中占有愈来愈重要的地位，需要从国家整体的高度确定其产业目标和发展战略，以恰当配置人力、物力和财力。国家在制定信息产业政策时必须注意信息产业自身的特点和社会信息活动的客观规律，对信息服务业和内容产业实行适当的产业倾斜政策，在财政、信贷、税收等方面给予优惠，以扶持产业的优先发展。

美国信息产业政策的基本特征是：依靠私营部门和市场自由竞争，尽量减少和消除不必要的规章等市场障碍，加强信息技术和信息产品的开发和创新，提高效率并以合理的价格向公众提供服务；除服从国家安全、知识产权和个人隐私等方面需要进行强制规范外，要求减少政府干预，保证信息新产品和服务通过建立一个自由竞争的市场在全球范围内自由流动。

当前，我国的信息产业已基本实现了振兴和赶超的目标，重点转向产业结构调整和结构转换，同时要维持增长势头。所以，需要重点考虑下面的政策方案：①完善社会生产保障系统，改善投资环境，如强化社会基础设施建设；②组织低端产业的生产力转移，防止产业内部的过度竞争；③加速技术开发，促进技术要素的投入，向技术密集型的过渡，不断推进产业结构的高加工度化；④在国际分工中获取更大的比例效益，如逐步把出口重点转向发达国家；⑤协调结构转换过程中的社会利益矛盾，如对某些劳动密集型或资本密集型产业实行贸易保护；⑥刺激国内消费，防止经济衰退，如实行扩大内需政策等。这样的政策方案通常需要有强大的政府权威和“政府经济”的支持，并需要注意以下问题。

要恰当确定信息产业在新的历史时期内的发展目标和任务。信息产业发展的目标与任务是根据国家科技、经济、社会发展的信息需求而确定的，而且要随着形势的不断发展而变化。

信息产品的生产经营与其他物质产品有所不同，有其自身的特点和规律。信息产业政策要与信息产品生产经营相适应，有利于建立信息产品生产经营机制和新的经营模式，开拓信息市场，扩大信息社会流通领域，加速信息产品商品化的进程。目前，信息服务中的一部分已从无偿服务变为有偿服务，信息产品的一部分已从产品交换为商品交换。但是，从总体上看，商品化的信息产品的价格远远低于它的价值。因此，从政策上确立信息产品的价值观，合理地计算信息产品生产的投入与产出，逐步扩大信息产品的服务经营效益。

要继续认真借鉴国外的管理经验。美、日、韩三国是目前世界上信息产业最发达的国家，无论是当前的发展水平和实力，还是发展模式和管理方式都处于领先水平。它们的发展经验值得借鉴和学习。从美日韩三国对信息产业重视程度和今后发展动向来看，发达国家丝毫没有放松信息产业的发展，而是在加快结构调整过程中，加大研发投入，寻求新的增长点，并进一步把信息技术应用向社会扩大，以此来带动经济增长。所以信息产业仍然是世界经济的主导力量，网络经济泡沫的破灭并未能阻碍信息产业的发展，信息技术和网络技术更快地向传统产业渗透，反而促使信息产业加快自身结构的调整。数字化、网络化、智能化及无线移动的趋势，将是促进世界经济复苏，推动经济发展的主要动力。

3. 总体对策和建议

统筹规划，加强引导和宏观调控，发挥政府对信息产业发展的规范指导作用。要坚持政府主导原则，制定符合国情的信息产业发展总体规划，走具有中国特色的信息产业发展道路。通过政策等手段，促进产业的地区产业结构调整，引导地方发展有特色的信息产业，改变地区产业结构趋同的倾向，优化产业布局，包括地区布局和行业布局。

切实把握好目前的产业转型。近年来,产业转型已经成为全球电信业发展的潮流,2006年初,信息产业部也提出要树立信息服务业大行业观念,推动电信业转型,由传统电信业向信息服务业转型。已经或将要采取的行动有:大力发展宽带业务和内容创新,推出"商务领航"业务和"号码百事通"业务,大力发展 IPTV 业务,并积极参与 3G 各项试验。转型不能局限于电信业,它涉及整个信息产业,要从产业整体来考虑。发展综合信息服务不能只着眼于电信,而要涵盖各种信息服务业,是大综合。

增强企业技术创新能力。要培育一批优势企业,重点扶持一批效益好、确有研究开发能力的企业,推动各种形式的联合开发,争取在部分有比较优势的重点领域有所突破。

面向国际市场,扩大电子产品出口。优化产品结构、企业结构和市场结构,使信息产品的质量、技术含量、品种等逐步赶上或超过国际水平,提高我国信息产品在国际市场的占有率。要培育一批有较强竞争力的国际名牌产品,积极创造条件,支持企业参与国际竞争。

抓住时机,承接世界信息产业的梯度转移。最近,美国市场调查公司接连发表报告,称美国高技术企业将在近几年把部分工作岗位迁移到发展中国家。而这种趋势出现的背景是,全球高技术产业增长点正在向东转移。"东移"概念指的是高技术产业增长点正从西方发达国家向中国、印度、韩国、俄罗斯和中东欧地区转移。分析人士认为,尽管西方国家的高技术产品市场目前仍然很大,但增长空间却在东方的发展中国家。我国电子信息产业基础和发展水平正好承接国际转移。我国具有显著的成本优势、稳定的政治环境、较完备的产业配套体系及庞大的市场空间,在承接发达国家和跨国公司向发展中国家进行产业的梯次转移中具有得天独厚的条件。同时,我国电子信息产业已经初步形成了珠江三角洲、长江三角洲、环渤海湾地区 3 个规模较大的产业群,市场、人才等资源的聚集效应日益显著,产业链日趋完善,越来越多的跨国公司投资重点逐渐由加工、制造向培训、研发等知识型领域延伸。这将进一步推动我国 IT 产业结构优化与升级,推动产业由低端产业链向高端产业链、由信息技术大国向信息技术强国的跨越式发展。

实行全方位、多层次发展战略。既要发展技术层次高、投入大的知识密集型产业,又要发展资金密集型、劳动密集型产业和装配工业;既要继续大力发展电子信息产品制造业,更要认真重视和规划部署信息服务业和内容产业的发展。以促进我国信息产业的结构升级和与国际的接轨,为国民经济持续健康发展提供新的增长点和就业机会。

加强信息资源的开发利用,促进资源共享。要制定相关政策措施,鼓励各行各业积极开发和广泛利用信息资源,信息服务业要延伸到政府行政管理、社会公共服务、企业生产经营、居民生活消费、金融财贸商务、群众文化娱乐、教育医疗卫生等方面,使信息资源更好地为经济建设和社会发展服务。

建立和健全配套的管理机制和服务体系,完善外部环境。进一步转变政府职能,增强服务能力。加快发展壮大行业协会、商会、会计师事务所、律师事务所、咨询机构等现代中介组织,充分发挥中介组织在沟通协调、信息服务、市场监督、行业自律等方面的作用。完善资本市场和金融体系,特别是尽快建立产权交易市场和信用评估机构。

制定新的人才战略。人才兴业。要创造条件,大力发展各种形式、层次的教育和培训机构,特别是职业教育和技术培训、技能培训机构,形成完善的人才培养体系。大力培养各级、各类信息技术人才、信息服务业人才和内容产业人才,特别是大批素质好的蓝领工人和足够数量的高级技术人才、创意人才和复合型人才，使我国成为全球重要的人才培养基地，为把我国建成世界先进的信息产业基地和信息产业强国奠定坚实的人才基础。

10.4.2 加快发展我国信息内容产业的建议

1. 信息内容产业的重要性

先进的生产力需要先进文化来培育和支持。信息内容产品具有培育人、陶冶思想、提升品位等作用。好的内容产品是培育和激励先进生产力的重要养料。在一个内容贫乏的社会里，很难想象能培育出大量的杰出的人才和优秀的企业。

发达的通信网络需要有丰富、充足的信息内容资源才能发挥更大效用。这是说了多少年的老话题了。现在，共识既有，就缺实施力度。政府和网络服务及管理部门如何真正把信息资源开发利用落到实处，仍然是一个问题，其实质还是认识问题。

激烈的国际竞争是全方位的竞争，既包括政治、军事、经济，也包括科技、文化、教育。发展信息内容产业既可以直接支持和壮大我国的科技、文化、教育事业，也可以直接或间接地支持我国的政治、军事和经济。要提升我国的软实力，包括文化、信息资源、价值观、社会制度等影响本国发展潜力和国际感召力的因素。

新的发展观：信息资源、文化资源或人文资源在促进经济发展的社会进步中的作用日益突出；而地球的物质资源面临枯竭，过度开发导致严重环境污染，可持续发展的能力受到严重挑战。争夺资源仍是现代战争的主要根源。

信息内容产业发展的关联效应大，可以带动一个很长的产业链，如短信业的火暴就带动了电信运营商、网络设备和系统集成商、应用软件和内容提供商、终端提供商的发展。

信息资源对物质和能源的替代作用。关于这一点，在第 1 章已阐述过，而且在日常的经济和社会生活中有许多事实已经证明了这一点。

2. 加快发展信息内容产业的紧迫性

大众对信息、文化产品的消费需求迅速增长。本世纪初，我国的人均国民收入首次突破了 1000 美元大关。根据国际经验，这是一个国家的经济发展水平和大众消费水平的重要标志。它表明，这个国家的民众在总体上已经脱离贫困状态，开始步入温饱水平和初步的小康生活。民众对文化产品和信息产品的有效需求已明显提高。它也表明，政府和社会在继续大力发展经济和物质产品生产的同时，应当把非物质产品或精神产品，包括信息产品和服务、文化产品，放到足够重要的地位，在政策上给予必要的倾斜，并加大开放力度。

不同文明的冲突、不同民族文化的国际竞争激烈。全球阻击“巨无霸”文化：2002 年秋，由加拿大和法国牵头，约 60 个国家主张达成一项关于文化多样性的联合国公约。它将使电影、戏剧和音乐这一类文化产品脱离世界贸易谈判的范围及自由贸易规则的限制，从而使各国政府可以保护并支持本国的文化产业和民族文化，以免被好莱坞同化。美国代表反对达成这类公约。这场冲突的背景和影响值得重视。

信息内容市场争夺日益激烈。内容市场的国际竞争不仅仅是意识形态的竞争，而更重要的是文化竞争、经济竞争，是一种软实力的竞争。我国的内容产业目前还处于比较弱小的地位，这与一个拥有五千年灿烂文化的国度很不相称。政府需要进一步超越意识形态来认识这个问题，提倡和鼓励人们创造出更加丰富多彩的和平、健康、普适、实用的信息内容产品。

丰富的信息、文化资源需要进行保护性和增值性开发和利用。如前所述，我国五千年的历史和灿烂的文化，是独有的、创作和生产优秀的信息内容产品的宝贵源泉和原料，别人难以复制和模仿的。这些资源太需要保护了。新的数字化技术可应用于这些资源的保护和增值性开发。另一方面，中国的近现代史也是一部惊心动魄、内容丰富、可歌可泣的历史，近20多年的改革开放同样创造和积累了许多有中国特色的思想成果、文化成果、科技成果等。很可惜，我国对这两方面的资源都很少开发利用。

经济发展需要拓展新的领域，寻找新的增长点。发展信息内容产业就是一个很好的经济增长点。它不与其他产业争夺自然资源，不污染环境，而且可以更好发挥信息资源在优化资源配置、节约资源和替代资源方面的作用，促进循环经济的实现。另外，信息内容产业既可以是一种知识密集型和资本密集型产业，也可以是一种相对的劳动密集型产业，可以容纳大量的高校毕业生，减轻日益增大的就业压力。

3. 发展对策建议

制订发展信息内容产业的近期和长远规划。发展内容产业是一个巨大的系统工程，涉及的部门多、行业多、因素多，要准确把握现实的社会需要，更要科学预测未来的市场变化。目前，我国缺乏统一的规划和管理体制。政府部门在这方面的政策和举措多为被动应对式、一窝蜂式、就事论事式，甚至是单打独斗式。从韩国、日本和爱尔兰等国家的经验看，我国很有必要加强内容产业的规划和统筹协调工作。

制订相应的政策加以引导和扶植。信息内容产品具有易共享性和外部性，获利比较难。同时，有许多产品的投入也越来越大，风险也越来越大。而且，很多产品往往与一定的思想和价值观相联系。所以特别需要政府的政策的引导和扶植。政策要更多地向内容产业和信息服务业倾斜，加大投入和扶植力度，如设立产业准备金，扩大政府采购等。

把信息内容产业纳入高新技术产业。信息内容产业，特别是数字内容产业，需要应用大量的高新技术来制作和传播其产品和服务，其本身也需要研究开发新的高技术。鉴于其高技术含量越来越大和急需积极的投融资政策的支持，将其纳入高新技术的范畴既是必要的，也是合理的。

大力培育专业人才，提高从业人员的素质。人才是我国振兴内容产业的关键之一。我国现有的教育设施和培养方式不适应内容产业的需要，缺少比较对口的学科专业和设施，很难培养出大批高素质的、复合型的内容产业人才。现有的从业人员的素质也亟待提高。教育部门要鼓励和安排设置一些试验性的专业和研究方向，设立一些跨学科的研发中心。建立行业协会，建立政府监管与行业自律相结合的管理体制。信息内容产品一般都包含信息量大，内容复杂多样，容易扩散，评判标准主观性强，故其鉴别和监管难度大大增加。仅靠少数部门少数人来管理，肯定会阻碍产业的发展。需要建立一种政府与社会合作的监管体制，特别是需要加强行业管理和自律机制，进一步完善有关的法律法规。

思 考 题

1. 试评述世界和中国信息产业的发展现状和特点。

2. 简述信息产业的范围、结构、特点和当前面临的挑战和问题。

3. 简述信息服务业的范围、结构、产生和发展过程,分析我国信息服务业的现状和特点。

4. 何谓信息内容产业? 它包含哪些子产业? 它有何特点? 相关的产业有哪些?

5. 评述国外信息内容产业的发展状况及其政策法律环境。

6. 分析我国信息内容产业发展的条件和水平。

7. 试分析比较国外的信息产业管理体制和产业政策,并与我国相对照。

8. 请谈一谈如何加快发展我国的信息内容产业。

第11章　信息资源管理的经济学

信息资源与成本相关,这一事实从一开始就成为信息资源管理领域固有的组成部分。美国联邦文书工作委员会的建立,其目的之一就是要研究如何减少美国联邦政府的文书工作成本的办法。比信息成本更大的问题是"信息价值"问题。这是更为基本的问题,许多年来它一直吸引着信息学家的关注。因为可以采用许多方式来衡量价值,使得这个问题解决起来更为困难。现在人们似乎倾向于这样的事实:信息的价值只能在其使用的环境中来考虑,因而它是一个用户驱动的概念,而不是生产者的概念。一些著名的经济学家也曾经指出信息不同于一般的商品。今天,很有必要系统深入地探讨信息资源管理的经济学方面的问题。

11.1　概　　述

11.1.1　资源经济学的产生和发展

1924年美国经济学家伊力和莫尔豪斯合著出版了《土地经济学原理》,1931年哈罗德·霍特林发表了《可耗尽资源的经济学》,中国学者章植的《土地经济学》于1930年问世,还有张丕介的《土地经济学导论》(1944年)和朱剑农的《土地经济学原理》(1946年)等著作,是资源经济学领域第一批专门著作。

20世纪50年代,美国一些科学家首次提出"资源科学"的概念;60年代,日本经济学家留重人提出"公害政治经济学理论";60年代末,美国博尔丁提出"地球飞船经济"论;英国戈德史密斯从自然资源需求出发提出建立"平衡稳定社会";等等。

20世纪70年代以后,可持续发展问题渐渐受到关注。资源经济学研究日益增多。罗马俱乐部出版了不少有影响的论著,如《增长的极限》(D·梅多斯,1972年)、《自然资源的经济评价》(A. A. Mints,1972年)、《只有一个地球》(以58个国家的100多位科学界、政界、实业界的知名人士为顾问,以资源学家和经济学家为主编,1972年)、《全球2000年》(法国科学家论文集,1972年)、《生存的蓝图》(戈德史密斯,1972年)、《自然资源经济学》(Banks,1976年)、《经济理论与耗竭性资源》(Dasgupta,1978年)、《自然资源经济学—问题、分析与政策》(Howe,1979年)、《自然与环境资源经济学》(Smith,1979年)、《环境经济学》(Seneca,1979年)等。还有《最后的资源》(朱利安·林肯·西蒙,1981年)、《自然资源经济学》(Krutilla,1985年)、《自然资源利用经济学》(Harwick,1986年)、《自然资源经济学》(Daniel,1986年)、《自然资源与宏观经济学》(Peter & Sweder,1986年)、《资源经济学》(兰德尔,1989年中文版)、《自然资源与环境经济学》(罗杰·珀曼、马越等,1995年)等。在此期间,不少国家的大学纷纷增设资源经济学学科和增开资源经济学课程。如到1993年美国就有13所大学,英国、德国、加拿大、日本、巴西等二十几个国家共有几十所大学这样做了。

我国改革开放以来,资源经济研究取得了很大进展。一批论著相继出版,如《资源经济新论》(李金昌等,1995 年)、《资源价格》(刘文等,1996 年)、《环境与自然资源经济学》(张帆,1998 年)、《人口、资源与环境经济学》(杨云彦,1999 年)、《可持续发展评估》(朱启贵,1999 年)、《生态经济学新论》(严茂超,2001 年)等。

资源经济学的基本内容由 3 大主题、4 个方面构成。3 大主题是指效率、最优和可持续性。4 个方面内容是指生产、分配、利用和保护与管理。

资源经济学研究存在的不足是：基础理论薄弱,内容偏窄;微观、静态分析比较多,宏观、动态分析比较少;有关资源经济运行和发展的研究比较多,资源经济制度的研究比较少。不够重视资源价值—价格、资源产权、资源宏观经济循环、资源流通、资源价值分配、资源金融等重要内容的研究。①

11.1.2 信息资源经济学研究状况

当信息资源管理被各种组织机构接纳和实施时,人们在资源开发、管理、利用中常常碰到的一个问题就是经济问题。比如,政府信息资源开发利用、内容产业发展、信息资源共享、网络信息资源利用等方面,无不存在着经济问题。如何有效地配置相对稀缺的信息资源,是政府、市场、企业、信息机构甚至是每个个人都不可回避的问题。因此,信息资源管理的经济学研究对于理解和解决社会经济组织的信息问题,具有重要的指导意义。然而,迄今为止,信息资源的研究还局限于管理学范畴,信息资源的经济学分析还没有真正开展。理论的研究落后于实践的需求。

因特网出现和普及,给人们带来了海量的信息。网络信息资源呈现出很多不同于传统信息资源的特点。新的组织和传播方式引发出一些新问题,如网络信息资源的评估、定价、收费、成本与收益、公平与效率等。网络企业、网上银行、电子商务等一系列网络经济现象对经济学提出了新的挑战。这些情况说明,仅仅从管理学的角度研究信息资源已经远远不够。

1995 年 9 月在华盛顿召开了题为“针对信息经济学的挑战性市场解决方案”的会议,并形成了《网络环境下的信息经济学》的论文集(The Economics of Information in the Networked Environment, edited by Meredith A. Butler and Bruce R. Kingma. Washington, D. C.: Association of Research Libraries, 1996 年)。这次会议主要“考察知识基础设施的发展及其对高等教育的经济学影响”,探讨了高等教育中的网络与信息资源在持续发展过程中的预算、成本与资金问题。另外,以色列经济学家 Oz Shy 的《网络产业经济学》一书(The Economics of Network Industries, 2001 年)从产业组织的角度分析了硬件产业、软件产业、电信、广播、银行等网络产业的特点和市场对策。

11.2 信息资源配置问题

经济学是研究如何实现社会稀缺资源的有效配置(allocation)的。信息资源配置是信息资源管理经济学关心的核心问题之一。近年来,资源配置问题一直是研究的热点。有关资源配置的著作和文章越来越多。然而,国内一些研究往往忽视了两个重要问题：信息在

---

① 唐咸正,任海平.资源经济学新论.http://www.xslx.com/htm/xssy/xkjs/2005-05-12-18731.htm.

资源配置中的作用，信息资源配置不同于一般的资源配置。

11.2.1 资源配置的一般理论

资源配置的思想蕴涵了系统的思想。它产生于新古典主义的经济学，而其萌芽还可以追溯到古希腊时代。亚里士多德就认为人们对公有财产的监护不如对私有财产那么仔细，进而认为财产的罪恶不在制度本身，而在于人们管理不当。新古典主义经济学家亚当·斯密和大卫·李嘉图对此有重要的贡献。马克思也分析过社会资源配置问题，提出资源配置最基本的含义是按照一定比例分配社会劳动量，建立了基于劳动价值论的社会资源配置理论，包括关于价值规律和平均利润规律的资源配置市场机制、关于产权证券化和信用制度发展对提高社会资源配置效率的影响等。

1. 资源配置的含义

作为经济发展的基本条件和表现形式，资源配置是指经济系统中各种资源（如人力、物力、财力等）在不同的使用方向之间的分配，是按照一定的规则或机制分配社会资源的过程。值得注意的是，资源配置常常指资源优化配置，即为最大限度地减少宏观经济浪费和实现福利最大化而对各种投入要素和现代科学技术成果进行优化组合。或者是在个别利润率与平均利润率之间的差异中通过资源投入方向上的不断拓展，保持微观经济的竞争优势和宏观经济效率的最大化。它是一个连续的动态的过程。

资源配置的两种不同表达方式：一是使有限的资源产生最大的效益，即在一定限量的各种资源条件下，通过对资源的合理安排、组合，以追求产出效益的最大化。这里，资源的可供量限制是约束条件，而效益最大化是目标函数。二是为取得预定的效益尽可能少地消耗资源，尽可能实现既定的效益目标：如何合理地组织、安排各种资源的使用，使总的资源成本最小。这里，效益达到值是约束条件，资源成本最小是目标函数，因而它对应的是一个资源消耗最小化的最优规划问题。

构成资源配置的 3 个要素是：时间、空间和数量。

资源的时间配置是指某种资源何时使用。在不同的时间，由于资源的使用环境不同，资源的使用效益也会不同。例如，由于自然资源不可再生，如何安排开发，存在开发时间最优性问题。资源利用技术日益先进，资源的产出率会日益提高。资源的赋存状况及获得资源的成本发生了变化，会使资源价值和效益发生变化。不同时间，资源需求状况的变化会影响资源的效益；新的用途的发现会增加其效益，新资源的发现可能会使原有的某种资源减值或被淘汰。社会发展目标的变化也会引起资源效益的变化。如果决策者把经济增长作为主要目标，把资源用于投资，就会获得较大的价值；如果以提高人民生活水平为目标，资源就会更多地用于生活消费。

资源的空间配置是指资源用于何种产业或何地区。资源在空间上要达到均衡配置有 3 个条件：资源的充分流动性，消费的充分选择性，生产者有足够的能力和信息。

资源的数量配置是指资源配置的数量关系，包括存量和增量，平均量和边际量。平均量包括平均消耗量、输出量、调入量等。边际量是指增加一个单位产出所需的增加资源投入量（也称边际生产需求），或者最后一个单位产出的资源投入量。

这样，各种不同资源在时间、地点、部门的分布关系就是资源整体配置状态。

2. 资源配置的目标、原则、机制和效率

人类社会面临的基本问题是人类需要的无限性和可用资源的稀缺性之间的矛盾。资源配置的总目标就是要利用有限资源取得最大效益，包括社会效益、国民经济效益、企业效益、消费者个人效益。

资源配置的一般原则是：不仅要找出现有资源和生产要素的最佳组合，而且，为了发展，还必须发挥和利用那些潜在的、分散的和利用不当的资源和潜力。资源配置要遵循国家主体原则、社会效益原则、公平原则、经济效益原则、生态效益原则和综合效益原则。

资源配置的一般原理是：当社会经济发展基本方向确定之后，资源配置应当着重解决的问题是如何通过稀缺资源的有效分配来实现社会经济目标。资源配置机制多种多样。有纵向配置和横向配置，还有计划配置、市场配置和混合配置。纵向配置是指一种等级制或垂直化资源分配和布局，通常指只有符合资金增值的投资项目才能成为吸引资源流入的因素。完善的资源配置机制至少应具备3种功能：调集、生长和辐射功能。调集功能是指对闲置资源的激活和调配；生长功能是指充分利用技术资源替代物质资源，在产品价值构成中融入更多的技术成分；辐射功能是指关联产业的资源投入量虽然未直接得到增加，但是通过需求或供给的刺激，可以获得投资增长的动力，并进一步吸引资源的流入。计划配置可以达到比较好的配置效率，其前提是计划者拥有及时、准确的信息。然而，现实的情况往往相反。在纯粹的理想的市场经济中，价格机制是理想的资源配置机制。在非理想的市场经济环境中，价格机制也对资源配置起着主导作用。但是，市场也不是万能的。

生产资源配置的有效性在理论上可以从宏观经济、行业（或部门）和企业3个层面来解释。宏观意义上的生产资源配置的有效性表现在生产资源在合理的经济机制作用下实现了在全社会的合理分配，使其效用得到最大程度的发挥，并通过合理地组织生产活动来获得全社会产出的最大化。行业（或部门）的生产资源的有效配置表现为在特定的生活生产资源配置机制作用下，生产资源在行业（部门）内部的合理分配。以盈利为目的的企业的生产资源的有效配置则表现为在特定经济环境条件下使所获得的资源得到最大程度的利用，实现利润最大化。要看到，制约或决定资源配置的社会经济条件是多方面的，其中，最主要的是经济体制、国家或地区的产业政策和科技进步状况。

美国著名经济学家萨缪尔森指出，配置效率是指一种经济境况。一个经济达到这种境况时，已经不可能通过重组或贸易等手段，既提高某个人的效用或满足程度，又不降低他人的效用或满足程度。又称帕累托效率。从某种意义上说，完全竞争可以导致配置效率的提高。他还指出，自然资源的首要属性是可分拨的还是不可分拨的。可分拨的自然资源包括土地、石油和天然气、森林等。在一个运行良好的竞争性市场，能够期望可分拨的自然资源将被有效地标价和分配。……对于不可分拨的资源，就一定会引发经济问题。因为它是一种对个人免费而具有社会成本的资源，一种具有外部性的资源……这就导出了资源与环境经济学的基本结论：当资源是不可分拨的，具有外部性时，市场就不能提供准确的信号。一般说来，对于外部不经济的产品，市场会生产过度；而对于外部经济的产品，市场又会生产不足。[①]

目前，在理论上，对资源配置的有效性有不同的理解。主要分歧点是：宏观层面上，在保证资源效用最大化的同时能否要求产出最大化？微观层面上，在保证成本最小化的同时能否要求利润最大化？在实践中，宏观上生产资源的有效配置往往会与某些厂商的利润最大化的要求相悖；地域要素禀赋的差别会导致那些资源稀缺的地区的生产资源的低效率配置；长远发展目标常常会使短期生产处于资源的低效率配置状态；社会福利最大化要求的资源公平分配模式和生产领域的资源有效配置要求之间也有本质的差别。

在我国，资源配置面临的困难特别突出：人口负担过重是重要障碍；低水平生产增加了资源合理配置的难度；产业组织在规模效益和技术素质上还很难克服基础工业的"进入障碍"；市场发育不良限制了资源的合理流动，使资源配置难以获得预期的效益；各地区产业结构趋同使宏观上资源配置的不合理状态进一步加剧。

为了解决上述问题，必须努力实现资源配置的制度创新。一方面，应充分发挥市场机制在资源配置中的作用，即通过竞争来实现生产资源的有效配置。另一方面，又要很好地发挥政府的宏观调控作用。在选择宏观调控模式时，必须有明确的目标导向，适合国情，找出宏观调控与市场机制的衔接点，处理好国民经济的平衡与发展的关系。实践证明，调整产业结构，大力发展科技和信息知识经济，调整资源本身的结构，是解决我国资源矛盾的重要出路。

海耶克在《知识在社会中的利用》中指出，各种对分配资源具有指导作用的信息都是知识，而知识总是分散的，总是掌握在不同人手里。过多的信息超出了管理人员的信息负荷临界点，一旦无法消化充斥四周的信息，就极为可能被资讯的洪流所淹没，不但对决策没有益处，反而会造成干扰决策的现象，那就是"信息超载"(information overload)。因为人类从环境接受输入的容量是有限的，当人类所具有的内在过滤或选择程序无法处理增加的信息时，就会发生信息超载。可见，生产资源配置与信息资源配置有非常密切的关系。

11.2.2 信息资源配置

1. 信息资源配置的含义

信息资源配置是指在一定的社会经济系统中按照一定的规则或机制分配信息资源的过程。一般资源配置的两种不同表达方式是否适合信息资源呢？由于信息资源与自然资源有显著的不同，所以上述两种表达方式不完全适合于信息资源配置。其中，第一种表达方式基本适用，即人们可以使有限的资源产生最大的效益。第二种表达就难以适用，因为人们很难计量信息资源的使用效益，也不会提倡为取得预定的效益尽可能少地消耗信息资源，尽管使用信息资源是需要花费成本的，但是信息资源是一种可再生的资源，且其效用具有整体性。当然，也需要合理地组织、安排各种信息资源的使用，尽量减少信息资源的搜寻成本和使用成本。

构成信息资源配置的3个要素仍然是时间、空间和数量。在不同的时间，由于信息资源

① 保罗·萨缪尔森，威廉·诺德豪斯.经济学.第16版.萧琛译.北京：华夏出版社，1999，151，263.

的使用环境不同，其使用效益也会不同。由于信息资源是可再生的，所以，一般情况下不需要考虑开发时间最优性问题。但是，对于档案、保密性信息和某些埋藏在地下的历史文化遗存，却有必要考虑这一点。随着信息技术日益先进，信息资源开发的产出率会日益提高。如果信息资源的赋存状况及获得信息资源的成本发生了变化，也会使信息资源价值和效益发生变化。不同时间，信息资源需求状况的变化会影响信息资源的效益；新的用途的发现会增加其效益，新资源的发现可能会使原有的某种资源减值或被淘汰。

信息资源的空间配置同样可以指信息资源用于何种产业或何地区。资源在空间上要达到均衡配置有3个条件一般也适用于信息资源。而且，与其他资源相比，信息资源本身就具有高度的流动性。

信息资源的数量配置所指资源配置的数量关系中，存量和增量的概念可以适用，平均量和边际量的概念不适用。

2. 信息资源配置的目标、原则、机制和效率

信息资源具有许多特殊性。一般来说，在信息资源方面人类同样面临着人的需要的无限性和可用信息资源的稀缺性之间的矛盾。信息资源配置的总目标也是要利用有限信息资源取得最大效益，包括社会效益、国民经济效益、企业效益、消费者个人效益。同样要遵循社会效益原则、经济效益原则、生态效益原则和综合效益原则。

资源经济学的3个问题：效率、最优和可持续性。信息资源配置同样存在这3个问题。

(1) 配置效率问题

信息资源配置效率包含获得效率、使用效率或处理效率。特别值得指出的是，信息资源是一种特殊的资源，属于萨缪尔森所说的不可分拨的资源。所以，不能简单地依靠竞争来达到有效配置。

一个社会由许多子系统构成。信息子系统是其中之一，是社会的信息结构，是社会信息资源配置模式的体现。信息子系统的基本功能是收集、传递、处理、存储、检索、分析、提供信息。不同的社会体制有不同的信息结构，如集权式、等级制、联邦制、邦联制(网络式)、自由式等。不同的经济体制也有不同的信息结构。在中央计划经济体制下，纵向信息流是经济信息流的主要形式；在市场经济体制下，横向信息流是经济信息流的基本形式；在混合经济体制下，这两种信息流如何发挥作用?

在一般情况下，由于信息资源具有明显的公共物品的特征，生产成本高，复制成本低，其产权不能得到有力的保护，哪怕最初的产权界定很容易，但在产权保护的过程中监督成本过高(发现和打击盗版要付出很高的代价)。所以，信息资源配置的无效率一直是困扰人们的问题(各种社会体制和经济体制都如此)。因此，采取什么办法来提高信息资源的配置效率，是信息资源管理经济学必须解决的问题。

(2) 最优化问题

由于信息生产不同于物质产品生产，信息产品易扩散，复制成本低，难以监督其使用过程。大量的"搭便车者"使得信息生产者的边际收益小于边际社会效益，从而导致信息生产者的成本无法通过市场机制取得有效的补偿，导致信息生产不足，信息资源配置无效。这就是信息生产的外部性特征。由于这种外部特性问题的存在，故仅依靠市场的力量无法达到帕累托最优(配置效率)。为此,庇古(A. Pigou)曾提出社会福利最大化的"黄金法则":要使任一经济行为的边际社会收益等于其边际社会成本,即必须以某种方式让使用者对"负的外部效应"付出代价,或让生产者从"正的外部效应"中获得效益。

(3) 可持续性问题

在研究自然资源配置最优化问题时,资源枯竭和环境污染迫使人们不得不考虑资源的代际分配问题。也就是说,要将照顾后代当作一种伦理义务。

在对信息资源进行经济学考察时,可持续性问题似乎并没有引起特别的注意。但是,这个问题是存在的,并且随着电子信息资源的日益丰富和信息技术的不断更新换代而日益重要起来。在信息资源的可持续利用问题上,包含有比自然资源那样含有所谓的"为将来保存机会"更多的意义。例如,技术的不断更新将使大量的信息资源面临着在将来不可利用的危险。有些软件的向上不兼容,使得一些信息资源变得不可解读。

还有,如同自然资源一样,由于信息获取、处理、传递技术的局限,现在不可用的信息资源,在将来也许具有很大的利用价值。比如在遗传信息的密码破译技术没有成熟之前,需要将一些信息资源保存起来,以备将来条件具备时再做研究和利用。

另外,大量的网络信息资源的生命周期十分短暂。尽管这是在市场选择的情况下自然发生的,但如何能挖掘并保存有价值的网络信息资源,仅仅依靠市场的力量是难以实现的。

在所有的资源配置方式中,市场是保证效率的必不可少的基础。但市场的作用是有一定限制的,因为存在种种市场缺陷:不完全竞争、外部性、不完全信息等。由于信息资源具有公共物品的特性,信息生产具有外部性,到处都存在信息不完全或信息不对称问题,不受管制的市场给消费者提供的信息往往太少。

正如萨缪尔森指出的,信息是一种与一般物品有着本质区别的商品。因为信息的生产成本高,而再生产的成本却极低,信息市场常常遭受惨重的失败。[①] 市场失灵需要政府来纠正。政府在信息资源配置中具有特殊的作用。政府在信息资源配置中所能运用的手段包括行政手段和经济手段。

行政手段:政府的强制性命令、政策和法规等。比如运用法律手段加大知识产权保护、打击盗版、信息安全等方面的力度,促进政府信息公开、信息资源共享、信息资源开发利用,禁止某些有害、非法、反动信息的传播等。

经济手段:政府通过税收、补贴或直接投资的方式支持信息资源的建设。比如,投资建设国家基础信息库、国家数字图书馆工程,对信息内容企业在一定的经营年限内减免税收,或运用财政补贴的方法支持民营机构开发利用信息资源等。

11.2.3 国家信息资源配置

国家信息资源配置是指各种信息资源在一个国家的时空范围内的分配和使用。它是国家信息资源管理的核心任务,主要关注宏观方面的配置,即国家的信息资源整体布局、分配、调配和使用,包括在不同领域、行业、地区、部门之间,不同活动主体和活动过程之间的分配。

---

① 保罗·萨缪尔森,威廉·诺德豪斯.经济学.第16版.萧琛译.北京:华夏出版社,1999,146.

1. 中国国家信息资源配置政策和策略

早在1956年，周恩来总理就指出："为了实现向科学进军的计划，我们必须为发展科学研究准备一切的必要条件。""具有首要意义的是要使科学家得到必要的图书、档案资料、技术资料和工作条件。"（关于知识分子问题的报告，1956年）为此，国家分别在图书和科技情报两个方面制定和实施了一系列重要的政策举措，试图建立一个全国性的合理的信息资源布局。在图书和图书馆资源方面，1955年，文化部颁布了《关于征集图书、杂志样本的办法》，1957年颁布了《全国图书协调方案》。还先后启动了全国图书期刊联合目录编制工程，全国若干中心图书馆建设工程等。在科技情报方面，1956年，国务院在编制发展国民经济第二个五年计划和《十二年科技发展远景规划》时把建立专门科技情报工作作为发展我国科学技术不可缺少的重要组成部分和一项紧急任务列入了规划并付诸实施，成立了中国科学院科学情报研究所。1957年，国务院科学规划委员会拟定了改进图书资料工作的方案，提出了关于开展科技情报工作的方案，在全国各省市和国务院各部门陆续建立了科技情报机构，开始了有组织有协调的科技文献资源的采集、加工处理和传播报道工作，逐步建立起全国科技文献编译报道服务体系，初步奠定了一个比较合理、有效的科技信息资源布局、流通和利用机制，为国家经济建设和科技发展发挥了重要作用，取得了良好的社会效益。

改革开放以后，我国图书情报界用较短的时间就基本恢复了在文革中被冲垮的信息资源配置机制，并开始大力利用信息技术改造旧的机制，建立新的机制。1991年国家科委《中国科学技术蓝皮书》第6号颁布的《国家科学技术情报发展政策》，对我国科技信息资源配置进行了全面详细的设计，主要反映在下列条款中：

第10条：文献是重要的情报资源。按照文献配套、协调布局、资源共享、方便用户的原则，积极开发利用文献资源，支持国内外联机检索系统。

第13条：建立一个全国性的文献支持系统。加速实现全国文献的合理布局，逐步形成一个互通有无、互相补充、方便用户的文献支持服务体系。

第14条：根据统筹规则、合理安排、各有侧重、资源共享的原则，在科技情报系统内调整和改革现有文献资源管理办法，促进科技文献布局的合理化。全国科技情报系统的文献布局，分为国家、部门和省（市）以及地（市）三级。国家级科技情报机构，主要包括中国科技情报研究所、中国科学院文献情报中心、中国国防科技信息中心、中国专利局专利文献馆和中国技术监督情报研究所，收藏文献要按照各自的任务有所分工和侧重，并与国家计划引进的磁带基本匹配，专业部门科技情报机构文献收藏范围以与本专业最为密切的文献为主，并负责组织协调本系统文献的搜集、布局、加工与传递，为本系统和全国提供服务。省、自治区、直辖市科技情报机构应根据省市区的经济、科技和社会发展规划及其重点和本身的加工服务能力确定文献收集的服务重点，也可建立区域性文献共享系统。地（市）科技情报研究机构应围绕本地经济建设和科技发展需要，依靠本省（自治区）文献支持系统，开展文献搜集和服务，提供有关实用技术信息。

第18条：推动科技文献收藏单位建立馆际互借制度。按照任务分工订购原版文献的单位，有义务为其他单位提供缩微平片和复制件，促进情报资源共享，提高全国科技情报系统的整体供应能力。

第 19 条：加强规划和协调，按全国文献资源合理布局原则所规定的收藏范围内容，建立全国情报检索体系，为用户提供完善的检索手段，以利于文献资源的开发和利用。

第 20 条：积极支持各类馆藏联合目录的编制和出版工作。联合目录应以省(自治区、直辖市)为主，在省(自治区、直辖市)联合目录的基础上逐步形成全国性联合目录体系。逐步编制全国外文原版和中文期刊联合目录以及专业的科技文献联合目录，以充分开发和利用馆藏文献资源。

第 30 条：广泛采用以计算机为中心的现代信息技术，逐步实现情报手段现代化。其主要任务是：建设全国科技情报计算机服务系统，全面开发数据库资源，充分发挥信息技术在情报工作中的作用。

同时，在经济领域，在邓小平同志的题词“开发信息资源，服务四化建设”的推动下，国务院有关部门规划和启动了国民经济信息化建设项目。其主要任务是建立国家级和各省市的经济信息中心和经济信息系统，弥补了我国长期以来经济信息资源配置方面的不足。

20 世纪 90 年代，由于体制不合理、资金缺乏和文献资源价格大幅度上涨等多方面因素的影响，我国的科技文献资源存在总量上大幅度滑坡、布局上严重分散重复、外文科技文献信息资源极度匮乏和利用率低等问题。为了更有效地推进科技文献信息资源共建共享体系的建设，经国务院批准，科技部联合财政部、国家经贸委、农业部、卫生部和中国科学院于 2000 年成立了国家科技图书文献中心。

国家科技图书文献中心建立 5 年来，运用国家的资金投入，按照“调控增量，盘活存量”的原则，从国家全局性、战略性出发，推进信息资源的整合与共享，构建国家科技文献信息资源保障体系。通过统一规划，统筹协调，克服了以往各自为政，重复订购的现象，提高了经费的使用效益，使外文文献资源迅速增长。2004 年，国家科技图书文献中心各单位总计订购各类型外文文献 21 000 余种，是推进共建共享之前的 4 倍多，这一数量占国内引进国外文献品种数的 60%以上。国家科技图书文献中心还十分重视网络数字资源建设，到 2004 年底，已建成集期刊、会议录、学位论文、科技报告、专利、标准和计量规程于一网的 42 个数据库，是系统开通之初的 7 倍。目前国家科技图书文献中心网络服务系统已经积累了 2 900 多万条文摘或题录数据，是系统开通之初的近 5 倍。另外，国家科技图书文献中心还单独或与其他单位联合订购了 100 余种网络版外文全文期刊，供中国大陆的科技界用户浏览、下载。目前已发展成为中国最大的科技文献信息服务系统之一。

2. 美国国家信息资源配置政策和策略

早在 1944 年，罗斯福总统就在给科学研究与发展局局长 V·布什博士的信中明确指出，在战争期间“由 R&D 局发起，大学与私营企业中数千名科学家所发展的信息、技术与研究经验，在和平日子里可为改善国民卫生，建立带来就业机会的新企业，改进国家生活标准上做好准备。”V·布什博士在复信中提出了关于科技信息的公开传播及协调的指导性意见。1950 年，美国国会通过了《国家科学基金会法案》。随后，在有关政策的支持下，相继建立了一大批专业的信息机构，专门从事信息的开发、加工、传播等工作。

1957 年 10 月 4 日苏联第一颗人造卫星发射成功的消息震惊了美国朝野，使美国人认识到本国在教育和信息方面的不足及政策指导方面的缺陷。深刻反省之后，美国政府采取了一系列行政或法律的措施促进信息资源的开发和利用。1958 年,美国政府制定了《国防教育法》,首次提出应探讨信息服务和技术开发计划。根据该法,国家科学基金会(NSF)内建立了科学信息办公室(OSIS),对科技信息服务项目和信息科学技术研究给予资助和推进。同年年底,著名的"贝克(Baker)报告"诞生。该报告主张建立联邦政府科学信息局,认为美国社会的进步依赖于科学信息的自由流动,美国必须在承认所有现存的信息机构和信息计划的基础上,将政府和非政府的信息机构合并成统一的信息网络,由国家级的指导机构来支持、协调和补充现有的信息计划。

20 世纪 80 年代中期,管理与预算局(OMB)和国会出版印刷联合委员会(JCP-Joint Committee on Printing)开始把信息保障网的概念与政府信息政策联系起来。例如,OMB的 Circular A-130 号文件把保存本图书馆计划作为"一种信息保障网"划归 GPO 管理。《信息自由法》和 GPO 的保存本图书馆计划是最常提到的政府信息保障网,它们保护公众的知情权和信息获取权。OMB、JCP 和许多作者都把保存本图书馆计划看成是保证公众有获取政府出版物信息的最低限度权利的一种信息保障网。1986 年由众议院政府运作委员会编写了一份政策综述《联邦机构的电子化信息采集与传播》,对电子化信息资源开发和利用等各个方面进行了政策的综述。1990 年,全国图书馆与信息科学委员会(NCLIS)发表了《公共信息准则》,其中心是联邦政府应在公共信息的完整性、传播、复制、发行、检索、利用和保存等方面确保公众能充分利用之。

1993 年 9 月 15 日,美国联邦政府制定并颁布了《国家信息基础设施:行动计划》(即 NII 行动计划),这是美国联邦政府在国家信息资源配置方面的重大战略决策,也是一幅美国未来信息资源配置的宏伟蓝图。标志着美国的信息资源配置的战略进入了一个新的历史阶段。NII 中提出的 9 项原则,特别是其中的第 1 条:通过税收和法规政策,促进民间企业投资;第 2 条:扩展"全民服务"概念,保护所有美国人以负担起的价格享用信息资源。它代表了新时期信息资源配置的指导思想。

3. 俄罗斯国家信息资源配置政策和策略

1995 年 1 月俄罗斯国家杜马通过了第一部信息法《联邦信息、信息化和信息保护法》,主要目的是定义、建立、保护和开发利用国家的各种信息资源,明确各主体的权益和义务,推动俄罗斯的信息化进程。它规定:国家要为发展和保护一切所有制形式的信息资源提供充分的保障条件;要组建和保护国家信息资源;建立和发展联邦和地方性的信息系统和网络,保证其在俄联邦统一的信息空间内的兼容性和相互配合;为公民、政府机关和社会团体提供优质和有效的信息创造条件;保障国家安全和公司及机构的权益;促进信息市场的形成;建立健全吸引投资的体制;加强法制建设。从某种意义上说,这也是一部有关国家信息资源配置的法律,体现俄罗斯国家信息资源配置的战略。

1998 年 10 月公布的俄罗斯《国家信息政策构想》首次将信息资源作为国家信息政策的一个独立组成部分提出,并指出国家在制定信息政策时的主要任务是:有效地创建和利用国家信息资源,并保障能够广泛、自由地接入这些资源;保障个人、社会和国家的信息安全;建立必要的法律法规基础,以协调信息获取、传播和利用过程中的各种关系。该构想已成为指导俄罗斯信息资源建设的指导性文件。

俄罗斯把信息资源分为国有的和非国有的两大类，政府也按此种分类方法先后出台了《国有信息资源管理构想》和《非国有信息资源调控构想》两个指导性文件。1998年12月，由各部门的专家组成的专家组在通信和信息化部的领导下起草出台的《国有信息资源管理构想》指出，明确国有信息资源管理、采集、提供、加工、创建、保护和利用相关机构或组织的构成、权力和义务是目前完善国有信息资源管理法律法规的工作首先应该解决的问题；联邦政府必须要尽快制定一系列有关信息资源管理机构的战略性决策，积极参与信息资源的创建和利用活动；负责协调、规范和指导国有信息资源建设的联邦行政机关可以代表俄罗斯联邦政府颁发行政命令。此类国有信息资源首先是地理信息、注册信息及面向公众的查询信息；对市属机构的国有信息资源进行组织和管理是国有信息资源管理的一项重要任务；为了对国家权力机构和地方自治权力机构在信息资源创建和利用中的职权进行划分，必须要制定相应的联邦法律。《非国有信息资源国家调控构想》认为，非国有信息资源是俄罗斯国家信息资源中的一个重要组成部分，对于活跃社会和国家生活有着重要的作用。该构想将主要用来协调解决非国有信息资源的所有权、创建、接入、共享、保护和存储，以及公民在非国有信息资源创建和使用过程中的权利保护方面遇到的问题。

4. 日本国家信息资源配置政策和策略

1969年，日本科学技术会议下属的全国科学技术交流系统(NIST)研究委员会发表了《关于完善科技情报全国交流系统的报告》，提出了关于建设全国情报流通系统(NIST)的构想。日本科学技术厅首先是推动NIST构想的实施，具体措施有：与各种信息机构有机地结合起来，建立全国的流通系统，充实信息提供服务，整顿信息流通体制，促进信息的国际流通和向地方流通，强化信息搜集工作。其次是推动科技信息流通技术标准(SIST)的制订和普及，在信息处理部门设立技术士制度，由国家来认定情报科学技术协会举办的数据库检索技术人员考试。在数据库建设方面，支持日本科技情报中心建设各种科技文献数据库和事实库及相关技术的研究开发工作，使收集的国内外科技文献实现数据库化，提供联机服务和书本式检索工具，将重要的科技文献建成英文数据库，开发日英翻译系统。另外，还与美国和德国合作建立国际科技信息联机网络(STN)，促进日本科技情报的国际传播。

日本文部省1979年提出建立学术情报系统的方案，经日本学术审议会同意，把全国的公私立大学的图书馆和计算中心连接成日本的学术情报网和学术情报中心。还提出了“终生学习情报的数据库和网络化”的设想，并协力推进信息提供与学习咨询相适应的体制的建立。

近年来，合并后的文部科学省仍然十分重视基于学术情报网和日本科技情报中心联机情报系统的学术信息基础设施的建设工作。1999年和2000年用于学术信息基础设施建设的预算额为787.5亿日元。目标是为大学、研究机构研究人员快速准确提供学术信息，并把研究成果迅速传达给日本国内甚至国际的基本设施，包括连接日本全国各大学的学术信息网、各种数据库、担负促进大学学术信息流通中心任务的大型计算机中心、综合信息处理中心以及各大学图书馆等，是具有独创性、尖端性学术研究工作的保障。目前，学术信息基础设施建设主要包括5大项目：①继续扩充学术信息网的建设；②推动信息基础中心的建立；③推动综合信息处理中心和专门信息处理中心的设立；④充实和强化大学图书馆的电子图书馆功能；⑤建立各种数据库，并努力充实完善其功能。

5. 法国、德国和欧盟的信息资源配置政策和策略

法国政府一直奉行信息自主独立的政策，重视数据库和信息网络建设以及信息的传播和利用，避免依赖别国的信息资源，同时注意保护本国的文化和国家主权。在组织体制上，先后建立了国家科技信息研究所、科技文献与信息部际委员会及各种类型的科技信息服务部(如武器文献中心、技术信息推广署、国家研究成果推广署、地区信息转让中心等)。20世纪80年代初法国政府就提出了“电子技术五年计划”和“全民信息计划”。1986年，与信息有关的8个专业组织联合向政府提出了关于国家文献(信息)政策的一系列建议，认为急需健全全国的文献管理机制，强化各类图书馆和文献中心的信息传播功能，让公众更方便地获取信息，尤其是政府信息，更新信息法律法规，保护各方面的权利和利益。到20世纪80年代末90年代初，上述政策和战略的效果逐步显示出来，其视频数据系统MINITEL拥有数百万用户，数据库产业迅速发展，远距离联机检索系统Telesystem在国内得到普遍应用并向国外输出。

德国联邦政府从20世纪70年代起就开始制订有关信息工作的长远规划。1974年批准了第一个四年发展计划《联邦政府促进信息与文献工作计划》(1974年—1977年)，其主要目标是建立和维护各种信息设施，以提高研究开发工作的效率和中小企业的技术能力与竞争力，支持国家机关的计划和决策工作，强化社会信息服务体制。1986年，联邦政府批准了《1985—1988年联邦德国专业信息规划》，确定了其科技信息政策的主要目标：通过制订法规和私有化来改善科技信息市场的环境；加强科技界与产业界之间的信息交流，鼓励发明创造；在国际贸易中改善本国的信息供应和服务，巩固德国的贸易大国地位；促进社会各界充分利用科技信息，改善获取国际科技信息的渠道等。1994年8月，联邦政府又公布了第三个信息发展计划《1990—1994年联邦政府专业信息计划》。该计划突出地强调了以下5项政策：①加强和改善电子信息系统，建设高质量的数据库；②改善技术信息环境和经济发展条件，提高德国产品的新技术含量和国际竞争力；③加强信息科学人才的培养；④加强信息领域的国际交流与合作；⑤增强信息政策和法律的指导和调节功能。并确定了这一时期的工作重点：国家重点资助专业信息机构和科技图书馆，提高公众利用科技信息的水平，改进数据库的生产和供应以及文献提供服务等。

1996年6月底，在斯德哥尔摩召开了题为“获取公共信息——产业增长和电子化民主的关键”的国际会议，欧盟各成员国的政府官员、专家学者和私营企业的代表出席了会议，欧盟委员会委员、本杰曼小组的成员韦森伯格在开幕词中指出：“公共信息是一个新的经济增长点，公共部门在许多领域(如立法、统计、文化、金融、地理、运输和研究方面)都是最大的、也是唯一的信息生产者。”他认为，在信息与通信市场中，最富有潜在竞争力的是信息内容方面。用户对公共信息的获取和商业性开发不是两个孤立的问题。政府机构要利用现代信息和通信技术保证公民能迅速方便地获取信息。公共部门应更多地介入信息市场，并以比私营部门低得多的价格提供电子信息服务。欧盟的目标是，加大政府机构的透明度，促进私营部门和公共部门在开发具有竞争力的信息内容产业方面的合作。

11.2.4 政府机构、企业和非营利性机构的信息资源配置

1. 政府机构的信息资源配置

在某种意义上说，政府的主要功能之一就是信息功能。政府管理社会的主要方式之一是信息方式。在中央计划经济体制下，纵向信息流是经济信息流的主要形式。在市场经济体制下，横向信息流是经济信息流的主要形式。在混合经济体制中，混合经济体制的目标和具体的运行机制决定横向信息流与纵向信息流之间何种信息流占据经济信息流的主导地位。在市场体制下，众多的市场参加者同时进行数量较小的分散计算，而在中央计划体制下则需要进行庞大的集中计算。这就是人们所说的市场经济优于计划经济的重要理由之一。它也反映了两种不同的信息资源配置方式和配置效率。下面，在不考虑经济体制因素的情况下，谈谈政府机构的信息资源配置问题。

政府通过各种渠道收集社会信息，通过统计汇总分析，把握经济社会发展的宏观动态，在信息尽可能完备、准确的基础上制定各项政策，以实施其管理、规划、调节、干预等各项具体功能。因而，政府是信息资源的最大拥有者、生产者、消费者。政府的信息活动规模巨大，其拥有的信息资源记录了政府、社会和经济的过去、现在与未来的情况，是一种极其重要的国家资源，是保证政府工作顺利进行的必要基础资源。政府信息资源配置要解决的两个核心问题是政府信息公开和政府信息资源交换体系的建立。前者是要保证每个公民都能获得政府应当依法公开的一切信息。后者则是要保障政府机构之间的信息流畅通，以支持政府机构的决策、日常运作和政府各部门之间的协同工作。

政府信息资源配置的机制必须不同于市场化的信息资源配置机制。建立这种机制并实现政府信息资源的有效配置，是一个艰巨的任务。比如，政府信息公开化就是一个艰难的历程。因为政府各部门除了有社会利益目标外，还有本部门的既得利益以及预期收益。信息公开虽然是一个社会帕累托改进，但是对于拥有信息的政府部门来说却可能意味着利益的损失，因部分权利的丧失而失去相应的权利租金。

所以，要实现政府信息资源的最优配置，既需要法律的强制力，也需要利益驱动机制。一项制度安排或法律如果不具有经济激励性，其效果往往是令人怀疑的。日本政府在机构改革的过程中，就曾出现过某些部门在信息公开之前，大量销毁文书资料的事情。简单地说，政府部门在有关信息公开的决策中，如果将既得利益的损失与因为信息公开(尤其是无偿公开)而获得的利益进行比较，那么肯定很多部门没有积极性这样做。因此，设计有效的激励机制(包括经济利益刺激)来促进政府信息资源的公开，也是十分必要的。

2. 企业的信息资源配置

(1) 团队信息结构和厂商信息结构

在任何社会中，社会资源配置都是在一定信息结构的基础上进行的，要对社会资源的配置方式和具体内容进行有益的分析，必须对信息结构的基本内容有所了解。一个团队是由具有共同利益和信息，并控制不同决策和基于不同(可能)信息制定决策的众多决策者组成的。团队的经济理论主要涉及两项内容：决策参数(任务)和团队成员中信息资源的配置；

有效决策规则、任务和现有信息资源配置的特征。可以认为,团队的经济理论事实上是一种资源配置(特别是信息资源配置)的经济理论。

设 a 代表团队,M 代表团队内的成员数量,且每个团队成员 m 控制一个行动,称为 a_m。团队的结果效用取决于团队的行动 $a=(a_1,\cdots,a_m)$ 和环境状态 s。如果用 $u(a,s)$ 代表团队的效用,那么函数 u 就称为团队的收益函数。在选择一个行动之前,各个团队成员 m 都收到一个信息信号 y_m。该信息信号由环境 s 决定,即 $y_m=m(s)$。称 y_m 为成员 m 的信息函数,其中,M 元组 $\eta=(\eta_1,\eta_2,\cdots,\eta_m)$ 称为团队的信息结构。作为一种特殊环境,至少有两个以上的团队成员之间有不同的信息函数,那么可以说信息被分散了。

在团队经济理论中,厂商的基本单位是代理人,需解决的问题是如何确定信息资源的配置和个别代理人采取的决策规则。决策规则必定是描述厂商有限行动空间的代理人信号的一个函数,我们将代理人信号的分配方式称为厂商信息结构,代理人决策规则的选择方式称为厂商决策结构。厂商信息结构有两种基本形式:等级式信息结构和水平式(或网络式)信息结构。① 采用前者的企业管理者力求集中拥有管理决策所需的一切信息,但往往不能完全控制可能的突发事件和及时采取灵活的修正行动。采用后者的企业力求合理配置信息资源,其管理决策一般重视下级部门参与,充分利用来自下层的信息和对突发事件的快速反应能力。

(2) 企业信息资源配置的目标和效率

企业的信息资源配置的主要目标是使企业收益最大化。在此目标和其他社会目标的指导下,将企业内外部的信息资源在企业各部门、各环节之间进行最有效的分配。其最优的表现就是投入产出比达到最大。

企业信息结构是企业信息资源配置的显示屏。任何企业(代理人)对决策规则的选择都基于某种信息结构。这种信息结构决定了信息的分配方式。从整体上看,企业信息资源的配置效率是由市场价格和企业内部的权威两种机制来决定的。而在企业内部,信息资源主要不是依靠价格机制来配置,而是依靠组织权威和管理制度来分配。企业内部信息资源配置的决策者往往是企业最高管理层,由 CIO 或类似角色的管理人员进行实施。在决策的过程中首先考虑的往往是经济因素,因为企业管理的最终目的是提高其经济效率和效益。

另外,还有人提出通过考察产业中信息资源的集约系数,可以显示产业部门内部的信息资源配置状况。这种集约系数被定义为产业内部的信息劳动收入与非信息劳动收入之比。②

3. 非营利性信息机构的信息资源配置

非营利性机构的信息资源配置可以分为两大类:第一类是非营利性机构内部的信息资源配置,第二类是非营利性信息机构的信息资源配置。非营利性机构本身可能是信息机构,也可能不是。其内部的信息资源主要为机构的管理决策、日常运转服务。这种信息资源配

---

① 谢康.微观信息经济学.广州:中山大学出版社,1996,164~167.

② 周先波.信息产业与信息技术的经济计量分析.广州:中山大学出版社,2001,2.

置同企业内部的信息资源配置和政府机构用于自身决策的信息资源配置相似，主要依靠组织内部的权威和制度，并由信息主管来管理本机构的信息、信息工作人员、相关资金与信息设备。

由于非营利性机构的社会服务目标，以及受到顾客和捐赠者的监督，如果经营不善可能会倒闭等原因，其信息资源配置更像企业的信息资源配置，而不像政府机构那样相对缺少竞争和监督，因而它的信息资源配置更要考虑成本与经济效益。

非营利性信息机构包括政府拨款的公益性信息机构和以民间捐赠(筹集资金)为主的信息机构。以政府拨款为主的信息机构包括国立或公立的图书馆、博物馆，国立或公立科技信息机构、信息中心等。它们是社会信息资源的重要组成部分。从宏观上讲，这类信息资源配置问题涉及地区间的共享与平衡分布。由于其属于社会公共设施，主要由政府投资，外加社会捐赠，所以这类信息资源配置与政府初始的投资布局密切相关，也与中央及地方政府不断的发展规划和再投入密切相关。从微观上讲，一个公益性信息机构的信息资源配置状况主要由下列因素决定：政府拨款额度，接受捐赠的规模，资源建设效率，资源管理水平，成本控制与服务质量等。这类机构的信息资源配置更注重社会效益，然而，社会效益往往是很难准确衡量的。

作为投资主体的政府，其考虑的首要因素可能是社会公平，比如缩小数字鸿沟，考虑到经济不发达地区的长期发展利益等因素。其次，政府的财政拨款会兼顾经济效率，比如在中心城市建立大型的信息中心，以辐射周边地区，或者在高校和科研机构密集的地方建立信息服务机构。进入因特网时代，政府会通过建立因特网络和信息资源的数字化，如数字图书馆工程、信息共享工程等，使得已经建设起来的信息资源在更广的范围内流通，发挥更大的社会效益，从而提高配置效率。

作为社会公共物品，这类信息资源具有非竞争性和非排他性的特点，也就是说，在一所图书馆座位饱和之前，增加一个人的使用不会增加很多的成本。从微观配置来讲，其资源的配置同样追求经济效率。比如，根据享受该公共品的人数和时间长短来判断资源建设的规模和服务方式；根据预算的约束来判断资源建设的重点，如一个大学图书馆会考虑将较多的经费用于购买重点学科所需要的文献和数据库，一个公共图书馆会根据用户的文化水平来考虑是否将有限的经费用于建设先进的网络或购买外文数据库。

另外，为了达到机构的管理目标，往往会有一系列的战略、政策和制度条例来保证信息资源的合理配置与利用效率。此外，各种经济措施，如成本与效益评价指标等，也有利于保证信息资源的有效配置。

作为社会公共部门，非营利性信息机构的经济学研究领域主要包括：预算与收支平衡，信息资源的开发、采集、加工、存储、传递效率的提高，人员与设备的合理利用，市场营销等。效率的考虑是经济学研究的核心问题，这对非营利性信息机构的信息资源配置也同样适用。典型的例子是，无论是什么性质的图书馆，为求生存，其管理者需要依据经济学成本最小与收益最大的原理作出决策。

11.3 信息的价值测度问题

11.3.1 价值的一般特征

对某物(如 A)进行价值测度的行为,实际上就是在它与另一事物(如 B)之间建立某种等价关系。可用下式表示:$V_A \equiv V_B$,且 $A \neq B$。

在现实生活中,上述关系的一边常常被表示为货币单位。的确,这种表示能在一定程度上反映某物的价值,但是它会造成某种混淆,即把价格当作价值。一种市场经济会受到许多因素的影响,需求、可获得性、效用性等因素都会影响到价格。

价值还有 3 种特征:①主观性。价值通常由个人、组织或社会整体来评估。②变动性。价值的评估会依赖环境,且会随时间而变化。③价值可以是正的,也可以是负的。正的价值的表现形式是效益,负的价值的表现形式是损害。

价值悖论:一些绝对有用的事物(如空气、水)只具有低价格甚至是零价格,而一些相对无用的东西(如宝石)却具有高价格。200 多年前,亚当·斯密在《国富论》中就指出:"没有什么能比水更有用,然而水很少能交换到任何东西。相反,钻石几乎没有任何使用价值,但却经常可以交换到大量的其他物品。"这一悖论表明:价格不反映一件商品的总效用,而是反映它的边际效用(在假定其他商品的消费量不变的条件下,消费额外一单位其他商品时所带来的额外的满足)。

稀缺性和边际效用是解释价值悖论的基础。钻石十分稀缺,故得到钻石的成本很高。水相对丰裕,在世界许多地方都可以几乎不花什么成本就可以得到。水的整体效用并不决定其价格或需求。水的价格取决于它的边际效用,取决于最后一杯水的有用性。由于有如此多的水,所以,最后一杯水只能以极低的价格出售。即使最初几滴水相当于生命自身的价值,但最后的一些水仅仅用于浇灌草坪或洗车。商品的数量越多,人们对它的最后一个单位的购买欲望越小。①

11.3.2 信息价值的研究

20 世纪 50 年代,凯利、贝尔曼和卡拉伯以及马尔萨克(Jacob Marschak,1965 年)等人把香农定义的信息量(H)解释为信息价值。1962 年,斯蒂格勒把他的信息价值观建立在他所创立的信息搜寻理论的基础上。他认为,信息的价值可以用购买行为中买主预期成本的减少来表示。后来,诺贝尔经济学奖获得者阿罗(Kenneth J. Arrow)认为,当存在不确定性时,通常都存在通过获得信息来减少不确定性的可能性。香农的信息量公式对经济分析而言并不是普遍适用的,因为它忽略了信息的价值,而对获得信息的成本来说,倒是很有效的量度。他愿意把信息作为经济学上很有趣的一类商品来看待。他认为,信息或信号具有经济价值,因而花费一定的代价也值得去获得它和传播它。但是,即便信息可以是一种商品,也只能在一个有限的程度上是这样。在这种情况下,认为自由市场将导致资源的有效配置,

---

① 保罗·萨缪尔森,威廉·诺德豪斯.经济学.第 16 版.萧琛译.北京:华夏出版社,1999.

这个假设是站不住的。如果不考虑其他方面,信息至少具有两个显著的特征,不能把它认同为一般均衡的抽象模型中所体现的一种商品。这两个特征是:①根据定义,信息的使用是不可分割的;②信息很难被独占使用。

1. 信息成本与信息价值

人们可能会提出,能否根据信息成本来衡量信息的价值呢?让我们来看看这种可能性如何。在信息成本中,通常包含有4种成本:生产成本、传播成本、搜寻成本和使用成本。于是,有人提出信息商品价值的数学表示为

$$W = C_1 + C_2 + V_1 + V_2 + M$$

式中,不变资本C分为两个部分:C_1指生产信息商品时投入的物质材料的价值,这与物质商品相同;C_2指生产信息商品时投入的信息材料的价值,C_2的投入创造了生产信息产品的客观条件。必要劳动V也分为两个部分:V_1等同于同类性质的体力劳动者的体力劳动支出;V_2是劳动者具有创造性的脑力劳动支出。一般来说,在生产信息商品时,V_2部分的价值量要远远大于V_1。M是剩余价值,为体力劳动与脑力劳动共同创造的剩余价值。公式中各项原则上虽然可以量化,但具体计算相当困难,特别是V_2及M。①

而且,人们发现信息成本具有下列特征:

(1) 生产成本较高,复制成本很低。

(2) 信息成本部分地属于资本成本,并且是一种典型的不可逆投资。

(3) 在不同领域、不同方向(方面)上的信息成本各不相同。

(4) 信息成本与信息的使用规模无关。

(5) 信息使用对使用者本身来说就是一种信息投入。

所以,在实践中很难根据信息成本来衡量信息的价值。

鉴于信息成本的特殊性,阿罗认为,一个竞争的世界将会在研究和开发信息方面投资不足。这已成为一个有名的论断。因为获得的信息将变成通用的知识,而不能由资助研究项目的企业独占使用。然而,如果保密是可能的,在收集信息方面就可能投资过量,每个企业都秘密地获得同样的信息,尽管如果这些信息一经获得就传输给所有的人,毫无疑问会消耗更少的社会资源。另外,某些信息的私人价值是以牺牲他人利益为代价而使个人受益。在收集这类信息方面也可能存在过量的投资。证券市场及形形色色的为私人获取信息的机构就是这样的例子。当信息不均匀地分布时,不仅存在着对获取信息的刺激,也存在着对传播信号的刺激,广告是传播信号的最明显的例子。

2. 根据价格-需求关系来计量信息价值

有人提出测量信息价值时要考虑价格-需求关系。但是,马克卢普不同意这种计量方法。他认为这种方法只是被某些经济学家在价格和数量仅有小的变化情况下采用,而不用它来测量任何产品或服务的购买或持有所获得的价值。他特别不同意把未支付的效用

① 应用信息经济学.吉林大学精品课程课件.2005,第2讲,14. http://ecl.jlu.edu.cn/software/jingjipeng/indexnr/CAI/2.ppt,2005-12-05.

(unpaid utility)或消费者剩余(consumer surplus,指一种物品的总效用与其市场总价值之间的差额,即所得的大于所支付的)包含在其中。这就是根据每个个体愿意支付的最高价与他们必须支付的价格之间的差异来计算净价值(net value)。

这种方法的一种扩展已由金(Donald W. King)等人提出。他们用"有效"价格代替价格,用观察的需求代替需求。有效价格是由一种产品或服务的实际价格,加上在识别、搜寻、采购、使用和应用方面所带来的花费(成本)构成的。需求则被视为由许多属性构成的一个函数,包括分配、展示和通报(awareness)。

H. Voorbij 研究了用户产生信息需求的原因,认为产品(product)、促销(promote)、地点(place)、价格(price)是重要原因(简称"4P")。市场营销理论研究表明:一个产品的成功不仅依靠其质量,也依赖于其可获得性和使用费用。调查显示,用户更愿意使用容易获得的信息源,而不是那些虽然很好但是却很难找到的信息。

对于信息商品的定价问题,荷兰学者 A. Mowshowitz 的千层盒模型有一定代表性。他基于这样一种认识:信息的每一道加工工序都能增加它的交易价格。因此,信息的市场价格等于基价和加工价之和。基价是指原始信息或信息的实质性内容的价格,加工则分为存储、处理、传递、表示、包装等环节。对于大多数信息来说,其市场价值取决于信息的核心部分;对于一部分信息来说,则主要取决于后期加工的成本费用。每一种加工对信息的增值效果是不同的。

11.3.3 信息效用与信息价值

与那些考虑信息或信息产品和服务的用途相关的方法是"效用"(utility)的计量。效用,可以理解为一个人从消费一种物品或服务中得到的主观上的享受或有用性。I. Hirshleifer 和 John G. Riley 叙述了如何把效用理论应用于决策过程。在他们看来,信息一旦生产出来,为了得到有效利用这样一个社会目标与信息生产的理想动机之间的冲突,对于研究者来说是一个很重要的问题。泰勒(Robert S. Taylor)曾经提出:信息的价值只有在它对使用者有用时才有意义。

在西方经济学中,效用价值论认为:效用是消费者从某种物品中所得到的满足,是消费者行为的归宿。因此,效用是商品价值的源泉。但是,效用并不构成价值的全部内容,因为还要加上稀缺性,即越有用又越稀缺的商品,价值就越高。稀缺性本身虽然不能提高商品的用途,但是稀缺性商品的获得,能满足某些人的心理要求。因为,在这些人看来,越是稀缺的东西越有价值(即所谓"物以稀为贵")。

英国哲学家边沁(Jeremy Bentham,1748—1831 年)提出了效用原则,认为"效用"是指任何客体所具有的可以产生满足、好处或幸福,或者可以防止痛苦、邪恶或不幸的性质。

从理论上说,任何信息资源对人类都具有一定的效用,不仅可以独立使用,而且在一定条件下可以替代其他资源。然而,里奇(Robert Rich)认为,当目标被清楚地确定,且信息的利用直接与目标相关时,用途只是信息价值一种初步的粗糙的指标。他区分了几种用途:打算的用途、实际的用途、工具性用途、概念(理论)性用途。他质疑这样的假设:信息的简单利用意味着它具有价值。他还审视了下列问题:信息的实际用途是否是价值的一种悖论?信息除了它的用途以外,还有无其他价值?如果用途不是一种完全的价值悖论,那么它是否仍然是一种价值的指标？若是，它能指示到什么程度？“不使用”(non-use)能告诉我们有关价值的什么东西？

提出这些问题最初的目的是用来制定判断价值的标准的。然而，里奇认识到：标准是可以改变的(随时间)。他在研究中发现：用途在具体制定判断价值的标准时只有边缘性帮助，虽然用途的计量在开始具体确定价值时是有帮助的。

促进与政策相关的信息利用的努力，还有对研究成果的利用的实验研究，都隐含着这样的假设：信息的这种利用是正价值的。几乎无人研究信息的负效果，也许除研究电视节目对青少年的不良影响以外。类似地，像信息滥用、错用和过早地利用的问题也无人详细论述过。

11.3.4 信息使用效果与信息价值

测量信息效果的目的不仅是描述被利用的信息的类型，而且还要描述信息如何被利用。一些效果测量法企图把信息的用途与政策制定或决策阶段联系起来。Ronald Havelock 试图通过调查研究者和决策者有关研究工作的优先顺序(或重点)问题的一致程度，来测量信息使用效果。其他经验性的效果测量方法有：扩展引文分析法、由样本研究构成的不同用途的数量、整个期间的研发预算支出等。每一种方法都集中在信息生产者(研究者)与使用者之间，或在决策与利用之间的关系上。在新方法采用方面，信息使用效果通常是由一种新方法被接受和应用的速度来决定的。

科技信息使用价值的估算。对于给用户提供的科技信息，其使用价值可用下面的定量经验公式作粗略计算：

$$W = \mathrm{e}^{-\lambda t} M \cdot R \cdot H$$

式中：W 为信息的使用价值；R 为信息对用户的适宜性，可根据用户对该信息商品的需求性及消化能力确定；M 为信息质量，可根据信息商品的价值确定；H 为信息数量，可根据信息商品类型计量；t 为时间；λ 为常数，λ 可由信息商品的寿命性质决定；e 为自然对数的底，$\mathrm{e}^{-\lambda t}$ 为信息的衰老系数。

11.3.5 基于用户感知的价值测量

泰勒(1980 年)讨论过与生产率及其测量有关的许多问题。生产率的一般定义是每个人时劳动的成果(output)。不过，这仅仅是一种局部的计量，因为它没有包括在设备、系统开发和一个支持性的通信网络等方面的投资。问题都与如何界定输入和输出有关，例如，不仅要考虑劳动时间，输出方面有些因素也是很难计量的，如工作难度、错误率、质量等。

上面的研究考虑了一次或二次信息的价值，但是只涉及较低层次的价值。King 等人(1982 年)通过把二次信息的利用与一次信息(根据二次信息识别出来的)的利用直接联系起来，把价值测量(评估)的研究推进了一步。他们提出应当根据使用者的“感知”(perspective)来进行价值评估。他们识别出三种“子感知”(subperspective)：

① 输入子感知：根据使用者乐意为信息及其产品或服务支付多少来确定其价值。

② 过程子感知：根据信息的使用如何对工作产生作用来导出其价值。

③ 效果子感知：根据工作如何影响环境(组织、投资机构或社会整体)来确定其价值。

每一种感知都有一种相对应的价值测量方法。与输入子感知相对应的是表面价值。它计量信息的平均有效价格(即乐意支付的价钱表现为与信息识别、查寻、接受和利用相关的时间和货币)再乘以信息使用总量。与过程子感知相对应的是间接价值。可以通过计算由于使用了信息而导致了时间或材料的节省的平均值乘以信息使用总量。与效果子感知相对应的是高阶的间接价值。可用几种方法来测量,如通过考察 R&D 投资的回报。不过,这将使价值评估变得更为困难。

King 等人把一种深入分析法应用到这三种感知上面。通过考察撤销全部或部分正在被估值的信息产品或服务所产生的后果来衡量。有效价格的变化和它对使用的影响作为使用替代产品或服务的结果被加以评估,并用来计算某种净价值。下面两种方法被用来测定净价值。第一种方法是简单替代法。其中,使用替代品导致的价格升高和使用减少(假定对信息相关的活动有一个固定的预算)被评估。第二种方法是复杂替代法。其中考虑了个人时间和精力的再分配(从查找和阅读这些信息的活动转向其他活动,如实验、管理、行政等)。

基于用户感知的价值测度方法可以归纳为以下 5 种:

① 表面价值(apparent value),简写为 A。

② 间接价值(consequential value),简写为 C。

③ 高阶间接价值(higher order consequential value),简写为 H。

④ 净价值(net value),指简单替代(simple substitution),简写为 NS。

⑤ 净价值(net value),指复杂替代(comlplex substitution),简写为 NC。

当这些测度组合起来时,它们就逼近某种信息产品、服务或系统的总价值。但是,它们不是简单的相加。为了更接近地评估总价值,A 可以加上 C,但 C 与 NS 或 NC 的关系都很复杂。不过,可以把总价值的一般定义如下:

$$\text{总价值} = f\,(A,\ C,\ H,\ \mathrm{NS},\ \mathrm{NC}) + X$$

式中,X 表示价值中不可量化的方面。

11.4 信息产品与服务的价值测度的应用

11.4.1 "支付意愿"测度法

梅森(Robert M. Mason)和萨松(Peter G. Sassone)采用经济学模型方法描述信息服务中心及其潜在用户和现实用户。该模型将经济学中的成本与收益联系起来,并对私人和社会的成本和收益加以区分。私人成本是指个人、股东、公司为得到某种商品或服务所必须交换的东西。社会成本则是整个社会为使某个个体能接受到该商品或服务而必须付出的成本。对收益也做了类似的区分,采用"支付意愿"(willingness to pay)测度法。该模型用来回答下列问题:

① 什么是信息中心提供具有某种专业化水平的特定服务的总收益(或总成本)?

② 具有该水平的一种特定服务的变化所导致的总收益(总成本)的变化是什么?

③ 提供各种不同服务的不同收益(成本)之间的关系是什么?

④ 影响实施特定的新方法的总收益(成本)的因素是什么?

在此模型中,成本通过计算资源投入量来测定,收益通过用户的“支付意愿”(如某种需求曲线所描述的)来测定。使用某一信息服务中心产生的总收益用一种图形来表示,如需求曲线下方区域(即总的“支付意愿”)上至所购买的服务的最大值。供应曲线的下方区域表示总成本。这样,总毛收益就是没有该中心而得到的毛收益与有该中心而得到的毛收益二者的差。

该模型采用的量化的收益测度是时间(用户因使用了某一特定的信息服务中心而节省的时间,而不是通过其他方式采集同样的信息)。该模型假定,潜在用户可以访问几种拥有相同信息的来源,并且仅被经济效益所驱动。这种方法提供了“first cut”(削减)成本-收益分析法,因为它忽略了采集信息的社会收益和私人收益导致的任何社会收益的自然增长。它还忽略了用户要承受的某些成本(即订购、采集和使用信息的成本)。

采用“支付意愿”的另一种方法与研究者节省的时间(作为利用信息服务产生的结果)合并在一起,是由伯格(Sanford V. Berg)建立的。他采用下面的关系式来估计需求曲线

$$Q = f\,(P,\ X,\ N,\ J)$$

式中,Q 指发行流通量,P 指预订价,X 指页数,N 是该领域研究者的数量,J 是该领域期刊数。

弗劳尔迪(A. D. J. Flowerdew)和怀特黑德(C. M. E. Whitehead)很详细地讨论了成本-收益分析法在情报学中的应用和计算收益时要考虑的问题。他们集中在“支付意愿”方法上,特别是在以个人还是从个人的组织的观点来评估“支付意愿”时难以避免的问题上。丹墨尔斯(H. F. Dammers)则请用户根据他们自己节省的时间和金钱来对 SDI 服务进行排队分级(rate)。根据用户对所节省的时间、收获或货币价值的判断来进行价值评估。然而,尚不清楚的是,货币价值是否被加到节省时间的价值中。研究者节省的时间和“支付意愿”的测量都完全依赖研究者正确评估信息对他们自己和他们的组织的价值的能力。在要求用户根据自身的感受来评估 SDI 服务的价值时,丹墨尔斯发现他们(用户)都倾向于高估 SDI 的价值。

J. Hawgood 和 R. Morley 询问信息服务的用户:他们乐意为服务支付的是多少?他们感受到在企图为高估而作出补偿时,他们的组织又将乐意支付多少?I. N. Wolef 等人也考虑了区分个人收益和组织收益的困难。一批 R&D 研究者被要求对以下事项进行估计:

① 因为利用二次信息服务而节省的时间;

② 为补偿失去的二次信息所需要增加的工资支出;

③ 如果二次信息被撤销,所导致的用于 R&D 和信息获取的工时的调整情况;

④ 在失去二次信息之后,为达到相同的结果而对工时所作出的再调整;

⑤ 对二次信息的依赖程度。

这些估计是很难做的,特别是从一般意义上来估计,但他们提出了有用的替代概念。

11.4.2 成本-收益分析法

Gordon Wills 和 Christine Oldman 分析了成本-收益分析法的贡献,并认为可用来评估图书馆。这里所用的收益测度是预算的分配。这些分配被视为那些做资源决策的人所拥有的价值的有形证据。接着是计划把这些价值判断与图书馆用户的价值判断进行比较。面向

用户的测度包括：

① 用户对使用该图书馆的预先安排；

② 用户通过该图书馆采集信息的模式；

③ 用户对图书馆产品的利用；

④ 对用户后来行为的影响。

不过，这些测度是从质量上来确定的。这些研究者企图研究“图书馆利用的缘由及其效果”作为确定图书馆影响的基础，他们把其定性方法视为定量化方法的先驱。

Della Bitta 等人进行了一次研究新英格兰海洋资源信息计划（NEMRIP）的价值和用途。其目的是提供有关 NEMRIP 市场的信息和评价其出版物在满足其读者的教育方面的需要的价值。他们分别考察了以下几点：

① NEMRIP 市场的主要特征；

② 需求者对 20 种出版物的阅读模式；

③ 这 20 种出版物派生的信息的利用模式；

④ 需求者对这些信息的有用性的评价；

⑤ 传播（Pass-on）率（当这 20 种出版物被传递到其他读者时，其中所含的信息的曝光率增加 74%）；

⑥ 阅读的程度（范围）；

⑦ 阅读的难度；

⑧ 对这 20 种出版物中的信息的熟悉度。

该研究的结论是：虽然 NEMRIP 传播的信息是有用的，并对用户具有正效果，但编辑方针需要有些变化，以便改善该计划对用户的价值。可能的变化包括：目标和问题的识别、发行量、征求新的主题领域、定期进行调研。

Angela M. Hall 进行了评估 INSPEC 服务的比较性用途和价值的研究。被评价的不同服务是个性化 SDI、标准 SDI、最新通报性出版物及文摘刊物。每一种服务都由用户按百分制进行评分，可以考虑或不考虑成本。除用户评估外，还分析了不同类型机构的订购者、传播方法、用户需要和服务特色。

L. N. Mogavero 讨论了由 Denver Research Institute 的 F. Johnson 等人进行的 NASA 技术利用计划中的成本-收益研究。该研究的基本目标是量化评估每种信息产品包的效果（产业界可通过该计划的信息传播机制获得这种包）。这种量化分析要求考虑以下几点：

① NASA 在制作可用的信息产品时的成本；

② 用户使用这些信息产品和服务时的成本；

③ 在新的或改进的产品、工艺或服务方面已经实现的或预期的经济效益。

总的收益/成本比率就由下式计算

$$R = (B - C_a)/C_n$$

式中，B 是总的用户收益，C_a 是用户成本，C_n 是 NASA 的生产成本。在此公式中，用户成本减少了总收益，用户成本与用户在识别、采集和阅读那些未经过显性化鉴别的信息源所发挥的作用相关联。

对特定的科技信息系统，已经识别的收益/成本比率最高达 12∶1（Johnson 等人）。大多数这类系统的规模都相当小(只为少数的人服务),而且只考虑信息传播中节省的成本所带来的收益。

在另一项针对信息分析中心的研究中,梅森测量了用户对信息服务特性的相对价值的感知,结论是所调查的 9 种服务特性(准确性等)可按下列 4 个独立的维度来描述:

① 数据和信息质量(准确性、精确性、来源可靠性);

② 范围(新颖性和完整性);

③ 混乱度(hassle,亦指时差、易获得性、易用性);

④ 成本(价格)。

Das Hounsell 等人报道了一个小规模的研究,目的是初步评价 ERIC 数据等对英国教育者的潜在价值。价值根据最终用户的以下方面的评估来确定:对检索出的书目引文的兴趣水平、它们的新颖性,以及通过查该库而采购的文献的相关性和价值。对价值来进行定义,并询问了用户下列问题:

① 文献的价值(高、中、临界、无);

② 一条引文后来成为用户创作的报告或出版物的文章的参考文献的可能性;

③ 该文献是否会产生用户进一步跟踪的引文。

Werner Schwuchow 调查了信息和文献工作(I&D)系统的效率,其主要目标有 3 个:

① 为计算这类系统的成本开发和测试一些标准的系统和方法;

② 建立这类系统中各种活动的成本的指标(如采集成本、书目描述成本、文本分析成本、录入、存储和检索成本);

③ 为测定这类系统的性能、效率和有用性而开发各种实用的方法。

在测试标准化成本会计的方法时,下列困难要加以考虑:

① I&D(信息与文献)系统通常是一个较大的组织的一部分,这就难以确定哪一部分成本是直接与该系统运营有关的(如管理、行政、不动产等);

② 在较小的 I&D 组织中,个人假定有若干个职能,故难以把总开销分解为单一的运营过程各部分的成本;

③ I&D 系统经常承担许多次要的职能,如研究、报告出版、培训等;

④ 许多 I&D 系统是多产品的公司,且带有与把部分的企业一般管理费用和输入成本分摊到许多不同的服务上相关联的所有问题。

I&D 服务的收益是根据它所达到特定的目标和社会目标时的贡献程度来计算的。特定目标如增加收入和收益,提高个人的能力和生产力,减少信息采集中投入的时间和金钱,通过避免重复研究而节省成本。社会目标如提高教育一般水平,改善公众的信息获取,提高 R&D 的能力。

几种单项的收益被定义为“相对容易测定”的,例如:为个人用户及其组织节省的时间和费用增加了公司的收入和收益。任何定量化社会收益的企图都是很不现实的。

该研究结论是:I&D 领域中的任何成本-收益研究都难以实现,因为要达到确定多大比例的公共资源是合适的这个目标是很难的。而且,这样一种研究应当从一种固定的公共预算(包括整个研究部分)出发,并且把它本身限制在确定如何把这一预算(最合理地)分配给每一种研发活动和系统(Schwuchow)。

W.J. Ballmol 和 J. Ordover 研究了向私人筹措资金支持图书馆订购科学期刊进行信息传递的可能性。他们没有直接涉及价值问题，而是研究期刊出版工作中小的变革的成本问题——如下列 4 种情况的边际成本：

① 把一种期刊提供给更多一个订阅一年的订户（$5～35）；

② 把一期期刊提供给更多一个的订户（$1～2）；

③ 在一种期刊中的某一期增加一页（$63～79）；

④ 提供一页给更多一个订户（$0.06～0.09）。

他们还讨论了用户的时间成本（到达某个图书馆所需的时间和精力）、流通成本（放置、物理检查、检查校对，再排架等）以及拥塞而产生的成本（一个用户影响了其他用户而损失的时间）。

J. Hawgood 和 R. Morley 采用的方法有点不同，他们企图根据图书馆服务的不同方面来推断其价值。通过分析它们的决策，采用的模型建立在为图书馆每一种服务配置的资源的基础上（如工作人员时间、图书预算、空间）。

如果每一种活动的价值是已知的，计算每种活动的最优资源配置就会比较容易。但是，Hawgood 和 Morley 不打算独立地为该模型的活动赋值，而是假定资源配置已经被图书馆工作人员所优化。然后又用这个假设来确定每一种活动的价值是什么（根据所配置的资源）。采用这种估计值，这个模型可以针对价格、技术因素或资源方面的显著变化而重新优化。

Donald W. King 等人（1982 年）采用他们自己导出的价值测度来评估 DOE 技术信息中心的几个产品和服务的价值。他们考虑能源数据库（EDB）和 RECON 检索服务对能源科学家和工程师的价值，对 DOE 投资的 5 个大型研究计划进行价值评估。根据查找者、实际读者（消费者）和投资机构的观点来评估价值。

另外，信息产品和服务的价值的概念也应用到联邦与非联邦关系的问题和信息流的限制方面。最后，一次与二次信息之间的关系也根据影响价值的因素进行了讨论。

11.5 信息产品和服务价值计量中的问题

缺乏定量方法来评估信息产品和服务的价值的主要原因之一是：价值计量问题是一种主观的或累积性的等价关系。企图要达到某种程度的客观计量所要考虑的问题有：

① 信息及其派生的产品和服务的性质；

② 信息与知识之间的一体化关系；

③ 价值的主观特征；

④ 要计量价值的观点本身的二性（模棱两可）。

收集有关信息服务的效益（收益）的有意义的数据的一个主要障碍是：在信息的价值与提供信息的信息产品或服务的价值之间，每个人都是不相同的。按梅森的观点，信息的内在价值可能是某个信息中心服务的效益（收益）的一种计量。但是，只有当该信息中心是唯一的且独特地提供信息的情况下，这种价值才是该信息服务的价值。进一步的问题则关系到信息是否可作为一种商品的观点。例如，马尔萨克（Jacob Marschak，1965 年）就评述了有关信息量与信息价值之间缺乏关联的问题。A. D. J. Flowerdew 和 C. M. E. Whitehead(1974 年)列举了信息所具有的若干种非商品性的情况：

① 当获得信息时，不能假定其全部价格就是该信息对于购买者的价值的一种计量。

② 什么是一个单位的信息，没有显而易见的计量标准。

③ 虽然信息有消费的特性，但它主要是一种投资性物品。换句话说，信息通常是因为要与其他决策或其他任务所需的信息一起使用而被获得的。所以，它变成了决策所需的资源的一部分。不过，在某些情况下，信息是因它自身的缘故(如为了休闲的目的)而被消费的。

④ 有关信息搜寻的价值的先有知识是不完全的。

⑤ 有关信息的用途(使用)的先有知识也是不完全的。

⑥ 收益和成本可能不能完全由消费者或生产者来获得或承担。

⑦ 决定是否利用某种信息服务的一个人并不必然就是受该决定影响的那个人。

所有这些困难都与信息和信息产品/服务的性质相关。因此，与这些困难紧密地联系在一起的是把信息集成到现有的知识库中去，或者是单个的，或者是累积性的。信息和知识的传播和扩散受到了价值计量方面的若干限制。Judith Larsen(1980 年)讨论了另一些形式的知识效用(利用)，并研究了如何分析知识在不同环境中的效用(利用)，她还引入了波或效用周期等概念。

除了与不同类型的效用(利用)相关联的特征描述以外，人们还研究了信息的非效用性方面的特征。有些研究表明：非效用性特征可能不同于那些传统上被人们接受的特征。通常，知识生产者和使用者都相信诸如及时性、客观性、传播方式和政治上的可行性这样一些因素在限制信息的效用方面起着主要作用。如果这些障碍可以克服的话，效用将会自动地实现。这种假设现在看来存在严重的问题(疑问)。相反，影响效用的关键因素可能是与体制和组织机制设计相关。

其他计量问题则来源于价值的主观特征和据以测定价值的观点。如上所述，用来测定信息及其派生的产品和服务的价值的一种方法是根据被研究人员所节省的时间和他所乐于支付的价钱来计量。这种方法依赖于研究人员准确评估信息对他们(有时是他们的组织)的价值的能力。Flowerdew 和 Whitehead 定义解释了有关估计信息服务对研究人员的雇主的价值的问题。首先，对研究人员和雇主的价值可能是交叉重叠的。其次的困难则需涉及研究人员对时间的价值的评估问题，特别是在替代性服务或活动可以获得的情况下。

按某一特定价格购买其一信息服务的意愿应当谨慎地来利用，因为它仅仅体现了购买者按该价格或更高的价格来获得该信息的价值，这个价格可能不能衡量对该购买者的全部效益(忽略更高次的影响或外部因素)。购买者将要支付的最大总额就是测量这种经济效益所要求的。

这些文献中多次间接提到的最后一个问题是从什么角度(视点)来测定信息价值的问题，从个人的角度，组织的角度，或从社会的更大的角度来测量。高估或低估的问题是显然的。J. Hawgood 和 R. Morley(1969 年)就企图对此作某种弥补，比如，请求用户从自己的观点和从其服务的组织的观点来进行价值判断。

总之，评估信息及相关的系统、产品和服务的价值的研究已有了明显的进展。对于资金提供者、运营者和信息用户来说，因预算的削减和经济条件的限制，信息价值评估的重要性正在变得日益明显。当有更多的研究介入到这个领域时，可以预想，信息领域的力量将会有进一步的发展（到高阶的结果以及它们的相互关联性）和应用。这些研究将会给我们提供更多的反馈，使信息系统、产品和服务的设计能最大限度地优化其中所处理的信息的价值。①

思考题

1. 简述资源经济学的研究内容和发展状况。为何要研究信息资源经济学？其主要内容和研究现状如何？

2. 简述资源配置的一般含义、目标、原则和机制。

3. 从比较的角度阐述信息资源配置的含义、目标、原则和机制。

4. 国家的信息资源配置战略包含哪些内容？请比较几个国家的信息资源配置战略。

5. 政府、企业和公益性机构三者在信息资源配置上有何异同？

6. 请阐述和比较各种用来测度信息价值的方法。

7. 请比较信息产品与服务的价值测度的两种方法。

8. 信息产品和服务的价值评估存在哪些不容易解决的问题？

① Griffiths Jose-Marie. The Value of Information and Related Systems, Products, and Service. ARIST, 1982, 269～284.

第12章 从信息管理到知识管理

第1章在讨论信息资源管理的发展阶段说过，信息资源管理的高级阶段(即第四或第五阶段)是知识管理阶段。近些年来，有关知识管理的研究和讨论在许多领域都非常热烈，各种有关的实践和探索也很多，积累了相当丰富的资料和一批有价值的成果，为今后的研究和实践奠定了较好的基础。本章主要从信息资源管理发展的角度来探讨知识管理的有效方法和原理，并与信息管理联系起来考察。

12.1 知识管理的起源与发展

关于知识管理的起源，有各种各样的说法。有的怀疑论者可能会说知识管理是某些咨询师为替代因流程再造运动的衰落导致收益下降而开发出来的新概念。也有人可能认为，知识管理只不过是原先的信息管理和数据管理方法的一种新的标签。事实上，知识管理像其他有价值的思想体系一样，既老又新，是新思想与那些尽人皆知的思想的结合。应当使从事知识管理职业的人们放心，而不是使他们气馁。尽管咨询师要寻找一种可以获利的新主题去取代某种曾经有可信之处而现在开始失效的思想，但事实是知识管理不只是咨询师的一项发明，而是基于从业者对当今社会和经济发展趋势的一种真实、直接的反应的结果。

12.1.1 知识经济与知识创新

尽管知识管理的产生有其复杂的背景，但从根本上说，知识经济的出现是知识管理产生的主要原因。在知识经济时代，知识对于现代经济和现代组织的管理带来重大影响，知识成为关键的投入要素，并在各种投入要素中占据了主导地位。作为一种战略性资源，知识的积累、传播和使用成为社会经济发展的直接力量。

信息技术和因特网的飞速发展，加快了国际知识经济与信息化的进程。1996年，经济合作与发展组织(organization for economic co-operation and development, OECD)在其题为《以知识为基础的经济》的年度报告中提出：以知识经济为基础的经济是建立在知识和信息的生产、分配和使用之上的经济。相对于其他的经济模式，知识经济进一步提高了信息资源作为生产要素的地位。同时，在知识经济时代，对利润的创造不仅依赖于生产规模和设备来实现，更有赖于不断发现客户需求以及找到相应的解决办法。创新(innovation)成为新的经济增长点，成为知识经济的灵魂。

在知识经济条件下，企业的竞争优势也不再限于成本、差异性和目标集聚3种形式，企业信息化形成的独特竞争优势——信息优势、知识优势正逐渐成为最大的竞争优势。企业最重要的竞争手段是创新。最成功的企业是那些能持续地抢在竞争对手之前抛弃自己过时产品的企业，保持领先的唯一方式只能是抢在竞争对手之前实现创新。这些以创新见长的企业被称为"智慧型企业"(knowing enterprises)。知识从20世纪90年代开始逐渐成为企业实现创新和保持竞争优势的最主要因素。

在知识经济时代，企业面临的市场环境发生了巨大的变化，呈现出以下几个新的特点：

(1) 市场竞争日趋激烈，创新速度不断加快，企业必须以更快的速度来吸收和利用知识。

(2) 企业正在以客户需求为核心重组业务，管理层次和员工数量都大大减少，因而必须用正式的知识管理体制来取代传统的非正式体制。

(3) 知识的获取和理解需要时间，而员工在这方面所能投入的时间越来越少，而环境却要求企业及其员工开展终生学习。

(4) 企业自动化水平的提高和日益严峻的竞争迫使企业雇员人数越来越少，这样就要求企业更多地使用显性知识来代替隐性知识。

(5) 在知识经济条件下，企业员工的工作内容、企业竞争基础和企业的产品与服务越来越依赖于知识，而企业进行的战略调整却常常导致其专门领域知识的丢失。

以上原因使企业更加依赖知识资源的管理与应用，更需借助对知识的管理以在知识经济环境中获取竞争优势。

12.1.2 知识管理的产生

知识管理(knowledge management，KM)起源于20世纪80年代，它的产生是多种因素共同作用的结果。知识经济为知识管理提供了需求和市场，企业管理和信息管理为知识管理提供了理论与方法基础，这三者共同促进了知识管理的产生和发展。

知识管理使人类的信息管理活动发展到一个新的阶段。知识管理的理念与实践活动源于20世纪80年代。1980年，DEC率先采用知识系统支持工程和销售。作为一个概念，知识管理出现于1986年。当时，联合国国际劳工大会上首次提出知识管理的概念。1989年，为了给知识的管理工作提供相应的技术基础，美国一家企业联合会实行了一项管理知识资产的实验项目，与知识管理相关的文章开始在一些著名的学术刊物，如《斯隆管理评论》(Sloan Management Review)、《组织科学》(Organizational Science)上出现，同时关于组织学习和知识管理的第一批著作相继问世。

从1990年开始，一些管理企业开始在其内部推行知识管理，美国、欧洲和日本的一些著名企业开始在特定业务领域实施知识管理项目；1991年，《财富》发表了有关知识管理文章《脑力》，明确了知识管理与企业获取利润的关系；1994年，成立于1989年的欧洲国际知识管理网络(The International Knowledge Management Network)开始在Web上建立主页，不久美国的知识管理论坛和其他一些相关组织与出版物也纷纷加盟该网络。借助因特网，知识管理得以迅速推广和普及。各大企业意识到管理和利用知识资源对增强企业竞争优势的重要性，纷纷开始实施知识管理项目。

1995年，美国质量与生产力中心和安达信的知识管理会议吸引了500位企业总管，并主持11家企业的知识管理基准调查。同年，由Ikujiro Nonaka和Hirotaka Takeuchi著的《知识创造型企业：日本企业如何建立创新动力机制》(The Knowledge-creating Company: How Japanese Companies Create the Dynamics of Innovation)一书出版，该书的出版被认为是知识管理学科正式形成的标志。

随着知识管理理论的成熟和方法体系的日益完备，产业界开始将其视为对业已失败的全面质量管理(total quality management，TQM)和业务流程重组(business process reengineering，BPR)活动的一个补救措施。据毕马威(KPMG)调查显示，在欧美，1998年有43%的企业有知识管理的措施，而到2000年，只有15%的企业没有知识管理的措施或没有听说过知识管理。许多著名的大学、IT企业、咨询企业以及一些重要的国际性组织都分别推出知识管理课程、方案或报告，企业或政府部门也靠实施知识管理取得了非常好的效果。

12.1.3 有关知识管理的几个基本概念

1. 数据、信息和知识

(1) 数据。数据(data)是按照一定规则排列组合起来的符号串。数据有不同的表现形式：数字、文字或其他符号。数据一般来自人们的观测、测量、调查或计算活动。最简单的数据类型是计算机中处理的二进制数据(01010001)。对于某个人来说，这些符号本身不一定具有意义，也可能用来表示事物的某种属性的值。数据的加工、存储和处理使数据产生价值或增值。数据管理的关键在于建立相应的标准和质量控制机制，以保证数据的可信度和利用的便利性。

(2) 信息。信息(information)是现代社会中为人们所广泛使用的一个概念。信息无时不在，无处不在。虽然信息至今尚无一个普遍接受的定义，不过，我国信息科学界有关专家认为，信息是事物的存在方式和运动状态的表现形式，是数据所荷载的内容。德鲁克说："信息是有目的性和关联性的数据。"人们通常把它理解为经过评价的、有价值或有用的数据。①

从信息发生和人们使用信息的本质上说，当事物相互作用、相互联系时，就能产生信息。事物之间的联系是普遍的。宇宙中的一切事物都处在相互联系和相互作用中，物质运动和能量转换是事物之间作用和联系的最基本形式，但事物之间的作用和联系决不仅仅是简单的物质和能量运动所能完全解释的；同时，事物之间的相互作用的结果，往往并非直接取决于物质和能量的之间量的交换和积累，而也同时借助事物之间的某些媒介之间的信息运动和信息内容。所以，信息成为与物质、能量同等重要的现实世界的属性。可以认为，信息是事物之间相互联系，相互作用的状态描述。

信息与数据具有密切的联系。信息是数据所反映的内容，数据是信息的外在形式。信息只能以数据作为载体并以数据的形式进行传递。由于数据的表现形式的多样性，所以对于同一信息，可以采用多种表现形式。在不是特别必要的情况下，也可以不对信息和数据这两个术语进行区别。

(3) 知识。知识(knowledge)是信息接收者通过对信息的提炼和推理而获得的正确结论。从广义的角度讲，知识是人类社会经验的总结，是人的主观世界对客观世界的概括和如实反映，是人类通过信息对自然界、人类社会及思维方式与运动规律的认识与掌握，是人的大脑通过思维重新组合的、系统化的信息集合。

---

① 彼得·F·德鲁克等. 知识管理. 北京：中国人民大学出版社，1999，5.

此外，还有很多学者对知识的含义做了更深层的分析。如车驰曼(Churchman)认为，知识只存在于其使用者身上，即知识与个人密不可分。“知识”不再是一个简单的、各种元素的无序集合，而是被纳入了一个动态的、与人或组织相交互的系统。即只有在“使用”过程中，知识才体现出其价值，才成为有实践意义的、真正的知识。

知识与数据和信息有明显的区别，但也有紧密的联系，这种联系可以从知识传递过程中体现出来。可以认为，知识的传递遵循如下模式：

传输者的知识→数据→信息→接受者的知识

即要进行知识的传递，传输方必须先将头脑中的知识转化为数据，即按一定规则排列的物理符号，再通过传输通道将数据运送至接收方。接收方如果知道数据排列的规则和数据的背景知识，就能接收到相关的信息。然而，接收方最终能否领会传输方希望传递的知识，还在于接收方对信息的提炼与推理。只有当信息被接收方接收到并能够从中提取关于事物的正确理解和对现实世界的合理解释时，信息才能转化为知识。当一群人能够从某一信息中提取相同的正确结论时，信息便可以转化为社会或团体知识，即真理，如图12-1所示。

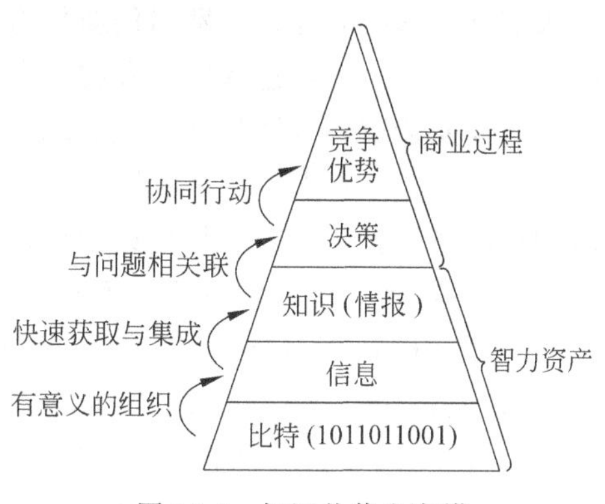

图12-1 知识价值金字塔

2. 知识管理概念的界定

目前，对知识管理还没有一个被广泛接受的定义，下边列举几种有代表性的观点：

(1) Software Magazine上刊载的一篇文章中将知识管理定义为：对数据间关系的理解，为管理数据所制订的明确规则以及对数据的准确性和整合性的保证。

(2) 卡尔·弗拉保罗认为：“知识管理就是运用集体的智慧提高应变和创新能力”，是为企业实现显性知识和隐性知识共享提供的新途径。

(3) 工业咨询专家斯威比(Karl Erik Sveiby)认为知识管理是“利用组织的无形资产创造价值的艺术”。

(4) 英国爱丁堡大学人工智能研究所的Ann Macintosh认为，在知识经济时代，企业要取得成功，必须弄清楚两个问题：企业的知识资产是什么，如何管理并充分利用这些知识资产以获取最大限度的回报。所以知识管理是一项识别、分析可能的和必需的知识，并制定相应的计划，采取相应的行动来开发知识资产以实现企业目标的活动。企业知识资产是指企业拥有或应该拥有的能使其业务活动产生效益的有关市场、产品、技术和组织的知识。

(5) 韩国的Malhotra博士解释知识管理为“知识是满足企业在持续变化的竞争环境中寻求生存和发展的关键问题。本质上看，它包含了利用IT技术进行数据和信息处理，从而增强企业和人的创造和创新能力。”这是一个从信息技术和企业行为的战略角度出发的定义。

(6) 美国的维娜·艾利(Verna Allee)对知识管理的定义是“帮助人们对拥有的知识进

行反思，帮助发展支持人们进行知识交流的技术和企业内部结构，并帮助人们获得知识来源，促进他们之间进行知识的交流”。

(7) 经济学博士 Yogesh Mathotra 认为，“知识管理是在日益加剧的不连续的环境变化情况下服务于组织适应、生存和能力等关键问题的活动。其实质在于信息技术处理数据与信息的能力以及人们创造和创新的能力有机结合的组织过程”。

(8) Lotus Notes 公司认为知识管理是当企业面对非连续性变化日益突出的环境时，针对其生存和发展能力等重要方面所采取的一种应对措施，它贯穿于组织的发展进程之中，旨在寻求信息处理能力与人的发明创新能力的有机结合。知识管理是对一个企业集体的知识与技能的捕获——不论这些知识和技能存在数据库中、纸上还是在人们的脑海中，然后将这些知识与技能传递到能够帮助企业实现最大产出的任何地方的过程。

(9) Daniel. E. O'Leary 认为知识管理是“对知识进行正式的管理，以便于知识的产生、获取和重新使用。知识管理是将组织可得到的各种来源的信息转换为知识，并将知识和人联系起来的过程”。这种解释着重阐明了信息、知识和人在知识管理过程中的不同角色。

(10) Ovum 认为，知识管理不是一个技术概念，它是从一个拓广的视角，即考察一个组织如何“知道它知道什么”来切入的，即考察组织中的知识是如何共享、如何分布、如何创造出来的，而这些又是如何与组织的目标相联系的。另一方面，Ovum 也指出，知识管理强调了人的因素，但这并不意味着技术因素就可以被忽视，反之，技术提供了一种新的条件，可以用来评价与开发组织所需要的信息系统。Ovum 给出的定义为：知识管理是“开发与利用组织的有形与无形的知识资源的任务。它覆盖组织的与技术的方面”。

(11) 知识管理是一种利用组织的智力资源使其能完成任务和达到目标的管理实践。其目的是建立、维护和支撑一种组织环境，在其中，员工能达到最高的生产率，使组织的任务顺利地实现。①

从以上各种对知识管理概念的描述可以看出，给知识管理下一个大家广泛认同的定义较为困难，这也说明知识管理理论和实践的广泛性和多样性。目前，国内学术界普遍认为，知识管理是把存在于企业中的人力资源的不同方面和信息技术、市场分析乃至企业的经营战略等因素协调起来，使其共同为企业的发展服务。知识管理的出发点是将知识视为企业最重要的战略资源，把最大限度地掌握和利用知识作为提高企业竞争力的关键。

知识管理就是把公司内部和外部的各种知识资源作为资产来管理，使之成为公司全体成员可共同分享的知识和智慧，以提高公司的应变能力和创新能力，把集体智慧共享和创新视为赢得竞争优势的支柱。从企业经营的角度出发，可以给出如下的定义：知识管理是指通过对企业知识资源的开发和有效利用以提高企业创新能力从而提高企业创造价值的能力的管理活动。

知识管理并不是一门技术，而是各种可行的解决方案的一种综合，即综合运用战略、组织、流程、技术、文化等多种手段和管理工具。Gartner Group 为知识管理做了明确的定义：知识管理为一种通过合作及集成的方法来创造(create)、采集(capture)、组织 (organize)、获

---

① Clair G St. Knowledge Management, Encyclopedia of Library and Information Science, New York: Marcel Dekker, 2003, Vol. 2, 1486.

取(access)、利用(use)企业的信息资产,这些资产包括数据库、文档,但最重要的是内隐的专门工艺及个别职工的经验。

12.1.4 知识管理与信息管理的关系

在知识管理出现之前,企业中的知识经验的总结,专门领域知识的整理、记录工作一直由信息管理活动来承担。

1. 信息管理的研究对象和内容

"信息管理"一词产生于 20 世纪 70 年代,一般认为,它包括以下 8 个方面的内容:

(1) 信息的采集、揭示、组织和控制。信息的采集、揭示、组织和控制是信息管理工作的重要内容。对所采集的信息进行全面加工,将其有序化,以便从信息特征和内涵出发揭示其内容,从而进行有效的组织和控制,作为信息检索和开展各种信息服务的基础。

(2) 信息资源的配置与管理。信息资源的配置与管理是信息管理的宏观方面,它涉及社会的各个方面,有效地开展这一工作是开展高效化信息服务的前提。

(3) 信息传递与交流。信息传递与交流工作的基本内容包括信息传递与社会秩序的建立与维持,信息交流工作的开展,以及社会各有关部门信息传递与交流关系的确立等。

(4) 信息研究、咨询与决策支持。信息研究、咨询与决策支持工作包括决策管理信息识别、组织、分析、整理和加工,以便在充分利用现有信息的基础上,通过有针对性的研究,得出未知的结论,待确认其可靠性后应用于实践。

(5) 信息技术管理。信息技术管理包括对信息处理技术、通信技术、控制技术的管理等方面。信息技术管理的主要内容包括计算机、通信和其他信息设施及产品的研制技术以及信息传递中的技术的管理、信息加工中的技术管理、信息服务技术管理和信息系统管理。信息系统管理包括对信息工作人员、技术、设施、信息及其载体、用户以及系统环境等的管理以及系统组织和运行的管理和体制。详见第 9 章。

(6) 信息服务与用户管理。信息用户是信息服务的对象,任何信息工作都是以满足一定范围内的用户信息需求为目的。所以信息服务与用户管理在信息管理中是关键性的基本工作,可以看成信息管理的中心。

(7) 信息经济管理。在现代社会发展中,信息产业日趋发达,社会经济结构发生了重大变化,以信息经济为目标的信息社会出现。信息经济管理的内容、模式及方法也突破信息经济本身,从社会经济整体出发管理信息经济。

(8) 信息政策和法律。这方面内容见第 3 章。

此外,信息管理还包括与信息活动有关的其他管理活动,如各种中介服务、公关活动等方面的信息管理。同时,信息管理还涉及社会的各个方面,其基本业务有数据处理、文字处理、电信处理、日常文书工作和记录文件管理等。

信息管理将信息视为企业的一种资源,认为它与人力资源、资金、技术等同等重要,需要运用现代管理理论、方法和技术对其进行组织、规划、协调和控制。信息管理针对企业需求,收集、加工、整理和存储相关的信息,从而支持企业的流程与业务,增强企业的效率与竞争力。

2. 信息管理的层次

从信息处理层次上看，信息管理涉及的内容可分为4个层次：

(1) 通信层。这是信息管理的最底层，由通信网络组成，用来支持信息的传输。

(2) 计算机系统层。位于通信层之上，由计算机硬件和系统软件组成，与通信层一起为信息管理提供硬件和软件支持。是数据、信息处理的关键设备。

(3) 数据组织层。第三层是信息库、数据库系统层，是信息管理系统的关键层，与计算机系统层一起组成信息管理系统的高性能信息、数据服务器。为信息转化、知识应用提供支持。

(4) 逻辑处理层。第四层是逻辑处理层，负责完成信息的收集、整理、分析、组织、存储、检索、传递和服务等业务。这些业务可以基于数据组织层来开展，也可以是为数据组织层而做的。

3. 信息管理的缺陷与不足

信息管理对增强企业的竞争力发挥了巨大的作用。但随着社会和技术的进步，社会经济形态也由工业经济向信息经济、知识经济过渡，人类对信息处理的需求进一步提高，信息管理固有的缺陷也开始暴露出来，这些缺陷有以下几个方面：

(1) 管理对象局限于显性知识。尽管信息管理认为信息应包括记录型、实物型、智力型和零次信息等类型，但在实际操作中，信息管理只是将记录型信息资源纳入其管理范畴，即将显性知识的表现形式纳入其管理范畴。信息管理未能充分意识到隐性知识的存在，从而限制了管理范围，并限制了信息管理效能的发挥。

(2) 忽略了信息利用或使用的过程(即学习与创新)。在信息处理中，信息管理仅关注人类智力活动的记录形式，而对活动过程本身，即学习与创新却视而不见，致使它无法将学习与创新管理纳入其视野，也就无法从更高的角度进行全方位的信息管理，从而大大限制了它在企业内部地位的提高。

(3) 关注信息提供而对需求产生的原因重视不足。信息管理关注将信息提供给用户，而对用户获取信息的根本原因重视不够，即针对具体问题寻找更佳决策或更有效方法重视不够，从而使它无法将信息和知识区别开来，而这些知识是能导致用户更有效行为的信息，其结果是信息管理工作长期徘徊不前。

(4) 未能真正把信息作为一种资产化的资源来管理。信息管理关注的是在适当的时间、以适当的方式、向适当的用户提供适当的信息。在这里，信息管理往往不能以资产管理的目光来看待信息资源，也未能对企业的知识资产进行切实的资本化运作，从而限制了其对企业资本增值的作用，也大大影响了企业对其作用的评价。基于对信息管理缺陷的认识和体验，为解决存在的问题，人们开始寻找一种更为有效的管理理论与方法，知识管理便应运而生了。

解决信息管理存在的缺陷是知识管理产生的原因之一。知识管理克服了信息管理中存在的一些问题，增强了企业的效率与竞争力，提供了企业信息管理的新方法。这种方法也同样适用于其他组织机构类型。但是，知识管理并不是对信息管理的根本抛弃，而是信息管理的发展和升华。相对于信息管理而言，知识管理主要致力于将企业的知识资源转化为更大的生产力、竞争力和新价值，致力于教导全企业成员如何最有效地创造和利用知识。同时，作为知识管理的基础，信息管理的理论、方式和技术有了更深入的研究内容和更广泛应用前景。

4. 信息管理与知识管理的区别和联系

二者虽然都是现代信息技术发展的产物，但知识管理是现代管理发展的新阶段，是对信息管理的发展。信息管理将重点放在技术与信息开发上，重视显性知识而忽视隐性知识，重视生产成果而忽视创造过程，重视物理的、线性的因素而忽视偶然的、非线性的因素。知识管理克服了信息管理的缺点，将管理的重点放在创新和集体的学习能力、创造能力上。

从管理内容上讲，知识管理包括结构化数据管理和非结构化数据管理。结构化数据是指已经含义明确、高度组织化且易于存取的事实型信息。结构化数据以数据库、数据文档、数据仓库或交易系统的报告形式存在。非结构化数据是指无形的、未经形式化的、较难组织、不系统的信息，它存在于各种信息系统以及人脑之中。存在形式有个人电子邮件、个人文档、公文、网页、论坛，以及人脑中的实践经验、思想和思维方法。

信息管理的主要任务是解决结构化数据的管理和有效地利用问题。而知识管理的重点是将管理与其他方法结合，管理人力资本和非结构化数据。在多数组织中，结构化数据目前仅占其数据、信息和知识资源的10%，企业中90%的数据为非结构化数据。因此，如何管理好非结构化数据信息就成为知识管理的重点。

成功的知识管理是一种将存储于一个单位内部信息系统的结构化信息，以及这个单位内部有用的经验或见解等非结构化信息结合于一体，并进行集成管理的综合性方法。信息管理为知识管理提供了坚实的基础，其中信息共享是其关键因素之一。所以，如果一个组织不能进行有效的信息管理，就不可能成功地进行知识管理。

目前，企业管理信息系统发展的3个趋势是：从信息管理到知识管理，从信息资源开发到知识资源开发，由客户机/服务器结构到网际网结构。知识管理是信息管理的延伸和发展，信息管理是将各类信息以一定的方式汇总、组织起来，方便人们利用计算机来查询和检索。然而，如何利用数据信息取得知识、再利用知识获得利润或效益，成为人们遇到的一个新课题。知识来自信息，它通过对信息的提取、识别、分析和归纳转换而来的，故信息管理是知识管理的基础，而知识管理是信息管理的延伸和发展。知识管理通过一组问答序列，即解决方案的集合寻找和识别与问题有关的关键性信息，并将这些信息进行提取，形成对某一问题的专门知识，作为决策的依据。

5. 知识管理的内容

知识管理的主要内容一般可以归纳总结为以下10个方面。

- 对知识和最佳经营经验的共享；
- 对加强共享责任的宣传；
- 积累和利用过去的经验；
- 将知识融入产品、服务和生产过程；

- 把知识作为产品来进行生产；
- 驱动以创新为目的的知识生产；
- 建立专家网络；
- 建立和挖掘客户的知识库；
- 理解和计量知识的价值；
- 利用与保护知识资产。

6. 知识管理研究的学派

对知识管理可从不同的角度进行研究并实施知识管理活动。本书将目前的知识管理研究简单归纳为6个学派，它们是资源管理学派、技术学派、行为学派、创新学派、资产管理学派和综合学派。

(1) 资源管理学派。资源管理学派认为知识管理等于知识资源的管理。该学派的研究深受图书馆学、情报学理论和实践的影响，其研究者往往来自这些研究领域，他们借鉴信息资源管理的范畴和理论方法，将影响企业生存与发展能力的知识以及相关因素均纳入知识管理的范围，其中知识工作者占有突出的地位，要求采用全方位的、战略层次的管理手段进行知识管理，这种思路比较符合知识管理的本质，符合人类信息管理活动的总体特征。

(2) 技术学派。技术学派认为，“知识管理就是利用技术手段实现对信息更深层次的管理”。该学派的研究侧重采用技术手段来支持或完成知识管理活动。知识管理的实施通过信息管理系统的开发、知识管理系统的建设、人工智能技术的应用、工作流重组和群件系统的设计、构建等得以实现。在这里，知识被当作计算机系统接收、存储、加工、输出的对象，这些对象在信息系统中被标识和处理。技术学派与资源管理学派有着紧密的联系，其对信息和知识对象加工处理的一部分理论方法来源于资源管理学派。

(3) 行为学派。行为学派认为，“知识管理是对人的管理”。该学派的主要研究活动是对人类个体的技能或行为的评估、改变或是改进。该学派认为，知识管理可体现为一个行为过程。它是一个对不断改变着的技能等的一系列复杂的、动态的安排。该学派的研究手段要么采用心理学的方法，对个体的学习能力和管理问题进行研究；要么采用社会学或组织行为理论，在组织的水平上开展研究。该学派认为知识管理是组织行为学、组织理论与信息管理相结合的产物。

(4) 创新学派。创新学派认为知识管理等于学习和创新管理。他们认为知识创新是知识管理的核心问题，因而直接将知识管理与知识的获取(学习)及新知识的产生(创新)联系起来，试图探求知识与学习、创新之间的互动规律，使知识直接服务于组织的学习和创新这一目标。这是知识经济条件下创新理论的进一步深入，是对传统的技术创新理论的突破和发展，但创新学派的研究未能包括知识管理的全部内容。

(5) 资产管理学派。资产管理学派认为知识管理等于知识资产的管理。该领域的研究者和专家们一般都拥有财务管理和资本运营方面的教育背景和经验。他们期望通过将知识作为一种资产进行管理，改革资产负债表的结构，并进而将知识资产纳入公司财务评价的范畴。

(6) 综合学派。综合学派认为，“知识管理不但要对信息和人进行管理，还要将信息和人连接起来进行管理;知识管理要将信息处理能力和人的创新能力相互结合,增强组织对环境的适应能力"。组成该学派的专家既对信息技术有很好的理解和把握,又有着丰富的经济学和管理学知识。该学派推动其他学派互相交流、互相学习,从而融合为自己所属的综合学派。由于综合学派能用系统全面的观点实施知识管理,所以能很快被企业界接受。

12.2 知识管理的理论

12.2.1 知识的分类

对知识的特性可以从不同的角度进行分析,知识的分类也有不同的类型。目前,经合组织(OECD)对知识的分类在多种分类体系中最具权威性。此外,在知识管理应用中,还有其他一些知识分类方法。

1. 经济合作组织对知识的分类

根据经济合作组织《以知识为基础的经济》(Knowledge-based Economy)一书的划分,可以将"知识"归纳为4种类型,即事实性知识(know what)、原理性知识(know why)、技能性知识(know how)和人力资源知识(know who)。

(1) 事实性知识——需不断整理的知识。事实性知识是指企业现有的知识,它是从知识管理的角度探究"企业知道什么?"的问题。在企业管理中,过去的经验、教训和信息可用于今后的工作中。事实性知识涵盖了详细具体的工作任务,也包括范围更大的活动领域,如采购、建立新的业务和改变管理规程等。企业面临的问题是,由于人员的流动,一些掌握有关知识的人员或已离开企业,或是转到了一个全新的领域,而企业却常常忽视总结他们的知识,结果企业重蹈过去失败业务活动的覆辙。为了避免这种情况,企业需要培养一种学习文化,在这种文化中,个人和群体都知道失误的价值,知道疏于知识管理造成的共同错误应当避免。

(2) 原理性知识——需充分共享的知识。原理性知识是对有关企业行为等进行解释的知识,它是从知识管理的角度探究"企业为什么要这么做?"的问题。在企业中,原理性知识有时和企业战略有关。企业的高级主管通常假定所有职员都知道什么是企业的商业目标和为什么设定这些目标。事实上,企业战略目标的要旨常常在阐释中遗失,不为第一线的员工所理解。把战略集成到企业中有许多途径,从战略研讨会到改进任务的透明度,这些思想都能使经理和职员看到他们对企业战略所做的贡献。原理性知识应在企业内部充分共享。

(3) 技能性知识——需有效集中的知识。技能性知识是对企业的具体过程进行指导的知识,它是从知识管理的角度探究"企业应怎样做?"的问题。技能性知识针对的是企业面临的具体问题,它往往是企业花费了大量的时间研究所得到的知识。这类知识通常编制在一个目录中,为企业的工作服务。技能性知识往往来源于企业业务活动的基层,并分散于不同的部门和人员中。因此,技能性知识应在企业中进行有效的集中管理。

(4) 人力资源知识——需深入挖掘的知识。人力资源知识是关于知识源的知识,是通过对人的管理完成对知识的管理。因此,它是从知识管理的角度探究"谁知道或掌握着知识?”的问题。在这里,知识管理与人力资源管理相结合,从而上升到一个新的高度。

企业工作既是工作任务的汇集过程,也是知识和经验的汇集过程,这种知识和经验铸就了工作角色。每个企业都有掌握整个领域,或专门问题的知识人才。有时知识是相对公开的,更多的时候体现了实际构成个人角色的那部分所持有的隐藏信息。知识甚至可以是那些基于另一个组织中的先前角色所学到的东西,例如,先前对供应商评估系统的个人知识,能用于现在的工作角色中。“谁知道知识?”的问题也涉及一群人——团队或知识群体。从一个群体中获取知识更加复杂,因为这种分散在个体的知识或许是一个分布的网络,或许在过去的某个时刻这一知识网络已不复存在,甚或一开始人们并不知道它是一个知识网络。

此外,在知识管理活动中,为了便于知识管理的实施,人们也常将知识分为显性知识和隐性知识,或分为专门知识和一般知识。

2. 显性知识和隐性知识

一般来说,知识总是属于某个个体的,这一点决定了知识的隐含性。科学哲学家迈克尔·波拉尼(Michael Polanyi)在《个人知识》一书中提出了有关知识的理论。他认为,“人们知道的比他们所能讲出来的要多得多”,并由此将知识划分为显性知识和隐性知识两种基本类型,同时揭示了隐性知识在知识创新过程中的重要性。

显性知识(explicit knowledge)是指能用语言、文字、数字、图表等方式清楚地表述出来,学习者和接收者也能够通过这种表述获得的知识,如公式、原理、计算机程序、设计规范、操作规程等。这种知识具有“外显”的特征,因此被称为是显性知识。典型的显性知识主要是指以专利、科学发明和特殊技术等形式存在的知识。它们存在于书本、计算机数据库等之中。从知识传递的角度来看,显性知识由于具有易于表达、可编码的特征,因此可以方便地通过文件、形象或其他交流过程传递和共享。

隐性知识(tacit knowledge)是指很难被清楚地表述出来,即使表述也很难被学习或接受的知识。这种知识具有“内隐”的特性,所以被称为隐性知识。隐性知识具有高度个性化和难以沟通的特征,它的获得只能依赖于亲身的体验、直觉和洞察力来完成。

在 OECD 对知识的分类中,know what 和 know why 属于显性知识,而 know how 和 know who 属于隐性知识,其特点是不易被认识到,不易衡量其价值,不易被其他人所理解和掌握。

显性知识和隐性知识的划分突破了过去人们对知识的认识,将未经系统化处理的经验类知识给予了承认。隐性知识虽然比显性知识难发觉,却是社会财富的最主要源泉。知识管理中的一个重要观点,就是隐性知识比显性更完善、更能创造价值,隐性知识的挖掘和利用能力,将成为个人和组织成功的关键。

3. 专门知识和一般知识

知识本身的集合能力,在一般知识之外,还可划分出专门知识(specific knowledge)。在知识的传递过程中,涉及传递和接受两个部分。而知识的可接受程度则取决于知识传递中不同知识因素之间的可重叠性。如果知识是用共同语言表达的,则该种知识的可接受程度及集合程度就会提高,反之,则会下降。组织中的知识划分为一般知识和专门知识。

长期以来，人们认为科学知识（scientific knowledge）是人类知识的全部。事实上，科学知识只是其中的一部分。在科学知识之外，还有关于一定时间和空间下的知识（the knowledge of the particular circumstances of time and place）。在这些特殊知识中，每一个实践中的个体比其他个体都更有优势，更了解这些知识。

目前，专门知识已受到越来越多的重视。企业在实践中形成的特殊知识是企业的重要财富，这些特殊知识会影响企业的战略决策及可能采取的行为方式。而处于企业外部的人很难理解企业为什么会采取如此经营战略以及下一步将会采取何种战略，即便有企业模仿了这些做法，也很难达到预期的效果。

4. 其他分类方法

从管理的最终目的发展，以知识的可应用范围和可传递性为标准，还可以将企业知识划分为 4 个类型：快速存取型知识（quick knowledge）、宽泛型知识（broad-based knowledge）、个性化知识（one-off-knowledge）和复杂知识（complex knowledge），如图 12-2 所示。

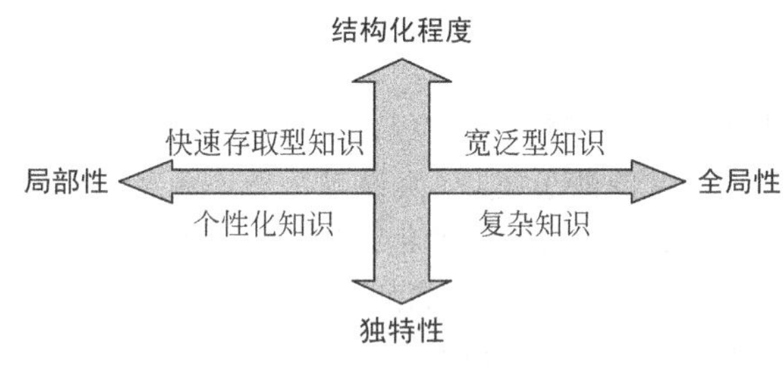

图 12-2　一种知识分类

快速存取型知识是指那些容易传递但却无法广泛应用的知识。这类知识最好存放在一个便于存取的地方，比如数据库，以便在需要的时候加以利用。不应主动将这类知识传递给所有员工，只有在需要的情况下才可以访问这些知识。宽泛型知识是指那些易于传递，又可以广泛应用的知识，对这类知识应进行包装并在企业中主动传播。复杂知识是可以广泛应用但却不易传递的知识，企业中大部分员工都需要这类知识。个性化知识是既不易传递又不可能广泛应用的一类知识，对这类知识进行正规知识管理意义不大，因此，企业可以从鼓励员工之间进行非正式的交流以从这类知识中获益。

对于一个企业来说，它拥有的知识又可以罗列如下。

① 业务知识：有关企业各种业务的知识，广泛分布于整个企业。

② 员工知识：员工个人技能、知识潜力、工作经验、工作记录。

③ 流程知识：存在于企业业务流程之中，特别是关键环节的专家知识。

④ 组织记忆：记录现有经验以备将来之用，包括案例与历史档案。

⑤ 客户知识：通过客户关系管理、商务智能（BI）和数据挖掘获得的深层次知识。

⑥ 产品和服务知识：产品中要有知识含量，围绕产品提供知识密集服务。

⑦ 关系知识：与供应商、客户以及雇员之间建立的关系网络等。

⑧ 无形资产：专利、商标、know-how、商誉等。

⑨ 外部情报：从 Internet 等外部渠道收集来的知识。

12.2.2 知识螺旋

知识管理理论认为，隐性知识和显性知识不是固定不变的，它们之间可以相互转化。组织中的知识传播和创新有赖于隐性知识与显性知识的不断积累和转化。野中郁次郎和 Tadeuchi 将组织中的知识创造与传播过程划分为 4 个阶段：它们是社会化（socialization）、外化（externalization）、整合（combination）和内化（internalization）。

1. 社会化

社会化是从隐性知识到隐性知识的过程。社会化阶段实际上是不同个体之间传递和共享隐性知识的过程，是创造出来的隐性知识的共享，也是个体之间经验的共享。在这个过程中隐性知识通过观察、模仿和亲身实践等形式得以传递。传统师徒之间的传帮带，师傅的技巧是通过师傅的演示，徒弟的观察、模仿和练习而传递的，获得较为复杂的技巧则需要手把手的传承与切磋。由于新知识往往起源于个人，因此社会化是知识创造和传播的起点。

2. 外化

外化是从隐性知识到显性知识的转换过程，是对隐性知识的清楚表述，并将其转化成别人容易理解的形式。这个过程借助于类推、假设等手段。由于显性知识可以利用通信、网络、出版物等进行传播，因此将隐性知识显性化是促进隐性知识大量传播的关键性步骤。

在外化阶段，各种散乱的思想通过成员间的自由对话与沟通，以及头脑风暴法和演讲会最终得到表达。虽然该阶段的表达可能是不完全、不精确的，甚至是前后矛盾的，但在外化的过程中，隐性知识开始明晰，明确的概念逐步形成。

隐喻（metaphor）是外化阶段一种重要的工具。隐喻是介于经验、直觉、感悟等隐性知识和概念、图表、模型等显性知识之间的中间形式。一旦隐性知识以隐喻的方式表达，即开始显性化，虽然知识隐喻保留了隐性知识的痕迹，但却向清楚地表达知识跨出了第一步。隐喻的价值在于它提供了一种沟通机制。除隐喻外，类推法也能在外化过程中发挥作用。

3. 整合

整合是从显性知识到显性知识的过程。整合将零散、杂乱的显性知识进一步系统化和复杂化。在企业的知识组织过程中，一项重要的工作是将个人的、部门的显性知识整合为组织的显性知识，即分布于不同个体、不同部门的显性知识通过企业内的组织知识网络发生交换与整合，最终构成企业的知识体系。这样，个人的知识转化为组织知识，即知识的所有权发生了变化。因此为了有效地整合知识，应制定相应的激励制度，鼓励个人将显性知识融合到组织之中去，对个人的所有权给予充分的尊重和承认。企业信息管理系统和知识管理系统中，系统支持人员，如系统管理员、分析员扮演着专职知识整合的角色。

4. 内化

内化是从显性知识到隐性知识的过程。内化意味着经过社会化、外化、整合而成的显性知识，即组织知识又转化为组织中其他成员的经验与心得等隐性知识，即被组织中的成员所真正理解、掌握。经过整合的过程,新知识得以在组织范围内传播,组织中的成员在接收到这些知识后,将其用到工作中去,并创造出新的隐性知识。团队工作(team working)、干中学(learning by doing)和工作中培训(on-the-job training)等都是实现知识内化的有效方法。

社会化→外化→整合→内化→社会化→……,组织中的隐性知识与显性知识的互动构成了知识活动的阶段。其中,知识主体的范围沿着个体→小组→组织→组织间的线路不断扩大,知识的转化、传递和创造呈现出一个动态、递进的过程。这个过程被野中郁次郎称做知识螺旋。这种螺旋式运动的过程也就是新知识不断生成的过程,也可以说是知识创新的过程。

12.2.3 知识的使用

1. 隐性知识的转化

在企业内部,围绕着组织的目标与动机,企业所需的知识,个人的隐性知识经过组织成员间的对话、沟通与分享,经过知识的传递与整合,以及外化与编码,最终转化为显性知识。显性知识往往以产品设计书、计算机程序、蓝图、工艺文件、说明书等方式存在。显性知识是企业潜在的竞争优势,如何将这种潜在优势转化为现实优势是关键所在。因此,对显性知识的充分利用是组织知识创造活动的归宿与目的。根据组织显性知识的不同性质和不同作用,可以采用不同的方式来加以利用。

2. 利用产品/服务过程实现显性知识

新的产品和服务是组织显性知识最主要的价值实现途径。围绕市场需要,将"想象"最终转化成产品设计和工艺文件,转化成技术专利,转化成样品,并最终通过规模生产将产品推向市场,实现了组织知识创造活动的市场价值,赢得利润。尽可能多地去实现组织知识上的投资回报,是知识企业组织中进行知识活动的基本原则。

3. 使用绩效支持系统固化显性知识

有时,组织的显性知识的获得并不直接用于新产品的开发与生产,而是通过内部化为员工的技能与经验,保证企业有良好的市场信誉与经营业绩。如一些企业使用的绩效支持系统(performance support systems),通过将有工作经验和专业技能的熟练员工的隐性知识系统化、编码化来帮助新员工掌握操作技巧。这种绩效支持系统由集成软件、专家系统和培训课程软件组成,通过用户图形界面为培训者提供将知识和任务结合起来的机会,来提高员工素质,保证产品和服务的质量。

12.2.4 知识管理的目标和原则

作为一种管理思想和方法,知识管理用来指导企业的信息处理和知识生产及应用过程。知识管理的目标是能够快速而方便地访问到所需要的信息和知识,使最恰当的知识在最恰当的时间传递给最合适的人。

1. 知识管理的目标

(1) 提高企业的反应能力。在知识经济条件下，为了把突发事件对自身的影响减小到最低程度，更迅速地解决客户提出的问题，帮助客户作出最好的决断，要求企业能对市场的变化作出快速的反应，具有较强的应变能力，以减少企业的风险。

(2) 提高企业创新能力。知识经济的生命力和灵魂在于创新。为此，必须经常鼓励和培育新思想、新主张，最大限度地把企业员工聚集到通力合作的活动中来，把创新能力的培养和增强作为知识管理的一个关键目标。

(3) 提高企业员工技能。一个企业要保持竞争力，就必须提高现有员工和新雇佣员工的技能素质和知识水平。为此要通过在职学习、联机培训、远程教育和企业知识网络等方式学习新知识。一个企业如果全力支持和促进这种提高员工技能素质的学习并使之制度化，就是成功的知识管理。

(4) 提高企业效率。知识管理的另一个重要目标是通过努力获取和共享最好的经验及可重复使用的知识，缩短作业时间，并最大限度地减少重复劳动。效率取决于对个人和群体创造的知识进行收集、综合并再利用的程度。知识管理必须向个人提供借以发现、挖掘和优化已创造的共同知识的工具，并把它们应用于新流程，解决新问题。

总之，知识管理的目标是提高员工的工作质量、效率和一致性，使组织能够应用统一的资产管理标准去管理显性知识和隐性知识，就像管理组织的其他资产一样。①

2. 知识管理的原则

为了以最小的成本进行有效的知识管理，需要把握积累、共享和交流 3 个原则。知识积累是实施知识管理的基础；知识共享是使组织的每个成员都能接触和使用企业的知识和信息；知识交流则是使知识体现其价值的关键环节。

(1) 积累原则。无论对于组织或个人，知识积累都是实施知识管理的基础。如果不有意识地进行知识的积累，企业中有用的信息和知识很可能会随着某项具体工作的结束而消失，或随着员工的离去而流失。企业的财富正是由一点一滴的知识汇聚而成的，企业文化、企业价值和企业核心能力也是在这个过程中逐渐形成的。因此，企业的信息和知识积累是进行知识管理的首要条件。而由知识积累而形成的知识库、信息库也是企业知识管理的主要对象之一。很多关于企业的调查都表明，在企业内的某个群体对知识工作担负起明确的责任之前，很难有效保证知识的积累。在一个具体的组织中，为了防止知识的流失和保证知识积累的长期性，必须指定专门的管理者，负责收集知识并进行分类、建立面向知识的技术基础，并监督知识的利用。

(2) 共享原则。知识共享是指企业内部的信息和知识要尽可能公开，使每一个员工都能接触和使用企业的知识和信息。知识共享可以使每一个新项目的运行都建立在全企业的经验和知识基础之上。调查表明，共享知识并不是人类自然而然的行为；相反，隐藏自己的

---

① Clair G St. Knowledge Management, Encyclopedia of Library and Information Science, New York: Marcel Dekker, 2003, Vol. 2 ,1486.

知识并对来自于其他人的知识持怀疑态度是大多数人的天性。在这样的前提下，信息的可利用并不一定必然导致信息的充分利用。为了实现信息的共享，已有一些企业开始通过诸如业绩评价和补偿等鼓励措施对员工的相关表现进行评价和奖励。如 Lotus 在对其为消费者服务的职工进行总业绩评价时，能否使知识共享占了 25%的比重。

(3) 交流原则。如果企业积累了知识，并进行了共享，但是没有交流，仍然不能称为有效的知识管理。知识管理的核心就是要在企业内部建立一个有利于交流的组织结构和文化氛围，使员工之间的交流畅通无阻，从而最大限度地使信息和知识在交流过程中得到融合和升华，最终实现知识的创新。交流位于知识管理 3 个原则中的最高层次。如果说积累和共享是使知识发挥作用的基础，交流则是使知识实现其价值的关键环节。只有通过交流，人们才能更好地完成知识的学习、利用与创新。这种在交流中培养起来的企业创新能力，使企业具有顽强的生命力，能在激烈的竞争中真正立于不败之地。

12.3 知识管理技术

由于信息与知识在结构、使用及特性上的重大差别，使得知识管理技术的体系内容远比信息管理技术复杂。已经提出了各种各样的知识管理技术，每一种技术对知识管理的重要性各不相同；即使是同一种技术，对不同的企业和企业的不同部门和业务流程的重要性也各不相同。要充分考虑本组织、本部门和本业务流程的特点，选择最合适的知识管理技术。

12.3.1 网络技术

网络在知识管理技术中居于核心地位，它为知识管理提供了相互交流的基础设施。知识通过网络被获取、存储和传递，使企业内每一个员工都能获得其所需的知识。网络技术又包括 Intranet(内部网)和 Extranet(外部网)，其中内部网用于企业内员工的交流，外部网提供了同其他企业和业务伙伴共享每个参与方的内部知识，进而通过开发利用这些知识实现参与者共同目的的途径。

1. Intranet 技术

Intranet 是企业内部专用计算机网络上的小型因特网，中文又称内部网。它使用标准的因特网协议，其节点由一个或几个防火墙保护，防火墙之间由安全性高的虚拟网连接，从而提供高速数据通信和广泛的数据共享，并提供统一的标准界面和良好的用户接口。

内部网的主要作用是实现企业内部的信息交流，它能够主动获取信息和提供信息，并可以和底层的数据库连接来支持企业决策。内部网是一个动态的、交互式的信息服务系统。利用内部网来构建企业知识管理设施的优点有以下几个方面：

(1) 节省费用。内部网技术成熟，大部分企业已有自己的内部网。地理分布比较分散的企业可利用公共通信网建立自己的虚拟专用网，这比建立专用网要节省许多费用。

(2) 简单易学。内部网具有统一的用户界面、统一的语言格式和统一的传输协议，用户界面简单易学，几乎不需要培训。

(3) 保护已有的软、硬件投资。采用内部网技术能保护已有的软、硬件投资，不会浪费已经开发的应用。

(4) 与 Web 连接方便。内部网使企业内部和对外的信息交流更为便捷。如可以在 Web 上发布招聘广告等,支持企业的内部通信。

2. Extranet 技术

Extranet 是一个使用 Internet/Intranet 技术使企业与其客户以及其他企业相连来达到共同目标的合作网络,中文又称外部网。它可以作为公用的 Internet 和专用的内部网之间的桥梁,也可以被看作是一个能被企业成员或其他企业合作的企业内部网的一部分。外部网把企业内部已存在的网络扩展到企业之外,方便了知识信息在各合作伙伴之间的传播和交流,使企业可以更方便地管理外部知识网络,外部网的应用主要有: ①在线培训; ②企业间的交流; ③支持销售和市场信息共享; ④向客户提供相应服务; ⑤促进项目组的交流。

12.3.2 群件技术

群件(Groupware)是帮助群组协同工作的软件。一般包括电子邮件、文档管理与工作流应用等部分。由于实现了对非结构化信息的管理和共享,对企业来说,群件意味着高效的协同工作手段和战略级的解决方案,从而成为知识管理的基础技术之一。目前著名的群件产品主要有 Lotus 的 Domino/Notes、Novell 的 GroupWise 和 Microsoft 的 Exchange。群件在功能上必须满足"3C"要求,即满足通信(communication,个人或组织间的信息传递)、协同(collaboration,团队中的信息共享)及协作(coordination,业务过程自动化与协调)的要求。

群件自身的特性使得它对网络结构的要求,以及对信息的存储、管理方式都有别于传统的事务处理。在所需的网络通信设施方面与传统的事务处理软件不同,群件产品关注"办公前端"作业,即流工作。相对于后端的事务,前端作业没有固定的处理模式和处理方法,甚至没有固定的数据范围和结构。这类事件的解决通常需要大范围的数据和多方面人士的协商,所以群件需要一个坚固可靠的和可伸缩的跨平台通信基础设施。

群件的文档管理系统对于知识管理有十分重要的意义。以 Lotus 的文档管理系统为例,它的 Domino.Doc 提供了管理文档的平台。它能管理的文档包括广泛的信息类型,从纯文本和平面图像到 3D、音频和视频元素。它没有强加给用户一个编辑系统,而是让用户选择自己喜爱的工具来编写文档。Domino.Doc 最令人称道的是与 ODMA(Open Document Management API)应用的集成,作为一项工业标准,ODMA 定义了桌面应用如何与文档管理存储资源进行交互式操作,这意味着 Domino.Doc 支持 ODMA 应用程序,如 Microsoft Office、Lotus SmartSuite 和 Corel Office,用户或作者不必放弃他们熟悉的应用程序来生成存放在 Domino.Doc 中的文档,可使用这些 ODMA 应用去存取企业范围内的文档。

1. Domino/Notes

Lotus 公司的 Domino 和 Notes 是集合了企业级电子邮件、分布式文档数据库和快速应用开发三位一体的强大技术,完全集成了 Internet 技术,提供给用户完整的、以网络为中心的应用计算平台。用户可以充分利用这一平台快速开发并实施与企业业务密切相关的、具有战略意义的群件应用，满足企业业务和知识管理对信息技术的要求。

Domino 是个全能的服务器软件，允许客户进行通信、合作和协作，能够处理电子邮件、进行 Web 发布并构筑工作流应用。它支持多样化的客户机和设备，包括 Web 浏览器、Notes 客户机以及 POP3、IMAP 客户机。服务器控制 Notes 数据库的访问、Notes 内部的通信、Notes 邮件的路由，以及其他 Notes 用户和 Domino 服务器及工作站之间复制数据等。Domino 中内置了文档数据库与工作流，具有通过自动寻找路由来传递、批阅和出版文档、跟踪传递中文档的状态、企业级与跨企业级的文档分发等功能，其对文档的管理可到字段一级。

2. GroupWise

Novell 公司的新战略直接面向 3 个技术方向——操作系统（IntranetWare）、群件（GroupWise）和网络服务（NDS 与 ManageWise）。其中 GroupWise 同时作为与 IntranetWare 集成的或独立运行于非 Novell 平台的协同工作系统被推出，目前流行的版本是 GroupWise 5.2。

GroupWise 5.2 将电子邮件扩展成一个更广泛的协同工作环境，它可以在当前主流服务器平台上运行，包括 IntranetWare/NetWare、Windows NT 以及 UNIX。它将目前最常用的应用如电子邮件、Web 地址、传真、语音邮件、文档、约会以及工作列表等紧密集成到通用信箱（Universal Mailbox）中，从而节省了时间并提高了工作效率。

3. Exchange Server

Exchange Server 是 Microsoft 公司 BackOffice 服务器产品家族中的重要成员，同时也是其 Internet/Intranet 整体解决方案的一部分，用户可以在 Exchange Server 上开发各种协作应用。

Exchange Server 5.5 协作应用的出发点是消息交换。Exchange Server 5.5 提供诸如电子邮件、会议安排、团体日程管理、任务管理、文档管理、适时会议和工作流等丰富的协作应用，所有的应用都可以通过 Internet 浏览器来访问。如果与微软 BackOffice 的其他成员如 IIS、SQL、Server 等相结合，使用 Visual InterDev 等开发工具，Exchange Server 5.5 可以快速构建协作应用。它提供支持中文处理的服务器软件，还提供中文版的客户端工作流软件，如 Outlook 以及 Visual InterDev 1.0 开发工具等。

12.3.3 知识地图技术

知识地图实际上是知识目录的总览，知识地图允许对知识目录描述的企业知识资源进行处理、浏览和形象化。而知识目录是指企业知识库或企业知识资产的分类典藏表，是在企业知识资源评测的基础上形成的一个数据库。它收藏企业知识资源的著录信息，能够揭示各知识款目之间的关系，并提供相应的链接服务。

在知识目录中，可以根据企业作业的分类体系，对企业运作具有重要作用的信息和知识进行分类和典藏。其中的信息可以是文件、Web 页面、文档管理系统、实践记录、数据库、数据仓库等。而其中的知识可以是专家知识、商业规则、工作流图、工艺手册、配方、图表和地图。

协作是知识管理的一个核心命题，知识地图可以成为企业协同工作的一个重要组成部分，如知识地图可以作为电子邮件的附件送到企业的另一个网站，从而使企业其他员工也能共享这种明确清晰的知识。

12.3.4 知识表示和推理技术

知识表示所要解决的问题是将已获得的领域知识形式化地加以描述、存储，使系统能有效地利用这些知识。知识表示研究用机器表示知识的可行性、有效性和有效方法。在知识表示中，既要考虑知识的存储，又要考虑知识的使用。知识表示可看成是一组描述事物的约定，以把人类知识转换成计算机能处理的数据结构。目前，知识表示的主要工作集中在专家系统的研究中。

专家系统的知识表示方法有谓词逻辑、产生式规则、语义网络、框架、剧本、过程性知识和神经网络表示等。

1. 一阶谓词逻辑

一阶谓词逻辑是一种形式语言系统，用它可以表示各种“事实”。可以认为一阶谓词逻辑是自然语言的一种简化形式，具有精确性和无二义性，故容易为计算机所理解和操作。当然，作为一种形式语言，一阶谓词逻辑有它的局限性，其表达能力还远远不能达到人类自然语言所能表达的知识。因此一阶谓词逻辑所能表示的知识范围还十分有限。尽管如此，一阶谓词逻辑仍是现有主要的知识表示手段之一。

2. 产生式系统

产生式系统是目前专家系统中知识表示的主要手段之一。产生式系统(production system)的概念是由逻辑学家 Post 于 1943 年提出的，当时 Post 通过使用产生式规则(production rule)对符号串进行替换运算。后经完善充实被应用到很多领域，如用来描述形式语言的语法，用作各种推理系统的形式描述及程序设计语言编译方法的描述等。

在使用产生式系统结构进行知识表示时，领域知识被分成两部分：静态的知识，如事物、事物和它们之间的关系，以事实来表示；动态的知识，如推理和行为过程，以产生式规则来表示。知识的规则形式又被分成对应推理过程的条件和行为两部分。在简单的产生式系统中，各个知识之间相互独立，系统呈现模块化结构。这类系统称为纯粹产生式系统。纯粹产生式系统结构简单，便于修改和扩充。但是，在实际的专家系统中，知识内容复杂，而且知识内部有较复杂的结构联系很难构成纯粹的产生式系。

3. 框架表示法

从大的方面来说，专家系统所采用的知识表示方式主要有两种：基于模型的表示和基于规则的表示。基于模型的表示是指知识主要以结构化的形式表示。框架(frame)是一种典型的结构化知识表示形式。它适用于表示固定的、典型的概念、事件和行为。框架之间可以形成复杂的层次关系，从而组成框架网络，表示系统的知识结构。所以框架具有表示复杂知识内容的能力。

4. 语义网

语义是指语言学符号及表达式同它所描述的对象含义之间的关系。语义网(semantic network)来源于人类联想记忆的心理学假设模型。在知识表示中,语义网是以网形式在计算机内部表示人类知识构造。语义网由节点和连接节点的弧(有向边)组成,其中节点表示领域中的事物、概念、属性及知识实体等,弧表示所连接节点之间的语义联系。语义网的节点和弧必须带标识,以便区分各种不同的对象间各种不同的语义联系。与其他形式的知识表示方式不同,语义网可用单一的机制来表达事实性知识及这些事实之间的联系。

12.3.5 知识发现技术

由于数据库存储的大量数据中隐藏着许多重要的信息,人们希望能对其进行更高层次的分析,以便更好地利用这些数据。为了从数据库中提取有用的信息,人们开始借助人工智能的成果进行数据分析。20 世纪 80 年代末,机器学习方法在数据分析中的应用导致了数据库知识发现(knowledge discovery in database,KDD)的产生。

1. 知识发现及过程

1996 年,Fayyad 等人给出了知识发现的定义,即知识发现是从数据集中识别有效模式的非平凡过程,该模式是新颖的、有潜在应用价值的和最终可理解的。该定义得到了大多数人的认同。

知识发现所得到的模式蕴涵了数据集中对象之间的特定关系,揭示出一些有用的信息。所以,知识发现是从数据中发现有用知识的过程,该过程使用一定的算法从数据集中识别、抽取出以模式表示的知识。整个处理过程由数据准备、数据挖掘、评估模式模型、巩固知识和运用知识 5 个步骤组成,各步骤之间相互连接,在处理中反复调整,形成一个螺旋式上升的人-机交互过程。

2. 数据挖掘

数据挖掘(Data Mining)是知识发现的关键步骤。数据挖掘采用机器学习、统计等方法进行知识学习,从大量的、不完全的、有噪声的、模糊的、随机的数据集合中提取知识的过程,这些知识是新颖的、有潜在应用价值的。数据挖掘的对象是数据集合,它包括数据库、文件系统或其他组织在一起的数据集合,如 WWW 信息资源等。所提取的知识表示为概念、规则、规律等模式的形式。

数据挖掘处理的数据规模十分巨大。规则的发现主要基于大样本的统计规律,发现的规则不必适用于所有数据,当达到某一阈值时便可认为规律成立。在一些应用中,由于数据变化迅速,因此要求数据挖掘能作出快速反应以提供决策支持。数据挖掘既要发现潜在规则,还要管理和维护规则。

12.3.6 其他相关技术

除上述技术之外,还有一些对知识管理有意义的技术,这些技术有:

1. “头脑风暴技术”

这里所说的“头脑风暴技术”(brainstorming application)是一种特定的计算机软件产品,而不是通常所称的创造性思维和决策方法。这种软件具有分类、组织和辨识知识或文本的意义相似性等多种功能,能够帮助企业将员工个人或团队的隐性知识转化为对企业有价值的显性知识,并有助于整理创造性思维的结果。

2. 绩效支持技术

绩效支持技术(performance support system)被认为是传统培训方法的替代物,它能帮助企业将从绩效支持技术环境中获取的知识转化为富有生产力的行动。绩效支持技术将有工作经验和专业技能的熟练员工的隐性知识系统化、编码化来帮助新员工掌握操作技巧。这种绩效支持系统由集成软件、专家系统和培训课程软件组成,通过用户图形界面为培训者提供将知识和任务结合起来的机会,来提高员工素质。

3. 合作过滤技术

合作过滤技术(collaborative filtering)是一种基于因特网或外部网的信息筛选与提供技术。合作过滤技术首先建立一个关于用户兴趣的文档,然后跟踪每个用户要求服务器提供的信息,然后将该用户的兴趣与其他用户的兴趣进行比较,并把这个信息自动传递给具有类似兴趣的其他企业员工。目前合作过滤技术的应用日益广泛,如著名的网上书店 Amazon. com 已利用此项技术向顾客推荐新书。合作过滤技术的一个重要的发展趋势是检索和推送技术的结合。检索和推送技术传递信息,而合作过滤技术则可以让人们发现他人是否也认为该信息有价值,这在企业知识管理中具有很大的应用价值。

12.4 知识管理系统

12.4.1 知识管理系统的概念

企业实施知识管理往往面临着如何将技术与管理活动相结合的难题,这时就需要建立知识管理系统。同时,为更好地获取、维护和利用企业内部丰富的知识资源,也有必要建立一个有效的知识管理系统。

知识管理系统是一个便于知识的收集、组织以及传播的知识管理技术集合,其核心是网络技术和知识仓库技术。知识管理系统能够对异质系统中的知识进行处理,并在网络环境下向用户提供知识。

从本质上说,知识管理系统是一个软件框架或工具箱,通过知识处理功能协助承担不同的工作任务,并为企业提供一定的知识服务功能。同时知识管理系统也是一个集成的多功能系统,它能够支持主要的知识管理与处理活动,包括知识获取、知识组织、知识分类与理解、调试与编辑、搜寻与检索、知识传递与共享等。

知识管理系统以信息管理系统为基础,知识管理需不断地对集体的知识和技能进行捕获与应用，这些工作都离不开信息系统，好的信息系统是实现有效的知识管理的基础。在信息系统的基础上，伴随着管理理论和信息技术的发展，特别是人们观念的更新，知识管理系统将会逐渐完善与成熟起来，它将成为基于信息系统上的具有更强大功能的系统。

12.4.2 知识管理系统的要求

知识管理系统是一个复杂的系统，它蕴涵着一个知识获取→知识收集→知识重用→知识更新→积累新知识的循环过程。它要从数据中挖掘知识、从信息中提取知识、从知识库中查询出已有但第一次使用的知识、把专家的经验和知识表述成可理解、可记录的形式；对获得的知识进行重新描述、整理、归纳和组织，然后把知识以有机的形式存储起来，使知识的访问和传递更容易和高效；然后在一定范围内，通过适宜的渠道进行知识的传播、共享和应用，帮助人们在已有知识的基础上，通过知识交流和共享，经过人脑加工而创造出新的知识或改造已有的知识以适应新情况，解决新问题，从而最大程度地实现共享和利用知识的目标。

对知识管理系统的主要要求如下：

1. 开放性和柔性

知识管理系统应采用模块化设计，使系统具有可扩充性、可重新组合的能力；它应支持多种应用，能兼容不同的软硬件平台、操作系统、数据库系统和不同的媒体表示格式。知识管理系统应该是分布式的或以分布式为主，其处理模式应能满足同步和异步的要求。

2. 功能与目标相匹配

知识管理系统应能支持知识管理活动的各个环节，其功能应与特定的目标相匹配。

(1) 有多种类型数据和知识的管理。知识管理的对象包括数据与信息的管理、智力资源管理和关系管理。知识管理应提供合适的工具来重新组织和存储企业中的信息和知识资源以便于访问和重复利用。

(2) 有多种应用工具。知识管理系统应提供知识获取、知识收集和知识重用等工具。这些工具应很好地集成在知识管理系统中，并能通过信息与知识的交换，完成不同层次的知识管理要求。

(3) 良好的通信平台。知识管理系统应具有一个良好的通信平台。通信平台应能提供多种通信模式，满足同步和异步的通信要求；能实现不同优先级和不同安全级别的多种媒体格式的信息的传输；提供多种通信工具，包括 e-mail、新闻组等。

3. 安全可靠性

知识管理系统应该具有很好的安全可靠性，它应能对知识资源进行权限控制、版本控制、一致性维护和安全性备份等。知识管理系统应具有很好的容错功能和良好的错误恢复能力，局部的功能失败不会导致整个系统的失效。

4. 个性化

个性化的用户界面使人们能根据需要架构不同层次的知识管理应用。更先进的用户界面还能学习和分析用户的使用习惯和喜好，主动向用户推荐知识，帮助用户更好地利用知识。

一个组织的知识管理系统需要建立在下面三者的基础上。[①]

(1) 优秀的信息管理，包括一个先进的信息识别、采集、组织系统及支持系统。

(2) 出色的战略学习(以绩效为中心)和重视组织学习并与企业管理相融合。

(3) 重视建立组织的社区，通过创建一种基于信任和专注于关系构建的社会基础结构。

12.4.3 知识管理系统的架构

目前，很多人提出了知识管理系统的架构方案。就组织结构的整体覆盖性质而言，Ovum所提出的一种建立在现代信息技术上的知识管理的架构较有意义，从中可以窥视出知识管理系统的结构与功能，下边对其进行介绍。

1. 知识门户

"知识门户(knowledge portal)"是指对组织中的知识管理服务进行浏览的一个界面，同时它也是组织与其外部进行知识交流或知识共享的一个接合部。一般而言，"知识门户"是建立在现代先进的浏览技术之上的，它能够保证组织对于可能的知识资源进行及时的搜寻与获取，并将所获得的知识纳入到组织内部的知识管理框架之中去。

2. 发现服务

发现服务是区别于信息浏览的知识管理的一种职能。从简单的搜索到发现，意味着组织对知识进行管理所跨出的一个重要步骤。在现代信息社会中，信息数量极其巨大，简单的搜索可能造成组织资源的浪费，且很难达到所需的效果。在组织对其所需的知识有一个较为明确的界定的条件下，组织对知识的获取采用"发现服务"的方式，即应对海量的信息通过现代信息技术进行有效的处理，以较低的成本来获取尽可能多的有用的知识。因此，在发现服务中需应用信息筛选技术。在信息搜索基础上，还应利用现代技术对信息进行分类和标引。较传统的方法可使用关键词，较新的方法则包括模式匹配、语义分析和可视化技术等。此外，文档归类技术可将大量文件按其所属领域进行自动归类；另一种使用者档案技术则在专业人员所涉及的领域之间建立联系，从而能根据信息使用者的偏好进行初步的筛选，为其提供匹配程度相当高的有用信息。

3. 协作服务

在组织成员之间建立起协作关系对于组织的知识管理是非常重要的。只是管理所需要的协作关系应该是超越于简单的协调和信息交换之上的。只是管理需要在企业内部创造一种协作环境或"共享空间"，为知识管理者提供具有良好功能的、能够同时进行正式和非正式的协作的空间。现代组织中已经采用许多先进的系统方法来帮助建立这种"共享空间"。一个有利于知识共享与协作的环境应具有以下特性：

---

① Clair G St. Knowledge Management, Encyclopedia of Library and Information Science, New York: Marcel Dekker, 2003, Vol. 2, 1486.

(1) 同步通信的功能，即组织成员之间能够进行及时的、同步的相互之间的通信；

(2) 网络空间，即参与协作的人员可以在网络上同时对某个文件进行讨论与修改；

(3) 建立在上述发现服务基础上的能够为成员提供有效的知识分类的网络联系。

而一个组织内部的局域网上通常都具有上述各项功能。在此意义上，局域网对于组织的知识管理是必不可少的。

4. 知识地图

所谓知识地图，就是为组织的知识管理系统提供一个有关知识的分类系统，组织成员能利用该系统方便地获取知识，并进行知识共享和知识创新。这正是上述发现服务和协作服务所提出的要求。

与一般的地图类似，一个组织的知识地图应该能够方便于阅读和使用。在现代信息技术的支持下，它可以采用从基本的分层显示到三维动态等各种不同的方式，以有利于组织成员既能对组织的所有知识的概况有全面的了解，又能够将注意力集中在其所涉及的某个领域。

5. 知识库

知识库是比知识地图更基本的知识组织形式。在任何知识管理的组织架构中，知识库都是一个非常重要的组成部分，这是由于它提供一个最基本的展开知识管理的"知识空间"。知识库的主要功能包括以下几个方面：

(1) 对来自于组织内部和外部的知识进行分类；

(2) 为组织的知识管理提供一些基本的、被共同接受的有关定义和共同使用的路径；

(3) 数据和文件管理，提供方便的检索手段，不仅要能对组织内部的知识进行检索，而且应能对组织外部的有关知识进行检索。

6. 基础设施

作为知识管理的技术基础的是组织的与社会的信息基础设施，特别是组织内部的信息基础设施。信息基础设施应该为知识管理提供的"基础"至少包括两个方面：

(1) 共享资源的便利与权利，如网络文件系统等；

(2) 交换信息的手段，如电子邮件。

尽管信息基础设施有可能通过专有的网络来提供，但从现代信息技术的发展以及世界流行趋势来说，是运用因特网标准的组织内联网。组织的内联网可以是开放的，而且内联网也可以将组织的专有成分纳入其系统之中。

12.5 知识管理的实施

12.5.1 知识审计

知识审计是对一个组织的知识资源进行系统的、科学的考察和评估，提出诊断性和预测性的审计报告。它要回答的问题是：为解决特定的问题，企业已经拥有哪些知识，缺乏哪些知识，谁需要这些知识，他们如何利用这些知识。

进行知识审计时，首先要考虑由谁来实施知识审计，即要组建知识审计团队。其次，要考虑审计的对象。再次，要考虑如何实施审计，包括实施审计的流程和方法。其流程如图12-3所示。[①]

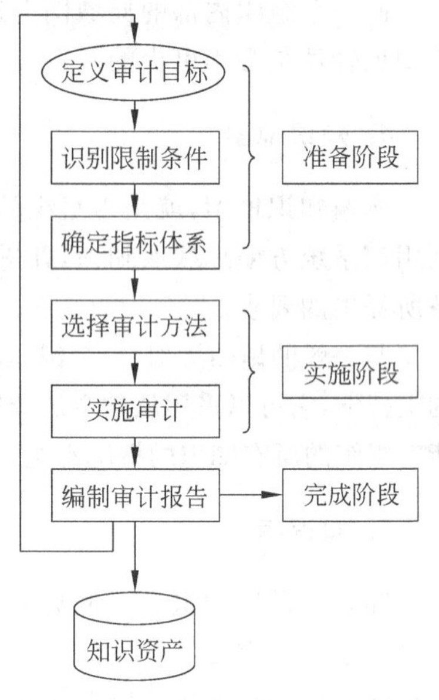

图 12-3 知识审计的流程

知识审计团队要由不同的专家组成，包括公司战略制定者、财务专家、人力资源专家、知识分析家、知识产权专家和市场营销专家等。

知识审计的对象包括知识主体（人）、知识客体（即知识本身）与知识环境3个方面。

(1) 知识主体：组织内的知识工作者、人，他们是知识的拥有者或知识的接受者。包括客户、供应商等组织价值链上的各种知识主体。

(2) 知识：包括显性知识和隐性知识。显性知识存在于数据库、文档等载体之中，而隐性知识存在于人的头脑中。不仅要审计显性知识，更要审计隐性知识。

(3) 知识环境：包括技术环境与组织环境。技术环境主要指组织的IT设施，组织环境包括组织结构、业务流程和组织文化。其中，组织文化反映了知识共享的文化和组织的价值观。

完整的知识审计过程一般包括以下3个阶段：

(1) 准备阶段：这个阶段要定义知识审计的目标，识别各种限制条件，制定知识审计的计划，确定知识审计的指标体系。

(2) 实施阶段：依据组织的具体情况，选择知识审计方法，实施知识审计。知识审计的实施阶段包括数据的收集和分析。

(3) 完成阶段：整理和评价知识审计完成后得到的数据，形成审计的意见和建议，编写知识审计报告。同时，需要绘制组织的知识地图，描述组织的知识流，找出组织的知识差距。

知识审计是一个新的领域，目前还没有很成熟的审计方法。比较有影响的方法有：Ann Hylton博士提出的HyA-K-Audit方法、Delphi集团提出的KM2方法、Jay Liebowitz、David Skyrme等人提出的方法。以上几种审计方法都强调知识调查的重要性，都采用了问卷调查和访谈两种手段。

12.5.2 知识管理实施步骤

1. 确定知识管理的目标

(1) 明确组织的战略目标和核心竞争力。由于知识管理不能脱离组织的目标而独立存在，所以知识管理的实施必须与组织的总体战略目标相一致。

---

① 祁延莉，冯静．知识管理以知识审计为基础．中国计算机用户，2003-08-14．

(2) 确定组织知识管理的重点领域。此时应进一步明确组织的核心竞争力、业务未来的发展重点、组织潜在最大的收益环节等,从而确定组织内部优先实行知识管理的部门或流程名单。可以对各个需要改进的环节或流程进行综合衡量,明确实施的先后次序。力争找到投入最小,见效最快的环节,从而在组织内部起到示范的作用。

2. 组织的业务流程分析

在这一步,要对引入知识管理的业务环节或流程进行分析。应分析各个业务环节或流程想要做到什么,而做到这些必须具备什么能力,即在相应的环节进行知识管理的内容。将这些管理起来,就能达到该项业务环节或流程想要做到的目标。

3. 实施知识审计,制定知识管理实施方案

根据上一步的分析结果,开展知识审计。在此基础上制定相应的知识管理方案。找出业务环节或流程的知识需求、分析得到相应知识的障碍,从而制定出破除障碍的途径。得到需求的目标以及选择相应的最成熟的工具,制定出知识管理实施的计划书。

4. 知识管理方案的实施

对各个需要知识管理的环节或流程进行逐次的实施。全部实施后,根据实施效果评估情况,再对所实施知识管理的每个环节进行再分析和再实施,使组织的知识管理形成一种循环式、螺旋式上升的机制。

5. 知识管理实施效果的评估

对引入知识管理的业务环节或流程进行实施后的评估。了解是否知识管理策略对该项业务有了明显的和可衡量的效果。同时也是对前期分析和知识管理实施的一个检测。并根据评估的结果来调整企业的知识管理计划。

12.5.3 知识管理者的职能

在知识管理的实施过程中,知识管理的领导者具有十分重要的作用。在一个组织结构中,如果没有专职的领导者来从事知识管理工作,是不可能进行有效的知识管理的。目前来看,组织中专职的知识管理者主要有以下几种。

1. 知识主管

知识主管就是创造、使用、保存并转让知识(这些知识不仅仅是数据,而且是深入人心并且发表在著作中的智力资本)的人。他们的作用已超出信息技术的范围,包括诸如培训、技能、奖励、战略等。正如管理学大师彼得·德鲁克所说的那样,问题在于太容易将数据与知识、信息技术与信息混淆在一起了。随着人们获得的数据不断增加,对数据进行筛选、分享及利用的困难变得更尖锐了。因为知识涉及的范围大于信息技术,故人们认为公司需要一位善于思考的人把人力资源的不同方面、信息技术乃至战略等协调统一起来。[①]

知识主管(chief knowledge officer,CKO)的设立是知识管理在一个组织中实施的标志。它表明组织的管理者已认识到信息主管(CIO)难以胜任承担知识管理的重任,即管理者对于知识管理的认识已经超越了信息管理阶段。一般来说,知识主管的工作包括以下方面的内容:

(1) 在组织中推进知识管理,将知识管理融合到企业经营目标中,提供知识管理层次的战略规划;

(2) 建立必要的激励机制和组织结构,以保证知识管理的顺利实施,并对组织中知识管理的进度及其成果进行监测与评估;

(3) 作为高层管理者与员工之间的桥梁,使知识管理的目标能够被组织的所有成员理解并贯彻到实践中去;

(4) 与信息主管密切合作,使知识管理对信息基础设施的要求能够在组织中实现,而在实施知识管理项目的时候又能够适当地建立在组织的信息基础设施之上;

(5) 负责知识管理的基础性工作,如描绘组织的知识地图,将组织知识分类和清晰化,评估组织的智力资本,并对组织战略等重大事务从知识管理的角度提出看法和建议;

(6) 对组织中参与知识管理的经理们进行管理,对他们进行培训,对他们的工作进行协调,推动他们之间的知识共享。

2. 知识项目经理

在知识组织中,知识项目经理应有较强的综合能力。他们需要深入把握具体项目与组织目标之间的联系,把握改善知识共享对组织目标实现所具有的重要意义。此外还应了解项目实施所需的技术,并了解知识管理所涉及的组织文化和组织行为的要素。知识项目经理应具备基本的项目管理的技能,如团队组织、预算控制、时间安排、客户需求管理和客户参与等。此外,还应具有较丰富的信息技术知识,以及其他方面,如心理学方面的知识。

3. 知识库经理

组织的知识库需要进行日常的管理。知识库是知识管理的基础,这种日常管理工作非常重要。知识库应该不断更新,将新的知识加入,并将过时的无用的知识剔除。知识库经理应具有独到的眼光,能够及时发现对组织最为有用的知识,并有办法获取这些知识,将它们纳入到知识库中。一般来说,一个组织中可能需要若干个知识库经理,每个经理负责一个领域,因此,知识库经理应该是一个对其所在领域深入了解的人,是有关领域的专家。

知识库经理不仅仅是一个行政性职务。实际上,知识库经理还应能够激励组织成员尽可能多地、有效地使用知识库中的知识,并为知识库的更新和质量的不断提高作出贡献。知识库经理应使知识库成为组织的一个动态的、不断成长的重要资源。

---

① 瓦尼莎·霍尔德.知识的力量:负责智力资本的新型高级经理.金融时报(英国),1996-09-02.

4. 知识经纪人

在组织知识中，知识经纪人变得越来越重要。与知识项目经理和知识库经理相比，知识经纪人需要更广泛的知识背景，并应对市场有着更深入的了解。一般而言，知识项目经理和知识库经理的知识背景都可以集中在某一个领域，但作为知识经纪人，他们的职责是在知识资源的拥有者和应用者之间建立联系，在这个意义上，他们是“市场创造者”，即建立组织内部的知识市场，建立供给方和需求方的联系。

信息管理专家可能成为知识经纪人的较合适的候选人，因为这些人具有信息管理的专业背景，这使他们对组织所需信息能够有较好的把握。

思 考 题

1. 分析知识管理产生的背景，简述其发展过程。

2. 对数据、信息和知识，知识管理的各种定义以及知识管理与信息管理进行辨识和区分。

3. 简述知识管理的主要内容和知识管理研究中形成的学派。

4. 简述知识管理理论对知识的分类的特点和作用，知识螺旋的理论意义和实践价值。

5. 比较知识管理的技术体系与信息管理的技术体系，简述 KM 系统的要求和基本架构。

6. 简述知识审计及其流程，它与信息审计有何区别？简述知识管理的实施步骤和知识主管的主要职责。

参考文献

[1] Synnott W R, Gruber W H. Information resource management: opportunities and strategies for the 1980s. New York: Wiley, 1981.

[2] Marchand D A. Horton F W, Jr. Infotrends: profiting from your information resources. New York: Wiley, 1986.

[3] Smith A N, Medley D B. Instructor's manual [for] information resource management. Cincinnati: South-Western Pub. Co., 1987.

[4] Smith A N. Medley D B. Information resource management. Cincinnati : South-Western Pub. Co., 1987.

[5] Ricks B R, Gow K F. Information resource management. Cincinnati: South-Western Pub. Co., 1984.

[6] Ricks B R, Gow K F. Information resource management : a records systems approach. 2nd ed. Cincinnati: South-Western Pub. Co., 1988.

[7] Hussain D, Hussain K M. Information resource management. Homewood, Ill, R.D. Irwin, 1984.

[8] Hernon P, McClure C R. Federal information policies in the 1980's: conflicts and issues. Norwood, N.J.: Ablex, 1986.

[9] Hernon P, McClure C R. Public access to government information: issues, trends, and strategies. Norwood, N.J.: Ablex, 1984.

[10] 钟义信.信息的科学.北京:光明日报出版社,1988.

[11] 郭咸纲.西方管理思想史.第二版.北京:经济管理出版社,2002.

[12] 肯尼思·阿罗著.信息经济学.何宝玉等译.北京:北京经济学院出版社,1989.

[13] 马克·波拉特著.信息经济论.李必祥等译.长沙:湖南人民出版社,1987.

[14] 马克斯·H·布瓦索著.信息空间——认识组织、制度和文化的一种框架.王寅通译.上海:上海译文出版社,2000.

[15] 彼得·F·德鲁克著.知识管理.杨开峰译.《哈佛商业评论》精粹译丛.北京:中国人民大学出版社,1999.

[16] 托马斯·H·达文波特,劳伦斯·普鲁萨克著.营运知识:工商企业的知识管理.王者译.南昌:江西教育出版社,1999.

[17] 乌家培.信息与经济.北京:清华大学出版社,1993.

[18] 乌家培.信息经济与知识经济.北京:经济科学出版社,1999.

[19] 杨学山.企业信息化建设和管理.北京:北京出版社,2001.

[20] 马费成,赖茂生.信息资源管理.教育部高等学校管理科学与工程类学科教学指导委员会组编.北京:高等教育出版社,2006.

[21] 张守文,周庆山.信息法学.北京:法律出版社,1995.

[22] 刘伯莹等.MRPⅡ/ERP原理与实施.第2版.天津:天津大学出版社,2001.

[23] 陈淮.日本产业政策研究.北京:中国人民大学出版社,1991.

[24] 刘昭东,陈久庚等.信息工作理论与实践.北京:科学技术文献出版社,1995.

[25] 王景光.信息资源管理.北京:高等教育出版社,2002.

[26] 孟广均等.信息资源管理导论.北京:科学出版社,2003.

图书资源支持

感谢您一直以来对清华版图书的支持和爱护。为了配合本书的使用，本书提供配套的资源，有需求的读者请扫描下方的"书圈"微信公众号二维码，在图书专区下载，也可以拨打电话或发送电子邮件咨询。

如果您在使用本书的过程中遇到了什么问题，或者有相关图书出版计划，也请您发邮件告诉我们，以便我们更好地为您服务。

我们的联系方式：

地　　址：北京市海淀区双清路学研大厦 A 座 714

邮　　编：100084

电　　话：010-83470236　010-83470237

客服邮箱：2301891038@qq.com

QQ：2301891038（请写明您的单位和姓名）

资源下载：关注公众号"书圈"下载配套资源。

资源下载、样书申请

书圈

获取最新书目

观看课程直播

高等院校信息管理与信息系统专业系列教材

- 信息资源管理教程　赖茂生 主编
- 数据仓库与数据挖掘教程　陈文伟 编著
- 计算机操作系统教程　张不同等 编著
- 计算机网络教程　黄叔武等 编著
- 计算机网络教程题解与实验指导　黄叔武等 编著
- 信息系统开发与管理教程(第二版)　左美云 编著
- 信息系统开发方法教程(第二版)　陈佳等 编著
- 决策支持系统教程　陈文伟 编著
- 离散数学(第三版)　耿素云等 编著
- 离散数学题解(修订版)　屈婉玲等 编著
- 计算机组成原理教程(第3版)　张基温 编著
- 计算机组成原理教程题解与实验指导　张基温 编著
- 信息管理英语教程　李季方 编著
- 管理信息系统教程(第二版)　闪四清 编著
- 电子商务基础教程(第二版)　兰宜生 编著
- Java程序开发教程　张基温 编著
- Java程序开发例题与题解　张基温 编著
- 计算机原理与系统结构(第二版)　侯炳辉 编著
- 电子商务概论(第二版)　方美琪 主编
- Visual Basic程序开发教程　张基温 编著
- Visual Basic程序开发例题与题解　张基温 编著
- 数据结构及应用算法教程　严蔚敏等 编著
- 运筹学模型与方法教程　程理民等 编著
- 运筹学模型与方法教程例题分析与题解　刘满凤等 编著
- 数据库系统原理教程　王珊等 编著
- 信息经济学教程　陈禹 主编
- 信息管理学教程(第三版)　杜栋 编著
- C++程序开发教程　张基温 编著
- C++程序开发例题与习题　张基温 编著